FRENCH
DICTIONARY

FRENCH-ENGLISH
ENGLISH-FRENCH

HUGO'S LANGUAGE BOOKS LTD

This impression 1990

© 1973 Hugo's Language Books Ltd
ISBN 0 85285 064 6

Printed in Great Britain

DICTIONNAIRE
ANGLAIS

FRANÇAIS-ANGLAIS
ANGLAIS-FRANÇAIS

PRÉFACE

Le dictionnaire anglais-français de Hugo est un livre de poche qui sera consulté avec le plus grand profit. Il contient, sous un volume très réduit, les expressions usitées dans la vie courante. Nous avons employé le système bien connu de prononciation figurée de Hugo. Cette méthode est si simple que toutes les personnes qui se serviront de notre dictionnaire pourront l'appliquer immédiatement sans l'étude préalable d'une clef plus ou moins compliquée (voir page vi).

Les mots ayant la même racine, qui ne figurent pas dans la partie Français-Anglais, se trouvent généralement dans la partie Anglais-Français. Cette disposition a été adoptée afin de ménager l'espace nécessaire à l'insertion du plus grand nombre de mots possible.

PREFACE

Hugo's French Dictionary will be found a most serviceable pocket reference book. It contains in a small space the words that are needed in everyday life. Hugo's well-known system of Imitated Pronunciation has been used throughout; this method is so simple that anyone can use it at once without the slightest trouble (see page vii). *There is no complicated key to be mastered.*

Words belonging to the same root not given in the French-English section will generally be found in the English-French section. This plan has been followed to provide space for the greatest possible number of words.

LA PRONONCIATION FIGURÉE

Prononcer chaque syllabe comme si elle appartenait a un mot français, mais en tenant compte des indications suivantes:

ă a extrêmement bref. Dans certains mots (**have, had, has, man, hat** etc), entre l'**a** de 'bal' et l'**è** de 'complète'.

a, eu, ŏ son indistinct et sourd, analogue à celui d'**e** dans 'me', 'de', 'que'. Ce son est souvent indiqué par une apostrophe dans la prononciation figurée de certaines finales anglaises: **lesson**, less -'n.

o son très bref, entre **eu** dans 'fleur' et **a** dans 'lac'. Par exemple: **but**, botte (son presque comme 'batte').

oa désigne un son qu'on reproduira avec une exactitude suffisante en prononçant à peu près, et d'une seule émission de voix, comme **au** dans 'laure', 'Faure'.

r à la fin d'un mot ou d'une syllabe, ne se fait sentir que très faiblement, à moins qu'il ne soit immédiatement suivi d'une voyelle.

h cette lettre s'aspire toujours distinctement.

th (dur=*ts*, et doux=*dz*). Prononcer *ts* et *dz* en mettant le bout de la langue entre les dents comme lorsqu'on zézaie.

L'**e** muet à la fin d'une syllabe ne doit jamais se prononcer.

ACCENT TONIQUE

En anglais, l'accentuation d'une syllabe est donnée dans le prononciation figurée par le symbole ' placé après la syllabe accentuée.

(voir la suite page viii)

THE IMITATED PRONUNCIATION

If the syllables given are pronounced as if they formed part of an English word, the speaker will always be understood by any French-speaking person. But the exact sound can in some cases be still more nearly obtained if the following instructions are remembered:

r (italic) not to be pronounced at all.

ng (italic) not to be pronounced at all. It merely indicates that the preceding vowel has a nasal sound; ah*ng* is pronounced like **au** in 'aunt', a*ng* like **ang** in 'fang', o*ng* like **ong** in 'wrong', and u*ng* like **ung** in 'lung'.

r (bold type) pronounced more strongly than in English—rrroll it on the tongue.

sh (bold) like **s** in 'measure'.

eh like **e** in 'bed'.

e*r* like **u** in 'fur'.

er (bold) is the same sound, but longer and with the **r** sounded.

e*r* like **e** in 'her', but more closed.

ah like **a** in 'far', but shorter.

ai or ay like **ai** in 'fair'.

E, EE represent the sound of the French **u**; say 'tree' with lips rounded as when whistling, and the terminal sound of **ee** is that required.

oo like **oo** in 'book', 'look', 'took'.

There is practically **no stress** in French words; the same value should be given to all syllables.

(continued on page ix)

ADVERBES

L'astérisque (*) indique les adjectifs auxquels il suffit d'ajouter la finale **-ly** pour en faire des adverbes. Par exemple: **wise** (sage) = **wisely** (sagement). Cette finale **-ly** a un son intermédiaire entre li et le.

IMPORTANT. — La prononciation figurée de la partie Anglais-Français de ce dictionnaire est uniquement à l'usage des Français, et c'est au moyen de lettres et groupes de lettres empruntés à la langue française qu'elle représente les sons de l'anglais. On ne devra donc attacher aucune importance aux critiques émanant de personnes de langue anglaise qui ne se rendraient pas compte que cette prononciation figurée n'est pas fondée sur la phonétique de leur propre idiome.

Réciproquement, la prononciation figurée de la partie Français-Anglais n'intéresse que les seules personnes de langue anglaise.

ABRÉVIATIONS

adv	adjectif	*mus*	musical
	adverbe	*n*	nom
aero	aéronautique	*naut*	nautique
art	article	*pers*	personnes
com	commercial	*pl*	pluriel
conj	conjonction	*pop*	populaire
eccl	ecclésiastique	*poss*	possessif
f	nom féminin	*pp*	participe passé
fam	familier	*prep*	préposition
fig	figuré	*pres*	participe
geog	géographique	*part*	présent
interj	interjection	*pron*	pronom
m	nom masculin	*refl*	réfléchi
mech	mécanique	*s*	singulier
med	médical	*v*	verbe
mil	militaire	*vulg*	vulgaire

ADVERBS

Most French adverbs end in **-ment** (pronounced mah*ng*). To form them it is only necessary to add this termination to the feminine ending of the adjective, or to the masculine form if this ends in **e**. For example: **positif** (*m*), **positive** (*f*)=**positivement** (*adv*), and **rare** (*m* & *f*)=**rarement** (*adv*). All adjective from which an adverb can thus be formed are marked with an asterisk (*).

NOTE. — The imitated pronunciation in the French-English section, being for English-speaking people only, is framed in accordance with English 'sound-spelling' principles. Users of this Dictionary should beware of criticisms from foreigners who forget that this imitated pronunciation is not based upon their own phonetics.

Vice versa, the imitated pronunciation in the English-French section is for French-speaking people only.

ABBREVIATIONS

a	adjective	*mus*	musical
adv	adverb	*n*	noun
aero	aeronautics	*naut*	nautical
art	article	*pers*	persons
com	commercial	*pl*	plural
conj	conjunction	*pop*	popular
eccl	ecclesiastical	*poss*	possessive
f	feminine noun	*pp*	past participle
fam	familiar	*prep*	preposition
fig	figurative sense	*pres*	present
geog	geographical	*part*	participle
interj	interjection	*pron*	pronoun
m	masculine noun	*refl*	reflexive
mech	mechanical	*s*	singular
med	medical	*v*	verb
mil	military	*vulg*	vulgar

TABLE COMPARATIVE

Mesures   **Poids**

MESURES DE LONGEUR

1 inch (in.) = 2·54 cm.	1 furlong = 201·16 m.
1 foot (ft.) = 30·4 cm.	1 mile = 1609 m.
1 yard (yd.) = 91·4 cm.	1 fathom = 1·828 m.

1 nautical mile = 1852 m.

MESURES DE SURFACE

1 square inch = 6·45 cm²	1 square yard = 8361 cm²
1 square foot = 929 cm²	1 acre = 4047 m²

1 square mile = 2·59 km² (10 sq. miles = 26 km²)

MESURES DE CAPACITÉ

1 pint	= 0·568 litres
1 quart (2 pints)	= 1·135 litres
1 gallon (8 pints)	= 4·543 litres

MESURES DE POIDS

1 ounce	= 28·35 gr. (16 oz. = 1 lb.)
1 pound (lb.)	= 453·59 gr. (14 lbs. = 1 stone)
1 stone	= 6·35 kg. (8 stones = 1 cwt.)
1 hundredweight (cwt.)	= 50·8 kg. (20 cwt. = 1 ton)
1 ton (tonne anglaise)	= 1016 kg.

THERMOMÈTRE

32° Fahrenheit = 0° C.   212° Fahrenheit = 100° C.
9° Fahrenheit égalent donc 5° C. Pour convertir les degrés centigrades en degrés Fahrenheit, multiplier par 9, diviser par 5 et ajouter 32.

COMPARATIVE TABLE

Measures   **Weights**

LINEAL MEASURE

1 centimètre = 0·393 inch (10 cm. = about 4 ins.)
1 mètre   = 39·37 ins. (10 m. = about 33 ft.)
1 kilomètre = 1000 m. = 1093·63 yds. (⅝ of a mile)

SQUARE MEASURE

1 centiare (1 sq. metre)   = 1·196 sq. yds. (10·8 sq.
1 are (100 sq. metres)   = 119·6 sq. yds.   [ft.]
1 hectare (10,000 sq. metres)   = 2·471 acres

CUBIC MEASURE

1 stère = 1·308 cu. yds.

1 litre = 1·76 pints   1 hectolitre = 22 gals.

WEIGHTS (Avoirdupois)

1 hectogramme (100 grams)   = 3·527 ozs.
1 kilogramme (1000 grams)   = 2·205 lbs.
1 tonne (1000 kilograms)   = 0·984 ton

THERMOMETER

0° Centigrade = 32° Fahrenheit
100° Centigrade = 212° Fahrenheit

5° C. are equivalent to 9° F. To convert Fahrenheit into Centigrade, subtract 32, multiply by 5, and divide by 9.

GEOGRAPHICAL NAMES
NOMS GÉOGRAPHIQUES

Africa, African: *l'Afrique, africain*
Algeria, Algerian: *l'Algérie, algérien*
America, American: *l'Amérique, américain*
Arabia, Arabian: *l'Arabie, arabe*
Asia, Asian, Asiatic: *l'Asie, asiatique*
Atlantic (Ocean): *l'(Océan) Atlantique*
Australia, Australian: *l'Australie, australien*
Austria, Austrian: *l'Autriche, autricien*
Belgium, Belgian: *la Belgique, belge*
Brazil, Brazilian: *le Brésil, brésilien*
British: *britannique*
Brittany, Breton: *la Bretagne, breton*
Burgundy, Burgundian: *la Bourgogne, bourguignon*
Canada, Canadian: *le Canada, canadien*
Channel Islands: *les Iles de la Manche*
China, Chinese: *la Chine, chinois*
Corsica, Corsican: *la Corse, corse*
Denmark, Danish: *le Danemark, danois*
Dutch: *hollandais*
Egypt, Egyptian: *l'Egypte, égyptien*
England, English: *l'Angleterre, anglais*
English Channel: *la Manche*
Europe, European: *l'Europe, européen*
EEC, European Economic Community: *CEE, la Communauté économique européenne*
France, French: *la France, français*
Germany, German: *l'Allemagne, allemand*
W. Germany: *RFA, République fédérale allemande*
E. Germany: *RDA, République démocratique allemande*
Great Britain: *la Grande-Bretagne*
Greece, Greek: *la Grèce, grec*

Holland, Dutch: *la Hollande, hollandais*
Hungary, Hungarian: *la Hongrie, hongrois*
India, Indian: *l'Inde, indien*
Indonesia, Indonesian: *l'Indonésie, indonésien*
Ireland, Irish: *l'Irlande, irlandais*
Israel, Israeli: *l'Israël, israélien*
Italy, Italian: *l'Italie, italien*
Japan, Japanese: *le Japon, japonnais*
Mediterranean: *la Méditerranée*
Morocco, Moroccan: *le Maroc, marocain*
NATO, North Atlantic Treaty Organization: *OTAN, Organisation du Traité de l'Atlantique Nord*
Netherlands: *le Pays-Bas*
New Zealand: *la Nouvelle-Zélande*
North Sea: *la Mer du Nord*
Norway, Norwegian: *la Norvège, norvégien*
Poland, Polish: *la Pologne, polonais*
Russia, Russian: *la Russie, russe*
Scotland, Scottish, Scots: *l'Ecosse, écossais*
South Africa: (*République d'*) *Afrique du Sud*
Spain, Spanish: *l'Espagne, espagnol*
Sweden, Swedish: *la Suède, suédois*
Switzerland, Swiss: *la Suisse, suisse*
Syria, Syrian: *la Syrie, syrien*
Turkey, Turkish: *la Turquie, turc*
UN(O), United Nations (Organization): *ONU, Organisation des Nations Unies*
UAR, United Arab Republic: *RAU, République Arabe Unie*
USA, United States (of America): *les Etats-Unis*
USSR, Soviet Union: *URSS, Union soviétique*
Yugoslavia, Yugoslavian: *Yougoslavie, yougoslavien*
Wales, Welsh: *le Pays de Galles, gallois*
West Indies: *les Antilles*

FRENCH-ENGLISH DICTIONARY

—

à, ăh, *prep* to; at; in; within; on; by; for; from; according to.

a, ăh, *v* has.

abaissement, ăh-bayss-mah*ng*, *m* lowering; fall; diminution; disgrace.

abaisser, ăh-bayss-eh, *v* to lower; to pull down. **s'—**, to humble oneself; to stoop.

abandon, ăh-bah*ng*-dong, *m* abandonment; desertion; ease. **à l'—**, at random.

abandonné, e, ăh-bah*ng*-donn-eh, *p p* & *a* deserted; depraved; profligate.

abandonner, ăh-bah*ng*-donn-eh, *v* to abandon; to desert; to give up; to let go. **s'—**, to indulge (à, in); to trust in.

abasourdir, ăh-băh-zoohr-deer, *v* to stun.

abatage, abattage, ăh-băh-tăhsh, *m* cutting down; slaughter.

abâtardir, ăh-bah-tăhr-deer, *v* to debase; to corrupt.

abat-jour, ăh-băh-shoohr, *m* reflector; lamp-shade.

abattement, ăh-băht-mah*ng*, *m* prostration.

abattis, ăh-băh-te, *m* felling; giblets.

abattoir, ăh-băh-to'ăhr, *m* slaughter-house.

abattre, ăh-băh-tr, *v* to bring down; to cut down. **s'—**, to fall.

abattu, e, ăh-băh-tɛ, *pp* & *a* brought down; depressed. [pressed.

abat-vent, ăh-băh-vah*ng*, *m* wind-screen.

abbaye, ăh-bay-yee, *f* abbey.

abbé, ăh-beh, *m* abbot; priest, abbé.

abbesse, ăh-bess, *f* abbess.

abcès, ăhb-say, *m* abscess.

abdiquer, ăhb-de-keh, *v* to abdicate.

abdomen, ăhb-doh-menn, *m* abdomen.

abeille, ăh-bay'e, *f* bee. [stupid.

abêtir, ăh-bay-teer, *v* to stupefy. **s'—**, to grow

abhorrer, ăh-bor-eh, *v* to abhor, to loathe.

abîme, ăh-beem, *m* abyss.

abîmer, ăh-bee-meh, *v* to spoil.

abject, e, ăhb-sheckt, *a* base; mean.

abjection, ăhb-sheck-se-*ong*, *f* vileness.

abjurer, ăhb-shE-reh, *v* to renounce.

ablution, ăhb-lE-se-*ong*, *f* washing.

abnégation, ăhb-neh-găh-se-*ong*, *f* self-denial.

aboi, ăh-boăh, *m* **aboiement,** ăh-boăh-mah*ng*, *m* bark, barking.

abois, ăh-boăh, *mpl* **aux abois,** oh-z'—, at bay; desperate situation.

abolir, ăh-bol-eer, *v* to abolish.

abominable,* ăh-bomm-e-năh-bl, *a* abominable.

abomination, ăh-bomm-e-năh-se-*ong*, *f* abomination.

abondamment, ăh-bong-dăh-mah*ng*, *adv* plentifully.

abondant, e, ăh-bong-dah*ng*, *a* abundant.

abonder, ăh-bong-deh, *v* to abound (**en,** in, with).

abonné, e, ăh-bonn-eh, *mf* subscriber.

abonnement, ăh-bonn-mah*ng*, *m* subscription. **carte d'—,** kăhrt d—, season ticket.

abonner (s'—), săh-bonn-eh, *v* to subscribe.

abord, ăh-bor, *m* access. **d'—,** at first.

aborder, ăh-bor-deh, *v* to land; to approach; to accost; to run foul of, to collide with.

aborti-f, ve, ăh-bor-tiff, *a* abortive.

aboucher, ăh-boo-sheh, *v* to bring together. **s'—,** to confer.

aboutir, ăh-boo-teer, *v* to end; to abut; to lead.

aboutissant, ăh-boo-tiss-ah*ng*, *m* abuttal. **tenants et —s,** ter-nah*ng* z'eh—, ins and outs.

aboyer, ăh-bo'ăh-yeh, *v* to bark.

abrégé, ăh-breh-sheh, *m* summary, abstract.

abréger, ăh-breh-sheh, *v* to shorten.

abreuver, ăh-bre*r*-veh, *v* to water animals; (fig.) to soak. **s'—,** to drink plentifully.

abreuvoir, ăh-bre*r*-vo'ăhr, *m* watering-place.

abréviation, ăh-breh-ve-ah-se-*ong*, *f* abbreviation; shortening.

abri, ăh-bre, *m* shelter.

abricot, ăh-bre-ko, *m* apricot.

abriter, ăh-bre-teh, *v* to shelter.

abroger, ăh-bro-sheh, *v* to repeal.

abrupt, e,* ăh-br*e*pt, *a* abrupt, steep, rugged.

abrutir, ăh-brE-teer, *v* to stupefy; to brutalize.
s'—, to make a beast of oneself.
absent, e, ăhb-sah*ng*, *a* absent.
absenter (s'), săhb-sah*ng*-teh, *v* to absent oneself.
abside, ăhb-seed, *f* apse.
absinthe, ăhb-sa*ng*t, *f* wormwood; absinth.
absolument, ăhb-sol-E-mah*ng*, *adv* absolutely.
absolution, ăhb-sol-E-se-o*ng*, *f* absolution, pardon.
absorber, ăhb-sor-beh, *v* to absorb; to engross.
absorption, ăhb-sorp-se-o*ng*, *f* absorption.
absoudre, ăhb-soo-dr, *v* to absolve.
abstenir (s'), săbhs-ter-neer, *v* to abstain.
abstinence, ăbs-te-nah*ng*ss, *f* abstinence; fasting.
abstraire, ăhbs-trair, *v* to abstract.
abstrait, e,* ăhbs-tray, *a* abstract; abstruse; obscure.
absurde,* ăhb-sEErd, *a* absurd, silly.
absurdité, ăhbss-EEr-de-teh, *f* absurdity, nonsense.
abus, ăh-bE, *m* abuse.
abuser, ăh-bE-zeh, *v* to deceive; to abuse.
abusi-f, ve,* ăh-bE-ziff, *a* improper (use of word).
académie, ăh-kăh-deh-mee, *f* academy.
acajou, ăh-kăh-shoo, *m* mahogany.
acariâtre, ăh-kăh-re-ah-tr, *a* bad-tempered.
accablant, e, ăh-kăh-blah*ng*, *a* overwhelming;
oppressive; unbearable.
accablement, ăh-kăh-bler-mah*ng*, *m* depression,
dejection.
accabler, ăh-kăh-bleh, *v* to overwhelm; to crush; to
overcome (**de,** with).
accaparer, ăh-kăh-păh-reh, *v* to monopolize; to
forestall.
accéder, ăhck-seh-deh, *v* to accede; to comply (**à,**
with).
accélérateur, ăhck-seh-leh-răh-ter, *m* accelerator.
accélérer, ăhck-seh-leh-reh, *v* to hasten.
accent, ăhck-sah*ng*, *m* accent; tone; stress.
accentuer, ăhck-sah*ng*-tE-eh, *v* to accentuate; to
emphasize.
acceptation, ăhck-sehp-tăh-se-o*ng*, *f* acceptance.
accepter, ăhck-sehp-teh, *v* to accept.
acception, ăhck-sehp-se-o*ng*, *f* regard; meaning (of
word).

accès, ähck-say, *m* access; fit.

accessoire, ähck-sess-o'ähr, *m* detail. *pl* properties. *a,* accessory.

accident, ähck-se-dah*ng*, *m* accident; mishap.

accidenté, e, ähck-se-dah*ng*-teh, *a* eventful, chequered; victim (of accident).

accise, ähck-seez, *f* excise.

acclamer, äh-kläh-meh, *v* to acclaim.

acclimater, äh-kle-mäh-teh, *v* to acclimatise.

accolade, äh-kol-ähd, *f* embrace.

accommodant, e, äh-komm-odd-ah*ng*, *a* easy to deal ⌈with.

accommodement, äh-komm-odd-mah*ng*, *m* settlement.

accommoder, äh-komm-od-eh, *v* to suit; to do up (food); **s'— à,** to adapt oneself to; **s'— de,** to put up with.

accompagnement, äh-kong-päh'n'yer-mah*ng*, *m* attendance; accessory; accompaniment.

accompagner, äh-kong-päh'n'yeh, *v* to accompany.

accompli, e, äh-kong-ple, *pp* & *a* accomplished; thorough.

accomplissement, äh-kong-pliss-mah*ng*, *m* completion; fulfilment.

accord, äh-kor, *m* agreement; consent; tuning; **d'—,** agreed; **tomber d'—,** tong-beh d—, to come to an agreement; **mettre d'—,** met-tr d—, to conciliate.

accordage, äh-kor-dähsh, *m* tuning.

accorder, äh-kor-deh, *v* to accord; to grant; to tune; to reconcile; **s'—,** to agree.

accoster, äh-koss-teh, *v* to accost (a person); to come alongside.

accoter, äh-kot-eh, *v* to stay; **s'—,** to lean.

accoucher, äh-koo-sheh, *v* to give birth; to deliver a ⌈child.

accoucheur, äh-koo-sher, *m* obstetrician.

accoucheuse, äh-koo-sher-z, *f* midwife.

accouder (s'), säh-koo-deh, *v* to lean on one's elbow.

accoupler, äh-koo-pleh, *v* to couple; to yoke; to pair.

accourcir, äh-koohr-seer *v* to shorten.

accourir, äh-koo-reer, *v* to run up; to hasten.

accoutrement, äh-koo-trer-mah*ng*, *m* garb.

accoutrer, äh-koo-treh, *v* to rig out.

accoutumer, ăh-koo-tE-meh, *v* to accustom; **s'— à,** to get used to.

accréditer, ăh-kreh-de-teh, *v* to accredit; to credit.

accroc. ăh-kro, *m* rent, tear; hitch.

accrocher, ăh-kro-sheh, *v* to hook on; to catch; **s'—,** to cling.

accroire, ăh-kro'ăhr, *v* (used in infinitive only and with **faire**), to make believe; **en faire —,** ahng fayr —, to impose (**à,** upon).

accroissement, ăh-kro'ahss-mahng, *m* increase.

accroître, ăh-kro'ăh-tr, *v* to increase; **s'—,** to grow.

accroupir, (s') săh-kroo-peer, *v* to squat.

accru, e, ăh-krE, *pp* increased.

accueil, ăh-ker'e, *m* reception; welcome.

accueillir, ăh-ker-yeer, *v* to receive; to welcome.

accumulateur, ăh-kE-mE-lăh-ter, *m* accumulator, storage battery.

accumuler, ăh-kE-mE-leh, *v* to accumulate; to heap.

accusation, ăh-kE-zăh-se-ong, *f* accusation, charge.

accusé, e, ăh-kE-zeh, *mf* accused person; **— de réception,** — der reh-sep-se-ong, acknowledgement.

accuser, ăh-kE-zeh, *v* to accuse, to indict.

acerbe, ăh-sairb, *a* sour, harsh.

acéré, e, ăh-seh-reh, *a* sharp; steeled.

achalandé, e, ăh-shăh-lahng-deh, *a* with large custom (of shop).

acharnement, ăh-shăhr-ner-mahng, *m* relentlessness, desperate eagerness.

acharner (s'), săh-shăhr-neh, *v* to be relentless; to persist in something.

achat, ăh-shăh, *m* purchase.

acheminement, ăhsh-meen-mahng, *m* step.

acheminer, ăhsh-me-neh, *v* to despatch; **s'—,** to set out, to proceed.

acheter, ăhsh-teh, *v* to buy; **s'—,** to be bought; to be purchased.

acheteur, ăhsh-ter, *m* purchaser [purchased.

achever, ăhsh-veh, *v* to finish.

achoppement, ăh-shop-mahng, *m* stumbling; **pierer d'—,** pe'air d—, stumbling block.

acide, ăh-seed, *m* acid; *a* sour, sharp.

acier, ăh-se-eh, *m* steel.

aciérie, ăh-se-eh-ree, *f* steel-works.

acné, ăhck-neh, *f* acne.

acolyte, ăh-kol-eet, *m* acolyte; accomplice.

acompte, ăh-kongt, *m* instalment.

acoustique, ăh-kooss-tick, *f* acoustics; *a* acoustic.

acquérir, ăh-keh-reer, *v* to acquire.

acquiescer, ăh-ke-ess-eh, *v* to acquiesce (**à, in**).

acquis, e, ăh-ke, *pp* acquired; *m* knowledge; experience.

acquisition, ăh-ke-ze-se-ong, *f* acquisition, purchase.

acquit, ăh-ke, *m* receipt; discharge; — **à caution,** — t'ah koh-se-ong, permit (Customs).

acquittement, ăh-kit-mahng, *m* payment: acquittal.

acquitter, ăh-ke-teh, *v* to clear; to pay; to receipt; to acquit (an accused person); **s'— de,** to carry out.

âcre, ahkr, *a* acrid, sour.

âcreté, ăh-krer-teh, *f* acridity; acrimony.

acrimonie, ăh-kre-monn-ee, *f* acrimony.

acrobate, ăh-krob-baht, *mf* acrobat.

acrobatie, ăh-krob-ăh-see, *f* acrobatics.

acte, ăhckt, *m* act; action; deed; certificate; **faire — de,** fair — der, to show proof of.

ac-teur, -trice, ăhck-ter, *mf* actor, actress.

actif, ăhck-tiff,* *m* assets.

acti-f, ve, ăhck-tiff, *a* active.

action, ăhck-se-ong, *f* act; deed; share; *pl* stock.

actionnaire, ăhck-se-onn-air, *mf* shareholder.

actionner, ăhck-se-onn-eh, *v* to set in motion: to sue.

activer, ăhck-te-veh, *v* to urge on.

activité, ăhck-te-ve-teh, *f* activity.

actualité, ăhck-te-ăh-lee-teh, *f* reality; event; **les —s,** leh z—, the news; newsreel.

actuel, le, ăhck-te-ell, *a* present; real.

acuité, ăh-ke-e-teh, *f* acuteness.

adage, ăh-dăhsh, *m* saying, adage.

adapter, ăh-dăhp-teh, *v* to adapt; to fit; to apply; **s'—,** to be suitable (**à, for**).

addition, ăh-de-se-ong, *f* addition; (restaurant) bill.

additionnel, le, ăh-de-se-onn-ell, *a* additional.

adepte, ăh-dept, *a* adept.

adhérer, ăh-deh-reh, *v* to adhere; **s'—,** to join (party).

adhésion, ăh-deh-se-ong, *f* adhesion; joining (of party).

adieu, ăh-de-er, *m* farewell; *adv* good-bye, farewell.
adjacent, ăhd-shăh-sahng, *a* adjacent, contiguous.
adjoindre, ăhd-sho'ang-dr, *v* to adjoin; **s'——,** to take as an associate; to join.
adjoint, ăhd-sho'ang, *m* assistant; deputy-mayor.
adjudant, ăhd-shE-dahng, *m* adjutant.
adjudicataire, ăhd-shE-de-kăh-tair, *m* highest bidder.
adjugé! ăhd-shE-sheh, *pp* gone! (in auctions).
adjuger, ăhd-shE-sheh, *v* to award; to knock down (at auctions); **s'——,** to appropriate to one's use.
adjurer, ăhd-shE-reh, *v* to adjure; to beseech.
admettre, ăhd-met-tr, *v* to admit; to allow.
administrateur, ăhd-me-niss-trăh-ter, *m* administrator; manager; director; trustee.
administré, e, ăhd-me-niss-treh, *pp* & *n* administered; person under one's jurisdiction.
administrer, ăhd-me-niss-treh, *v* to administrate; to administer.
admira-teur, -trice, ăhd-me-răh-ter, *mf* admirer.
admirer, ăhd-me-reh, *v* to admire.
admission, ăhd-miss-e-ong, *f* admission; admittance.
admonester, ăhd-monn-ess-teh, *v* to reprimand.
admonition, ăhd-monn-e-se-ong, *f* warning.
adolescent, e, ăh-doll-ess-sahng, *mf* youth, lad; girl.
adonner (s'), săh-donn-eh, *v* to addict oneself to; to devote oneself to.
adopter, ăh-dop-teh, *v* to adopt.
adorable, ăh-do-răh-bl, *a* adorable, charming.
adora-teur, -trice, ăh-dor-ăh-ter, *mf* worshipper.
adorer, ăh-do-reh, *v* to adore; to be passionately fond
adosser, ăh-dohss-eh, *v* to lean (against). ⌐of.
adoucir, ăh-doo-seer, *v* to soften; **s'——,** to grow softer.
adoucissement, ăh-doo-siss-mahng, *m* softening, alleviation.
adresse, ăh-dress, *f* address; skill.
adresser, ăh-dress-eh, *v* to address; to direct; **s'——,** to apply; to be directed.
adroit, e, ăh-dro'ăh, *a* handy; skilful; artful.
aduler, ăh-dE-leh, *v* to fawn upon, to adulate.
adulte, ăh-dEElt, *a* adult, grown up.

adultère, ăh-DEEL-tair, *a* and *n* adulterous; adulterer; adultery.

advenir, ăhd-ver-neer, *impers v* to happen; to befall.

adversaire, ăhd-vair-sair, *m* opponent; foe.

adverse, ăhd-vairss, *a* adverse.

adversité, ăhd-vair-se-teh, *f* misfortune; adversity.

aéré, ăh-eh-reh, *a* aired, airy; aerated.

aérodrome, ăh-eh-ro-drohm, *m* aerodrome.

aérogare, ăh-eh-ro-gahr, *f* air-terminal.

aéroport, ăh-eh-ro-por, *m* airport.

affable,* ăh-făh-bl, *a* affable.

affaiblir, ăh-fay-bleer, *v* to weaken.

affaire, ăh-fair, *f* affair; business; matter; thing; action; work; scrape; **avoir — à,** ăh-vo'ăhr — ăh, to have to do with; **faire des —s,** fair day z'—, to do business; **faire l'—de,** fair l—der, to suit; **homme d'—s,** omm d—, business man; **se tirer d'—,** ser teh d—, to get out of a scrape; **j'en fais mon —,** shahng fay monn —, I take it upon myself.

affairé, e, ăh-fay-reh, *a* busy.

affaissé, e, ăh-fess-eh, *pp* sunk down; depressed.

affaisser (s'), săh-fess-eh, *v* to sink; to flag.

affamé, e, ăh-făh-meh, *pp & a* starved; starving.

affamer, ăh-făh-meh, *v* to starve.

affectation, ăh-feck-tăh-se-ong, *f* affectation; simulation; assignment.

affecté, e, ăh-feck-teh, *a* affected, conceited.

affecter, ăh-feck-teh, *v* to feign; to set apart; **s'—,** to be moved; affected.

affection, ăh-feck-se-ong, *f* affection, fondness; disease.

affectionner, ăh-feck-se-onn-eh, *v* to be fond of.

afférent, e, ăh-feh-rahng, *a* pertaining to.

affermer, ăh-fair-meh, *v* to rent; to lease.

affermir, ăh-fair-meer, *v* to strengthen.

afféterie, ăh-feh-tree, *f* affectation.

affichage, ăh-fe-shăhsh, *m* bill-posting.

affiche, ăh-feesh, *f* placard, poster.

afficher, ăh-fe-sheh, *v* to stick up; to make a show of; to expose.

affiler, ăh-fe-leh, *v* to sharpen.

affilié, e, ăh-fe-le-eh, *a* affiliated.

affiner, ăh-fe-neh, *v* to refine.

affirmer, ăh-feer-meh, *v* to assert, to affirm.

affleurer, ăh-fler-reh, *v* to level.

affliger, ăh-fle-**sheh**, *v* to afflict; to grieve.

affluent, ăh-flE-ah*ng*, *m* tributary, *a* affluent.

affluer, ăh-flE-eh, *v* to flow; to run; to abound.

affolé, e, ăh-foll-eh, *a* distracted; panic-stricken; (compass) not true.

affoler, ăh-foll-eh, *v* to drive mad; **s'—,** to become infatuated (**de,** with); to panic.

affranchi, e, ăh-frah*ng*-she, *pp* & *a* freed; prepaid.

affranchir, ăh-frah*ng*-sheer, *v* to free; to prepay; to stamp (letter).

affranchissement, ăh-frah*ng*-shiss-mah*ng*, *m* emancipation; prepayment; postage.

affréter, ăh-freh-teh, *v* to charter; to freight.

affreu-x, se, ah-frer, *a* frightful; hideous.

affriander, ăh-free-ah*ng*-deh, *v* to make dainty; to coax.

affront, ăh-fro*ng*, *m* insult; disgrace.   ⌈entice.

affronter, ăh-fro*ng*-teh, *v* to confront; to dare; to face.

affubler, ăh-fE-bleh, *v* to muffle up; **s'—,** to rig one-self out.

affût, ăh-fE, *m* lying in wait (for game); carriage (gun); **être à l'—,** ay-tr ăh l—, to be on the watch (**de,** for).

affûter, ăh-fE-teh, *v* to sharpen.

afin, ăh-fa*ng*, *conj* **— de,** in order to; **— que,** in order ⌈that.

agacement, ăh-găhss-mah*ng*, *m* annoyance.

agacer, ăh-găh-seh, *v* to set on edge; to irritate; to provoke; to tease.

agacerie, ăh-găhss-ree, *f* provocation; *pl* allurement.

âge, ahsh, *m* age; old age; period; generation.

âgé, e, ah-sheh, *a* aged, old.

agence, ăh-shah*ng*ss, *f* agency.

agencement, ăh-shah*ng*ss-mah*ng*, *m* arrangement (of house); *pl* fittings, fixtures.

agenda, ăh-shang-dăh, *m* memorandum book; diary.

agenouiller (s'), săhsh-noo'e-yeh, *v* to kneel.

agent, ăh-shah*ng*, *m* agent; middleman; policeman.

agglomérer (s'), săh-glomm-eh-reh, *v* to agglomerate.

aggravation, ăh-grăh-văh-se-ong, *f* aggravation; worsening.

aggraver, ăh-grăh-veh, *v* to aggravate; to make worse; to increase; **s'—,** to become worse.

agile, * ăh-shill, *a* nimble; quick.

agir, ăh-sheer, *v* to act, to do, to work; **de quoi s'agit-il?** der kwăh săh-she-till? what is the matter? **il s'agit de …,** ill săh-she der … the matter, thing, or question is (about, to) …

agiter, ăh-she-teh, *v* to agitate; to shake; to toss; to wave; **s'—,** to exert oneself; to fret; to swell; to get disturbed.

agneau, ăhn-yoh, *m* lamb.

agonie, ăh-gonn-ee, *f* death-struggle; anguish; great pain. **à l'—,** ăh-l—, dying.

agonisant, ăh-gonn-e-zahng, *a* dying.

agrafe, ăh-grăhf, *f* hook, clasp, staple.

agrafeuse, ăh-grăh-ferz, *f* stapler.

agraire, ăh-grair, *a* agrarian.

agrandir, ăh-grahng-deer, *v* to enlarge; **s'—,** to become larger. [ment.

agrandissement, ăh-grahng-diss-mahng, *m* enlarge-

agréable,* ăh-greh-ăh-bl, *a* agreeable, pleasing; acceptable.

agréé, ăh-greh-eh, *m* solicitor, attorney.

agrégation, ăh-greh-găh-se-ong, *f* fellowship.

agrégé, ăh-greh-sheh, *m* qualified teacher.

agrément, ăh-greh-mahng, *m* consent; favour; pleasure; *pl* charms.

agrès, ăh-gray, *m pl* rigging, tackle.

agresseur, ăh-grayss-er, *m* aggressor.

agreste, ăh-gresst, *a* rustic.

agricole, ăh-gre-kol, *a* agricultural. [farmer.

agriculteur, ăh-gre-keel-ter, *m* agriculturist;

agripper, ăh-gre-peh, *v* to clutch.

aguerrir, ăh-ghay-reer, *v* to inure to war; to harden; to accustom; **s'—,** to become inured to war, hardened, accustomed.

aguets, ăh-ghay, *mpl;* **aux —,** oh z'—, on the watch.

ahurir, ăh-E-reer, *v* to astound; to confuse.

ahurissement, ăh-E-riss-mahng, *m* flurry; bewilder-aide, ayd, *m* helper, assistant. [ment.

aide, ayd, *f* help, assistance; **à l'—!** ăh l—! help!

aider, ay-deh, *v* to assist, to help.

aïe, ăh-e, *int* oh dear! oh! (pain).

aïeul, ăh-yerl, *m* grandfather; *f* **aïeule,** ăh-yerl, grandmother.

aïeux, ăh-yer, *mpl* ancestors, forefathers.

aigle, ay-gl, *m* eagle; lectern; *f* standard.

aiglon, ay-glong, *m* eaglet.

aigre,* ay-gr, *a* sour, acid, tart.

aigrefin, ay-grer-fang, *m* sharper; haddock.

aigrelet, te, ay-grer-lay, *a* sourish.

aigrette, ay-grett, *f* egret; tuft. ⌐spite.

aigreur, ay-grer, *f* sourness; acrimony; ill-feeling;

aigrir, ay-greer, *v* to sour; to irritate; to envenom; **s'—,** to become sour, to become embittered.

aigu, ë, ay-ghe, *a* sharp; pointed; acute; shrill.

aiguille, ay-gwee-yer, *f* needle; hand (of clock, watch); index; spire; switch; point (rail).

aiguillette, ay-gwee-yet, *f* tag-lace; slice of flesh.

aiguilleur, ay-gwee-yer, *m* pointsman.

aiguillon, ay-gwee-yong, *m* goad, sting, prickle, thorn; spur.

aiguillonner, ay-gwee-yonn-eh, *v* to goad; to spur on.

aiguiser, ay-gwee-zeh, *v* to whet, to sharpen.

ail, ăh-e, *m* garlic.

aile, ayl, *f* wing; sail; aisle; flank (of army or fleet).

ailé, e, ay-leh, *a* winged.

aileron, ayl-rong, *m* pinion; small wing; fin; float-

ailette, ay-lehtt, *f* winglet. ⌐board.

ailleurs, ăh-e-yer, *adv* elsewhere; **d'—,** moreover.

aimable,* ay-măh-bl, *a* amiable, lovable, kind, pleasing.

aimant, ay-mahng, *m* loadstone, magnet.

aimant, e, ay-mahng, *a* loving, affectionate.

aimanter, ay-mahng-teh, *v* to magnetize.

aimer, ay-meh, *v* to love; to like; to be fond of; to enjoy; **s'—,** to love each other.

aine, ayn, *f* groin.

aîné, e, ay-neh, *a & n* elder; eldest.

aînesse, ayness, *f* primogeniture; **droit d'—,** dro'ăh d—, birthright.

ainsi, ang-se, *adv & conj* so, thus; therefore, **— que,** **— ker,** as well as; **— de suite,** **— der** sweet, so on; **— soit-il,** so'ăh-till, amen!

air, air *m* air; wind; look, appearance; likeness; tune;
avoir l'air de, ăh-vo'ăhr lair der, to look like;
en l'——, in the air; upward; at random.

airain, ay-rang, *m* brass; **d'——,** d——, pitiless, hard.

aire, air, *f* area; threshing-floor; barn-floor; eyrie.

ais, ay, *m* plank, board.

aisance, ay-zahngss, *f* ease; comfort; competency;
être dans l'——, ay-tr dahng l——, to be well off.

aise, ayz, *f* ease; comfort; enjoyment; **à l'——,** ăh l——,
comfortable.

aise, ayz, *a* glad, pleased (**de,** of, with).

aisé, e,* ay-zeh, *a* easy; well off.

aisselle, ayss-ell, *f* arm-pit.

ajonc, ăh-**shong,** *m* furze, gorse.

ajourner, ăh-**shoohr**-neh, *v* to postpone, to put off,
to defer; to summon; **s'——,** to adjourn.

ajouter, ăh-**shoo**-teh, *v* to add; **s'——,** to be added.

ajuster, ăh-**shEES**-teh, *v* to adjust; to fit; to arrange;
to reconcile; to aim at; **s'——,** to be adjusted, adapted;
to adapt oneself; to fit.

alanguir, ăh-lahng-gheer, *v* to make languid, to
enfeeble, to weaken.

alarme, ăh-lăhrm, *f* alarm.

alarmer, ăh-lăhr-meh, *v* to alarm; **s'——,** to take
fright.

albâtre, ăhl-bah-tr, *m* alabaster; snowy whiteness.

albumine, ăhl-BE-meen, *f* albumen.

alcali, ăhl-kăh-le, *m* alkali.

alcool, ăhl-kohl, *m* alcohol; spirits.

alcoolisme, ăhl-koh-lissm, *m* alcoholism.

alcôve, ăhl-kohv, *f* alcove, recess.

alcyon, ăhl-se-ong, *m* kingfisher, halcyon.

aléa, ăh-leh-ăh, *m* risk, chance.

aléatoire, ăh-leh-ăh-to'ăhr, *a* risky, hazardous.

alêne, ăh-laynn, *f* awl.

alentour, ăh-lahng-toohr, *adv* around, about.

alentours, ăh-lahng-toohr, *mpl* neighbourhood, surroundings, outskirts.

alerte, ăh-layrt, *f* alarm, alert.

alerte, ăh-layrt, *a* alert; sharp; quick; nimble.

algue, ăhl-gh, *f* alga, sea-weed.

aliénable, ăh-le-eh-năh-bl, *a* transferable.

aliénation, ăh-le-eh-năh-se-ong, f transfer; estrangement; madness.

aliéné, e, ăh-le-eh-neh, n & a lunatic; mad(man).

aliéner, ăh-le-eh-neh, v to transfer; to alienate; to estrange.

aligner, ăh-leen-yeh, v to set in a line; **s'—,** to fall in.

aliment, ăh-le-mahng, m food.

alimentaire, ăh-le-mahng-tair, a dietary; nutritious; alimentary.

alinéa, ăh-le-neh-ăh, m paragraph.

alité, e, ăh-le-teh, pp & a laid up; bed-ridden.

aliter, ăh-le-teh, v to confine to bed; **s'—,** to take to one's bed.

allaiter, ăh-lay-teh, v to suckle; to nurse.

allant, ăh-lahng, pres part & a going; active; stirring.

allécher, ăh-leh-sheh, v to allure; to entice.

allée, ăh-leh, f going; alley; passage; lane; path; **—s et venues,** —z'eh ver-ne, going and coming, running about.

allège, ăh-laysh, f lighter (nav.); tender; sill (window).

alléger, ăh-leh-sheh, v to lighten; to unload; to ease.

allègre,* ăhl-lay-gr, a lively; cheerful.

allégresse, ăhl-leh-gress, f cheerfulness, glee.

alléguer, ăhl-leh-gheh, v to allege.

allemand, e, ăhl-mahng, a & n German.

aller, ăh-leh, v to go; to get on; to become; to fit; to suit; **comment allez-vous ?** komm-ahng t'ăh-leh voo? how are you? **cet habit vous va bien,** set ăh-be voo văh be'ang, this coat suits you (or fits you) well; **s'en —,** sahng n'—, to go away.

aller, ăh-leh, m **billet d'— et retour,** bee-yay d— eh rer-toor, return ticket.

allergie, ăh-lair-shee, f allergy.

allergique, ăh-lair-shick, a allergic.

alliage, ăh-le-ăhsh, m alloy.   [ring.

alliance, ăh-le-ahngss, f alliance; match; wedding-

allier, ăh-le-eh, v to ally; to match; to blend; to mix; to alloy; **s'—,** to combine; to unite (**à,** with); to intermarry; to harmonize with.

allocation, ăh-lock-ăh-se-ong, f allowance; grant.

allocution, ăh-lock-e-se-ong, f short speech.

allonge, ăh-longsh, f leaf (table); extension.

allonger, āh-lo*ng*-sheh, *v* to lengthen; to prolong; **s'—**, to grow longer; to lie down.

allouer, āh-loo-eh, *v* to allow; to grant.

allumer, āh-lE-meh, *v* to light; to kindle; **s'—**, to light up; to catch fire.

allumette, āh-lE-mett, *f* match.

allumeur, āh-lE-mer, *m* igniter; lamp-lighter.

allure, āh-lEER, *f* gait; pace; manner; aspect.

allusion, āhl-lE-ze-o*ng*, *f* allusion; **faire — à**, fayr — āh, to allude to.

aloi, āh-lo'āh, *m* standard; quality; condition.

alors, āh-lor, *adv* then; at that time; in that case.

alouette, āh-loo-ett, *f* lark.

alourdir, āh-loor-deer, *v* to render heavy; **s'—**, to become heavy.

aloyau, āh-lo'āh-e-oh, *m* sirloin.

alpestre, āhl-pess-tr, *a* Alpine.

altérable, āhl-teh-rǎh-bl, *a* liable to change.

altérant, e, āhl-teh-rah*ng*, *a* alterative; producing thirst.

altération, āhl-teh-rǎh-se-o*ng*, *f* change; deterioration; misrepresentation; falsification; faltering; thirst.

altercation, āhl-tayr-kǎh-se-o*ng*, *f* wrangling.

altéré, e, āhl-teh-reh, *a* altered; thirsty.

altérer, āhl-teh-reh, *v* to alter; to impair; to debase; to misrepresent; to falsify; to make thirsty; **s'—**, to become worse.

alternati-f, -ive,* āhl-tair-nǎh-tiff, *a* alternative; alternating; **-ive**, *nf* alternative.

alterner, āhl-ter-neh, *v* to alternate; to take turns.

altesse, āhl-tess, *f* Highness.

altitude, āhl-tee-tEEd, *f* altitude.

alto, āhl-to, *m* tenor violin.

alun, āh-lu*ng*, *m* alum.

alvéole, āhl-veh-ol, *f* cell; socket.

amabilité, āhl-mǎh-be-le-teh, *f* pleasantness; kind-[ness.

amadouer, āh-mǎh-doo-eh, *v* to coax.

amaigrir, āh-may-greer, *v* to make thin, to emaciate.

amande, āh-mah*ng*d, *f* almond.

amandier, āh-mah*ng*-de-eh, *m* almond-tree.

amant, e, āh-mah*ng*, *mf* lover; suitor; sweetheart.

amarrer, ăh-măh-reh, *v* to moor; to fasten; to lash.

amas, ăh-mah, *m* heap; pile; mass.

amasser, ăh-măhss-eh, *v* to amass; to heap up; **s'—**, to gather.

ama-teur, **-trice**, ăh-măh-ter, *mf* amateur; lover; admirer.

amazone, ăh-măh-zohn, *f* amazon; lady-rider; *m* riding-habit; the Amazon river.

ambassade, ahng-băhss-ăhd, *f* embassy.

ambassa-deur, **-drice**, ahng-băhss-ăh-der, *mf* ambassador, ambassadress.

ambiance, ahng-be-ahngss, *f* atmosphere (of surroundings, of environment etc.).

ambiant, e, ahng-be-ahng, *a* surrounding; ambient.

ambigu, ë, ahng-be-ghe, *a* ambiguous, obscure.

ambitieu-x, **se**,* ahng-be-se-er, *a* ambitious; pretentious; *n* ambitious person.

ambition, ahng-be-se-ong, *f* ambition.

ambre, ahng-br, *m* amber.   [hospital.

ambulance, ahng-be-lahngss, *f* ambulance; field-

ambulancier, ahng-be-lahngss-e-eh, *m* ambulance-man; orderly.

ambulant, e, ahng-be-lahng, *a* itinerant, strolling; travelling (circus etc.).

âme, ahmm, *f* soul; mind; spirit; life; feeling; ghost; heart; essence; core; creature; bore (of gun); valve.

améliorer, ăh-meh-le-o-reh, *v* to improve, to make better; **s'—**, to get better.

aménagement, ăh-meh-năhsh-mahng, *m* fitting-up, disposition; *pl* fittings; accommodation.

aménager, ăh-meh-năh-sheh, *v* to arrange.

amende, ăh-mahngd, *f* fine; penalty; costs; **— honorable**, **—**onn-or-ăh-bl, apology.

amendement, ăh-mahngd-mahng, *m* amendment, improvement.

amender, ăh-mahng-deh, *v* to improve.

amener, ăhm-neh, *v* to bring; to introduce; to bring in, on or about; **mandat d'—**, mahng-dăh d—, warrant for arrest, capias.

am-er, **ère**,* ăh-mair, bitter.

américain, e, ăh-meh-re-kang, *a* & *mf* American.

amertume, ăh-mair-teem, *f* bitterness.

ameublement, ăh-mer-bler-mah*ng*, *m* furniture.

ameuter, ăh-mer-teh, *v* to train to hunt together; to excite; **s'—,** to rebel; to riot.

ami, e, ăh-me, *mf* friend; **chambre d'—,** shah*ng*-br d—, spare room; *a* friendly to, fond of.

amiable, ăh-me-ăh-bl, *a* amicable; **à l'—,** ăh l—, amicably; by private contract.

amical, e,* ăh-me-kăhl, *a* friendly; kind.

amidon, ăh-me-dong, *m* starch.

amincir, ăh-ma*ng*-seer, *v* to make thinner; **s'—,** to become thinner.

amiral, ăh-me-răhl, *m* admiral; **contre- —,** kong-tr' —, rear admiral.

amirauté, ăh-me-roh-teh, *f* admiralty.

amitié, ăh-me-te-eh, *f* friendship; *pl* kind regards, compliments, love.

ammoniaque, ăh-monn-e-ăhck, *f* ammonia.

amnésie, ăhm-neh-zee, *f* loss of memory.

amnistie, ăhm-niss-tee, *f* amnesty.

amoindrir, ăh-mo'a*ng*-dreer, *v* to diminish.

amollir, ăh-moll-eer, *v* to soften; to mollify; to enervate.

amonceler, ăh-mo*ng*ss-leh, *v* to heap up.

amont, ăh-mong, *m* up the river.

amorce, ăh-morss, *f* bait; allurement; priming; cap.

amortir, ăh-mor-teer, *v* to deaden; to pay off; to redeem; **s'—,** to grow weak or faint.

amortissable, ăh-mor-tiss-ăh-bl, *a* redeemable.

amortissement, ăh-mor-tiss-mah*ng*, *m* paying off; redemption; (wireless) damping.

amortisseur, ăh-mor-tiss-er, *m* shock-absorber.

amour, ăh-moohr, *m* love; passion; **— -propre,** — pro-pr, self-love, self-esteem.

amourette, ăh-moo-rett, *f* petty love affair.

amoureu-x, se,* ăh-moo-rer, *a* in love, enamoured.

amovible, ăh-mov-ee-bl, *a* removable.

ampère, ah*ng*-pair, *m* ampère.

ampèremètre, ah*ng*-pair-met-tr, *m* ammeter.

amphibie, ah*ng*-fe-bee, *a* amphibious.

amphibologie, ah*ng*-feeb-oll-**osh**-ee, *f* equivocal meaning.

ample,* ah*ng*-pl, *a* ample; spacious; large; copious.

ampleur, ah*ng*-pler, *f* ampleness; largeness; fullness.

ampliation, ahng-ple-äh-se-ong, f duplicate; true copy; **pour —,** poohr —, a true copy.

amplification, ahng-ple-fe-käh-se-ong, f enlargement.

amplifier, ahng-ple-fe-eh, v to enlarge upon.

amplitude, ahng-ple-teed, f amplitude.

ampoule, ahng-pool, f blister; phial; (electric light) bulb.

ampoulé, e, ahng-pool-eh, a blistered; bombastic.

amputer, ahng-pe-teh, v to amputate.

amuser, ahng-me-zeh, v to amuse; to entertain; to deceive; **s'—,** to enjoy oneself.

amuse-gueule, äh-meez-gherl, m cocktail-snack.

amygdale, äh-meegh-dähl, f tonsil.

an, ahng, m year; **jour de l'—,** shoohr der l—, new year's day.

analogue, äh-näh-log, a analogous.

analyser, äh-näh-le-zeh, v to analyze; to parse; to criticize.

ananas, äh-näh-näh, m pine-apple. [criticize.

anarchie, äh-när-shee, f anarchy.

anathème, äh-näh-taym, m anathema.

ancêtre, ahng-say-tr, m ancestor.

ancien, ahng-se-ang, m elder, senior.

ancien, ne,* ahng-se-ang, a ancient; old; past; former; retired. [age.

ancienneté, ahng-se-enn-teh, f antiquity; seniority.

ancre, ahng-kr, f anchor; **lever l'—,** ler-veh l—, to weigh anchor; **— de salut,** — der säh-le, sheet anchor.

andouille, ahng-doo'e-yer, f chitterlings; idiot (familiar).

âne, ahng, m ass; donkey; dunce. [(familiar).

anéantir, äh-neh-ahng-teer, v to annihilate; to destroy; to tire out.

anéantissement, äh-neh-ahng-tiss-mahng, m annihilation; utter exhaustion; self-humiliation.

anémie, äh-neh-mee, f anaemia.

ânerie, ahn-ree, f stupidity; gross ignorance; blunder.

ânesse, ah-ness, f she-ass.

anesthésie, äh-ness-teh-ze, f anaesthesia.

anesthésiste, äh-ness-teh-zist, m anaesthetist.

anévrisme, äh-neh-vrissm, m aneurism.

ange, ah*ng*sh, *m* angel; **être aux —s,** ay-tr oh z'—, to be overjoyed.

angine, ah*ng*-sheen, *f* sore-throat; **— couenneuse,** —kwäh-ne*r*z, diphtheria.

anglais, e, ah*ng*-glay, *n & a* English.

angle, ah*ng*-gl, *m* angle; corner.

angliciser, ah*ng*-gle-ze-zeh. *v* to anglicize.

anglicisme, ah*ng*-gle-sissm, *m* anglicism.

angoisse, ah*ng*-gwähss, *f* anguish; pang.

anguille, ah*ng*-ghee-ye*r*, *f* eel; **— sous roche,** — soo rosh, a snake in the grass.

anicroche, äh-ne-krosh, *f* hitch.

animal, äh-ne-mähl, *n & a* animal; sensual; brutal.

animer, äh-ne-meh, *v* to animate; to enliven; to cheer; to excite; **s'—,** to become excited, warm, angry; to encourage each other.

anis, äh-ne, *m* aniseed.

ankylose, ah*ng*-ke-lohz, *f* stiffness.

anneau, äh-noh, *m* ring.

année, äh-neh, *f* year; crop; vintage.

annelé, e, ähn-leh, *a* ringed.

annexe, äh-nex, *f* annex; rider; schedule.

annihilation, ähn-ne-ee-läh-se-o*ng*, *f* annihilation.

anniversaire, äh-ne-vair-sair, *n & a* anniversary.

annonce, äh-no*ng*ss, *f* announcement, advertisement.

annoncer, äh-no*ng*-seh, *v* to announce; to foretell; **s'— bien,** s— be-a*ng*, to look promising.

annoter, ähn-no-teh, *v* to annotate.

annuaire, äh-nε-air, *m* year-book; almanac; calendar; directory.

annulaire, ähn-nε-lair, *m* ring-finger, *a* annular.

annulation, ähn-nε-läh-se-o*ng*, *f* cancelling.

annuler, äh-nε-leh, *v* to annul, to cancel.

anoblir, äh-nob-leer, *v* to ennoble.

anodin, e, äh-nod-a*ng*, *a* mild; unmeaning; pain [killer.

anomalie, äh-nomm-äh-lee, *f* anomaly.

ânon, ah-no*ng*, *m* little donkey.

ânonner, ah-nonn-eh, *v* to falter, to stammer.

anonyme, äh-nonn-eem, *a* anonymous; **société —,** soss-e-eh-teh —, joint-stock company.

anormal, e,* äh-nor-mähl, *a* abnormal.

anse, ah*ng*ss, *f* handle; creek.

antan, ahng-tahng, m yester year. [previously.
antécédemment, ahng-teh-seh-däh-mahng, *adv*
antenne, ahng-tenn, f antenna; feeler, horn; (wireless) aerial.
antérieur, e,* ahng-teh-re-**er**, a former, past; front.
antériorité, ahng-teh-re-o-re-teh, f priority.
anthère, ahng-tair, f anther, tip.
anthropophage, ahng-trop-of-ähsh, a & m cannibal.
antibiotique, ahng-te-be-oh-tick, a & m, antibiotic.
antidérapant, ahng-te-deh-räh-pahng, a non-skid
antidote, ahng-te-dott, m antidote. [(tyre).
antienne, ahng-te-enn, f anthem. [quarian.
antiquaire, ahng-te-kair, m antique dealer; antiquité,** ahng-te-ke-teh, f antiquity; pl antiques.
antiseptique, ahng-te-sayp-tick, a & m antiseptic.
antre, ahng-tr, m cave; den.
anxiété, ahngk-se-eh-teh, f anxiety.
anxieu-x, se,* ahngk-se-**er**, a anxious, uneasy.
août, ah'oo, or oo, m August.
apache, äh-pähsh, m Apache; hooligan.
apaiser, äh-pay-zeh, v to appease; **s'—,** to subside; to abate; to compose oneself.
apanage, äh-päh-nähsh, m appanage; attribute; lot.
aparté, äh-pähr-teh, m words spoken aside.
apercevoir, äh-pair-ser-vo'ähr, v to perceive; **s'—** (de or que), to notice.
aperçu, äh-pair-se, m glance; summary view.
apéritif, äh-peh-re-tiff, m appetiser; aperitif.
aphte, ähft, m aphtha; ulcer.
apitoyer, äh-pe-to'ah-e-eh, v to move to compassion; **s'—,** to pity.
aplanir, äh-pläh-neer, v to level; to smooth.
aplatir, äh-pläh-teer, v to flatten.
aplomb, äh-plong, m perpendicularity; self-possession; audacity; **d'—,** upright.
apogée, äh-po-sheh, m apogee; greatest height.
apologie, äh-poll-o-**shee,** f apology; vindication.
apostat, äh-poss-täh, m apostate.
aposter, äh-poss-teh, v to set on the watch.
apostolat, äh-poss-toll-äh, m apostleship.
apostrophe, äh-poss-trof, f apostrophe; address; reproach.

apostropher, äh-poss-trof-eh, *v* to address; to challenge.

apostume, äh-poss-tEEM, *m* abscess.

apothicaire, äh-po-te-kair, *m* apothecary; **compte d'—,** ko*ng*t d—, exorbitant bill.

apôtre, äh-poh-tr, *m* apostle.

apparaître, äh-päh-ray-tr, *v* to appear.

apparat, äh-päh-räh, *m* pomp, state; **d'—,** formal.

appareil, äh-päh-ray'e, *m* preparation; display; apparatus; appliance.

appareiller, äh-päh-ray'e-eh, *v* to match; to set sail.

apparemment, äh-päh-räh-mah*ng*, *adv* apparently.

apparence, äh-päh-rah*ng*ss, *f* appearance.

apparent, e, äh-päh-rah*ng*, *a* apparent.

apparenté, e, äh-päh-rah*ng*-teh, *a* related.

apparition, äh-päh-re-se-o*ng*, *f* appearance, publication; ghost.

appartement, äh-pähr-ter-mah*ng*, *m* suite of rooms; flat.

appartenir, äh-pähr-ter-neer, *v* to belong to; to concern; to behove.

appas, äh-pah, *mpl* attractions; charms.

appât, äh-pah, *m* bait; allurement.

appauvrir, äh-poh-vreer, *v* to impoverish.

appel, äh-pell, *m* call; appeal; muster.

appeler, ähp-leh, *v* to call; to appeal; to name; **s'—,** to be called.

appendice, äh-pang-diss, *m* appendix; appendage.

appendicite, äh-pang-de-sit, *f* appendicitis.

appesantir, äh-per-zah*ng*-teer, *v* to make heavy; **s'—,** to become heavy; to dwell (**sur,** upon).

appesantissement, äh-per-zah*ng*-tiss-mah*ng*, *m* heaviness; dullness.

appétissant, e, äh-peh-tiss-ah*ng*, *a* appetising; tempting.

appétit, äh-peh-te, *m* appetite; hunger; **l'— vient en mangeant,** l— ve-a*ng* t'ah*ng* mah*ng*-shah*ng*, the more one has, the more one wants.

applaudir, äh-ploh-deer, *v* to applaud; to commend; **s'— (de,** on), to congratulate oneself.

applaudissement, äh-ploh-diss-mah*ng*, *m* applause; cheering.

application, ăh-ple-kăh-se-ong, f application; attention; diligence; appropriation.

applique, ăh-pleek, f bracket; inlaid work.

applique, e, ăh-ple-keh, pp & a applied; studious; diligent.

appliquer, ăh-ple-keh, v to apply; to lay on; to adapt; to devote; **s'——,** to be applied; to be applicable to; to apply oneself.

appoint, ăh-po'ang, m balance; odd money.

appointements, ăh-po'angt-mahng, mpl salary.

apport, ăh-por, m share of capital; pl vendor's shares.

apporter, ăh-por-teh, v to bring (something portable).

apposer, ăh-poh-zeh, v to affix; to append; to add.

apposition, ăh-poh-ze-se-ong, f affixing; apposition.

apprécier, ăh-preh-se-eh, v to appreciate; to value.

appréhender, ăh-preh-ahng-deh, v to apprehend; to arrest; to fear.   [fear.

appréhension, ăh-preh-ahng-se-ong, f apprehension.

apprendre, ăh-prahng-dr, v to learn; to hear; to teach; to inform.

apprenti, ăh-prahng-te, m apprentice; novice.   [ship.

apprentissage, ăh-prahng-tiss-ăhsh, m apprentice-

apprêt, ăh-pray, m preparation; dressing of food; affectation.

appris, e, ăh-pre, pp learnt; taught; **malappris,** măh-lăh-pre, ill-bred.

apprivoiser, ăh-pre-vo'ăh-zeh, v to tame.

approba-teur, trice, ăh-pro-băh-ter, mf approver. a approving; of approval.

approbati-f, ve,* ăh-pro-băh-tiff, a approbatory; of approval.

approbation, ăh-pro-băh-se-ong, f approval.

approchant, e, ăh-pro-shahng, a near; like; approximate; adv thereabouts.

approche, ăh-prosh, f approach; access.

approcher, ăh-pro-sheh, v to approach; to bring near **s'——,** to come near.

approfondi, e, ăh-pro-fong-de, a profound; thorough.

approfondir, ăh-pro-fong-deer, v to deepen; to sift.

approprier, ăh-pro-pre-eh, v to appropriate; to adapt; to clean; **s'——,** to appropriate to oneself.

approuver, ăh-proo-veh, *v* to approve.

approvisionnement, ăh-pro-ve-ze-onn-mah*ng*, *m* victualling; supply; stores.

approvisionner, ăh-pro-ve-ze-onn-eh, *v* to provide; **s'—,** to provide oneself **(de,** with); to lay in store.

approximati-f, ve,* ăh-prock-se-măh-tiff, *a* approxi- [mate, rough.

appui, ăh-pwe, *m* support; sill.

appuyer, ăh-pwe-yeh, *v* to support; to prop; to insist; **s'—,** to lean; to rely **(sur,** on).

âpre, ah-pr, *a* rough; harsh; severe.

après, ăh-pray, *prep* after; *adv* afterwards; **d'—,** from, according to; **et—?** eh—? what then?

après-demain, ăh-prayd-ma*ng*, *adv* the day after to-morrow.

après-dîner, ăh-pray-de-neh, *m* after-dinner.

après-midi, ăh-pray-me-de, *m & f* afternoon.

âpreté, ăh-prer-teh, *f* roughness; harshness; greedi-

apte, ăh-pt, *a* fit, capable, qualified **(à,** of, for). [ness.

aptitude, ăhp-te-teed, *f* aptitude, fitness **(à,** to; **pour,** for).

apurer, ăh-pe-reh, *v* to audit.

aquarelle, ăh-ko'ăh-rell, *f* water-colour.

aquarium, ăh-ko'ăh-re-omm, *m* aquarium.

aquatique, ăh-ko'ăh-tick, *a* aquatic.

aqueduc, ăhck-DEEK, *m* aqueduct.

aquilin, ăh-ke-la*ng*, *a* aquiline.

aquilon, ăh-ke-lo*ng*, *m* north wind; cold wind.

arable, ăh-răh-bl, *a* arable, tillable.

arachide, ăh-răh-sheed, *f* ground-nut.

araignée, ăh-rayn-yeh, *f* spider.

aratoire, ăh-răh-to'ăhr, *a* agricultural.

arbalète, ăhr-băh-lett, *f* cross-bow.

arbitrage, ăhr-be-trăhsh, *m* arbitration.

arbitraire,* ăhr-be-trayr, *a* arbitrary; despotic.

arbitre, ăhr-bee-tr, *m* arbitrator; umpire; master; **libre —,** lee-br' —, free will.

arborer, ăhr-bor-eh, *v* to set up; to hoist; to don.

arbre, ăhr-br, *m* tree; shaft; axle.

arbrisseau, ăhr-bre-soh, *m* small tree.

arbuste, ăhr-bEEst, *m* shrub.

arc, ăhrk, *m* bow; arc; arch.

arcade, ăhr-kăhd, *f* row of arches; arcade.

arc-boutant, ăhrk-boo-tah*ng*, *m* buttress.

arceau, ăhr-soh, *m* arch, vault.

arc-en-ciel, ăhr-kah*ng*-se-ell, *m* rainbow.

archange, ăhr-kah*ng*sh, *m* archangel.

arche, ăhrsh, *f* arch; ark.

archéologue, ăhr-keh-o-log, *m* archeologist.

archer, ăhr-sheh, *m* bowman.

archet, ăhr-shay, *m* bow, fiddlestick.

archevêque, ăhr-sher-vayk, *m* archbishop.

archidiacre, ăhr-she-de-ăh-kr, *m* archdeacon.

archiduc, ăhr-she-DEEK, *m* archduke.

archiduchesse, ăhr-she-DE-shess, *f* archduchess.

archipel, ăhr-she-pell, *m* archipelago.

architecte, ăhr-she-teckt, *m* architect.

architecture, ăhr-she-teck-TEER, *f* architecture.

archives, ăhr-sheev, *fpl* archives; records; recording office.

arçon, ăhr-so*ng*, *m* saddlebow.

ardemment, ăhr-dăh-mah*ng*, *adv* ardently; eagerly; passionately.

ardent, e, ăhr-dah*ng*, *a* burning; glowing; eager.

ardeur, ăhr-der, *f* ardour; eagerness; heat; spirit.

ardoise, ăhr-do'ăhz, *f* slate.

ardoisière, ăhr-do'ăh-ze-air, *f* slate-quarry.

ardu, e, ăhr-DE, *a* arduous; difficult.

are, ăhr, *m* (unit of land measure in the French metrical system, equal to 100 square metres, or 119.60 square yards).

arène, ăh-rain, *f* arena; ring.

arête, ăh-rayt, *f* fish-bone; edge; ridge.

argent, ăhr-shah*ng*, *m* silver; money; cash; — **comptant,** —ko*ng*-tah*ng*, ready money; — **fou,** —foo, lots of money.

argenté, e, ăhr-shah*ng*-teh, *a* silvered; silver-white.

argenter, ăhr-shah*ng*-teh, *v* to plate.

argenterie, ăhr-shah*ng*-tree, *f* silver plate; plate.

argile, ăhr-sheel, *f* clay.

argileu-x, se, ăhr-she-ler, *a* clayey.

argot, ăhr-gho, *m* slang.

argousin, ăhr-goo-za*ng*, *m* convict-warder; police spy.

arguer, ăhr-ghe-eh, *v* to argue; to infer; to accuse.

argument, ăhr-ghe-mah*ng*, *m* argument; reasoning; plea; summary.

argumenter, ăhr-ghE-mah*ng*-teh, v to argue; to infer (**de**, from).

argus, ăhr-ghEESS, m argus; clear-sighted person.

argutie, ăhr-ghE-see, f quibble.

aride, * ăh-reed, a arid; dry; barren.

aridité, ăh-re-de-teh, f aridity; dryness; barrenness.

aristocratie, ăh-riss-to-krăh-see, f aristocracy.

arithmétique, ăh-reet-meh-tick, f arithmetic.

arlequin, ăhr-ler-ka*ng*, m harlequin.

arlequinade, ăhr-ler-ke-năhd, f harlequinade; buffoonery.

armateur, ăhr-măh-ter, m ship-owner.

armature, ăhr-măh-tEER, f iron-work; framework; fittings.

arme, ăhrm, f weapon, arm; **maître d'—**, may-tr d—, fencing master; **faire des —s**, fair day z'—, to fence.

armée, ăhr-meh, f army; multitude.

armement, ăhr-mer-mah*ng*, m armament.

armer, ăhr-meh, v to arm (**de**, with); to set against (**contre**, ko*ng*-tr); to cock; to equip; **s'—**, to arm oneself (**de**, with); to summon up.

armoire, ăhr-mo'ăhr, f cupboard; wardrobe.

armoiries, ăhr-mo'ăh-ree, fpl arms; coat of arms.

armorial, ăhr-mo-re-ăhl, m book of heraldry.

armure, ăhr-mEER, f armour.

armurier, ăhr-ME-re-eh, m gunsmith; sword-cutler.

arnica, ăhr-ne-kăh, m arnica.

aromatiser, ăh-ro-măh-te-zeh, v to aromatise, to perfume.

arome, ăh-rohm, m aroma.

aronde, ăh-ro*ng*d, f (obs.) swallow; **en queue d'—**, ah*ng* ker d—, dovetailed.

arpège, ăhr-paish, m arpeggio.

arpent, ăhr-pah*ng*, m acre.

arpentage, ăhr-pah*ng*-tăh**sh**, m land surveying.

arpenter, ăhr-pah*ng*-teh, v to survey; to stride along.

arpenteur, ăhr-pah*ng*-ter, m land surveyor.

arquer, ăhr-keh, v to arch, to bend; **s'—**, to become curved.

arrache-pied (d'), dăh-răhsh-pe-eh, adv at a stretch; without interruption.

arracher, ăh-răh-sheh, v to force out; to pull out; to pluck out; to snatch; to tear away; to wrest; **s'—**, to tear oneself, to break away (**à**, from).

arrangement, ăh-rahngsh-mahng, m arrangement; preparation; adjustment; accommodation.

arranger, ăh-rahng-sheh, v to arrange; to settle; to repair; to suit; to trim up; s'—, to make shift (de, with); to come to an arrangement (avec, with).

arrérages, ăh-reh-răhsh, mpl arrears.

arrestation, ăh-ress-tăh-se-ong, f arrest; custody.

arrêt, ăh-ray, m decree; stop; catch.

arrêté, ăh-ray-teh, m decision; order, decree.

arrêter, ăh-ray-teh, v to stop; to detain; to restrain; to arrest; to fix; to resolve; to book; to engage; to conclude; s'—, to stop; to resolve (à, on).

arrhes, ăhr, fpl deposit (of money).

arrière, ăh-re-air, m back part; stern; adv behind; interj away!; en —, ahng n'—, backward; --pensée —pahng-seh, f ulterior motive; — -plan, — plahng, m background; — -saison, — say-zong, f end of autumn; closing season.

arriéré, ăh-re-eh-reh, m arrears.

arriéré, e, ăh-re-eh-reh, a in arrears; backward (mentally).

arrimer, ăh-re-meh, v to stow.

arrimeur, ăh-re-mer, m stevedore.

arrivage, ăh-re-văhsh, m arrival (of cargo, goods).

arrivée, ăh-re-veh, f arrival.

arriver, ăh-re-veh, v to arrive (à, at); to come; to reach; to occur; to succeed; (with de) to become of. **arrive que pourra,** ăh-reev ker poo-răh, happen what may.

arriviste, ăh-re-visst, m & f pushing person, climber (social).

arrogamment, ăh-ro-găh-mahng, adv arrogantly.

arrogance, ăh-ro-gahngss, f arrogance.

arrogant, e, ăh-ro-gahng, a arrogant; haughty.

arroger (s'), săh-ro-sheh, v to arrogate to oneself; to assume.

arrondir, ăh-rong-deer, v to round; s'—, to become round; to increase.

arrondissement, ăh-rong-diss-mahng, m rounding; administrative district.

arrosage, ăh-ro-zăhsh, m watering. [baste.

arroser, ăh-ro-zeh, v to water; to sprinkle; to wet; to

arrosoir, ăh-ro-zo'ăhr, *m* watering-can; sprinkler.
arsenal, ăhr-ser-năhl, *m* arsenal, dockyard.
arsenic, ăhr-ser-nick, *m* arsenic.
art, ăhr, *m* art.
artère, ăhr-tair, *f* artery.
artériole, ăhr-teh-re-ol, *f* small artery.
artésien, ăhr-teh-ze-ang, *a* artesian.
arthrite, ăhr-treet, *f* arthritis.
artichaut, ăhr-te-shoh, *m* artichoke.
article, ăhr-tee-kl, *m* article; subject; thing; paragraph; item; goods; **—de fond,** —der fong, leading article.
articulation, ăhr-te-kE-lăh-se-ong, *f* articulation; [joint.
articulé, e, ăhr-te-kE-leh, *a* articulated.
articuler, ăhr-te-kE-leh, *v* to utter; to pronounce; to set forth.
artifice, ăhr-te-fiss, *m* contrivance, deceit; **feu d'—,** fer d—, fireworks.
artificiel, le,* ăhr-te-fe-se-ell, *a* artificial.
artificieu-x, se,* ăhr-te-fe-se-er, *a* artful.
artillerie, ăhr-tee-yer-ree, *f* artillery.
artilleur, ăhr-tee-yer, *m* artilleryman.
artisan, ăhr-te-zahng, *m* artisan, craftsman.
artiste, ăhr-tisst, *m* artist; actor; performer.
as, ahss, *m* ace; (fig.) one who excels in some part.
asbeste, ăhz-best, *m* asbestos.
ascendance, ăhss-sahng-dahngss, *f* ascending line; ascendency.
ascendant, ăhss-sahng-dahng, *m* ascendency, *pl* forefathers.
ascendant, e, ăhss-sahng-dahng, *a* ascending.
ascenseur, ăhss-sahng-ser, *m* lift; hoist.
ascension, ăhss-sahng-se-ong, *f* ascension; ascent; Ascension day.
ascète, ăhss-sett, *m* ascetic; hermit.
ascétisme, ăhss-seh-tism, *m* asceticism.
asile, ăh-zeel, *m* asylum; shelter; refuge; sanctuary.
aspect, ăhss-pay, *m* aspect; view; appearance.
asperge, ăhss-pairsh, *f* asparagus.
asperger, ăhss-pair-sheh, *v* to sprinkle (**de,** with).
aspérité, ăhss-peh-re-teh, *f* roughness.
aspersion, ăhss-pair-se-ong, *f* aspersion; sprinkling.

asphalte, ăhss-fählt, *m* asphalt.

asphyxier, ăhss-feek-se-eh, *v* to asphyxiate; to suffocate.

aspic, ăhss-pick, *m* asp; spike-lavender; cold meat in [jelly.]

aspirant, ăhss-pe-rah*ng*, *m* candidate.

aspirant, e, ăhss-pe-rah*ng*, *a* suction (pump, etc.).

aspiration, ăhss-pe-răh-se-o*ng*, *f* inhalation; suction; (fig.) longing.

aspirer, ăhss-pe-reh, *v* to inhale; to exhaust; to suck up; (fig.) to long for.

aspirine, ăhss-pe-reen, *f* aspirin.

assaillant, ăhss-sah'e-ah*ng*, *n* & *a* assailant.

assaillir, ăhss-sah'eer, *v* to assail; to attack.

assainir, ăhss-ay-neer, *v* to make healthy.

assaisonnement, ăhss-ay-zonn-mah*ng*, *m* seasoning; salad dressing.

assaisonner, ăhss-ay-zonn-eh, *v* to season; to dress [(salad).]

assassin, ăhss-ăh-sa*ng*, *m* murderer.

assaut, ăhss-oh, *m* assault; attack; fencing match.

assemblage, ăhss-ah*ng*-bläsh, *m* assemblage; gathering; medley; joining.

assemblée, ăhss-ah*ng*-bleh, *f* assembly; congregation; party; meeting.

assembler, ăhss-ah*ng*-bleh, *v* to collect; to convoke; to join together; **s'—,** to meet; **qui se ressemble s'assemble,** kee se*r* rerss-ah*ng*-bl săhss-ah*ng*-bl, birds of a feather flock together.

asséner, ăhss-eh-neh, *v* to strike, to deal (a blow).

assentiment, ăhss-ah*ng*-te-mah*ng*, *m* assent.

asseoir, ăhss-o'ăhr, *v* to seat; **s'—,** to sit down.

assermenter, ăhss-air-mah*ng*-teh, *v* to swear in.

assertion, ăhss-air-se-o*ng*, *f* assertion.

asservir, ăhss-air-veer, *v* to enslave; to subdue.

asservissement, ăhss-air-viss-mah*ng* *m* enslavement; slavery.

assesseur, ăhss-ess-er, *m* assessor; assistant; judge.

assez, ăhss-eh, *adv* enough; fairly; rather.

assidu, e, ăhss-e-dɛ, *a* assiduous; diligent; attentive.

assiduité, ăhss-e-dwe-teh, *f* assiduity; regular attendance; *pl* assiduous attentions.

assidûment, ăhss-e-dɛ-mah*ng*, *adv* assiduously; diligently.

assidûment, ăhss-e-de-mah*ng*, *adv* diligently.
assiégeant, e, ăhss-e-eh-sha*hng*, *n & a* besieger.
assiéger, ăhss-e-eh-sheh, *v* to besiege; to dun **(de, with).**
assiette, ăhss-e-ett, *f* plate; situation; assessment.
assignable, ăhss-een-yăh-bl, *a* assignable.
assignation, ăhss-een-yăh-se-o*ng*, *f* assignment; summons; writ; subpoena; appointment.
assigner, ăhss-een-yeh, *v* to assign; to allot; to summon; to appoint.
assimiler, ăhss-e-me-leh, *v* to assimilate **(to,** with).
assis, e, ăhss-e, *pp* seated.
assise, ăhss-eez, *f* course; layer; *pl* assizes.   [help.
assistance, ăhss-iss-tah*ng*ss, *f* attendance; audience;
assistant, e, ăhss-iss-tah*ng* *n & a* person present; helper; *pl* those present.   [help.
assister, ăhss-iss-teh, *v* to attend; to be present; to
association, ăhss-o-se-ăh-se-o*ng*, *f* association; partnership.
associé, e, ăhss-o-se-eh, *mf* associate; partner.
associer, ăhss-o-se-eh, *v* to associate; **s'—,** to join **(à, avec,** with), to enter into partnership; to share **(à,** in).
assombrir, ăhss-o*ng*-breer, *v* to darken; **s'—,** to become gloomy.
assommant, e, ăhss-omm-ah*ng*, *a* boring.
assommer, ăhss-omm-eh, *v* to knock down; to bore to death.
assommoir, ăhss-omm-o'ăhr, *m* bludgeon; (fig.) low drink shop.
assomption, ăhss-o*ng*p-se-o*ng*, *f* Assumption.
assortiment, ăhss-or-te-mah*ng*, *m* assortment; set; stock; match.
assortir, ăhss-or-teer, *v* to assort; to stock; to match; **s'—,** to harmonize **(à, avec,** with).
assoupir, ăhss-oo-peer, *v* to make drowsy; to hush up **s'—,** to doze; to die away.
assoupissant, e, ăhss-oo-piss-ah*ng*, *a* soporific.
assoupissement, ăhss-oo-piss-mah*ng* ,*m* drowsiness; indolence.
assouplir, ăhss-oo-pleer, *v* to make supple; **s'—,** to become supple.

assourdir, ăhss-oohr-**deer**, v to deafen; to muffle.

assourdissant, e, ăhss-oohr-diss-ah*ng*, a deafening.

assouvir, ăhss-oo-**veer**, v to satiate; to glut.

assujettir, ăhss-E-**shayt**-eer, v to subdue; to bind; to fasten; **s'—,** to subject oneself.

assujettissement, ăhss-E-**shayt**-iss-mah*ng*, m subjection.

assumer, ăhss-E-meh, v to assume.

assurance, ăhss-E-rah*ng*ss, f assurance; reliance; boldness; insurance.

assuré, e, ăhss-E-reh, pp & a assured; insured; secured; confident.

assurément, ăhss-E-reh-mah*ng*, adv certainly; assuredly.

assurer, ăhss-E-reh, v to assure; to insure; to secure; to assert; **s'—,** to make sure (**de,** of; **que,** that).

assureur, ăhss-E-**rer**, m insurer; underwriter.

asthme, ăhssm, m asthma.

asticot, ăhss-te-ko, m maggot.

asticoter, ăhss-te-kot-eh, v (fam.), to worry; to tease.

astiquer, ăhss-te-keh, v to polish.

astral, e, ăhss-trăhl, a stellar; astral.

astre, ăhss-tr, m star.

astreindre, ăhss-tra*ng*-dr, v to subject; to compel.

astringent, e, ăhss-tra*ng*-**shah**ng, a astringent.

astrologue, ăhss-troll-og, m astrologer.

astronome, ăhss-tronn-omm, m astronomer.

astuce, ăhss-**TEE**ss, f cunning, astuteness; witticism.

astucieu-x, se,* ăhss-**TE**-se-er, a artful, crafty; witty.

atelier, ăh-ter-le-eh, m workshop; office; studio; gang; **chef d'—,** shayf d—, m overseer.

atermoiement, ăh-tair-mo'ăh-mah*ng*, m respite.

athée, ăh-teh, m atheist.

athlète, ăh-lett, m athlete; champion.

atlas, ăht-lăhss, m atlas.

atmosphère, ăht-moss-fair, f atmosphere.

atome, ăh-tom, m atom.

atomique, ăh-to-mick, a atomic.

atomiseur, ăh-to-me-zer, m atomiser, spray.

atours, ăh-toohr, mpl attire; finery.

atout, ăh-too, m trump-card.

âtre, ah-tr, m hearth.

atroce,* ăh-tross, *a* atrocious; heinous; excruciating.

atrocité, ăh-tross-e-teh, *f* atrocity; frightfulness.

atrophié, e, ăh-trof-e-eh, *a* wasted; withered.

attabler (s'), săh-tăh-bleh, *v* to sit down to table.

attachant, e, ăh-tăh-shahng, *a* attractive; engaging.

attache, ăh-tăhsh, *f* tie; bond; fastening; leash.

attaché, ăh-tăh-sheh, *m* attaché (of an Embassy).

attaché, e, ăh-tăh-sheh, *pp & a* attached.

attachement, ăh-tăhsh-mahng, *m* affection.

attacher, ăh-tăh-sheh, *v* to attach; to fasten; to bind; to interest; to endear; **s'—,** to cling.

attaque, ăh-tăhck, *f* attack; fit; stroke.

attaquer, ăh-tăh-keh, *v* to attack; to begin; to sue; **s'—à,** to attack.

atteindre, ăh-tang-dr, *v* to reach; to attain; to strike; to injure.

atteinte, ăh-tangt, *f* blow; injury; violation.

attelage, ăht-lăhsh, *m* team.

atteler, ăht-leh, *v* to put to; to yoke.

attenant, e, ăht-nahng, *a* adjoining.   [while.

attendant (en) ahng n'ăh-tahng-dahng, *adv* mean-

attendre, ăh-tahng-dr, *v* to wait for; to expect; to look forward to; **s'—à,** to expect; to rely upon.

attendrir, ăh-tahng-dreer, *v* to make tender; to move; **s'—,** to be moved.

attendrissement, ăh-tahng-driss-mahng, *m* emotion.

attendu, e, ăh-tahng-DE, *pp* expected; *prep* considering.

attentat, ăht-tahng-tăh, *m* criminal attempt; outrage.

attente, ăh-tahngt, *f* waiting; expectation.

attenter, ăh-tahng-teh, *v* to make a criminal attempt.

attenti-f, -ve,* ăh-tahng-tiff, *a* attentive.

attention, ăh-tahng-se-ong, *f* attention; care; kindness.

atténuer, ăht-teh-NE-eh, *v* to weaken; to extenuate.

atterrer, ăh-tay-reh, *v* to thrown down; to astound.

atterrir, ăh-tay-reer, *v* to land.

atterrissage, ăh-tay-riss-ăhsh, *m* landing.

attestation, ăh-tess-tăh-se-ong, *f* certificate; testimonial.

attester, ăh-tess-teh, *v* to attest; to take to witness.

attiédir, ăh-te-eh-deer, to cool; **s'—,** to cool down.

attirail, ăh-te-rah'e, *m* apparatus; paraphernalia.

attirant, e, äh-te-rah*ng*, *a* attractive; alluring.
attirer, äh-te-reh, *v* to attract; to draw; to bring on;
   s'—, to bring on oneself; to attract each other.
attiser, äh-te-zeh, *v* to stir up; to poke; to store.
attitré, e, äh-te-treh, *a* regular; appointed; official.
attitude, äh-te-tEEd, *f* attitude.
attouchement, äh-toosh-mah*ng*, *m* touch; feeling.
attraction, äh-trähck-se-o*ng*, *f* attraction.
attrait, äh-tray, *m* attraction; charm.
attrape, äh-trähp, *f* catch; trick; hoax; trap; —
   -nigaud, — ne-goh, booby-trap.
attraper, äh-träh-peh, *v* to entrap; to catch; to cheat;
attrayant, e, äh-tray'e-ah*ng*, *a* attractive   [to get.
attribuer, äht-tre-bE-eh, *v* to attribute; to assign; to
   impute; **s'—,** to claim.
attribution, äht-tre-bE-se-o*ng*, *f* attribution; prerogative.
attrister, äh-triss-teh, *v* to sadden; **s'—,** to grieve.
attroupement, äh-troop-mah*ng*, *m* gathering; mob.
attrouper, äh-troo-peh, *v* to assemble; **s'—,** to
   crowd.
au (*sing*), **aux** (*pl*), oh, contraction of **à le, à les.**
aubaine, oh-bayn, *f* windfall; godsend.
aube, ohb, *f* dawn.
aubépine, oh-beh-peen, *f* hawthorn.
auberge, oh-bairsh, *f* inn; **— de la jeunesse,** de*r* lah
   sher-ness, youth hostel.
aubergine, oh-bair-sheen, *f* aubergine, egg-plant.
aubergiste, oh-bair-shisst, *m* inn-keeper.   [one.
aucun, e, oh-ku*ng*, *a* any; no; none; *pron* any one; no
aucunement, oh-kEEn-mah*ng*, *adv* by no means; not
   at all.
audace, oh-dähss, *f* audacity; insolence; daring.
audacieu-x, se*, oh-däh-se-e*r*, *a* audacious; impudent; bold.
au-dessous, oh-de*r*-soo, *adv* below, underneath.
au-dessus, oh-de*r*-SEE, *adv* above.
audience, oh-de-ah*ng*ss, *f* audience; hearing; court;
   sitting.
audiencier, oh-de-ah*ng*ss-e-eh, *m* usher, crier of a
audi-teur, trice, oh-de-ter, *mf* hearer.   [court.
auditi-f, ve, oh-de-tiff, *a* auditory.

audition, oh-de-se-ong, *f* hearing; audition.
auditoire, oh-de-to'ăhr, *m* audience; auditorium.
auge, ohsh, *f* trough; hod; spout.
augmentation, og-mahng-tăh-se-ong, *f* increase; rise.
augmenter, og-mahng-teh, *v* to increase; to raise; s'—, to increase.
augure, oh-gHeer, *m* augury; omen; augur.
augurer, oh-gHe-reh, *v* to augur; to surmise.
auguste, oh-gHeest, *a* august.
aujourd'hui, oh-shoohr-dwe, *adv* to-day; nowadays.
aumône, oh-mohn, *f* alms; charity.
aumônier, oh-moh-ne-eh, *m* chaplain.
aune, ohn, *m* alder, *f* ell.
auparavant, oh-păh-răh-vahng, *adv* before; previously; once; first.
auprès, oh-pray, *adv* near, close, hard by.
auprès de, oh-pray der, *prep* near; close to; in comparison with.
auréole, oh-reh-ol, *f* halo; glory, crown, nimbus.
auriculaire, oh-re-ĸe-lair, *m* the little finger; *a* auricular.
aurifère, oh-re-fair, *a* auriferous.
aurifier, oh-re-fe-eh, *v* to stop teeth with gold.
aurore, oh-ror, *f* dawn.
ausculter, ohss-kĸeel-teh, *v* to be examined by doctor.
auspice, oss-piss, *m* auspice.
aussi, ohss-e, *adv* too, also, likewise; so; as; as much. *conj* therefore; consequently; —...que, — ker, as...as.
aussitôt, ohss-e-toh, *adv* immediately; —que,— ker, as soon as.
austère,* ohss-tair, *a* stern; rigid.
autant, oh-tahng, *adv* as much; as many; so much; so many; d'— mieux, d— me-er, all the better; d'— moins, d— mo'ang, all the less; d'— que, d— ker, more especially as.
autel, oh-tell, *m* altar.
auteur, oh-ter, *m* author; droit d'—, dro'ăh d—, copyright.
authenticité, oh-tahng-te-se-teh, *f* authenticity; genuineness.
autobiographe, oh-toh-be-oh-grăhf, *m* autobiographer.

autobiographie, oh-toh-be-oh-grăh-fee, *f* autobiography.

autobus, oh-toh-BEES, *m* bus.

autocratie, oh-toh-krăh-see, *f* autocracy.

autographe, oh-toh-grăhf, *m* autograph.

automate, oh-toh-măht, *m* automation.

automatique,* oh-toh-măh-tick, *a* automatic.

automne, oh-tonn, *m* autumn.

automobile, oh-toh-mo-beel, *f* motor-car, *a* self-moving; **canot —,** kăh-no —, motor-boat.

automobilisme, oh-toh-mo-be-lissm, *m* motoring.

automobiliste, oh-toh-mo-be-lisst, *mf* motorist.

autopsie, oh-top-see, *f* post-mortem examination.

autorisation, oh-toh-re-zăh-se-ong, *f* authority; permission. ⌊mission.

autoriser, oh-toh-re-zeh, *v* to authorize.

autorité, oh-toh-re-teh, *f* authority; power; control.

autoroute, oh-toh-root, *f* motorway.

autour, oh-toohr, *adv* round about.

autour de, oh-toohr der, *prep* around; about.

autre, oh-tr, *pron* another; *a* other; different; **tout —,** too t'—, quite different; anybody else; **nous —s,** **vous —s,** noo z'—, voo z'—, we, you, ourselves; yourselves; **à d'—,** ăh d—, nonsense!

autrefois, oh-trer-fo'ăh, *adv* formerly.

autrement, oh-trer-mahng, *adv* otherwise.

autruche, oh-trEESH, *f* ostrich.

autrui, oh-trwe, *pron & m* others.

aux, oh, to the, at the, (*m & fpl*).

auvent, oh-vahng, *m* pent-house; shed.

auxiliaire, ohk-se-le-air, *a & m* auxiliary.

aval, ăh-văhl, *m* guarantee; endorsement; lower part; **en —,** ahng n'—, down the river.

avaler, ăh-văh-leh, *v* to swallow; (fig.) to pocket.

avance, ăh-vahngss, *f* advance; money advanced; **d'—,** d—, beforehand.

avancement, ăh-vahngss-mahng, *m* progress; rise.

avancer, ăh-vahngss-eh, *v* to advance; to promote; to hasten; to hold forth; to proceed; to progress; (clock) to be fast; **s'—,** to come forward.

avanie ăh-văh-nee, *f* outrage; affront.

avant, hă-vahng, *adv* far, deep, forward, *prep* before; *m* forepart; bow; **en —,** ahng n'—, in front; **— de** or que, before; — -dernier, — dair-ne-eh, last but one; — -hier, — t'e-air, the day before yesterday; — -propos, — pro-poh, foreword; — -veille, — vay'e, two days before.

avantage, äh-vah*n*g-tähsh, *m* advantage.

avantageu-x, se,* äh-vah*n*g-tähsh-er, *a* advantageous.

avare, äh-vähr, *m* miser. *a* avaricious.

avarice, äh-väh-riss, *f* avarice.

avarie, äh-väh-ree, *f* damage; average.

avarier, äh-väh-re-eh, *v* to damage; to spoil; s'—, to get damaged.

avec, äh-veck, *prep* with; by; among.

avenant, ähv-nah*n*g, *m* additional clause (to an insurance policy).

avenant, e, äh-vnah*n*g, *a* prepossessing; à l'—, äh-l— in keeping with.

avènement, äh-vane-mah*n*g, *m* accession; coming.

avenir, ähv-neer, *m* future; prospects; posterity; à l'—, äh l—, in future.

avent, äh-vah*n*g, *m* advent.

aventure, äh-vah*n*g-tEEr, *f* adventure; love affair; à l'—, äh l—, at random.

aventuré, e, äh-vah*n*g-tE-reh, *a* hazardous.

aventurer, äh-vah*n*g-tE-reh, *v* to venture; s'—, to take a chance.

aventureu-x, se,* äh-vah*n*g-tE-rer, *a* adventuresome.

aventuri-er, ère, äh-vah*n*g-tE-re-eh, *mf* adventurer; adventuress.

avenue, ähv-nE, *f* avenue.

avérer, äh-veh-reh, *v* to aver; s'—, to be proved.

averse, äh-vairss, *f* heavy shower.

aversion, äh-vair-se-o*n*g, *f* dislike (pour, of, for).

averti, e, äh-vair-te, *a* experienced, wide-awake.

avertir, äh-vair-teer, *v* to warn; to inform.

avertissement, äh-vair-tiss-mah*n*g, *m* warning; notice; preface.

aveu, äh-ver, *m* admission; avowal; social position; homme sans —, omm sah*n*g z'—, vagabond.

aveugle, äh-ver-gl, *a* blind.

aveuglément, äh-ver-gleh-mah*n*g, *adv* blindly; implicitly.

aveugler, äh-ver-gleh, *v* to blind; s'—, to be blind (sur, to).

aveuglette, (à l'), äh-läh-ver-glett, *adv* in the dark; blindly.

aviateur, äh-ve-äh-ter, *m* airman.

aviation, äh-ve-äh-se-ong, *f* flying; Air Force.

avide,* äh-veed, *a* greedy, eager.

avilir, äh-ve-leer, *v* to degrade; **s'—,** to degrade oneself; to depreciate.

avilissement, äh-ve-liss-mahng, *m* degradation; debasement.

avion, äh-ve-ong, *m* aeroplane.

aviron, äh-ve-rong, *m* oar; **l'—,** rowing (sport).

avis, äh-ve, *m* opinion; advice; caution; news.

avisé, e, äh-ve-zeh, *a* advised; wary; circumspect.

aviser, äh-ve-zeh, *v* to perceive; to advise; to see to it; **s'—,** to take it into one's head (**de,** to).

aviver, äh-ve-veh, *v* to brighten; to quicken; to polish.

avocat, äh-vo-käh, *m* barrister; counsel; lawyer.

avocat, äh-vo-käh, *m* avocado.

avoine, äh-vo'ähn, *f* oats.

avoir, äh-vo'ähr, *v* to have; to get; to be; *m* property; **qu'avez-vous?** käh-veh voo? what is the matter with you? **j'ai chaud, shay** shoh, I am warm; **il y a,** ill e äh, there is, there are; ago.

avoisiner, äh-vo'äh-ze-neh, *v* to be near.

avortement, äh-vor-ter-mahng, *m* abortion.

avorter, äh-vor-teh, *v* to miscarry; **se faire —,** to have an abortion.

avorton, äh-vor-tong, *m* abortive child or animal.

avoué, äh-voo-eh, *m* solicitor, attorney.

avouer, äh-voo-eh, *v* to confess; acknowledge.

avril, äh-vreel, *m* April.

axe, ähks, *m* axis; axle.

ayant-droit, ay-yahng-dro'äh, *m* rightful owner; beneficiary.

azote, äh-zot, *m* nitrogen.

azur, äh-zeer, *m* azure, blue.

azyme, äh-zeem, *a* unleavened.

baba, bäh-bäh, *m* baba, spongy plum-cake; **— au rhum,** oh romm, sponge cake moistened with rum syrup.

babillage, bäh-bee-yäsh, *m* prattling.

babillier, bäh-bee-yeh, *v* to prattle; to gossip.

babine, bäh-been, *f* lip of animal; chops (of animals).

babiole, băh-be-ol, *f* bauble; toy; knick-knack.
bâbord, bah-bor, *m* port side.
babouin, băh-boo-ang, *m* baboon.
bac, băhck, *m* ferry-boat.
baccalauréat, băh-kăh-loh-reh-ăh, *m* school leaving [certificate.
bâche, bahsh, *f* awning; hot-bed frame; tank.
bachelier, băh-sher-le-eh, *m* one who has passed school leaving certificate.
bachot, băh-sho, *m* baccalauréat; punt.
bacille, băh-sill, *m* bacillus.
bâcler, bah-kleh, *v* to hurry over.
badaud, e, băh-doh, *a & mf* idler; saunterer.
badigeonner, băh-de-shonn-eh, *v* to colour-wash; to [paint.
badin, e, băh-dang, *a & mf* playful; joker.
badinage, băh-de-nähsh, *m* sport; jest; humour.
badiner, băh-de-neh, *v* to joke.
bafouer, băh-foo-eh, *v* to scoff at.
bagage, băh-gähsh, *m* luggage; **plier —**, ple-eh —, to pack up; make off.
bagarre, băh-gähr, *f* fray.
bagatelle, băh-gäh-tell, *f* trifle, trinket.
bagne, bähn-yer, *m* convicts' prison.
bague, băhg, *f* ring.
baguette, băh-ghett, *f* wand; rod; stick; long stick of [bread.
bah! băh, *int* nonsense! pooh! indeed!
bahut, băh-e, *m* chest; cupboard.
bal, e, bay, *a* bay.
baie, bay, *f* bay; berry; opening.
baigner, bain-yeh, *v* to bathe; **se —**, to bathe.
baignoire, bain-yo'ähr, *f* bath tub; (theatre) box.
bail, bah'e, *m* lease; *pl* **baux**, bo.
bâillement, bah'e-mahng, *m* yawning; gaping.
bâiller, bah'e-eh, *v* to yawn; to gape.
bailleur, bah'e-er, *m* lessor.
bailli, bah'e-yee, *m* bailiff.
bâillon, bah'e-yong, *m* gag.
bâillonner, bah'e-yonn-eh, *v* to gag.
bain, bang, *m* bath; **salle de —**, săhl-der —, *f* bath-room.
bain-marie, bang-măh-ree, *m* (cooking) double [saucepan.
baïonnette, băh-e-onn-ett, *f* bayonet.
baiser, bay-zer, *m* kiss.
baisse, bess, *f* fall; decline; drop.

baisser, bess-eh, *v* to lower; to let down; to decline; **se —,** to stoop.

bal, băhl, *m* ball.

balade, băh-lăhd, *f* stroll, ramble. [stroll.

balader (se), ser băh-lăh-deh, *v* (fam.) to take a

baladin, băh-lăh-dang, *m* mountebank; buffoon.

balafre, băh-lăh-fr, *f* gash; scar.

balai, băh-lay, *m* broom; brush; **rôtir le —,** roh-teer ler —, to lead a wild life.

balance, băh-lahngss, *f* scale; pair of scales; Libra.

balancer, băh-lahng-seh, *v* to balance; to weigh; to hesitate; to swing; (fam.) to turn out, to dismiss.

balancier, băh-lahng-se-eh, *m* pendulum; pole; beam.

balançoire, băh-lahng-so'ăhr, *f* see-saw; swing.

balayer, băh-lay-yeh, *v* to sweep.

balayures, băh-lay-YEER, *fpl* sweepings.

balbutier, băhl-bE-se-eh, *v* to stammer; to mumble.

balcon, băhl-kong, *m* balcony.

baldaquin, băhl-dăh-kang, *m* canopy.

baleine, băh-lain, *f* whale.

baleinier, băh-lay-ne-eh, *m* whaler; **— de sauvetage,** — der sohv-tăhsh, *m* lifeboat.

balise, băh-leez, *f* beacon; buoy.

ballade, băh-lăhd, *f* ballad; ballade.

ballant, e, băh-lahng, *a* swinging; dangling.

balle, băhl, *f* ball, bullet; bale; **prendre la — au bond** prahng-dr lăh — oh bong, to seize the opportunity.

ballet, băh-lay, *m* ballet.

ballon, băh-long, *m* balloon; football.

ballot, băh-loh, *m* bale.

ballottage, băh-lot-ăhsh, *m* second ballot; shaking.

ballotter, băh-lot-ch, *v* to toss; to ballot.

balnéaire, băhl-neh-air, *a* bathing; **station —,** stăh-se-ong —, watering-place.

balourdise, băh-loohr-deez, *f* stupid thing; blunder.

balsamique, băhl-zăh-mick, *a* balmy.

balustre, băh-lEEs-tr, *m* railing; balustrade.

bambin, e, bahng-bang, *mf* little child, tiny tot.

bambocheur, bahng-boh-sher, *m* debauchee.

bambou, bahng-boo, *m* bamboo.

ban, bahng, *m* proclamation; banishment.

banal, e,* băh-năhl, *a* commonplace; banal.

banane, băh-năhn, *f* banana.

banc, bah*ng, m* bench.

bancal, e, bah*ng*-kăhl, *a & n* bandy-legged.

bandage, bah*ng*-dăhsh, *m* bandaging; truss; tyre.

bande, bah*ng*d, *f* strip; wrapper; gang; lot; tyre.

bandeau, bah*ng*-doh, *m* head-band; bandage.

bandelette, bah*ng*d-lett, *f* narrow band; small bandage.

bander, bah*ng*-deh, *v* to bandage; to bind up; to stretch.

banderole, bah*ng*d-rol, *f* streamer. ⌈stretch.

bandit, bah*ng*-de, *m* bandit.

bandoulière, bah*ng*-doo-le-air, *f* shoulder-belt; **en —,** ah*ng* —, slung over the shoulder.

banlieue, bah*ng*-le-er, *f* suburbs.

bannière, băh-ne-air, *f* banner; flag.

bannir, băh-neer, *v* to banish.

banque, bah*ng*k, *f* bank; banking.

banqueroute, bah*ng*k-root, *f* bankruptcy.

banquet, bah*ng*-kay, *m* feast, banquet.

banquette, bah*ng*-kett, *f* bench; seat.

banquier, bah*ng*-ke-eh, *m* banker.

banquise, bah*ng*-keez, *f* ice-bank, -floe.

baptême, băh-taym, *m* baptism.

baptiser, băh-te-zeh, *v* to christen.

baquet, băh-kay, *m* tub; bucket.

baragouiner, băh-răh-gwee-neh, *v* to talk gibberish.

baraque, băh-răhck, *f* shed; hovel; hut.

baratter, băh-răh-teh, *v* to churn.

barbare, băhr-băhr, *a & mf* barbarian; barbarous.

barbe, băhrb, *f* beard.

barbelé, băhr-ber-leh, *a* barbed.

barbiche, băhr-beesh, *f* tuft of beard.

barbier, băhr-be-eh, *m* barber. ⌈mumble.

barboter, băhr-bot-eh, *v* to dabble; to paddle; to

barbouiller, băhr-boo'e-yeh, *v* to daub; to scribble.

barbu, e, băhr-bɛ, *a* bearded.

barème, băh-raym, *m* ready-reckoner.

barguigner, băhr-gheen-yeh, *v* to hum and haw; to hesitate.

baril, băh-re, *m* barrel, cask, keg. ⌈hesitate.

bariolage, băh-re-o-lăhsh, *m* medley (of colours).

bariolé, băh-re-o-leh, *a* gaudy; of many colours.

baromètre, băh-roh-met-tr, *m* barometer.

baron, băh-ro*ng*, *m* baron; *f* **baronne,** băh-ronn.

baronnet, băh-ro-nay, *m* baronet.
baroque, băh-rock, *a* odd, quaint; baroque (style).
barque, băhrk, *f* boat.
barrage, băh-răhsh, *m* stoppage; dam; barrage.
barre, băhr, *f* bar; tiller; stroke.
barreau, băh-roh, *m* bar; profession of the law.
barrer, băh-reh, *v* to bar; to cross out.
barrette, băh-rehtt, *f* hair slide; small bar.
barrière, băh-re-air, *f* barrier; gate.
bas, bah, *adv* low down; *m* bottom; stocking.
bas, se,* bah, *a* low; mean; base.
basané, e, băh-zăh-neh, *a* sunburnt.
bas-côté, băh-koh-teh, *m* aisle (side).
bascule, băhss-KEEL, *f* see-saw; weighing-machine.
base, bahz, *f* basis; base.
baser, bah-zeh, *v* to base; to ground.
bas-fond, bah-fong, *m* low ground.
basque, băhsk, *f* flap (coat etc.); *a & mf* Basque.
basse, bahss, *f* bass; violoncello.
basse-cour, bahss-koohr, *f* poultry-yard.
bassesse, bahss-ess, *f* baseness; meanness.
bassin, băhss-ang, *m* basin; dock; pelvis.
bassiner, băhss-e-neh, *v* to warm (a bed); to bathe
  (wound etc.).
bassinoire, băhss-e-no'ăhr, *f* warming pan.
basson, bahss-ong, *m* bassoon.
baste! băhsst! *interj* pooh! bosh! nonsense!
bastingage, băhss-tang-găhsh, *m* netting.
bastringue, băhss-trang-gh, *m* low dancing place.
bas-ventre, bah-vahng-tr, *m* lower abdomen.
bât, bah, *m* pack-saddle.
bataille, băh-tah'e, *f* battle.
bataillon, băh-tah'e-ong, *m* battalion; host.
bâtard, e, bah-tăhr, *n & a* illegitimate, bastard;
  French loaf of bread.
bateau, băh-toh, *m* boat.
bateleur, băht-ler, *m* mountebank.
batelier, băh-ter-le-eh, *m* boatman.
bâti, bah-te, *m* tacking; frame.
batifoler, băh-te-foll-eh, *v* to play; to romp.
bâtiment, bah-te-mahng, *m* building; ship.
bâtir, bah-teer, *v* to build; to erect; to tack.

bâtisse, bah-tiss, *f* building; masonry.

batiste, băh-tisst, *f* cambric; lawn.

bâton, bah-tong, *m* stick; club; **à ——s rompus,** ăh ——rong-PE, by fits and starts; **mettre des ——s dans les roues,** met-tr day — dahng lay roo, to put a spoke in one's wheel.

bâtonner, bah-tonn-eh, *v* to cudgel.

battage, băh-tăhsh, *m* beating; churning; threshing.

battant, băh-tahng, *m* (door) leaf; (bell) clapper.

battant, e, băh-tahng, *a* beating; pelting.

battement, băht-mahng, *m* beat(ing); throb(bing); clapping.

batterie, băht-ree, *f* fight; battery; set; **——de cuisine,** — de kwee-zeen, kitchen utensils; percussion.

battoir, băh-to'ăhr, *m* beater; paddle; bat.

battre, băh-tr, *v* to beat; to thrash; to coin; to churn; to thresh; to shuffle; **se——,** to fight.

baudet, boh-day, *m* donkey; dolt.

bauge, bohsh, *f* lair (of wild boar); dirty hovel; squirrel's nest.

baume, bohm, *m* balm; balsam.

bavard, e, băh-văhr, *mf* chatterbox; *a* talkative.

bavardage, băh-văhr-dăhsh, *m* chit-chat.

bavarder, băh-văhr-deh, *v* to chatter.

baver, băh-veh, *v* to dribble.

bavoir, băh-vo'ăhr, *m* bib.

bazar, băh-zăhr, *m* bazaar.

béant, e, beh-ahng, *a* gaping; **bouche ——e,** boosh — ahngt, agape.

béat, e,* beh-ăh, *a* sanctimonious; blissful.

beau, boh, *m* beautiful; beauty; best; fine weather.

beau (before vowel or a mute *h*: **bel,** bell), boh, *m*; **belle,*** bell, *f*, *a* beautiful; handsome, fine fair; **avoir——,** ăh-vo'ăhr——, to…in vain; **de plus belle,** der PLE bell, more (or worse) than ever.

beaucoup, boh-koo, *adv* much; many; a great deal.

beau-fils, boh-fiss, *m* stepson; son-in-law.

beau-frère, boh-frair, *m* brother-in-law.

beau-père, boh-pair, *m* father-in-law; stepfather.

beauté, boh-teh, *f* beauty.

beaux-parents, boh-păh-rahng, *mpl* parents-in-law.

bébé, beh-beh, *m* baby.

bec, beck, *m* beak; snout.

bécarre, beh-kähr, *m* (music) natural.

bécasse, beh-kähss, *f* woodcock.

bécassine, beh-kähss-een, *f* snipe; silly girl.

bec-de-lièvre, beck de*r* le-ay-vr, *m* harelip.

béchamel, beh-shäh-mell, *f* cream-sauce.

bêche, baish, *f* spade.

bêcher, bay-sheh, *v* to dig.

becqueter, bayk-teh, *v* to peck; to kiss.

bedaine, be*r*-denn, *f* paunch, belly.

bedeau, be*r*-doh, *m* beadle.

bée, beh, *a f* open, gaping; **bouche** —, boosh—, open-mouthed.

beffroi, beh-fro'äh, *m* belfry.

bégayer, beh-ghay-yeh, *v* to stammer; to stutter.

bègue, baygh, *n* & *a* stammerer; stammering.

bégueule, beh-gherl, *f* haughty prude.

beige, baish, *a* unbleached, natural; beige.

beignet, bayn-yay, *m* fritter.

bêler, bay-leh, *v* to bleat.

bélier, beh-le-eh, *m* ram, battering-ram.

belle-fille, bell fee-ye, *f* daughter-in-law; step-daughter.

belle-mère, bell mair, *f* mother-in-law; stepmother.

belle-soeur, bell se*r*, *f* sister-in-law.

belliqueu-x, se, * bell-le-ke*r*, *a* warlike.

bémol, beh-mol, *m* (music) flat.

bénédicité, beh-neh-de-se-teh, *m* grace before meals.

bénédiction, beh-neh-dick-se-ong, *f* blessing.

bénéfice, beh-neh-fiss, *m* benefit, profit; living.

benêt, be*r*-nay, *a* & *m* booby; simpleton; silly.

bénévole, * beh-neh-vol, *a* kind; gentle.

béni, e, beh-ne, *a* blessed.

béni-n, gne, beh-nang, *a* benign, kind.

bénir, beh-neer, *v*, to bless.

bénitier, beh-ne-te-eh, *m* holy-water basin.

benzine, bang-zeen, *f* benzine.

béquille, beh-kee-ye, *f* crutch.

bercail, bair-kah'e, *m* (sing. only) sheep-fold; fold.

berceau, bair-soh, *m* cradle; arbour; cradle vault.

bercer, bair-seh, *v* to rock; to lull; to delude.

berceuse, bair-se*r*z, *f* rocking-chair; lullaby.

béret, beh-ray, *m* beret, cap.

berge, bairsh, *f* steep bank of a river.

berg-er, ère, bair-sheh, *mf* shepherd.

bergère, bair-**shair,** *f* easy chair.

bergerie, bair-sher-ree, *f* sheep-fold.

berlue, bair-lE, *f* dimness of sight; false vision.

berner, bair-neh, *v* to toss in a blanket; to fool.

besace, ber-zähss, *f* double-bag.

besogne, ber-zon-yer, *f* work; task; labour.

besogneu-x, se, ber-zon-yer, *a* needy; necessitous.

besoin, ber-zo-ang, *m* need; want; necessity; **au —,** oh —, in case of need.

bestial, e, * bess-te-ähl, *a* beastly; brutish.

bestiaux, bess-te-oh, *mpl* cattle.

bétail, beh-tah'e, *m* cattle; live-stock.

bête, bayt, *f* beast; animal; *a** stupid; **— noire,** —no'ähr, aversion.

bêtise, bay-teez, *f* stupidity; stupid thing.

béton, beh-tong, *m* concrete.

betterave, bett-rähv, *f* beet-root.

beugler, ber-glEh, *v* to bellow; to bawl.

beurre, ber, *m* butter.

beurrer, ber-reh, *v* to butter.

bévue, beh-vE, *f* blunder, mistake.

biais, be-ay, *m* slant; expedient; **en —,** ahng—, on the

biaiser, be-ay-zeh, *v* to slope; to shuffle. [cross.

bibelot, beeb-lo, *m* trinket, nicknack.

biberon, beeb-rong, *m* feeding-bottle.

bible, bee-bl, *f* bible.

bibliophile, be-ble-off-eel, *m* lover of books.

bibliothécaire, be-ble-o-teh-kair, *m* librarian.

bibliothèque, be-ble-o-teck, *f* library; book-case.

biche, bish, *f* hind; doe.

bicoque, be-kock, *f* paltry town; hut; hovel.

bicyclette, be-se-klett, *f* bicycle.

bidon, be-dong, *m* can; **bidonville,** be-dong-veel, *m*

bielle, be-ell, *f* connecting-rod. [shanty town.

bien, be-ang, *adv* well; quite; very; *m* good; property; welfare; **—que,** —ker, although; **tout va —,** too väh—, all is well.

bien-aimé, e, be-ang n'ay-meh, *a* beloved.

bien-être, be-ang n'ay-tr, *m* comfort; welfare.

bienfaisant, e, be-ang-fer-zahng, *a* kind; charitable.

bienfait, be-ang-fay, *m* kindness; favour; boon.

bienfai-teur, trice, be-ang-fay-**ter,** *mf* benefactor, benefactress.

bien-fonds, be-ang-fong, *m* landed property.

bienheureu-x, se, be-ang-ner-rer, *a* blessed, happy.

bienséance, be-ang-seh-ahngss, *f* decorum, propriety.

bientôt, be-ang-toh, *adv* soon, shortly. ⌈goodwill.

bienveillance, be-ang-vay'e-yahngss, *f* kindness, ⌈

bienveillant, e, be-ang-vay'e-yahng, *a* kind, bene-

bienvenu, e, be-angv-NEE, *a & n* welcome. ⌊volent.

bienvenue, be-angv-NEE, *f* welcome.

bière, be-air, *f* beer; coffin, bier.

biffer, be-feh, *v* to strike out; to cancel.

bifteck, beef-teck, *m* beefsteak.

bifurquer (se), ser be-fEER-keh, to fork.

bigarré, e, be-gäh-reh, *a* motley, streaked.

bigorneau, be-gor-noh, *m* winkle.

bigot, e, be-gho, *mf* bigot; *a* bigoted.

bigoudi, be-goo-de, *m* curler (hair).

bijou, be-shoo, *m* jewel, trinket; (fig.) darling.

bijouterie, be-shoot-ree, *f* jewellery.

bijoutier, be-shoo-te-eh, *m* jeweller.

bikini, be-ke-ne, *m* bikini.

bilan, be-lahng, *m* balance-sheet; schedule.

bile, beel, *f* bile; gall; anger.

bilieu-x, se, be-le-er, *a* bilious; irritable.

billard, bee-yähr, *m* billiards; billiard-room.

bille, bee-ye, *f* ball; marble; log.

billet, bee-yay, *m* bill; note; ticket; **— de banque,** — der bahngk, bank-note; **— simple,** — sang-pl, single ticket; **— d'aller et retour,** — däh-leh-eh rer-toohr, return ticket.

billevesée, bill-ver-zeh, *f* nonsense.

billion, bill-e-ong, *m* thousand millions.

billot, bee-yo, *m* block.

bimensuel, -le, be-mähng-sE-ell, *a* fortnightly.

binette, be-nett, *f* hoe; (pop.) face.

binocle, be-nock-kl, *m* double eye-glass.

biographie, be-og-räh-fee, *f* biography.

bipède, be-payd, *a & m* biped; two-legged.

biplan, be-plahng, *m* biplane.

bique, bick, *f* she-goat.

bis, biss, *adv* twice; again; encore!

bis, e, be, *a* brown. [grandmother.
bisaïeul, e, be-zäh-yerl, *mf* great-grandfather; great-
biscornu, e, biss-kor-ne, *a* odd, queer.
biscotte, biss-kot, *f* rusk.
biscuit, biss-kwe, *m* biscuit.
bise, beez, *f* north wind; cold blast.
biseau, be-zoh, *m* bevel.
bisque, beesk, *f* shellfish soup; vexation.
bisquer, bees-keh, *v* (fam.) to be vexed.
bisser, biss-eh, *v* to encore.
bissextile, be-secks-teel, *af* used only in **Année**
— , Leap Year.
bistré, e, biss-treh, *a* tawny, swarthy.
bizarre,* be-zähr, *a* odd; whimsical; eccentric.
blafard, e, bläh-fähr, *a* dim; wan; pale.
blague, blähg, *f* tobacco-pouch; (fam.) joke.
blaguer, bläh-gheh, *v* (fam.) to joke; to hoax.
blaireau, blay-roh, *m* badger; shaving brush.
blâme, blahm, *m* blame; censure.
blâmer, blah-meh, *v* to blame; to find fault with.
blanc, blahng, *m* white; white man; blank.
blan-c, che, *a* white; clean; blank; pale; **nuit blanche**
nwe blahngsh, sleepless night.
blanchaille, blahng-shah'e, *f* whitebait.
blanchâtre, blahng-shah-tr, *a* whitish.
blancheur, blahng-sher, *f* whiteness. [white.
blanchir, blahng-sheer, to whiten; to bleach; to grow
blanchissage, blahng-shiss-ähsh, *m* washing.
blanchisserie, blahng-shiss-re, *f* laundry, laundering.
blanquette, blahng-kett, *f* stew with white sauce.
blaser, blah-zeh, *v* to blunt; to pall; **se —**, ser **—**, to get
tired of (**de**); to become blasé.
blason, blah-zong, *m* heraldry; coat-of-arms.
blasphème, blähss-faym, *m* blasphemy.
blé, bleh, *m* corn; wheat; grain.
blême, blaym, *a* pallid; ghastly; wan.
blémir, bleh-meer, *v* to grow pale.
blessant, e, bless-ahng, *a* offensive (**pour,** to), hurtful.
blessé, bless-eh, *m* wounded man; *pp* & *a* wounded.
blesser, bless-eh, *v* to wound; to hurt; to injure; to
offend; **se —**, to hurt oneself; to be offended (**de,** at,
blessure, bless-eer, *f* wound; injury. [with).

blet, te, blay, *a* overripe.

bleu, e, bler, *a* blue; *m* bruise.

bleuâtre, bler-ah-tr, *a* bluish.

bleuet, bluet, bler-ay, blE-ay, *m* cornflower.

bleuir, bler-eer, *v* to make blue; to turn blue.

blindé, blang-deh, *a* steel-plated; iron-clad.

bloc, block, *m* block, lump, log; **en —,** ahng —, in the

blocus, block-EESS, *m* blockade. [lump.

blond, e, blong, *a* fair; light; blond.

bloquer, block-eh, *v* to blockade; to block up.

blottir (se), ser blot-eer, *v* to crouch; to snuggle down.

blouse, blooz, *f* frock; smock-frock; pinafore; (billiards) pocket.

blouser, bloo-zeh, *v* to dupe; **se —,** ser —, (fam.) to bluette, blE-ayt, *f* spark; literary trifle. [blunder.

boa, bo'ǎh, *m* boa; fur tippet.

bobard, bo-bahr, *m* (fam.) tall story.

bobine, bob-een, *f* bobbin; spool; reel; coil.

bobo, bob-o, *m* slight hurt.

bocage, bock-ǎhsh, *m* grove; copse.

bocal, bock-ǎhl, *m* glass bowl; wide-mouthed bottle.

bock, bock, *m* beer-glass; glass of beer.

bœuf, berf, *m* bullock; beef.

bohémien, ne, bo-eh-me-ang, *mf* Bohemian; gipsy.

boire, bo'ǎhr, *v* to drink; to soak up (paper, etc.).

bois, bo'ǎh, *m* wood; timber; (deer) horns.

boisé, e, bo'ǎh-zeh, *a* wooded; wainscoted.

boiserie, bo'ǎhz-ree, *f* wainscot.

boisseau, bo'ǎhss-oh, *m* bushel.

boisson, bo'ǎhss-ong, *f* drink; beverage; drinking.

boîte, bo'ǎht, *f* box; case; tin; **—aux lettres, —**oh lay-tr, letter box.

boiter, bo'ǎh-teh, *v* to limp.

boiteu-x, -se, bo'ǎh-ter, *mf* cripple; *a* lame; limping.

bol, boll, *m* bowl; basin.

bombance, bong-bahngss, *f* feasting.

bombarder, bong-bǎhr-deh, *v* to bombard.

bombe, bongb, *f* bomb; shell.

bomber, bong-beh, *v* to make convex; to bulge out.

bon, bong, *m* good; good quality; bond; order; cheque; **— de vitesses, —** der ve-tess, gear box.

bon, ne, bong, *a* good; kind; advisable; right.

bonasse, bonn-ăhss, *a* simple; silly; credulous.
bonbon, bong-bong, *m* sweet.
bonbonnière, bong-bonn-e-air, *f* sweet box.
bond, bong, *m* bound; leap; jump; **faire faux —**, fair foh —, to fail.
bonde, bongd, *f* bunghole; sluice.
bondir, bong-deer, *v* to bound; to spring; to skip.
bondon, bong-dong, *m* bung; Neufchâtel cheese.
bonheur, bonn-er, *m* happiness; delight; luck.
bonhomie, bonn-omm-ee, *f* good nature; simplicity.
bonhomme, bonn-omm, *m* good-natured man; old man; fellow.
bonification, bonn-e-fe-käh-se-ong, *f* improvement; allowance.
bonifier, bonn-e-fe-eh, *v* to improve.
boniment, bonn-e-mahng, *m* showman's speech; clap-trap.
bonjour, bong-shoor, *m* good morning. [trap.
bonne, bonn, *f* maid-servant; nursemaid.
bonnement, bonn-mahng, *adv* simply; plainly.
bonnet, bonn-ay, *m* cap; **gros —**, groh —, big wig;
bonneterie, bonn-tree, *f* hosiery. [magnate.
bonnetier, bonn-te-eh, *m* hosier.
bonsoir, bong-so'ăhr, *m* good evening; good night.
bonté, bong-teh, *f* goodness; kindness (**pour,** to).
bord, bor, *m* border; edge; rim; side; bank; shore.
bordée, bor-deh, *f* volley; broadside. [up.
border, bor-deh, *v* to border; to edge; to hem; to tuck
bordereau, bor-der-roh, *m* schedule; detailed account; memorandum.
bordure, bor-deer, *f* border; edge; kerb.
boréal, e, bor-eh-ăhl, *a* northern.
borgne, born-yer, *a* blind in one eye; (fig.) low.
borne, born, *f* boundary; milestone; terminal.
borné, e, bor-neh, *pp & a* limited; narrow; short-witted.
borner, bor-neh, *v* to bound; to limit; to confine.
bosquet, boss-kay, *m* grove; thicket.
bosse, boss, *f* hump; bump; embossment.
bosseler, boss-leh, *v* to emboss; to dent; to batter.
bossu, e, boss-E, *mf* hunchback; *a* hunchbacked.
bot, bo, *n & a* used only in **pied-bot**, pe-eh-bo, club-foot, club-footed.

botanique, bot-äh-nick, *f* botany; botanical.

botte, bott, *f* boot; high boot; bundle; hank; thrust;
à propos de —s, äh pro-poh de —, without any
reason.

botter, bott-eh, *v* to help one with his *boots*; (fam.) to
suit; to boot; to kick.

bottier, bott-e-eh, *m* bootmaker.

bottin, bott-ang, *m* French Post-Office Directory.

bottine, bott-een, *f* half-boot; lady's boot; boot.

bouc, book, *m* he-goat; **—émissaire**, —eh-miss-air,
scape-goat.

boucanier, boo-käh-ne-eh, *m* buccaneer.

bouche, boosh, *f* mouth; opening.

bouchée, boo-sheh, *f* mouthful.

boucher, boo-sheh, *v* to stop; to obstruct; to cork.

bouch-er, ère, boo-sheh, *mf* butcher.

boucherie, boosh-ree, *f* butcher's shop or trade;
shambles; slaughter.

bouchon, boo-shong, *m* cork; stopper; ale-house.

boucle, boo-kl, *f* buckle; ring; curl; **— d'oreille**,
—doh-ray'e, ear-ring.

boucler, boo-kleh, *v* to buckle; to ring; to curl.

bouclier, boo-kle-eh, *m* shield; buckler.

bouder, boo-deh, *v* to pout; to sulk.

boudin, boo-dang, *m* black pudding.

boue, boo, *f* mud, mire, dirt.

bouée, boo-eh, *f* buoy.

boueur, or **boueux**, boo-er, *m* dustman.

boueu-x, se, boo-er, *a* muddy.

bouffant, e, boo-fahng, *a* puffed; baggy.

bouffée, boo-feh, *f* puff, whiff.

bouffer, boo-feh, *v* to puff out; (pop.) to eat greedily.

bouffi, e, boo-fe, *pp* & *a* puffed up, inflated; (de,
bouffon, boo-fong, *m* buffoon, jester. ⌊with).

bouffon, ne, boo-fong, *a* comical, droll.

bouge, boosh, *m* hovel, den; bulge.

bougeoir, boo-sho'ăhr, *m* flat candlestick.

bouger, boo-sheh, *v* to stir; to budge; to move.

bougie, boo-shee, *f* wax candle; sparking-plug.

bougonner, boo-ghonn-eh, *v* to grumble.

bougran, boo-grahng, *m* buckram. ⌈soup.

bouillabaisse, boo'e-yäh-bess, *f* highly-seasoned fish

bouillant, e, boo'e-yah*ng*, *a* boiling; hot-tempered.
bouilli, boo'e-yee, *m* boiled beef.
bouillie, boo'e-yee, *f* baby cereal, gruel.
bouillir, boo'e-yeer, *v* to boil.
bouilloire, boo'e-yo'ăhr, *f* kettle.
bouillon, boo'e-yong, *m* broth; soup; stock; *bubble;* cheap restaurant.
bouillonner, boo'e-yonn-eh, *v* to bubble up; to boil.
bouillotte, boo'e-yot, *f* hot water *bottle;* (card-game) bouillotte.
boulangerie, boo-lah*ng*sh-ree, *f* baker's shop.
boule, bool, *f* ball; **jeu de —s, sher-der—,** game of bowls.
bouleau, boo-loh, *m* birch-tree.
boulet, boo-lay, *m* cannon-ball; shot; small ovoid coal.
boulette, boo-lett, *f* meat ball; pellet; blunder.
boulevard, bool-văhr, *m* boulevard.
bouleversement, bool-vair-ser-mah*ng*, *m* overthrow; confusion.
bouleverser, bool-vair-seh, *v* to overthrow; to upset.
boulier, boo-lee-eh, *m* abacus; scoring board.
boulon, boo-long, *m* bolt; pin.
boulonner, boo-lonn-eh, *v* to bolt; (fam.) to work hard.
bouquet, boo-kay, *m* bunch; nosegay; aroma; crowning piece; prawn.
bouquin, boo-ka*ng*, *m* old he-goat; old hare; old book; (fam.) book.
bouquiner, boo-ke-neh, *v* to hunt after old books; (fam.) to read.
bouquiniste, boo-ke-nisst, *m* dealer in secondhand books.
bourbe, boohrb, *f* mud; mire; dirt.
bourbier, boohr-be-eh, *m* slough; mire.
bourde, boohrd, *f* fib, sham.
bourdon, boohr-dong, *m* bumble-bee; great bell; drone bass.
bourdonner, boohr-donn-eh, *v* to hum; to buzz.
bourg, boohr, *m* market town; borough.
bourgade, boohr-găhd, *f* small town or large village.
bourgeois, -e, boohr-sho'ăh, *mf* citizen; middleclass man or woman; commoner; **les petits —,** lay per-te —, the lower middle class; master; *a** citizen-like; middle class; common.

---

bourgeoisie, boohr-sho'äh-zee, *f* citizenship; citizens; middle-class.

bourgeon, boohr-shong, *m* bud; shoot; (fam.) pimple.

bourgeonné, e, boohr-shonn-eh, *a* in bud; pimply.

bourgmestre, boohrg-mess-tr, *m* burgomaster.

bourgogne, boohr-gonn-yer, *m* Burgundy wine.

bourrade, boo-rähd, *f* cuff; hard blow.

bourrasque, boo-rähsk, *f* gust of wind; fit of anger.

bourre, boohr, *f* flock; wadding.

bourreau, boo-roh, *m* executioner; tormentor; tyrant.

bourreler, boohr-leh, *v* to prick; to sting; to torment.

bourrelet, boohr-lay, *m* pad; padding; cushion; (fam.) rolls of fat.

bourrelier, boohr-le-eh, *m* harness-maker.

bourrer boo-reh, *v* to stuff; to cram; (de, with); to thrash.

bourriche, boo-reesh, *f* basket; hamper.

bourru, e, boo-RE, *a* surly; rough.

bourse, boohrs, *f* purse; scholarship; Stock Exchange.

boursier, boohr-se-eh, *a & n* exhibitioner; speculator on the Stock Exchange.

boursoufler, boor-soo-fleh, *v* to bloat; to puff up.

bousculer, boos-ke-leh, *v* to jostle; to hustle.

bouse, booz, *f* cow-dung; dung.

boussole, boo-sol, *f* sea compass; compass.

bout, boo, *m* end; tip; **à —,** äh —, exhausted; **au — du compte,** oh — dr kongt, after all.

boutade, boo-tähd, *f* whim; freak; sally.

boute-en-train, boot-ahng-trang, *m* life and soul of a party

bouteille, boo-tay'e, *f* bottle.

boutique, boo-teeck, *f* shop; boutique; stall; tools.

boutiqui-er, -ère, boo-te-ke-eh, *mf* shopkeeper.

bouton, boo-tong, *m* bud; button; handle, knob; stud; pimple; **— de manchettes, —** der mahng-shett, *m* cuff-links.

boutonner, boo-tonn-eh, *v* to button; to bud.

boutonnière, boo-tonn-e-air, *f* button-hole.

bouture, bou-teer, *f* slip; cutting (of plant).

bouvreuil, boo-vrer'e, *m* bullfinch.

boxe, box, *f* boxing.

boyau, bo'äh-yoh, *m* bowel, gut; hose; long narrow passage.

bracelet, brähss-lay, *m* bracelet.

braconnier, bräh-konn-e-eh, *m* poacher.

braguette, bräh-ghett, *f* fly (of trousers).

brailler, brah'e-yeh, *v* to bawl; to squall.

braire, brair, *v* to bray.

braise, brayz, *f* embers; live coals.

braisé, e, bray-zeh, *a* stewed, braised.

brancard, brahng-kähr, *m* stretcher; shaft.

brancardier, brahng-kähr-de-eh, *m* stretcher-bearer.

branche, brahngsh, *f* branch, bough; division.

brancher, brahng-sheh, *v* to branch; to plug in, to connect, to put through; to roost, to perch.

branchies, brahng-shee, *fpl* gills.

brandir, brahng-deer, *v* to brandish.

branlant, e, brahng-lahng, *a* shaking; tottering; loose.

branle, brahngl, *m* swinging; impulse; motion; **donner le —,** donn-eh ler—, to set going.

branle-bas, brahngl-bah, *m* upset; clearing the decks for action.

branler, brahng-leh, *v* to swing; to totter; to be loose.

braquer, bräh-keh, *v* to aim (**sur,** at); to change direction (of car etc.).

bras, bräh, *m* arm; handle; bracket; power; labour; **— dessus — dessous,** — der-SE — der-soo, arm in arm.

brasier, bräh-ze-eh, *m* red-hot coal-fire; brazier.

brassard, brähss-ähr, *m* armlet; arm-band.

brasse, brähss, *f* fathom; stroke; breast stroke.

brassée, brähss-eh, *f* armful; stroke.

brasser, brähss-eh, *v* to brew; to concoct.

brasserie, brähss-ree, *f* brewery; beer-saloon; restaurant.

brasseur, brähss-er, *m* brewer.

bravade, bräh-vähd, *f* bravado; bluster.

brave,* brähv, *a* brave; honest; good; smart; **un homme —,** ung n'omm —, a brave man; **un — homme,** ung — omm, a worthy man.

braver, bräh-veh, *v* to face; to dare.

bravoure, bräh-voohr, *f* bravery; courage; gallantry.

brebis, brer-be, *f* sheep; ewe; **—galeuse,** —gäh-lerz, black sheep.

brèche, braysh, *f* breach; gap; notch.

bredouille, brer-doo'e-yer, *a* empty-handed; **être —,** to have failed.

bredouiller, brer-doo'e-yeh, *v* to mumble.

bref, brayf, *adv* briefly, in short.

br-ef, ève, *a* brief, short.

breloque, brer-lock, *f* trinket; charm.

brème, braym, *f* bream.

bretelle, brer-tell, *f* strap; *pl* braces.

breuvage, brer-vähsh, *m* drink, draught; beverage.

brevet, brer-vay, *m* patent; licence; warrant; commission; diploma.

breveter, brerv-teh, *v* to patent; to grant a patent; to commission.

bréviaire, breh-ve-air, *m* breviary.

bribe, breeb, *f* scrap.

bric-à-brac, breeck-äh-bräck, *m* curios; odds and ends.

bricole, bree-kol, *f* breast harness; *fpl* odds and ends, trifles.

bricoler, bree-ko-leh, *v* to put breast harness on horse; to do odd jobs; to potter about.

bricoleur, bree-ko-ler, *a & n* handy; handy-man.

bride, breed, *f* bridle; reins; string (of bonnet etc.); treble (crochet); **tourner —,** toohr-neh —. to turn back.

brider, bre-deh, *v* to bridle; to restrain; to tie up.

brie, bree, *m* Brie cheese.

brièvement, bre-ayv-mahng, *adv* briefly.

brièveté, bre-ayv-teh, *f* briefness.

brigade, bre-gähd, *f* brigade; gang; **— de sûreté,** —der SEER-teh, detective force.

brigadier, bre-gäh-de-eh, *m* corporal; bombardier; sergeant; foreman.

brigand, bre-ghahng, *m* brigand, robber.

brigue, breegh, *f* intrigue; cabal.

briguer, bre-gheh, *v* to intrigue for; to solicit.

brillamment, bree-yäh-mahng, *adv* brilliantly.

brillant, e, bree-yahng, *a* bright; brilliant; shining. *n* brilliancy; shine; diamond.

briller, bree-yeh, *v* to shine; to be conspicuous.

brimborion, brang-bo-re-ong, *m* bauble; nick-nack.

brimer, bree-meh, *v* to rag; to persecute.

brin, brang, *m* bit; blade; sprig.

brioche, bre-osh, *f* bun; (fam.) blunder.

brique, brick, *f* brick.

briquet, bre-kay, *m* cigarette lighter; **pierre à —,** pe-ayr ah —, *f* lighter flint.

briqueterie, brick-tree, *f* brick-works.

bris, bre, *m* breaking loose; wreck.

brisant, bre-zah*ng*, *m* breaker; reef.

brise, breez, *f* breeze.

briser, bre-zeh, *v* to break; **se —,** to break up.

broc, brock, *m* jug; jar.

brocanter, brock-ah*ng*-teh, *v* to deal in second-hand goods.

brocant-eur, -euse, brock-ah*ng*-ter, *mf* dealer in second-hand goods; broker.

brocard, brock-ăhr, *m* taunt; jeer; scoff.

brocart, brock-ăhr, *m* brocade.

broche, brosh, *f* spit; brooch.

broché, e, brosh-eh, *pp* & *a* (books) paper-covered.

brochet, brosh-ay, *m* pike.

brochette, bro-shett, *f* skewer, small spit.

brochure, brosh-EER, *f* pamphlet, brochure.

broder, brod-eh, *v* to embroider; (fig.) to embellish (a story).

broderie, brod-ree, *f* embroidery; (fig.) embellishment.

broiement, bro'äh-mah*ng*, *m* pounding; crushing.

broncher, bro*ng*-cheh, *v* to stumble; to trip; **sans —,** sah*ng* —, without flinching.

bronches, bro*ng*sh, *fpl* bronchia.

bronchite, bro*ng*-sheet, *f* bronchitis.

bronze, bro*ng*z, *m* bronze.

bronzer, bro*ng*-zeh, *v* to bronze; to tan.

brosse, bross, *f* brush.

brosser, bross-eh, *v* to brush.

brou, broo, *m* husk, hull.

brouet, broo-ay, *m* thin broth.

brouette, broo-ett, *f* wheel-barrow; hand cart.

brouhaha, broo-äh-äh, *m* uproar, hubbub.

brouillamini, broo'e-yäh-me-ne, *m* (fam.) confusion.

brouillard, broo'e-yăhr, *m* fog; haze; rough book; blotting-paper.

brouille, broo'e-ye, *f* disagreement; quarrel.

brouiller, broo'e-yeh, *v* to mix up; to confuse; **se —,** to fall out, to quarrel.

brouillon, broo'e-yong, *m* rough draft, rough book.

brouillon, ne, broo'e-yong, *n & a* blundering; muddle-headed.

broussailes, broo-sah'e, *fpl* brushwood.

brouter, broo-teh, *v* to graze.

broyer, bro'äh-yeh, *v* to pound; to crush.

bru, brE, *f* daughter-in-law.

bruine, brween, *f* drizzling rain.

bruire, brweer, *v* to rustle; to murmur.

bruissement, brweess-mahng, *m* rustling; rumbling.

bruit, brwee, *m* noise; din; rumour; sound.

brûlant, e, brE-lahng, *a* burning; scorching; fervent; impassioned.

brûle-gueule, brEEl-gherl, *m* short-pipe.

brûle-pourpoint (à), äh brEEl poohr-po'ang, *adv* point-blank.

brûler, brE-leh, *v* to burn; to blow; to pass without stopping.

brûlure, brE-lEEr, *f* burn; scald.

brume, brEEm, *f* mist, haze.

brun, e, brung, brEEn, *a & n* brown; dusky; dark.

brunâtre, brE-nah-tr, *a* brownish.

brune, brEEn, *f* dusk; dark complexioned woman.

brunir, brE-neer, *v* to brown; to burnish; to tan.

brusque,* brEEsk, *a* blunt; rough; abrupt; sudden.

brusquer, brEEss-keh, *v* to be blunt with; to hurry on (of events).

brusquerie, brEEss-ker-ree, *f* bluntness; abruptness.

brut, e, brEt, *a* raw; rough; abrupt; coarse; gross.

brutal, e,* brE-tähl, *a* brutal; brutish. bully.

brutaliser, brE-tähl-e-zeh, *v* to treat brutally; to

brutalité, brE-tähl-e-teh, *f* roughness; brutishness.

brute, brEt, *f* brute.

bruyamment, brE-yäh-mahng, *adv* noisily; loudly.

bruyant, e, brE-yahng, *a* noisy; loud.

bruyère, brE-yair, *f* heath; heather.

buanderie, bE-ahngd-ree, *f* wash-house.

bûche, bEEsh, *f* log; (fig.) blockhead; hard work; swiss roll.

bûcher, bee-sheh, *m* wood-house; funeral pile; stake.

bûcheron, bEEsh-rong, *m* wood-cutter; logger.

bûch-eur, -euse, bee-sher, *mf* (fam.) plodder; swotter.

budget, bEED-shay, *m* budget.

buée, be-eh, *f* steam; vapour; blur.
buffet, be-fay, *m* side-board; buffet; refreshment-room.
buffle, bee-fl, *m* buffalo; buff-leather.
buis, bwe, *m* box-wood; box tree.
buisson, bweess-ong, *m* bush, thicket; **faire l'école**
  buissonnière, fair leh-kol bweess-onn-e-air, to play
bulle, beel, *f* bubble. [truant.
bulletin, beel-tang, *m* report; bulletin; ticket; voting
  paper.
buraliste, be-räh-lisst, *mf* office-keeper; tobacconist.
bureau, be-roh, *m* office; writing-desk; board.
bureaucrate, be-roh-kräht, *m* bureaucrat; (fam.)
  red-tapist.
bureaucratie, be-roh-krähss-ee, *f* bureaucracy;
  (fam.) red-tape.
burette, be-rayt, *f* cruet; can; flagon.
burlesque, beer-lessk, *a* burlesque, ludicrous.
burnous, beer-nooss, *m* burnous, Arab cloak.
busc, beesk, *m* busk; whalebone.
buse, beez, *f* buzzard; (fig). blockhead.
buste, beest, *m* bust.
but, be, *m* mark; aim; goal; end; purpose.
buter, be-teh, *v* to butt; to prop; to stumble; **se —,**
  ser —, to be bent (**à,** on).
buté, be-teh, *a* fixed; obstinate.
butin, be-tang, *m* plunder; booty.
butor, be-tor, *m* bittern; (fig.) dull fellow.
butte, beet, *f* mound, knoll; **en — à,** ahng — äh,
buvable, be-väh-bl, *a* drinkable. [exposed to.
buvard, be-vähr, *m* blotting-pad; **papier —,**
  päh-pe-eh —, blotting-paper.
buveu-r, -se, be-ver, *mf* drinker.

ça, säh, *pron* contraction of **cela,** ser-läh, that.
çà, säh, *adv* hither; **— et là, —** eh läh, here and there.
cabale, käh-bähl, *f* cabal.
cabane, käh-bähnn, *f* hut; cabin.
cabanon, käh-bäh-nong, *m* cell; padded cell.
cabaret, käh-bäh-ray, *m* cabaret.
cabas, käh-bah, *m* rush basket; work-bag.

cabestan, käh-bess-tah*ng, m* capstan, windlass.
cabillaud, käh-bee-yoh, *m* (fresh) codfish.
cabine, käh-been, *f* cabin; beach hut; call box.
cabinet, käh-be-ney, *m* small room; closet; office;
   practice; w.c.; chambers; cabinet (Pol.).
câble, kah-bl, *m* cable; rope.
câbler, kah-bleh, *v* to cable; to twist (strands).
câblogramme, kah-blo-grahmm, *m* cablegram.
caboche, käh-bosh, *f* (fam.) pate; nob.
cabosser, käh-bo-sseh, *v* to bump, to dent.
cabotage, käh-bot-ähsh, *m* coasting.
caboter, käh-bot-eh, *v* to coast.
cabotin, käh-bot-a*ng, m* bad actor; strolling player.
cabrer (se), ser käh-breh, *v* to rear; to fire up.
cabriole, käh-bre-ol, *f* caper; leap; somersault.
cabriolet, käh-bre-oll-ay, *m* gig; cab.
cacahuète, käh-käh-wait, *f* peanut.
cacao, käh-käh-o, *m* cocoa.
cacatoes, käh-käh-to'es, *m* cockatoo.
cachalot, käh-shä-lo, *m* sperm-whale.   ⌈and-seek.
cache, kähsh, *f* hiding-place; **cache-cache,** *m* hide-
cache-nez, kähsh-neh, *m* muffler; comforter.
cacher, käh-sheh, *v* to hide; to conceal.
cachet, käh-shay, *m* seal; style; ticket; lesson.
cacheter, kähsh-teh, *v* to seal (up).
cachette, käh-shett, *f* hiding-place; **en —,** ah*ng —,*
cachot, käh-sho, *m* cell; dungeon; prison. ⌊secretly.
cachotterie, käh-shot-ree, *f* affected secretiveness.
cadavre, käh-dah-vr, *m* corpse; dead body.
cadeau, käh-doh, *m* present, gift.
cadenas, kähd-nah, *m* padlock.
cadenasser, kähd-nähss-eh, *v* to padlock.
cadence, käh-dah*ng*ss, *f* cadence; rhythm.
cadet, te, käh-day, *a & n* younger; least; youngest.
cadran, käh-drah*ng, m* dial.
cadre, kah-dr, *m* frame; plan; managerial staff; staff.
cadrer, kah-dreh, *v* to agree; to fit.
cadu-c, que, käh-DEEK, *a* infirm; decayed; lapsed.
caducité, käh-DE-se-teh, *f* decrepitude.
cafard, käh-fähr, *m* cockroach; "the blues".
cafard, e, käh-fähr, *a* hypocrite.
cafarder, käh-fähr-deh, *v* to sneak.

café, käh-feh, *m* coffee; coffee-house; café; **— au lait,**
— oh lay, coffee with milk, **— noir,** — no'ähr, black
[coffee.

cafetière, käh'f-te-air, *f* coffee-pot.

cage, kähsh, *f* cage; coop; frame.

cagneu-x, se, käh-ner, *a* knock-kneed.

cagot, e, käh-go, *n & a* hypocrite.

cahier, käh-yeh, *m* copy-book; exercise-book.

cahin-caha, käh-ang käh-äh, *adv* so so; middling.

cahot, käh-o, *m* jolt; road shock.

cahoter, käh-ot-eh, *v* to jolt; bump along.

cahute, käh-EET, *f* hut, hovel.

caille, kah'e, *f* quail.

cailler, kah'e-yeh, *v* to curdle; to clot.

caillot, kah'e-o, *m* clot.

caillou, kah'e-yoo, *m* pebble; flint; stone.

caisse, kess, *f* case; box; chest; cash-box; fund; cash-
desk; (carriage) body; drum; **— d'épargne,** — deh-
pährn'yer; savings bank.

caissi-er, ère, kess-e-eh, *mf* cashier.

cajoler, käh-sholl-eh, *v* to wheedle; to coax.

calamité, käh-läh-me-teh, *f* calamity.

calandre, käh-lahng-dr, *f* calender; mangle.

calcaire, kähl-kair, *m* limestone; *a* calcareous.

calciner, kähl-se-neh, *v* to calcine; to burn up.

calcul, kähl-KEEL, *m* calculation; arithmetic; calculus;
stone (in bladder, etc.).

calculer, kähl-kE-leh, *v* to calculate; to reckon; to
compute; to work out.

cale, kähl, *f* wedge; (ship) hold.

calé, e, käh-leh, *a* wedged up; stalled; (fam.) learned.

calèche, käh-laysh, *f* open carriage.

caleçon, kähl-song, *m* men's pants; bathing shorts.

calembour, käh-lahng-boohr, *m* pun.

calembredaine, käh-lahng-brer-dayn, *f* foolery, non-
[sense.

calendrier, käh-lahng-dre-eh, *m* calendar.

calepin, kähl-pang, *m* memorandum-book; notebook.

caler, käh-leh, *v* to wedge up; to jam; to stall.

calfeutrer, kähl-fer-treh, *v* to stop up the chinks of;
to make draught-proof; **se —,** to shut oneself up
cosily.

calibre, käh-lee-br, *m* calibre; size; diameter.

calice, käh-liss, *m* chalice; calyx.

calicot, kăh-le-ko, *m* calico.

califourchon (à), ăh kăh-le-foohr-sho*ng*, *adv* astride.

câlin, e, kah-la*ng*, *a* caressing; winning.

câliner, kah-le-neh, *v* to caress; to fondle; to wheedle.

calleu-x, se, kăh-ler, *a* callous, horny.

calmant, kăhl-mah*ng*, *m* sedative.

calmant, e, kăhl-mah*ng*, *a* soothing.

calme, kăhlm, *m* calm; stillness; *a* quiet; calm.

calmer, kăhl-meh, *v* to calm; to quiet; to still.

calomnie, kăh-lomm-nee, *f* calumny; slander.

calomnier, kăh-lomm-ne-yeh, *v* to calumniate; to [slander.

calorie, kăh-lo-re, *f* calory.

calorifère, kăh-lor-e-fair, *a* heat-conveying; *m* heating installation.

calorifuger, kăh-lo-re-fE-sheh, *v* to insulate; to lag.

calotte, kăh-lott, *f* skull-cap; cap; box on the ears (slang); priesthood.

calotter, kăh-lott-eh, *v* to box the ears of.

calque, kăhlk, *m* tracing; copy.

calquer, kăhl-keh, *v* to trace; to copy.

calvaire, kăhl-vair, *m* calvary; (fig.) martyrdom.

calvitie, kăhl-vee-see, *f* baldness.

camarade, kăh-măh-răhd, *m* comrade; pal; friend.

camaraderie, kăh-măh-răhd-ree, *f* close friendship; comradeship.

camard, e, kăh-măhr, *a* flat-nosed.

cambouis, kah*ng*-boo-e, *m* dirty oil or grease.

cambrer, kah*ng*-breh, *v* to bend; to arch; **se —,** se*r* —, to camber.

cambriolage, kah*ng*-bre-ol-ăh**sh**, *m* burglary.

cambrioleur, kah*ng*-bre-ol-e*r*, *m* burglar.

came, kăhm, *f* cam; **arbre à —,** ahr-br ăh—, *m* camshaft. [shaft.

camée, kăh-meh, *m* cameo.

camelote, kăhm-lot, *f* cheap goods; trash; stuff.

camera, kăh-meh-răh, *f* cine-camera; film, TV camera. [camera.

camion, kăh-me-ong, *m* lorry; wagon.

camionnage, kăh-me-onn-ăh**sh**, *m* carting; carriage (of goods).

camionnette, kăh-me-onn-ett, *f* van.

camisole, kăh-me-zol, *f* short night dress; straight jacket.

camouflet, kăh-moo-flay, *m* affront, insult.

camoufler, kăh-moo-fleh, *v* to disguise; to camouflage; **se —,** to hide.

camp, kahng, *m* camp.

campagnard, e, kahng-păhn-yăhr, *n* & *a* countryman, countrywoman; rustic.

campagne, kahng-păhn-yer, *f* country; campaign.

campement, kahngp-mahng, *m* encampment; camping.

camper, kahng-peh, to camp.

camphre, kahng-fr, *m* camphor.

camping, kahng-pee.

camus, e, kăh-mE, *a* flat-nosed.

canaille, kăh-nah'e, *f* blackguard; rabble; roughs.

canal, kăh-năhl, *m* canal; channel; pipe; conduit.

canapé, kăh-năh-peh, *m* sofa; open sandwich.

canard, kăh-năhr, *m* duck; drake; false news; rag (newspaper).

cancan, kahng-kahng, *m* tittle-tattle; cancan.

cancaner, kahng-kăh-neh, *v* to tittle-tattle.

cancer, kahng-sair, *m* cancer.

cancéreu-x, **se** kahng-seh-rer, *a* cancerous; *n* cancer patient.

cancre, kahng-kr, *m* crab-fish; (fig.) dunce.

candélabre, kahng-deh-lăh-br, *m* candelabrum; street-lamp.

candeur, kahng-der, *f* candour; frankness; purity.

candidat, kahng-de-dăh, *m* candidate.

candide,* kahng-deed, *a* candid; open; frank.

cane, kăhn, *f* (female) duck.

caneton, kăhn-tong, *m* duckling.

canevas, kăhn-vah, *m* canvas; sketch.

caniche, kăh-neesh, *m* poodle.

canif, kăh-niff, *m* penknife.

canin, kăh-nang, *a* canine.

canine, kăh-neen, *f* canine tooth.

caniveau, kăh-ne-voh, *m* gutter; gutterstone.

canne, kăhn, *f* cane; walking-stick; rod.

cannelle, kăh-nell, *f* cinnamon.

cannelure, kăhn-lEEr, *f* groove.

canon, kăh-nong, *m* cannon, gun.

canot, kăh-no, *m* canoe; **— de sauvetage,** der sohv-tăhsh, lifeboat.

canotage, kăh-not-ăhsh, *m* boating.

canotier, käh-not-e-eh, *m* oarsman; boater hat.

cantaloup, kahng-täh-loo, *m* cantaloup melon.

cantatrice, kahng-täh-triss, *f.* professional singer.

cantharide, kahng-täh-reed, *f* Spanish fly.

cantine, kahng-teen, *f* canteen.

cantique, kahng-tick, *m* canticle; sacred song.

canton, kahng-tong, *m* sub-district; canton.

cantonade, kahng-tonn-ähd, *f* (theatre) wings; **à la —,** äh läh —, behind the scenes.

cantonnier, kahng-tonn-e-eh, *m* road-mender.

canule, käh-NEEL, *f* injection-pipe.

caoutchouc, käh-oot-shoo, *m* india-rubber; mackintosh.

cap, kähp, *m* cape.

capable, käh-päh-bl, *a* able; efficient; qualified.

capacité, käh-päh-se-teh, *f* capacity; capaciousness; qualification.

cape, kähp, *f* cape; cloak with a hood.

capitaine, käh-pe-tayn, *m* captain.

capital, e, käh-pe-tähl, *a* capital; principal; chief.

capital, käh-pe-tähl, *m* capital; stock.

capitale, käh-pe-tähl, *f* (city) capital.

capiteu-x, se, käh-pe-ter, *a* heady; strong (of wines).

capitonner, käh-pe-tonn-eh, *v* to stuff; to pad.

capituler, käh-pe-te-leh, *v* to capitulate; to come to terms.

capon, käh-pong, *m* coward; sneak.

caporal, käh-por-ähl, *m* corporal.

capote, käh-pot, *f* great coat; hooded cloak; hood (of car).

câpre, käh-pr, *f* caper.

caprice, käh-priss, *m* caprice; whim; fancy.

capsule, kähp-SEEL, *f* capsule; cap.

capter, kähp-teh, *v* to gain insidiously.

captieu-x, se,* kähp-se-er, *a* captious.

capti-f, ve, kähp-tiff, *a* captive; *n* prisoner.

capture, kähp-teer, *f* capture; booty; arrest.

capturer, kähp-te-reh, *v* to capture; to arrest.

capuchon, käh-pe-shong, *m* hood; cover.

capucin, käh-pe-sang, *m* capuchin; friar.

capucine, käh-pe-seen, *f* nasturtium.

caque, kähck, *f* keg; barrel.

caquet, käh-kay, *m* cackle.

caqueter, kähck-teh, *v* to cackle; to chatter.

car, kähr, *conj* for, because, as.

car, kăhr, *m* coach (motor).
carabine, kăh-răh-been, *f* rifle.
carabinier, kăh-răh-be-ne-eh, *m* rifleman.
caracoler, kăh-răh-koll-eh, *v* to wheel about; to prance.
caractère, kăh-răhck-tair, *m* character; temper; type; print.
carafe, kăh-răhf, *f* decanter; water-bottle; carafe.
carafon, kăh-răh-fong, *m* small decanter.
caramel, kăh-răh-mell, *m* burnt sugar; caramel; toffee.
carapace, kăh-răh-păhss, *f* carapace; shell.
carat, kăh-răh, *m* carat.
caravane, kăh-răh-văhn, *f* caravan.
carbonate, kăhr-bonn-ăht, *m* carbonate.
carbone, kăhr-bonn, *m* carbon.
carboniser, kăhr-bonn-e-zeh, *v* to carbonize; to char.
carburateur, kăhr-bE-rah-ter, *m* carburettor.
carbure, kăhr-bEER, *m* carbide.
carcasse, kăhr-kăhss, *f* carcass; framework.
cardiaque, kăhr-de-ăhck, *a & mf* cardiac.
cardinal, e, kăhr-de-năhl, *a* cardinal, principal, chief.
carême, kăh-raym, *m* Lent.
carence, kăh-rahngss, *f* total absence of assets.
carène, kăh-rain, *f* keel; bottom; careen.
caressant, e, kăh-rayss-ahng, *a* caressing; tender.
caresser, kăh-rayss-eh, *v* to caress; to stroke; to cherish.
cargaison, kăhr-gay-zong, *f* cargo; freight.
cari, kăh-re *m* curry.
caricature, kăh-re-kah-tEER, *f* caricature.
carie, kăh-ree, *f* decay; — **dentaire,** dahng-tair, dental decay.
carillon, kăh-ree-ong, *m* chime; peal.
carmin, kăhr-mang, *m* carmine.
carnage, kăhr-năhsh, *m* slaughter.
carnassier, kăhr-năhss-e-eh, *a* carnivorous.
carnaval, kăhr-năh-văhl, *m* carnival.
carnet, kăhr-nay, *m* note-book.
carnier, kăhr-ne-eh, *m* game-bag.
carnivore, kăhr-ne-vor, *a* carnivorous.
carotte, kăh-rot, *f* carrot; (fam.) humbug.
carotter, kăh-rot-eh, *v* (fam.) to dupe; to cheat.
carpe, kăhrp, *f* carp.

carpette, kåhr-pett, *f* rug.

carré, kåh-reh, *m* square; landing.

carré, e, kåh-reh, *a* square, straight; peremptory.

carreau, kåh-roh, *m* square; pane; tile; diamonds (cards).

carrefour, kåhr-foohr, *m* cross-roads.

carreler, kåhr-leh, *v* to pave with brick or tile.

carrément, kåh-reh-mahng, *adv* squarely; boldly; straightforwardly.

carrer, kåh-reh, *v* to square; **se —** to strut.

carrière, kåh-re-air, *f* quarry; race-course; career.

carriole, kåh-re-ol, *f* light covered cart.

carrosse, kåh-ross, *m* coach (horse-drawn).

carrosserie, kåh-ross-re, *f* body of car.

carrure, kåh-REEr, *f* breadth of shoulders.

cartable, kåhr-tabl, *m* school satchel.

carte, kåhrt, *f* card; ticket; map; menu; **—blanche,** blahngsh, full power.

cartilage, kåhr-te-låhsh, *m* cartilage; (fam.) gristle.

carton, kåhr-tong, *m* pasteboard; cardboard; cartoon; hat-box; band-box; cardboard box.

cartouche, kåhr-toosh, *f* cartridge; carton (of cigarettes); refill.

cas, kah, *m* case; matter; event; **en cas de,** ahng kah der, in case of.

casani-er, ère, kåh-zåh-ne-eh, *a* home-loving.

casaque, kåh-zåhck, *f* great-coat.

cascadeur, kåhss-kåh-der, *m* stunt-man.

case, kahz, *f* hut; cabin; pigeon-hole; square (on game board).

caser, kah-zeh, *v* to place; to find a situation for.

caserne, kåh-zairn, *f* barracks.

casier, kah-ze-eh, *m* set of pigeon-holes; **—judiciaire, — sHE-de-se-air,** police record

casque, kåhssk, *m* helmet.

casquette, kåhss-kett, *f* cap.

cassant, e, kåhss-ahng, *a* brittle; blunt; sharp.

cassation, kåhss-ah-se-ong, *f* annulment; quashing; appeal.

casse, kåhss, *f* breakage.

casse-cou, kåhss-koo, *m* break-neck; dare-devil.

casse-noisettes, kahss-no'åh-zett, *m* nut-cracker.

casse-tête, kahss-tayt, *m* club; tomahawk; puzzle.

casser, kahss-eh, *v* to break; to crack; to quash; to discharge.

casserole, kähss-rol *f* saucepan, stewpan.

cassette, kähss-ett, *f* casket.

cassis, kahss-iss, *m* black currant.

cassure, kahss-EER, *f* broken place; crack; fracture.

caste, kähsst, *f* caste.

castor, kähss-tor, *m* beaver.

casuel, käh-ze-ell, *m* perquisites.

casuel, le,* käh-ze-ell, *a* casual, accidental.

catalogue, käh-täh-log *m* catalogue, list.

cataplasme, käh-täh-plähssm, *m* poultice.

catarrhe, käh-tähr, *m* catarrh.

catastrophe, käh-tähss-trof, *f* catastrophe.

catéchisme, käh-teh-shissm, *m* catechism.

catégorie, käh-teh-go-re, *f* category, order, class.

cathédrale, käh-teh-drähl, *f* cathedral.

catholique, käh-toll-eeck, *a & mf* catholic.

cauchemar, kohsh-mähr, *m* nightmare; bugbear.

cause, kohz, *f* cause; motive; case; trial; **à — de,** äh — der, on account of.

causer, koh-zeh, *v* to cause; to chat.

causerie, kohz-ree, *f* talk, chat, chattering.

causeuse, koh-zerz, *f* settee.

caustique, kohss-tick, *a* caustic.

cauteleu-x, se,* koht-ler, *a* cunning, crafty.

cautériser, koh-teh-re-zeh, *v* to cauterize; to burn.

caution, koh-se-ong, *f* bail; security; **sujet à —,** se-shay t'äh —, not to be trusted.

cautionnement, koh-se-onn-mahng, *m* bail; surety; security.

cautionner, koh-se-onn-eh, *v* to stand surety for.

cavalerie, käh-vähl-ree, *f* cavalry.

cavali-er, ère, käh-väh-le-eh, *mf* horseman; horsewoman; rider; partner; *a* blunt, off-hand.

cavalièrement, käh-väh-le-air-mahng, *adv* bluntly; unceremoniously.

cave, kähv, *f* cellar; vault; liqueur-case; *a* hollow.

caveau, käh-voh, *m* cellar; vault.

caverne, käh-vairn, *f* cavern; cave; den.

cavité, käh-ve-teh, *f* cavity; hollow.

ce, cet, *m*; **cette,** *f* ser, sett, *a* this, that.

ceci, ser-se, *pron* this; this thing.

cécité, seh-se-teh, *f* blindness.

céder, seh-deh, *v* to yield; to give up; to hand over.

cédille, seh-dee-ye, *f* cedilla.

cèdre, say-dr, *m* cedar.

ceindre, sang-dr, *v* to enclose; to surround; to gird; to wreathe (**de,** with).

ceinture, sang-TEER, *f* girdle; belt; waist; enclosure; zone; circle.

ceinturon, sang-te-rong, *m* sword-belt.

cela, ser-läh, or släh, *pron* that.

célèbre, seh-lay-br, *a* celebrated; famous.

célébrer, seh-leh-breh, *v* to celebrate.

celer, ser-leh, *v* to hide; to conceal (**à,** from).

céleri, seh-ler-re, *m* celery.

célérite, seh-leh-re-teh, *f* speed, swiftness.

céleste, seh-laist, *a* celestial, heavenly.

célibat, seh-le-bäh, *m* celibacy. [married.

célibataire, seh-le-bäh-tair, *m* bachelor; *a* un-

cellier, say-le-eh, *m* cellar; (on ground floor) store-room. [room.

cellulaire, say-LE-lair, *a* cellular.

cellule, say-LEEl, *f* cell.

celui, *m* **celle,** *f* ser-lwe, sell, *pron* he; she; him; her; the one; that.

cendre, sahng-dr, *f* ash, ashes; cinder.

cendré, e, sahng-dreh, *a* ash-coloured.

cendrier, sahng-dre-eh, *m* ash-hole; ash-tray.

cendrillon, sahng-dree-yong, *f* Cinderella.

cène, sayn, *f* Lord's Supper.

censé, e, sahng-seh, *a* reputed; supposed.

censeur, sahng-ser, *m* censor; critic.

censure, sahng-seer, *f* censorship; censure.

censurer, sahng-se-reh, *v* to censure; to blame.

cent, sahng, *m* & *a* one hundred; hundred.

centaine, sahng-tain, *f* hundred; **une —,** een —, about a hundred. [tenarian.

centenaire, sahng-nair, *m* centenary; *a* & *mf* cen-

centiare, sahng-te-ähr *m* centiare (a square metre).

centième, sahng-te-aym, *m* the hundredth part; *a* hundredth.

centigrade, sahng-te-grähd, *a* centigrade.

centigramme, sahng-te-grähm, *m* centigramme.

centime, sah*ng*-teem, *m* centime.

centimètre, sah*ng*-te-may-tr, *m* centimetre; (fam.) tape measure; (hundredth part of a metre).

central, e, sah*ng*-trähl, *a* central.

centralisation, sah*ng*-träh-le-zäh-se-o*ng*, *f* centralisation.

centre, sah*ng*-tr, *m* centre; middle.

centrifuge, sah*ng*-tre-feesh, *a* centrifugal.

centupler, sah*ng*-te-pleh, *v* to increase a hundred-fold.

cep, sayp, *m* vine-stock.

cependant, ser-pah*ng*-dah*ng*, *adv* meanwhile; *conj* yet, however.

céramique, seh-räh-meek, *a* ceramic; *f* ceramics, pottery.

cerceau, sair-soh, *m* hoop.

cercle, sair-kl, *m* circle; ring; hoop; club.

cercueil, sair-ker-e, *m* coffin.

céréales, seh-reh-ähl, *fpl* cereals; corn crops.

cérébral, e, seh-reh-brähl, *a* cerebral.

cérémonial, seh-reh-monn-e-ähl, *m* ceremonial.

cérémonie, seh-reh-monn-ee, *f* ceremony.

cérémonieu-x, se,* seh-reh-monn-e-er, *a* ceremonious, formal.

cerf, sair, or sairf, *m* stag; deer; hart; — **volant,** — voll-ah*ng*, stag-beetle; kite.

cerfeuil, sair-fer'e, *m* chervil.

cerise, ser-reez, *f* cherry.

cerisier, ser-re-ze-eh, *m* cherry-tree.

cerneau, sair-noh, *m* green walnut.

cerné, e, sair-neh, *pp & a* surrounded; (eyes) black-ringed.

cerner, sair-neh, *v* to surround; to trap.

certain, e,* sair-ta*ng*, *a* certain, sure; *pl* (before a noun) some.

certes, sairt, *adv* most certainly.

certificat, sair-te-fe-käh, *m* certificate; testimonial.

certifier, sair-te-fe-eh, *v* to certify; to testify.

certitude, sair-te-teed, *f* certitude, certainty; assurance.

cerveau, sair-voh, *m* brain; mind; intellect.

cervelas, sair-ver-lah, *m* saveloy.

cervelle, sair-vell, *f* brains; head; intelligence.

ces, say (*pl* of **ce**), *mf a* these; those.

cessation, sess-äh-se-o*ng*, *f* discontinuance.

cesse, sayss, *f* ceasing; respite.

cesser, sayss-eh, *v* to cease; to come to an end.

cessible, sayss-ee-bl, *a* transferable (jur.).

cession, sayss-e-ong, *f* transfer (jur.).

c'est à dire, sayt-ah-deer, *conj* that is to say.

chacal, shăh-kăhl, *m* jackal.

chacun, e, shăh-kung, *pron* everyone; each; each one.

chafouin, e, shăh-foo-ang, *n* & *a* mean-looking; mean; sly-looking (person).

chagrin, shăh-grang, *m* grief, sorrow; trouble; (leather) shagreen.

chagrin e shăh-grang, *a* sorrowful; gloomy; peevish.

chagrinant, e, shăh-gre-nahng, *a* grievous; sad; vexing.

chagriner, shăh-gre-neh, *v* to grieve; to vex.

chahut, shăh-EE, *m* rag; rowdyism; noise; **faire du —,** fair DE —, to make an uproar.

chaîne, shain, *f* chain; line; *pl* fetters.

chaînon, shay-nong, *m* link (of chain).

chair, shair, *f* flesh; meat; pulp; **— de poule, —** der pool, goose-flesh.

chaire, shair, *f* pulpit; desk; professorship.

chaise, shayz, *f* chair; seat.

chaise longue, shayz long-gh, *f* deck-chair; chaise-longue, couch.

chaland, shăh-lahng, *m* lighter; barge.

châle, shahl, *m* shawl.

chalet, shah-lay, *m* Swiss cottage; chalet.

chaleur, shăh-ler, *f* heat; warmth; zeal; heat (of animals).

chaleureu-x, se,* shăh-ler-rer, *a* warm; ardent.

chaloupe, shăh-loop, *f* long-boat; launch.

chalumeau, shăh-lE-moh, *m* reed; blowpipe.

chalut, shăh-lE, *m* trawl-net.

chalutier, shăh-lE-te-eh, *m* trawler.

chamailler (se), ser shăh-mah'e-yeh, *v* to squabble; to quarrel.

chambellan, shahng-bel-lahng, *m* chamberlain.

chambranle, shahng-brahngl, *m* door frame.

chambre, shahng-br, *f* bedroom; chamber.

chambrée, shahng-breh, *f* roomful.

chameau, shăh-moh, *m* camel.

chamelier, shăh-mer-le-eh, *m* camel driver.

chamois, shăh-mo'ăh, *m* chamois, wild goat; chamois leather; *a* buff.

champ, shah*ng*, *m* field; ground; subject; scope; **sur le —,** SEER ler —, immediately; **à tout bout de —,** ăh-too-boo der —, every moment.

champagne, shah*ng*-păhn-yer, *m* (wine) champagne.

champêtre, shah*ng*-pay-tr, *a* rural; rustic.

champignon, shah*ng*-peen-yong, *m* mushroom.

champion, shah*ng*-pe-ong, *m* champion.

chance, shah*ng*ss, *f* chance, luck.

chancelant, e, shah*ng*s-lah*ng*, *a* tottering.

chanceler, shah*ng*ss-leh, *v* to totter; to stagger.

chancelier, shah*ng*-ser-le-eh, *m* chancellor.

chancellerie, shah*ng*-sell-ree, *f* chancellery.

chanceu-x, se, shah*ng*-ser, *a* lucky; risky.

chancre, shah*ng*-kr, *m* canker.

chandeleur, shah*ng*d-ler, *f* Candlemas.

chandelier, shah*ng*-der-le'eh, *m* candlestick.

chandelle, shah*ng*-dell, *f* candle (tallow).

change, shah*ng*sh, *m* change; exchange; **agent de —,** ăh-shah*ng* der —, stockbroker; exchange broker.

changeant, e, shah*ng*-shah*ng*, *a* changeable; fickle.

changement shah*ng*sh-mah*ng*, *m* change; alteration. [exchange; to shift.

changer, shah*ng*-sheh, *v* to change; to alter; to

changeur, shah*ng*sh-er, *m* money-changer.

chanoine, shăh-no'ăhn, *m* canon.

chanson, shah*ng*-song, *f* song; ballad; *pl* nonsense.

chansonner, shah*ng*-sonn-eh, *v* to lampoon.

chansonnette, shah*ng*-sonn-ett, *f* little song; ditty.

chansonnier, shah*ng*-sonn-e-eh, *m* song-writer (esp. satirical); song-book.

chant, shah*ng*, *m* singing; song; strain; canto.

chantage, shah*ng*-tăhsh, *m* blackmail.

chantant, e, shah*ng*-tah*ng*, *a* singing; tuneful.

chanter, shah*ng*-teh, *v* to sing; to celebrate; (fam.) to say; **faire —,** fair —, to blackmail.

chanteu-r, se, shah*ng*-ter, *mf* singer.

chantier, shah*ng*-te-eh, *m* yard; timber-yard; dock-yard; building site.

chantonner, shah*ng*-tonn-eh, *v* to hum a tune.

chanvre, shah*ng*-vr, *m* hemp.

chaos, kăh-o, *m* chaos.

chape, shăhp, *f* cope; cover.

chapeau, shăh-poh, *m* hat; bonnet; cowl (of chimney).

chapelain, shăhp-lang, *m* chaplain.

chapelet, shăhp-lay, *m* chaplet; rosary.

chapeli-er, ère, shăh-pe*r*-le-eh, *mf* hatter.

chapelle, shăh-pell, *f* chapel.

chapellerie, shăh-pell-ree, *f* hat-making; hat-shop.

chapelure, shăhp-lEER, *f* bread crumbs.

chaperon, shăhp-rong, *m* hood; chaperon.

chaperonner, shăhp-ronn-eh, *v* to chaperon; to put a hood on.

chapiteau, shăh-pe-toh, *m* top; capital; crest.

chapitre, shăh-pe-tr, *m* chapter; heading; chapter-house.

chapitrer, shăh-pe-treh, *v* to lecture; to reprimand.

chapon, shăh-pong, *m* capon.

chaque, shăhck, *a* each; every.

char, shăhr, *m* car; chariot; hearse.

charabia, shăh-răh-be-ăh, *m* gibberish.

charbon, shăhr-bong, *m* coal; charcoal; carbuncle.

charbonnage, shăhr-bonn-ăhsh, *m* colliery.

charbonner, shăhr-bonn-eh, *v* to blacken; to char.

charbonneu-x, se, shăhr-bonn-e*r*, *a* carbuncular; coaly.

charbonnier, shăhr-bonn-e-eh, *m* coal-man; charcoal-burner.

charcuterie, shăhr-kEET-ree, *f* delicatessen shop.

chardon, shăhr-dong, *m* thistle.

chardonneret, shăhr-donn-ray, *m* goldfinch.

charge, shăhrsh, *f* load; burden; expense; office; charge.

chargement, shăhr-sher-mahng, *m* loading; cargo.

chargé, e, shăhr-sheh, *pp & a* full; laden; heavy (of weather); — **d'affaires,** — dăh-fair, deputy ambassador.

charger, shăhr-sheh, *v* to load; to charge; to entrust (**de,** with); **se —,** se*r* —, to take upon oneself.

chargeur, shăhr-sher, *m* loader; shipper.

chariot, shăh-re-o, *m* waggon; cart; truck; carriage (of typewriter).

charitable,* shăh-re-tăh-bl, *a* charitable.

charité, shăh-re-teh, *f* charity; alms; benevolence.

charivari, shăh-re-văh-re, *m* tin-kettle music; deafening noise.

charlatan, shăhr-lăh-tahng, *m* quack; charlatan.

charmant, e, shăhr-mahng, *a* charming; delightful.

charme, shăhrm, *m* charm; spell; attraction.

charmer, shăhr-meh, *v* to charm.

charmille, shăhr-mee-ye, *f* arbour.

charnel, le, shăhr-nell, *a* carnal; sensual.

charnière, shăhr-ne-air, *f* hinge; stamp hinge.

charnu, e, shăhr-nε, *a* fleshy.

charogne, shăh-ronn-yer, *f* carrion.

charpente, shăhr-pahngt, *f* frame-work.

charpentier, shăhr-pahng-te-eh, *m* carpenter.

charpie, shăhr-pee, *f* lint.

charretée, shăhr-teh, *f* cart-load.

charretier, shăhr-te-eh, *m* carter.

charrette, shăh-rett, *f* cart.

charrier, shăh-re-eh, *v* to cart; to drift; (fam.) to poke fun at; to exaggerate.

charroi, shăh-ro'ăh, *m* carting.

charron, shăh-rong, *m* wheelwright; cartwright.

charrue, shăh-rε, *f* plough; **mettre la — devant les bœufs,** met-tr lăh—der-vahng lay bεr, to put the cart before the horse.

charte, shăhrt, *f* charter.

chartreuse, shăhr-trerz, *f* Chartreuse (Carthusian monastery); chartreuse (liqueur).

chas, shah, *m* eye of a needle.

châsse, shahss, *f* shrine; frame.

chasse, shăhss, *f* chase; hunting; shooting; sport; pursuit.

chasse-neige, shăhss-naysh, *m* (*inv in pl*) snow-plough; (skiing) stem.

chasser, shăhss-eh, *v* to hunt; to drive away; to shoot; to discharge.

chasseur, shăhss-**er,** *m* hunter; sportsman; footman.

châssis, shahss-e, *m* frame; sash; chassis.

chaste,* shăhsst, *a* chaste; pure; modest.

chasteté, shăhss-ter-teh, *f* chastity; purity.

chat, te, shăh, *mf* cat; **— huant, —** ε-ahng, *m* tawny owl; brown owl.

châtaigne, shah-tain-yer, *f* sweet chestnut.

châtain, e, shah-tang, *a* chestnut; **— clair, —** klair, auburn.

château, shah-toh, *m* castle; mansion; country-seat.

châteaubriant, shah-toh-bre-ahng, *m* thick grilled fillet-steak. [castle.

châtelain, e, shaht-lang, *mf* owner of a manor or

châtier, shah-te-eh, *v* to chastise; to punish; to correct. [ment.

châtiment, shah-te-mahng; *m* chastisement; punish-

chatoiement, shăh-to'ăh-mahng, *m* glistening; play of colours.

chaton, shăh-tong, *m* kitten; setting of stone.

chatouiller, shăh-too'e-yeh, *v* to tickle. [touchy.

chatouilleu-x, se, shăh-too'e-yer, *a* ticklish;

chatoyer, shăh-to'ăh-yeh, *v* to glisten; to shimmer.

châtrer, shah-treh, *v* to castrate; to prune.

chatterie, shăht-ree, *f* usually *pl* coaxing way.

chaud, shoh, *m* heat; warmth; **avoir —,** ăh-vo'ăhr **—,** to be warm.

chaud, e, *a* hot; warm; new (of news).

chaudière, shoh-de-air, *f* copper; boiler. [piano.

chaudron, shoh-drong, *m* kettle; caldron; (fam.) bad

chaudronnier, shoh-dronn-e-eh, *m* boiler maker; brazier.

chauffage, shoh-făsh, *m* warming; heating; **— central, —** sahng-trähl, *m* central heating.

chauffe, shohf, *f* heating; furnace.

chauffe-eau, shohf-oh, *m* water; heater.

chauffer, shoh-feh, *v* to warm; to heat; to get hot.

chauffeur, shoh-fer, *m* stoker; driver; "chauffeur".

chaume, shohm, *m* stubble; thatch.

chaumière, shoh-me-air, *f* thatched house; cottage.

chausse-pied, shohss-pe-eh, *m* shoe-horn.

chaussée, shohss-eh, *f* causeway; carriageway; road.

chausser, shohss-eh, *v* to put shoes or boots on; to supply with shoes or boots.

chaussette, shohss-ett, *f* sock.

chausson, shohss-ong, *m* slipper; babies' bootees; **— de dance,** der dahngss, ballet shoes.

chaussure, shohss-EER, *f* shoes; foot-gear.

chauve, shohv, *a* bald.

chauve-souris, shohv-soo-re, *f* bat.

chauvin, e, shoh-vang, *mf* chauvinist.

chauvinisme, shoh-ve-nissm, *m* chauvinism.

chaux, shoh, *f* lime; **blanc de —,** blahng der —, white-wash.

chavirer, shäh-ve-reh, *v* to capsize.

chef, sheff.; *m* chief; head-cook; boss; **de son —,** der song —, on one's responsibility.

chef-d'œuvre, shay-der-vr, *m* master-piece.

chef-lieu, sheff-le-er, *m* chief town (of county).

chemin, sher-mang, *m* way; road; path; **de fer,** — der fair, railway; **en —,** ahng —, on the way.

chemineau, sher-me-no, *m* tramp.

cheminée, sher-me-neh, *f* chimney; fire-place; mantel-piece; funnel.

cheminer, sher-me-neh, *v* to walk; to jog on.

cheminot, sher-me-no, *m* railway-man.

chemise, sher-meez, *f* shirt; **— de nuit,** — der nwee, nightdress; case; folder.

chemisier, sher-me-ze-eh, *m* shirt-maker; woman's blouse or shirt.

chenal, sher-nähl, *m* channel.

chenapan, sher-näh-pahng, *m* scamp; wretch.

chêne, shain, *m* oak.

chéneau, sheh-noh, *m* eaves; gutter.

chenet, sher-nay, *m* fire-dog.

chenil, sher-ne, *m* kennel.

chenille, sher-nee-ye, *f* caterpillar.

chèque, sheck, *m* cheque; **— barré,** — bäh-reh, crossed cheque.

cher, shair, *adv* dear; at a high price.

ch-er, ère,* shair, *a* dear; beloved; costly.

chercher, shair-sheh, *v* to seek; to look for; **envoyer —,** ahng-vo'äh-yeh —, to send for.

chercheur, shair-sher, *m* seeker; inquirer.

chère, shair, *f* living; fare; cheer; **faire bonne —,** fair bonn —, to live well; to feast.

chéri, e, sheh-re, *a* darling; beloved; favourite; *m* dear one; dearest.

chérir, sheh-reer, *v* to cherish; to love.

cherté, shair-teh, *f* high price; dearness.

chérubin, sheh-rE-bang, *m* cherub.

chéti-f, ve,* sheh-tiff, *a* puny; paltry; sorry; weak; wretched.

cheval, sher-vähl, *m* horse; **— vapeur,** — väh-per, horse-power.

chevaleresque, sher-vähl-resk, *a* chivalrous.

chevalerie, sher-vähl-ree, *f* chivalry; knighthood.

chevalet, sher-väh-lay, *m* support; stand.

chevalier, sher-väh-le-eh, *m* knight; **— d'industrie,** —dang-DEES-tree, sharper.

chevaucher, sher-voh-sheh, *v* to ride; to overlap.

chevelu, e, sherv-LE, *a* hairy.

chevelure, sherv-LEER, *f* head of hair.

chevet, sher-vay, *m* bolster; bedside.

cheveu, sher-ver, *m* hair (a single); **les —x,** lay —, the hair.

cheville, sher-vee-ye, *f* ankle; peg; pin; bolt.

chèvre, shay-vr, *f* she-goat; **ménager la — et le chou,** meh-näh-sheh läh — eh ler shoo, to run with the hare and hunt with the hounds.

chevreau, sher-vroh, *m* kid.

chèvrefeuille, shay-vrer-fer'e, *m* honeysuckle.

chevrette, sher-vrett, *f* doe; prawn.

chevreuil, sher-vrer'e, *m* roebuck.

chevrier, sher-vre-eh, *m* goat-herd.

chevron, sher-vrong, *m* rafter.

chevrotant, sher-vrot-ahng, *a* quivering; tremulous.

chevrotin, sher-vrot-ang, *m* kid-leather.

chez, sheh, *prep* at; to; with; among; in; at or to the house of.

chic, sheeck, *m* stylishness; knack; *a* smart; stylish; (fam.) fine!; a sport (of person).

chicane, she-kähn, *f* chicanery; pettifogging; cavil.

chicaner, she-käh-neh, *v* to quarrel with; to shuffle.

chicanerie, she-kähn-ree, *f* chicanery.

chiche,* sheesh, *a* stingy; *interj* I dare you!

chicorée, she-kor-eh, *f* chicory; endive.

chicot, she-ko, *m* stump.

chien, she-ang, *m* dog; (gun) cock.

chienne, she-enn, *f* she-dog; bitch.

chiffe, sheef, *f* flimsy stuff; weak man.

chiffon, she-fong, *m* rag; scrap; duster; *pl* finery.

chiffonné, e, she-fonn-eh, *pp & a* rumpled; of irregular but agreeable features.

chiffonner, she-fonn-eh, *v* to rumple; to vex.

chiffonnier, she-fonn-e-eh, *m* rag-picker; rag-and-bone man; chiffonnier.

chiffre, shee-fr, *m* figure; number; total; cipher; **en —s**

connus, ahng — konn-E, in plain figures; **— d'-affaires,** — däh-fair, turnover.

chiffrer, she-freh, *v* to cipher; to reckon.

chignon, sheen-yong, *m* nape (of neck); coil of hair;

chimère, she-mair, *f* chimera; idle fancy. [bun.

chimérique, she-meh-reeck, *a* chimerical.

chimie, she-mee, *f* chemistry.

chimique,* she-meeck, *a* chemical.

chimiste, she-meesst, *m* (scientific) chemist.

chimpanzé, shang-pahng-zeh.

chiper, she-peh, *v* to pilfer.

chipie, she-pee, *f* disagreeable; sour-faced woman.

chipoter she-pot-eh, *v* to haggle; to dally.

chique, sheeck, *f* quid of tobacco.

chiquenaude, sheeck-nohd, *f* fillip; flick of finger.

chiquer she-keh, *v* to chew (tobacco).

chirurgie, she-REER-shee, *f* surgery.

chirurgien, she-REER-she-ang, *m* surgeon.

chlore, klor, *m* chlorine.

chlorure, klor-EER, *m* chloride.

choc, shock, *m* shock; collision; clash; knock.

chocolat, shock-oll-äh, *m* chocolate; *a* chocolate coloured.

chœur, ker, *m* choir; chorus; choristers; chancel.

choir, sho'ähr, *v* to fall.

choisi, sho'äh-ze, *pp & a* chosen; selected; choice.

choisir, sho'äh-zeer, *v* to choose; to select (**dans, entre, parmi,** from).

choix, sho'äh, *m* choice; selection; election.

choléra, koll-eh-räh, *m* cholera.

chômage, shoh-mähsh, *m* unemployment.

chômage, shoh-mähsh, *m* unemployment; dead season; time spent without work.

chômer, shoh-meh, *v* to stand idle; to be out of work; to keep as a holiday.

chômeur, shoh-mer, *m* unemployed.

chopper, shop-eh, *v* to stumble; to trip up.

choquant, e, shock-ahng, *a* offensive (**pour,** to); shocking; unpleasant.

choquer, shock-eh, *v* to shock; to strike; to touch; to displease; **se —,** to take offence (**de,** at); to be shocked.

chose, shohz, *f* thing; matter; affair; **bien des — s à,** be-a*ng* de — äh, my best regards to.

chou, shoo, *m* cabbage; chou; dear; pet; **— fleur, —** fler cauliflower.

choucroute, shoo-kroot, *f* sauerkraut.

chouette, shoo-ait, *f* owl; *a* (fam.) fantastic; great; marvellous.

choyer, sho'ah-yeh, *v* to fondle; to pet.

chrétien, ne,* kreh-te-a*ng*, *a* & *mf* Christian.

chrétienté, kreh-te-a*ng*-teh, *f* Christendom.

christ, krisst, *m* Christ; crucifix.

christianisme, krisst-e-äh-nissm, *m* Christianity.

chrome, krohm, *m* chromium; chrome.

chronique, kronn-eeck, *f* chronicle; *a* chronic.

chronomètre, kronn-omm-ay-tr, *m* chronometer.

chrysalide, kre-zäh-leed, *f* chrysalis.

chrysanthème, kre-zah*ng*-taym, *m* chrysanthemum.

chuchoter, sнe-shot-eh, *v* to whisper.

chut, sнeet, *interj* hush!

chute, sнeet, *f* fall; downfall; failure.

ci, se, *adv* here; this; **— joint,** — sho'a*ng*, enclosed; **comme — comme ça,** komm — komm säh, so, so, middling.

cible, see-bl, *f* target.

ciboulette, se-boo-lett, *f* chives.

cicatrice, se-käh-triss, *f* scar.

cidre, see-dr, *m* cider.

Cie (for **Compagnie**), kong-pähn-yee, *f* "Co.".

ciel, se-ell, *m* heaven; sky; climate.

cierge, se-airsh, *m* wax-taper.

cigale, se-gähl, *f* cicada.

cigare, se-gähr, *m* cigar.

cigarette, se-gäh-rett, *f* cigarette.

cigogne, se-gonn-yer, *f* stork.

ciguë, se-gнe, *f* hemlock.

cil, seel, *m* eyelash.

cime, seem, *f* summit, top, crest.

ciment, se-mah*ng*, *m* cement.

cimenter, se-mah*ng*-teh, *v* to cement.

cimetière, seem-te-air, *m* cemetery; churchyard.

cimier, se-me-eh, *m* crest; buttock of beef.

cinéaste, se-neh-ähsst, *m* scenario-writer.

cinéma, se-neh-mäh, *m* cinema; **faire du —,** fair dε **—,** to act in films.

cingler, sang-gleh, *v* to lash; to sail.

cinglé, sang-gleh, *a* (fam.) nuts, crackers.

cinq, sangk, *a* five.

cinquantaine, sang-kahng-tain, *f* about fifty.

cinquante, sang-kahngt, *a* fifty.

cinquantenaire, sang-kahngt-nair, *m* fiftieth anniversary.

cinquantième, sang-kahng-te-aym, *a* fiftieth.

cinquième, sang-ke-aym, *m* & *a* fifth.

cintre, sang-tr, *m* semi-circle; arch; coat hanger.

cintré, e, sang-treh, *pp* & *a* arched; fitted (of coat etc.).

cirage, se-rähsh, *m* polishing; shoe polish.

circoncire, seer-kong-seer, *v* to circumcise.

circoncision, seer-kong-se-ze-ong, *f* circumcision.

circonférence, seer-kong-feh-rahngss, *f* circumference.

circonflexe, seer-kong-flex, *a* circumflex.

circonscription, seer-kongss-krip-se-ong, *f* district.

circonscrire, seer-kongss-kreer, *v* to circumscribe.

circonspect, e, seer-kongss-peckt, or seer-kongss-pay, *a* circumspect; wary.

circonspection, seer-kongss-peck-se-ong, *f* cautiousness.

circonstance, seer-kongss-tahngss, *f* circumstance; occasion.

circonstancier, seer-kongss-tahng-se-eh, *v* to state fully.

circonvenir, seer-kongv-neer, *v* to circumvent; to deceive.

circonvoisin, seer-kong-vo'äh-zang, *a* circumjacent; neighbouring.

circuit, seer-kwe, *m* circuit; round-about way.

circulaire, seer-ke-lair, *f* circular; *a* circular.

circulation, seer-ke-läh-se-ong, *f* circulation; currency; traffic.

circuler, seer-ke-leh, *v* to circulate; to move.

cire, seer, *f* wax.

cirer, se-reh, *v* to wax; to polish (shoes, floors etc.); to spread about.

cirque, seerk, *m* circus.

ciseau, se-zoh, *m* chisel; *pl* scissors; shears.

ciseler, seez-leh, *v* to carve; to chisel.

citadelle, se-täh-dell, *f* citadel.

citadin, e, se-täh-dang, *mf* townsman; townswoman.

citation, se-täh-se-ong, *f* quotation; subpoena.

cité, se-teh, *f* city; town.

citer, se-teh, *v* to quote; to mention; to summon; to subpoena.

citérieur, e, se-teh-re-er, *a* hither; hithermost.

citerne, se-tairn, *f* cistern; tank; reservoir.
cithare, se-tähr, *f* zither.
citoyen, ne, se-to'äh-yang, *mf & a* citizen; freeman; [inhabitant.
citrate, se-träht, *m* citrate.
citron, se-trong, *m* lemon; citron; *a* lemon-coloured.
citronade, si-tro-nähd, *f* lemonade.
citrouille, see-troo'e-yer, *f* pumpkin; gourd.
cives, seev, *fpl* chives.
civet, se-vay, *m* game; stew; **— de lièvre, —** der le-ay-vr, jugged hare.
civière, se-ve-air, *f* stretcher.
civil, se-vill, *m* civilian; layman.
civil, e,* se-vill, *a* polite; civil.
civilisation, se-ve-le-zäh-se-ong, *f* civilization.
civiliser, se-ve-le-zeh, *v* to civilize.
civilité, se-ve-le-teh, *f* civility.
civique, se-veeck, *a* civic.
clabauder, kläh-boh-deh, *v* to brawl; to bark.
claie, klay, *f* hurdle; screen.
clair, klair, *m* light; light part.
clair, e,* klair, *a* clear; bright; light; evident.
claire-voie, klair-vo'äh, *f* opening; lattice; skylight.
clairière, klai-re-air, *f* glade.
clairon, klai-rong, *m* clarion; bugle; bugler.
clairsemé, e, klair-ser-meh, *a* thinly sown; sparse; scattered.
clairvoyance, klair-vo'äh-yahngss, *f* clairvoyance; clear-sightedness.
clairvoyant, e, klair-vo'äh-yahng, *n & a* clear-seeing; judicious; clairvoyant.
clameur, kläh-mer, *f* clamour; outcry.
clan, klahng, *m* clan; clique.
clandestin, e,* klahng-dess-tang, *a* clandestine.
clapet, kläh-pay, *m* clapper; valve.
clapier, kläh-pe-eh, *m* burrow; warren; hutch.
clapoter, kläh-pot-eh, *v* to chop, to ripple.
clapotis, kläh-pot-e, *m* ripple; splashing.
clapper, kläh-peh, *v* to smack; to clack.
claque, klähck, *m* opera-hat; *f* slap; hired applauders.
claquemurer, klähck-ME-reh, *v* to shut up; to [confine.
claquer, kläh-keh, *v* to clap; to smack.
claqueur, kläh-ker, *m* hired applauder.

clarifier, kläh-re-fe-eh, *v* to clarify; **se —,** to get clear.

clarinette, kläh-re-nett, *f* clarinet.

clarté, klähr-teh, *f* clearness; light; brightness.

classe, klahss, *f* class; order; rank; form; school; class-room.

classement, klahss-mah*ng*, classification: filing.

classeur, klähss-er, *m* files; filing cabinet.

classifier, klähss-e-fe-eh, *v* to classify.

classique, klähss-eeck, *m* classic; *a* classical.

clause, klohz, *f* clause, condition.

claustration, klohs-träh-se-o*ng*, *f* cloistering; confinement.

clavecin, klähv-sa*ng*, *m* harpsichord.

clavicule, kläh-ve-keel, *f* collar-bone.

clavier, kläh-ve-eh, *m* keyboard.

clef, or **clé,** kleh, *f* key; wrench; lever; key-stone; **fermer à —,** fair-meh läh—, to lock.

clémence, kleh-mah*ng*ss, *f* clemency; mercy.

clerc, klair, *m* clerk; clerk in orders; scholar. **faire un pas de —,** fair u*ng* pah de*r* —, to make a blunder.

clergé, klair-sheh, *m* clergy.

clérical, e, kleh-re-kähl, *a* clerical.

cliché, kle-sheh, *m* stereotype; block; negative; stereotyped phrase.

client, e, kle-ah*ng*, *mf* client; patient; customer.

clientèle, kle-ah*ng*-tell, *f* clients; goodwill.

cligner, clignoter, kleen-yeh, kleen-yot-eh, *v* to wink; to blink; to flicker.

clignotant, kleen-yot-ah*ng*, *m* winker, flash-light indicator.

climat, kle-mäh, *m* climate; clime; atmosphere.

climatérique, kle-mäh-teh-reeck, *a* climatic.

climatisé, kle-mäh-te-zeh, *a* air-conditioned.

climatiseur, kle-mäh-te-zer, air conditioner.

clin d'œil, kla*ng*-der'e, *m* wink; twinkling of an eye.

clinique, kle-neeck, *f* clinical hospital; nursing home; surgery; *a* clinical.

clinquant, kla*ng*-kah*ng*, *m* tinsel; glitter.

clique, kleeck, *f* gang; set; clan.

cliquetis, kleeck-te, *m* clank; clashing; jingle.

clivage, kle-vähsh, *m* cleavage.

clochard, klo-shar, *m* tramp.

cloaque, klo'ähck, *m* sewer; cesspool.

cloche, klosh, *f* bell; bell-glass; cover; blister; (fam.) idiot; twit.

cloche-pied (à), äh klosh-pe-eh, *adv* hopping on one leg.

clocher, klosh-eh, *v* to limp.

clocher, klosh-eh, *m* steeple; village.

clocheton, klosh-tong, *m* bell-turret.

clochette, klosh-ett, *f* hand-bell; bell-flower; blue bell.

cloison, klo'äh-zong, *f* partition.

cloître, klo'äh-tr, *m* cloister; close; monastery.

clopin-clopant, klop-ang klop-ahng, *adv* hobbling along.

clos, e, klo, *pp* & *a* closed; finished.

clos, klo, *m* close; enclosure; vineyard.

clôture, kloh-TEER, *f* enclosure; seclusion; closing.

clôturer, kloh-te-reh, *v* to enclose; to close down.

clou, kloo, *m* nail; boil; chief attraction; — de girofle, — der she-rofl, clove.

clouer, kloo-eh, *v* to nail; to rivet; to clench.

clouter, kloo-teh, *v* to stud.

clown, kloon, *m* clown.

club, klEEb, *m* club.

clystère, kliss-tair, *m* enema.

coacquéreur, ko'äh-keh-rer, *m* joint purchaser.

coadministrateur, ko'ähd-me-niss-träh-ter, *m* co-director.

coaguler, ko'äh-ghe-leh, *v* to coagulate; se —, to curdle.

coaliser (se), ser ko'äh-le-zeh, *v* to league; to form a coalition.

coasser, ko'ähss-eh, *v* to croak.

coassocié, e, ko'äh-soss-e-eh, *mf* co-partner.

cocagne (pays de), pay-yee der kock-ähn-yer, land of plenty; mât de —, mah der —, greasy pole.

cocarde, kock-ährd, *f* cockade.

cocasse, kock-ähss, *a* funny; droll.

coccinelle, kock-se-nell, *f* ladybird.

coche, kosh, *m* coach; barge; *f* notch; sow.

cocher, kosh-eh, *m* coachman; driver.

cochon, kosh-ong, *m* hog; pig; porker; swine; pork; — de lait, — der lay, sucking pig; — d'Inde, — dangd, guinea pig.

cochonnerie, kosh-onn-ree, *f* dirtiness; indecent action or language; (fam.) dirty trick.

coco, kock-o, *m* coconut, liquorice water; (fam.) pet.

cocon, kock-ong, *m* cocoon.

cocotier, kock-ot-e-eh, *m* coconut palm.

cocotte, kock-ot, *f* cast-iron stewpan; — **minute,** — me-NEET, pressure cooker; ducky; darling; child's word for chicken.

code, kod, *m* code; law.

coefficient, ko-eh-fe-se-ahng, *m* coefficient.

coercition, ko-air-se-se-ong, *f* coercion.

cœur, ker, *m* heart; soul; love; courage; core; **avoir mal au** —, ăh-vo'ăhr măhl oh —, to feel sick.

coffre, kofr, *m* trunk; chest; box; — **fort,** — for, safe.

coffrer, kof-reh, *v* (fam.) to lock up.

coffret, kof-ray, *m* small chest; jewel-case.

cognac, kon-yăhck, *m* Cognac brandy.

cognée, kon-yeh, *f* hatchet.

cogner, kon-yeh, *v* to knock; to strike; to drive in.

cohérent, e, ko-eh-rahng, *a* coherent.

cohéritier, ko-eh-re-te-eh, *m* joint-heir.

cohésion, ko-eh-ze-ong, *f* cohesion.

cohue, koE, *f* crowd; mob; rout; uproar.

coi, coite, *f* ko'ăh, ko'ăht, *a* quiet; still.

coiffe, ko'ăhf, *f* head-dress.

coiffer, ko'ăhf-eh, *v* to put on the head; to do the hair.

coiffeur, -euse, ko'ăhf-er, *mf* hairdresser.

coiffeuse, ko'ăh-ferz, *f* dressing table.

coiffure, ko'ăhf-EER, *f* head-dress; hair style.

coin, ko-ang, *m* corner; angle; wedge.

coincer, ko-ang-seh, *v* to wedge up; to jam.

coïncider, ko-ang-se-deh, *v* to coincide.

coing, ko-ang, *m* quince.

col, kol, *m* collar; neck; pass.

colère, koll-air, *f* anger; passion; rage; wrath; ire.

colérique, koll-eh-reeck, *a* choleric; passionate;

colibri, koll-e-bre, *m* humming-bird. [irascible.

colifichet, koll-e-fe-shay, *m* trifle; gewgaw; bauble.

colimaçon, koll-e-măh-song, *m* snail.

colin-maillard, koll-ang-mah'e-yăhr, *m* blindman's

colique, koll-eeck, *f* pain in the stomach. [buff.

colis, koll-e, *m* package; parcel.

collabora-teur, trice, kol-lăh-bor-ăh-ter, *mf* collaborator; assistant; contributor.

collaborer, kol-lăh-bor-eh, *v* to work together.

collage, koll-ăhsh, *m* sticking; pasting; gluing.

collant, e, koll-ah*ng*, *a* sticking; tight; *m* pair of tights.

collation, koll-ăh-se-o*ng*, *f* collation; light repast.

collationner, koll-ăh-se-onn-eh, *v* to collate; to compare; to lunch.

colle, kol, *f* paste, glue; size.

collecte, koll-leckt, *f* collection.

collecti-f, ve,* koll-leck-teeff, *a* collective.

collectionner, koll-leck-se-onn-eh, *v* to make a collection of.

collège, koll-aysh, *m* college; school.

collégien, koll-eh-she-a*ng*, *m* school-boy; collegian.

coller, koll-eh, *v* to stick; to glue; to adhere.

collet, koll-ay, *m* collar; snare; — **monté,** — mo*ng*-teh, strait-laced.

colleur, koll-er, *m* bill-sticker; paper-hanger.

collier, koll-e-eh, *m* collar; necklace; ring.

colline, koll-een, *f* hill; hillock.

colloque, koll-lock, *m* colloquy; conference.

collusoire, koll-lᴇ-zo'ăhr, *a* collusive.

colombe, koll-o*ng*b, *f* dove.

colombier, koll-o*ng*-be-eh, *m* dovecot; pigeon-hole.

colon, koll-o*ng*, *m* colonist; planter.

côlon, kohll-o*ng*, *m* colon.

colonel, koll-onn-ell, *m* colonel.

colonie, koll-onn-ee, *f* colony; settlement.

colonnade, koll-onn-ăhd, *f* colonnade.

colonne, koll-onn, *f* column; pillar; — **vertébrale,** — vair-teh-brăhl, spine; backbone.

coloquinte, koll-ock-a*ng*t, *f* bitter apple.

colorer, koll-or-eh, *v* to colour; to stain.

coloris, koll-or-e, *m* colouring; hue.

colosse, koll-oss, *m* colossus; giant.

colporter, koll-por-teh, *v* to hawk about; to spread (news).

colporteur, koll-por-ter, *m* pedlar; hawker.

combat, ko*ng*-băh, *m* fight; battle; contest; **hors de** —, or de*r* —, disabled.

combattre, ko*ng*-băh-tr, *v* to fight; to contest; to contend (**contre,** with).

combien, ko*ng*-be-a*ng*, *adv* how much; how many; how; — **de temps,** — de*r* tah*ng*, how long?

combinaison, ko*ng*-be-nay-zo*ng*, *f* combination; petticoat; slip; contrivance.

combine, kong-been, *f* (fam.) scheme; arrangement; fiddle.

combiner, kong-be-neh, *v* to combine; to contrive.

comble, kong-bl, *m* (measure) heaping; summit; acme; *pl* roof-timbers; **de fond en —,** der *fong* t'ah*ng* —, from top to bottom; **pour — de,** poohr — der, to crown; to complete.

comble, kong-bl, *a* crowded; full; heaped up.

combler, kong-bleh, *v* to fill; to heap; to cover; to overwhelm (**de,** with); to fulfil.

combustible, kong-bEES-tee-bl, *m* fuel; *a* combustible.

comédie, komm-eh-dee, *f* comedy; play; theatre.

comédien, ne, komm-eh-de-ang, *mf* actor; actress.

comestibles, komm-ess-tee-bl, *mpl* provisions; food.

comète, komm-ett, *f* comet.

comice, komm-iss, *m* agricultural or electoral meeting.

comique, komm-eeck, *m* comic actor; comic art; *a* comic; comical.

comité, komm-e-teh, *m* board; committee.

commandant, komm-ah*ng*-dah*ng*, *m* commander; major; commanding officer.

commande, komm-ah*ng*d, *f* order.

commander, komm-ah*ng*-deh, *v* to command; to order; to overlook.

commanditaire, komm-ah*ng*-de-tair, *m* sleeping partner.

commandite, komm-ah*ng*-deet, *f* limited partnership.

comme, komm, *adv* as; like; as if; almost; how; *conj* as; since; because.

commençant, e, komm-ah*ng*ss-sah*ng*, *mf* beginner.

commencement, komm-ah*ng*ss-mah*ng*, *m* beginning.

commencer, komm-ah*ng*ss-eh, *v* to begin.

comment, komm-ah*ng*, *adv* how; why! what! **—donc!** —dong! to be sure!

commentaire, komm-mah*ng*-tair, *m* commentary; comment; remark.

commenter, komm-ah*ng*-teh, *v* to comment; to criticise; to pass remarks.

commerçant, e, komm-air-sah*ng*, *m* trader; tradesman; dealer; *a* commercial; business.

commerce, komm-airss, *m* trade; business.

commère, komm-air, *f* gossip; busybody.

commettre, komm-et-tr, v to commit; to entrust; to appoint.

commis, komm-e, m clerk; shop assistant; **— voyageur,** —vo'ăh-yăh-sher, commercial traveller.

commissaire, komm-iss-air, m commissioner; commissary; steward; (police) superintendent; **—priseur,** — pre-zer, auctioneer.

commissariat, komm-iss-săh-re-ăh, m (police) station.

commission, komm-iss-e-ong, f commission; message; errand; committee; commission agency; **—ner** v to commission.

commissionnaire, komm-iss-e-onn-air, m commissionnaire; porter; messenger; commission agent.

commode, komm-odd, f chest of drawers; a commodious; convenient; suitable; handy.

commodité, komm-odd-e-teh, f convenience.

commotion, komm-moss-e-ong, f disturbance; concussion.

commun, komm-ung, m generality; commonplace; lower class; menials; pl domestic offices.

commun, e, komm-ung, komm-EEN, a common; ordinary; trivial; vulgar.

communal, e, komm-E-năhl, a communal.

communauté, komm-E-noh-teh, f community; convent; corporation.

commune, komm-EEN, f commune; parish.

communément, komm-E-neh-mahng, adv commonly.   [cating.

communicant, e, komm-E-ne-kahng, a communi-

communication, komm-E-ne-kăh-se-ong, f communication; message; cognizance; telephone call.

communier, komm-E-ne-eh, v to receive the sacrament.

communion, komm-E-ne-ong, f communion; sacrament; fellowship.

communiqué, komm-E-ne-keh, m official statement.

communiquer, komm-E-ne-keh, v to communicate; to impart; to infuse.

compact, e, kong-păhckt, a compact; dense.

compagne, kong-păhn-yer, f female companion; partner; playmate.

compagnie, kong-păhn-yee, *f* company; society; companionship; **fausser —,** foh-seh —, to give the slip.

compagnon, kong-păhn-yong, *m* companion; partner; mate; playfellow.

comparable, kong-păh-răh-bl, *a* comparable.

comparaison, kong-păh-ray-zong, *f* comparison.

comparaître, kong-păh-ray-tr, *v* to appear (in court).

comparant, kong-păh-rahng, *a* appearing (in court).

comparer, kong-păh-reh, *v* to compare.

compartiment, kong-păhr-te-mahng, *m* compartment; division.

comparution, kong-păh-rɛ-se-ong, *f* appearance (in court).

compas, kong-pah, *m* compass; compasses.

compassé, e, kong-păhss-eh, *a* formal; stiff.

compasser, kong-păhss-eh, *v* to measure; to regulate; to lay out.

compassion, kong-păhss-e-ong, *f* compassion; pity.

compatible, kong-păh-tee-bl, *a* compatible.

compatir, kong-pah-teer, *v* to sympathize (**à,** with).

compatissant, kong-pah-tiss-ahng, *a* compassionate.

compatriote, kong-păh-tre-ot, *mf* fellow-countryman, fellow-countrywoman.

compenser, kong-pahng-seh, *v* to compensate.

compère, kong-pair, *m* announcer (theatre); accomplice; chum.

compère-loriot, kong-pair lor-eo, *m* sty (on eye).

compétence, kong-peh-tahngss, *f* competence; jurisdiction; sphere; province. [able.

compétent, e, kong-peh-tahng; *a* competent; suit-

compéti-teur, trice, kong-peh-te-ter, *mf* competitor.

compétition, kong-peh-te-se-ong, *f* competition; rivalry; contest.

compilateur, kong-pe-lăh-ter, *m* compiler.

compiler, kong-pe-leh, *v* to compile.

complainte, kong-plangt, *f* lament; ballad.

complaire (à), kong-plair ăh, *v* to please; to humour; **se —,** to delight (**à, dans,** in). [ingly.

complaisamment, kong-play-zăh-mahng, *adv* oblig-

complaisance, kong-play-zahngss, *f* obligingness; kindness; complacency.

complaisant, kong-play-zahng, *m* flatterer.

complaisant, e, kong-play-zah*ng*, *a* obliging; kind.

complément, kong-pleh-mah*ng*, *m* complement; (grammar) object; remainder.

complet, kong-play, *m* full number; suit of clothes.

compl-et, ète,* kong-play, *a* complete; full; utter.

compléter, kong-pleh-teh, *v* to complete; to make complete.

complexe, kong-plex, *a* complex; complicated.

complexion, kong-plex-e-o*ng*, *f* constitution; disposition; humour.

complexité kong-plex-e-teh, *f* complexity.

complication, kong-ple-käh-se-o*ng*, *f* complication.

complice, kong-pliss, *mf* & *a* accomplice; co-respondent.

compliment, kong-ple-mah*ng*, *m* compliment; *pl* congratulations.

complimenter, kong-ple-mah*ng*-teh, *v* to congratulate.

compliqué, e, kong-ple-keh, *a* complicated.   [late.

compliquer, kong-ple-keh, *v* to complicate.

complot, kong-plo, *m* plot; conspiracy; scheme.

comploter, kong-plot-eh, *v* to plot.

comporter, kong-por-teh, *v* to permit; to admit; to comprise; **se —,** to behave.

composé, kong-poz-eh, *m* compound.

composé, e, kong-poz-eh, *a* composed; compound.

composer, kong-poz-eh, *v* to compose; to compound; to settle.

composi-teur, trice, kong-poz-e-**ter,** *m* composer; compositor.

composition, kong-poz-e-se-o*ng*, *f* composition; agreement; examination; essay; **de bonne—,** der bonn —, easy to deal with.

compote, kong-pot, *f* stewed fruit; **en —,** ah*ng* — stewed; (fig.) bruised.

compréhensible, kong-preh-ah*ng*-see-bl, *a* understandable.

compréhensi-f, ve, kong-preh-ah*ng*-siff, *a* comprehensive.

compréhension, kong-preh-ah*ng*-se-o*ng*, *f* comprehension.

comprendre, kong-prah*ng*-dr, *v* to understand; to include.

compression, kong-press-e-ong, f compression.
comprimé, kong-pre-meh, m tablet.
comprimé, e, kong-pre-meh, pp & a compressed.
comprimer, kong-pre-meh, v to compress; to condense; to restrain.
compris, e, kong-pre, pp & a understood; included; **y —, e —**, including; **non —, nong —**, excluding.
compromettant, e, kong-promm-ett-ahng, a compromising.
compromettre, kong-promm-et-tr, v to compromise; to imperil.
compromis, kong-promm-e, m compromise.
comptabilité, kong-täh-be-le-teh, f accountancy; book-keeping; accounts; accountant's office.
comptable, kong-täh-bl, m accountant; **expert —** ecks-pair —, m chartered accountant; a accountable; responsible.
comptant, kong-tahng, a ready (money); cash; **au —** oh—, for cash.
compte, kongt, m account; reckoning; amount; right number; **en fin de —**, ahng fangd —, after all; **se rendre — de**, ser rahng-dr —, to realize.
compte-rendu, kongt rahng-de, m account; report; minutes (of meeting).
compter, kong-teh, v to count; to reckon; to intend; to rely.
compteur, kong-ter, m reckoner; meter; recorder.
comptoir, kong-to'ähr, m counter; counting-house; branch; bar.
compulser, kong-peel-seh, v to examine (documents etc.).
comte, kongt, m count; earl.
comté, kong-teh, m county; earldom.
concasser, kong-kähss-seh, v to pound; to crush.
concave, kong-kähv, a concave.
concéder, kong-seh-deh, v to concede; to grant; to allow.
concentration, kong-sahng-träh-se-ong, f concentration.
concentré, kong-sahng-treh, m extract, concentration.
concentrer, kong-sahng-treh, v to concentrate; to hold back (feelings).
conception, kong-sep-se-ong, f conception; thought.
concernant, kong-sair-nahng, prep relating to.

concerner, kong-sair-neh, v to concern; to belong to.

concert, kong-sair, m concert; concord: **de —,** der —. in concert; jointly.

concerter, kong-sair-teh, v to concert; to contrive; **se —,** to plan together.

concession, kong-sess-e-ong, f concession; grant; claim.

concessionnaire, kong-sess-e-onn-air, m concessionnaire; contractor; grantee.

concevable, kongss-vàh-bl, a conceivable.

concevoir, kongss-vo'âhr, v to conceive; to understand; to imagine.

concierge, kong-se-airsh, mf hall-porter; lodge-keeper; caretaker.

conciergerie, kong-se-air-sher-ree, porter's lodge.

conciliable, kong-se-le-àh-bl, a reconcilable.

conciliabule, kong-se-le-àh-beel, m conventicle; secret meeting; (fam.) confabulation.

conciliant, e, kong-se-le-ahng, a conciliatory.

concilia-teur, trice, kong-se-le-àh-ter, mf & a peace-maker, conciliator; conciliatory.

concilier, kong-se-le-eh, v to reconcile; **se —,** to win [over.

concis, e, kong-se, a concise; brief.

concision, kong-se-ze-ong, f conciseness.

concitoyen, ne, kong-se-to'àh-yang, mf fellow-citizen.

conclave, kong-klàhv, m conclave.

concluant, e, kong-kle-ahng, a conclusive.

conclure, kong-kleer, v to conclude; to close; to infer; to prove; to move.

conclusi-f, ve,* kong-kle-zeeff, a conclusive.

conclusion, kong-kle-ze-ong, f conclusion; inference; motion; verdict.

concombre, kong-kong-br, m cucumber.

concordance, kong-kor-dahngss, f agreement; concord; (Bible) concordance.

concorder, kong-kor-deh, v to live in concord; to agree; to compound.

concourir, kong-koo-reer, v to concur; to converge; to compete; to co-operate.

concours, kong-koohr, m co-operation; concourse; competition; meeting.

concre-t, ète, kong-kray, a concrete.

concubine, kong-KE-been, *f* concubine. ⌐cence, lust.
concupiscence, kong-KE-piss-ahngss, *f* concupis-
concurremment, kong-KEER-räh-mahng, *adv* con-
currently; in competition.
concurrence, kong-KEER-rahngss, *f* competition;
concurrence; **jusqu'à — de,** sHEES-käh — der, to the
amount of.
concurrent, e, kong-KEER-rahng, *mf* competitor.
condamnable, kong-däh-näh-bl, *a* reprehensible;
condemnable.
condamnation, kong-däh-näh-se-ong, *f* condem-
nation; sentence; conviction. ⌐convict.
condamné, e, kong-däh-neh, *pp & mf* condemned;
condamner, kong-däh-neh, *v* to condemn; to convict;
to sentence; to block up.
condenser, kong-dahng-seh, *v* to condense.
condescendance, kong-dess-sahng-dahngss, *f* condescension.
condescendre, kong-dess-sahng-dr, *v* to condescend;
to yield; to comply.
condiment, kong-de-mahng, *m* condiment.
condisciple, kong-de-see-pl, *m* school-fellow. ⌐term.
condition, kong-de-se-ong, *f* condition; position;
conditionnel, le, kong-de-se-onn-ell, *a* conditional.
conditionner, kong-de-se-onn-eh, *v* to condition; **air
conditionné,** air kong-de-se-onn-eh, air conditioned.
condoléance, kong-doll-eh-ahngss; *f* condolence.
conduc-teur, trice, kong-DEEK-ter, *mf* conductor;
leader; guide; *a* conducting; leading.
conduire, kong-dweer, *v* to conduct; to lead; to guide;
to drive; to steer; to carry; to manage; **se —,** to
behave.
conduit, kong-dwe, *m* pipe; tube; way.
conduite, kong-dweet, *f* conduct; behaviour; management; care; driving; channel; **changer de —,**
shahng-sheh der —, to turn a new leaf.
cône, kohn, *m* cone.
confection, kong-feck-se-ong, *f* making; manufacture;
ready-made clothes; **—neur,** *m* ready-made clothier;
maker. ⌐racy.
confédération, kong-feh-deh-räh-se-ong, *f* confede-
confédéré, e, kong-feh-deh-reh, *a* confederate.

confédérer, kong-feh-deh-reh, *v* to league together.

conférence, kong-feh-rahngss, *f* lecture; conference; **maître de —s,** may-tr der —, lecturer.

conférencier, kong-feh-rahng-se-eh, *m* lecturer.

conférer, kong-feh-reh, *v* to confer (**à,** upon); to grant; to compare; to consult together.

confesser, kong-fayss-eh, *v* to confess; to acknowledge; to own.

confession, kong-fayss-e-ong, *f* confession. [ance.

confiance, kong-fe-ahngss, *f* confidence; trust; reliance.

confiant, e, kong-fe-ahng, *a* confident; confiding; assured. [fidence.

confidemment, kong-fe-dăh-mahng, *adv* in confidence.

confidence, kong-fe-dahngss, *f* confidence; secret.

confidentiel, le,* kong-fe-dahng-se-ell, *a* confidential.

confier, kong-fe-eh; *v* to confide; to entrust; **se —,** (**à, in),** to confide.

confiner, kong-fe-neh, *v* to confine; to border upon.

confins, kong-fang, *mpl* confines; borders.

confire, kong-feer, *v* to preserve; to pickle. [tory.

confirmati-f, ve, kong-feer-măh-teeff, *a* confirmatory.

confirmer, kong-feer-meh, *v* to confirm; **se —,** ser —, to be confirmed.

confiscation, kong-fiss-kăh-se-ong, *f* confiscation; forfeiture.

confiserie, kong-feez-ree, *f* confectionery; preserving; confiseur,** kong-fe-zer, *m* confectioner. [sweetshop.

confisquer, kong-fiss-keh, *v* to confiscate.

confit, kong-fe, *a* preserved; candied.

confiture, kong-fe-teer, *f* preserve; jam.

conflagration, kong-flăh-grăh-se-ong, *f* conflagration.

conflit, kong-fle, *m* conflict; clash. [tion.

confluent, kong-fle-ahng, *m* confluence.

confondre, kong-fong-dr, *v* to confound; to confuse; to overwhelm; **se —,** ser —, to become indistinct; to be mistaken.

conformation, kong-for-măh-se-ong, *f* conformation.

conforme, kong-form, *a* in accordance; conformable; consistent (**à,** with); **pour copie—,** poohr kop-e —, certified copy.

conformément, kong-for-meh-mahng, *adv* in accordance (**à,** with).

conformer, kong-for-meh, v to conform; **se —, ser —,** to comply (à, with).

conformité, kong-for-me-teh, f conformity.

confort, kong-for, m comfort, ease.

confortable,* kong-for-tăh-bl, a comfortable; easy.

conforter, kong-for-teh, v to comfort; to strengthen.

confraternité, kong-frăh-tair-ne-teh, f brotherhood.

confrère, kong-frair, m colleague; fellow-member; brother; (newspapers) contemporary.

confronter, kong-frong-teh, v to confront; to compare.

confus, e, kong-fE, a confused; embarrassed; overwhelmed.

confusion, kong-fE-ze-ong, f confusion; disorder; trouble; shame.

congé, kong-sheh, m leave; notice to quit; dismissal; holiday.

congédier, kong-sheh-de-eh, v to discharge; to dismiss; to pay off.

congélateur, kong-sheh-lăh-ter, m deep-freeze.

congélation, kong-sheh-lăh-se-ong, f freezing.

congeler, kongsh-leh, v to congeal; to freeze.

congestion, kong-shess-te-ong, f congestion.

congre, kong-gr, m conger-eel.

congrégation, kong-greh-găh-se-ong, f congregation.

congrès, kong-gray, m congress.

conique, koh-neeck, a conic, conical.

conjecturer, kong-sheck-tE-reh, v to conjecture; to surmise; to guess.

conjoindre, kong-sho'ang-dr, v to join; to unite.

conjoint, e,* kong-sho'ang, pp & a joined, united; **— s,** mpl husband and wife. [union.

conjonction, kong-shongk-se-ong, f conjunction;

conjugaison, kong-shE-gay-zong, f conjugation.

conjugal, e,* kong-shE-găhl, a conjugal.

conjuguer, kong-shE-gheh, v to conjugate.

conjuration, kong-shE-răh-se-ong, f conspiracy; entreaty (in pl)

conjuré, kong-shE-reh, m conspirator, plotter.

conjurer, kong-shE-reh, v to conspire; to implore; to ward off.

connaissance, konn-ayss-ahngss, f knowledge; acquaintance; senses; learning; **sans —,** sahng —, unconscious.

connaisseur, konn-ess-**er**, *m* connoisseur.

connaître, konn-ay-tr, *v* to know, to be acquainted with; to be aware of; **se — (à** or **en)** to be a good judge (of); **chiffres connus**, shee-fr konn-E, plain figures.

connexe, konn-ecks, *a* connected (**à**, with).

connexion, konn-eck-se-*ong*, *f* connection.

connivence, konn-ne-vah*ng*ss, *f* connivance.

conniver, konn-ne-veh, *v* to connive.

conquérant, kong-keh-rah*ng*, *m* conqueror.

conquérant, e, kong-keh-rah*ng*, *a* conquering.

conquérir, kong-keh-reer, *v* to conquer; to gain.

conquête, kong-kayt, *f* conquest.

consacrer, kong-säh-kreh, *v* to consecrate; to devote.

conscience, kong-se-ah*ng*ss, *f* conscience; conscientiousness; consciousness; awareness; sentiment.

conscription, kongs-krip-se-*ong*, *f* conscription.

conscrit, kongs-kre, *m* conscript. [dedication.

consécration, kong-seh-krah-se-*ong*, *f* consecration;

consécuti-f, ve, kong-seh-kE-teeff, *a* consecutive.

conseil, kong-say'e, *m* advice; council; deliberation; counsel; adviser; **— d'administration,** — dähd-me-niss-träh-se-*ong*, board of directors; **— de guerre,** — der ghair, court-martial.

conseiller, kong-say'e-eh, *m* councillor; adviser.

conseiller, kong-say'e-eh, *v* to advise; to counsel.

consentement, kong-sah*ng*t-mah*ng*, *m* consent; assent.

consentir, kong-sah*ng*-teer, *v* to consent; to agree.

conséquemment, kong-seh-käh-mah*ng*, *adv* consequently; accordingly.

conséquence, kong-seh-kah*ng*ss, *f* consequence; inference; importance; **en —,** ah*ng* —, consequently; **sans —,** sah*ng* —, immaterial.

conséquent, e, kong-seh-kah*ng*, *a* consequent; consistent; **par —,** pähr —, in consequence.

conserva-teur, trice, kong-sair-väh-ter, *mf & a* guardian; keeper; commissioner; preservative; conservative.

conservation, kong-sair-väh-se-*ong*, *f* preservation; guardianship; (mortgages) registration.

conservatoire, kong-sair-väh-to'ähr, *m* conservatory; museum; academy of music and elocution.

conserve, kong-sairv, *f* preserve; pickled food, tinned food.

conserver, kong-sair-veh, *v* to preserve, to conserve (food); to take care of; to retain.

considérable,* kong-se-deh-räh-bl, *a* considerable.

considération, kong-se-deh-rah-se-*ong*, *f* consideration; regard; esteem; **en — de,** ah*ng* — der, out of regard for.

considérer, kong-se-deh-reh, *v* to consider; to examine; to value; to regard.

consignataire, kong-seen-yäh-tair, *m* consignee; trustee.   ⌈signor.

consigna-teur, trice, kong-seen-yäh-ter, *mf* con-
consignation, kong-seen-yäh-se-*ong*, *f* consignment; deposit.

consigne, kong-seen-yer, *f* orders; cloak-room; left luggage office.   ⌈confine.

consigner, kong-seen-yeh, *v* to deposit; to record; to

consistance, kong-siss-tah*ng*ss, *f* firmness; consistency; stability; credit.

consister, kong-siss-teh, *v* to consist (**à, dans,** in).

consolation, kong-soll-äh-se-*ong*, *f* consolation.

console, kong-sol, *f* bracket; console.   ⌊fort.

consoler, kong-soll-eh, *v* to console; to comfort.

consomma-teur, trice, kong-somm-äh-ter, *mf* consumer, customer.

consommation, kong-somm-äh-se-*ong*, *f* consummation; consumption; a drink (in café etc).

consommé, kong-somm-eh, *m* stock, clear soup.

consommer, kong-somm-eh, *v* to consume; to complete.

consomption, kong-song*p*-se-ong, *f* consumption.

consonne, kong-sonn, *f* consonant.

conspirateur, kong*s*-pe-räh-ter, *m* conspirator.

conspiration, kong*s*-pe-räh-se-ong, *f* conspiracy;
conspirer, kong*s*-pe-reh, *v* to conspire.   ⌊plot.

conspuer, kong*s*-pE-eh, *v* to hoot, to hiss.

constamment, kong*s*-täh-mah*ng*, *adv* constantly.

constance, kong*s*-tang*s*, *f* constancy; persistence.

constant, e, kong*s*-tah*ng*, *a* constant, steadfast.

constatation, kong*s*-täh-täh-se-ong, *f* establishment of fact; certified statement.

constater, kongs-täh-teh, *v* to ascertain; to prove; to state; to report.

constellation, kongs-tell-läh-se-ong, *f* constellation.

consternation, kongs-tair-näh-se-ong, *f* consternation.

consterné, e, kongs-tair-neh, *a* dismayed.

consterner, kongs-tair-neh, *v* to dismay.

constipation, kongs-te-päh-se-ong, *f* constipation.

constipé, e, kongs-te-peh, *a* constipated.

constituant, e, kongs-te-tE-ahng, *a* constituent.

constituer, kongs-te-tE-eh, *v* to constitute; to appoint; to assign; **se—prisonnier,** ser — pre-zonn-e-eh, to give oneself up.

constitution, kongs-te-tE-se-ong, *f* constitution; settlement; temperament; complexion.

constitutionnel, le, kongs-te-tE-se-onn-ell, *a* constitutional.

constricteur, kongs-trick-ter, *m* constrictor.

constructeur, kongs-trEEK-ter, *m* constructor; builder; **—mécanicien,—** meh-käh-ne-se-ang, engineer.

construction, kongs-trEEK-se-ong, *f* construction; building; structure.

construire, kongs-trE-eer, *v* to construct; to build; to construe.

consul, kong-sEEl, *m* consul.

consulaire, kong-sE-lair, *a* consular.

consulat, kong-sE-läh, *m* consulate.

consultant, e, kong-sEEl-tahng, *a* consulting; **avocat —,** äh-vock-äh —, Chamber counsel; **médecin —,** mehd-sang —, consulting physician.

consultation, kong-sEEl-täh-se-ong, *f* consultation.

consulter, kong-sEEl-teh, *v* to consult; to refer to; to give consultations; **se—,** to consider.

consumer, kong-sE-meh, *v* to consume; to destroy; to squander.

contact, kong-tähckt, *m* contact, touch, connection.

contagieu-x, se, kong-täh-she-er, *a* contagious, infectious, catching.

contagion, kong-täh-she-ong, *f* contagion, infection.

contaminer, kong-täh-me-neh, *v* to contaminate.

conte, kongt, *m* tale; story; yard; **— à dormir debout,** äh-dor-meer der-boo, cock and bull story **— de fées,** — der feh, fairy tale.

contemplation, kong-tah*ng*-pläh-se-o*ng,* *f* contemplation; meditation. ⌐meditate.

contempler, kong-tah*ng* pleh, *v* to contemplate; to

contemporain, e, kong-tah*ng*-por-a*ng,* *a* contemporary.

contemp-teur, trice, kong-tah*ng*p-ter, *mf* despiser; *a* contemptuous.

contenance, kongt-nah*ng*ss, *f* countenance; look; capacity. ⌐restrain.

contenir, kongt-neer, *v* to hold; to contain; to

content, kong-tah*ng,* *a* contented; satisfied; pleased.

contentement, kong-tah*ng*t-mah*ng,* *m* satisfaction.

contenter, kong-tah*ng*-teh, *v* to satisfy; to please.

contentieux, kong-tah*ng*-se-er, *m* disputed claims; legal business; *a* in dispute, litigious.

contention, kong-tah*ng*-se-o*ng,* *f* intenseness of

contenu, kongt-ne, *m* contents; subject. ⌐thought.

conter, kong-teh, *v* to tell; to relate; **en — (à),** to tell a tall story.

contestable, kong-tess-täh-bl, *a* open to dispute; questionable. ⌐pute.

contestation, kong-tess-täh-se-o*ng,* *f* contest; dis-

contester, kong-tess-teh, *v* to contest; to dispute.

conteu-r, se, kong-ter, *mf* story-teller.

contexte, kong-text, *m* context.

contexture, kong-tex-TEER, *f* contexture; structure.

contigu, ë, kong-te-ghE, *a* adjoining; contiguous.

contiguité, kong-te-gwe-teh, *f* contiguity; proximity.

continent, kong-te-nah*ng,* *m* continent.

continental, e, kong-te-nah*ng*-tähl, *a* continental.

contingent, kong-tang-sha*hng,* *m* share; proportion; quota. ⌐casual.

contingent, e, kong-tang-sha*hng,* *a* contingent;

continu,* e, kong-te-nE, *a* continued; continuous.

continuel, le,* kong-te-nE-ell, *a* continual.

continuer, kong-te-nE-eh, *v* to continue.

continuité, kong-te-nwe-teh, *f* continuity.

contondant, e, kong-tong-dah*ng,* *a* blunt.

contorsion, kong-tor-se-o*ng,* *f* contortion.

contour, kong-toohr, *m* outline; circuit.

contourner, kong-toohr-neh, *v* to outline; to distort; to twist; to go round.

contractant, e, kong-trähck-tah*ng, mf & a* contracting party; contracting.

contracter, kong-träck-teh, *v* to contract; to acquire; to catch; **se —,** to shrink; to be contracted.

contradictoire, kong-träh-dick-to'ähr, *a* contradictory.

contraindre, kong-trang-dr, *v* to constrain; to compel; **— en justice,** —ah*ng* sheess-teess, to sue.

contraint, e, kong-trang, *a* constrained; unnatural.

contrainte, kong-trang*t, f* compulsion; restraint.

contraire, kong-trair, *a & m* contrary; reverse; **au —,** oh —, on the contrary; on the other hand.

contraire,* kong-trair, *a* adverse; opposed; injurious.

contrariant, e, kong-träh-re-ah*ng, a* vexing; provoking. 　　　　　　　　　　　　　[annoyance.

contrariété, kong-träh-re-eh-teh, *f* contrariness;

contraste, kong-träh*s*t, *m* contrast; opposition.

contrat, kong-träh, *m* contract; deed; agreement; indenture; covenant.

contravention, kong-träh-vah*ng*-se-o*ng, f* offence; breach of regulations; fine (*fam*).

contre, kong-tr, *prep* against; versus; near; *adv* **par —,** pähr —, on the other hand; *m* opposite side.

contre-amiral, kong-träh-me-rähl, *m* rear-admiral.

contrebalancer, kong-trer-bäh-lah*ng*-seh, *v* to counterbalance. 　　　　　　　　　[gled bonds.

contrebande, kong-trer-bah*ng*d, *f* smuggling; smug-

contrebandier, kong-trer-bah*ng*-de-eh, *m* smuggler.

contrebas (en) ah*ng* kong-trer-bah, *adv* downwards; at lower level.

contrebasse, kong-trer-bah*ss, f* double bass.

contrecarrer, kong-trer-käh-reh, *v* to thwart.

contrecœur (à), äh kong-trer-ker, *adv* reluctantly.

contrecoup, kong-trer-koo, *m* rebound; consequence.

contredire, kong-trer-deer, *v* to contradict.

contredit (sans), sah*ng* kong-trer-de, *adv* unquestionably.

contrée, kong-treh, *f* country; region; district; land.

contre-épreuve, kong*t*r-eh-prerv, *f* counter-proof.

contrefaçon, kong-trer-fäh-song, *f* forgery; counterfeit; piracy; infringement. 　　　　　　　[erfeiter.

contrefacteur, kong-trer-fähck-ter, *m* forger; count-

contrefaire, kong-trer-fair, *v* to counterfeit; to imitate; to mimic; to disguise; to infringe.

contrefait, kong-trer-fay, *pp* & *a* counterfeited; deformed.

contrefort, kong-trer-for, *m* buttress; spur; stiffener.

contre-jour (à), äh kong-trer-**shoo**r, *adv* in a false light. ⌐seer.

contremaître, kong-trer-may-tr, *m* foreman; over-

contremander, kong-trer-mahng-deh, *v* to counter-

contremarque, kong-trer-mährk, *f* check. ⌐mand.

contrepartie, kong-trer-pähr-tee, *f* counterpart; opposite view.

contre-pied, kong-trer-pe-eh, *m* contrary; reverse.

contrepoids, kong-trer-po'äh, *m* counterpoise.

contrepoil (à), äh kong-trer-po'ähl, *adv* against the grain; the wrong way.

contrepoint, kong-trer-po'ang, *m* counterpoint.

contrepoison, kong-trer-po'äh-zong, *m* antidote.

contresens, kong-trer-sahngss, *m* misinterpretation; wrong way.

contresigner, kong-trer-seen-yeh, *v* to countersign.

contretemps, kong-trer-tahng, *m* mishap; disappointment; out of time; **à —**, äh —, inopportunely.

contre-torpilleur, kong-trer-tor-pee-yer, *m* destroyer.

contrevenant, kong-trerv-nahng, *m* offender.

contrevenir, kong-trerv-neer, *v* to infringe; to transgress.

contrevent, kong-trer-vahng, *m* shutter. ⌐gress.

contre-vérité, kong-trer-veh-re-teh, *f* statement contrary to the truth; irony; satire.

contribuable, kong-tre-bε-äh-bl, *m* tax-payer; rate-payer; *a* tax-paying.

contribuer, kong-tre-bε-eh, *v* to contribute; to be conducive.

contribution, kong-tre-bε-se-ong, *f* contribution; tax; rate; part.

contrister, kong-triss-teh, *v* to grieve; to sadden.

contrit, e, kong-tre, *a* contrite; penitent.

contrôle, kong-trohl, *m* register; list; hall-mark stamp; checking; censure; control.

contrôler, kong-troh-leh, *v* to inspect; to hall-mark; to verify; to monitor; **se —**, to control oneself.

contrôleu-r, se, kong-troh-**ler,** *mf* inspector; ticket collector.

controuvé, e, kong-troo-veh, *pp & a* invented; false.

controverse, kong-trov-airs, *f* controversy.

contumace, kong-te-mähss, *f* contumacy; default; *m* defaulter; *a* contumacious.

contusion, kong-te-ze-ong, *f* bruise.

convaincant, e, kong-vang-kahng, *a* convincing.

convaincre, kong-vang-kr, *v* to convince; to convict.

convaincu, e, kong-vang-ke, *pp & a* convinced; convicted. [cence.

convalescence, kong-väh-layss-ahngss, *f* convales-

convenable,* kongv-näh-bl, *a* proper; fit; suitable.

convenance, kongv-nahngss, *f* fitness; convenience; *pl* good manners, propriety.

convenir, kongv-neer, *v* to agree (**avec,** with; **de,** on); to acknowledge; to suit; to be expedient.

convention, kong-vahng-se-ong, *f* convention; agreement; condition.

conventionnel, le,* kong-vahng-se-onn-ell, *a* conventional.

convenu, kongv-ne, *pp* agreed. [ventional.

converger, kong-vair-sheh, *v* to converge.

conversation, kong-vair-säh-se-ong, *f* conversation.

converser, kong-vair-seh, *v* to converse; to talk; to wheel.

conversion, kong-vair-se-ong, *f* conversion; wheeling.

converti, e, kong-vair-te, *mf & a* convert; converted.

convertir, kong-vair-teer, *v* to convert; to turn; **se —,** to become converted (**à,** to).

convexe, kong-vex, *a* convex. [ing proof.

conviction, kong-vick-se-ong, *f* conviction; convinc-

convier, kong-ve-eh, *v* to invite; to prompt.

convive, kong-veev, *m* guest; table-companion.

convocation, kong-vock-äh-se-ong, *f* convocation; requisition; summons.

convoi, kong-vo'äh, *m* funeral procession; train; convoy.

convoiter, kong-vo'äh-teh, *v* to covet. [convoy.

convoitise, kong-vo'äh-teez, *f* covetousness.

convoquer, kong-vock-eh, *v* to convoke; to call; to summon; to assemble.

convulsion, kong-veel-se-ong, *f* convulsion.

convulsi-f, ve,* kong-veel-seef, *a* convulsive.

coopéra-teur, trice, ko-op-eh-răh-ter, *mf* co-operator.

coopérer, ko-op-eh-reh, *v* to co-operate.

coordonner, ko-or-donn-eh, *v* to arrange; to co-ordinate.

copain, kop-ang, *m* chum.

copeau, kop-oh, *m* chip; shaving.

copie, kopee, *f* copy; manuscript; reproduction; imitation.

copier, kop-e-eh, *v* to copy; to imitate; to mimic.

copieu-x, se,* kop-e-er, *a* copious, plentiful.

copropriétaire, kop-rop-re-eh-tair, *m* joint-owner.

coq, kock, *m* cock; cockerel; weather-cock; — **à l'âne,** — ăh lahn, cock and bull story.

coque, kock, *f* shell; cockle; hull.

coquelicot, kock-le-ko, *m* corn-poppy.

coqueluche, kock-leesh, *f* whooping-cough; (person) favourite; reigning fancy.

coquerico, kock-re-ko, *m* cock-a-doodle-doo.

coquet, te,* kock-ay, *a* coquettish; elegant.

coquetier, kock-te-eh, *m* egg-cup; egg-dealer.

coquetterie, kock-ett-ree, *f* coquetry; flirtation; love of dress.

coquillage, kock-ee-yăhsh, *m* empty shell; shell-fish.

coquille, kock-ee-ye, *f* shell.

coquin, e, kock-ang, *a* rogue; rascal; (*fam*) naughty.

coquinerie, kock-een-ree, *f* knavery; roguery.

cor, kor, *m* horn; (on the foot) corn.

corail, kor-ah'e, *m* coral.

coran, kor-ahng, *m* Koran.

corbeau, kor-boh, *m* raven; crow.

corbeille, kor-bay'e, *f* basket; wedding presents; flower-bed; — **à papier,** — ăh pah-pe-eh —, waste paper basket.

corbillard, kor-bee-yăhr, *m* hearse.

cordage, kor-dăhsh, *m* rope.

corde, kord, *f* string; cord; rope; **la — sensible,** lăh — sahng-see-bl, the tender spot; **tenir la —,** ter-neer lăh —, to have the best chance.

cordeau, kor-doh, *m* line; cord.

corder, kor-deh, *v* to cord; to twist.

cordial, e,* kor-de-ăhl, *a* hearty.

cordon, kor-dong, *m* twist; string; cord; — **bleu,** —bler, first-rate cook.

cordonnerie, kor-donn-ree, *f* shoe-making; cobbler's shop.

cordonnet, kor-donn-ay, *m* twist; string; braid.

cordonnier, kor-donn-e-eh, *m* cobbler.

coriace, kor-e-ăhss, *a* tough (of meat etc);(*fam*) hard (of person).

cormoran, kor-mor-ahng, *m* cormorant.

cornaline, kor-năh-leen, *f* cornelian stone.

corne, korn, *f* horn; feeler (of snail); shoe-horn; (books) dog's ear.

corneille, kor-nay'e, *f* crow.

cornemuse, kor-ner-MEEZ, *f* bagpipe. ⌈trumpet.

cornet, kor-nay, *m* horn; cornet; ice cream cone; ear-

corniche, kor-neesh, *f* cornice; coast road.

cornichon, kor-ne-shong, *m* gherkin; (person) ninny.

cornu, e, kor-NE, *a* horned.

corollaire, kor-oll-lair, *m* corollary.

corps, kor, *m* body; frame; corps; corpse; substance.

corpulent, e, kor-pE-lahng, *a* stout; corpulent.

correct, e,* kor-reckt, *a* correct; proper.

correcteur, kor-reck-ter, *m* proof reader.

correction, kor-reck-se-ong, *f* correction; accuracy; correctness; reading; punishment.

corrélati-f, ve,* kor-reh-lăh-teeff, *a* correlative.

correspondance, kor-ress-pong-dahngss, *f* correspondence; connection (between trains); **petite —,** per-teet —, personal column.

correspondant, e, kor-ress-pong-dahng, *mf* & *a* correspondent; pen friend; guardian; corresponding.

corridor, kor-e-dor, *m* corridor; passage.

corrigé, kor-e-sheh, *m* corrected copy; key to a book.

corriger, kor-e-sheh, *v* to correct; to mark (exercise etc.); to chastise.

corroboration, kor-rob-or-ăh-se-ong, *f* strengthening.

corroder, kor-rod-eh, *v* to corrode.

corrompre, kor-ong-pr, *v* to corrupt; to bribe.

corrompu, e, kor-ong-pE, *pp* & *a* corrupted; bribed; ⌈putrid.

corroyer, kor-o'ăh-yeh, *v* to curry.

corrup-teur, trice, kor-EEp-ter, *mf* & *a* corrupter; corrupting.

corruptible, kor-EEp-tee-bl, *a* corruptible.

corruption, kor-EEp-se-ong, *f* corruption.

corsage, kor-săsh, *m* bodice.

corsé, e, kor-seh, *a* full-bodied.

corser, kor-seh, v to give body to; (fig) to thicken.

corset, kor-say, m corset.

cortège, kor-taysh, m procession; retinue.

corvée, kor-veh, f fatigue-duty; drudgery; unpleasant job.

coryphée, kor-e-feh, m leader; chief.

cosaque, koz-ăhck, m Cossack; brutal man.

cosmétique, koss-meh-teeck, m & a cosmetic.

cosmique, koss-meeck, a cosmic.

cosmopolite, koss-mop-oll-eet, mf & a cosmopolitan.

cosse, koss, f shell, husk, pod.

cossu, e, koss-E, a podded; well off.

costume, koss-tEEm, m costume; suit (man's); **grand —,** grahng—, full dress.

costumier, koss-tE-me-eh, m costumier; wardrobe-keeper.

cote, kot, f mark; share; quota.

côte, koht, f rib; hill; coast; shore; **—à—, —ăh—,** side by side.

côté, koht-eh, m side; way; part; direction; **à —,** ăh —, near; **de ce —,** der ser —, this way; **mauvais —,** moh-vay —, wrong side.

coteau, kot-oh, m hill-side; slope.

côtelette, koht-lett, f cutlet; chop.

coter, kot-eh, v to assess; to quote; to number.

coterie, kot-ree, f set; circle; clique.

côtier, koh-te-eh, m coasting vessel; a coasting; coastal.

cotillon, kot-ee-yong, m petticoat of peasant; cotillon.

cotisation, kot-e-zăh-se-ong, f contribution; subscription.

cotiser, kot-e-zeh, v to rate; **se —,** to club together; to open a subscription.

coton, kot-ong, m cotton; down; cotton wool.

cotonnade, kot-onn-ăhd, f cotton stuff; cotton goods.

côtoyer, koh-to'ăh-yeh, v to skirt; to border on.

cottage, kot-ăhsh, m cottage.

cou, koo, m neck.

couard, koo-ăhr, mf & a coward; cowardly.

couchant, koo-shahng, m setting sun; west; decline; a setting.

couche, koosh, f couch; bed; layer; confinement; nappy.

couché, koo-sheh, pp & a lying down; in bed.

coucher, koo-sheh, m bedtime; setting of sun.

coucher, koo-sheh, *v* to lay down; to put to bed; **se —** to go to bed.

couchette, koo-shett, *f* crib; berth; sleeper (on trains etc.).

couci-couci, koo-se koo-se, *adv* (*fam*) so so.

coucou, koo-koo, *m* cuckoo; cuckoo clock; cowslip.

coude, kood, *m* elbow; bend; angle.

coudée, kood-eh, *f* **— s franches, —** frah*ng*sh, elbow room.

cou-de-pied, kood-pe-eh, *m* instep.

coudoyer, koo-do'âh-yeh, *v* to elbow; to jostle.

coudre, koo-dr, *v* to sew; to stitch; to tack.

couenne, koo-âhn, *f* rind (of bacon); pig-skin.

coulage, koo-lâhsh, *m* leakage; pouring; casting.

coulant, e, koo-lah*ng*, *a* flowing; running; fluent; (person) accommodating.

coulée, koo-leh, *f* flow; casting.

couler, koo-leh, *v* to flow; to glide; to run (of liquid); to cast; to sink.

couleur, koo-ler, *f* colour, paint; (cards) suit.

couleuvre, koo-ler-vr, *f* grass snake; (*fig*) bitter pill.

coulis, koo-le, *m* jelly; meat or vegetable juice; *a* **vent —,** vah*ng* —, thin draught.

coulisse, koo-leess, *f* groove; slide; wing of theatre; (Stock Exchange) outside brokers.

couloir, koo-lo'âhr, *m* passage; corridor; lobby.

coup, koo, *m* blow; stroke; hit; kick; knock; rap; thrust; cast; cut; stab; lash; wound; shot; report; toll; beat; clap; peal; throw; haul; event; deed; outburst; trick.

coupable, koo-pâh-bl, *mf* & *a* culprit; guilty.

coupage, koo-pâhsh, *m* mixing; diluting; cutting.

coupant, e, koo-pah*ng*, *a* cutting; sharp.

coupe, koop, *f* cut; cup; section.

couper, koo-peh, *v* to cut; to mix; to dilute; to cut off.

couperet, koop-ray, *m* chopper; knife (for meat).

couperose, koop-rohz, *f* copperas; blotchiness (of red veins on face).

coupeur, koo-per, *m* cutter.

couplage, koo-plâhsh, *m* coupling; connecting.

couple, koo-pl, *m* pair; couple; *f* brace; couple.

coupler, koo-pleh, *v* to couple.

couplet, koo-play, *m* verse; stanza.

coupole, koo-pol, *f* cupola.

coupon, koo-po*ng*, *m* remnant; short length; coupon; dividend-warrant; ticket.

coupure, koo-PEER, *f* cut; suppression; small bank note; cutting.

cour, koohr, *f* yard; court; courtship.

courage, koo-rähsh, *m* courage; spit; pluck.

courageu-x, se,* koo-räh**sh**-er, *a* courageous; spirited; brave. [ally.

couramment, koo-räh-mah*ng*, *adv* fluently; gener-

courant, koo-rah*ng*, *m* current; stream; course; **au — de,** oh — der, conversant with; **mettre au —,** met-tr oh —, to inform; *a* current; running; ordinary; present.

courbature, koohr-bäh-TEER, *f* stiffness in the joints; ache.

courbaturé, koohr-bäh-te-reh, *a* stiff; aching.

courbe, koohrb, *f* curve, bend, curb.

courbé, koohr-beh, *pp & a* curved; bent; crooked.

courbette, koohr-bett, *f* servile bow; cringing.

courbure, koohr-bEER, *f* curvature; bend.

coureur, koo-rer, *m* runner; racer; (*fam*) womanizer; *a* running.

courge, koohrsh, *f* marrow.

courgette, koohrsh-ett, *f* small marrow.

courir, koo-reer, *v* to run; to go about; to pursue; to hunt; to flow.

courlis, koohr-le, *m* curlew.

couronne, koo-ronn, *f* crown; coronet; wreath.

couronné, koo-ronn-eh, *pp & a* crowned; rewarded with a prize.

couronnement, koo-ronn-mah*ng*, *m* coronation; crowning.

courrier, koo-re-eh, *m* courier; mail; post; messenger.

courroie, koo-ro'äh, *f* strap; belt.

courroucer, koo-roo-seh, *v* to irritate; to incense.

courroux, koo-roo, *m* wrath.

cours, koohr, *m* course; flow; vent; currency; market price; course of lessons; lesson studies.

course, koohrs, *f* running; run; race; drive; ramble; errand; *pl* shopping.

coursier, koohr-se-eh, *m* steed.

court, e, koohr, *a* short; limited; *m* court.

courtage, koohr-tähsh, *m* brokerage.

courtaud, e, koohr-toh, *a* thick-set.

court-circuit, koohr-seer-kwe, *m* short circuit.

courtepointe, koohr-ter-po'ang*t*, *f* counterpane.

courtier, koohr-te-eh, *m* broker.

courtisan, koohr-te-zah*ng*, *m* courtier.

courtisane, koohr-te-zähn, *f* courtesan.

courtiser, koohr-te-zeh, *v* to court.

courtois, e,* koohr-to'äh, *a* courteous.

courtoisie, koohr-to'äh-zee, *f* courtesy.

couru, e, koo-re, *pp & a* run; sought after; popular; (*fam*) dead certainty.

cousin, koo-zang, *m* gnat.

cousin, e, koo-zang, *mf* cousin.

coussin, kooss-ang, *m* cushion; bolster. [ing.

coussinet, kooss-e-nay, *m* pad; small cushion; bear-

cousu, e, koo-ze, *pp* sewed; sewn; covered.

coût, koo, *m* cost; expense; charge.

coûtant, koo-tah*ng*, *a* used only in **à prix —,** äh pre [—, cost price.

couteau, koo-toh, *m* knife.

coutelas, koot-lah, *m* cutlass.

coutellerie, koo-tell-ree, *f* cutlery (trade).

coûter, koo-teh, *v* to cost.

coûteu-x, se,* koo-ter, *a* expensive.

coutil, koo-te, *m* ticking.

coutume, koo-teem, *f* custom, practice.

coutumier, koo-tee-me-eh, *a* customary; usual.

couture, koo-teer, *f* seam; needlework.

couturi-er, ère, koo-te-re-eh, *mf* dressmaker.

couvée, koo-veh, *f* covey; brood.

couvent, koo-vah*ng*, *m* convent.

couver, koo-veh, *v* to brood; to sit on; to hatch out; to smoulder; **— des yeux,** — day z'e-er, to look fondly on.

couvercle, koo-vair-kl, *m* cover; lid; cap.

couvert, koo-vair, *m* place at table; cover charge (in restaurant); cover; shelter; **mettre le —,** met-tr ler —, to lay the table.

couvert, e, koo-vair, *a* covered; overcast (weather); clad.

couverture, koo-vair-teer, *f* cover; blanket; rug; security.

couvre-chef, koo-vrer-sheff, *m* hat, cap (*fam*).

couvre-feu, koo-vrer-fer, *m* curfew; damper-lid.

couvre-lit, koo-vrer-le, *m* bed spread.

couvreur, koo-vrer, *m* slater.

couvrir, koo-vreer, *v* to cover (**de,** with); to conceal; to screen; **se —,** to put one's hat on; to clothe oneself.

crabe, krahb, *m* crab.

crachat, krăh-shăh, *m* spittle; sputum.

craché, e, krăh-sheh, *pp & a*; **tout —,** too **—,** the very image of, the dead spit of.

cracher, krăh-sheh, *v* to spit; (*fam*) to fork out.

crachoir, krăh-sho'ăhr, *m* spittoon.

craie, kray, *f* chalk.

craindre, krang-dr, *v* to fear; to dread.

crainte, krangt, *f* fear; dread.

crainti-f, ve,* krang-teeff, *a* timorous; fearful.

cramoisi, e, krăh-mo'ăh-ze, *a* crimson.

crampe, krahngp, *f* cramp.

crampon, krahng-pong, *m* clamp; stud; crampon; (*fam*) bore.

cramponner, krahng-ponn-eh, *v* to cramp; **se — à,** to cling to.

cran, krahng, *m* notch; cog; peg; (*fam*) pluck.

crâne, krahn, *m* skull; *a* plucky; swaggering.

crânerie, krahn-ree, *f* pluck; swagger.

crapaud, krăh-poh, *m* toad.

crapule, krăh-PEEL, *f* debauchery; (*fam*) foul person.

crapuleu-x, se, krăh-PE-ler, *a* grossly debauched.

craque, krăhck, *f* (*fam*) humbug; fib.

craquelin, krăhck-lang, *m* cracknel.

craquement, krăhck-mahng, *m* cracking; crackling.

craquer, krăh-keh, to crack; to crackle.

crasse, krăhss, *f* dirt; filth; stinginess; *a* gross, crass.

crasseu-x, se, krăhss-er, *a* filthy; nasty; sordid.

cratère, krăh-tair, *m* crater.

cravache, krăh-văhsh, *f* horsewhip.

cravate, krăh-văht, *f* neck-tie; scarf.

crayeu-x, se, kray-e-er, *a* chalky.

crayon, kray-yong, *m* pencil.

crayonner, kray-yonn-eh, *v* to sketch; to pencil.

créance, kreh-ahngss, *f* credit; trust; debt; credence.

créancier, kreh-ahngss-e-eh, *m* creditor.

créateur, kreh-ãh-ter, *m* creator, maker; *a* creative.

création, kreh-ãh-se-*ong*, *f* creation; production.

créature, kreh-ãh-tEER, *f* creature.

crécelle, kreh-sell, *f* rattle.

crèche, kraysh, *f* crib; manger; day-nursery.

crédence, kreh-dah*ng*ss, *f* side-board.

crédit, kreh-de, *m* credit; trust; loan; influence; esteem.

créditer, kreh-de-teh, *v* to credit (**de,** with).

credo, kreh-do, *m* creed, belief.

crédule, kreh-dEEl, *a* credulous.

crédulité, kreh-dE-le-teh, *f* credulity.

créer, kreh-eh, *v* to create; to invent; to establish.

crémaillère, kreh-mah'e-air, *f* pot-hanger; rack; (*fam*) **pendre la —,** pahng-dr lãh —, to have a house warming.

crémation, kreh-mãh-se-*ong*, *f* cremation.

crème, kraym, *f* cream; custard; best .

crémerie, krehm-ree, *f* milk-shop; dairy.

crémi-er, ère, kreh-me-eh, *mf* dairyman; dairy-woman.

créneau, kreh-noh, *m* battlement.

crénelé, e, krehn-leh, *a* notched; battlemented.

créneler, krehn-leh, *v* to cog; to mill.

crénelure, krehn-lEER, *f* indentation.

crêpe, krayp, *m* crape; mourning band; *f* pancake.

crêper, kray-peh, *v* to frizz; to crisp.

crépi, kreh-pe, *m* rough-cast.

crépir, kreh-peer, *v* to rough-cast; to crimp.

crépine, kreh-peen, *f* fringe (on upholstery).

crépiter, kreh-pe-teh, *v* to crackle.

crépu, e, kreh-pE, *a* woolly, fuzzy.

crépuscule, kreh-pEEss-keel, *m* twilight; decline.

cresson, krehss-*ong*, *m* cress; water-cress.

crétacé, e, kreh-tãhss-eh, *a* cretaceous.

crête, krayt, *f* crest; top; ridge; comb (of a cock).

crétin, kreh-tang, *m* idiot.

crétinisme, kreh-te-nissm, *m* idiocy.

cretonne, krer-tonn, *f* long-cloth; cretonne.

creuser, krer-zeh, *v* to dig; to hollow; to scoop out; to fathom.

creuset, krer-zay, *m* crucible;(*fam*) test.

creux, krer, *m* hollow cavity; cast; bass voice.

creu-x, se, krer, *a* hollow; empty; unsubstantial.

crevaison, krer-veh-*zong*, *f* puncture; bursting.

crevasse, krer-vähss, *f* crevice; chink; crack.

crève-cœur, krayv-ker, *m* heart-breaking thing.

crever, krer-veh, *v* to burst; to pierce; to puncture; **se —**, to burst.

crevette, krer-vett, *f* shrimp; prawn.

cri, kre, *m* cry; shout; shriek; scream; clamour; **le dernier —**, ler dair-ne-eh —, the latest fashion.

criailler, kree-ah'e-yeh, *v* to bawl.

criant, e, kree-ah*ng*, *a* crying; shameful.

criard, e, kree-ähr, *a* clamorous; shrill; loud; gaudy.

crible, kree-bl, *m* sieve; riddle.

cribler, kree-bleh, *v* to sift; to riddle; to pierce with holes.

cric, kre, *m* lifting-jack.

cricket, kre-kay, *m* (game) cricket.

cri-cri, kre-kre, *m* (insect) cricket.

criée, kree-eh, *f* auction.

crier, kree-eh, *v* to cry; to shout; to shriek; to pro- [claim.

crieur, kree-er, *m* crier; auctioneer; town-crier.

crime, kreem, *m* crime.

criminalité, kre-me-näh-le-teh, *f* criminality.

criminel, le, kre-me-nell, *mf* & *a** criminal; culprit.

crin, kra*ng*, *m* horsehair; **les —s**, lay —, mane and tail.

crinière, kre-ne-air, *f* mane; (*fam*) thick head of air.

crique, kreeck, *f* creek.

criquet, kre-kay, *m* locust; (*fam*) cricket.

crise, kreez, *f* crisis; fit; attack.

crisper, kriss-peh, *v* to shrivel; to clench; **se —**, to contract.

crisser, kriss-eh, *v* to grate; to grind. [contract.

cristal, kriss-tähl, *m* crystal; cut-glass.

cristallin, kriss-täh-la*ng*, *a* crystalline.

cristalliser, kriss-täh-le-zeh, *v* to crystallise.

critérium, kre-teh-re-omm, *m* criterion.

critique, kre-teeck, *m* critic; *f* criticism; censure; *a** critical.

critiquer, kre-te-keh, *v* to criticise.

croasser, kro'ähss-eh, *v* to croak; to caw.

croc, kro, *m* hook; canine tooth; tusk; fang.

croche, krosh, *f* quaver.

crochet, krosh-ay, *m* hook; picklock; clasp; bend;
crocheter, krosh-teh, *v* to pick (a lock).   [crochet,
crochu, e, krosh-E, *a* hooked; crooked.
crocodile, krock-odd-eell, *m* crocodile.
crocus, krock-EESS, *m* crocus, saffron.
croire, kro'ăhr, *v* to believe; to think; to trust to.
croisade, kro'ăh-zăhd, *f* crusade.
croisé, kro'ăh-zeh, *m* crusader; twill; *pp & a* crossed;
double-breasted.
croisée, kro'ăh-zeh, *f* crossing; casement window;
transept.
croisement, kro'ăhz-mahng, *m* crossing.
croiser, kro'ăh-zeh, *v* to cross; to thwart; to cruise.
croiseur, kro'ăh-zer, *m* cruiser.
croisière, kro'ăh-ze-air, *f* cruise.
croissance, krwăhss-ahngss, *f* growth; increase.
croissant, krwăhss-ahng, *m* crescent; French
crescent roll.
croissant, e, krwăhss-ahng, *a* growing.
croître, kro'ah-tr, *v* to grow; to increase; to lengthen.
croix, kro'ăh, *f* cross.
croquant, krock-ahng, *m (fam)* peasant; poor wretch;
a crisp.
croque-mitaine, krock-me-tain, *m (fam)* bugbear,
old bogey.
croque-mort, krock-mor, *m* undertaker's man.
croquer, krock-eh, *v* to crunch; to munch; to sketch.
croquette, krock-ett, *f* croquette; rissole.
croquignole, krock-een-yol, *f* cracknel; fillip.
croquis, krock-e, *m* sketch; outline.
crosse, kross, *f* crozier; butt-end; hockey stick.
crotte, krot, *f* dung; dropping of animal dirt.
crotté, e, krot-eh, *a* dirty; muddy.
crotter, krot-eh, *v* to dirty.
crottin, krot-ang, *m* horse or sheep dung.   [down.
croulant, e, kroo-lahng, *a* sinking; tottering; tumble-
crouler, kroo-leh, *v* to fall; to sink; to crumble.
croup, kroop, *m* croup.
croupe, kroop, *f* rump; buttocks.
croupier, kroo-pe-eh, *m* croupier.
croupière, kroo-pe-air, *f* crupper.   [parson's nose.
croupion, kroo-pe-ong, *m* rump; tail base; *(fam)*

croupir, kroo-peer, *v* to stagnate; to wallow.

croupissant, e, kroo-piss-ah*ng*, *a* stagnating; putrescent.

croustillant, e, krooss-tee-yah*ng*, *a* crisp.

croûte, kroot, *f* crust; scab; (*fam*) daub; old fogy; **casser une —**, kähss-eh EEN —, to take a snack.

croûton, kroo-to*ng*, *m* crust-end; crouton.

croyable, kro'äh-yäh-bl, *a* credible; likely.

croyance, kro'äh-yah*ng*ss, *f* belief; creed, faith.

croyant, e, kro'äh-yah*ng*, *mf* believer; *pl* the faithful.

cru, krE, *m* vineyards; vintage.

cru, e, krE, *a* raw; crude; coarse.

cruauté, krE-oh-teh, *f* cruelty.

cruche, krEESH, *f* pitcher; blockhead.

cruchon, krE-sho*ng*, *m* jug; stone bottle.

crucial, e, krE-se-ähl, *a* cross-shaped.

crucifier, krE-se-fe-eh, *v* to crucify.

crucifix, krE-se-fe, *m* crucifix.

crudité, krE-de-teh, *f* crudity; crudeness; rawness; [coarseness.

crue, krEE, *f* rise; swelling; flood.

cruel, le,* krE-ell, *a* cruel; sore; annoying.

crûment, krEE-mah*ng*, *adv* bluntly.

crustacé, krEEss-tähss-eh, *m & a* crustacean; crustaceous.

crypte, kreep-t, *f* crypt. [taceous.

cubage, kE-bähsh, *m* cubic measurement; cubature.

cube, kEb, *m* cube; toy building block; *a* cubic.

cueillette, ker'e-yett, *f* picking; gathering; mixed cargo.

cueillir, ker'e-yeer, *v* to gather; to pick; to pluck.

cuiller or **cuillère**, kwee-yair, *f* spoon.

cuillerée, kwee-yer-reh, *f* spoonful.

cuir, kweer, *m* skin; hide; leather; strop.

cuirasse, kwee-rähss, *f* cuirass; armour-plating.

cuirassé, kwee-rähss-eh, *m* battleship.

cuirassé, e, kwee-rähss-eh, *a* armoured.

cuirassier, kwee-rähss-e-eh, *m* cuirassier.

cuire, kweer, *v* to cook; to bake; to boil; to roast; to stew; to smart.

cuisant, e, kwee-zah*ng*, *a* sharp; acute; burning.

cuisine, kwee-zeen, *f* kitchen; cooking; cookery.

cuisiner, kwee-ze-neh, *v* to cook; (*fam*) to concoct (scheme etc).

cuisini-er, ère, kwee-ze-ne-eh, *mf* cook; *f* cooker.

cuisse, kweess, *f* thigh; leg of bird.

cuisson, kweess-ong, *f* cooking; baking; firing (of bricks etc); smarting.

cuissot, kweess-o, *m* haunch.

cuit, e, kwee, *pp* & *a* cooked; done; drunk; done for.

cuivre, kwee-vr, *m* copper; — **jaune,** — **sh**ohn, brass.

cuivreu-x, se, kwee-vrer, *a* coppery.

cul, ke, *m* (vulgar, except in compounds), bottom; back; rump.

culbute, keel-beet, *f* somersault; fall; tumble; failure; ruin.

culbuter, keel-be-teh, *v* to topple over; to tumble down.

culinaire, ke-le-nair, *a* culinary.

culminant, e, keel-me-nahng, *a* highest; prominent.

culot, ke-lo, *m* bottom; plug; (*fam*) cheek.

culotte, ke-lot, *f* buttock (of beef); knickers; short trousers; breeches.

culotter, ke-lot-eh, *v* to breech.

culpabilité, keel-päh-be-le-teh, *f* guilt.

culte, keelt, *m* worship; creed; cult; veneration.

cultivateur, keel-te-väh-ter, *m* grower; agriculturist.

cultiver, keel-te-veh, *v* to cultivate.

culture, keel-teer, *f* cultivation; culture.

cumuler, ke-me-leh, *v* to hold several offices; to cumulate.

cupide, ke-peed, *a* covetous; greedy.

curage, ke-rähsh, *m* picking (of teeth); clearing; cleaning.

curatelle, ke-räh-tell, *f* guardianship; trusteeship.

cura-teur, trice, ke-räh-ter, *mf* guardian; curator; trustee.

cure, keer, *f* cure; treatment; living; vicarage; parish.

curé, ke-reh, *m* parish priest.

cure-dent, keer-dahng, *m* tooth-pick.

curer, ke-reh, *v* to pick (teeth etc); to clean out.

curieux, ke-re-er, *m* inquisitive person; looker-on; curious thing or fact.

curieu-x, se,* ke-re-er, *a* curious; inquisitive; singular. [ness; curio-

curiosité, ke-re-ohz-e-teh, *f* curiosity; inquisitive-

cutané, e, ke-täh-neh, *a* cutaneous.

cuve, ᴋᴇᴇv, *f* vat; tub; copper.
cuvée, ᴋᴇ-veh, *f* vatful; quality.
cuver, ᴋᴇ-veh, *v* to ferment; to settle; — **son vin,** — song vang, to sleep oneself sober.
cuvette, ᴋᴇ-vett, *f* basin; washing-up bowl.
cuvier, ᴋᴇ-ve-eh, *m* wash-tub.
cyanure, se-äh-ɴᴇᴇʀ, *m* cyanide.
cycle, see-kl, *m* cycle.
cycliste, see-kleest, *mf* cyclist.
cygne, seen-yer, *m* swan.
cylindre, se-lang-dr, *m* cylinder; roller.
cymbale, sang-bähl, *f* cymbal.
cynique, se-neeck, *m* cynic; *a** cynical.
cynisme, se-nissm, *m* cynicism.
cyprès, se-pray, *m* cypress.
cytise, se-teez, *m* cytisus; laburnum.

dactylographe, dähck-te-log-rähf, *mf & a* typist.
dactylographie, dähck-te-log-räh-fee, *f* type-writing.
dada, däh-däh, *m* hobby-horse; hobby; pet subject.
dadais, däh-day, *m* booby; simpleton.
dague, dähg, *f* dagger.
daigner, dayn-yeh, *v* to deign.
daim, dang, *m* deer; buck; suede.
dais, day, *m* canopy.
dalle, dähl, *f* flag-stone; slab.
daltonisme, dähl-tonn-issm, *m* colour-blindness.
damas,'däh-mah, *m* damask.
dame, dähm, *f* lady; queen (cards); a king at draughts; *pl* game of draughts.
dame! dähm! *interj* why! well! indeed!
damer, däh-meh, *v* to crown (at draughts); (*fam*) — **le pion à,** — ler pe-ong äh, to outdo.
damier, däh-me-eh, *m* draught-board.
damner, dah-neh, *v* to damn.
damoiselle, däh-mo'äh-zell, *f* (*obs*) damsel.
dandin, dahng-dang, *m* ninny.
dandiner (se), ser dahng-de-neh, *v* to waddle; to strut.
danger, dahng-sheh, *m* danger.
dangereu-x, se,* dahng-sher-rer, *a* dangerous.
dans, dahng, *prep* in, into; within; according to.

danse, dah*ng*ss, *f* dance; dancing.

danseu-r, se, dah*ng*-ser, *mf* dancer.

dard, dāhr, *m* dart; sting; dace.

darder, dāhr-deh, *v* to dart; to shoot; to beam.

darne, dāhrn, *f* slice of fish.

dartre, dāhr-tr, *f* skin trouble (scurf etc).

date, dăht, *f* date.

dater, dăh-teh, *v* to date.

datif, dăh-tiff, *m* dative.

datte, dăht, *f* (fruit) date.

dattier, dăh-te-eh, *m* date-tree.

daube, dohb, *f* stew.

dauber, doh-beh, *v* to cuff; to jeer; to stew.

dauphin, doh-fang, *m* dolphin; dauphin.

davantage, dăh-vah*ng*-tāh**sh**, *adv* more.

de, der, *prep* of; from; out of; by; with; as; than; to; upon; since; some; any.

dé, deh, *m* thimble; die.

débâcle, deh-bah-kl, *f* breaking-up; downfall.

déballage, deh-băh-lāh**sh**, *m* unpacking; (*fam*) show-down.

déballer, deh-băh-leh, *v* to unpack.

débandade, deh-bah*ng*-dăhd, *f* stampede; **à la —,** ăh lăh —, helter-skelter.

débander, deh-bah*ng*-deh, *v* to unbend; to uncover. to disband; **se—,** to disband; to disperse; to run away; to relax.

débaptiser, deh-băh-te-zeh, *v* to change the name of.

débarbouiller, deh-băhr-boo'e-yeh, *v* to wash the face of; to clean; **se —,** to wash one's face; to extricate oneself.

débarcadère, deh-băhr-kăh-dair, *m* landing-place.

débarder, deh-băhr-deh, *v* to unload.

débardeur, deh-băhr-der, *m* docker.

débarquement, deh-băhr-ker-mah*ng*, *m* landing; arrival; unloading.

débarquer, deh-băhr-keh, *v* to land; to disembark; to unload.

débarras, deh-băh-răh, *m* riddance; **chambre de —,** shah*ng*-br der —, lumber-room.

débarrasser, deh-băh-răhss-eh, *v* to clear; to rid; **se —,** to get rid (**de,** of).

débat, deh-băh, *m* debate; *pl* pleadings; trial; case.

débattre, deh-băh-tr, v to debate; to discuss; **se —,** to struggle.

débauche, deh-bohsh, f debauch; debauchery.

débaucher, deh-boh-sheh, v to debauch; to entice away; **se —,** to go astray.

débet, deh-bay, m debit; balance due.

débile, * deh-beell, a weak; feeble.

débilité, deh-be-le-teh, f debility; weakness.

débiliter, deh-be-le-teh, v to weaken.

débine, deh-been, f (fam) distress; destitution; straits.

débiner, deh-be-neh, v (fam) to disparage; to run down; **se —,** to make off; to run away.

débit, deh-be, m sale; market; retail shop; flow; utterance; output; delivery.

débit, deh-be, m debit.

débitant, deh-be-tah_n_g, m dealer.

débiter, deh-be-teh, v to retail; to sell; to cut up; to recite; to debit (**de,** with).

débiteu-r, se, deh-be-ter, mf(fam) **—de calomnies,** scandalmonger.

débi-teur, trice, deh-be-ter, mf & a debtor; debit.

déblai, deh-blay, m excavation; clearing; pl rubble.

déblatérer, deh-blǎh-teh-reh, v to break out into abuse; to rail at.

déblayer, deh-blay-yeh, v to clear away.

débloquer, deh-block-eh, v to raise the blockade of; to unclamp; to free.

déboire, deh-bo'ǎhr, m vexation; disappointment.

déboiser, deh-bo'ǎh-zeh, v to clear of trees.

déboîter, deh-bo'ǎh-teh, v to dislocate; to disconnect.

débonnaire, deh-bonn-air, a good-natured; meek; gentle.

débordement, deh-bor-der-mah_n_g, m overflowing; (fam) dissoluteness.

déborder, deh-bor-deh, v to overflow; to project; to untuck.

débotter, deh-bot-eh, v to pull boots off; **au —,** oh **—,** immediately on arrival.

débouché, deh-boo-sheh, m outlet; market; issue.

déboucher, deh-boo-sheh, v to open; to uncork; to unblock; to emerge; to run into.

déboucler, deh-boo-kleh, v to unbuckle: to uncurl.

débourber, deh-boohr-beh, *v* to clean; to extricate from the mud.

déboursés, débours, deh-boohr-seh, deh-boohr, *mpl* expenses; disbursements.

débourser, deh-boohr-seh, *v* to disburse; to lay out.

debout, der-boo, *adv* upright; standing.

débouter, deh-boo-teh, *v* to nonsuit; to dismiss.

déboutonner, deh-boo-tonn-eh, *v* to unbutton.

débraillé, e, deh-brah'e-yeh, *a* untidy; disarrayed.

débrayage, deh-bre-yash, *m* disengaging; declutching.

débrayer, deh-bray-yeh, to declutch; to disengage.

débrider, deh-bre-deh, *v* to unbridle; to stop; **sans —,** without stopping.

débris, deh-bre, *m* remains; debris; rubbish.

débrouillard, e, deh-broo'e-yăhr, *mf* & *a (fam)* resourceful; capable.

débrouiller, deh-broo'e-yeh, *v* to disentangle; to unravel; **se —,** to cope.

début, deh-BE, *m* beginning; first appearance; lead.

débutant, e, deh-BE-tah*ng*, *mf* & *a* beginner; performer appearing for the first time.

débuter, deh-BE-teh, *v* to begin; to make one's first appearance.

deçà, der-săh, *adv* on this side.

décacheter, deh-kăhsh-teh, *v* to unseal.

décadence, deh-kăh-dah*ng*ss, *f* decay; decline.

décaisser, deh-kayss-eh, *v* to unpack; to disburse.

décaler, deh-cah-leh, *v* to unwedge; to alter (time); to displace.

décalquer, deh-kăhl-keh, *v* to transfer a tracing; [trace.

décamper, deh-kah*ng*-peh, *v* to move off; to bolt.

décanter, deh-kah*ng*-teh, *v* to decant.

décapiter, deh-kăh-pe-teh, *v* to behead.

décéder, deh-seh-deh, *v* to die; to decease.

déceler, dehss-leh, *v* to disclose; to reveal.

décembre, deh-sah*ng*-br, *m* December.

décemment, deh-săh-mah*ng*, *adv* decently.

décence, deh-sah*ng*ss, *f* decency; propriety.

décent, e, deh-sah*ng*, *a* decent; becoming; proper.

déception, deh-sep-se-o*ng*, *f* disappointment; setback.

décerner, deh-sair-neh, *v* to award; to issue (writ etc).

décès, deh-say, *m* death; decease.

décevant, deh-ser-vah*ng*, *a* misleading; disappointing.

décevoir, deh-ser-vo'ăhr, *v* to disappoint.

déchaîné, deh-shay-neh, *pp & a* unchained; furious; mad.

déchaîner, deh-shay-neh, *v* to unchain; to let loose.

déchanter, deh-shah*ng*-teh, *v* to lower one's key.

décharge, deh-shăhrsh, *f* discharge; discharging; unloading; acquittal; **à —,** ăh —, for the defence.

décharger deh-shăhr-sheh, *v* to unload; to relieve; to clear.

déchargeur deh-shăhr-sher, *m* docker.

décharné, e, deh-shăhr-neh, *a* emaciated.

déchaussé, e, deh-shohss-eh, *pp & a* barefooted; shrinking (of gums).

dèche, daysh, *f (pop)* destitution.

déchéance, deh-sheh-ah*ng*ss, *f* forfeiture; downfall.

déchet, deh-shay, *m* waste; loss.

décheveler, deh-sherv-leh, *v* to dishevel; to tousle.

déchiffrer, deh-she-freh, *v* to decipher; to sight-read (music).

déchiqueter, deh-shick-teh, *v* to cut up; to slash; to tear. [rending.

déchirant, e, deh-she-rah*ng*, *a* piercing; heart-

déchirement, deh-sheer-mah*ng*, *m* tearing; anguish; excruciating pain.

déchirer, deh-she-reh, *v* to tear; to rend; to break.

déchirure, deh-she-REER, *f* tear; rent.

déchoir, deh-sho'ăhr, *v* to fall; to decline; to decay.

décidé, e, deh-se-deh, *pp & a* decided; determined.

décidément, deh-se-deh-mah*ng*, *adv* decidedly.

décider, deh-se-deh, *v* to decide; to determine; to persuade; **se —,** to make up one's mind.

decimal, deh-se-mahl, *a* decimal.

décimale, deh-se-mahl, *f* decimal (fraction).

décisi-f, ve,* deh-se-zeeff, *a* decisive.

décision, deh-se-ze-o*ng*, *f* decision; resolution.

déclamer, deh-klăh-meh, *v* to declaim; to recite; to inveigh.

déclaration, deh-klăh-răh-se-o*ng*, *f* declaration; affidavit; verdict.

déclarer, deh-klăh-reh, *v* to declare; to proclaim; to certify.

déclassé, e, deh-klăhss-eh, *mf & a* one who has lost social position.

déclencher, deh-klahng-sheh, *v* to unlock; to loosen; to disconnect; (*fam*) to launch; to set in motion.

déclinaison, deh-kle-nay-zong, *f* declination (of compass, star, etc); declension.

décliner, deh-kle-neh, *v* to decline; to deviate.

déclivité, deh-kle-ve-teh, *f* declivity.

déclouer, deh-kloo-eh, *v* to unnail.

décocher, deh-kosh-eh, *v* to shoot; to let fly.

décoiffer, deh-ko'ăh-feh, *v* to take off hat; to disarrange hair.

décollage, deh-ko-lash, *m* unsticking; take-off (of plane). ⌐plane.

décoller, deh-koll-eh, *v* to unstick; to take off (of ⌐

décolleté, deh-koll-teh, *a* low-cut; low-necked; *m* neck-line.

décolorer, deh-koll-or-eh, *v* to discolour; to bleach.

décombres, deh-kong-br, *mpl* rubbish.

décommander, deh-komm-ahng-deh, *v* to countermand; to cancel.

décomposer, deh-kong-poz-eh, *v* to decompose.

décomposition, deh-kong-poz-e-se-ong, *f* decomposition; discomposure; analyzing.

décompte, deh-kongt, *m* deduction; disappointment.

décompter, deh-kong-teh, *v* to deduct; to be disappointed.

déconcerter, deh-kong-sair-teh, *v* to disconcert; to confuse; to baffle.

décongeler, deh-kong-sher-leh, to thaw; to de-freeze (food).

déconseiller, deh-kong-say'e-yeh, *v* to advise against. ⌐discredit.

déconsidérer, deh-kong-se-deh-reh, *v* to bring into ⌐

décontenancer, deh-kongt-nahngss-eh, *v* to put out of countenance.

décontracté, deh-kong-trahck-teh, *a* relaxed.

décontracter (se), ser deh-kong-trahck-teh, *v* to relax. ⌐appointment.

déconvenue, deh-kongv-ne, *f* mishap; ill luck; dis-

décor, deh-kor, *m* decoration; *pl* stage-scenery.

décorateur, deh-kor-ăh-ter, *m* decorator; stage-painter.

décoration, deh-kor-ăh-se-ong, *f* decoration; medal.

décoré, e, deh-kor-eh, *a* decorated; wearing a decoration.

décorer, deh-kor-eh, *v* to embellish; to confer a decoration on.

découcher, deh-koo-sheh, *v* to sleep out; to stay out all night.

découdre, deh-koo-dr, *v* to unstitch.

découler, deh-koo-leh, *v* to drop; to trickle; to follow (de, from).

découper, deh-koo-peh, *v* to cut up; to cut out; to carve.

découplé, deh-koo-pleh, *pp* & *a* uncoupled; **bien** —, be-ang —, strapping.

découpure, deh-koo-peer, *f* cutting out.

décourageant, deh-koo-rah-shahng, *a* discouraging; disheartening.

découragement, deh-koo-răhsh-mahng, *m* discouragement; despondency.

décourager, deh-koo-răh-sheh, *v* to discourage; to deter; se —, to lose heart.

décousu, e, deh-koo-ze, *pp* & *a* unsewed; unconnected; desultory.

découvert, *m* deh-koo-vair, *m* deficit; overdraft.

découvert, e, deh-koo-vair, *pp* & *a* uncovered; open; à —, ăh —, openly; unsecured; exposed.

découverte, deh-koo-vairt, *f* discovery.

découvrir, deh-koo-vreer, *v* to uncover; to discover; to unmask; to find out; se —, to take off one's hat; to come to light; (weather) to clear up.

décrasser, deh-krăhss-eh, *v* to clean; to get dirt off.

décréditer, deh-kreh-de-teh, *v* to bring into discrédit. [credit.

décrépit, e, deh-kreh-pe, *a* decrepit; senile. [credit.

décret, deh-kray, *m* decree; order.

décréter, deh-kreh-teh, *v* to decree.

décrier, deh-kre-eh, *v* to run down; to decry.

décrire, deh-kreer, *v* to describe.

décrocher, deh-krosh-eh, *v* to unhook; to take off.

décroissance, deh-kro'ăhss-ahngss, *f* decrease.

décroître, deh-kro'ăh-tr, *v* to decrease; to diminish.

décrotter, deh-krot-eh, *v* to clean mud off (boots etc);

décrottoir, deh-krot-o'ăhr, *m* scraper.　[to brush.

déçu, e, deh-se, *pp* & *a* disappointed.

décupler, deh-ke-pleh, *v* to increase tenfold.

dédaigner, deh-dayn-ych, *v* to disdain.

dédaigneu-x, se,* deh-dayn-yer, *a* disdainful;

dédain, deh-dahng, *m* disdain; scorn.　[scornful.

dedans, der-dahng, *adv* inside; in; in it; in them;
m inside; interior.

dédicace, deh-de-kăhss, *f* dedication.

dédier, deh-de-eh, *v* to dedicate.

dédire, deh-deer, *v* to retract a statement.

dédit, deh-de, *m* forfeit.

dédommagement, deh-domm-ăhsh-mahng, *m* compensation; indemnification.

dédommager deh-domm-ăh-sheh, *v* to compensate;
(de, for).

dédouaner, deh-doo-ăh-neh, *v* to clear goods; to clear
luggage through Customs.

dédoubler, deh-doo-bleh, *v* to take the lining out of;
to diminish by half; to divide in two.

déduction, deh-deek-se-ong, *f* deduction; inference;
— faite de, — fayt der, after deducting.

déduire, deh-dweer, *v* to deduct; to deduce; to infer.

déesse, deh-ess, *f* goddess.

défaillance, deh-fah'e-yahngss, *f* swoon; faltering;
failing.

défaillir, deh-fah'e-yeer, *v* to faint; to falter; to fail.

défaire, deh-fair, *v* to undo; to break; to defeat; **se —
de,** to get rid of.

défait, e, deh-fay, *pp* & *a* undone; dishevelled;
defeated.

défaite, deh-fayt, *f* defeat; pretext.

défalcation, deh-făhl-kăh-se-ong, *f* deduction.

défaut, deh-foh, *m* defect; fault; default; **à — de,**
ăh — der, for want of; **faire —,** fair —, to fail.

défaveur, deh-făh-ver, *f* disgrace; disfavour.

défavorable,* deh-făh-vor-ăh-bl, *a* unfavourable.

défecti-f, ve, deh-feck-teeff, *a* defective.

défection, deh-feck-se-ong, *f* desertion; disloyalty.

défectueu-x, se,* deh-feck-te-er, *a* defective; faulty.

défectuosité, deh-feck-TE-oz-e-teh, *f* defect; blemish; faultiness.

défend-eur, eresse, deh-fahng-der, *mf* defendant.

défendre, deh-fahng-dr, *v* to defend; to forbid.

défense, deh-fahngss, *f* defence; prohibition; *pl* tusks.

défenseur, deh-fahng-ser, *m* defender.

défensi-f, ve,* deh-fahng-seeff, *a* defensive.

déférence, deh-feh-rahngss, *f* deference.

déférer, deh-feh-reh, *v* to bestow; to bring before; to comply (à, with); to defer; (oath) to tender.

déferler, deh-fair-leh, *v* to unfurl; to break.

défi, deh-fe, *m* defiance; challenge.

défiance, deh-fe-ahngss, *f* distrust; diffidence.

défiant, e, deh-fe-ahng, *a* distrustful; suspicious.

déficeler, deh-fiss-leh, *v* to untie.

défier, deh-fe-eh, *v* to challenge; to defy; **se — (de),** to mistrust.

défigurer, deh-fe-ghE-reh, *v* to disfigure.

défilé, deh-fe-leh, *m* straight; march past.

défini, e, deh-fe-ne, *pp & a* defined; definite; precise; **passé —,** päh-seh —, Past Definite Tense.

définir, deh-fe-neer, *v* to define.

définissable, deh-fe-niss-äh-bl, *a* definable.

définiti-f, ve,* deh-fe-ne-teeff, *a* definitive; positive; **en — ve,** ahng —, finally.

définition, deh-fe-ne-se-ong, *f* definition; clue (of crossword).

défoncer, deh-fongss-eh, *v* to stave in; to break up.

déformer, deh-for-meh, *v* to put out of shape; to distort.

défraîchi, e, deh-fray-she, *a* no longer fresh; tatty.

défrayer, deh-fray-yeh, *v* to defray the expense of.

défricher, deh-fre-sheh, *v* to clear; to reclaim (of land).

défroque, deh-frock, *f* cast-off clothes (usu in *pl*; monk etc).

défroqué, e, deh-frock-eh, *a & m* unfrocked (priest etc); ex-priest.

défunt, e, deh-fung, *a* deceased.

dégagé, e, deh-gäh-sheh, *pp & a* redeemed; free; easy; off hand; private. release.

dégager, deh-gäh-sheh, *v* to redeem; to clear; to release.

dégaine, deh-gain, *f* ungainliness; awkward gait.

dégainer, deh-gay-neh, *v* to unsheathe.

dégarnir, deh-gähr-neer, *v* to strip; to dismantle; **se — de,** to part with; to get short of.

dégât, deh-gah, *m* damage; havoc; waste.

dégel, deh-**shell**, *m* thaw.

dégénérer, deh-**sheh**-neh-reh, *v* to degenerate.

dégingandé, e, deh-**shang**-gahng-deh, *a* & *mf* ungainly.

dégivrer, deh-**she**-vreh, *v* to de-ice; to de-frost.

dégivreur, deh-**she**-vrer, *m* de-icer.

dégommer, deh-gomm-eh, *v* to ungum; (*fam*) to give the sack to.

dégonfler, deh-gong-fleh, *v* to reduce; to bring down; to deflate; **se —,** to collapse (tyre, balloon, etc); (*fam*) to get into a funk.

dégorger, deh-gor-**sheh**, *v* to disgorge; to clear; to scour.

dégourdi, e, deh-goohr-de, *a* sharp; acute (of person).

dégourdir, deh-goohr-deer, *v* to revive; to stretch; to sharpen; **se —,** to get sharp.

dégoût, deh-goo, *m* dislike; disgust; loathing.

dégoûtant, e, deh-goo-tahng, *a* sickening; disgusting.

dégoûté, e, deh-goo-teh, *pp* & *a* disgusted; fastidious; squeamish.

dégoutter, deh-goot-eh, *v* to drip; to trickle.

dégrader, deh-gräh-deh, *v* to degrade; to debase; to damage.

dégrafer, deh-gräh-feh, *v* to unhook; to unclasp.

dégraisser, deh-grayss-eh, *v* to scour; to clean; to remove the grease from; to skim fat off.

degré, der-greh, *m* degree; step; stage.

dégringoler, deh-grang-goll-eh, *v* to tumble down.

dégriser, deh-gre-zeh, *v* to sober.

dégrossir, deh-gross-eer, *v* to rough down.

déguenillé, e, deh-gher-nee-yeh, *a* ragged.

déguerpir, deh-gair-peer, *v* to pack off; to clear out.

déguisement, deh-gheez-mahng, *m* disguise.

déguiser, deh-ghee-zeh, *v* to disguise; to conceal.

déguster, deh-ghEES-teh, *v* to taste; to sample; to eat or drink with relish.

déhanché, deh-ahng-sheh, *a* hipped; ungainly.

dehors, der-or, *adv* without; outside; *m* outside; exterior; appearances.

déjà, deh-**shäh,** *adv* already; yet; then; before; as far back as; to begin with.

déjeuner, deh-**sher**-neh, *m* lunch; **petit —,** per-te —, breakfast.

déjeuner, deh-**sher**-nch, *v* to breakfast; to lunch.

déjouer deh-**shoo**-eh, *v* to baffle; to thwart.

déjuger (se), ser deh-**sʜE**-sheh, *v* to change one's opinion.

delà der-**läh,** *prep* beyond; on the other side of; farther than; **au — de** oh — der beyond.

délabré, e, deh-läh-breh, *a* tattered; dilapidated; in ruins.

délabrement, deh-läh-brer-mahng, *m* ruin; decay; dilapidation.

délai, deh-lay, *m* interval; delay; **dans un — de,** dahng z'ung — der, within.

délaissement, deh-layss-mahng, *m* abandonment; relinquishment.

délaisser, deh-layss-eh, *v* to forsake; to abandon.

délassement, deh-lähss-mahng, *m* relaxation; rest.

déla-teur, trice, deh-läh-ter, *mf* informer; denouncer.

délation, deh-läh-se-ong, *f* information; denunciation.

délayer, deh-lay-yeh, *v* to mix with water; to thin out; to spin out.

délecter (se), ser deh-leck-teh, *v* to delight (à, in).

délégation, deh-leh-gäh-se-ong, *f* delegation; assignment; proxy.

délégué, deh-leh-gheh, *m* delegate; deputy; shop steward.

déléguer, deh-leh-gheh, *v* to delegate; to assign. [ately.

délétère, deh-leh-tair, *a* deleterious;

délibérément, deh-le-beh-reh-mahng, *adv* deliberately.

délibérer, deh-le-beh-reh, *v* to deliberate; to resolve.

délicat, e,* deh-le-käh, *a* delicate; dainty; scrupulous; tricky; difficult.

délicatesse, deh-le-käh-tess, *f* delicacy; nicety; scrupulousness.

délicieu-x, se,* deh-le-se-er, *a* delicious; delightful.

délictueu-x, se, deh-lick-tE-er, *a* unlawful; offensive; felonious. [sharp.

délié, deh-le-eh, *pp & a* untied; loose; easy; slender;

délier, deh-le-eh, *v* to untie; to unbind; to release; to absolve.

délimiter, deh-le-me-teh, *v* to fix the limits of.

délinquant, deh-lang-kahng, *m* offender; delinquent.

délirant, e, deh-le-rahng, *a* delirious; frenzied; rapturous.

délire, deh-leer, *m* delirium; frenzy.

délit, deh-le, *m* misdemeanour; offence; **en flagrant —,** ahng flăh-grahng —, in the very act; **le corps du —,** ler kor DE —, the charge.

délivrance, deh-le-vrahngss, *f* deliverance; release; rescue; confinement.

délivrer, deh-le-vreh, *v* to deliver; to rid; to release; to set free.

déloger, deh-losh-eh, *v* to dislodge; to turn out; to clear out (*fam*); **— sans tambour ni trompette,** — sahng flăh-boohr ne trong-payt, to steal away.

déloyal, e,[*] deh-lo'ăh-yăhl, *a* disloyal; dishonest; unfair.

déloyauté, deh-lo'ăh-yoh-teh, *f* dishonesty.

déluge, deh-LEEsh, *m* flood.

déluré, e, deh-LE-reh, *a* sharp; wide-awake.

demain, der-mang, *adv* to-morrow; **après —,** ăh-pray —, the day after to-morrow.

démancher, deh-mahng-sheh, *v* to take the handle off; to dislocate.

demande, der-mahngd, *f* question; request; prayer; *pl* enquiries; orders.

demander, der-mahng-deh, *v* to ask; to beg; to claim; to want; to demand; to require; **se —,** to wonder.

demand-eur, eresse, der-mahng-der, *mf* plaintiff; applicant.

démangeaison, deh-mahng-**sh**ay-zong, *f* itching; longing.

démanger, deh-mahng-**sh**eh, *v* to itch; to long.

démantibuler, deh-mahng-te-BE-leh, *v* to put out of order.

démaquillant, deh-măh-kee-yahng, *m* cleansing cream. [up.

démaquiller, deh-măh-kee-yeh, *v* to remove make-

démarche, deh-mahrsh, *f* gait; walk; step; measure; attempt; application.

démarquer, deh-măhr-keh, *v* to unmark; to mark down (goods).

démarrage, deh-măh-răhsh, *m* unmooring; start.

démarrer, deh-măh-reh, *v* to start up; to cast off.

démarreur, deh-mah-rer, *m* starter (in car).

démasquer, deh-măhss-keh, *v* to unmask; to show up.

démêlé, deh-may-leh, *m* (usu *pl*) dispute; differences.

démêler, deh-may-leh, *v* to disentangle.

démêloir, deh-may-lo'ăhr, *m* large-tooth comb.

démembrer, deh-mah*ng*-breh, *v* to dismember.

déménagement, deh-meh-năh-sh-mah*ng*, *m* removal.

déménager, deh-meh-năh-sheh, *v* to remove; to move house.

démence, deh-mah*ng*ss, *f* madness; insanity.

démener (se), ser deh-mer-neh, *v* to struggle; to bestir oneself.

démenti, deh-mah*ng*-te, *m* flat denial.

démentir, deh-mah*ng*-teer, *v* to give the lie to; to contradict.

démérite, deh-meh-reet, *m* demerit.

démériter, deh-meh-re-teh, *v* to deserve censure; — **auprès de,** to forfeit the esteem of.

démesuré, e, deh-mer-ZEE-reh, *a* immoderate; excessive.

démettre, deh-met-tr, *v* to dislocate; to dismiss; **se —,** to resign.

démeubler, deh-mer-bleh, *v* to unfurnish.

demeurant, der-mer-rah*ng*, *pp* residing; **au —,** oh —, after all.

demeure, der-mer, *f* residence; **à —,** ăh —, fixed; **mettre en —,** met-tr'ah*ng* —, to call upon; **péril en la —,** peh-reel ah*ng* lăh —, danger in delay.

demeurer, der-mer-reh, *v* to reside; to live; to stay; to stand; **en — là,** ah*ng* —lăh, to go no farther.

demi, der-me, *m & a* half; (*fam*) a glass of beer.

démission, deh-miss-e-o*ng*, *f* resignation; **donner sa démission,** donn-eh săh —, to give one's resignation.

démobiliser, deh-mob-e-le-zeh, *v* to demobilise.

démocratie, deh-mock-răh-see, *f* democracy.

démodé, e, deh-mod-eh, *a* out of fashion.

demoiselle, der-mo'äh-zell, *f* young lady; miss; single; — **d'honneur,** — donn-**er,** bridesmaid.

démolir, deh-moll-eer, *v* to pull down.

démon, deh-mo*n*g, *m* demon; devil; an imp (of child).

démonétiser, deh-monn-eh-te-zeh, *v* to demonetize.

démoniaque, deh-monn-e-ähck, *a* demoniacal.

démonstration, deh-mo*n*gss-träh-se-o*n*g, *f* demonstration. 〔to pieces.

démontable, deh-mo*n*g-täh-bl, *a* that can be taken

démonter, deh-mo*n*g-teh, *v* to dismount; to take to pieces; to put out; **se** —, to lose countenance.

démontrer, deh-mo*n*g-treh, *v* to demonstrate; to prove.

démoraliser, deh-mor-äh-le-zeh, *v* to demoralise.

démordre, deh-mor-dr, *v* to let go; to desist.

démouler, deh-moo-leh, *v* to withdraw from mould.

démunir (se), ser deh-ME-neer, *v* to part (**de,** with).

dénaturé, e, deh-näh-TE-reh, *pp* & *a* altered; distorted; unnatural; depraved.

dénégation, deh-neh-gäh-se-o*n*g, *f* denial.

dénicher, deh-ne-sheh, *v* to take out of its nest; to

dénier, deh-ne-eh, *v* to deny. 〔find out.

dénigrer, deh-ne-greh, *v* to disparage.

dénombrement, deh-no*n*g-brer-mah*n*g, *m* numbering; enumeration; census.

dénommer, deh-nomm-eh, *v* to name.

dénoncer, deh-no*n*gss-eh, *v* to denounce.

dénonciateur, deh-no*n*gss-e-äh-ter, *m* informer.

dénoter, deh-not-eh, *v* to denote; to show.

dénouement, deh-noo-mah*n*g, *m* outcome; issue; end; ending.

dénouer, deh-noo-eh, *v* to untie; to undo; to unravel; to loose; to solve.

denrée, dah*n*g-reh, *f* ware; provision; *pl* produce; commodities; **—s alimentaires,** — äh-le-mah*n*g-t-air, food products.

dense, dah*n*gss, *a* dense.

densité, dah*n*g-se-teh, *f* thickness; density.

dent, dah*n*g, *f* tooth; notch; cog; prong.

dentaire, dah*n*g-tair, *a* dental.

dentelé, e, dah*n*gt-leh, *a* indented; notched; jagged.

dentelle, dah*n*g-tell, *f* lace; lace-work.

dentier, dah*ng*-te-eh, *m* denture.

dentifrice, dah*ng*-te-freess, *m* toothpaste.

dentiste, dah*ng*-teesst, *m* dentist.

dentition, dah*ng*-te-se-o*ng*, *f* teething; arrangement of the teeth.

dénuder, deh-*ne*-deh, *v* to denude; to strip.

dénué, e, deh-*ne*-eh, *pp* & *a* destitute; devoid of.

dénûment, deh-*nee*-mah*ng*, *m* destitution; penury.

déodorant, deh-oh-doh-rah*ng*, *m* deodorant.

dépannage, deh-pah-nash, *m* break-down service.

dépanner, deh-pah-neh, *v* to repair (broken down cars); (*fam*) to help out.

dépaqueter, deh-pähck-teh, *v* to unpack.

dépareillé, e, deh-päh-ray'e-yeh, *pp* & *a* unmatched; odd; incomplete.

déparer, deh-päh-reh, *v* to strip; to disfigure; to spoil the look of.

départ, deh-pähr, *m* departure.

département, deh-pähr-ter-mah*ng*, *m* department; [county.

départir, deh-pähr-teer, *v* to allot; to bestow; se — de, to give up.

dépasser, deh-pähss-eh, *v* to pass; to go beyond; to exceed; to outrun; to rise above.

dépayser, deh-pay-yee-zeh, *v* to send from home.

dépaysé, deh-pay-yee-zeh, *a* out of one's element; se sentir —, not to feel at home.

dépêche, deh-paysh, *f* despatch; telegram.

dépêcher, deh-pay-sheh, *v* to dispatch; se —, to make [haste.

dépeindre, deh-pang-dr, *v* to depict.

dépendance, deh-pah*ng*-dah*ng*ss, *f* dependence; dependency; *pl* out-buildings.

dépendre, deh-pah*ng*-dr, *v* to depend; to result; to belong to; to unhang.

dépens, deh-pah*ng*, *mpl* (legal) expenses, costs; au — de, at the expense of.

dépense, deh-pah*ng*ss, *f* expense; expenditure.

dépenser, deh-pah*ng*ss-eh, *v* to spend (money or time).

dépensi-er, ère, deh-pah*ng*ss-e-eh, *mf* spendthrift; *a* extravagant; prodigal.

déperdition, deh-pair-de-se-o*ng*, *f* loss; waste.

dépérir, deh-peh-reer, *v* to pine away.

dérobé, e, deh-rob-eh, *pp & a* stolen; concealed; **à la dérobée,** äh läh—, stealthily.

dérober, deh-rob-eh, *v* to steal; to rob; to hide; to shield; **se —,** to steal away; to shun.

dérouiller, deh-roo'e-yeh, *v* to rub the rust off; **se —,** to polish up (a subject).

dérouler, deh-roo-leh, *v* to unroll.

déroute, deh-root, *f* rout; disorder.

dérouter, deh-root-eh, *v* to lead astray; to baffle; to divert.

derrière, dayr-e-air, *adv & prep* behind; at the back.

derrière, dayr-e-air, *m* back; hinder-part; (*fam*) bottom; rear.

dès, day, *prep* from; since; on; even; in; **— que, — ke**r, as soon as.

désabuser, deh-zäh-bE-zeh, *v* to undeceive.

désaccord, deh-zäh-kor, *m* disagreement; discord.

désaccorder, deh-zäh-kor-deh, *v* to put out of tune; to set at variance.

désaccoutumer, deh-zäh-koo-tE-meh, *v* to disaccustom.

désaffection, deh-zäh-feck-se-ong, *f* disaffection.

désagréable,* deh-zah-greh-ähbl, *a* disagreeable; unpleasant.

désagréger, deh-zäh-greh-**sh**eh, *v* to disintegrate.

désagrément, deh-zäh-greh-mahng, *m* unpleasantness; inconvenience; defect; nuisance.

désaltérer, deh-zähl-teh-reh, *v* to quench the thirst of.

désapproba-teur, trice, deh-zäh-prob-äh-**te**r, *a* disapproving.

désapprouver, deh-zäh-proo-veh, *v* to disapprove of.

désarmer, deh-zähr-meh, *v* to disarm; to appease; to pay off.

désarroi, deh-zäh-ro'äh, *m* disarray; confusion.

désastre, deh-zähss-tr, *m* disaster.

désavantage, deh-zäh-vahng-tähsh, *m* disadvantage.

désaveu, deh-zäh-ver, *m* disavowal.

désaveugler, deh-zäh-ver-gleh, *v* to disabuse.

désavouer, deh-zäh-voo-eh, *v* to disavow; to disown.

desceller, deh-sell-eh, *v* to unseal.

descendance, deh-sahng-dahngss, *f* descent; lineage.

descendre, deh-sahng-dr, *v* to descend; to come or go

down; to dismount; to alight; to stop or stay; to put up (at hotel etc); to make a search; to take down.

descente, deh-sah*ng*t, *f* descent; taking down; rupture; run (skiing).

description, dehss-kreep-se-o*ng*, *f* description.

désembarquer, deh-zah*ng*-bähr-keh, *v* to disembark; to land.

désemparer, deh-zah*ng*-päh-reh, *v* to quit; to disable; **sans —,** sah*ng* —, without stopping.

désenchanter, deh-zah*ng*-shah*ng*-teh, *v* to disenchant; to disillusion.

désenfler, deh-zah*ng*-fleh, *v* to let the gas out; to subside.

désennuyer, deh-zah*ng*-nwe-yeh, *v* to amuse; to enliven.

déséquilibré, deh-zeh-ke-le-breh, *a* mentally unbalanced; out of balance.

désert, deh-zair, *m* wilderness; desert.

déserter, deh-zair-teh, *v* to desert; to forsake.

désespéré, e, deh-zess-peh-reh, *mf* & *a* desperate; desperado.

désespérer, deh-zess-peh-reh, *v* to despair.

désespoir, deh-zess-po'ähr, *m* despair.

déshabiller, deh-zäh-bee-yeh, *v* to undress.

déshabituer, deh-zäh-be-tɛ-eh, *v* to disaccustom.

déshériter, deh-zeh-re-teh, *v* to disinherit.

déshonnête, deh-zonn-ayt, *a* indecent.

déshonneur, deh-zonn-er, *m* dishonour; disgrace.

déshonorer, deh-zonn-or-eh, *v* to dishonour; to disgrace.

désignation, deh-zeen-yäh-se-o*ng*, *f* designation; indication; nomination.

désigner, deh-zeen-yeh, *v* to point out; to denote; to appoint.

désillusion, deh-zill-lɛ-ze-o*ng*, *f* loss of illusions.

désinfecter, deh-za*ng*-feck-teh, *v* to disinfect.

désintéressement, deh-za*ng*-teh-ress-mah*ng*, *m* disinterestedness.

désintéresser, deh-za*ng*-teh-ress-eh, *v* to indemnify; **se —,** to lose interest.

désintéressé, deh-za*ng*-teh-ress-eh, *a* not involved; unbiased; unselfish.

désinvolte, deh-zang-vollt, *a* casual; free and easy.

désinvolture, deh-zang-voll-TEER, *f* easy manners.

désir, deh-zeer, *m* desire, wish.

désirer, deh-ze-reh, *v* to desire; to wish.

désister (se), ser deh-ziss-teh, *v* to desist; to waive.

désobéir, deh-zob-eh-eer, *v* to disobey.

désobéissance, deh-zob-eh-iss-ahngss, *f* disobedience.

désobligeance, deh-zob-le-shahngss, *f* unkindness.

désobliger, deh-zob-le-sheh, *v* to disoblige.

désœuvré, e, deh-zer-vreh, *a* idle.

désolant, e, deh-zoll-ahng, *a* distressing; grievous; annoying.

désolation, deh-zoll-ăh-se-ong, *f* grief; vexation; desolateness.

désoler, deh-zoll-eh, *v* to lay waste; to distress; **se —,** to lament; to grieve.

désopilant, e, deh-zop-e-lahng, *a* funny; laughable.

désopiler (se — la rate), ser deh-zop-ee-leh lăh răht, (*fam*) to laugh immoderately.

désordonné, e, deh-zor-donn-eh, *pp & a* disorderly; untidy.

désordre, deh-zor-dr, *m* disorder; disturbance; licentiousness.

désorienter, deh-zor-e-ahng-teh, *v* to put out; to bewilder.

désormais, deh-zor-may, *adv* henceforth.

désosser, deh-zohss-eh, *v* to bone.

dessaisir, deh-say-zeer, *v* to dispossess; **se —,** to part (**de,** with).

dessaler, deh-săh-leh, *v* to remove salt; to soak.

dessécher, deh-seh-sheh, *v* to dry up.

dessein, deh-sang, *m* design; plan.

desserrer, deh-say-reh, *v* to loosen.

dessert, deh-sair, *m* dessert.

desservant, deh-sair-vahng, *m* officiating priest or clergyman.

desservir, deh-sair-veer, *v* to clear table; to play a dirty trick on; to officiate; to serve (of trains etc).

dessiller (les yeux), deh-see-yeh lay ze'er, *v* to open s.o.'s eyes.

dessin, deh-sang, *m* drawing; design; pattern.

dessinateur, deh-se-năh-ter, *m* draughtsman; sketcher

dessiner, deh-se-neh, *v* to draw; to sketch; to outline; **se —,** to become perceptible.

dessous, der-soo, *m* under part; disadvantage; worst.

dessous, der-soo, *adv & prep* under; underneath.

dessus, der-SE, *adv & prep* on; above; uppermost; upon; over.

dessus, der-SE, *m* upper part; top; right side; advantage.

destin, dess-tang, *m* destiny; fate; lot.

destinataire, dess-te-näh-tair, *m* receiver; consignee; addressee.

destination, dess-te-näh-se-ong, *f* destination; object.

destinée, dess-te-neh, *f* destiny; fate. [end.

destiner, dess-te-neh, *v* to destine; to intend; to fate.

destitué, e, dess-te-tE-eh, *pp & a* dismissed; destitute; devoid.

destituer, dess-te-tE-eh, *v* to dismiss.

destitution, dess-te-tE-se-ong, *f* dismissal; removal.

destruction, dess-trEEk-se-ong, *f* destruction.

désuétude, deh-SE-eh-tEEd, *f* disuse.

désunion, deh-ZE-ne-ong, *f* separation; disunion.

désunir, deh-ZE-neer, *v* to separate; to disunite.

détaché, e, deh-täh-sheh, *pp & a* detached; unconnected; indifferent; disinterested.

détachement, deh-tähsh-mahng, *m* detachment; unconcern.

détacher, deh-täh-sheh, *v* to untie; to detach; to undo; to separate; **se —,** to break away **(de,** from).

détail, deh-tah'e, *m* detail; particular; trifle; retail.

détailler, deh-tah'e-yeh, *v* to cut up; to retail; to relate in detail.

déteindre, deh-tang-dr, *v* to take the colour out of; to discolour; to fade; to run (of colour).

détendre, deh-tahng-dr, *v* to unbend; to relax; to slacken.

détendu, deh-tahng-dEE, *a* slack; relaxed.

détenir, deh-ter-neer, *v* to detain; to keep back.

détente, deh-tahngt, *f* relaxation; slackening; expansion; trigger.

déten-teur, trice, deh-tahng-ter, *mf* holder.

détention, deh-tahng-se-ong, *f* detention; imprison-

détenu, deh-ter-nE, *m* prisoner. [ment.

détériorer, deh-teh-re-or-eh, *v* to damage; to impair; to deface.

déterminé, e, deh-tair-me-neh, *pp* & *a* determined; resolute.

déterminer, deh-tair-me-neh, *v* to determine; to decide; to bring on; **se —,** to resolve.

déterrer, deh-tay-reh, *v* to dig up; to unearth; to discover.

détester, deh-tess-teh, *v* to detest; to hate; to abhor.

détirer, deh-te-reh, *v* to stretch.

détoner, deh-tonn-eh, *v* to detonate; to explode.

détonner, deh-tonn-eh, *v* to be out of tune.

détordre, deh-tor-dr, *v* to untwist.

détour, deh-toohr, *m* turn; bend; winding; wile; roundabout way; subterfuge; **sans —,** sah*ng* —, straightforward.

détourné, e, deh-toohr-neh, *pp* & *a* out of the way; embezzled.

détournement, deh-toohr-ner-mah*ng*, *m* turning aside; embezzlement; abduction.

détourner, deh-toohr-neh, *v* to lead astray; to turn away; to avert; to divert; to deter; to embezzle; to abduct.

détracteur, deh-trähck-ter, *m* slanderer.

détraction, deh-trähck-se-*ong*, *f* slander; calumny.

détraquer, deh-träh-keh, *v* to put out of order.

détrempe, deh-trah*ng*p, *f* distemper.

détremper, deh-trah*ng*-peh, *v* to water; to dilute; to soften.

détresse, deh-trayss, *f* distress.

détriment, deh-tre-mah*ng*, *m* detriment; prejudice.

détritus, deh-tre-TEESS, *m* detritus; remains.

détroit, deh-tro'äh, *m* strait; straits; pass.

détromper, deh-tro*ng*-peh, *v* to undeceive; to correct s.o.'s mistake.

détrôner, deh-troh-neh, *v* to dethrone.

détrousser, deh-trooss-eh, *v* to rob; to untuck.

détruire, deh-trweer, *v* to destroy.

dette, dett, *f* debt.

deuil, der'e, *m* mourning; sorrow; grief; mourners.

deux, der, *m* & *a* two; both; second (the).

deuxième,* der-ze-aym, *a* & *m* second.

dévaler, deh-väh-leh, *v* to descend; to rush down.

dévaliser, deh-vǎh-le-zeh, v to rob; to plunder.

devancer, der-vahng-seh, v to get ahead of; to outrun; to precede; to anticipate.

devanci-er, ère, der-vahng-se-eh, mf predecessor.

devant, der-vahng, prep & adv before; opposite; in front; ahead; m front; forepart; **aller au — de,** ǎh-leh oh — der, to go to meet.

devanture, der-vahng-тEER, f front; shop-front.

dévaster, deh-vǎhss-teh, v to devastate.

déveine, deh-vain, f run of ill-luck.

développement, deh-ver-lop-mahng, m unfolding; development; growth; extent.

développer, deh-ver-lop-eh, v to unfold; to develop; to expand; to explain; **se —,** to spread out.

devenir, derv-neer, v to become.

dévergondage, deh-vair-gong-dǎhsh, m shameless profligacy.

dévergondé, e, deh-vair-gong-deh, a open profligate.

dévergonder (se), ser deh-vair-gong-deh, v to lose all sense of shame.

déverser, deh-vair-seh, v to incline; to pour; to throw.

dévêtir, deh-vay-teer, v to undress.

déviation, deh-ve-a-se-ong, deviation; diversion.

dévider, deh-ve-deh, v to wind; to wind off.

dévier, deh-ve-eh, v to deviate.

deviner, der-ve-neh, v to guess.

devinette, der-ve-nett, f puzzle; riddle.

devis, der-ve, m estimate.

dévisager, deh-ve-zǎh-sheh, v to stare at.

devise, der-veez, f device; motto; currency.

deviser, der-ve-zeh, v to chat.

dévisser, deh-viss-eh, v to unscrew.

dévoiler, deh-vo'ǎh-leh, v to unveil; to reveal.

devoir, der-vo'ǎhr, v to owe; to be bound to; to have to; **je crois —, sher** kro'ǎh —, I think it my duty to.

devoir, der-vo'ǎhr, m duty; task; exercise; pl homework; **se mettre en — de,** ser met-tr'ahng — der, to set about.

dévorant, e, deh-vor-ahng, a devouring; ravenous; burning.

dévorer, deh-vor-eh, v to devour.

dévot, e,* deh-vo, a & mf devout; pious person.

dévotion, deh-vos-e-ong, f devotion; piety.

diplômé, de-ploh-meh, *mf* & *a* graduate.

dire, deer, *v* to say; to tell; to speak; to mean; **dites donc!** deet dong, I say!

dire, deer, *m* saying; statement.

direct, e,* de-reckt, *a* direct; straight; through express (of train); live (of television).

direc-teur, trice, de-reck-ter, *mf* director; manager; headmaster; headmistress; manageress.

direction, de-reck-se-ong, *f* management; manager's office; steering; direction.

dirigeable, de-re-shäh-bl, *m* airship; *a* manageable.

diriger, de-re-sheh, *v* to direct; to manage; to run; to guide; **se —,** to go (**vers, sur,** towards).

discerner, diss-air-neh, *v* to discern; to distinguish.

disciple, diss-ee-pl, *m* disciple; follower.

discipline, diss-e-pleen, *f* discipline.

discontinuer, diss-kong-te-nE-eh, *v* to discontinue.

disconvenance, diss-kongv-nahngss, *f* unsuitableness; incongruity; disproportion.

discorde, diss-kord, *f* discord; disagreement.

discourir, diss-koo-reer, *v* to discourse. ⌈talk.

discours, diss-koohr, *m* discourse; speech; lecture;

discourtois, e,* diss-koohr-to'äh, *a* discourteous.

discrédit, diss-kreh-de, *m* discredit; disrepute.

discréditer, diss-kreh-de-teh, *v* to discredit.

discr-et, ète,* diss-kray, *a* discreet; quiet.

discrétion, diss-kreh-se-ong, *f* discretion.

disculper, diss-kEEl-peh, *v* to exonerate.

discussion, diss-kEEss-e-ong, *f* discussion; debate; dispute.

discuter, diss-kE-teh, *v* to discuss; to debate.

disert, e, de-zair, *a* fluent; eloquent.

disette, de-zett, *f* dearth; scarcity.

disgrâce, diss-grahss, *f* disgrace; misfortune.

disgracié, e, diss-grähss-e-eh, *pp* & *a* unfortunate; out of favour.

disgracier, diss-grähss-e-eh, *v* to put out of favour.

disgracieu-x, se,* diss-grähss-e-er, *a* ungraceful.

disjoindre, diss-sho-ang-dr, *v* to disjoin.

disloquer, diss-lock-eh, *v* to put out of joint.

dispacheur, diss-päh-sher, *m* average stater.

disparaître, diss-päh-ray-tr, *v* to disappear.

disparate, diss-păh-răht, *f* incongruity; *a* incongruous; ill-assorted.

disparition, diss-păh-re-se-ong, *f* disappearance.

disparu, e, diss-păh-re, *pp* disappeared; missing.

dispensaire, diss-pahng-sair, *m* dispensary; surgery; out-patients' department.

dispense, diss-pahngss, *f* dispensation; exemption; license.

disperser, diss-pair-seh, *v* to scatter; to disperse.

disponibilité, diss-ponn-e-be-le-teh, *f* availability; *pl* funds available.

disponible, diss-ponn-ee-bl, *a* disposable; available; unengaged.

dispos, diss-poh, *a* active; nimble; lively. ⌠willing.

disposé, e, diss-poz-eh, *pp & a* disposed; inclined;

disposer, diss-poz-eh, *v* to dispose; to have at command; to induce.

dispositif, diss-poz-e-tiff, *m* (law) purview; (technology) contrivance; apparatus.

disposition, diss-poz-e-se-ong, *f* arrangement; frame of mind; tendency; aptitude.

disproportionné, e, diss-prop-or-se-onn-eh, *a* disproportionate.

dispute, diss-PEET, *f* dispute; quarrel.

disputer, diss-pe-teh, *v* to dispute; se —, to quarrel;

disque, deesk, *m* disc; record. ⌠to vie.

dissemblable, diss-sahng-blăh-bl, *a* dissimilar.

dissension, diss-sahng-se-ong, *f* dissension.

dissentiment, diss-sahng-te-mahng, *m* dissent.

disséquer, diss-seh-keh, *v* to dissect.

dissertation, de-sair-tăh-se-ong, *f* dissertation; essay.

dissident, diss-se-dahng, *m* dissenter.

dissimulé, e, diss-se-ME-leh, *pp & a* dissembled; dissembling; deceptive.

dissimuler, diss-se-ME-leh, *v* to dissimulate; to conceal; to affect ignorance of.

dissiper, diss-se-peh, *v* to dissipate; to waste; to dispel; se —, to vanish; to be naughty (at school).

dissolu, e, diss-soll-E, *a* dissolute.

dissoluble, diss-soll-EE-bl, *a* dissolvable; soluble.

dissolvant, diss-soll-vahng, *m & a* solvent; nail-varnish remover.

dissoudre, diss-soo-dr, *v* to dissolve.
dissuader, diss-sᴇ-äh-deh, *v* to dissuade.
distance, diss-tah*ng*ss, *f* distance.
distancer, diss-tah*ng*ss-eh, *v* to distance.
distant, e, diss-tah*ng*, *a* distant; remote.
distendre, diss-tah*ng*-dr, *v* to distend.
distillerie, diss-till-ree, *f* distillery.
distinct, e,* diss-tang-kt, *a* distinct. ⌈ment.
distinction, diss-tang*k*-se-o*ng*, *f* distinction; refine-
distingué, e, diss-ta*ng*-gheh, *a* distinguished; refined.
distinguer, diss-tang-gheh, *v* to distinguish; to perceive.
distraction, diss-trähck-se-o*ng*, inattention; absence of mind; separation; amusement.
distraire, diss-trayr, *v* to distract; to separate; to
amuse; to abstract.
distrait, e,* diss-tray, *a* inattentive; absent-minded.
distribuer, diss-tre-ʙᴇ-eh, *v* to distribute.
distributeur, diss-tre-ʙᴇ-ter, *m* deliverer; distributor; **automatique —,** oh-tomm-äh-teeck —,
automatic machine.
distribution, diss-tre-ʙᴇ-se-o*ng*, *f* distribution;
delivery; handling.
dit, dee, *m* saying.
dit, e, dee, *pp & a* told; agreed; alias; **autrement —,**
oh-trer-mah*ng* —, in other words.
dito, de-to, *adv* ditto.
divaguer, de-väh-gheh, *v* to wander; to ramble.
divan, de-vah*ng*, *m* divan; sofa.
diverger, de-vair-sheh, *v* to diverge.
divers, de-vair, *mpl* sundries. ⌈varied.
divers, e, de-vair, *a* different; various; several;
divertir, de-vair-teer, *v* to amuse; to divert.
divertissant, e, de-vair-tiss-ah*ng*, *a* entertaining.
divertissement, de-vair-tiss-mah*ng*, *m* amusement;
entertainment.
dividende, de-ve-dah*ng*d, *m* dividend.
divin, e,* de-va*ng*, *a* divine; heavenly; exquisite.
diviniser, de-ve-ne-zeh, *v* to deify.
diviser, de-ve-zeh, *v* to divide. ⌈division.
divisionnaire, de-ve-ze-onn-air, *a* divisional; of a
divorce, de-vorss, *m* divorce; separation.

divulguer, de-VEEl-gheh, v to divulge.

dix, deess, (before a consonant, dee), m & a ten; tenth.

dixième, de-ze-aym, m & a tenth.

dizaine, de-zain, f half-score; about ten.

do, do, the note C.

docile,* doss-eell, a docile; tractable.

docteur, dock-ter, m doctor.

doctorat, dock-tor-àh, m doctor's degree.

doctrine, dock-treen, f doctrine.

document, dock-E-mahng, m document. ⌈mentary.

documentaire, dock-E-mahng-tair, m & a docu-

documenter, dock-E-mahng-teh, v to document.

dodo, dod-o, m (baby talk) sleep; **aller faire —,** àh-leh fair—, to go to bye bye.

dodu, e, dod-E, a plump.

dogmatiser, dog-mǎh-te-zeh, v to dogmatize.

dogme, dogm, m dogma.

dogue, dog, m mastiff.

doigt, do'àh, m finger; **à deux —s de,** àh der — der, within an inch of.

doigter, doigté, do'àh-teh, m fingering.

doit, do'àh, m debit.

doléance, doll-eh-ahngss, f complaint; grievance.

dolent, e, doll-ahng, a doleful; painful.

dolmen, doll-menn, m dolmen.

domaine, domm-ain, m domain; estate; property; (fam) province; department; sphere.

dôme, dohm, m dome; canopy.

domesticité, domm-ess-te-se-teh, f servants; domesticated state.

domestique, domm-ess-teeck, mf & a servant; domestic; private; tame.

domicile, domm-e-seell, m domicile; residence; abode.

domicilié, e, domm-e-se-le-eh, a domiciled; resident.

dominant, e, domm-e-nahng, a dominant; ruling; prevailing. ⌈govern; to overlook.

dominer, domm-e-neh, v to rule; to domineer; to

dominicain, e, domm-e-ne-kang, mf & a Dominican.

dominical, e, domm-e-ne-kǎhl, a dominical; **oraison —e,** or-ay-zong—, Lord's Prayer.

dommage, domm-àhsh, m damage; loss; **c'est —,** say —, it is a pity.

dompter, dong-teh, *v* to tame; to subdue.

dompteu-r, se, dong-ter, *mf* tamer.

don, dong, *m* gift; present; talent.

dona-teur, trice, dong-ah-ter, *mf* donor.

donc, dong (and dongk at the beginning of a sentence and before a vowel), *conj* then; therefore.

donjon, dong-shong, *m* dungeon; keep; turret.

donne, donn, *f* (cards) deal.

donnée, donn-eh, *f* notion; *pl* data.

donner, donn-eh, *v* to give; to strike; to look; to shine; to produce (of trees etc); to deal; to charge; **s'en —,** sah*ng* —, to enjoy oneself.

dont, dong, *pron* whose; of whom; from whom; by whom; of which; with whom or which.

doré, e, dor-eh, *pp & a* gilded; gilt; golden.

dorénavant, dor-eh-näh-vah*ng*, *adv* henceforth.

dorer, dor-eh, *v* to gild; to glaze (pastry).

dorloter, dor-lot-eh, *v* to coddle.

dormant, e, dor-mah*ng*, *a* sleeping; dormant; dull.

dormeur, dor-mer, *mf* sleeper.

dormir, dor-meer, *v* to sleep; to be dormant.

dorsal, dor-sähl, *a* dorsal.

dortoir, dor-to'ähr, *m* dormitory.

dorure, dor-EER, *f* gilding; glazing (of pastry).

dos, doh, *m* back.

dosage, doh-zähsh, *m* dosage.

dose, dohz, *f* dose.

doser, doh-zeh, *v* to dose.

dossier, dos-se-eh, *m* back (of chair etc); brief; file of notes.

dot, dott, *f* dowry; marriage portion.

dotal, e, dot-ähl, *a* of the dowry.

doter, dot-eh, *v* to endow (**de,** with).

douairière, doo-ay-re-air, *f & a* dowager.

douane, doo-ähn, *f* custom-house; customs.

douanier, doo-äh-ne-eh, *m* customs officer.

doublage, doo-blähsh, *m* doubling; dubbing (film).

double,* doo-bl, *a* double; *m* duplicate; replica; double.

doubler, doo-bleh, *v* to double; to line (**de,** with); to dub (film); to understudy; to overtake (on road).

doublure, doo-bleer, *f* lining; substitute.

douceâtre, dooss-ah-tr, *a* sweetish.

douceur, dooss-**er,** sweetness; softness; charm; gentleness; *pl* sweets; pleasant things.

douche, doosh, *f* shower; douche.

doué, doo-eh, *a* gifted.

douer, doo-eh, *v* to endow (with qualities).

douille, doo-ye, *f* socket (electricity).

douillet, te,* doo'e-yay, *a* delicate; tender.

douleur, doo-ler, *f* pain; grief; sorrow.

douloureu-x, se,* doo-loo-re*r*, *a* painful; mournful; ⌐grievous.

doute, doot, *m* doubt.

douter, doo-teh, *v* to doubt; **se —,** to suspect; to have some notion (**de** or **que,** of or that).

douteu-x, se,* doo-te*r*, *a* doubtful; questionable.

douve, doov, *f* state; moat; open ditch.

dou-x, ce,* doo, dooss, *a* sweet; soft; kind; gentle; ⌐smooth; mild.

douzaine, doo-zain, *f* dozen.

douze, dooz, *a* twelve; twelfth (the).

douzième, doo-ze-aym, *mf* & *a* twelfth.

doyen, do'ah-yang, *m* dean; senior; elder.

dragée, drâh-**sheh,** *f* sugared almond; ⌐pill.

dragon, drâh-gong, *m* dragon; termagant; sugar-coated

draguer, drâh-gheh, *v* to dredge. ⌐dragoon.

drainer, dray-neh, *v* to drain.

dramatiste, drâh-mâh-tisst, *mf* dramatist; play-

drame, drâhm, *m* drama; play; (*fam*) catastrophe. ⌐wright.

drap, drâh, *m* cloth; sheet.

drapeau, drâh-poh, *m* flag; colours; **sous les — x,** soo lay **—,** in the army.

draper, drâh-peh, *v* to cover with cloth; **se—,** to drape; to wrap oneself up.

draperie, drâhp-ree, *f* drapery; cloth-trade.

drapier, drâh-pe-eh, *m* draper; clothier.

dressage, dress-âhsh, *m* training; dressing; erection.

dresser, dress-eh, *v* to erect; to pitch; to lay out; to train; **se —,** to stand up.

dressoir, dress-o'âhr, *m* side-board; dresser.

drogue, drog, *f* drug; (*fam*) rubbish.

droguer, drogh-eh, *v* to drug; **se —,** to take drugs.

droguiste, drogh-eesst, *m* druggist; pharmacist.

droit, dro'âh, *m* right; authority; law; title; duty; tax; franchise; **faire son —,** fair song **—,** to read law; **qui de —,** ke de*r* **—,** those whom it may concern.

droit, e, dro'āh, *adv* straight; directly; **tout —,** too —, straight on; *a* straight; right; erect; straightforward; righteous.

droite, dro'āht, *f* right hand; right side.

droiture, dro'āh-TEER, *f* straightforwardness.

drôle, drohl, *m* rogue; scamp; *a** funny; queer.

dru, e, drE, *adv* thick; hard; *a* fledged; dense; close; thick.

du, dE, contraction of **de le.**

dû, dE, *pp* & *a* owed; been obliged; owing.

duc, dEEK, *m* duke.

duché, dE-sheh, *m* dukedom; duchy.

duchesse, dE-shess, *f* duchess.

dudit, dE-de, *a* of or from the said.

duel, dE-ell, *m* duel.

dûment, dE-mah*ng*, *adv* duly.

dune, dEEN, *f* dune.

duo, dE-o, *m* duet.

dupe, dEEP, *f* dupe; (*fam*) gull.

duper, dE-peh, *v* to dupe.

duperie, dEp-ree, *f* trickery.

duplicata, dE-ple-käh-täh, *m* duplicate.

duplicité, dE-ple-se-teh, *f* duplicity; double-dealing.

duquel, dE-kell, *pron* contraction of **de lequel,** whose; from whom; of which; from which.

dur, dEER, *m* hardness; (*fam*) tough guy.

dur, e,* dEER, *a* hard; harsh; rough; stiff.

durable, dE-räh-bl, *a* lasting.

durant, dE-rah*ng*, *prep* during.

durcir, dEER-seer, *v* to harden; to set.

durcissement, dEER-siss-mah*ng*, *m* hardening.

durée, dE-reh, *f* duration.

durer, dEE-reh, *v* to last; to hold out.

dureté, dEER-teh, *f* hardness; harshness.

duvet, dE-vay, *m* down.

dynamite, de-näh-meet, *f* dynamite.

eau, oh, *f* water; rain; **— de vie, —**der vee, spirit; brandy.

ébahir (s'), seh-bäh-eer, *v* to be amazed (**de,** at).

ébats, eh-bäh, *mpl* gambols; frolics.

ébattre (s'), seh-bäh-tr, *v* to disport oneself.

ébauche, eh-bohsh, *f* sketch; outline.

ébaucher, eh-boh-sheh, *v* to sketch; to rough-cast.

ébène, eh-bain, *f* ebony.

ébéniste, eh-beh-neesst, *m* cabinet-maker.

éblouir, eh-bloo-eer, *v* to dazzle.

éblouissement, eh-bloo-iss-mahng, *m* dazzling; dizziness.

éboulement, eh-bool-mahng, *m* landslip; crumbling.

ébouriffé, e, eh-boo-re-feh, *a* dishevelled; with one's hair in disorder; flurried.

ébranlement, eh-brahngl-mahng, *m* shaking; commotion.

ébranler, eh-brahng-leh, *v* to shake; to disturb; to put in motion; **s'—,** to totter; to begin to move.

ébrécher, eh-breh-sheh, *v* to notch; to indent; to chip.

ébruiter, eh-brwe-teh, *v* to divulge; **s'—,** to become [known.

ébullition, eh-BE-le-se-ong, *f* boiling.

écaille, eh-kah'e, *f* scale; tortoiseshell.

écailler, eh-kah'e-eh, *v* to scale; to open (of shell [fish.

écarlate, eh-kähr-läht, *a & f* scarlet.

écarquiller, eh-kähr-kee-yeh, *v* to open wide (eyes); to straddle.

écart, eh-kähr, *m* step aside; separation; digression; discrepancy; error; *adv phr* **à l'—,** ah l'—, aside.

écarté, eh-kähr-teh, *a* remote; lonely.

écartement, eh-kähr-ter-mahng, spacing; putting aside.

écarter, eh-kähr-teh, *v* to separate; to keep off; **s'—,** to deviate; to move aside.

ecclésiastique, eh-kleh-ze-ähss-tceck, *m* clergyman; *a* ecclesiastical.

écervelé, e, eh-sair-ver-leh, *a* hare-brained; crazy.

échafaud, eh-shäh-foh, *m* scaffolding; stage; scaffold.

échafaudage, eh-shäh-foh-dähsh, *m* scaffolding; building up.

échafauder, eh-shäh-foh-deh, *v* to erect scaffolding; to pile up.

échalote, eh-shäh-lot, *f* shallot.

échancrer, eh-shahng-kreh, *v* to indent; to hollow [out.

échange, eh-shahngsh, *m* exchange; barter; **libre —** lee-br —, free trade.

échanger, eh-sahng-sheh, *v* to exchange.

échantillon, eh-shah*ng*-tee-yo*ng*, *m* sample; pattern.

échappatoire, eh-shăh-pah-to'ăhr, *f* evasion; loop-hole.

échappée, eh-shăh-peh, *f* escapade; vista. [hole.

échappement, eh-shăhp-mah*ng*, *m* escape; leakage; exhaust.

échapper, eh-shăh-peh, *v* to escape; to avoid; to slip; s'—, to steal away.

écharde, eh-shahrd, *f* splinter.

écharpe, eh-shăhrp, *f* scarf; sling; sash; **en —** ah*ng* n'—, slanting.

écharper, eh-shăhr-peh, *v* to cut to pieces.

échasse, eh-shăhss, *f* stilt.

échassier, eh-shăhss-e-eh, *m* wading-bird.

échauder, eh-shoh-deh, *v* to scald.

échauffement, eh-shohf-mah*ng*, *m* heating; over-heating; over-excitement.

échauffer, eh-shoh-feh, *v* to heat; to over-heat; to excite; to provoke.

échauffourée, eh-shoh-foo-reh, *f* skirmish; affray.

échéance, eh-sheh-ah*ng*ss, *f* falling due; expiration; maturity.

échéant, eh-sheh-ah*ng*, *pp* falling due; occurring; **le cas —,** ler kah z'—, should it so happen.

échec, eh-shayk, *m* check; failure; blow; *pl* chess; chessmen.

échelle, eh-shell, *f* ladder; steps; scale.

échelon, ehsh-lo*ng*, *m* rung; step; degree.

échelonner, ehsh-lonn-eh, *v* to place in echelons; to arrange by degrees; to space out.

écheveau, ehsh-voh, *m* hank; skein.

échevelé, e, eh-sherv-leh, *a* dishevelled.

échine, eh-sheen, *f* spine; backbone; chine; loin (of pork).

échiner, eh-she-neh, *v* to work to death. [pork).

échiquier, eh-she-ke-eh, *m* exchequer; chess-board.

écho, eh-ko, *m* echo.

échoir, eh-sho'ăhr, *v* to fall due; to fall to the lot of.

échoppe, eh-shop, *f* stall.

échouer, eh-shoo-eh, *v* to run aground; to fail.

échu, e, eh-sh*E*, *pp* fallen due; outstanding.

éclabousser, eh-klăh-booss-eh, *v* to splash.

éclair, eh-klayr, *m* lightning; flash; éclair.

éclairage, eh-klay-răh*sh*, *m* lighting; illumination.

éclaircie, eh-klayr-see, *f* clearing; glade; opening.

éclaircir, eh-klayr-seer, *v* to clear up; to elucidate.

éclairer, eh-klay-reh, *v* to light; to enlighten.

éclaireur, eh-klay-rer, *m* scout.

éclat, eh-klăh, *m* splinter; explosion; clap; splendour; uproar; scandal.

éclatant, e, eh-klăh-tah*ng*, *a* bright; brilliant; resounding; flagrant; loud.

éclater, eh-klăh-teh, *v* to burst; to explode; to shine.

éclisse, eh-kleess, *f* wedge; splint.

éclopé, e, eh-klop-eh, *a* lame; cripple.

éclore, eh-klor, *v* to hatch; to dawn; to open.

éclosion, eh-kloh-ze-o*ng*, *f* hatching; opening.

écluse, eh-kLEEZ, *f* lock; dam.

écœurer, eh-ker-reh, *v* to sicken.

école, eh-kol, *f* school.

écoli-er, ère, eh-koll-e-eh, *mf* school-boy; school-girl.

éconduire, eh-ko*ng*-dweer, *v* to show out; to deny.

économat, eh-konn-om-ăh, *m* stewardship; steward's office; bursar's office.

économe, eh-konn-omm, *m* steward; bursar; *a* economical; saving.

économie, eh-konn-omm-ee, *f* economy; saving; *pl* savings.

économique,* eh-konn-omm-eeck, *a* economic(al).

économiser, eh-konn-omm-e-zeh, *v* to economize; to save; to husband.

économiste, eh-konn-omm-eest, *m* economist.

écorce, eh-korss, *f* bark; rind; peel; skin; outside.

écorcher, eh-kor-sheh, *v* to skin; to graze; to fleece.

écorchure, eh-kor-sHEER, *f* graze.

écosser, eh-koss-eh, *v* to shell; to hull.

écot, eh-ko, *m* share; quota; reckoning. [over.

écoulement, eh-kool-mah*ng*, *m* flow; drainage; turn-

écouler, eh-koo-leh, *v* to flow out; to elapse; to sell off.

écoute, eh-koot, *f* listening place; (wireless) listening.

écouter, eh-koo-teh, *v* to listen; to pay attention to.

écouteu-r, se, eh-koo-ter, *mf* listener; *m* receiver (telephone); ear-phone.

écran, eh-krah*ng*, *m* screen; fire-screen.

écrasant, e, eh-krăh-zah*ng*, *a* crushing; overwhelming; humiliating.

écraser, eh-krăh-zeh, *v* to crush; to overwhelm; to run over.

écrémer, eh-kreh-meh, *v* to skim.

écrevisse, eh-krer-veess, *f* cray-fish.

écrier (s'), seh-kre-eh, *v* to exclaim.

écrin, eh-krang, *m* jewel-case; casket.

écrire, eh-kreer, *v* to write.

écriteau, eh-kre-toh, *m* bill; board.

écriture, eh-kre-teer, *f* writing; hand-writing; Scripture; *pl* accounts.

écrivain, eh-kre-vang, *m* writer; author.

écrou, eh-kroo, *m* screw-nut; jail-entry.

écroulement, eh-krool-mahng, *m* falling down; collapse; ruin.

écrouler (s'), seh-kroo-leh, *v* to fall down; to collapse.

écru, e, eh-krE, *a* unbleached; raw.

écueil, eh-ker'e, *m* rock; reef; stumbling-block.

écuelle, eh-kE-ell, *f* bowl.

écume, eh-kEEM, *f* foam; froth; scum.

écumer, eh-kE-meh, *v* to skim; to foam.

écurer, eh-kE-reh, *v* to scour.

écureuil, eh-kE-rer'e, *m* squirrel.

écurie, eh-kE-ree, *f* stable; stud.

écusson, eh-kEEss-ong, *m* escutcheon; coat of arms.

écuyer, eh-kwee-yeh, *m* squire; riding-master; rider.

édenté, e, eh-dahng-teh, *a* toothless.

édicter, eh-dick-teh, *v* to decree; to exact.

édification, eh-de-fe-kăh-se-ong, *f* edification; building.

édifice, eh-de-feess, *m* building; structure.

édifier, eh-de-fe-eh, *v* to edify; to erect; to enlighten.

édit, eh-de, *m* edict; decree.

éditer, eh-de-teh, *v* to publish; to edit.

éditeur, eh-de-ter, *m* publisher.

édition, eh-de-se-ong, *f* edition; publishing.

édredon, eh-drer-dong, *m* eider-down.

éducation, eh-dE-kăh-se-ong, *f* education; breeding; training.

éduquer, eh-dE-keh, *v* to educate; to bring up.

effacer, eh-făhss-eh, *v* to efface; to rub out; to wipe out; to eclipse.

effaré, e, eh-făh-reh, *a* scared.

effaroucher, eh-făh-roo-sheh, *v* to scare away; s'—, to take fright.

effectif, eh-fehck-teeff, *m* effective strength.

effecti-f, ve, eh-fehck-teeff, *a* effective; actual.

effectivement, eh-fehck-teev-mah*ng*, *adv* effectively; actually; that is so.

effectuer, eh-fehck-tE-eh, *v* to effect; to carry out.

efféminé, e, eh-feh-me-neh, *a* effeminate.

effervescence, eh-fair-vayss-ah*ng*ss, *f* effervescence; excitement.

effet, eh-fay, *m* effect; impression; bill; *pl* goods; effects; bills.

effeuiller, eh-fer'e-yeh, *v* to strip off leaves or petals.

efficace, * eh-fe-kähss, *a* efficacious; effective.

effilé, e, eh-fe-leh, *a* slender; slim; sharp; frayed.

efflanqué, e, eh-flah*ng*-keh, *a* lean; thin; lank.

effleurer, eh-fler-reh, *v* to skim; to touch slightly; to glance over.

effluve, eh-flEEV, *m* effluvium.

effondrement, eh-fo*ng*-drer-mah*ng*, *m* falling in; subsidence.

effondrer (s'), seh-fo*ng*-dreh, *v* to fall in; to collapse.

efforcer (s'), seh-for-seh, *v* to strive; to endeavour.

effort, eh-for, *m* effort; endeavour; strain; exertion.

effrayant, e, eh-fray-yah*ng*, *a* dreadful; frightful; (*fam*) awful.

effrayer, eh-fray-yeh, *v* to frighten.

effréné, e, eh-freh-neh, *a* unbridled; unrestrained.

effriter (s'), seh-fre-teh, *v* to crumble away.

effroi, eh-fro'äh, *m* fright; terror.

effronté, e, eh-fro*ng*-teh, *a* impudent.

effrontément, eh-fro*ng*-teh-mah*ng*, *adv* impudently.

effronterie, eh-fro*ng*t-ree, *f* impudence; insolence.

effroyable, * eh-fro'äh-yäh-bl, *a* frightful; (*fam*) tremendous.   ┌ding.

effusion, eh-fE-ze-o*ng*, *f* effusion; overflowing; shed-

égal, e, eh-gähl, *a* equal; even; like; same; level; **cela m'est —,** säh may t'—, it is all the same to me.

également, eh-gähl-mah*ng*, *adv* equally; alike; both; likewise; also.

égaler, eh-gäh-leh, *v* to equal; to match.

égaliser, eh-gäh-le-zeh, *v* to equalise; to level; to ┌smooth.

égalitaire, eh-gäh-le-tair, *a* a levelling.

égalité, eh-gäh-le-teh, *f* evenness; equality; uniformity; deuce (in tennis).

égard, eh-gähr, *m* regard; respect; consideration.

égaré, e, eh-gäh-reh, *a* stray; bewildered; out of the way; erring.

égarement, eh-gähr-mahng, *m* error; wandering; ill-conduct.

égarer, eh-gäh-reh, *v* to mislead; to mislay; to bewilder; **s'——,** to lose one's way.

égayer, eh-gay-yeh, *v* to enliven; to cheer up.

églantine, eh-glahng-teen, *f* sweet-briar; dog rose.

église, eh-gleez, *f* church.

égoïsme, eh-go-issm, *m* selfishness.

égoïste, eh-go-isst, *m* selfish person; *a* selfish.

égorger, eh-gor-sheh, *v* to cut the throat of; to kill.

égosiller (s'), seh-goz-ee-yeh, *v* to make oneself hoarse.

égout, eh-ghoo, *m* drain; sewer; drip.

égoutter, eh-ghoot-eh, *v* to drain; to drip.

égratigner, eh-gräh-teen-yeh, *v* to scratch.

égrener, eh-grer-neh, *v* to shell; to pick.

éjaculer, eh-shah-kee-leh, *v* to ejaculate.

éjecter, eh-sheck-teh, *v* to eject.

élaborer, eh-läh-bor-eh, *v* to elaborate; to work out.

élaguer, eh-läh-gheh, *v* to lop; to prune.

élan, eh-lahng, *m* spring; start; dash; impetus; to dash.

élancé, e, eh-lahngss-eh, *a* slender; slim; graceful.

élancer, eh-lahngss-eh, *v* to dart; **s'——,** to rush.

élargir, eh-lähr-sheer, *v* to widen; to extend; to release.

élastique, eh-lähss-teeck, *a & m* elastic; springy.

électeur, eh-leck-ter, *m* elector.

élection, eh-leck-se-ong, *f* election; polling.

électricien, eh-leck-tre-se-ang, *m* electrician.

électricité, eh-leck-tre-se-teh, *f* electricity.

électriser, eh-leck-tre-zeh, *v* to electrify.

électrophone, eh-leck-tro-fon, *m* record player.

élégamment, eh-leh-gäh-mahng, *adv* elegantly.

élégance, eh-leh-gahngss, *f* elegance.

élégie, eh-leh-shee, *f* elegy.

élément, eh-leh-mahng, *m* element; unit (of furniture).

élémentaire, eh-leh-mahng-tair, *a* elementary; rudimentary.

éléphant, h-leh-fahng, *m* elephant.

élevage, ehl-vähsh, *m* breeding; stock farming.

élévation, eh-leh-väh-se-*ong*, *f* elevation; raising; rise.

élève. eh-layv, *mf* pupil; scholar; student; *f* breeding (of cattle). ⌐bred.

élevé, e, ehl-veh, *pp & a* raised; lofty; brought up;

élever, ehl-veh, *v* to raise; to build; to extol; to bring up; s'—, to rise; to amount.

élider, eh-le-deh, *v* to elide; to cut off.

éliminer, eh-le-me-neh, *v* to eliminate; to get rid of.

élire, eh-leer, *v* to elect; to choose.

élision, eh-le-ze-*ong*, *f* ellision.

élite, eh-leet, *f* pick; "élite".

elle, ell, *pron* she; her; it; **elles,** they; them.

ellipse, eh-lips, *f* ellipsis.

éloge, eh-losh, *m* praise; commendation.

élogieu-x, se, eh-losh-e-er, *a* eulogistic.

éloigné, e, eh-lo'ähn-yeh, *a* removed; distant; out of the way; disinclined.

éloignement, eh-lo'ähn-yer-mah*ng*, *m* distance; absence; aversion.

éloigner, eh-lo'ähn-yeh, *v* to remove; to keep away; to delay; to estrange.

éloquemment, en-lock-äh-mah*ng*, *adv* eloquently.

éloquence, eh-lock-ah*ng*ss, *f* eloquence.

élu, e, eh-lE, *pp & a* elected.

éluder, eh lE deh, *v* to elude; to evade. ⌐moh.

émail, eh-mah'e, *m* enamel; glaze; *pl* **émaux,** eh-

émaner, eh-mäh-neh, *v* to emanate.

émarger, eh-mähr-sheh, *v* to write in the margin of; to draw a salary.

emballage, ah*ng*-bäh-lähsh, *m* packing; wrapping.

emballer, ah*ng*-bäh-leh, *v* to pack; to pack up; to wrap; s'—, to bolt; to turn away; (*fam*) to get carried away (excitement, anger etc)

embarcadère, ah*ng*-bähr-käh-dair, *m* landing-place; departure platform.

embarcation, ah*ng*-bähr-käh se-*ong*, *f* small boat; craft.

embarquer, ah*ng*-bähr-keh, *v* to embark; to ship; to board (a plane).

embarras, ah*ng*-bäh-räh, *m* encumbrance; stoppage; difficulty; perplexity; embarrassment; fuss.

embarrassant, ah*ng*-bäh-rähss-ah*ng*, *a* cumbersome; awkward; embarrassing.

embarrasser, ah*ng*-bäh-rähss-eh, *v* to encumber; to perplex; to embarrass.

embaucher, ah*ng*-boh-sheh, *v* to hire; to engage; to enlist; to entice away.

embaumer, ah*ng*-boh-meh, *v* to perfume; to embalm.

embellir, ah*ng*-bay-leer, *v* to embellish; to improve (in looks).

embêtant, e, ah*ng*-bay-tah*ng* *a* (*fam*) annoying; bothering.

embêter, ah*ng*-bay-teh, *v* (*fam*) to bother; to bore; s'—, to be bored.

embêtement, ah*ng*-bayt-mah*ng*, *m* bother; trouble.

emblée (d'), dah*ng*-bleh, *adv* at the first attempt.

emblème, ah*ng*-blaym, *m* emblem; badge.

emboîter, ah*ng*-bo'ah-teh, *v* to encase; to interlock.

embolie, ah*ng*-bo-le, *f* embolism; clot of blood.

embonpoint, ah*ng*-bong-po'ang, *m* plumpness.

embouchure, ah*ng*-boo-SHEER, *f* mouth; mouthpiece.

embourber (s'), sah*ng*-boohr-beh, *v* to get stuck in the mire; (*fam*) to become involved in.

embouteillage, ah*ng*-boo-tay-yäh*sh*, *m* bottling; (*fam*) traffic jam; bottle neck.

embranchement, ah*ng*-brah*ng*sh-mah*ng*, *m* branching-off; branch-line.

embrancher (s'), sah*ng*-brah*ng*-sheh, *v* to branch off.

embrasé, e, ah*ng*-bräh-zeh, *pp* & *a* in flames; burning.

embraser, ah*ng*-bräh-zeh, *v* to set on fire; to kindle.

embrasser, ah*ng*-brähss-eh, *v* to embrace; to kiss.

embrasure, ah*ng*-bräh-zeer, *f* window-recess; opening.

embrayage, ah*ng*-bray-yä*sh*, *m* engaging of clutch; clutch pedal.

embrayer, ah*ng*-bray-yeh, *v* to engage the clutch.

embrouillé, e, ah*ng*-broo'e-yeh, *pp* & *a* entangled; intricate.

embrouiller, ah*ng*-broo'e-yeh, *v* to tangle; to confuse.

embrumé, e, ah*ng*-brE-meh *a* foggy; misty.   ⌊fuse.

embryon, ah*ng*-bree-yong, *m* embryo.

embûche, ah*ng*-bEESH, *f* snare; trap.

embuscade, ah*ng*-bess-kähd, *f* ambush.

émeraude, ehm-rohd, *f* emerald.

émeri, ehm-re, *m* emery.

émerveiller, eh-mair-vay'e-yeh, *v* to astonish; to fill [with wonder.

émétique, eh-meh-teeck, *m* emetic. [with wonder.

émet-teur, trice, *m* transmitter, *a* transmitting; broadcasting. [cast.

émettre, eh-met-tr, *v* to issue; to express; to broad-

émeute, eh-me*rt*, *f* riot; disturbance; outbreak.

émietter, eh-me-ayt-eh, *v* to crumble.

émigrer, ch-me-greh, *v* to emigrate.

émincé, eh-ma*ng*-seh, *m* thin slices of meat.

éminemment, eh-me-näh-mah*ng*, *adv* eminently.

éminence, eh-me-nah*ng*ss, *f* eminence.

émissaire, eh-miss-air, *m* emissary.

émission, eh-miss-e-o*ng*, *f* issue; uttering; transmission; programme (radio).

emmagasiner, ah*ng*-mäh-gäh-ze-neh, *v* to store.

emmancher, ah*ng*-mah*ng*-sheh, *v* to put a handle on; to haft; to begin; **s'—,** to fit together.

emmêler, ah*ng*-may-leh, *v* to entangle.

emménager, ah*ng*-meh-näh-**sheh,** *v* to move in.

emmener, ah*ng*m-neh, *v* to take away; to lead away.

emmitoufler, ah*ng*-me-too-fleh, *v* to muffle up.

émoi, eh-mo'äh, *m* agitation; anxiety; flurry; emotion.

émolument, eh-moll-E-mah*ng*, *m* emolument; gain; profit; *pl* salary; fees.

émotion, eh-mohss-e-o*ng*, *f* emotion.

émousser, eh-mooss-eh, *v* to blunt; to dull.

émouvant, e, eh-moo-vah*ng*, *a* touching; stirring.

émouvoir, eh-moo-vo'äh*r*, *v* to move; to stir up; to rouse; to affect.

empailler, ah*ng*-pah'e-yeh, *v* to pack in straw; to stuff (animals).

empaqueter, ah*ng*-pähck-teh, *v* to pack up.

emparer (s'), sah*ng*-päh-reh, *v* to take possession.

empêché, e, ah*ng*-pay-sheh, *pp* & *a* prevented; embarrassed; in a difficulty.

empêchement, ah*ng*-paysh-mah*ng*, *m* impediment; hindrance; obstacle.

empêcher, ah*ng*-pay-sheh, *v* to prevent; to hinder; to

empereur, ah*ng*p-re*r*, *m* emperor. [keep from.

empeser, ah*ng*-per-zeh, *v* to starch.

empester, ah*ng*-pess-teh, *v* to infect; to stink.

empêtrer, ah*ng*-pay-treh, *v* to entangle.

emphase, ah*ng*-fahz, *f* emphasis; bombast; pomposity.

emphatique,* ah*ng*-fah-teeck, *a* emphatic; bombastic.

empierrer, ah*ng*-pe-ay-reh, *v* to metal; to pave.

empiéter, ah*ng*-pe-eh-teh, *v* to encroach; to trespass.

empiler, ah*ng*-pe-leh, *v* to pile up; to stack.

empire, ah*ng*-peer, *m* empire; rule; control.

empirer, ah*ng*-pe-reh, *v* to make worse; to get worse.

emplacement, ah*ng*-plähss-mah*ng*, *m* site; place.

emplâtre, ah*ng*-plah-tr, *m* plaster; helpless person.

emplette, ah*ng*-plett, *f* purchase.

emplir, ah*ng*-pleer, *v* to fill up (**de,** with).

emploi, ah*ng*-plo'äh, *m* employment; use; occupation; situation.

employé, ah*ng*-plo'äh-yeh, *m* employee; clerk; person employed.

employer, ah*ng*-plo'äh-yeh, *v* to employ; to use.

employeur, ah*ng*-plo'äh-yer, *m* employer.

empocher, ah*ng*-posh-eh, *v* to pocket.

empoigner, ah*ng*-po'äh-nyeh, *v* to grasp; to arrest.

empois, ah*ng*-po'äh, *m* starch.

empoisonner, ah*ng*-po'äh-zonn-eh, *v* to poison; to infect; (*fam*) to annoy; to irritate.

emporté, e, ah*ng*-por-teh, *a* passionate; quick-tempered.

emportement, ah*ng*-por-ter-mah*ng*, *m* transport; outburst; fit.

emporter, ah*ng*-por-teh, *v* to carry away; **s'—,** to fly into a passion.

empourprer (s'), sah*ng*-poohr-preh, *v* to flush; to turn crimson.

empreinte, ah*ng*-prangt, *f* impress; mark; stamp; **— digitale,** — de-she-tähl, fingerprint.

empressé, e, ah*ng*-press-eh, *a* eager; assiduous; obliging.

empressement, ah*ng*-press-mah*ng*, *m* earnestness; assiduous attention.

empresser (s'), sah*ng*-press-eh, *v* to hasten (**de,** to).

emprisonner, ah*ng*-pre-zonn-eh, *v* to imprison.

emprunt, ah*ng*-pru*ng*, *m* loan; borrowing.

emprunté, e, ahng-prung-teh, *pp & a* borrowed; self-conscious.

emprunter, ahng-prung-teh, *v* to borrow.

ému, e, eh-ME, *pp & a* moved (by emotion).

émule, eh-MEEL, *m* rival; competitor.

en, ahng, *pron* some; any; of it; of them; of, from or about him, her, it; there; *prep* in; into; within; at; in the; like a; by; whilst.

encadrer, ahng-kăh-dreh, *v* to frame; to encircle.

encaisse, ahng-kayss, *f* cash in hand.

encaissé, ahng-kayss-eh, *a* embanked; with high banks; hollow.

encaissement, ahng-kayss-mahng, *m* packing; payment; encashment; embankment.

encaisser, ahng-kayss-eh, *v* to pack; to collect; to receive; to embank.

en-cas, ahng-kah, *m* something ready in case of need; sun-shade.

encastrer, ahng-kăhss-treh, *v* to fit in; to embed.

encaustique, ahng-kohs-teeck, *f* wax polish; furniture polish.

encaver, ahng-kăh-veh, *v* to store in a cellar. ⌐nant.

enceinte, ahng-sangt, *f* enclosure; precincts; *a* preg-

encens, ahng-sahng, *m* incense; (*fam*) praise; flattery.

enchaînement, ahng-shain-mahng, *m* chaining up; train (of events).

enchaîner, ahng-shay-neh, *v* to chain up; to fetter; to connect.

enchanté, ahng-shahng-teh, *pp & a* enchanted; spellbound; delighted.

enchantement, ahng-shahng-mahng, *m* enchantment; spell; delight. ⌐to charm.

enchanter, ahng-shahng-teh, *v* to enchant; to delight;

enchant-eur, eresse, ahng-shahng-ter, *mf* enchanter; *a* bewitching; enchanting.

enchâsser, ahng-shahss-eh, *v* to enshrine; to set.

enchère, ahng-shair, *f* bidding; auction.

enchérir, ahng-sheh-reer, *v* to outbid; to get dear.

enchevêtrer, ahng-sh-vay-treh, *v* to entangle.

enclaver, ahng-klăh-veh, *v* to enclose; to wedge in.

enclin, e, ahng-klang, *a* inclined; prone.

enclore, ahng-klor, *v* to enclose; to fence in.

enclos, ah*ng*-kloh, *m* enclosure; close; paddock.

enclume, ah*ng*-klEEM, *f* anvil.

encoche, ah*ng*-kosh, *f* notch.

encoignure, ah*ng*-konn-yEER, *f* corner; corner-⌜cupboard.

encolure, ah*ng*-koll-EER, *f* neck-line.

encombrement, ah*ng*-kong-brer-mah*ng*, *m* obstruction; traffic jam.

encombrer, ah*ng*-kong-breh, *v* to encumber; to obstruct; to crowd.

encontre (à l' — de), äh lah*ng*-kong-trer der, *prep* against; contrary to.

encore, ah*ng*-kor, *adv* still; again; yet; **pas —,** päh z' —, not yet.

encourager, ah*ng*-koo-räh-**sheh,** *v* to encourage.

encourir, ah*ng*-koo-reer, *v* to incur.

encre, ah*ng*-kr, *f* ink.

encrier, ah*ng*-kre-eh, *m* inkstand.

encroûté, ah*ng*-kroo-teh, *a* crusted; full of prejudices; rusty.

encyclopédie, ah*ng*-se-klop-eh-dee, *f* encyclopaedia.

endetter, ah*ng*-day-teh, *v* to throw into debt; **s'—,** to, run into debt.

endiablé, ah*ng*-de-äh-bleh, *pp* & *a* furious; wicked; reckless.

endiguer, ah*ng*-de-gheh, *v* to dam in; to bank up.

endimancher (s'), sah*ng*-de-mah*ng*-sheh, *v* to put on one's Sunday best.

endoctriner, ah*ng*-dock-tre-neh, *v* to instruct; to gain

endolori, e, ah*ng*-doll-or-e, *a* aching; tender. ⌞over.

endommager, ah*ng*-domm-äh-**sheh,** *v* to damage.

endormi, e, ah*ng*-dor-me, *pp* & *a* gone to sleep; sleeping; sleepy; sluggish; numb.

endormir, ah*ng*-dor-meer, *v* to send to sleep; to lull; (*fam*) to deceive; **s'—,** to fall asleep; to lie idle.

endos, endossement, ah*ng*-doh, ah*ng*-dohss-mah*ng*, *m* endorsement.

endosser, ah*ng*-dohss-eh, *v* to put on; to endorse.

endroit, ah*ng*-dro'äh, *m* place; spot; part; right side.

enduire, ah*ng*-dweer, *v* to coat.

enduit, ah*ng*-dwe, *m* coat; layer.

endurant, e, ah*ng*-dE-rah*ng*, *a* enduring; patient; tolerant.

endurcir, ah*ng*-DEER-seer, *v* to harden; to inure.

endurcissement, ah*ng*-DEER-siss-mah*ng*, *m* hardening; obduracy.

énergie, eh-nair-shee, *f* energy; force.

énergique,* eh-nair-**sheeck**; *a* energetic. ⎡person.

énergumène, eh-nair-ghE-main, *m* fanatic; frantic

énervant, eh-nair-vah*ng*, *a (fam)* aggravating; irritating. ⎡nerves.

énerver, eh-nair-veh, *v* to weaken; to get on one's

enfance, ah*ng*-fah*ng*ss, *f* childhood; infancy; dotage.

enfant, ah*ng*-fah*ng*, *mf* child; infant.

enfanter, ah*ng*-fah*ng*-teh, *v* to give birth to.

enfantillage, ah*ng*-fah*ng*-tee-yähsh, *m* childishness.

enfantin, e, ah*ng*-fah*ng*-tang, *a* childish.

enfariner, ah*ng*-fäh-re-neh, *v* to cover with flour.

enfer, ah*ng*-fair, *m* hell.

enfermer, ah*ng*-fair-meh, *v* to shut in; to lock up; to enclose.

enfilade, ah*ng*-fe-lähd, *f* row; line; long string.

enfiler, ah*ng*-fe-leh, *v* to thread; to string; to run through.

enfin, ah*ng*-fang, *adv* at last; finally; in short; on the whole; after all.

enflammer, ah*ng*-fläh-meh, *v* to set on fire; to rouse.

enfler, ah*ng*-fleh, *v* to swell; to inflate; to puff up.

enfoncé, ah*ng*-fong-seh, *pp & a* smashed in; sunk; done for.

enfoncer, ah*ng*-fong-seh, *v* to sink into; to drive in; to smash; to surpass. ⎡ground.

enfouir, ah*ng*-foo-eer, *v* to bury; to hide in the

enfourcher, ah*ng*-foohr-sheh, *v* to bestride; to mount; to fork.

enfreindre, ah*ng*-frang-dr, *v* to infringe.

enfuir (s'), sah*ng*-fweer, *v* to run away; to vanish; to leak.

enfumer, ang-fE-meh, *v* to smoke out.

engagement, ah*ng*-gahsh-mah*ng* *m* engagement; contract; agreement.

engager, ah*ng*-gäh-sheh, *v* to engage; to pawn; to invite; to advise; **s'—,** to enlist; to undertake.

engelure, ah*ng*sh-LEER, *f* chilblain. ⎡gender.

engendrer, ah*ng*-shah*ng*-dreh, *v* to beget; to en-

engin, ah*ng*-**sh**ang, *m* engine; machine; tackle; missile.

englober, ah*ng*-glob-eh, *v* to lump together; to unite.

engloutir, ah*ng*-gloo-teer, *v* to swallow up; to engulf.

engloutissement, ah*ng*-gloo-tiss-mah*ng*, *m* swallowing up; sinking.

engorger, ah*ng*-gor-sheh, *v* to obstruct; to block up.

engouement, ah*ng*-goo-mah*ng*, *m* infatuation.

engouffrer, ah*ng*-goo-freh, *v* to engulf; to swallow up.

engourdi, e, ah*ng*-goohr-de, *pp* & *a* numbed; dull; torpid.

engrais, ah*ng*-gray, *m* manure.

engraisser, ah*ng*-grayss-eh, *v* to fatten; to manure.

engrener, ah*ng*-grer-neh, *v* to throw into gear.

engueuler, ah*ng*-gher-leh, *v* (*fam*) to scold; to blow up; to abuse.

enhardir, ah*ng*-ähr-deer, *v* to embolden.

énigme, eh-neegm, *f* enigma; riddle.

enivrer, ah*ng*-ne-vreh, *v* to intoxicate; to enrapture; **s'—,** to get drunk.

enjamber, ah*ng*-shah*ng*-beh, *v* to stride over.

enjeu, ah*ng*-**sher**, *m* stake.

enjoindre, ah*ng*-**sho'**ang-dr, *v* to enjoin; to order.

enjôler, ah*ng*-**sho**h-leh, *v* to wheedle.

enjoliver, ah*ng*-**sho**ll-e-veh, *v* to embellish.

enjoué, e, ah*ng*-**sho**o-eh, *a* playful; lively; sprightly.

enlacer, ah*ng*-lähss-eh, *v* to lace; to entwine; to interweave; to clasp.

enlaidir, ah*ng*-lay-deer, *v* to disfigure; to grow ugly.

enlèvement, ah*ng*-layv-mah*ng*, *m* carrying away; removal; kidnapping.

enlever, ah*ng*l-veh, *v* to lift; to take away; to run away with; to collect; to kidnap; **s'—,** to rise; to come off; to be sold.

ennemi, ain-me, *m* enemy.

ennemi, e, ain-me, *a* hostile; adverse.

ennoblir, ah*ng*-nob-leer, *v* to ennoble.

ennui, ah*ng*-nwe, *m* tediousness; boredom; annoyance; worry; anxiety.

ennuyer, ah*ng*-nwee-yeh, *v* to weary; to tire; to annoy; to bore; **s'—,** to feel bored.

ennuyeu-x, se,* ah*ng*-nwee-yer, *a* tiresome; annoying; vexing; bothering.

énoncer, eh-non*g*-seh, *v* to state; to articulate.

enorgueillir (s'), sah*ng*-nor-gher-yeer, *v* to get

énorme, eh-norm, *a* enormous; huge. ⌊proud.

énormément, eh-nor-meh-mah*ng*, *adv* enormously; (*fam*) tremendously.

enquérir (s'), sah*ng*-keh-reer, *v* to enquire.

enquête, ah*ng*-kayt, *f* inquiry; inquest.

enraciner, ah*ng*-rähss-e-neh, *v* to root.

enragé, e, ah*ng*-räh-sheh, *a* mad; enraged; furious; desperate.

enrager, ah*ng*-räh-sheh, *v* to be mad; to be in a rage; faire —, fair —, to drive mad.

enrayer, ah*ng*-ray-yeh, *v* to spoke; to skid; to check.

enregistrement, ah*ng*-rer-shiss-trer-mah*ng*, *m* registration; entry; recording (record etc).

enregistrer, ah*ng*-rer-shiss-treh, *v* to register: to record.

enrhumer (s'), sah*ng*-RE-meh, to catch a cold.

enrichi, e, ah*ng*-re-she, *a & mf* upstart.

enrichir, ah*ng*-re-sheer, *v* to enrich; to embellish.

enrôler, ah*ng*-roh-leh, *v* to enrol; to enlist.

enroué, e, ah*ng*-roo-eh, *a* hoarse.

enrouler, ah*ng*-roo-leh, *v* to roll up. ⌊blood.

ensanglanter, ah*ng*-sah*ng*-glah*ng*-teh, *v* to stain with

enseigne, ah*ng*-sayn-yer, *m* ensign; midshipman; sub-lieutenant; *f* sign-board; *pl* colours.

enseignement, ah*ng*-sayn-yer-mah*ng*, *m* teaching; instruction; tuition; education.

enseigner, ah*ng*-sayn-yeh, *v* to teach; to inform; to direct.

ensemble, ah*ng*-sah*ng*-bl, *m* whole; ensemble; mass; general appearance; harmony; *adv* together; at the same time.

ensevelir, ah*ng*-serv-leer, *v* to shroud; to bury.

ensoleillé, ah*ng*-soll-ay-yeh, *a* sunny; sunkissed.

ensorceler, ah*ng*-sor-ser-leh, *v* to bewitch. ⌈next.

ensuite, ah*ng*-sweet, *adv* afterwards; after; then;

ensuivre (s'), sah*ng*-swee-vr, *v* to follow; to ensue.

entailler, ah*ng*-tah'e-yeh, *v* to notch.

entamer, ah*ng*-täh-meh, *v* to make the first cut in; to begin.

entasser, ah*ng*-tähss-eh, *v* to heap up; to stack.

entendement, ahng-tahngd-mahng, *m* understanding; sense; judgment.

entendre, ahng-tahng-dr, *v* to hear; to understand; to mean; **bien entendu,** be-ang n'ahng-tahng-dᴇ, of course. [ing.

entente, ahng-tahngt, *f* understanding; sense; mean-

enterrement, ahng-tair-mahng, *m* burial; funeral.

enterrer, ahng-tay-reh, *v* to bury; (*fam*) to outlive.

en-tête, ahng-tayt, *m* heading.

entêté, e, ahng-tay-teh, *a* obstinate; stubborn.

entêter, ahng-tay-teh, *v* to make giddy; **s'—,** to be obstinate.

enthousiasme, ahng-too-ze-ăhssm, *m* enthusiasm.

entier, ahng-te-eh, *m* entirety; whole.

enti-er, ère,* ahng-te-eh, *a* whole; perfect; full.

entonner, ahng-tonn-eh, *v* to strike up.

entonnoir, ahng-tonn-o'ăhr, *m* funnel.

entorse, ahng-torss, *f* sprain; strain; twist.

entortiller, ahng-tor-tee-yeh, *v* to twist; to wind; to entangle; to get round.

entourage, ahng-too-răhsh, *m* environment; setting; circle.

entourer, ahng-too-reh, *v* to surround (**de,** with).

entracte, ahng-trăhckt, *m* interval between the acts.

entraider (s'), sahng-tray-deh, *v* to help one another.

entrailles, ahng-trah'e, *fpl* entrails; bowels; feelings.

entr'aimer (s'), sahng-tray-meh, *v* to love one another.

entrain, ahng-trang, *m* spirits; life; animation.

entraînant, e, ahng-tray-nahng, *a* captivating; winning.

entraînement, ahng-train-mahng, *m* force; impulse; sway; training; coaching.

entraîner, ahng-tray-neh, *v* to carry away; to allure; to involve; to bring about; to train.

entraîneur, ahng-tray-ner, *m* trainer; coach; *f* hostess (in night club).

entrant, ahng-trahng, *m* incomer; *a* coming in; enter-

entrave, ahng-trăhv, *f* impediment; *pl* fetters. [ing.

entre, ahng-tr, *prep* between; among; into; in.

entrebâiller, ahng-trer-bah'e-yeh, to half-open; to set ajar.

entrechoquer (s'), sah*ng*-trer-shock-eh, *v* to clash.

entrecôte, ah*ng*-trer-koht, *f* steak (from ribs).

entrecouper, ah*ng*-trer-koo-peh, *v* to intercept; to interrupt.

entrecroiser (s'), sah*ng*-trer-kro'äh-zeh, *v* to cross each other.

entre-deux, ah*ng*-trer-d*er*, *m* intermediate space; insertion.

entrée, ah*ng*-treh, *f* entrance; admission; beginning; entry; entrée.

entrefaites, ah*ng*-trer-fayt, *fpl* **sur ces —,** SEER say z' —, meanwhile.

entrelacement, ah*ng*-trer-lähss-mah*ng*, *m* ⌐twining. ⌐interlacing;

entrelardé, e, ah*ng*-trer-lähr-deh, *pp* & *a* interlarded; streaky.

entremêler, ah*ng*-trer-may-leh, *v* to intermingle; **s' —,** to interpose.

entremets. ah*ng*-trer-may, *m* sweet; dessert.

entremetteur, ah*ng*-trer-met-*er*, *m* go-between.

entremettre (s'), sah*ng*-trer-met-tr, *v* to intervene.

entrepont, ah*ng*-trer-pong, *m* between decks.

entreposer, ah*ng*-trer-poh-zeh, *v* to store; to put in bond.

entrepositaire, ah*ng*-trer-poh-ze-tair, *m* bonder.

entrepôt, ah*ng*-trer-poh, *m* warehouse; bonded store.

entreprenant, e, ah*ng*-trer-prer-nah*ng*, *a* enterprising; pushing; bold; venturous.

entreprendre, ah*ng*-trer-prah*ng*-dr, *v* to undertake; to contract for; to attempt.

entrepreneur, ah*ng*-trer-prer-ner, *m* contractor; manufacturer; builder; **— de pompes funèbres,** — d*er* pong*p* fE-nay-br, undertaker.

entreprise, ah*ng*-trer-preez, *f* enterprise; undertaking; contract; attempt.

entrer, ah*ng*-treh, *v* to enter (**dans, en,** into); to begin; to bring in; **faire —,** fair —, to show in.

entresol, ah*ng*-trer-sol, *m* mezzanine; apartment between the ground floor and the first floor.

entretenir, ah*ng*-trert-neer, *v* to keep up; to maintain; to cherish; **s'—,** to converse; to keep fit.

entretien, ah*ng*-trer-te-a*ng*, *m* upkeep; maintenance; conversation.

entrevoir, ah*ng*-trer-vo'ăhr, *v* to have a glimpse of; to foresee.

entrevue, ah*ng*-trer-VE, *f* interview.

entrouvert, e, ah*ng*-troo-vair, *a* ajar; half open.

entrouvrir, ah*ng*-troo-vreer, *v* to half open.

énumérer, eh-NE-meh-reh, *v* to enumerate.

envahir, ah*ng*-văh-eer, *v* to invade; to encroach on; to overrun.

enveloppe, ah*ng*v-lop, *f* wrapper; cover; envelope.

envelopper, ah*ng*v-lop-eh, *v* to envelop; to wrap up; to cover.

envenimer, ah*ng*v-ne-meh, *v* to envenom; **s'—,** to fester.

envergure, ah*ng*-vair-gEEr, *f* span; width [fester.

envers, ah*ng*-vair, *prep* towards; to; *m* wrong side; à l' —, äh l'—, inside out.

envi (à l'), äh lah*ng*-ve, *adv* in emulation (**de,** of).

envie, ah*ng*-vee, *f* envy; inclination; wish; fancy.

envier, ah*ng*-ve-eh, *v* to envy; to long for.

environ, ah*ng*-ve-rong, *adv* about; *pl* environs; surroundings; outskirts; vicinity.

environner, ah*ng*-ve-ronn-eh, *v* to surround.

envisager, ah*ng*-ve-zăh-sheh, *v* to look at; to face; to consider.

envoi, ah*ng*-vo'ăh, *m* sending; dispatch; consignment; goods; parcel; remittance.

envoler (s'), sah*ng*-voll-eh, *v* to fly away.

envoyé, ah*ng*-vo'ăh-yeh, *m* messenger; envoy.

envoyer, ah*ng*-vo'ăh-yeh, *v* to send; to forward; to dispatch.

épagneul, eh-păhn-yerl, *m* spaniel. [dispatch.

épais, se, eh-pay, *a* thick.

épaisseur, eh-payss-er, *f* thickness.

épaissir, eh-payss-eer, *v* to thicken. [charge.

épanchement, eh-pahngsh-mah*ng*, *m* effusion; dis-

épancher, eh-pah*ng*-sheh, *v* to pour out; to vent; **s' —,** to overflow; to open one's heart.

épandre, eh-pah*ng*-dr, *v* to spread; to scatter.

épanouir (s'), seh-păh-noo-eer, *v* to blossom; to open out; to beam.

épargne, eh-păhrn-yer, *f* economy; saving.

épargner, eh-păhrn-yeh, *v* to save; to spare; to have mercy on.

éparpiller, eh-păhr-pee-yeh, *v* to scatter.

épars, e, eh-påhr, *a* scattered; dishevelled. ⎡great.
épatant, e, eh-påh-tahng, *a (fam)* wonderful; super;
épater, eh-påh-teh, *v* to flatten; *(fam)* to amaze.
épaule, eh-pohl, *f* shoulder.
épave, eh-påhv, *f* wreck; waif; remnant; down and out.
épée, eh-peh, *f* sword.
épeler, eh-pleh, *v* to spell (word).
éperdu, e,* eh-pair-DE, *a* distracted; aghast;
éperlan, eh-pair-lahng, *m* smelt. ⎣desperate.
éperon, eh-prong, *m* spur; buttress.
épervier, eh-pair-ve-eh, *m* hawk; sweep-net.
épi, eh-pe, *m* ear; spike; cluster. ⎡bread.
épice, eh-peess, *f* space; **pain d'—,** pang d — , ginger-
épicerie, eh-peess-ree, *f* grocery; grocer's shop.
épici-er, ère, eh-peess-e-eh, *mf* grocer.
épidémie, eh-pe-deh-mee, *f* epidemic.
épiderme, eh-pe-dairm, *m* epidermis.
épier, eh-pe-eh, *v* to spy; to watch.
épiler, eh-pe-leh, *v* to remove superfluous hair; to
   pluck (eyebrows).
épiloguer, eh-pe-logh-eh, *v* to criticise.
épinards, eh-pe-nåhr, *mpl* spinach.
épine, eh-peen, *f* thorn; spine.
épineu-x, se, eh-pe-ner, *a* thorny; prickly; ticklish.
épingle, eh-pang-gl, *f* pin; scarf-pin; **— de sûreté,**
   — der SEER-teh, safety pin.
épingler, eh-pang-gleh, *v* to pin; to fasten with a pin.
épinière, eh-pe-ne-air, *af* spinal.
épisode, eh-pe-zod, *m* episode.
épître, eh-pee-tr, *f* epistle.
éploré, e, eh-plor-eh, *a* in tears; weeping.
éployé, e, eh-plo'åh-yeh, *a* displayed; spread.
éplucher, eh-plE-sheh, *v* to pick; to peel; *(fam)* to
épointer, eh-po'ang-teh, *v* to blunt. ⎣examine.
éponge, eh-pongsh, *f* sponge.
éponger, eh-pong-sheh, *v* to sponge up; to mop.
épopée, eh-pop-eh, *f* epic poem.
époque, eh-pock, *f* epoch; time; date; period.
épouse, eh-pooz, *f* wife.
épouser, eh-poo-zeh, *v* to marry; to take up.
épousseter, eh-pooss-teh, *v* to dust. ⎡terrible.
épouvantable,* eh-poo-vahng-tåh-bl, *a* frightful;

épouvantail, eh-poo-vahng-tah'e, *m* scarecrow; (*fam*) bogy.

épouvante, eh-poo-vahngt, *f* fright; terror. ⌐terrify.

épouvanter, eh-poo-vahng-teh, *v* to frighten; to

époux, eh-poo, *m* husband; *pl* married couple.

éprendre (s'), seh-prahng-dr, *v* to fall in love (**de**, with).

épreuve, eh-prerv, *f* trial; test; proof; print (photo).

épris, e, eh-pre, *pp* & *a* taken; smitten. ⌐feel.

éprouver, eh-proo-veh, *v* to try; to experience; to

épuisement, eh-pweez-mahng, *m* draining; exhaustion.

épuisé, eh-pwee-zeh, *a* exhausted; tired out.

épuiser, eh-pwee-zeh, *v* to drain; to exhaust; to use ⌐up.

épurer, eh-pe-reh, *v* to purify; to refine.

équateur, eh-kwǎh-ter, *m* equator.

équerre, eh-kair, *f* set-square.

équestre, eh-kess-tr, *a* equestrian.

équilibre, eh-ke-lee-br, *m* equilibrium; poise; balance.

équipage, eh-ke-pǎhsh, *m* equipage; equipment; carriage; crew.

équipe, eh-keep, *f* gang; team; set; crew.

équipée, eh-ke-peh, *f* prank; lark.

équiper, eh-ke-peh, *v* to equip; to fit out.

équipement, eh-keep-mahng, *m* equipment; fitting out; outfit.

équitable,* eh-ke-tǎh-bl, *a* equitable; fair.

équitation, eh-ke-tǎh-se-ong, *f* riding.

équité, eh-ke-teh, *f* equity.

équivalent, e, eh-ke-vǎh-lahng, *a* & *m* equivalent.

équivoque, eh-ke-vock, *f* ambiguity; *a* equivocal; ⌐dubious.

érable, eh-rǎh-bl, *m* maple.

éraflure, eh-rǎh-fleer, *f* slight scratch. ⌐hoarse.

éraillé, eh-rah'e-eh, *pp* & *a* frayed; bloodshot;

ère, air, *f* era; epoch.

érection, eh-reck-se-ong, *f* foundation; raising; erection.

éreinté, e, eh-rang-teh, *a* tired out; harassed.

éreinter, eh-rang-teh, *v* to break the back of (horse); to exhaust; to criticise; **s'—,** to tire oneself out.

ergot, air-go, *m* spur (of cock, etc).

ermite, air-meet, *m* hermit.

errant, e, air-rah*ng*, *a* wandering; roaming.

errer, air-reh, *v* to wander; to stray; to err.

erreur, air-rer, *f* error; mistake.

erroné, e,* air-ronn-eh, *a* erroneous.

escabeau, ess-kăh-boh, *m* stool; steps.

escadre, ess-kăh-dr, *f* squadron; fleet.

escadron, ess-kăh-dro*ng*, *m* squadron; **chef d'—,** shaif d—, major.

escalade, ess-kăh-lăhd, *f* scaling; climb.

escale, ess-kăhl, *f* place of call; stop; touch down.

escalier, ess-kăh-le-eh, *m* stairs; staircase; steps.

escalope, ess-kăh-lop, *f* thin slice of meat (usually veal); escalope.

escamoter, ess-kăh-mot-eh, *v* to juggle; to filch.

escapade, ess-kăh-păhd, *f* prank; escapade.

escargot, ess-kăhr-go, *m* snail.

escarpé, e, ess-kăhr-peh, *a* steep; abrupt.

esclaffer (s'), sess-clăh-feh, *v* **— de rire,** — der reer, to burst out laughing; to shake with laughter.

esclandre, ess-klah*ng*-dr, *m* scandal; scene.

esclavage, ess-klăh-văhsh, *m* slavery.

esclave, ess-klăhv, *mf* slave; *a* slavish.

escompte, ess-kongt, *m* discount; rebate.

escompter, ess-kong-teh, *v* to discount; (*fam*) to expect.

escorter, ess-kor-teh, *v* to escort; to convoy; to accompany.

escouade, ess-koo-ăhd, *f* squad; gang. ⌊accompany.

escrime, ess-kreem, *f* fencing.

escrimer (s'), sess-kree-meh, *v* to endeavour; to try hard. ⌊hard.

escroc, ess-kro, *m* swindler; crook.

escroquer, ess-krock-eh, *v* to swindle.

espace, ess-păhss, *m* space; room; infinity; vacancy.

espacer, ess-păhss-eh, *v* to space; to leave space between.

espadrille, ess-păh-dree-ye, *f* canvas shoe with rope sole.

espagnol, e, ess-păhn-yol, *a* & *mf* Spanish; Spaniard; *m* Spanish.

espalier, ess-păh-le-eh, *m* tree-wall.

espèce, ess-payss, *f* species; kind; sort; case; *pl* specie.

espérance, ess-peh-rah*ng*ss, *f* hope; expectation.

espérer, ess-peh-reh, *v* to hope; to expect; to trust.

espiègle, ess-pe-ay-gl, *a* frolicsome; mischievous.

espion, ess-pe-ong, *m* spy.

espoir, ess-po'ahr, *m* hope; expectation.

esprit, ess-pre, *m* spirit; soul; ghost; mind; intellect; wit; talent; feeling.

esquif, ess-keeff, *m* skiff.

esquimau, ess-ke-moh, *mf* & *a* eskimo; choc-ice.

esquinter, ess-kang-teh, *v* (*fam*) to exhaust; to smash; to ruin; to spoil.

esquisse, ess-keess, *f* sketch; outline.   ⌈away.

esquiver, ess-ke-veh, *v* to avoid; elude; **s'—,** to slip

essai, eh-say, *m* trial; attempt; essay; try; **coup d'—,** koo d—, first attempt.

essaim, eh-sang, *m* swarm; host.

essayer, eh-say-yeh, *v* to try; to try on; to attempt; **s'—,** to try one's skill (**à, dans,** at).

essence, eh-sahngss, *f* essence; petrol; attar.

essentiel, eh-sahng-se-ell, *m* main thing.

essentiel, le,* eh-sahng-se-ell, *a* essential.

essieu, eh-se-er, *m* axle-tree; axle.

essor, eh-sor, *m* flight; scope; play; impulse.

essorer, eh-sor-eh, *v* to wring (clothes); to squeeze; to soar; to take flight.

essoreuse, eh-sor-erz, *f* spin-dryer.

essouffler, eh-soo-fleh, *v* to put out of breath.

essuie-glace, eh-swee-glàhss, *m* windscreen wiper.

essuie-mains, eh-swee-mang, *m* hand towel.

essuyer, eh-swee-yeh, *v* to wipe; to dry; to sustain; to go through.

est, esst, *m* east.

estampe, ess-tahngp, *f* print; engraving.   ⌈mark.

estampille, ess-tahng-pee-ye, *f* stamp; mark; trade-

estimation, ess-tee-màh-se-ong, *f* estimate; valua-

estime, ess-teem, *f* esteem; regard.   ⌊tion.

estimer, ess-tee-meh, *v* to estimate; to consider.

estomac, ess-tomm-àh, *m* stomach.

estrade, ess-tràhd, *f* platform.

estragon, ess-tràh-gong, *m* tarragon.

estropier, ess-trop-e-eh, *v* to cripple; to maim.

esturgeon, ess-teer-shong, *m* sturgeon.

et, eh, *conj* and.

étable, eh-tàh-bl, *f* stable; cattle-shed.

établi, e, eh-täh-ble, *pp* & *a* established.

établir, eh-täh-bleer, *v* to establish; to set; to institute; to prove.

établissement, eh-täh-bliss-mah*ng*, *m* establishment; institution; setting up.

étage, eh-täh*sh*, *m* story; floor; step; layer.

étagère, eh-täh-**shair,** *f* set of shelves; shelf.

étai, eh-tay, *m* stay; prop.

étain, eh-ta*ng*, *m* tin; pewter.

étalage, eh-täh-läh*sh*, *m* display of goods for sale; shop-window.

étaler, eh-täh-leh, *v* to display; to spread out; to lay out; **s'—,** to sprawl; to show off; to fall at full length. [etc).

étalon, eh-täh-lo*ng*, *m* stallion; standard (of weights

étamine, eh-täh-meen, *f* bolting cloth; sieve; stamen.

étanche, eh-tah*ng*sh, *a* water-tight.

étancher, eh-tah*ng*-sheh, *v* to staunch; to make water-tight; to stop; to quench.

étang, eh-tah*ng*, *m* pond; pool.

étape, eh-tähp, *f* halting-place; stage.

état, eh-täh, *m* state; plight; profession; trade; list; statement; nation.

état-major, eh-täh mäh-**shor,** *m* staff; headquarters.

étau, eh-toh, *m* vice.

étayer, eh-tay-yeh, *v* to prop up.

été, eh-teh, *m* summer.

éteindre, eh-ta*ng*-dr, *v* to extinguish; to turn off (light etc); to fade.; **s'—,** to die out.

éteint, e, eh-ta*ng*, *pp* & *a* put out; extinct; faint.

étendard, eh-tah*ng*-dähr, *m* standard; flag.

étendre, eh-tah*ng*-dr, *v* to extend; to spread; to stretch; to expand; to lay down; **s'—,** to reach; to expatiate.

étendu, e, eh-tah*ng*-dE, *pp* & *a* extended; spread; [extensive.

étendue, eh-tah*ng*-dEE, *f* extent.

éternel, le, eh-tair-nell, *a* eternal; unending.

éternuer, eh-tair-nE-eh, *v* to sneeze.

éther, eh-tair, *m* ether.

étinceler, eh-ta*ng*ss-leh, *v* to sparkle; to gleam.

étincelle, eh-ta*ng*-sell, *f* spark.

étioler (s'), seh-te-oll-eh, to grow emaciated.

étique, eh-teeck, *a* lean; hectic; consumptive.

étiquette, eh-te-kett, *f* label; tag; etiquette; ceremony.

étirer, eh-te-reh, *v* to stretch; to draw.

étoffe, eh-tof, *f* stuff; cloth; material.

étoile, eh-to'ǎhl, *f* star; decoration; asterisk.

étole, eh-tol, *f* stole.

étonnant, eh-tonn-ahng, *a* astonishing; wonderful; surprising.   [surprise.

étonner, eh-tonn-eh, *v* to astonish; to astound; to surprise.

étouffer, eh-too-feh, *v* to suffocate; to stifle; to smother; to choke; to hush up.   [blunder.

étourderie, eh-toohr-der-ree, *f* thoughtlessness.

étourdi, e, eh-toohr-de, *pp & a* stunned; heedless; scatter-brained; giddy.

étourdir, eh-toohr-deer, *v* to stun; to deafen; **s'—,** to escape from oneself.   [dazzling.

étourdissant, e, eh-toohr-diss-ahng, *a* deafening; étourdissement, eh-toohr-diss-mahng, *m* giddiness; stupefaction.

étourneau, eh-toohr-noh, *m* starling; scatter-brain.

étrange,* eh-trahngsh, *a* strange; odd; queer.

étranger, eh-trahng-sheh, *m* stranger; foreigner; foreign countries; **à l'—,** äh l'—, abroad.

étrang-er, ère, eh-trahng-sheh, *a* strange; foreign.

étranglé, eh-trahng-gleh, *pp & a* strangled; narrow; tight.

étrangler, eh-trahng-gleh, *v* to strangle; to compress.

être, ay-tr, *v* to be; to exist; to belong; *m* being; existence; individual.

étreindre, eh-trang-dr, *v* to bind; to clasp; to grasp.

étreinte, eh-trangt, *f* fastening; grasp; embrace.

étrenne, eh-trenn, *f* (usually *pl*) New Year's gifts.

étrier, eh-tre-yeh, *m* stirrup; **le coup de l'—,** ler koo de l'—, stirrup cup.

étrille, eh-tree-ye, *f* curry-comb.

étriqué, eh-tre-keh, *a* tight; skimpy.

étroit, e,* eh-tro'ǎh, *a* narrow; tight; close; strict; **à l'—,** äh l—, cramped.   [closeness.

étroitesse, eh-tro'ǎh-tess, *f* narrowness; tightness.

étude, eh-teed, *f* study; chambers; practice; survey; **faire ses —s à,** fair seh zeh-teed-ǎh, to be educated

étudiant, eh-te-de-ahng, *m* student.   [at

étudier, eh-te-de-eh, *v* to study; to observe; **s'—,** to endeavour (**à,** to).

étui, eh-twee, *m* case; box; needle-case; sheath.

étuvée, eh-te-veh, *f* cooking by steam; **à l'—,** ăh1 —, steamed.

eucharistie, er-käh-riss-tee, *f* Eucharist.

euphonie, er-fon-ee, *f* euphony.

euh! er, *interj* hum! well!

eux, er, *pron* them; they.

évacuer, eh-väh-ke-eh, *v* to evacuate; to vacate.

évader (s'), seh-väh-deh, *v* to escape; to get away.

évaluer, eh-väh-le-eh, *v* to value; to estimate.

évangile, eh-vah*ng*-sheel, *m* Gospel.

évanouir (s'), seh-văh-noo-eer, *v* to faint; to vanish.

évanouissement, eh-văh-noo-iss-mah*ng*, *m* fainting; swoon.

évaporer (s'), seh-văh-por-eh, *v* to evaporate.

évasé, e, eh-vah-zeh, *pp & a* widened; flared.

évasi-f, ve,* eh-vah-zeeff, *a* evasive.

évasion, eh-vah-se-*ong*, *f* escape; flight.

éveil, eh-vay'e, awakening; *m* warning; **en —,** ah*ng* n'—, on the alert.

éveillé, e, eh-vay'e-yeh, *pp & a* awakened; wide awake; vigilant; alert.

éveiller, eh-vay'e-yeh, *v* to awaken; to call.

événement, eh-venn-mah*ng*, *m* event; occurrence.

éventail, eh-vah*ng*-tah'e, *m* fan.   [issue.

éventer, eh-vah*ng*-teh, *v* to fan; to air; to make flat; **s'—,** to spoil; to go flat.

éventrer, eh-vah*ng*-treh, *v* to rip up; to disembowel.

éventualité, eh-vah*ng*-te-äh-le-teh, *f* contingency; possibility;

éventuel, le,* eh-vah*ng*-te-ell, *a* contingent; possible; [eventual.

évêque, eh-vayk, *m* bishop.

évertuer (s'), seh-vair-te-eh, *v* to exert oneself; to do one's upmost.

évidemment, eh-ve-däh-mah*ng*, *adv* evidently; obviously.

évidence, eh-ve-dah*ng*ss, *f* evidence.

évident, e, eh-ve-dah*ng*, *a* evident; clear.

évider, eh-ve-deh, *v* to scoop out.

évier, eh-ve-eh, *m* sink.

évincer, eh-va*ng*-seh, *v* to turn out; to oust.

éviter, eh-ve-teh, *v* to avoid; to dodge.

évolué, eh-vol-E-eh, *a* advanced; developed.

évolution, eh-voll-E-se-o*ng*, *f* evolution.

évoquer, eh-vock-eh, *v* to conjure up; to call up.

exact, e,* egg-zähckt, *a* exact; accurate; true; punctual.

exaction, egg-zähck-se-o*ng*, *f* extortion.

exactitude, egg-zähck-te-tEED, *f* exactness; accuracy; punctuality. ⌈too far.

exagérer, egg-zäh-**sh**eh-reh, *v* to exaggerate; to go

exalté, e, egg-zähl-teh, *pp* & *a* exalted; elated; enthusiastic; fanatic.

exalter, egg-zähl-teh, *v* to extol; to excite.

examen, egg-zäh-ma*ng*, *m* examination; scrutiny.

examinateur, egg-zäh-me-näh-**ter**, *m* examiner.

examiner, egg-zäh-me-neh, *v* to examine; to inquire into.

exaspérer, egg-zähss-peh-reh, *v* to exasperate; to provoke.

exaucer, egg-zoh-seh, *v* to hear; to grant.

excédent, eck-seh-dah*ng*, *m* surplus; excess.

excéder, eck-seh-deh, *v* to exceed; to weary.

excellemment, eck-say-läh-mah*ng*, *adv* excellently.

excellence, eck-say-lah*ng*ss, *f* excellence.

excellent, e, eck-say-lah*ng*, *a* excellent.

exceller, eck-say-leh, *v* to excel.

excentrique,* eck-säh*ng*-treeck, *a* eccentric.

excepté, eck-sayp-teh, *prep* except.

excepter, eck-sayp-teh, *v* to except.

exception, eck-sayp-se-o*ng*, *f* exception.

excès, eck-say, *m* excess.

excessi-f, ve,* eck-sayss-eeff, *a* excessive; exorbitant.

excitant, e, eck-se-tah*ng*, *a* exciting; stimulating.

excitation, eck-se-täh-se-o*ng*, *f* excitement.

exciter, eck-se-teh, *v* to excite; to rouse.

exclamer (s'), secks-kläh-meh, *v* to exclaim.

exclure, ecks-klEER, *v* to exclude.

exclusi-f, ve,* ecks-klE-zeeff, *a* exclusive. ⌈rights.

exclusivité, ecks-klE-ze-ve-teh, *f* exclusiveness; sole

excommunier, ecks-komm-E-ne-eh, *v* to excommunicate.

excroissance, ecks-kro-äh-sah*ng*ss, *f* excrescence.

excursion, ecks-KEER-se-o*ng*, *f* excursion; tour;

excuse, ecks-KEEZ, *f* excuse; *pl* apology.   [outing.

excuser, ecks-KE-zeh, *v* to excuse; s'—, to apologise; to decline (offer, etc).

exécrer, ecks-eh-kreh, *v* to execrate.

exécutant, egg-zeh-KE-tah*ng*, *m* performer.

exécuter, egg-zeh-ke-teh, *v* to execute; to perform; to carry out; to distrain; s'—, to make an effort; to yield.

exécution, egg-zeh-KE-se-o*ng*, *f* execution; performance; distraint.

exemplaire, egg-zah*ng*-plair, *m* copy; *a* exemplary.

exemple, egg-zah*ng*-pl, *m* example; instance; copy; par —, pähr —, for instance; *interj* fancy! well now!

exempt, e, egg-zah*ng*, *a* exempt; exempted; free.

exempter, egg-zah*ng*-teh, *v* to exempt; to dispense.

exercer, egg-zair-seh, *v* to exercise; to train up; to practise; to follow (a profession).

exercice, egg-zair-seess, *m* exercise; practice; financial year; drill.

exhaler, egg-zäh-leh, *v* to exhale; to vent.

exhausser, egg-zohss-eh, *v* to raise.

exhiber, egg-ze-beh, *v* to exhibit; to show.

exhorter, egg-zor-teh, *v* to exhort.

exhumer, egg-ze-meh, *v* to exhume; to bring to light.

exigeant, e, egg-ze-shah*ng*, *pp & a* exacting; hard to please.

exigence, egg-ze-shah*ng*ss, *f* exigency; demand.

exiger, egg-ze-sheh, *v* to exact; to demand; to insist

exigu, ë, egg-ze-ghE, *a* scanty; small; slender. [upon.

exiguïté, egg-ze-ghE-e-teh, *f* scantiness.

exil, egg-zeel, *m* exile.

exiler, egg-ze-leh, *v* to exile; to banish.

existence, egg-ziss-tah*ng*ss, *f* existence; life; stock in

exister, egg-ziss-teh, *v* to exist; to live. [hand.

exode, egg-zod, *m* exodus.

exonérer, egg-zonn-eh-reh, *v* to exonerate.

exorbitant, e, egg-zor-be-tah*ng*, *a* exorbitant.

exorciser, egg-zor-se-zeh, *v* to exorcise.

expansi-f, ve, ecks-päh*ng*-seeff, *a* expansive; exuberant; effusive.

expédient, ecks-peh-de-ahng, *m* resource; *a* expedient; advisable.

expédier, ecks-peh-de-eh, *v* to post; to expedite; to despatch; to draw up.

expéditeur, ecks-peh-de-ter, *m* sender; shipper; forwarding agent.

expéditi-f, ve, ecks-peh-de-teeff, *a* expeditious.

expédition, ecks-peh-de-se-ong, *f* expedition; forwarding; consignment; copy.

expérience, ecks-peh-re-ahngss, *f* experience; experiment.

expérimenter, ecks-peh-re-mahng-teh, *v* to experiment; to try; to test.

expert, ecks-pair, *m* expert; valuer; surveyor; *a* skilled; ——-comptable, — kong-täh-bl, *m* chartered accountant.

expertise, ecks-pair-teez, *f* valuation; survey.

expier, ecks-pe-eh, *v* to atone for.

expirer, ecks-pe-reh, *v* to expire; to breath out; to die.

explicati-f, ve, ecks-ple-käh-teeff, *a* explanatory.

explication, ecks-ple-käh-se-ong, *f* explanation.

expliquer, ecks-ple-keh, *v* to explain; to construe; to account for.

exploit, ecks-plo'äh, *m* deed, feat; writ.

exploitation, ecks-plo'äh-täh-se-ong, *f* working; cultivation; exploitation.

exploiter, ecks-plo'äh-teh, *v* to work; to cultivate; to turn to account; to take advantage of.

exploiteur, ecks-plo'äh-ter, *m* jobber; exploiter; (*fam*) swindler.

explorer, ecks-plor-eh, *v* to explore.

exploser, ecks-plo-zeh, *v* to explode; to blow up.

explosion, ecks-plo-ze-ong, *f* explosion; outbreak.

exportation, ecks-por-täh-se-ong, *f* export.

exporter, ecks-por-teh, *v* to export.

exposant, ecks-po-zahng, *m* exhibitor; petitioner.

exposé, ecks-po-zeh, *m* statement; account.

exposer, ecks-po-zeh, *v* to expose; to exhibit; to explain.

exposition, ecks-po-ze-se-ong, *f* exposure; exhibition; statement.

exprès, ecks-pray, *adv* on purpose. [statement.

exprès, ecks-pray, *a & m* express (of letter).

expr-ès, esse, ecks-pray, *a* express; explicit.

express, ecks-press, *m* express train; *a* express.

expression, ecks-prayss-e-o*ng*, *f* expression; utterance; expressiveness.

exprimer, ecks-pre-meh, *v* to squeeze out; to express; **s'—,** to express oneself.

expulser, ecks-pEEl-seh, *v* to expel; to turn out.

exquis, e, * ecks-ke, *a* exquisite.

extase, ecks-tahz, *f* ecstasy.

extasier (s'), secks-tah-ze-eh, *v* to be enraptured.

exténuer, ecks-teh-nE-eh, *v* to extenuate; to exhaust.

extérieur, ecks-teh-re-er, *m* exterior; outside.

extérieur, e, * ecks-teh-re-er, *a* external; outward; foreign.

exterminer, ecks-tair-me-neh, *v* to destroy.

externe, ecks-tair*n*, *m* day-pupil; resident medical student; *a* external.

externe, ecks-tair*n*, *m* day-pupil; resident medical student; *a* external.

extincteur, ecks-ta*ng*k-ter, *m* fire-extinguisher.

extinction, ecks-ta*ng*k-se-o*ng*, *f* extinction; suppression; paying-off.

extirper, ecks-teer-peh, *v* to root out.

extorquer, ecks-tor-keh, *v* to extort.

extra, ecks-träh, *m* extra; *a inv* extra special; first class.

extrader, ecks-träh-deh, *v* to extradite.

extraire, ecks-trair, *v* to extract.

extrait, ecks-tray, *m* extract; abstract; certificate.

extraordinaire, * ecks-träh-or-de-nair, *a* unusual; extraordinary.

extravagant, ecks-träh-väh-gah*ng*, *a* extravagant; eccentric.

extrême, * ecks-traym, *a* extreme; utmost; *m* extreme limit.

extrêmité, ecks-treh-me-teh, *f* extremity; end; last moments.

fable, fäh-bl, *f* fable; story; byword.

fabricant, fäh bre-kah*ng*, *m* manufacturer.

fabrication, fäh-bre-käh-se-o*ng*, *f* manufacture.

fabrique, fäh-breeck, *f* making; works.

fabriquer, făh-bre-keh, *v* to manufacture; to make; to forge.

fabuleu-x, se,* făh-bE-ler, *a* fabulous.

façade, făhss-ähd, *f* frontage.

face, făhss, *f* face (of sth); front; aspect; side; **en —,** ahng **—,** opposite.

facétie, făh-seh-see, *f* facetiousness; jest.

facétieu-x, se,* făh-seh-se-**er,** *a* jocular.

fâché, fah-sheh, *a* sorry (**de,** for); angry (**contre,** with); on bad terms (**avec,** with).

fâcher, fah-sheh, *v* to offend; to grieve; to anger; **se —,** to take offence; to get angry.

fâcheu-x, se,* fah-she**r,** *a* grievous; troublesome; annoying; unfortunate.

facile,* făh-seell, *a* easy; fluent; ready.

facilité, făh-se-le-teh, *f* ease; fluency; readiness; *pl* easy terms.

faciliter, făh-se-le-teh, *v* to facilitate.

façon, făh-song, *f* making; make; shape; manner; *pl* affectation.

façonner, făh-sonn-eh, *v* to shape; to form; to turn (on lathe).

factage, făhck-täh**sh,** *m* porterage; carriage.

facteur, făhck-te**r,** *m* maker (of musical instruments); postman; agent; factor.

factice, făhck-teess, *a* factitious.

factieu-x, se,* făhck-se-**er,** *a* factious.

factionnaire, făhck-se-onn-air, *m* sentry.

facture, făhck-tE**Er,** *f* invoice; bill.

facultati-f, ve,* făh-kEEl-tah-teeff, *a* optional.

faculté, făh-kEEl-teh, *f* faculty; power; right.

fadaise, făh-dayz, *f* rubbish; nonsense.

fade, fähd, *a* insipid; flat; dull.

fagot, făh-go, *m* faggot; bundle.

fagoter, făh-got-eh, *v* to bundle up; to rig out; **se —,** to dress like a fright.

faible, fay-bl, *m* weak side; partiality; *a** weak; feeble; poor.

faiblesse, fay-bless, *f* weakness; deficiency; indulgence; swoon.

faiblir, fay-bleer, *v* to weaken; to relax.

faïence, făh-yah**ng**ss, *f* earthenware; crockery.

failli, fah'e-yee, *pp & a* fallen; bankrupt.

faillir, fah'e-yeer, *v* to err; to fail; nearly to. . . .

faillite, fah'e-yeet, *f* failure; bankruptcy; **faire —
fair —,** to go bankrupt.

faim, fang, *f* hunger.

fainéant, e, fay-ney-ahng, *mf & a* idler; idle; slothful

faire, fair, *v* to make; to do; to be; to matter; to form;
to arrange.

faire-part, fair-par, *m* notification card (for a death);
wedding invitation card.

faisable, fer-zăh-bl, *a* feasible.

faisan, fer-zahng, *m* pheasant.

faisandé, e, fer-zahng-deh, *a* (flavour) high; gamy.

faisceau, fayss-oh, *m* bundle; pile.

faiseur, fer-zer, *m* maker; doer; jobber; fussy person.

fait, fay, *pp & a* made; done; full grown; accustomed;
dressed up; **c'est bien —,** say be-ang —, serve (him,
her, them, you, us etc) right.

fait, fay, *m* fact; act; deed; doing; making; feat; **—s
divers,** — de-vair, miscellaneous news.

faîte, fayt, *m* summit; ridge.

faix, fay, *m* burden.

falaise, făh-layz, *f* cliff.

fallacieu-x, se,* făhl-lăh-se-er, *a* fallacious.

falloir, făh-lo'ăhr, *v* to be necessary; must; to be
obliged; should; ought; to want; **il faut que je . . . ,**
ill foh ker sher . . . , I must; **il me faut,** ill mer foh, I
want.

falot, făh-lo, *m* lantern.

falot, e, făh-lo, *a* funny; curious.

falsifier, făhl-se-fe-eh, *v* to counterfeit; to adulterate.

famé, e, făh-meh, *a* famed; **bien —,** be-ang —, of good
repute.

famélique, făh-meh-leeck, *m* starveling; *a* starving.

fameu-x, se,* făh-mer, *a* famous; first-rate.

familiariser, făh-me-le-ăh-re-zeh, *v* to familiarize.

familier, făh-me-le-eh, *m* intimate; conversant (with,
avec).

famili-er, ère,* făh-me-le-eh, *a* familiar.

famille, făh-mee-ye, *f* family; kindred; race.

famine, făh-meen, *f* famine.

fanal, făh-năhl, *m* lantern; beacon.

fanatisme, făh-năh-tissm, *m* fanaticism.

faner, făh-neh, *v* to make hay; to wither; **se —,** to fade
away.

faneur, făh-ner, *m* hay-maker.

fanfare, fah*ng*-fähr, *f* flourish (of trumpets); brass band.

fanfaron, fah*ng*-fäh-ro*ng,* *m* boaster; blusterer.

fange, fah*ng*sh, *f* mire; mud; dirt.

fanion, fah-ne-o*ng,* flag.

fantaisie, fah*ng*-tay-zee, *f* fancy; whim.

fantasmagorie, fah*ng*-tähss-mäh-gor-ee, *f* phantasmagoria.

fantasque, fah*ng*-tähsk, *a* odd; whimsical.

fantassin, fah*ng*-tähss-a*ng,* *m* foot-soldier.

fantastique,* fah*ng*-tass-teeck, *a* fantastic.

fantôme, fah*ng*-tohm, *m* phantom; spectre; ghost.

faon, fah*ng,* *m* fawn.

farce, fährss, *f* stuffing; farce; practical joke.

farcir, fähr-seer, *v* to stuff; to cram.

fard, fähr, *m* paint; rouge.

fardeau, fähr-doh, *m* burden; load.

farder, fähr-deh, *v* to paint; to make-up.

farfouiller, fähr-foo-yeh, *v* to rummage.

farine, fäh-reen, *f* flour; meal.

farineu-x, se, fäh-re-ner, *a* farinaceous.

farouche, fäh-roosh, *a* wild; fierce; sullen; shy.

fascicule, fähss-se-keel, *m* part; instalment; bundle.

fasciner, fähss-se-neh, *v* to fascinate.

fastidieu-x, se,* fähss-te-de-er, *a* tedious.

fastueu-x, se,* fähss-te-er, *a* pompous; ostentatious.

fatal, e,* fäh-tähl, *a* fatal; inevitable.

fatalisme, fäh-täh-lissm, *m* fatalism.

fatigant, e, fäh-te-ghah*ng,* *a* tiring; tedious.

fatigue, fäh-teegh, *f* fatigue; stress; wear and tear.

fatiguer, fäh-te-gheh, *v* to fatigue; to tire.

fatras, fäh-trah, *m* jumble; rubbish.

fatuité, fäh-tE-e-teh, *f* conceit.

faubourg, foh-boohr, *m* outskirt; suburb; quarter.

fauché, foh-sheh, *a* stony broke.

faucher, foh-sheh, *v* to mow; to cut; to reap (field, corn etc); to mow down.

faucille, foh-see-ye, *f* sickle.

faucon, foh-ko*ng,* *m* falcon.

f aufiler, foh-fe-leh, *v* to tack; to baste; to insert; **se —,** to creep in.

faune, fohn, *f* fauna.

faussaire, fohss-air, *m* forger.

fausser, fohss-eh, *v* to bend; to strain; to pervert; to falsify; to be out of tune.

fausset, fohss-ay, *m* spigot; falsetto.

fausseté, fohss-teh, *f* falseness; falsehood; insincerity.

faute, foht, *f* fault; error, mistake; lack; — **de,** — der, for want of.

fauteuil, foh-ter'e, *m* arm-chair; stall; academical chair.

fauti-f, ve,* foh-teeff, *a* faulty; guilty.

fauve, fohv, *m* fawn colour; wild beast; *a* tawny; buff.

fauvette, foh-vett, *f* warbler.

faux, foh, *adv* falsely; *m* falsehood; imitation; forgery.

fau-x, sse,* foh, *a* false; sham; base; bad; imitated.

faux, foh, *f* scythe.

faux-fuyant, foh-fwee-yahng, *m* evasion; subterfuge.

faveur, fåh-ver, *f* favour; interest.

favorable,* fåh-vor-åh-bl, *a* favourable.

favori, te, fåh-vor-e, *a* & *mf* favourite.

favoris, fåh-vor-e, *mpl* side-whiskers.

favoriser, fåh-vor-e-zeh, *v* to favour; to befriend; to aid.

fébrile, feh-breell, *a* feverish.

fécond, e, feh-kong, *a* fecund; fruitful; productive; teeming.

féconder, feh-kong-deh, *v* to fecundate; to fertilize.

fédéré, feh-deh-reh, *a* federate.

fée, feh, *f* fairy.

féerie, feh-ree, *f* fairy-scene; enchantment; pantomime.

féerique, feh-reeck, *a* fairy-like; enchanting.

feindre, fang-dr, *v* to feign; to sham; to pretend.

feint, e, fang, *pp* & *a* feigned; pretended; mock.

feinte, fangt, *f* pretence; sham; dodge.

fêler, fay-leh, *v* to crack (glass etc).

félicitation, feh-le-se-tåh-se-ong, *f* congratulation.

félicité, feh-le-se-teh, *f* happiness.

féliciter, feh-le-se-teh, *v* to congratulate; **se —,** to be pleased (**de,** with).

félin, e, feh-lang, *a* feline.

félon, feh-long, *m* traitor; *a* felonious; traitorous.

félonie, feh-lonn-ee, *f* treason.

fêlure, fay-LEER, *f* crack; split.

femelle, fer-mell, *f* & *a* female.

féminin, feh-me-nang, *m* feminine gender.

féminin, e, feh-me-na*ng*, *a* feminine; womanly.

femme, fǎhmm, *f* woman; wife; **— de chambre,** — de*r* shah*ng*-br, chambermaid; **— de charge,** — de*r* shǎh**rsh,** house-keeper; **— de ménage,** — de*r* meh-nǎhsh, charwoman.

fémur, feh-MEER, *m* thigh-bone.

fenaison, fe*r*-nay-zo*ng*, *f* hay-making.

fendre, fah*ng*-dr, *v* to cleave; to split; to crack; to break through; **se —,** to split; to lunge; to "fork out".

fendu, e, fah*ng*-DE, *pp* & *a* cleft; cloven.

fenêtre, fe*r*-nay-tr, *f* window.

fente, fah*ng*t, *f* split, crack; slot.

fer, fair, *m* iron; horseshoe; sword; *pl* fetters.

fer-blanc, fair-blah*ng*, *m* tin plate.

ferblanterie, fair-blah*ng*t-ree, *f* tin-trade; tin wares.

férié, e, feh-re-eh, *a*: **jour —,** sho**o**r —, holiday (general); bank holiday.

fermage, fair-mǎhsh, *m* rent (farm).

ferme, fairm, *f* farm; farm-house; farming.

ferme, fairm, *adv* firmly; hard; *a** firm; steady; strong; stiff.

ferment, fair-mah*ng*, *m* leaven; ferment.

fermenter, fair-mah*ng*-teh, *v* to ferment; to rise.

fermer, fair-meh, *v* to shut; to close; **— à clef,** — ǎh kleh, to lock.

fermeté, fair-mer-teh, *f* firmness; steadfastness; strength.

fermeture, fair-mer-TEER, *f* closing; shutting.

fermeture éclair, fair-mer-TEER eh-klayr, *f* zip fastener.

fermi-er, ère, fair-me-eh, *mf* farmer.

fermoir, fair-mo'ǎhr, *m* clasp.

féroce,* feh-ross, *a* ferocious; wild; very strict.

ferraille, fay-rah'e *f* scrap-iron; old iron.

ferrailleur, fay-rah'e-yer, *m* scrap merchant.

ferré, e, fay-reh, *pp* & *a* iron-shod; versed; skilled.

ferrer, fay-reh, *v* to bind with iron; to shoe; to metal.

ferrure, fay-REER, *f* iron-work; shoeing.

fertile, fayr-teel, *a* fertile.

fervent, e, fair-vah*ng*, *a*fervent.

ferveur, fair-ver, *f* fervour.

fesse, fayss, *f* buttock; bottom.

fessée, fayss-eh, *f* spanking; smack-bottom.

fesser, fayss-eh, *v* to spank.

festin, fayss-tang, *m* feast; banquet.

feston, fayss-tong, *m* festoon.

fête, fayt, *f* feast; festivity; festival; saint's day; name-day; public holiday.

fêter, fay-teh, *v* to celebrate; to keep as a holiday; to welcome.

fétide, feh-teed, *a* fetid.

feu, fer, *m* fire; fireplace; passion; dash; — **d'artifice,** — dähr-te-fiss, fireworks.

feu, e, fer, *a* late; deceased.

feuillage, fer'e-yähsh, *m* foliage.

feuille, fer'e, *f* leaf; sheet; paper.

feuilleter, fer'e-yer-teh, *v* to turn the leaves of; to run through; to make puff pastry.

feuilleton, fer'e-yer-tong, *m* serial story; literary or scientific article; instalment.

feutre, fer-tr, *m* felt; felt hat.

fève, fayv, *f* bean.

février, feh-vre-eh, *m* February.

fiacre, fe-äh-kr, *m* hackney-coach.

fiançailles, fe-ahng-sah'e, *fpl* betrothal; engagement.

fiancé, e, fe-ahng-seh, *mf* fiancé; fiancée.

fiancer (se), ser fe-ahng-seh, *v* to become engaged.

fibre, fee-br, *f* fibre; feeling; constitution.

ficeler, fis-leh, *v* to tie up; to do up.

ficelle, fe-sell, *f* string; twine; (*fam*) dodge; trick; long thin loaf of bread.

fiche, feesh, *f* label; slip; index card; peg.

ficher, fee-sheh, *v* to drive in; to fix; to put; to give; **se —,** (*fam*) not to care less (**de,** about).

fichu, fee-shE, *m* small shawl; scarf.

fichu, e, fee-shE, *a* (*pop*) wretched; got up; done for; off-colour.

ficti-f, ve,* fick-teeff, *a* fictitious.

fiction, fick-se-ong, *f* invention; fiction.

fidèle,* fe-dell, *a* faithful; true; exact; *m* believer.

fidélité, fe-deh-le-teh, *f* fidelity; loyalty.

fiel, fe-ell, *m* gall; bitterness; hatred.

fiente, fe-ahngt, *f* dung.

fier (se), ser fe-eh, *v* to trust; to count on.

fi-er, ère, *fe-air, a proud; haughty; (fam) rare.*

fierté, fe-air-teh, *f* pride; dignity.

fièvre, fe-ay-vr, *f* fever; restlessness; excitement; **avoir de la —,** äh-vo'ähr der läh —, to have a temperature.

fifre, fee-fr, *m* fife; fifer.

figer, fe-sheh, *v* to congeal; to curdle; to fix.

figue, feeg, *f* fig.

figuier, fe-ghe-eh, *m* fig-tree.

figurant, fe-ghe-rahng, *m* walker-on; extra.

figure, fe-ghEEr, *f* figure; form; face; countenance.

figuré, e, fe-ghE-reh, *a* figurative.

figurer, fe-ghE-reh, *v* to figure; to represent; **se —,** to fancy.

fil, feel, *m* thread; yarn; wire; edge; grain; current.

filament, fe-läh-mahng, *m* filament; thread; string.

filandreu-x, se, fe-lahng-drer, *a* stringy; tough; long-drawn.

filant, e, fe-lahng, *a* ropy; (stars) shooting.

file, feel, *f* file; row; rank; line.

filer, fe-leh, *v* to spin; to draw; to shadow; to run; to slip away; to ladder (stocking); **— à l'anglaise, —** äh lahng-glayz, to take French leave.

filet, fe-lay, *m* thread; net; snare; fillet; trickle.

filial, e, fe-le-ähl, *a* filial.

filiale, fe-le-ähl, *f* subsidiary company.

filigrane, fe-le-grähn, *m* filigree; water-mark.

fille, fee-ye, *f* girl; maid; daughter; servant; **petite —,** per-teet —, grand-daughter.

filleul, e fee-yerl, *mf* godson; god-daughter.

film, feelm, *m* film.

filon, fe-long, *m* lode; vein.

filou, fe-loo, *m* pickpocket; sharper; cheat.

filouter, fe-loo-teh, *v* to cheat.

fils, feess, *m* son; boy; **petit —,** per-te —, grandson.

filtre, feel-tr, *m* filter; percolator; **bout —,** boo —, filter-tip.

filtrer, feel-treh, *v* to filter; to strain.

fin, fang, *f* end; close; aim; purpose.

fin, e, *fang, a* fine; thin; refined; sly; sharp (financier).

final, e, fe-nähl, *a* final.

finance, fe-nahngss, *f* finance.

financer, fe-nahngss-eh, *v* to lay out money.

financier, fe-nahngss-e-eh, *m* financier.

financi-er, ère, fe-nahngss-e-eh, *a* financial.

finaud, e, fe-noh, *a* cunning.

finesse, fe-ness, *f* fineness; nicety; delicacy; acuteness.

fini, fe-ne, *m* finish.

fini, e, fe-ne, *pp & a* finished; consummate; finite.

finir, fe-neer, *v* to finish; to put an end to.

fiole, fe-ol, *f* phial.

firmament, feer-măh-mah*ng*, *m* firmament.

fisc, feessk, *m* treasury; revenue; officials.

fissure, feess-EER, *f* fissure; crack; rent.

fixation, feek-săh-se-o*ng*, *f* fixing.

fixe, * feeks, *a* steady; firm; regular.

fixer, feek-seh, *v* to fix; to determine; to set.

fixité, feek-se-teh, *f* fixedness; stability.

flacon, flăh-ko*ng*, *m* flagon; small bottle; scent-bottle.

flageoler, flăh-**sh**oll-eh, *v* to shake; to tremble.

flageolet, flăh-**sh**oll-ay, *m* flageolet; small kidney bean.

flagrant, e, flăh-grah*ng*, *a* flagrant; **en — délit,** ah*ng* — deh-le, in the very act.

flair, flayr, *m* scent; keenness; flair.

flamant, flăh-mah*ng*, *m* flamingo.

flambeau, flah*ng*-boh, *m* torch; light.

flamber, flah*ng*-beh, *v* to flame; to singe; to blaze.

flamboyer, flah*ng*-bo'ăh-e-eh, *v* to blaze; to glow.

flamme, flăhmm, *f* flame.

flammèche, flăh-maish, *f* spark; flake.

flan, flah*ng*, *m* custard tart.

flanc, flah*ng*, *m* flank; side; loins.

flancher, flah*ng*-sheh, *v* to flinch; to give in.

flâner, flah-neh, *v* to lounge; to hang about.

flanquer, flah*ng*-keh, *v* to flank; to throw; to hit.

flaque, flăhck, *f* puddle.

flasque, flăhssk, *a* flabby; weak.

flatter, flăh-teh, *v* to flatter; to pat; to fawn upon.

flatteu-r, se, * flăh-ter, *mf* flatterer; *a* flattering.

flatuosité, flăh-tE-o-ze-teh, *f* flatulency.

fléau, fleh-oh, *m* scourge; curse; beam; bar.

flèche, flaish, *f* arrow; beam; spire.

fléchir, fleh-sheer, *v* to bend; to give way; to bow; to appease; to fall.

fléchissement, fleh-shiss-mah*ng*, *m* bending; giving way.

flegme, flegm, *m* phlegm; impassivity.

flèmme, flem, *f* laziness.

flétrir, fleh-treer, *v* to wither; to fade; to brand; to disgrace; **se —,** to fade.

flétrissure, fleh-triss-EER, *f* withering; stigma.

fleur, fler, *f* flower; blossom; prime; **à — de,** äh — der on the surface of.

fleurette, fler-rett, *f* floweret; sweet nonsense.

fleurir, fler-reer, *v* to flower; to bloom; to thrive; to adorn with flowers.

fleuve, fler*v*, *m* river.

flexion, fleck-se-ong, *f* bending.

flirter, fleer-teh, *v* to flirt.

flocon, flock-ong, *m* flake; flock.

floraison, flor-ay-zong, *f* flowering; blooming.

florissant, e, flor-iss-ahng, *a* flourishing.

flot, flo, *m* wave; stream; crowd; floating.

flottant, e, flot-ahng, *a* floating; wavering.

flotte, flot, *f* fleet; float; (*fam*) water; rain.

flotter, flot-eh, *v* to float; to waft; to waver; (*fam*) to rain.

flou, e, floo, *a* soft; hazy.

fluctuer, flEEk-tE-eh, *v* to fluctuate.

fluet, te, flE-ay, *a* slender; thin.

fluide, flE-eed, *m* & *a* fluid.

flûte, flEEt, *f* flute; long roll of bread; tall champagne glass.

flux, flE, *m* flux; flow.

fluxion, flEEk-se-ong, *f* inflammation; swelling.

foi, fo'äh, *f* faith; trust; belief.

foie, fo'äh, *m* liver.

foin, fo'ang, *m* hay.

foire, fo'ähr, *f* fair.

fois, fo'äh, *f* time; occasion; **une —,** EEn —, once; **à la —,** äh läh —, at once; both.

foison, fo'äh-zong, *f* plenty; **à —,** äh —, abundantly.

foisonner, fo'äh-zonn-eh, *v* to abound.

fol, fol, *a* (see **fou**).

folâtre, foll-ah-tr, *a* playful; frolicsome.

folâtrer, foll-ah-treh, *v* to frolic.

folichon, ne, foll-e-shong, *a* (*fam* see **folâtre**).

folie, foll-ee, *f* madness; extravagance; mania.

folio, foll-e-o, *m* folio.

folle, fol, *f* mad woman.

follet, foll-ay, *a* merry; **feu —,** fer —, will o' the wisp.

foncé, e, fong-seh, *a* (colour) dark.

foncer, fong-seh, *v* to deepen; to sink; to dash; to rush (**sur,** at).

fonci-er, ère, fong-se-eh, *a* landed; thorough; fundamental; **crédit —,** kreh-de —, mortgage loan society.

foncièrement, fong-se-air-mahng, *adv* thoroughly; fundamentally.

fonction, fongk-se-ong, *f* function; *pl* office; duties.

fonctionnaire, fongk-se-onn-air, *m* official; civil servant.

fonctionner, fongk-se-onn-eh, *v* to work; to be going; to function.

fond, fong, *m* bottom; foundation; depth; ground; substance; amount; **à —,** ăh —, thoroughly.

fondamental, e,* fong-dăh-mahng-tăhl, *a* funda- [mental.

fondant, fong-dahng, *m* fondant sweet.

fondant, e, fong-dahng, *a* melting.

fonda-teur, trice, fong-dăh-ter, *mf* & *a* founder.

fondé, e, fong-deh, *pp* & *a* founded; justified; **— de pouvoir,** — der poo-vo'ăhr, proxy.

fondement, fongd-mahng, *m* foundation; ground.

fonder, fong-deh, *v* to found; to build; to establish; **se —,** to be based; to rely.

fonderie, fongd-ree, *f* foundry.

fondeur, fong-der, *m* founder. [pounce.

fondre, fong-dr, *v* to melt; to cast; to disappear; to

fondrière, fong-dree-air, *f* quagmire; bog.

fonds, fong, *m* land; property; fund; funds; cash; *pl* securities; **— de commerce,** — der komm-airss, business.

fontaine, fong-tain, *f* fountain; spring; cistern.

fonte, fongt, *f* melting; casting; cast-iron; holster.

fonts, fong, *mpl* font; **— baptismaux,** — băh-tiss-moh, christening font.

for, for, *m* **— intérieur,** — ang-teh-re-er, conscience.

forain, e, for-ang, *a* foreign; travelling (of theatre, fair etc).

forban, for-bahng, *m* pirate.

forçat, for-săh, *m* convict.

force, forss, *f* plenty of; *f* strength; power; ability.

forcé, e, for-seh, *pp* & *a* forced; affected; **travaux — s,** trăh-voh —, penal servitude.

forcément, for-seh-mah*ng*, *adv* forcibly; necessarily.

forcené, e, for-ser-neh, *mf* & *a* mad man or woman; mad; furious.

forcer, for-seh, *v* to force; to break open; to compel.

forer, for-eh, *v* to bore; to drill.

forestier, for-ayss-te-eh, *m* forester.

foret, for-ay, *m* drill; borer.

forêt, for-ay, *f* forest.

forfait, for-fay, *m* crime; fine; forfeit; contract; **à —,** ăh —, by contract.

forfanterie, for-fah*ng*t-ree, *f* bragging.

forge, forsh, *f* forge; iron-works.

forger, for-sheh, *v* to forge; to hammer; to make up; **se —,** to fancy.

forgeron, for-sher-rong, *m* blacksmith.

formaliser (se), ser for-măh-le-zeh, to take offence **(de,** at).

formalité, for-măh-le-teh, *f* formality; ceremony.

format, for-măh, *m* size.

formation, fo-măh-se-o*ng*, *f* formation; structure.

forme, form, *f* form; shape; method; mould; structure; *pl* manners.

formel, le,* for-mell, *a* formal; express.

former, for-meh, *v* to form; to create; to train; **se —,** to take form.

formidable, for-me-dăhbl, *a* fearsome; (*fam*) tremendous; super.

formulaire, for-me-lair, *m* formulary; form.

formule, for-meel, *f* formula; prescription; form.

formuler, for-me-leh, *v* to draw up; to express; to prescribe.

fort, for, *adv* very; extremely; *m* strongest part; thickest; height; fort; forte.

fort, e,* for, *a* strong; stout; great; clever; thick; loud; severe; hard.

forteresse, fort-rayss, *f* fortress.

fortifiant, e, for-te-fe-ah*ng*, *a* strengthening; tonic.

fortifier, for-te-fe-eh, *v* to strengthen; to fortify.

fortuit, e,* for-twee, *a* accidental; fortuitous.

fortune, for-teen, *f* fortune; chance; luck.

fortuné, e, for-te-neh, *a* fortunate; well-off.

fosse, fohss, *f* pit; hole; grave.

fossé, fohss-eh, *m* ditch; moat.

fossette, fohss-ett, *f* dimple.

fossile, foss-eell, *m & a* fossil.

fossoyeur, fohss-o'ăh-yer, *m* grave-digger.

fou, folle, foo, fol, *mf* lunatic; fool; (chess) bishop; *a** mad; foolish; in love. (Before a masculine noun beginning with a vowel or **h** mute, the masculine is **fol,** instead of **fou**).

fouailler, foo'ăh'e-yeh, *v* to whip.

foudre, foo-dr, *f* lightning; thunderbolt; thunder; **coup de —,** coo der —, love at first sight.

foudroyant, e, foo-dro'ăh-yahng, *a* crushing; startling; terrifying.

foudroyé, foo-dro'ăh-yeh, *pp* thunderstruck.

foudroyer, foo-dro'ăh-yeh, *v* to strike by lightning; to thunder.

fouet, foo-ay, *m* whip; flogging.

fouetter, foo-ay-teh, *v* to whip; to flog; to lash; to [whisk.

fougère, foo-shair, *f* fern.

fougue, foogh, *f* fire; impetuosity; spirit.

fouille, foo'e-ye, *f* excavation; digging.

fouiller, foo'e-yeh, *v* to excavate; to dig; to search; to rummage.

fouillis, foo'e-yee, *m* confusion; jumble.

fouine, foo-een, *f* marten.

foulant, e, foo-lahng, *a* pressing; crushing.

foulard, foo-lăhr, *m* silk handkerchief; scarf.

foule, fool, *f* crowd; throng; mob.

fouler, foo-leh, *v* to press; to tread; to trample; to [sprain.

foulure, foo-leer, *f* sprain.

four, foohr, *m* oven; kiln; furnace; (*fig*) failure.

fourbe, foohrb, *m* cheat; *a* tricky; deceitful.

fourberie, foohr-ber-ree, *f* cheat; trickery.

fourbir, foohr-beer, *v* to furbish.

fourbu, e, foohr-be, *a* foundered; tired o it.

fourche, foohrsh, *f* fork; pitch· ork.

fourcher, foohr-sheh, *v* to br anco off; to dig v ith pitch fork.

fourchette, foohr-shett, *f* (table) fork; wish-bone.

fourchon, foohr-shong, *m* prong.

fourchu, e, foohr-she, *a* forked; split.

fourgon, foohr-gong, *m* waggon; good's van; poker.

fourgonner, foohr-gonn-eh, *v* to poke; to rake.

fourmi, foohr-me, *f* ant; **avoir des —s,** ah-vo'ăhr deh —, to have pins and needles.

fourmilière, foohr-me-le-air, *f* ant-hill.

fourmiller, foohr-mee-yeh, *v* to teem; to swarm (**de,** with).

fourneau, foohr-noh, *m* stove; furnace; boiler.

fournée, foohr-neh, *f* ovenful; batch; lot.

fourni, e, foohr-ne, *pp* & *a* furnished; thick.

fournir, foohr-neer, *v* to supply; to provide; to stock; to draw (a bill).

fournisseur, foohr-niss-er, *m* supplier; tradesman.

fourniture, foohr-ne-teer, *f* supply; *pl* fittings; supplies.

fourrage, foo-răhsh, *m* fodder.

fourré, foo-reh, *m* thicket. [etc.]

fourré, foo-reh, *a* lined; fur-lined; filled (of chocolates

fourreau, foo-roh, *m* sheath; scabbard; cover.

fourrer, foo-reh, *v* to stuff; to cram; to line with fur.

fourreur, foo-rer, *m* furrier.

fourrière, foo-re-air, *f* pound.

fourrure, foo-reer, *f* fur.

fourvoyer, foohr-vo'ăh-yeh, *v* to lead astray.

foyer, fo'ăh-yeh, *m* hearth; home; centre; theatre entrance hall.

frac, frăhck, *m* dress-coat.

fracas, frăh-kah, *m* noise; din; crash; roar; fuss.

fracasser, frăh-kăhss-eh, *v* to shatter; to smash.

fraction, frăhck-se-ong, *f* fraction.

fractionner, frăhck-se-onn-eh, *v* to divide into fractions.

fracture, frăhck-teer, *f* fracture; breaking.

fracturer, frăhck-te-reh, *v* to fracture; to break.

fragile, * frăh-sheel, *a* fragile; brittle; frail.

fragilité, frăh-she-le-teh, *f* brittleness; frailty.

fragment, frăhg-mahng, *m* fragment; piece; scrap.

frai, fray, *m* spawn; spawning.

fraîcheur, fray-sher, *f* freshness.

fraîchir, fray-sheer, *v* to freshen.

frais, fray, *mpl* expenses; charges; efforts.

frais, fraîche, * fray; fraysh, *a* fresh; cool; new.

fraise, frayz, *f* strawberry.

framboise, frah*ng*-bo'ähz, *f* raspberry.

franc, frah*ng*, *m* franc.

franc, franche,* frah*ng*, frah*ng*sh, *a* free; open; frank; genuine.

français, e, frah*ng*-sseh, *a* French; *mf* Frenchman; Frenchwoman; *m* French language.

franchir, frah*ng*-sheer, *v* to clear; to leap over; to overstep; to overcome.

franchise, frah*ng*-sheez, *f* freedom; openness; exemption.

franciser, frah*ng*-se-zeh, *v* to gallicize; to frenchify.

franco, frah*ng*-ko, *adv* free of charge; paid.

frange, frah*ng*sh, *f* fringe.

franglais, frah*ng*-gleh, *m* mixture of French and English.

franquette, frah*ng*-kett, *f*; **à la bonne —,** äh läh bonn —, without ceremony.

frappant, e, fräh-pah*ng*, *a* striking.

frapper, fräh-peh, *v* to strike; to knock; to rap; to ice; **se —,** to get flustered.

fraternel, le,* fräh-tair-nell, *a* brotherly.

fraterniser, fräh-tair-ne-zeh, *v* to fraternize.

fraternité, fräh-tair-ne-teh, *f* brotherhood.

fraude, frohd, *f* fraud; deceit; smuggling.

frauder, froh-deh, *v* to defraud; to smuggle.

frauduleu-x, se,* froh-d*æ*-ler, *a* fraudulent.

frayer, fray-yeh, *v* to open up; to clear a path; to spawn.

frayeur, fray-yer, *f* fright; dread; terror.

fredaine, frer-dayn, *f* prank; frolic.

fredonner, frer-donn-eh, *v* to hum.

frégate, freh-gäht, *f* frigate; frigate-bird.

frein, fra*ng*, *m* bit; bridle; brake; check.

freiner, freh-neh, *v* to brake; to put on the brakes.

frelater, frer-läh-teh, *v* to adulterate.

frêle, frail, *a* weak; frail.

frelon, frer-long, *m* hornet; drone.

frémir, freh-meer, *v* to shudder; to tremble; to rustle; to simmer.

frémissement, freh-miss-mah*ng*, *m* shuddering; quivering; rustling.

frêne, frain, *m* ash-tree.

frénésie, freh-neh-zee, *f* frenzy.

frénétique,* freh-neh-teeck, *a* frantic.

fréquemment, freh-kăh-mah*ng, adv* frequently.

fréquence, freh-kah*ng*ss, *f* frequency; quickness.

fréquent, e, freh-kah*ng, a* frequent.

fréquenter, freh-kah*ng*-teh, *v* to frequent; to associate with.

frère, frair, *m* brother; friar.

fresque, fressk, *f* fresco.

fret, fray, *m* freight; chartering.

fréter, freh-teh, *v* to charter; to freight.

frétiller, freh-tee-yeh, *v* to frisk; to wriggle; to quiver.

freux, frer, *m* rook.

friable, fre-ăh-bl, *a* friable.

friand, e, fre-ah*ng, a* fond of delicacies.

friandise, fre-ah*ng*-deez, *f* delicacy; tit-bit.

fricandeau, fre-kah*ng*-doh, *m* larded veal.

fricassée, fre-kăhss-eh, *f* fricassée.

fricasser, fre-kăhss-eh, *v* to fricassee; (*pop*) to fritter away.

friche, freesh, *f* waste land.

fricot, fre-ko, *m* (*pop*) stew, ragout.

fricoter, fre-kot-eh, *v* (*pop*) to cook; to feast.

friction, frick-se-o*ng*, *f* friction; rub-down.

frictionner, frick-se-onn-eh, *v* to rub.

frigidaire, fre-she-dair, *m* refrigerator.

frigide, fre-sheed, *a* frigid.

frigorifier, fre-gor-e-fe-eh, *v* to chill; to refrigerate.

frileu-x, se,* fre-ler, *a* chilly; sensitive to cold.

frime, freem, *f* sham.

frimousse, fre-mooss, *f* (*fam*) face.

fringale, fra*ng*-găhl, *f* sudden hunger.

fringant, e, fra*ng*-gha*ng, a* frisky; smart; lively.

fripé, e, fre-peh, *pp & a* rumpled.

friper, fre-peh, *v* to rumple; to crease.

fripi-er, ère, fre-pe-eh, *mf* dealer in old clothes.

fripon, ne, fre-po*ng, mf & a* rogue; rascal; hussy; knavish; roguish.

frire, freer, *v* to fry.

frise, freez, *f* frieze.

friser, free-zeh, *v* to curl; to touch; to skim.

frisson, friss-o*ng, m* shiver; shudder; thrill.

frissonner, friss-onn-eh, *v* to shiver; to quiver; to shudder.

frit, e, free, *pp & a* fried; (*pop*) done for; squandered.

friture, free-teer, *f* frying; dripping; fried fish; crackling noises (telephone etc).

frivole, free-vol, *a* frivolous.

froc, frock, *m* frock (of monk etc).

froid, fro'äh, *m* cold; coldness.

froid, e, * fro'äh, *a* cold; cool; indifferent.   [ence.

froideur, fro'äh-der, *f* coldness; coolness; indiffer-

froissement, fro'ähss-mahng, *m* bruising; rumpling; offence.

froisser, fro'ähss-eh, *v* to rumple; to offend; **se —**, to take offence (**de**, at).

frôlement, frohl-mahng, *m* light rubbing or touching.

frôler, froh-leh, *v* to touch slightly; to graze.

fromage, from-ähsh, *m* cheese.

froment, from-ahng, *m* wheat.

froncer, frongss-eh, *v* to pucker; to frown; to gather

fronde, frongd, *f* sling; catapult.   (sewing).

front, frong, *m* forehead; brow; impudence; front; **faire —**, fair —, to face it.

frontière, frong-te-air, *f* frontier; border.

fronton, frong-tong, *m* pediment.

frottement, frot-mahng, *m* rubbing; friction.

frotter, frot-eh, *v* to rub; to polish.

frottoir, frot-o'ähr, *m* rubbing cloth; scrubbing

frou-frou, froo-froo, *m* rustling.   (brush.

frousse, froos, *f* (*fam*) fear; **avoir la —**, äh-vo'ähr-läh —, to be scared.

ructifier, frEEk-te-fe-eh, *v* to bear fruit.

fructueu-x, se, * frEEk-tE-er, *a* fruitful; profitable.

frugal, e, * frE-ghäl, *a* frugal.

frugal, e, * frE-ghäl, *a* frugal.

fruit, frwee, *m* fruit; offspring; profit.

fruiti-er, ère, frwee-te-eh, *mf* greengrocer; *a* fruit-bearing.

frusques, frEEsk, *fpl* (*fam*) clothes; effects; togs.

fruste, frEEst, *a* worn; defaced.

frustrer, frEEs-treh, *v* to frustrate; to defraud.

fugiti-f, ve, fE-she-teeff, *a* fugitive; transient.

fugue, fEEgh, *f* fugue; spree.

fuir, fweer, *v* to flee; to shun; to leak; to escape.

fuite, fweet, *f* flight; escape; evasion; leakage.

fulgurant, e, fEEl-ghe-rahng, *a* flashing.

fumée, fE-meh, *f* smoke; fume; dream.

fumer, fE-meh, *v* to smoke; to steam; to manure.

fumet, fɛ-may, *m* pleasant smell of cooking; scent; bouquet.

fumier, fɛ-me-eh, *m* manure; dung-hill.

fumiger, fɛ-me-sheh, *v* to fumigate.

fumiste, fɛ-meesst, *m* chimney-mender; practical joker.

fumivore, fɛ-me-vor, *a* smoke-consuming.

fumoir, fɛ-mo'ăhr, *m* smoking-room.

funambule, fɛ-nahng-bEEl, *m* tightrope walker.

funèbre, fɛ-nay-br, *a* funeral; mournful; dismal.

funérailles, fɛ-neh-rah'e, *fpl* funeral.

funeste, fɛ-naysst *a* fatal; disastrous.

funiculaire, fɛ-ne-kɛ-lair, *m* & *a* funicular.

fur, fEEr, *m; au — et à mesure,* oh — eh ăh mer-ZEEr, in proportion; gradually aꞩ.

furet, fɛ-ray, *m* ferret.

fureter, fEEr-teh, *v* to ferret out; to rummage.

fureur, fɛ-rer, *f* fury; rage; mania; **faire —,** fair — to be all the rage.

furibond, e, fɛ-re-bong, *a* furious.

furie, fɛ-ree, *f* fury; rage.

furieu-x, se,* fɛ-re-er, *a* furious; mad; raging.

furoncle, fɛ-rong-kl, *m* boil.

furti-f, ve,* fEEr-teeff, *a* furtive; stealthy.

fusain, fɛ-zang, *m* spindlewood; charcoal pencil.

fuseau, fɛ-zoh, *m* spindle; taper; *pl* skiing trousers.

fusée, fɛ-zeh, *f* fuse; rocket; barrel; spindleful.

fuselage, fEEz-lähsh, *m* fuselage; body.

fuselé, e, fEEz-leh, *a* tapering.

fusible, fɛ-zee-bl, *a* fusible.

fusil, fɛ-ze, *m* rifle; gun.

fusillade, fɛ-zee-yăhd, *f* rifle fire; shooting; execu-
fusiller, fe-zee-yeh, *v* to shoot. ⌊tion.

fusion, fɛ-ze-ong, *f* fusion; melting; amalgamation.

fusionner, fɛ-ze-onn-eh, *v* to amalgamate.

fût, fɛ, *m* cask; stock; shaft.

futaille, fɛ-tah'e, *f* cask; barrel.

futé, e, fɛ-teh, *a* sly; cunning; crafty.

futile,,* fɛ-teel, *a* futile; frivolous.

futilité, fɛ-te-le-teh, *f* futility; frivolousness.

futur, e, fɛ-tEEr, *m* future; future tense; (*fam*) *mf* intended (husband, wife); *a* future; to come.

fuyant, e, fwee-yah*ng*, *a* fleeting; fleeing; receding.
fuyard, e, fwee-yăhr *mf* runaway; *a* runaway; fugitive; shy.

gabarit, găh-băh-re, *m* template; gauge.
gâcher, gah-sheh, *v* to mix; to make a mess of; to spoil.
gâchis, gah-she, *m* slush; mess; confusion; waste.
gaffe, găhf, *f* boat-hook; (*fam*) blunder; **faire une** — fair EEN —, to drop a brick; (*fam*) **faire** —, to take care.
gage, găhsh, *m* pledge; pawn; forfeit; *pl* wages.
gager, găh-sheh, to hire; to bet.
gageure, găh-sHEER, wager.
gagne-pain, găhn-yer-pang, *m* livelihood; bread winner.
gagner, găhn-yeh, *v* to earn; to win; to persuade; **se** —, to be catching.
gai, e, gheh, *a* gay; lively; cheerful.
gaiement, gheh-mahng, *adv* gaily.
galeté, gheh-teh, *f* gaiety; cheerfulness.
gaillard, e, gah'e-yăhr, *a* merry; strong; free; *m* [chap.
gain, gha*ng*, *m* gain; profit; advantage.
gaine, ghain, *f* sheath; case; corset; girdle.
galamment, găh-lăh-mahng, *adv* courteously.
galant, găh-lahng, *m* lover; ladies' man.
galant, e, găh-lahng, *a* courteous; polite; worthy.
galanterie, găh-lahngt-ree, *f* love affair; politeness.
galbe, găhlb, *m* curve; contour.
gale, găhl, *f* mange; scabies.
galère, găh-lair, *f* gallery; *pl* penal servitude.
galerie, găhl-ree, *f* gallery; spectators.
galet, găh-lay, *m* pebble; shingle.
galetas, găhl-tah, *m* garret.
galette, găh-lett, *f* flat cake; biscuit; (*slang*) cash.
galeu-x, se, găh-ler, *a* scabby; mangy.
gallicisme, găhl-le-sissm, *m* French idiom.
galoche, găh-losh, *f* golosh; clog.
galon, găh-long, *m* braid; *pl* stripes.
galop, găh-lo, *m* gallop; great haste; scolding.
galoper, găh-lop-eh, *v* to gallop; to run on.

galopin, găh-lop-an*g*, *m* urchin; scamp.

gambader, gahn*g*-băh-deh, *v* to gambol.

gamelle, găh-mell, *f* mess-tin.

gamin, e, găh-man*g*, *mf* urchin; youngster.

gamme, găhm, *f* gamut; scale.

ganglion, gahn*g*-gle-on*g*, *m* ganglion; glands.

ganse, gahn*g*ss, *f* cord; braid.

gant, gahn*g*, *m* glove; — **de toilette,** — der to'äh-lett, face-flannel.

garage, găh-rähsh, *m* garage.

garant, e, găh-rahn*g*, *mf* guarantor; surety; bail.

garantie, găh-rahn*g*-tee, *f* guarantee; warranty; safeguard.

garantir, găh-rahn*g*-teer, *v* to-guarantee; to secure; to protect.

garce, găhrss, *f* (*vulg*) bitch.

garçon, găhr-son*g*, *m* boy; lad; bachelor; waiter.

garçonnière, găhr-sonn-e-air, *f* bachelor's flat.

garde, găhrd, *m* keeper; watchman; warder.

garde, găhrd, *f* guard; care; keeping; watch; protection; nurse.

garder, găhr deh, *v* to guard; to watch; to look after; to keep.

gardien, ne, găhr-de-an*g*, *mf* guardian; keeper; trustee.

gare, găhr, *f* station; terminus.

gare! găhr, *interj* look out!

garenne, găh-rain, *f* warren.

garer, găh-reh, *v* to park (car); to shunt; **se —,** to get out of the way.

gargarisme, găhr-găh-reessm, *m* gargle.

garnement, găhr-ner-mahn*g*, *m* scamp; rogue.

garnir, găhr-neer, *v* to furnish (**de**, with); to adorn; to line; to decorate; to garnish.

garnison, găhr-ne-zon*g*, *f* garrison.

garniture, găhr-ne-tɛɛr, *f* set; trimming; ornaments; garnishing.

garrot, găh-roh, *f* tourniquet.

garrotter, găh-rott-eh, *v* to tie down; to garotte.

gars, gas, gah, *m* lad.

gasconnade, găhss-konn-ähd, *f* bragging; tall story.

gaspiller, găhss-pee-yeh, *v* to squander; to waste.

gastronome, găhss-tronn-omm, *m* gastronomer.

gâteau, gah-toh, *m* cake.

gâter, gah-teh, *v* to spoil; to damage; to spoil (person).

gauche, gohsh, *f* left side; *a* left; clumsy.

gauchement, gohsh-mahng, *adv* awkwardly.

gauch-er, ère, goh-sheh, *a* left-handed.

gaucherie, gohsh-ree, *f* awkwardness.

gaufre, ghoh-fr, *f* wafer; waffle.

gaule, gohl, *f* long pole; switch.

gave, gāhv, *m* stream; torrent; (*fam*) crop of birds.

gaver, gahv-eh, *v* to cram (with food).

gavroche, gäh-vrosh, *m* street urchin.

gaz, gahz, *m* gas; gas-light.

gaze, gahz, *f* gauze.

gazeu-x, se, gah-zer, *a* sparkling; fizzy.

gazomètre, gah-zo-met-tr, *m* gasometer.

gazon, gah-zong, *m* grass; turf; green.

gazouiller, găh-zoo'e-yéh, *v* to warble; to chirp.

geai, shay, *m* jay; jackdaw.

géant, e, sheh-ahng, *mf* & *a* giant; giantess; gigantic.

geindre, shang-dr, *v* to whimper; to whine.

gel, shehl, *m* frost; freezing.

gelée, sher-leh, *f* frost; jelly.

geler, sher-leh, *v* to freeze.

gémir, sheh-meer, *v* to groan; to lament; to grieve.

gémissement, sheh-miss-mahng, *m* groan; lamentation.

gemme, shaym, *f* gem; *a* sel —, sell —, rock salt.

gênant, e, shay-nahng, *a* troublesome; awkward; embarrassing.

gencive, shahng-seev, *f* gum.

gendarme, shahng-dăhrm, *m* policeman.

gendre, shahng-dr, *m* son-in-law.

gêne, shayn, *f* hindrance; embarrassment; want.

gêner, shay-neh, *v* to hinder; to inconvenience; se —, to put oneself out.

général, e, * sheh-neh-răhl, *a* & *mf* general.

générale, sheh-neh-răhl, *f* alarm; firedrum.

généreu-x, se, * sheh-neh-rer, *a* generous.

générosité, sheh-neh-roz-e-teh, *f* generosity.

genèse, sher-nayz, *f* Genesis; birth; origin.

genêt, sher-nay, *m* broom; furze.

génial, e, * sheh-ne-ăhl, *a* inspired; full of genius.

génie, sheh-nee, *m* genius; spirit; engineers.
genièvre, sher-ne-ay-vr, *m* juniper; gin.
génisse, sheh-neess, *f* heifer.
génitif, sheh-ne-teeff, *m* genitive case.
genou, sher-noo, *m* knee.
genre, shahng‍r, *m* kind; species; gender; manner;
gens, shahng, *mf pl* people; men; servants. ⌊form.
gent, shahng, *f* race; tribe.
gentil, le, shahng-tee, *a* nice; kind; good.
gentilhomme, shahng-tee-yomm, *m* nobleman;
gentleman.
gentillesse, shahng-tee-yess, *f* kindness.
gentiment, shahng-te-mahng, *adv* nicely.
géographie, sheh-ogh-räh-fee, *f* geography.
geôli-er, ère, shoh-le-eh, *mf* jailer.
géologue, sheh-oll-ogh, *m* geologist.
géométrie, sheh-omm-eh-tree, *f* geometry.
gérance, sheh-rahngss, *f* management.
gérant, e, sheh-rahng, *mf* manager; manageress.
gerbe, shairb, *f* sheaf; bundle; bunch; spray.
gercé, shair-seh, *a* chapped.
gerçure, shair-seer, *f* crack; chap (of hands).
gérer, sheh-reh, *v* to manage; to run.
germain, e, shair-mang, *a* german; first (of cousin)
germe, shairm, *m* germ; shoot; seed.
gérondif, sheh-rong-deeff, *m* gerund.
gésier, sheh-ze-eh, *m* gizzard.
geste, shesst, *m* gesture; motion; sign.
gesticuler, shess-te-ke-leh, *v* to gesticulate.
gestion, shess-te-ong, *f* management; administration.
gibecière, sheeb-se-air, *f* game-bag; pouch.
gibelotte, sheeb-lot, *f* rabbit stewed in wine.
gibet, shee-bay, *m* gallows.
gibier, she-be-eh, *m* game (birds, animals).
giboulée, she-boo-leh, *f* spring-shower.
giboyeu-x, se, she-bo'ah-yer, *a* well stocked with
gicler, she-kleh, *v* to spurt out. ⌊game.
gifle, shee-fl, *f* slap in the face.
gigantesque, she-gahng-tayssk, *a* gigantic.
gigot, she-go, *m* leg of mutton.
gigoter, she-got-eh, *v* to kick about.
gilet, she-lay, *m* waistcoat.

gingembre, sha*ng*-sha*h*ng-br, *m* ginger.

girafe, she-rähf, *f* giraffe.

girofle, she-rofl, *m* clove.

giroflée, she-rof-leh, *f* gillie; flower; wall-flower.

girouette, she-roo-ayt, *f* vane; weathercock.

gisant, she-zah*ng*, *a* lying.

gisement, sheez-mah*ng*, *m* layer; deposit; stratum.

gît, she, *v* lies; **ci —, se —**, here lies.

gîte, sheet, *m* shelter; lair; deposit; leg of beef.

givre, shee-vr, *m* hoar-frost; rime.

glabre, glah-br, *a* clean-shaven.

glace, glähss, *f* ice; ice-cream; looking-glass; car window.

glacé, e, glähss-eh, *pp & a* frozen; icy; glazed; crystallized.

glacial, e, glähss-e-ähl, *a* icy; freezing.

glacière, glähss-e-air, *f* ice-house; refrigerator.

glaçon, glähss-o*ng*, *m* icicle; ice cube.

glaïeul, glah-yerl, *m* gladiolus; iris.

glaise, glayz, *f* clay.

glaive, glayv, *m* sword.

gland, glah*ng*, *m* acorn; earth-nut; tassel.

glaner, glah-neh, *v* to glean.

glapir, glah-peer, *v* to yelp; to yap.

glas, glah, *m* knell; passing bell.

glissant, e, gliss-ah*ng*, *a* slippery; sliding.

glisser, gliss-eh, *v* to slip; to slide; to glide; to touch lightly; **se —**, to creep.

globe, glob, *m* globe; ball; orb.

gloire, glo'ähr, *f* glory; pride; halo.

glorieu-x, se,* glor-e-er, *a* glorious; proud; vain-glorious.

glorifier, glor-e-fe-eh, *v* to glorify; **se —**, to glory (**de,**

gloser, glohz-eh, *v* to gloss; to criticise. [**in**).

glousser, glooss-eh, *v* to cluck.

glouton, ne, gloo-to*ng*, *mf* glutton; *a* gluttonous.

glu, glE, *f* birdlime.

gluant, e, glE-ah*ng*, *a* sticky.

glycine, glee-seen, *f* wistaria.

gober, gob-eh, *v* to gulp down; to swallow; (*fam*) to believe anything; to adore (someone).

gobeu-r, se, gob-er, *mf* simpleton; credulous person.

godet, god-ay, *m* saucer (for painters); bowl.

godiche, godichon, ne, god-eesh, god-e-shong, *mf* & *a* ninny; awkward.

goéland, gweh-lah*ng*, *m* sea-gull.

goélette, gweh-lett, *f* schooner.

gogo, gogh-o, *adv phr fam*: à —, ăh —, in abundance.

goguenard, e, gog-nähr, *mf* & *a* jeering; chaffer.

goinfre, gwang-fr, *m (fam)* greedy-guts.

golf, golf, *m* golf; golf-links; jersey.

golfe, golf, *m* gulf.

gomme, gomm, *f* gum; rubber.

gond, gong, *m* hinge.

gondole, gong-dol, *f* gondola.

gondoler, gong-do-leh, *v* to warp; to buckle.

gonfler, gong-fleh, *v* to swell; to inflate.

gorge, gorsh, *f* throat; breast; pass; groove.

gorgée, gor-sheh, *f* mouthful; gulp; sip.

gorger, gor-sheh, *v* to gorge; to cram.

gosier, goz-e-eh, *m* throat; gullet.

gosse, goss, *m (fam)* kid; youngster.

goudron, goo-drong, *m* tar.

gouffre, goo-fr, *m* gulf; abyss.

goujat, goo-shăh, *m* cad.

goulot, goo-lo, *m* neck (of a bottle).

goulu, e, goo-lE, *mf* & *a* glutton; greedy.

goulûment, goo-lEE-mah*ng*, *adv* greedily.

gourd, e, goohr, *a* benumbed.

gourde, goohrd, *f* gourd; flask; *(fam)* fool.

gourdin, goohr-dang, *m* cudgel.

gourer (se), ser goohr-eh, *v* to be mistaken.

gourmand, e, goohr-mah*ng*, *mf* & *a* greedy; glutton; gormandizer.

gourmandise, goohr-mah*ng*-deez, *f* greediness; *pl* sweets.

gourmé, e, goohr-meh, *pp* & *a* stiff; formal.

gourmet, goohr-may, *m* epicure; gourmet.

gousse, goos, *f* pod; husk; shell; clove.

goût, goo, *m* taste; flavour; liking; style.

goûter, goo-teh, *v* to taste; to relish; to try; *m* afternoon tea.

goutte, goot, *f* drop; dram; gout.

gouttière, goo-te-air, *f* gutter; rain-pipe; *pl* eaves.

gouvernail, goo-vair-nah'e, *m* rudder; helm.

gouvernant, goo-vair-nah*ng*, *m* ruler.

gouvernante, goo-vair-nah*ng*t, *f* governess; housekeeper; nanny.

gouverne, goo-vairn, *f* guidance; rule of conduct.

gouvernement, goo-vair-ner-mah*ng*, *m* government; management; steering.

gouverneur, goo-vair-ner, *m* governor; tutor.

grabat, grah-bǎh, *m* pallet.

grâce, grahss, *f* grace; mercy; thanks; charm.

gracier, grah-se-eh, *v* to pardon.

gracieu-x, se,* grah-se-er, *a* gracious; kind; courteous; pleasant; grateful.

grade, grahd, *m* grade; rank; degree.

gradé, grah-deh, *m* non-commissioned officer.

gradin, grah-da*ng*, *m* tier; step.

gradué. grah-dE-eh, *m* graduate.

graduel, le,* grah-dE-ell, *a* gradual.

grain, gra*ng*, *m* grain; seed; corn; squall.

graine, grayn, *f* seed; berry; grain.

graissage, grayss-ǎsh, *m* greasing; lubrication.

graisse, grayss, *f* grease; fat; dripping; suet.

graisser, grayss-eh, *v* to grease.

graisseu-x, se, grayss-er, *a* greasy.

grammaire, grah-mair, *f* grammar.

grammatical, e,* grah-mǎh-te-kǎhl, *a* grammatical.

gramme, grǎhm, *m* gram.

grand, grah*ng*, *m* greatness; grandee; grown-up.

grand, e,* grah*ng*, *a* great; big; tall; grown up; much.

grandeur, grah*ng*-der, *f* greatness; size; magnitude; dignity.

grandiose, grah*ng*-de-ohz, *m* grandeur; *a* grand.

grandir, grah*ng*-deer, *v* to grow; to increase; to exaggerate.

grandmère, grah*ng*-mair, *f* grandmother.

grand-oncle, grah*ng*-t'o*ng*-kl, *m* great-uncle.

grand-père, grah*ng*-pair, *m* grandfather.

grandroute, grah*ng*-root, *f* high road; main road.

grandtante, grah*ng*-tah*ng*t, *f* great-aunt.

grange, grah*ng*sh, *f* barn.

granit, grah-neet, or grah-nee, *m* granite.

granule, grah-nEEl, *m* granule.

graphique, gräh-feeck, *m* graph; diagram; *a** graphi-
graphite, gräh-feet, *m* black-lead. [cal.
grappe, grähp, *f* bunch; cluster.
grappin, gräh-pang, *m* grapnel.
gras, grah, *m* fat part; (legs) calf; fat (on meat).
gras, se, grah, *a* fat; plump; greasy; rich.
grassement, grahss-mahng, *adv* plentifully.
grasseyer, grähss-ay-yeh, *v* to roll one's r's.
grassouillet, te, grähss-oo'e-yay, *a* plump; chubby.
gratification, gräh-te-fe-käh-se-ong, *f* gratuity.
gratifier, gräh-te-fe-eh, *v* to favour; to confer; to
     bestow.
gratin, gräh-tang, *m* burnt part; **au —**, oh —,
     (cooked) with breadcrumbs.
gratis, gräh-tiss, *adv* gratis.
gratitude, gräh-te-teed, *f* gratitude.
gratte-ciel, gräht-se-ell, *m* sky-scraper.
gratter, gräh-teh, *v* to scratch; to scrape.
grattoir, gräh-to'ähr, *m* scraper.
gratuit, e,* gräh-twee, *a* gratuitous; free.
gratuité, gräh-twee-teh, *f* gratuitousness.
grave,* grähv, *a* grave; serious; deep.
gravelle, gräh-vell, *f* stones (in bladder etc).
gravelure, grähv-leer, *f* obscenity; smut.
graver, gräh-veh, *v* to engrave.
graveur, gräh-ver, *m* engraver; etcher.
gravier, gräh-ve-eh, *m* gravel; grit.
gravir, gräh-veer, *v* to climb.
gravité, gräh-ve-teh, *f* gravity; weight; sedateness;
     seriousness.
graviter, gräh-ve-teh, *v* to gravitate.
gravure, gräh-veer, *f* engraving; print.
gré, greh, *m* will; liking; thankfulness.
gredin, e, grer-dang, *mf* villain; rascal.
gréer, greh-eh, *v* to rig.
greffe, grayf, *m* record-office; registrar's office.
greffe, grayf, *f* graft; grafting.
greffier, gray-fe-eh, *m* registrar.
grêle, grayl, *f* hail; *a* slender; slim.
grêlon, gray-long, *m* hailstone.
grelot, grer-lo, *m* small round bell.
grelotter, grer-lot-eh, *v* to shiver.

grenade, grer-năhd, *f* grenade; pomegranate.   [tree.

grenadier, grer-năh-de-eh, *m* grenadier; grenade

grenadine, grer-năh-deen, *f* pomegranate syrup.

grenat, grer-năh, *m* garnet; *a* garnet; red.

grenier, grer-ne-eh, *m* garret; granary; lumber-room.

grenouille, grer-noo'e-ye, *f* frog.

grenu, e, grer-NE, *a* (oil) clotted.

grès, gray, *m* sandstone; stoneware.

grève, grayv, *f* strand; beach; strike.

grever, grer-veh, *v* to burden.

gréviste, greh-veesst, *m* striker.

gribouiller, gre-boo'e-yeh, *v* to scrawl; to scribble.

grief, gree-eff, *m* grievance; cause of complaint.

grièvement, gree-ayv-mahng, *adv* severely; grievously.

griffe, greeff, *f* claw; clutch; signature; stamp.

griffer, greeff-eh, *v* to scratch.

griffonner, greeff-onn-eh, *v* to scribble.

grignoter, green-yot-eh, *v* to nibble.

grigou, gre-goo, *m* sordid miser.

gril, gree, *m* grid; grill.

grillade, gree-yăhd, *f* grilling; grilled meat.

grillage, gree-yăhsh, *m* grilling; wire-work; iron-railing; grate.

grille, gree-ye, *f* iron bar; iron gate; railing.

griller, gree-yeh, *v* to grill; to toast; to rail in.

grillon, gree-yong, *m* cricket.

grimace, gree-măhss, *f* grimace; wry face.

grimper, grang-peh, *v* to climb; to creep up.

grincement, grangss-mahng, *m* gnashing; grating; grinding (of teeth).

grincer, grang-seh, *v* to grate; to gnash; to creak.

grincheu-x, se,* grang-sher, *a* grumpy; crabbed.

gringalet, grang-găh-lay, *m* thin fellow.

grippe, greep, *f* influenza; dislike.

gripper, greep-eh, *v* to gripe; to clutch; to snatch up.

grippe-sou, greep-soo, *m* skinflint; miser.

gris, gre, *m* grey.

gris, e, gre, *a* grey; dull.

grisâtre, gre-zah-tr, *a* greyish.

griser, gre-zeh, *v* (*fam*) to make tipsy; to excite.

grisonner, gre-zonn-eh, *v* to go grey.

grive, greev, *f* thrush.

grogner, gronn-yeh, *v* to grunt; to growl; to grumble.

grognon, gronn-yong, *a* & *mf* (*f inv*) grumbling; cross-patch.

groin, grwang, *m* snout.

grommeler, gromm-leh, *v* to grumble; to mutter.

grondement, grongd-mah*ng*, *m* growling; snarl; rumbling.

gronder, grong-deh, *v* to growl; to roar; to rumble; to scold.

gros, groh, *m* main part; bulk; wholesale.

gros, groh, *adv* much; a great deal; **en —,** wholesale.

gros, se,* groh, *a* big; large; fat; coarse; pregnant.

groseille, groh-zay'e, *f* currant; **— à maquereau,** — äh mähck-roh; gooseberry.

grossesse, gross-ayss, *f* pregnancy.

grosseur, gross-er, *f* size; tumour.

grossier, ère,* gross-e-eh, *a* coarse; rough; vulgar.

grossièreté, gross-e-air-teh, *f* coarseness; rudeness; rude thing.

grossir, gross-eer, *v* to enlarge; to put on weight.

grossissant, e, gross-iss-ah*ng*, *a* magnifying.

grotesque, grot-essk, *m* grotesque; *a** grotesque; absurd.

grotte, grot, *f* grotto.

grouiller, groo'e-yeh, *v* to stir; to swarm; to rumble.

groupe, groop, *m* group; clump; cluster.

groupement, groop-mah*ng*, *m* group.

grouper, groo-peh, *v* to group.

gruau, grE-oh, *m* wheat flour; oatmeal; gruel.

grue, grE, *f* crane.

grumeau, grE-moh, *m* clot; lump; curd.

gruyère, grE-yair, *m* Gruyère cheese.

guenille, gher-nee-ye, *f* rag; tattered garment.

guenon, gher-nong, *f* she-monkey; ugly woman.

guêpe, ghayp, *f* wasp.

guêpier, ghay-pe-eh, *m* wasps' nest.

guère (ne...), ne*r* ... ghair, *adv* hardly; not much.

guéret, gheh-ray, *m* fallow land.

guéridon, gheh-re-dong, *m* pedestal table.

guérir, gheh-reer, *v* to cure; to heal; to recover.

guérison, gheh-re-zo*ng*, *f* cure; recovery.

guerre, ghair, *f* war; strife; (*fam*) war-office.

guerri-er, ère, ghair-e-eh, *mf* warrior; warlike;
martial.

guerroyer, ghair-o'ăh-yeh, *v* to wage war.

guet, gay, *m* watch; **au —,** oh —, on the watch.

guet-apens, gay t'ăh-pahng, *m* ambush; trap.

guêtre, gay-tr, *f* gaiter; spat; legging.

guetter, ghay-teh, *v* to watch for; to look for.

gueule, gherl, *f* mouth (of animal); jaws; (*pop*) mug;
avoir la — de bois, ăh-vo'ăhr lah — der bo'ăh, to
have a hang-over.

gueuler, gher-leh, *v* (*fam*) to bawl.

gueu-x, se, gher, *a* beggarly; wretched; *mf* beggar;
[tramp.

gui, ghe, *m* mistletoe.

guichet, ghe-shay, *m* wicket; booking office; pay desk;
turnstile.

guide, gheed, *m* guide; guide-book; *f* rein.

guider, ghe-deh, *v* to guide; to actuate.

guidon, ghe-dong, *m* flag; broad-pennant; handle-bar.

guigne, gheen-yer, *f* black cherry; bad luck.

guignol, gheen-yol, *m* puppet show; Punch.

guillemet, gheel-may, *m* inverted comma.

guilleret, te, ghee-yer-ray, *a* merry; lively.

guillotine, ghee-yot-een, *f* guillotine.

guimauve, ghe-mohv, *f* marsh-mallow.

guindé, e, ghang-deh, *pp & a* hoisted; strained; stiff.

guinée, ghe-neh, *f* guinea.

guinguette, ghang-gayt, *f* suburban public-house.

guirlande, gheer-lahngd, *f* garland; wreath.

guise, gheez, *f* way; humour; fancy.

guitare, ghe-tăhr, *f* guitar.

gymnase, sheem-nahz, *m* gymnasium.

gynécologue, shee-nehck-o-log, gynaecologist.

There is no liaison with or elision before words
marked thus: §

§ha! ăh, *interj* ha! ah!

habile,* ăh-beell, *a* clever; qualified.

habileté, ăh-beell-teh, *f* ability; cleverness.

habillement, ăh-bee-yer-mahng, *m* clothing; dress;
suit of clothes.

habiller, ăh-bee-yeh, *v* to dress.
habit, ăh-be, *m* coat; dress-coat; *pl* clothes.
habitant, e, ăh-be-tahng, *mf* inhabitant; resident; inmate.
habitation, ăh-be-tăh-se-ong, *f* dwelling; abode.
habiter, ăh-be-teh, *v* to inhabit; to live in; to reside.
habitude, ăh-be-tEED, *f* habit; use; practice.
habitué, e, ăh-be-tE-eh, *mf* regular customer.
habituel, le,* ăh-be-tE-ell, *a* customary.
habituer, ăh-be-tE-eh, *v* to accustom; to inure.
§**hâbler,** ah-bleh, *v* to brag; to boast.
§**hâbleu-r, se,** ah-bler, *mf* bragger.
§**hache,** ăhsh, *f* axe; hatchet.
§**hacher,** ăh-sheh, *v* to chop; to cut to pieces; to mince (meat etc).
§**hachette,** ăh-shett, *f* hatchet.
§**hachis,** ăh-she, *m* hash; minced meat.
§**hagard, e,** ăh-găhr, *a* haggard.
§**haie,** ay, *f* hedge; fence; line; row.
§**haillon,** ah'e-yong, *m* rag; tatter.
§**haine,** ain, *f* hatred; hate; spite.
§**haineu-x, se,*** ay-ner, *a* hateful; spiteful.
§**haïr,** ăh'e-eer, *v* to hate.
§**haïssable,** ăh-eess-ăh-bl, *a* odious; hateful.
§**halage,** ah-lăhsh, *m* towing.
§**hâlé, e,** ah-leh, *a* sunburnt.
haleine, ăh-lain, *f* breath; wind.
§**haler,** ah-leh, *v* to tow; to brown; to tan.
§**haleter,** ăhl-teh, *v* to pant.
§**halle,** ăhl, *f* market; market-place.
§**hallebarde,** ăhl-băhrd, *f* halberd; **il pleut des —,** ill pler day —, it rains cats and dogs.
§**hallier,** ăh-le-eh, *m* thicket.
hallucination, ăhl-lE-se-năh-se-ong, *f* hallucination.
§**halte,** ăhlt, *f* halt; stop; halting-place; **— là! —** lăh, stop!
§**haltère,** ăhl-tair, *f* dumb-bell.
§**hamac,** ăh-măhck, *m* hammock.
§**hameau,** ăh-moh, *m* hamlet.
hameçon, ăhm-song, *m* fish-hook; (*fig*) bait.
§**hampe,** ahngp, *f* staff; handle.
§**hanche,** ahngsh, *f* hip; haunch.
§**hangar,** ahng-găhr, *m* shed; outhouse; hangar.

§hanneton, ăhn-tong, *m* cockchafer; may-bug.

§hanter, ahng-teh, *v* to frequent; to haunt.

§happer, ăh-peh, *v* to snap up; to snatch; to catch.

§harangue, ăh-rahng-gh, *f* harangue; address;

§haras, ăh-rah, *m* breeding-stud. ⎣speech.

§harasser, ăh-răhss-eh, *v* to tire out.

§harceler, ăhr-ser-leh, *v* to harass; to plague.

§harde, ăhrd, *f* leash; *pl* wearing-apparel.

§hardi, e, ăhr-de, *a* bold; impudent.

§hardiment, ăhr-de-mahng, *adv* boldly.

§hardiesse, ăhr-de-ess, *f* boldness; assurance; im-

§hareng, ăh-rahng, *m* herring. ⎣pudence.

§hargneu-x, se, ăhrn-yer, *a* surly; peevish.

§haricot, ăh-re-ko, *m* kidney-bean; — **vert**, — vair, French bean.

harmonie, ăhr-monn-ee, *f* harmony; harmonics; agreement.

harmonieu-x, se,* ăhr-monn-e-er, *a* harmonious.

§harnachement, ăhr-năhsh-mahng, *m* harnessing;

§harnais, ăhr-nay, *m* harness. ⎣harness.

§haro, ăh-ro, *m* hue and cry.

harpagon, ăhr-păh-gong, *m* (*fam*) miser.

§harpe, ăhrp, *f* harp.

§harpon, ăhr-pong, *m* harpoon.

§hasard, ăh-zăhr, *m* luck; chance; risk.

§hasardeu-x, se,* ăh-zăhr-der, *a* hazardous; unsafe.

§hâte, aht, *f* haste; hurry.

§hâter, ah-teh, *v* to hasten; to urge on; to expedite.

§hâti-f, ve,* ah-teeff, *a* forward; early; hasty.

§hausse, ohss, *f* block; rise.

§hausser, ohss-eh, *v* to arise; to lift; to increase; to advance; — **les épaules**, — leh zeh-pohl, to shrug one's shoulders.

§haussier, ohss-e-eh, *m* (Stock Exchange) bull.

§haut, oh, *m* height; summit; rap.

§haut, e,* oh, *a* high; lofty; tall; erect; great.

§hautain, e,* oh-tang, *a* haughty.

§hautbois, oh-bo'ăh, *m* oboe.

§hauteur, oh-ter, *f* height; eminence; haughtiness.

§haut-parleur, oh-pahr-ler, *m* loudspeaker; ampli-

§havane, ăh-văhn, *m* Havana cigar. ⎣fier.

§hâve, ahv, *a* wan; emaciated.

§havre, ah-vr, *m* harbour.

§havresac, ah-vrer-săhck, *m* knapsack.

§hé! eh, *interj* hoy! ho! hullo! I say!

hebdomadaire, ehb-domm-ăh-dair, *a* weekly; (*fam*) weekly paper.

héberger, eh-bair-**sh**eh, *v* to lodge; to offer a home [to.

hébété, e, eh-beh-teh, *a* dazed; vacant.

hébreu, eh-brer, *m* & *a* Hebrew.

hectare, eck-tăhr, *m* hectare (100 ares, 2.47 English [acres).

§hein! ang, *interj* eh! what!

§hélas! eh-lăhss, *interj* alas!

§héler, eh-leh, *v* to hail.

hélice, eh-leess, *f* propeller, screw.

hélicoptère, eh-li-cop-tair, *m* helicopter.

hémisphère, eh-miss-fair, *m* hemisphere.

hémorragie, eh-mor-ăh-**sh**ee, *f* haemorrhage.

hémorroïdes, eh-mor-o-eed, *fpl* piles.

§hennir, ăh-neer or eh-neer, *v* to neigh.

herbage, air-băh**sh**, *m* grass; pasture.

herbe, airb, *f* grass; herb; weed.

herboriste, air-bor-eest, *m* herbalist.

§hère, air, *m* wretch; poor devil.

héréditaire, eh-reh de-tair, *a* hereditary.

hérédité, eh-reh-de-teh, *f* heredity.

hérésie, eh-reh-zee, *f* heresy.

§hérisser, eh-riss-eh, *v* to bristle up; **se —**, to stand on end (of hair).

§hérisson, eh-riss-ong, *m* hedgehog.

héritage, eh-re-tăh**sh**, *m* inheritance; heritage.

hériter, eh-re-teh, *v* to inherit; (*fam*) to get.

hériti-er, ère, eh-re-te-eh, *mf* heir; heiress.

hermétique,* air-meh-teeck, *a* hermetic.

hermine, air-meen, *f* ermine.

§hernie, air-nee, *f* hernia; rupture.

héroïne, eh-ro-een, *f* heroine; heroin.

héroïque,* eh-ro-eeck, *a* heroic.

§héron, eh-rong, *m* heron.

§héros, eh-ro, *m* hero.

§herse, airss, *f* harrow.

hésiter, eh-ze-teh, *v* to hesitate. [anomalous.

hétéroclite, eh-teh-rock-leett. *a* irregular; queer;

§**hêtre,** ay-tr, *m* beech-tree.

heure, er, *f* hour; time; moment; o'clock.

heureu-x, se,* er-rer, *a* happy; lucky; successful; favourable; blessed.

§**heurt,** er, *m* shock; blow.

§**heurter,** er-teh, *v* to knock; to jostle; to offend.

hiberner, e-bair-neh, *v* to hibernate.

§**hibou,** e-boo, *m* owl.

§**hic,** eeck, *m* (*fam*) rub; difficulty.

§**hideu-x, se,*** e-der, *a* hideous.

hier, e-air, *adv* yesterday.

hilarité, e-läh-re-teh, *f* hilarity; mirth.

hippique, ip-peeck, *a* of horses; racing.

hippocampe, ip-pock-ah*ng*p, *m* sea horse.

hippodrome, ip-pod-romm, *m* hippodrome; circus; ⌠race-ground.

hirondelle, e-ro*ng*-dell, *f* swallow.

§**hisser,** iss-eh, *v* to hoist.

histoire, iss-to'ähr, *f* history; story; tale; fib; trifle; important matter; **faire des —s,** fair deh-z —, to make a fuss.

historien, iss-tor-e-a*ng*, *m* historian.

historique,* iss-tor-eeck, *a* historical.

hiver, e-vair, *m* winter.

hiverner, e-vair-neh, *v* to winter; to go into winter ⌠quarters.

§**hocher,** osh-eh, *v* to shake; to toss; to nod.

§**hochet,** osh-eh, *m* child's rattle.

§**holà!** oll-äh, *interj* hullo!

§**homard,** omm-ähr, *m* lobster.

homicide, omm-ee-seed, *m* murder; *mf* murderer; *a* murderous.

hommage, omm-ähsh, *m* homage; token; *pl* respects.

homme, omm, *m* man; (*fam*) husband.

homosexuel, le, ommo-secks-eel, *a & m* homo- ⌠sexual.

§**hongre,** ong-gr, *m* gelding; *a* gelded.

honnête, onn-ayt, *m* honesty; *a** honest; decent; respectable.

honnêteté, onn-ayt-teh, *f* honesty; decency.

honneur, onn-er, *m* honour; credit; respect.

honorable,* onn-or-äh-bl, *a* honourable; respectable; proper; creditable.

honoraire, onn-or-air, *a* honorary.

honoraires, onn-or-air, *mpl* fee; fees.

honorer, onn-or-eh, *v* to honour (**de,** with).

honorifique, onn-or-e-feeck, *a* honorary.

§**honte,** ongt, *f* shame; disgrace; scandal.

§**honteu-x, se,*** *ong*-ter, *a* shameful; ashamed; bashful. [ful.

hôpital, op-e-tähl, *m* hospital.

§**hoquet,** ock-ay, *m* hiccup; gasp.

§**horde,** ord, *f* horde.

horaire, or-air, *m* time-table (rail etc).

horizon, or-e-zong, *m* horizon.

horizontal, e,* or-e-zong-tähl, *a* horizontal.

horloge, or-losh, *f* clock.

horloger, or-losh-eh, *m* watchmaker, clock-maker.

horlogerie, or-losh-ree, *f* watchmaking; **mouvement d'—,** moov-mah*ng* d —, clockwork.

§**hormis,** or-me, *adv* but; except.

horreur, or-rer, *f* horror; frightful thing; dread; awe;
abhorrence.

horrible,* or-ree-bl, *a* horrible; awful; shocking.

horripilant, or-ree-pee-lah*ng*, *a* hair-raising; (*fam*)
exasperating.

§**hors,** or, *prep* out; beyond; past; except; **— de
combat,** — der kong-băh, disabled.

§**hors-d'œuvre,** or der-vr, *m* hors d'œuvre; starter.

horticulteur, or-te-KEEL-ter, *m* horticulturist.

hospice, oss-peess, *m* asylum, alms-house.

hospitali-er, ère,* oss-pe-tăh-le-eh, *a* hospitable.

hostie, oss-tee, *f* victim; host (holy bread).

hostile,* oss-teel, *a* hostile; adverse.

hôte, oht, *m* host; guest.

hôtel, oh-tell, *m* hotel; mansion; town house.

hôteli-er, ère, oh-ter-le-eh, *mf* hotelier; landlord.

hôtellerie, oh-tell-ree, *f* inn; hostelry.

hôtesse, oh-tess, *f* hostess; landlady; guest; **— de
l'air,** — der lair, air hostess.

§**hotte,** ott, *f* back-basket; hood (fireplace etc).

§**houblon,** oo-blong, *m* hop; hops.

§**houille,** oo'e-ye, *f* pit-coal.

§**houillère,** oo'e-yair, *f* coal-mine; colliery; *a* coal-
bearing. [bearing.

§**houle,** ool, *f* surge; swell (of sea).

§**houleu-x, se,** oo-ler, *a* swelling; rough.

§**houppe,** oop, *f* tuft; powder-puff.

§**hourra!** oo-răh, *interj* hurrah!.

§**houspiller,** oos-pee-yeh, *v* to mob; to handle roughly; to abuse.

§**housse,** ooss, *f* dust-sheet; loose cover; horse-cloth.

§**houx,** oo, *m* holly.

§**hublot,** E-bloh, *m* port-hole.

§**huer,** E-eh, *v* to hoot; to boo.

huile, weel, *f* oil.

huis, wee, *m:* **à — clos,** äh — kloh, behind closed doors; in camera.

huissier, weess-e-yeh, *m* usher; bailiff.

§**huit,** weet, *a* eight; eighth.

§**huitaine,** weet-ain, *f* about eight; a week.

§**huitième,** weet-e-aym, *m & a* eighth.

huître, wee-tr, *f* oyster.

humain, e,* E-mang, *a* human; humane.

humains, E-mang, *mpl* mankind.

humanité, E-mäh-ne-teh, *f* humanity; human nature; *pl* humanities.

humble,* ung-bl, *a* humble; lowly.

humecter, E-meck-teh, *v* to moisten.

humer, E-meh, *v* to inhale; to sip up.

humeur, E-mer, *f* humour; temper; mood; fancy.

humide * E-meed, *a* humid; damp; moist.

humiliant, e, E-me-le-ahng, *a* humiliating.

humilier, E-me-le-eh, *v* to humble.

humoriste, E-mor-isst, *m* humorist.

§**huppé, e,** E-peh, *a* crested; (*fam*) tiptop; best; well off.

§**hurler,** EEr-leh, *v* to howl; to yell. [off.

hutte, EEt, *f* hut; shed.

hybride, e-breed, *a* hybrid.

hydravion, e-dräh-ve-ong, *m* sea-plane.

hydrogène, e-drosh-ain, *m* hydrogen.

hyène, e-ain, *f* hyena.

hygiène, e-she-ain, *f* hygiene.

hymne, eemn, *m* hymn; anthem.

hypertension, e-pair-tahng-se-ong, *f* hypertension; high blood pressure.

hypnotiser, ep-not-e-zeh, *v* to hypnotize.

hypocrisie, e-pock-re-zee, *f* hypocrisy.

hypocrite, e-pock-reet, *m* hypocrite; *a** hypocritical.

hypothécaire, e-pot-eh-kair, *a* on mortgage; of mortgage.

hypothèque, e-pot-eck, *f* mortgage.
hypothèse, e-pot-ayz, *f* hypothesis.
hystérique, ees-teh-reeck, *a* hysterical.

ici, e-se, *adv* here; **par —,** păhr —, this way.
idéal, e-deh-ăhl, *m* ideal; *a** ideal.
idée, e-deh, *f* idea; notion; plan; outline; conceit; opinion; taste.
identifier, e-dahng-te-fe-eh, *v* to identify.
identique,* e-dahng-teeck, *a* identical.
identité, e-dahng-te-teh, *f* identity.
idiome, e-de-omm, *m* dialect; language.
idiot, e, e-de-o, *mf* idiot; *a* idiotic.
idiotie, e-de-oss-ee, *f* idiocy.
idiotisme, e-de-o-tissm, *m* idiom; idiocy.
idolâtre, e-doll-ah-tr, *m* idolater; *a* idolatrous.
idolâtrer, e-doll-ah-treh, *v* to idolize.
idole, e-dol, *f* idol.
idylle, e-deel, *f* idyl.
if, eef, *m* yew.
ignare, een-yăhr, *a* ignoramus, ignorant; dunce.
ignoble, een-yob-l, *a* ignoble; base.
ignominie, een-yomm-e-nee, *f* ignominy.
ignominieu-x, se,* een-yomm-een-e-er, ignominious.
ignorant, e, een-yor-ahng, *mf* ignorant person; *a* ignorant.
ignoré, e, e-yor-eh, *a* unknown; hidden; secret.
ignorer, een-yor-eh, *v* to be ignorant of; not to know.
il, ill, *pron* he; it; there; *pl* they; **— y a, — e** ăh, there is; there are.
île, eel, *f* island; isle.
illégal, e,* ill-leh-găhl, *a* illegal.
illégitime,* ill-leh-she-teem, *a* illegitimate; unlawful.
illettré, e, ill-lay-treh, *a* illiterate.
illicite,* ill-le-seet, *a* unlawful; illegal.
illimité, ill-le-me-teh, *a* unlimited.
illisible,* ill-le-zee-bl, *a* illegible.
illogique,* ill-losh-eeck, *a* illogical.
illumination, ill-lɪ-me-năh-se-ong, *f* illumination.
illuminé, e, ill-lɪ-me-neh, *mf* visionary; *a* illuminated; enlightened.

illusion, ill-lɛ-ze-*ong*, f illusion; delusion.

illusoire, ill-lɛ-zo'ăhr, a illusive; fallacious.   [brity.

illustration, ill-lɛs-trăh-se-*ong*, f illustration; cele-

illustre, ill-lɛɛs-tr, m illustrious man; a illustrious.

illustré, ill-lɛɛs-treh, a illustrated; m magazine (with pictures).

illustrer, ill-lɛs-treh, v to illustrate.

îlot, ee-lo, m islet; plot; beat; block (of houses).

image, e-măhsh, f image; picture; likeness.

imagination, e-măh-she-năh-se-*ong*, f imagination; fancy.

imaginer, e-măh-she-neh, v to imagine; to conceive; to contrive; **s'—,** to fancy.

imbécile, ang-beh-seell, mf idiot; fool; a* imbécile;

imberbe, ang-bairb, a beardless.   [silly.

imbiber, ang-be-beh, v to soak; to imbibe.

imbroglio, ang-bro'e-lee-o, m confusion.

imbu, e, ang-be, a imbued (**de,** with).

imbuvable, ang-bɛ-văh-bl, a undrinkable.

imiter, e-me-teh, v to imitate; to mimic.

immaculé, e, im-măh-kɛ-leh, a immaculate.

immanquable,* ang-mahng-kăh-bl, a infallible.

immatériel, le, im-măh-teh-re-ell, a immaterial; incorporeal.

immatriculer, im-măh-tre-kɛ-leh, v to register (car etc); to enrol.

immédiat, e,* im-meh-de-ăh, a immediate.

immensément, im-mahng-seh-mahng, adv immensely.

immensité, im-mahng-se-teh, f immensity.

immeuble, im-mɛr-bl, m real estate; fixture; building; block of flats.   [in.

immiscer (s'), sim-miss-eh, v to meddle (**dans,** with,

immobile, im-mob-eell, a motionless; unmovable.

immobili-er, ère, im-mob-e-le-eh, a of real estate; landed; **agence —ère,** ăh-shahngs —, estate agency.

immobiliser, im-mob-e-le-zeh, v to realize; to fix.

immodéré, e, im-mod-eh-reh, a immoderate.

immodérément, im-mod-eh-reh-mahng, adv immoderately.

immodeste, im-mod-esst, a immodest.

immonde, im-mongd, a unclean; foul.

immoral, e,* im-mor-ăhl, *a* immoral.
immortel, le,* im-mor-tell, *a* immortal.
immuable,* im-ME-ăh-bl, *a* immutable.
immuniser, im-ME-ne-zeh, *v* to immunize.
immunité, im-ME-ne-teh, *f* immunity; exemption.
immutabilité, im-ME-tăh-be-le-teh, *f* immutability.
inpair, e, ang-pair, *a* odd; uneven.
impardonnable, ang-păhr-donn-ăh-bl, *a* unforgivable.
imparfait, ang-păhr-fay, *m* imperfect tense; *a**
imperfect.
impartial, e,* ang-păhr-se-ăhl, *a* impartial.
impasse, ang-pahss, *f* blind-alley; "no through
road"; dilemma; fix.
impassible,* ang-păhss-ee-bl, *a* impassive; unmoved.
impatiemment, ang-păhss-e-ăh-mahng, *a* im-
patiently; eagerly. [fidgety.
impatient, e, ang-păhss-e-ahng, *a* impatient; eager;
impatienter, ang-păhss-e-ahng-teh, *v* to make impatient; to provoke; s'—, to fret.
impayable, ang-pay-yăh-bl, *a* invaluable; (*fam*) very
funny.
impénétrable,* ang-peh-neh-trăh-bl, *a* inscrutable;
impenetrable.
impératif, ang-peh-răh-teeff, *m* imperative mood.
impérati-f, ve,* ang-peh-răh-teeff, *a* imperative.
impératrice, ang-peh-răh-treess, *f* empress.
imperceptible,* ang-pair-sep-tee-bl, *a* imperceptible.
imperfection, ang-păir-feck-se-ong, *f* imperfection.
impérial, e,* ang-peh-re-ăhl, *a* imperial.
impériale, ang-peh-re-ăhl, *f* outside; top (of a bus);
a imperial.
impérieu-x, se,* ang-peh-re-er, *a* imperious; urgent.
impérissable,* ang-peh-riss-ăh-bl, *a* imperishable.
impéritie, ang-peh-re-see, *f* incapacity.
imperméable, ang-pair-meh-ăh-bl, *m* mackintosh:
*a** impervious; waterproof.
impersonnel, le,* ang-pair-sonn-ell, *a* impersonal.
impertinemment, ang-pair-te-năh-mahng, *adv* im-
pertinently.
impertinence, ang-pair-te-nahngss, *f* impertinence;
insolence; rudeness.

impertinent, e, ang-pair-te-nah*ng*, *mf* impertinent person; *a* impertinent.

imperturbable,* ang-pair-tEEr-băh-bl, *a* imperturbable.

impétueu-x, se,* ang-peh-tE-er, *a* impetuous.

impétuosité, ang-peh-tE-oz-e-teh, *f* impetuosity; vehemence.

impie, ang-pee, *mf* impious person; *a* impious; ungodly.

impiété, ang-pe-eh-teh, *f* impiety.

impitoyable,* ang-pe-to'ăh-yăh-bl, *a* pitiless.

implacable,* ang-plăh-kăh-bl, *a* implacable.

implanter, ang-plah*ng*-teh, *v* to implant.

implicite,* ang-ple-seett, *a* implicit.

impliquer, ang-ple-keh, *v* to implicate; to involve; to imply.

implorer, ang-plor-eh, *v* to implore.

impoli,* e, ang-poll-e, *a* uncivil; rude; impolite.

impolitesse, ang-poll-e-tayss, *f* impoliteness; rudeness; incivility.

impopulaire, ang-pop-E-lair, *a* unpopular.

importance, ang-por-tah*ng*ss, *f* importance; consequence.

important, ang-por-tah*ng*, *m* main point.

important, e, ang-por-tah*ng*, *a* important; material.

importa-teur, trice, ang-por-tăh-ter, *mf* importer.

importer, ang-por-teh, *v* to matter (only used in 3rd person, infinitive and participles).

importun, e, ang-por-tu*ng*, *mf* intruder; bore; *a* importunate.

importuner, ang-por-tE-neh, *v* to importune; to pester; to dun.

imposable, ang-pohz-ăh-bl, *a* taxable.

imposant, e, ang-pohz-ah*ng*, *a* imposing.

imposer, ang-pohz-eh, *v* to impose; to tax; to overawe.

imposition, ang-pohz-e-se-o*ng*, *f* imposition; tax; assessment.

impossible, ang-poss-ee-bl, *m* impossibility; *a* impossible.

imposteur, ang-poss-ter, *m* impostor; *a* deceitful.

impôt, ang-poh, *m* tax; taxation; duty.

impotent, e, ang-pot-ah*ng*, *mf* cripple; *a* infirm.
imprégner, ang-prehn-yeh, *v* to impregnate.
imprenable, ang-prer-nähbl-bl, *a* impregnable.
impression, ang-press-e-on*g*, *f* impression; printing.
impressionner, ang-press-e-onn-eh, *v* to impress; to move.
imprévoyance, ang-preh-vo'äh-yah*ng*ss, *f* improvi- }
imprévu, ang-preh-VE, *m* the unexpected. }dence.
imprévu, e, ang-preh-VE, *a* unforeseen.
imprimé, ang-pre-meh, *m* printed paper; *pl* printed matter.
imprimer, ang-pre-meh, *v* to impress; to print; to stamp.
imprimerie, ang-preem-ree, *f* printing; printing- }
imprimeur, ang-pre-mer, *m* printer. }house.
improbable, ang-prob-äh-bl, *a* unlikely.
improbe, ang-prob, *a* dishonest.
improducti-f, ve, * ang-prod-EEK-teeff, *a* unproductive.
impromptu, ang-prongp-TE, *m & adv* impromptu.
impropriété, ang-prop-re-e-teh, *f* impropriety (of language).
improvisa-teur, trice, ang-prov-e-zäh-ter, *mf & a* improviser.
improvisé, e, ang-prov-e-zeh, *pp & a* improvised; unprepared.
improviser, ang-prov-e-zeh, *v* to improvise.
improviste (à l'), äh lang-prov-isst, *adv* unawares; suddenly.
imprudemment, ang-prE-däh-mah*ng*, *adv* imprudently.
imprudence, ang-prE-dah*ng*ss, *f* imprudence.
imprudent, e, ang-prE-dah*ng*, *a* imprudent.
impudemment, ang-pE-däh-mah*ng*, *adv* impudently.
impudence, ang-pE-dah*ng*ss, *f* impudence.
impudent, e, ang-pE-dah*ng*, *a* impudent.
impudique, ang-pE-deeck, *a* lewd; indecent.
impuissance, ang-pweess-ah*ng*ss, *f* impotence; powerlessness.
impuissant, e, ang-pweess-ah*ng*, *a* impotent; ineffectual.
impulsi-f, ve, * ang-pEEl-seeff, *a* impulsive.

impulsion, ang-pEEL-se-ong, *f* impulse; impetus.

impunément, ang-pE-neh-mahng, *adv* with impun-

impuni, e, ang-pE-ne, *a* unpunished. ⌐ity.

impur, e, ang-pEER, *a* impure.

impureté, ang-pEER-teh, *f* impurity.

imputer, ang-pE-teh, *v* to impute; to ascribe; to charge.

inabordable, e-näh-bor-däh-bl, *a* inaccessible.

inacceptable, e-nähck-sep-täh-bl, *a* unacceptable.

inaccessible, e-nähck-sess-ee-bl, *a* unapproachable.

inaccoutumé, e, e-näh-koo-tE-meh, *a* unaccustomed; unusual.

inachevé, e, e-nähsh-veh, *a* unfinished.

inacti-f, ve, * e-nähck-teeff, *a* inactive.

inadéquat, e, * e-näh-deh-kwäh, *a* inadequate.

inadmissible, e-nähd-me-se-bl, *a* inadmissible; un-thinkable.

inadvertance, e-nähd-vair-tahngss, *f* inadvertence; oversight.

inaltérable, * e-nähl-teh-räh-bl, *a* unalterable.

inamovible, e-näh-mov-ee-bl, *a* irremovable.

inanité, e-näh-ne-teh, *f* inanity; futility.

inaperçu, e, e-näh-pair-sE, *a* unseen; unnoticed.

inappliqué, e, e-näh-ple-keh, *a* inattentive.

inappréciable, e-näh-preh-se-äh-bl, *a* invaluable.

inattaquable, e-näh-täh-käh-bl, *a* unassailable.

inattendu, e, e-näh-tahng-dE, *a* unexpected.

inauguration, e-noh-ghE-räh-se-ong, *f* opening; un-veiling.

incandescent, e, ang-kahng-dayss-sahng, *a* incande-scent.

incapable, ang-käh-päh-bl, *a* incapable; unfit; in-competent. ⌐competence.

incapacité, ang-käh-päh-se-teh, *f* incapacity; in-

incarcérer, ang-kähr-seh-reh, *v* to imprison.

incarnat, e, ang-kähr-näh, *a* flesh-coloured; rosy.

incarné, e, ang-kähr-neh, *a* incarnate.

incendie, ang-sahng-dee, *m* fire; conflagration.

incendier, ang-sahng-de-eh, *v* to set on fire.

incertain, e, ang-sair-tang, *a* uncertain; undecided; wavering. ⌐bility.

incertitude, ang-sair-te-tEED, *f* uncertainty; insta-

incessamment, a*ng*-sayss-säh-mah*ng*, *adv* immediately; directly.

incessant, e, a*ng*-sayss-ah*ng*, *a* incessant.

incidemment, a*ng*-se-däh-mah*ng*, *adv* incidentally.

incident, a*ng*-se-dah*ng*, *m* incident; occurrence.

incident, e, a*ng*-se-dah*ng*, *a* incidental.

incinérer, a*ng*-se-neh-reh, *v* to incinerate; to cremate.

incision, a*ng*-se-ze-o*ng*, *f* incision; lancing.

incitation, a*ng*-se-täh-se-o*ng*, *f* incitement; instigation.

inciter, a*ng*-se-teh, *v* to incite; to urge. ⌊tion.

incivil, e, a*ng*-se-veell, *a* uncivil; rude.

inclinaison, a*ng*-kle-nay-zo*ng*, *f* tilting; incline.

inclination, a*ng*-kle-näh-se-o*ng*, *f* inclination; propensity; attachment. ⌈bow.

incliner, a*ng*-kle-neh, *v* to incline; to bend; s'—, to

inclus, e, a*ng*-klE, *a* enclosed; included; ci- —, se —, enclosed; herewith.

inclusi-f, ve,* a*ng*-klE-zeeff, *a* inclusive.

incognito, a*ng*-konn-yee-to, *m & adv* incognito.

incolore, a*ng*-koll-or, *a* colourless.

incomber, a*ng*-kong-beh, *v* to be incumbent (**à**, on).

incombustible, a*ng*-kong-bEs-tee-bl, *a* incombustible; fire proof.

incommode, a*ng*-komm-od, *a* inconvenient; troublesome.

incommoder, a*ng*-komm-odd-eh, *v* to inconvenience; to annoy; to disturb.

incommodité, a*ng*-komm-odd-e-teh, *f* inconvenience; discomfort.

incomparable,* a*ng*-kong-päh-räh-bl, *a* matchless.

incompatible,* a*ng*-kong-päh-tee-bl, *a* incompatible; inconsistent.

incompétent, a*ng*-kong-peh-tah*ng*, *a* incompetent.

incompl-et, ète,* a*ng*-kong-play, *a* incomplete.

incompréhensible, a*ng*-kong-preh-ah*ng*-see-bl, incomprehensible.

incompris, e, a*ng*-kong-pre, *pp & a* not understood; unappreciated.

inconcevable, a*ng*-kongss-väh-bl, *a* inconceivable.

inconciliable, a*ng*-kong-se-le-äh-bl, *a* irreconcilable.

inconduite, a*ng*-kong-dweet, *f* misconduct. ⌈rude

incongru, e, a*ng*-kong-grE, *a* incongruous; improper;

inconnu, e, ang-konn-E, *mf* unknown; stranger; *a* unknown.

inconsciemment, ang-kong-se-äh-mahng, *adv* unconsciously.

inconscience, ang-kong-se-ahngss, *f* unconsciousness.

inconscient, e, ang-kong-se-ahng, *a* unconscious.

inconséquence, ang-kong-seh-kahngss, *f* inconsistency.

inconséquent, e, ang-kong-seh-kahng, *a* inconsistent.

inconsidéré, e, ang-kong-se-deh-reh, *a* inconsiderate; thoughtless.

inconstance, ang-kongss-tahngss, *f* inconstancy; fickleness.

inconstant, e, ang-kongss-tahng, *a* inconstant; unsteady; variable. [able.

incontestable,* ang-kong-tess-täh-bl, *a* unquestion-

incontesté, ang-kong-tess-teh, *a* undisputed.

incontinent, e, ang-kong-te-nahng, *a* incontinent.

inconvenance, ang-kongv-nahngss, *f* impropriety.

inconvenant, e, ang-kongv-nahng, *a* improper; unbecoming.

inconvénient, ang-kong-veh-ne-ahng, *m* inconvenience; disadvantage.

incorporer, ang-kor-poh-reh, *v* incorporate.

incorrect, e,* ang-kor-reckt, *a* incorrect.

incrédule, ang-kreh-DEEl, *a* incredulous.

incroyable,* ang-kro'äh-yäh-bl, *a* incredible.

incruster,* ang-krEEs-teh, *v* to incrust (**de**, with); to inlay.

inculper, ang-kEEl-peh, *v* to charge; accuse (**de**, with; of).

inculquer, ang-kEEl-keh, *v* to inculcate.

inculte, ang-kEElt, *a* uncultivated; uneducated; **incurable,** ang-kE-räh-bl, *mf* & *a* incurable. [rough.

indécemment, ang-deh-säh-mahng, *adv* indecently.

indécent, e, ang-deh-sahng, *a* indecent.

indéchiffrable, ang-deh-she-fräh-bl, *a* undecipherable; incomprehensible.

indécis, e, ang-deh-se, *a* undecided; wavering.

indéfendable, ang-deh-fahng-däh-bl, *a* indefensible.

indéfini, e, ang-deh-fe-ne, *a* indefinite.

indéfiniment, ang-deh-fe-ne-mahng, *adv* indefinitely.

indéfinissable, a*n*g-deh-fe-niss-ăh-bl, *a* indefinable.

indélébile, a*n*g-deh-leh-beell, *a* indelible.

indélicat, e,* a*n*g-deh-le-kăh, *a* indelicate; un-scrupulous.

indélicatesse, a*n*g-deh-le-kăh-tayss, *f* indelicacy.

indemne, a*n*g-daymn, *a* unhurt; without loss.

indemniser, a*n*g-daym-ne-zeh, *v* to indemnify (**de,** for); to compensate.

indemnité, a*n*g-daym-ne-teh, *f* indemnity; allowance.

indépendamment, a*n*g-deh-pah*n*g-dăh-mah*n*g, *adv* independently.

indépendant, e, a*n*g-deh-pah*n*g-dah*n*g, *a* independent.

indescriptible, a*n*g-dess-kreep-tee-bl, *a* indescribable.

indéterminé, e, a*n*g-deh-tair-me-neh, *a* indeterminate; unlimited; irresolute.

index, a*n*g-dex, *m* index; forefinger.

indicateur, a*n*g-de-kăh-ter, *m* indicator; timetable.

indica-teur, trice, a*n*g-de-kăh-ter, *a* indicating; indicatory.

indicatif, a*n*g-de-kăh-teeff, *m* indicative mood.

indicati-f, ve, a*n*g-de-kăh-teeff, *a* indicative.

indice, a*n*g-deess, *m* indication; sign; clue.

indicible, a*n*g-deess-ee-bl, *a* inexpressible.

indifféremment, a*n*g-de-feh-răh-mah*n*g, *adv* indifferently; indiscriminately.

indifférent, e, a*n*g-de-feh-rah*n*g, *a* indifferent; immaterial.

indigène, a*n*g-de-shain, *mf* & *a* native; indigenous.

indigent, a*n*g-de-shah*n*g, *m* pauper.

indigent, e, a*n*g-de-shah*n*g, *a* indigent; needy.

indigeste, a*n*g-de-shaysst, *a* indigestible.

indigne, a*n*g-deen-yer, *a* unworthy; undeserving.

indigné, e, a*n*g-deen-yeh, *a* indignant.

indigner, a*n*g-deen-yeh, *v* to make indignant.

indignité, a*n*g-deen-yee-teh, *f* unworthiness; in- [dignity.

indiquer, a*n*g-de-keh, *v* to indicate.

indirect, e,* a*n*g-de-reckt, *a* indirect.

indisciplinable, a*n*g-diss-e-ple-năh-bl, *a* unruly.

indiscipliné, a*n*g-diss-e-plee-neh, *a* unruly.

indiscr-et, ète,* ang-diss-kray, *a* indiscreet; tactless.
indispensable,* ang-diss-pah*ng*-säh-bl, *a* indispensable.
indisponible, ang-diss-ponn-ee-bl, *a* unavailable.
indisposé, e, ang-diss-poz-eh, *a* indisposed; poorly.
indistinct, e,* ang-diss-ta*ng*kt, *a* indistinct.
individu, ang-de-ve-DE, *m* individual, person.
individuel, le,* ang-de-ve-dE-ell, *a* individual.
indocile, ang-doss-eell, *a* untractable; disobedient.
indolemment, ang-doll-äh-mah*ng*, *adv* indolently.
indolent, e, ang-doll-ah*ng*, *a* indolent; sluggish; lazy.
indolence, ang-doll-ah*ng*ss, *f* indolence.
indolore, ang-doll-or, painless.
indomptable,* ang-dong-täh-bl, *a* indomitable; ungovernable.
indompté, e, ang-dong-teh, *a* untamed; unsubdued.
indubitable,* ang-dE-be-täh-bl, *a* indubitable.
induire, ang-dweer, *v* to induce; to lead; to infer.
indulgence, ang-deel-shah*ng*ss, *f* leniency.
indûment, ang-dEE-mah*ng*, *adv* unduly.
industrie, ang-dEEs-tree, *f* industry; skill; trade.
industriel, ang-dEEs-tre-ell, *m* industrialist.
industriel, le,* ang-dEEs-tre-ell, *a* industrial.
industrieu-x, se,* ang-dEEs-tre-e*r*, *a* industrious; skilful.
inébranlable,* e-neh-brah*ng*-läh-bl, *a* immovable; resolute.
inédit, e, e-neh-dee, *a* unpublished; new.
ineffable,* e-neh-fäh-bl, *a* unspeakable.
ineffaçable, e-neh-fäh-säh-bl, *a* indelible.
inefficace,* e-neh-fe-kähss, *a* inefficient.
inégal, e,* e-neh-gähl, *a* unequal; irregular; uneven.
inélégant, e, e-neh-leh-gah*ng*, *a* inelegant.
inénarrable,* e-neh-nähr-räh-bl, *a* indescribable.
inepte,* e-nehpt, *a* inept; silly.
ineptie, e-nehp-see, *f* ineptitude; absurdity.
inépuisable,* e-neh-pwee-zäh-bl, *a* inexhaustible.
inerte, e-nairt, *a* inert; sluggish; dull.
inertie, e-nair-see, *f* inertia; dullness.
inespéré, e, e-ness-peh-reh, *a* unhoped for.
inestimable, e-ness-te-mäh-bl, *a* invaluable.
inévitable,* e-neh-ve-täh-bl, *a* unavoidable.

inexact, e, * e-negg-zăckt, *a* inaccurate; unpunctual.
inexcusable, * e-necks-kE-zăh-bl, *a* inexcusable.
inexécutable, e-negg-zeh-kE-tăh-bl, *a* impracticable.
inexercé, e, e-negg-zair-seh, *a* unpractised; untrained.
inexigible, e-negg-ze-shee-bl, *a* not demandable.
inexorable, * e-negg-zor-ăh-bl, *a* inexorable.
inexpérimenté, e, e-necks-peh-re-mahng-teh, *a* inexperienced; untried.
inexprimable, * e-necks-pre-măh-bl, *a* inexpressible.
inextinguible, e-necks-tang-gwee-bl, *a* inextinguishable; uncontrollable.
infaillible, * ang-fah'e-ee-bl, *a* infallible.
infaisable, ang-fer-zăh-bl, *a* infeasible.
infamant, e, ang-făh-mahng, *a* ignominious.
infame, ang-fahm, *mf* infamous person; *a* infamous; vile; filthy.
infamie, ang-făh-mee, *f* infamy; infamous thing.
infanterie, ang-fahng-tree, *f* infantry.
infatigable, ang-făh-te-găh-bl, *a* indefatigable.
infatuer (s'), sang-făh-tE-eh, *v* to become infatuated (de, with).
infécond, e, ang-feh-kong, *a* infertile; barren.
infect, e, ang-feckt, *a* stinking; foul.
infecter, ang-feck-teh, *v* to infect; to taint; to stink.
infection, ang-feck-se-ong, *f* infection.
inférer, ang-feh-reh, *v* to infer.
inférieur, e, * ang-feh-re-er, *a* inferior; lower.
infernal, e, * ang-fair-năhl, *a* hellish.
infertile, ang-fair-teell, *a* unfruitful.
infester, ang-fess-teh, *v* to infest.
infidèle, ang-fe-dell, *mf* infidel; unbeliever.
infidèle, ang-fe-dell, *a* unfaithful; untrue; dishonest; unbelieving.
infiltrer (s'), sang-fill-treh, *v* to infiltrate.
infime, ang-feem, *a* lowest; (*fam*) tiny.
infini, e, ang-fe-ne, *a* infinite; endless; boundless.
infiniment, ang-fe-ne-mahng, *adv* infinitely; extremely.
infirme, ang-feerm, *a* infirm; crippled.
infirmerie, ang-feerm-re, *f* infirmary; sick room; sick
infirmi-er, ère, ang-feer-me-eh, *mf* nurse.   [bay.

inflammable, ang-flăh-măh-bl, *a* inflammable.

inflammation, ang-flăh-măh-se-ong, *f* inflammation.

inflexible,* ang-fleck-see-bl, *a* inflexible.

infliger, ang-fle-sheh, *v* to inflict (à, on).

influent, e, ang-flE-ahng, *a* influential.

influer, ang-flE-eh, *v* to exert an influence.

information, ang-for-măh-se-ong, *f* information; inquiry; *pl* news bulletin.

informe, ang-form, *a* shapeless.

informer, ang-for-meh, *v* to inform; to acquaint; **s'—,** to inquire.

infortune, ang-for-tEEN, *f* misfortune; adversity.

infortuné, e, ang-for-tE-neh, *mf* unfortunate person; *a* unfortunate.

infraction, ang-frähck-se-ong, *f* infraction; breach.

infranchissable, ang-frahng-shiss-äh-bl, *a* impassable; insuperable,.

infructueu-x, se,* ang-frEEk-tE-er, *a* unfruitful.

infus, e, ang-fE, *a* innate.

infuser, ang-fE-zeh, *v* to infuse; to steep.

ingambe, ang-gahngb, *a* nimble.

ingénier (s'), sang-sheh-ne-eh, *v* to strive.

ingénieur, ang-sheh-ne-er, *m* engineer.

ingénieu-x, se,* ang-sheh-ne-er, *a* ingenious.

ingénu, e, ang-sheh-nE, *mf* & *a* ingenuous person; ingenuous; candid.

ingénument, ang-sheh-nE-mahng, *adv* ingenuously; artlessly.

ingérer (s'), sang-sheh-reh, *v* to meddle (**dans,** with).

ingrat, e, ang-grăh, *mf* & *a* ungrateful person; ungrateful; unprofitable; unpleasant.

ingrédient, ang-greh-de-ahng, *m* ingredient.

inguérissable, ang-gheh-riss-äh-bl, *a* incurable.

inhabile,* e-năh-beell, *a* unskilful; unfit.

inhabitable, e-năh-be-täh-bl, *a* uninhabitable.

inhabité, e, e-năh-be-teh, *a* uninhabited.

inhaler, e-năh-leh, *v* to inhale.

inhérent, e, e-neh-rahng, *a* inherent.

inhumain, e,* e-nE-mang, *a* inhuman; cruel.

inhumation, e-nE-măh-se-ong, *f* interment; burial.

inhumer, e-nE-meh, *v* to bury; to inter.

inimitié, e-ne-me-te-eh, *f* enmity; antipathy.

inique, * e-neeck, *a* iniquitous.
iniquité, e-ne-ke-teh, *f* iniquity.
initial, e, e-ne-se-ăhl, *a* initial.
initiale, e-ne-se-ăhl, *f* initial.
initiative, e-ne-se-ăh-teev, *f* initiative.
initier, e-ne-se-eh, *v* to initiate; to instruct; to admit.
injecter, e-ne-shayk-teh, *v* to inject.
injure, ang-sHEER, *f* injury; wrong; insult.
injurieu-x, se, * ang-sHE-re-er, *a* injurious; offensive.
injurier, ang-sHE-re-eh, *v* to abuse.
injuste, * ang-sHEEST, *a* unjust; unfair; wrong.
inné, e, een-neh, *a* innate, inborn.
innocemment, e-noss-ăh-mahng, *adv* innocently.
innocent, e, e-noss-ahng, *mf* innocent person;
   simpleton; innocent; not guilty ; harmless.
innombrable, * e-nong-brăh-bl, *a* innumerable.
inoccupé, e, e-nock-E-peh, *a* unoccupied.
inoculer, e-nock-E-leh, *v* to inoculate.
inoffensi-f, ve, * e-noff-ahng-seeff, *a* inoffensive.
innondation, e-nong-dăh-se-ong, *f* flood.
inonder, e-nong-deh, *v* to overflow; to flood.
inopiné, e, e-nop-e-neh, *a* unforeseen.
inopinément, e-nop-e-neh-mahng, *adv* unexpectedly.
inouï, e, e-nooo-e, *a* unheard of; unprecedented.
inqui-et, ète, ang-ke-ay, *a* anxious; uneasy; worried.
inquiétant, e, ang-ke-eh-tahng, *a* alarming; worrying.
inquiéter, ang-ke-eh-teh, *v* to make uneasy; to
   alarm; to worry.
inquiétude, ang-ke-eh-teED, *f* anxiety; worry.
insalubre, * ang-săh-lEE-br, *a* unwholesome; unhealthy.
insatiable, * ang-săh-se-ăh-bl, *a* insatiable.   [tion.
inscription, angss-krip-se-ong, *f* inscription; registra-
inscrire, angss-kreer, *v* to inscribe; to enter; to
insecte, ang-say-kt, *m* insect.   [register.
insensé, e, ang-sahng-seh, *mf & a* madman; mad
   woman; insane; senseless.
insensible, * ang-sahng-see-bl, *a* insensitive; unconscious; callous; imperceptible.
insérer, ang-seh-reh, *v* to insert; to put in.
insigne, ang-seen-yer, *a* notable.
insigne, ang-seen-yer, *m* badge; emblem; *pl* insignia.

insignifiant, e, ang-seen-yee-fe-ahng, *a* insignificant.

insinuant, e, ang-se-ne-ahng, *a* insinuating.

insinuer, ang-se-ne-eh, *v* to insinuate; to hint.

insipide, ang-se-peed, *a* insipid.

insistance, ang-siss-tahngss, *f* insistence.

insociable, ang-soss-e-ăh-bl, *a* unsociable.

insolation, ang-sol-ăh-se-ong, *f* sun-stroke.

insolemment, ang-soll-ăh-mahng, *adv* insolently.

insolence, ang-soll-ahngss, *f* insolence.

insolent, e, ang-soll-ahng, *mf & a* insolent person; insolent; cheeky.

insoluble, ang-soll-ee-bl, *a* insoluble.

insolvable, ang-soll-văh-bl, *a* insolvent.

insomnie, ang-somm-nee, *f* sleeplessness.

insondable, ang-song-dăh-bl, *a* unfathomable.

insouciance, ang-soo-se-ahngss, *f* insouciance.

insouciant, e, ang-soo-se-ahng, *a* insouciant.

insoucieu-x, se, ang-soo-se-er, *a* heedless.

insoutenable, ang-soot-năh-bl, *a* indefensible; un-bearable.

inspecter, angss-peck-teh, *v* to inspect; to examine.

inspec-teur, trice, angss-peck-ter, *mf* inspector; inspectress; surveyor.

inspiration, angss-pe-rah-se-ong, *f* inspiration.

inspirer, angss-pe-reh, *v* to inspire.

instable, angss-tăh-bl, *a* unstable.

installation, angss-tăh-lăh-se-ong, *f* installation; fitting up; plant.

instamment, angss-tăh-mahng, *adv* earnestly.   ⌠urgently.

instance, angss-tahngss, *f* entreaty; immediacy; degree of jurisdiction; suit.

instant, angss-tahng, *m* instant; **à l'—,** ăh l—, immediately; a moment ago.

instinct, angss-tang, *m* instinct.

instincti-f, ve,* angss-tangk-teeff, *a* instinctive.

instituer, angss-te-te-eh, *v* to institute; to establish; to appoint.

institut, angss-te-te, *m* institute; institution; school.

institu-teur, trice, angss-te-te-ter, *mf* elementary school teacher; *f* governess.

institution, angss-te-te-se-ong, *f* institution; establishment; school.

instruction, angss-trɛɛk-se-ong, *f* instruction; judicial investigation.

instruire, angss-trweer, *v* to instruct; to investigate; to teach.

instruit, e, angss-trwee, *pp & a* instructed; learned.

instrument, angss-trɛ-mahng, *m* instrument; tool.

instrumenter, angss-trɛ-mahng-teh, *v* to draw deeds, writs, etc. [mentalist.

instrumentiste, angss-trɛ-mahng-teesst, *m* instru-

insu (à l'— de), äh lang-sɛ-der, *prep* unknown to.

insuffisamment, ang-sɛ-fe-zäh-mahng, *adv* insufficiently.

insuffisant, e, ang-sɛ-fe-zahng, *a* insufficient.

insulaire, ang-sɛ-lair, *mf & a* islander; insular.

insulte, ang-sɛɛlt, *f* insult; abuse.

insulter, ang-sɛɛl-teh, *v* to insult; to abuse.

insupportable,* ang-sɛ-por-täh-bl, *a* unbearable; badly behaved.

insurgé, e, ang-sɛɛr-sheh, *mf & a* insurgent.

insurger (s'), sang-sɛɛr-sheh, *v* to revolt; to rebel.

insurmontable, ang-sɛɛr-mong-täh-bl, *a* insurmountable.

insurrection, ang-sɛɛr-rayk-se-ong, *f* rising.

intact, e, ang-tähckt, *a* intact; whole; undamaged.

intarissable,* ang-täh-riss-äh-bl, *a* inexhaustible.

intègre,* ang-tay-gr, *a* upright; just; honest.

intellectuel, le,* ang-tell-leck-tɛ-ell, *a* intellectual.

intelligemment, ang-tell-le-shäh-mahng, *adv* intelligently.

intelligence, ang-tell-le-**sh**ahngss, *f* intelligence; knowledge; skill; harmony.

intelligent, e, ang-tell-le **sh**ahng, *a* intelligent; clever.

intempérant, e, ang-tahng-peh-rahng, *a* intemperate.

intempérie, ang-tahng-peh-ree, *f* inclemency.

intempesti-f, ve,* ang-tahng-pess-teeff, *a* untimely.

intendant, ang-tahng-dahng, *m* steward; comptroller.

intense, ang-tahngss, *a* intense.

intensi-f, ve, ang-tahng-seeff, *a* intensive.

intenter, ang-tahng-teh, *v* to institute (proceedings).

intention, ang-tahng-se-ong, *f* intention; purpose.

intentionné, e, ang-tahng-se-onn-eh, *a*; **bien** or **mal —**, be-ang, mähl —, well-, ill-disposed.

intercaler, ang-tair-kăh-leh, v to insert; to wedge in.

intercéder, ang-tair-seh-deh, v to intercede (**auprès de,** with).

intercepter, ang-tair-sep-teh, v to intercept.

interdire, ang-tair-deer, v to prohibit; to suspend; (fam) to bewilder.

interdit, ang-tair-de, m interdict; person interdicted.

interdit, e, ang-tair-de, a speechless.

intéressant, e, ang-teh-rayss-ahng, a interesting.

intéressé, e, ang-teh-rayss-eh, pp & a interested; selfish.

intéresser, ang-teh-rayss-eh, v to interest; to concern. ⌐cern.

intérêt, ang-teh-ray, m interest; profit; share; con-

intérieur, ang-teh-re-er, m inside; home.

intérieur, e,* ang-teh-re-er, a interior; inner.

intérimaire, ang-teh-re-mair, a temporary.

interjeter, ang-tair-sher-teh, v to lodge an appeal.

interlocu-teur, trice, ang-tair-lock-E-ter, mf interlocutor.

interloquer, ang-tair-lock-eh, v to disconcert.

intermède, ang-tair-mayd, m interlude.

intermédiaire, ang-tair-meh-de-air, m & a medium; middleman; intermediate.

intermittence, ang-tair-mit-tahngss, f intermission.

internat, ang-tair-năh, m boarding-school.

international, e, ang-tair-năh-se-on-ăhl, a international.

interne, ang-tairn, mf & a boarder; house-surgeon; internal.

interner, ang-tair-neh, v to intern.

interpeller, ang-tair-pel-leh, v to put a question to; to call upon; to heckle.

interposer, ang-tair-poz-eh, v to interpose.

interprète, ang-tair-prayt, m interpreter.

interroga-teur, trice, ang-tair-rogh-ăh-ter, mf & a examiner; enquiring.

interrogation, ang-tair-rogh-ăh-se-ong, f interrogation; question.

interrogatoire, ang-tair-rogh-ăh-to'ăhr, m examination; cross examination. ⌐examine.

interroger, ang-tair-rosh-eh, v to question; to

interrompre, ang-tair-*rong*-pr, *v* to interrupt; to stop; **s'—,** to break off.

interrupteur, ang-tair-*reep*-ter, *m* switch.

intervalle, ang-tair-våhl, *m* interval.

intervenir, ang-tair-ver-neer, *v* to intervene; to interfere; to occur.

intervention, ang-tair-vahng-se-ong, *f* intervention.

intervertir, ang-tair-vair-teer, *v* to invert.

intestin, ang-tayss-tang, *m* intestine; bowel.

intimation, ang-te-måh-se-ong, *f* notification.

intime,* ang-teem, *mf & a* intimate friend; intimate; close; cosy.

intimer, ang-te-meh, *v* to notify.

intimider, ang-te-me-deh, *v* to intimidate.

intimité, ang-te-me-teh, *f* intimacy.

intitulé, e, ang-te-te-leh, *pp & a* entitled.

intolérable,* ang-toll-eh-råh-bl, *a* insufferable.

intolérant, e, ang-toll-eh-rahng, *a* intolerant.

intoxiquer, ang-tox-ick-eh, *v* to poison (food etc).

intraduisible, ang-tråh-dwe-zee-bl, *a* untranslatable.

intraitable, ang-tray-tåh-bl, *a* intractable.

intransigeant, e, ang-trahng-ze-**shah**ng, *a* intransigeant.

intrépide,* ang-treh-peed, *a* undaunted; fearless.

intrigant, e, ang-tre-gahng, *mf & a* intriguer; intriguing. [intrigue.

intriguer, ang-tre-gheh, *v* to perplex; to plot; to

intrinsèque,* ang-trang-sayk, *a* intrinsic.

introduc-teur, trice, ang-trod-eek-ter, *mf* introducer.

introduire, ang-trod-weer, *v* to introduce; **s'—,** to get into.

introuvable, ang-troo-våhl-bl, *a* not to be found.

intrus, e, ang-tre, *mf* intruder.

intuiti-f, ve,* ang-te-e-teeff, *a* intuitive.

inusable, e-ne-zåh-bl, *a* everlasting.

inutile,* e-ne-teel, *a* useless; unnecessary.

inutilité, e-ne-te-le-teh, *f* uselessness; *pl* useless things.

invalide, ang-våh-leed, *a & mf* invalid; infirm; army veteran; pensioner.

invalider, ang-våh-le-deh, *v* to invalidate.

invariable,* ang-văh-re-ăh-bl, *a* invariable.

invasion, ang-văh-ze-ong, *f* invasion; irruption.

invectiver ang-vayk-te-veh, *v* to inveigh.

invendable, ang-vahng-dăh-bl, *a* unsaleable.

invendu, e, ang-vahng-dE, *a* unsold.

inventaire, ang-vahng-tair, *m* stock-taking; inventory.

inventer, ang-vahng-teh, *v* to invent.

inven-teur, trice, ang-vahng-ter, *mf* inventor; discoverer; *a* inventive.

inventi-f, ve, ang-vahng-teeff, *a* inventive.

inventorier, ang-vahng-tor-e-eh, *v* to make an inventory of; to take stock.

inverse,* ang-vairss, *a* inverse; inverted.

investigation, ang-vayss-te-gah-se-ong, *f* investigation; inquiry.

investir, ang-vayss-teer, *v* to invest.

invétéré, e, ang-veh-teh-reh, *a* inveterate.

invisible,* ang-vee-zee-bl, *a* invisible.

invité, e, ang-ve-teh, *mf* guest.

inviter, ang-ve-teh, *v* to invite; to urge; to request.

involontaire,* ang-voll-ong-tair, *a* involuntary.

invoquer, ang-vock-eh, *v* to invoke; to plead.

invraisemblable,* ang-vrayss-ahng-blăh-bl, *a* unlikely; unbelievable.

invraisemblance, ang-vrayss-ahng-blahngss, *f* unlikelihood.

invulnérable,* ang-vEEl-neh-răh-bl, *a* invulnerable.

iode, e-od, *m* iodine.

irascible, e-răhss-ee-bl, *a* irritable.

irisé, e, e-re-zeh, *a* iridescent.

irlandais, e, eer-lahng-deh, *a* Irish; *mf* Irishman; Irishwoman; Irish.

ironie, e-ronn-ee, *f* irony.

ironique,* e-ronn-eeck, *a* ironical.

irréalisable,* eer-reh-ăh-le-zăh-bl, *a* unrealisable.

irréductible,* eer-reh-dEEk-tee-bl, *a* irreducible.

irréfléchi, e, eer-reh-fleh-she, *a* thoughtless.

irréflexion, eer-reh-fleck-se-ong, *f* thoughtlessness.

irréguli-er, ère,* eer-reh-ghE-le-eh, *a* irregular.

irrémissible,* eer-reh-miss-ee-bl, *a* unpardonable.

irrésolu, e,* eer-reh-zoll-E, *a* irresolute.

irrespectueu-x, se,* eer-ress-peck-tE-er, *a* disrespectful.

irresponsable,* eer-ress-pong-săh-bl, *a* irresponsible·
irrévocable,* eer-eh-vock-ăh-bl, *a* irrevocable.
irrigateur, eer-re-găh-ter, *m* water-cart.
irriguer, eer-re-gheh, *v* to irrigate.
irriter, eer-re-teh, *v* to irritate; to provoke.
isolé, e, e-zoll-eh, *a* isolated; lonely; detached.
isolement, e-zoll-mahng, *m* loneliness; seclusion.
issu, e, iss-E, *a* born; sprung from.
issue, iss-E, *f* issue; outlet; end.
isthme, issm, *m* isthmus.
itinéraire, e-te-neh-rair, *m* itinerary; route; guide-
ivoire, e-vo'ăhr, *m* ivory; whiteness.   [book.
ivre, e-vr, *a* drunk; intoxicated.
ivresse, e-vress, *f* drunkenness; rapture.
ivrogne, e-vronn-yer, *m* drunkard.

jabot, shăh-bo, *m* shirt-frill; crop (of a bird).
jacasser, shăh-kăhss-eh, *v* to chatter; to prattle.
jacinthe, shăh-sangt, *f* hyacinth.
jadis, shăh-deess, *adv* formerly; of old.   [forth.
jaillir, shah'e-eer, *v* to spout; to gush out; to spring
jalon, shăh-long, *m* stake; pole; landmark.
jalouser, shăh-loo-zeh, *v* to envy.
jalousie, shăh-loo-zee, *f* jealousy; Venetian blind.
jalou-x, se,* shăh-loo, *a* jealous; anxious.
jamais, shăh-may, *adv* ever; never.
jambe, shahngb, *f* leg; shank.
jambière, shahng-be-air, *f* legging; elastic stocking;
jambon, shahng-bong, *m* ham.   [leg-guard.
jante, shahngt, *f* rim; felly.
janvier, shahng-ve-eh, *m* January.
japonais, e, shah-po-neh, *a* Japanese; *mf* Japanese
man, woman; Japanese.
japper, shăh-peh, *v* to yelp.
jaquette, shăh-kayt, *f* jacket.
jardin, shăhr-dang, *m* garden.
jardini-er, ère, shăhr-de-ne-eh, *mf* gardener.
jargon, shăhr-gong, *m* gibberish; jargon.
jarre, shăhr, *f* jar.
jarret, shăh-ray, *m* hamstring; hock; knuckle (veal);
shin (beef).

jarretelle, shăhr-tell, *f* suspender.

jarretière, shăhr-te-air, *f* garter.

jaser, shah-zeh, *v* to chatter; to gossip.

jasmin, shăhss-mang, *m* jasmin.

jatte, shăht, *f* bowl.

jauge, shohsh, *f* gauge; tonnage.

jaunâtre, shoh-nah-tr, *a* yellowish.

jaune, shohn, *a* yellow.

jaunir, shoh-neer, *v* to make yellow; to turn yellow.

jaunisse, shoh-neess, *f* jaundice.

Javel (eau de), oh der shăh-vell, bleach.

javelle, shăh-vell, *f* sheaf; bundle.

javelot, shăhv-lo, *m* javelin.

je (j' before a vowel), sher, *pron* I.

jésuite, sheh-zweet, *m* Jesuit.

Jésus, sheh-ze, *m* Jesus.

jet, shay, *m* throw; jet; ray.

jetée, sher-teh, *f* pier; jetty; mole.

jeter, sher-teh, *v* to throw; to fling.

jeton, sher-tong, *m* counter; token.

jeu, sher, *m* play; sport; gambling; set; acting.

jeudi, sher-de, *m* Thursday.

jeun (à), ăh-shung, *adv* fasting; on an empty stomach.

jeûne, shern, *m* fast; fasting.

jeune, shern, *a* young; junior; youthful.

jeûner, sher-neh, *v* to fast.

jeunesse, sher-ness, *f* youth; young people.

joaillerie, sho'ah'e-ree, *f* jewellery; jeweller's trade.

joie, sho'ăh, *f* joy; delight; gladness.

joignant, sho'ăhn-yahng, *pres part* & *a* adjoining; near to.

joindre, sho'ang-dr, *v* to join; to adjoin; to clasp; to get in touch.

joint, e, sho'ang, *a* joined; united; **ci-joint,** se-sho'ang, herewith; annexed.

joli, e, sholl-e, *a* pretty.

joliment, sholl-e-mahng, *adv* nicely; (*fam*) very; terribly.

jonc, shong, *m* rush; cane.

joncher, shong-sheh, *v* to strew; to scatter.

jonction, shongk-se-ong, *f* junction.

jongler, shong-gleh, *v* to juggle.

joue, shoo, *f* cheek.

jouer, shoo-eh, *v* to play; to gamble; to stake; to act;
jouet, shoo-ay, *m* toy. ⌊to deceive·
joueu-r, se, shoo-er, *mf* player; gambler.
joug, shoog, *m* yoke.
jouir, shoo-eer, *v* to enjoy; to possess; to use.
jouissance, shoo-iss-ah*ng*ss, *f* enjoyment; possession;
joujou, shoo-shoo, *m* plaything; toy. ⌊use.
jour, shoohr, *m* day; daylight; gap.
journal, shoohr-nähl, *m* newspaper; journal; diary;
day-book.
journali-er, ère, shoohr-näh-le-eh, *a* daily. ⌈pay.
journée, shoohr-neh, *f* daytime; day's work; day's
journellement, shoohr-nell-mah*ng*, *adv* daily.
jovial, e,* shov-e-ähl, *a* jovial.
joyau, sho'äh-yoh, *m* jewel.
joyeu-x, se,* sho'äh-yer, *a* cheerful; merry; joyful.
jubilation, she-be-läh-se-o*ng*, *f* rejoicing; jollification.
jucher (se) ser she-sheh, *v* to roost; to perch.
judiciaire,* she-de-se-air, *a* judicial; legal.
judicieu-x, se,* she-de-se-er, *a* judicious.
juge, shEESH, *m* judge; magistrate.
jugement, shEESH-mah*ng*, *m* judgment; trial; sentence; opinion.
juger, shEESH-eh, *v* to judge; to try; to sentence; to
believe.
jui-f, ve, shweef, *mf* & *a* Jew, Jewess; Jewish.
juillet, shwe-yay, *m* July.
juin, shwa*ng*, *m* June.
jumeau, jumelle, she-moh, she-mell, *mf* & *a* twin.
jumelles, she-mell, *fpl* binoculars.
jument, she-mah*ng*, *f* mare.
jupe, shEEP, *f* skirt.
jupon, she-po*ng*, *m* petticoat.
juré, she-reh, *m* juror; juryman.
jurement, shEEr-mah*ng*, *m* oath; swearing.
jurer, she-reh, *v* to swear; to assure; to clash (colours
juridique,* shE-re-deeck, *a* judicial ⌊etc).
juron, she-ro*ng*, *m* swear word.
jury, she-re, *m* jury.
jus, she, *m* juice; gravy.
jusque, shEES-ker, *prep* to; as far as; until; up to;
down to; even.

juste, sh**e**est, *m* upright man; *a* just; correct; fair;
juste, sh**e**est, *adv* just; right; exactly.   ⌊tight.
justement, sh**e**es-ter-mahng, *adv* just so; exactly.
justesse, sh**e**es-tess, *f* accuracy; precision.
justice, sh**e**es-teess, *f* justice; fairness; law.
justifier, sh**e**es-te-fe-eh, *v* to justify; to prove.
jute, sh**e**et, *m* jute.
juteu-x, se, sh**e**e-ter, *a* juicy.
juvénile, sh**e**-veh-neel, *a* youthful.
juxtaposer, sh**e**ex-täh-po-zeh, *v* to place side by
side.

kaolin, kăh-oll-ang, *m* china-clay; kaolin.
képi, keh-pe, *m* military cap.
kermesse, kair-mess, *f* parish fair; charity fête.
kilo(gramme), ke-loh-grähm; *m* kilo(gram).
kilomètre, ke-loh-met-tr, *m* kilometre.
kiosque, ke-osk, *m* kiosk; news stand.
klaxon, klacks-ong, *m* hooter.
klaxonner, klacks-on-eh, *v* to hoot.
krach, krähck, *m* financial disaster.
kyste, kee-st, *m* cyst.

la, lăh, *f art*; the; *pron* her; it; *m* (music) A.
là, lăh, *adv* there; thither; then.
labeur, lăh-ber, *m* labour; toil; work.
laborieu-x, se,* lăh-bor-e-er, *a* industrious; labori-
labourer, lăh-boo-reh, *v* to till; to plough.   ⌊ous.
laboureur, lăh-boo-rer, *m* ploughman; agricultural
lac, lăhck, *m* lake.   ⌊labourer.
lacer, lăh-seh, *v* to lace.
lacet, lăh-say, *m* lace; braid; snare.
lâche, lahsh, *m* coward; *a** loose; cowardly.
lâcher, lah-sheh, *v* to slacken; to loosen; to fork out;
to release.
lâcheté, lahsh-teh, *f* cowardice; meanness.
laconique,* lăh-konn-eeck, *a* laconic.
lacs, lah, *m* snares.
lacté, e, lăhck-teh, *a* milky; **voie—e,** vo'äh —, Milky
lacune, lăh-k**e**en, *f* gap; blank.   ⌊Way.

lagune, läh-gнEEN, *f* lagoon.
laid, e,* lay, *a* ugly; plain; unbecoming.
laideron, layd-ro*ng*, *mf* ugly creature.
laideur, lay-der, *f* ugliness.
lainage, lay-nähsh, *m* woollen goods; woolly garment.
laine, layn, *f* wool.
laisse, layss, *f* leash.
laisser, layss-eh, *v* to leave; to bequeath; to allow; to give up.
laissez-passer, layss-eh pähss-eh, *m* pass.
lait, lay, *m* milk.
laitage, lay-tähsh, *m* milk; food; dairy produce.
laitance, lay-tah*ng*ss, *f* soft roe.
laiterie, lay-tree, *f* dairy.
laiteu-x, se, lay-ter, *a* milky.
laiti-er, ère, lay-te-eh, *mf* milkman; milkwoman; **produits —s,** prod-wee —, dairy produce.
laiton, lay-to*ng*, *m* brass.
laitue, lay-tE, *f* lettuce.
lambeau, lah*ng*-boh, *m* rag; shred; scrap; tattering.
lambin, e, lah*ng*-bang, *mf* & *a* slow coach.
lambris, lah*ng*-bre, *m* wainscot; panelling; ceiling.
lame, lähm, *f* plate; sheet; blade; wave.
lamentable,* läh-mah*ng*-täh-bl, *a* woeful; mournful; deplorable.
lamentation, läh-mah*ng*-täh-se-o*ng*, *f* lament; bewailing.
lampadaire, lah*ng*-päh-dair, *m* standard lamp.
lampe, lah*ng*p, *f* lamp.
lampion, lah*ng*-pe-o*ng*, *m* illumination lamps; fairy light.
lance, lah*ng*ss, *f* lance; spear; staff.
lancer, lah*ng*-seh, *v* to throw; to fling; to issue; to launch; to set someone on his feet.
lancinant, e, lah*ng*-se-nah*ng*, *a* (pain) shooting.
landau, aus, lah*ng*-do, *m* pram.
lande, lah*ng*d, *f* heath; moor; waste land.
langage, lah*ng*-gähsh, *m* language; speech; expression.
lange, lah*ng*sh, *f* nappy; swaddling cloth.
langoureu-x, se,* lah*ng*-ghoo-rer, *a* pining; melancholy.
langouste, lah*ng*-ghoost, *f* crayfish.
langue, lah*ng*-gh, *f* tongue; language; (land) narrow strip.

languette, lah*ng*-ghett, *f* small tongue; tab.

langueur, lah*ng*-gher, *f* langour; weakness.

languir, lah*ng*-gheer, *v* to languish; to pine away.

languissamment, lah*ng*-ghiss-äh-mah*ng*, *adv* languishingly.

lanière, läh-ne-air, *f* thong; lash; leather lace.

lanterne, lah*ng*-tairn, *f* lantern; lamp.

lapider, läh-pe-deh, *v* to stone to death.

lapin, läh-pa*ng*, *m* rabbit.

laps, lähps, *m* lapse (of time).

laquais, läh-kay, *m* lackey; footman; flunkey.

laque, lähck, *m* lacquer.

laquelle, läh-kell, *pron f* who; whom; which; that.

larcin, lähr-sa*ng*, *m* larceny.

lard, lähr, *m* bacon; pig's fat.

larder, lähr-deh, *v* to lard.

lardon, lähr-do*ng*, *m* slip of bacon; (*fig*) jibe.

large, lährsh, *m* breadth; width; open sea; *a* broad; generous.

largeur, lähr-sher, *f* breadth; width.

larme, lährm, *f* tear: drop.

larmoyer, lähr-mo'äh-yeh, *v* to weep; to whine.

larron, läh-ro*ng*, *m* thief.

larve, lährv, *f* larva; grub.

laryngite, läh-rang-sheet, *f* laryngitis.

la-s, sse, lah, *a* tired; weary.

lasci-f, ve,* lähss-eef, *a* lascivious; lewd.

lasser, lahss-eh, *v* to tire; to weary; to fatigue.

latent, e, läh-tah*ng*, *a* latent; concealed.

latte, läht, *f* lath; slat.

lauréat, lor-eh-äh, *m* laureate.

laurier, lor-e-eh, *m* laurel; bay.

lavabo, läh-väh-bo, *m* wash-basin; lavatory.

lavage, läh-vähsh, *m* washing; wash.

lavande, läh-vah*ng*d, *f* lavender.

lavement, lähv-mah*ng*, *m* enema.

laver, läh-veh, *v* to wash.

lavoir, läh-vo'ähr, *m* washing-place.

layette, lay-yett, *f* baby clothes.

le, ler, *m art* the; *m pron* him; it.

lécher, leh-sheh, *v* to lick; to polish.

leçon, ler-so*ng*, *f* lesson; lecture.

lec-teur, trice, leck-ter, *mf* reader.

lecture, leck-tEER, *f* reading.

ledit, ler-de, *a* the said; *f* **ladite,** läh-deet.

légal, e,* leh-gähl, *a* legal; lawful.

légaliser, leh-gäh-le-zeh, *v* to authenticate; to legalize.

légataire, leh-gäh-tair, *mf* legatee.

légation, leh-gäh-se-ong, *f* legateship; legation.

légende, leh-**shah**ngd, *f* legend; references; caption.

lég-er, ère,* leh-sheh, *a* light; faint; fickle; fast.

légèreté, leh-**shair**-teh, *f* lightness; weakness; fickleness; thoughtlessness.

légion, leh-**she**-ong, *f* legion.

législation, leh-shees-läh-se-ong, *f* legislation; set of laws.

légiste, leh-**sheesst,** *m* lawyer.

légitime,* leh-**she**-teem, *a* legitimate; lawful.

legs, leh, *m* legacy.

léguer, leh-gheh, *v* to bequeath.

légume, leh-gHEEm, *m* vegetable.

lendemain, lahngd-mang, *m* next day; morrow.

lent, e,* lahng, *a* slow; sluggish.

lenteur, lahng-ter, *f* slowness; delay; dullness.

lentille, lahng-tee-ye, *f* lentil; lens; *pl* freckles.

léopard, leh-op-ähr, *m* leopard.

lèpre, laypr, *f* leprosy.

lépreu-x, se, leh-prer, *mf* & *a* leper; leprous.

lequel, ler-kell, *m pron* who; whom; which; that.

lesdits, lay-de, *a mpl* the said; *f* **lesdites,** lay-deet.

léser, leh-zeh, *v* to wrong; to injure.

lésine, leh-zeen, *f* stinginess.

lésion, leh-ze-ong, *f* lesion; injury; wrong.

lesquels, lay-kell, *pl* of **lequel**; *f* **lesquelles,** lay-kell.

lessive, layss-eev, *f* (of clothes) washing; wash; detergent.

lest, lesst, *m* ballast.

leste,* lesst, *a* nimble; smart; (speech) free.

lettre, lay-tr, *f* letter; note; *pl* literature; letters.

lettré, e, lay-treh, *a* learned; literary.

leur, ler, *pers pron* to them.

leur, leurs, ler, *poss a* their.

leurrer, ler-reh, *v* to lure; to decoy.

levain, ler-vang, *m* leaven; yeast.

levant, ler-vahng, *m* East; *a* rising.

levée, ler-veh, *f* raising; removal; levy; collection of letters.

lever, ler-veh, *v* to raise; to collect; **se—,** to stand up; to get up; *m* rising.

levier, ler-ve-eh, *m* lever; crowbar.

lèvre, lay-vr, *f* lip.

lévrier, leh-vre-eh, *m* greyhound.

levure, ler-VEER, *f* yeast.

lézard, leh-zăhr, *m* lizard.

lézarde, leh-zăhrd, *f* crevice; crack. [liaison.

liaison, lee-ay-zong, *f* joining; junction; intimacy;

liant, e, lee-ahng, *a* pliant; affable; sociable.

liasse, lee-ăhss, *f* bundle; wad; file (of papers).

libellé, lee-bel-leh, *m* wording.

libellule, lee-bel-lEEl, *f* dragon-fly.

libérer, lee-beh-reh, *v* to liberate; to discharge.

liberté, lee-bair-teh, *f* liberty; freedom; ease.

libraire, lee-brair, *m* bookseller.

librairie, lee-bray-ree, *f* bookshop; booktrade.

libre,* lee-br, *a* free; bold; disengaged.

libre-échange, leebr-eh-shahngsh, *m* free-trade.

licence, lee-sahngss, *f* licence; degree; licentiousness.

licencier, lee-sahng-se-eh, *v* to disband.

licencieu-x, se,* lee-sahng-se-er, *a* licentious.

licite,* lee-seett, *a* lawful; licit.

lie, lee, *f* lees; dregs ;(*fig*) scum.

liège, lee-aysh, *m* cork; cork-tree.

lien, lee-ang, *m* bond; tie; band.

lier, lee-eh, *v* to bind; to tie; to join; to thicken.

lierre, lee-air, *m* ivy.

lieu, lee-er, *m* place; spot; cause.

lieutenant, lee-ert-nahng, *m* lieutenant.

lièvre, lee-ay-vr, *m* hare.

ligne, leen-yer, *f* line; row; rank.

ligoter, lee-got-eh, *v* to bind; to tie up.

ligue, leegh, *f* league.

lilas, lee-lăh, *m* lilac; *a* lilac-coloured.

limace, lee-măhss, *f* slug.

limaçon, lee-măh-song, *m* snail.

limande, lee-mahngd, *f* lemon-sole.

lime, leem, *f* file.

limer, lee-meh, *v* to file; to polish.

limier, lee-me-eh, *m* bloodhound; detective.

limite, lee-meet, *f* limit; boundary; landmark.

limitrophe, lee-me-trof, *a* bordering; adjacent.

limon, lee-mong, *m* slime; mud; shaft (vehicle).

limonade, lee-monn-ăhd, *f* lemonade.

lin, lang, *m* flax; linen.

linceul, lang-serl, *m* shroud.

linge, langsh, *m* household linen; cloth; rag.

lingerie, langsh-ree, *f* underwear; lingerie; linen-room.

lingot, lang-go, *m* ingot. ⌊room.

linon, lee-nong, *m* lawn (fine linen).

linotte, lee-nott, *f* linnet; **tête de —,** tayt der —, feather-brained person.

lion, ne, lee-ong, *mf* lion; lioness.

liqueur, lee-ker, *f* liqueur.

liquidation, lee-ke-dăh-se-ong, *f* liquidation; clear-ance.

liquide, lee-keed, *a* & *m* liquid. ⌊ance.

lire, leer, *v* to read.

lis, leess, *m* lily.

lis-eur, euse, lee-zer, *mf* reader; *f* bed jacket.

lisible,* lee-zee-bl, *a* legible.

lisière, lee-ze-air, *f* list; selvedge; border.

lisse, leess, *a* smooth; sleek; glossy.

liste, leest, *f* list; roll; schedule; catalogue.

lit, lee, *m* bed; layer; channel.

litanie, lee-tăh-nee, *f* long story; *pl* litany.

literie, leet-ree, *f* bedding.

litière, lee-te-air, *f* litter (stable).

litige, lee-teesh, *m* litigation.

littéraire, lee-teh-rair, *a* literary.

littéral, e,* lee-teh-răhl, *a* literal.

littérateur, lee-teh-răh-ter, *m* literary man.

littérature, lee-teh-răh-tEER, *f* literature.

littoral, lee-tor-ăhl, *m* coast-line; *a* of the sea-coast.

livide, lee-veed, *a* livid.

livraison, lee-vray-zong, *f* delivery.

livre, lee-vr, *m* book; *f* pound; pound sterling.

livrée, lee-vreh, *f* livery; servants.

livrer, lee-vreh, *v* to deliver; to betray.

livret, lee-vray, *m* booklet; certificate-book; bank-book.

livreur, lee-vrer, *m* deliverer of goods. ⌊book.

local, lock-ăhl, *m* place; premises.

local, e,* lock-ăhl, *a* local.

locataire, lock-ăh-tair, *m* tenant; lodger.

location, lock-ăh-se-o*ng*, *f* letting; hiring; renting.
locomo-teur, trice, lock-omm-ot-er, *a* locomotive.
locomotive, lock-omm-ot-eev, *f* locomotive; engine.
locution, lock-E-se-o*ng*, *f* locution; expression; idiom.
loge, losh, *f* lodge; hut; box.   [quarters.
logement, losh-mah*ng*, *m* lodging; accommodation;
loger, losh-eh, *v* to lodge; to house; to dwell.
logique, losh-eeck, *f* logic; *a* * logical.
logis, losh-e, *m* dwelling; house; lodging-house.
loi, lo'ăh, *f* law; authority; act.
loin, lo'a*ng*, *adv* far; distant.
lointain, e, lo'a*ng*-ta*ng*, *a* remote; far off.
loisible, lo'ăh-zee-bl, *a* allowable.
loisir, lo'ăh-zeer, *m* leisure; time.
long, ue, * lo*ng*, *a* long.   [coast.
longer, lo*ng*-sheh, *v* to pass along; to walk along; to
longtemps, lo*ng*-tah*ng*, *adv* long; a long while.
longueur, lo*ng*-gher, *f* length.
longue-vue, lo*ng*-gh-VE, *f* spy-glass; telescope.
lopin, lop-a*ng*, *m* patch of ground.
loque, lock, *f* rag; tatter.
loquet, lock-ay, *m* latch.
lorgner, lorn-yeh, *v* to ogle; to have an eye on.
lorgnette, lorn-yett, *f* opera-glass.
lorgnon, lorn-yo*ng*, *m* eye-glass; pince-nez.
lors, lor, *adv* then; at the time; dès —, day —, ever
lorsque, lors-ker, *conj* when.   [since.
losange, loz-ah*ng*sh, *m* lozenge.
lot, lo, *m* portion; share; prize.
loterie, lot-ree, *f* raffle; lottery.
lotir, lot-eer, *v* to allot; to portion.
louable, * loo-ăh-bl, *a* laudable; praiseworthy.
louage, loo-ăhsh, *m* hire; letting out; renting.
louange, loo-ah*ng*sh, *f* praise.
louche, loosh, *f* soup-ladle; *a* squint-eyed; suspicious.
louer, loo-eh, *v* to let; to rent; to hire; to praise.
loup, loo, *m* wolf.
loup-garou, loo-găh-roo, *m* bugbear.
loupe, loop, *f* magnifying-glass.
lourd, e, * loor, *a* heavy dull; clumsy.
lourdaud, loor-doh, *m* blockhead; *a* clumsy; lumpish.
lourdeur, loor-der, *f* heaviness; dullness.

louve, loov, *f* she-wolf.
loyal, e,* lo'ăh-yăhl, *a* honest; true; faithful.
loyauté, lo'ăh-yoh-teh, *f* honesty; fairness.
loyer, lo'ăh-yeh, *m* hire; rent.
lubie, lE-bee, *f* whim; fad.
lubrifiant, lE-bre-fe-ahng, *m* lubricant; *a* lubricating.
lubrifier, lE-bre-fe-eh, *v* to lubricate.
lucarne, lE-kăhrn, *f* former-window.
lucide,* lE-seedd, *a* lucid; clear.
lucrati-f, ve,* lE-krăh-teeff, *a* lucrative.
lueur, lE-er, *f* glimmer; gleam.
lugubre,* lE-ghE-br, *a* lugubrious.
lui, lwe, *pers pron* he; him; to him; her; to her; it;
luire, lweer, *v* to shine; to glitter.   [to it.
luisant, e, lwe-zahng, *a* shining; glossy.
lumière, lE-me-air, *f* light; *pl* knowledge.
lumineu-x, se,* lE-me-ner, *a* luminous.
lunaire, lE-nair, *a* lunar.
lundi, lung-de, *m* Monday.   [moon.
lune, lEEN, *f* moon; — **de miel,** — der me-ell, honey-
lunette, lE-nayt, *f* telescope; *pl* spectacles.
luron, lE-rong, *m* jolly fellow; merry dog.
lustre, lEEs-tr, *m* lustre; gloss; chandelier.
luth, lEEt, *m* lute.
lutin, lE-tang, *m* goblin; imp (of child); *a* roguish.
lutiner, lE-te-neh, *v* to tease.
lutte, lEET, *f* wrestling; struggle; contest; strife.
lutter, lE-teh, *v* to wrestle; to struggle.
luxe, lEEks, *m* luxury.
luxer, lEEk-seh, *v* to dislocate.
luxueu-x, se,* lEEk-sE-er, *a* luxurious.
luxure, lEEk-sEEr, *f* lust.
lycée, lee-seh, *m* secondary school.
lyre, leer, *f* lyre.
lyrique, lee-reeck, *a* lyrical.
lyrisme, lee-reessm, *m* lyricism.

ma, măh, *poss af* my.
macabre, măh-kah-br, *a* macabre.
macédoine, măh-seh-do'ăhn, *f* mixed dish (of vegetables or fruit).

mâcher, mah-sheh, *v* to chew.
machinal, e,* măh-she-năhl, *a* mechanical.
machine, măh-sheen, *f* machine; engine; implement.
machiner, măh-she-neh, *v* to plot; to contrive.
mâchoire, mah-sho'ăhr, *f* jaw; jawbone.
mâchonner, mah-shonn-eh, *v* to mumble.
maçon, măh-song, *m* mason; bricklayer; freemason.
madame, măh-dăhm, *f* madam; Mrs.
mademoiselle, măhd-mo'ăh-zell, *f* Miss; the young
madone, măh-donn, *f* madonna. ⌊lady.
madré, e, măh-dreh, *a* speckled; cunning.
magasin, măh-găh-zang, *m* shop; warehouse; stock.
magasinage, măh-găh-ze-năhsh, *m* warehousing.
magazine, măh-găh-zeen, *m* illustrated magazine.
magie, măh-shee, *f* magic.
magique,* măh-sheeck, *a* magic. ⌈tative.
magistral, e,* măh-shees-trăhl, *a* masterly; authori-
magistrat, măh-shees-trăh, *m* magistrate.
magistrature, măh-shees-trăh-teer, *f* magistracy;
magistrates.
magnanime,* măhn-yăh-neem, *a* magnanimous.
magnétique, măhn-yeh-teeck, *a* magnetic.
magnétophone, măhn-yeh-toh-fonn, *m* tape recorder.
magnifique,* măhn-yee-feeck, *a* magnificent.
magot, mah-go, *m* baboon; grotesque figure; hoard.
mai, may, *m* May; maypole.
maigre,* may-gr, *a* lean; thin; scanty; barren.
maigrir, may-greer, *v* to become thin; to slim.
maille, mah'e, *f* mesh; stitch; (chain) mail.
maillot, mah'e-yo, *m* (sports) shirt; swimsuit.
main, mang, *f* hand; handwriting; quire; deal.
main-d'œuvre, mang-de-vr, *f* workmanship;
labour.
main-forte, mang-fort, *f* assistance; help.
maint, e, mang, *a* many; several.
maintenant, mangt-nahng, *adv* now.
maintenir, mangt-neer, *v* to maintain; to secure; to
keep up.
maintien, mang-te-ang, *m* maintenance; deportment;
maire, mair, *m* mayor. ⌊countenance.
mairie, may-ree, *f* town-hall.

mais, may, *conj* but; — **oui,** — we, "why, yes".

maïs, măh-eess, *m* maize.

maison, may-zong, *f* house; home; firm.

maisonnette, may-zonn-ett, *f* cottage; small house.

maître, may-tr, *m* master; owner; teacher.

maîtresse, may-tress, *f* school-mistress; mistress.

maîtrise, may-treez, *f* mastery, self-control.

maîtriser, may-tre-zeh, *v* to master; to keep under [control.

majesté, măh-shess-teh, *f* majesty.

majestueu-x, se,* măh-shess-te-er, *a* majestic.

majeur, e, măh-sher, *a* greater; major; **force —e,** fors —, of necessity.

major, măh-shor, *m* major.

majorité, măh-shor-e-teh, *f* majority; coming of age.

majuscule, măh-shees-keel, *f* capital (letter).

mal, măhl, *adv* ill; badly; amiss; on bad terms; *m* evil; mischief; misfortune; ache; sickness.

malade, măh-lăhd, *mf* sick person; patient; *a* ill; sick.

maladie, măh-lăh-dee, *f* illness.

maladi-f, ve,* măh-lăh-deef, *a* sickly.

maladresse, măh-lăh-dress, *f* awkwardness; blunder.

maladroit, e,* măh-lăh-dro'ăh, *a* clumsy.

malaise, măh-layz, *m* uneasiness; discomfort; fainting fit.

malaisé, e, măh-lay-zeh, *a* difficult; incommodious.

malappris, e, măhl-ăh-pree, *mf* vulgar person; *a* ill-

malavisé, e, măhl-ăh-ve-zeh, *a* ill-advised. [bred.

malaxer, măhl-acks-seh, *v* to knead; to mix; to massage.

mâle, mahl, *m* male; *a* male; manly; virile.

malchance, măhl-shahngss, *f* ill-luck.

maléfice, măh-leh-feess, *m* witchcraft.

malencontreu-x, se,* măh-lahng-kong-trer *a* unlucky; unfortunate.

malentendu, măh-lahng-tahng-dE, *m* misunderstanding.

malfaisant, e, măhl-fer-zahng, *a* mischievous; noxious.

malfai-teur, trice, măhl-fay-ter, *mf* malefactor.

malgré, măhl-greh, *prep* in spite of.

malhabile, * măhl-ăh-beel, *a* unskilful. [luck.

malheur, măh-ler, *m* unhappiness; misfortune; ill-

malheureu-x, se,* măhl-er-rer, *mf* & *a* unhappy; wretched.

malhonnête,* măhl-onn-ayt, *a* dishonest; rude.

malice, măh-leess, *f* malice; spite; roguishness.

malicieu-x, se,* măh-le-se-er, *a* spiteful; mischievous.

malin, maligne,* măh-lang, măh-leen-yer, *a* malignant; malicious; mischievous; sly; cunning.

malle, măhl, *f* trunk.

mallette, măh-lett, *f* small suitcase.

malmener, măhl-mer-neh, *v* to handle roughly; to abuse.

malotru, e, măhl-ot-rE, *mf* ill-bred person: lout.

malpropre,* măhl-propr, *a* slovenly; dirty.

malsain, e, măhl-sang, *a* (things) unwholesome; (persons) unhealthy.

malséant, e, măhl-seh-ahng, *a* unbecoming.

malsonnant, e, măhl-sonn-ahng, *a* ill-sounding; offensive.

maltraiter, măhl-tray-teh, *v* to ill-treat; to injure.

malveillant, e, măhl-vay'e-ahng, *a* malevolent.

maman, măh-mahng, *f* mammy.

mamelle, măh-mell, *f* breast; udder.

mamelon, măh-mer-long, *m* nipple; teat.

mammifère, măh-me-fair, *m* mammal.

manche, mahngsh, *m* handle; *f* sleeve.

manchette, mahng-shett, *f* cuff.

manchon, mahng-shong, *m* muff.

manchot, e, mahng-sho, *a* & *mf* one-armed.

mandat, mahng-dăh, *m* mandate; money order; warrant.

mandataire, mahng-dăh-tair, *m* proxy; agent. [for.

mander, mahng-deh, *v* to send word; to order; to send

manège, măh-naish, *m* riding-school; round-about;

manette, măh-nett, *f* small handle. [(*fam*) trick.

mangeable, mahng-shăh-bl, *a* edible.

mangeaille, mahng-shăh'e, *f* feed; (*fam*) grub.

manger, mahng-sheh, *v* to eat; to squander; *m* food.

maniable, măh-ne-ăh-bl, *a* easy to handle.

maniaque, măh-ne-ăhck, *m* maniac; *a* eccentric.

manie, măh-nee, *f* mania; craze.

maniement, măh-ne-mahng, *m* handling; management.

manier, măh-ne-eh, *v* to handle; to manage; to govern.

manière, măh-ne-air, *f* manner; kind; style. *pl* manners; airs.

maniéré, e, măh-ne-eh-reh, *a* affected.

manifestation, măh-ne-fes-tah-se-ong, *f* manifestation; political demonstration.

manifeste, măh-ne-fest, *m* manifesto; manifest; *a** manifest; evident.

manifester, măh-ne-fess-teh, *v* to manifest; to demonstrate.

manipuler, măh-ne-pe-leh, *v* to manipulate; to manivelle.

manivelle, măh-ne-vell, *f* handle; crank. [handle.

mannequin, măhn-kang, *m* dummy; fashion model.

manœuvre, măh-ner-vr, *m* labourer; *f* move; drill.

manœuvrer, măh-ner-vreh, *v* to handle; to work; to manœuvre.

manoir, măh-no'ăhr, *m* manor; mansion.

manque, mahngk, *m* lack; deficiency; failure.

manqué, é, mahng-keh, *a* missed; defective; failed.

manquement, mahngk-mahng, *m* omission; failure; oversight.

manquer, mahng-keh, *v* to fail; to want; to err; to miss; to be very near to (doing something).

mansarde, mahng-săhrd, *f* garret; attic.

manteau, mahng-toh, *m* cloak; mantle.

manuel, măh-ne-ell, *m* hand-book; text-book.

manuel, le,* măh-ne-ell, *a* manual.

manufacture, măh-ne-făhck-teer, *f* factory; making.

manuscrit, măh-nees-kree, *m* manuscript.

maquereau, măhck-roh, *m* mackerel.

maquette, măhck-ett, *f* model; dummy (book); mock-up.

maquillage, măh-kee-yăhsh, *m* make-up. [disguise.

maquiller, măh-kee-yeh, *v* to make up (face); to

maraîch-er, ère, măh-ray-sheh, *a* of market gardens.

marais, măh-ray, *m* marsh; swamp; bog.

marâtre, măh-rah-tr, *f* cruel stepmother.

maraudeur, măh-roh-deh, *v* to maraud; to plunder.

marbre, măhr-br, *m* marble; marble slab.

marchand, e, măhr-shahng, *mf* tradesman; tradeswoman; dealer; *a* saleable; merchant.

marchandage, măhr-shahng-dăhsh, *m* bargaining.
marchandise, măhr-shahng-deez, *f* goods; wares.
marche, măhrsh, *f* stair; walking; march; progress; running (trains etc).
marché, măhr-sheh, *m* market; bargain; purchase; contract; **bon —,** bong —, cheap; **meilleur —,** may-yer —, cheaper.
marchepied, măhr-sher-pe-eh, *m* foot-board; step.
marcher, măhr-sheh, *v* to walk; to tread; to work; to move.
mardi, măhr-de, *m* Tuesday.
mare, măhr, *f* pool; pond.
marécage, măh-reh-kăhsh, *m* marsh; bog; swamp.
maréchal, măh-reh-shăhl, *m* marshal; **— ferrant,** — feh-rahng, blacksmith.
marée, măh-reh, *f* tide; sea-fish.
margarine, măhr-ghăh-reen, *f* margarine.
marge, măhrsh, *f* margin; border; time.
marguerite, măhr-gher-reet, *f* daisy; marguerite.
mari, măh-re, *m* husband.
mariage, măh-re-ăhsh, *m* marriage; wedding; union.
marié, e, măh-re-eh, *mf* bridegroom; bride.
marier, măh-re-eh, *v* to marry; to unite; **se —,** to get married.
marin, măh-rang, *m* sailor; seaman.
marin, e, măh-rang, *a* marine; seagoing.
marinade, măh-re-năhd, *f* pickle; marinade.
marine, măh-reen, *f* navy; navigation; **bleu —,** bler —, navy blue.
marionnette, măh-re-onn-ett, *f* puppet; *pl* puppet show.
marmaille, măhr-mah'e, *f* crowd of kids.
marmite, măhr-meet, *f* stock-pot.
marmot, măhr-mo, *m* brat; child.
marmotter, măhr-mot-eh, *v* to mutter.
maronner, măh-ronn-eh, *v* (*fam*) to grumble.
maroquin, măh-rock-ang, *m* morocco leather.
marquant, e, măhr-kahng, *a* prominent; striking.
marque, măhrk, *f* mark; stamp; brand; token.
marquer, măhr-keh, *v* to mark; to be conspicuous.
marqueterie, măhr-kert-ree, *f* inlaid work.
marquis, e, măhr-ke, *mf* marquis; marchioness; marquee.
marraine, măh-rain, *f* godmother.
marrant, măh-rahng, *a* (*fam*) funny; amusing; odd.

marron, măh-rong, *m* conker; chestnut; *a* chestnut coloured; brown.

marronnier, măh-ronn-e-eh, *m* chestnut tree.

mars, măhrs, *m* March; Mars.

marseillaise, măhr-say'e-ayz, *f* Marseillaise.

marsouin, măhr-soo-ang, *m* porpoise.

marteau, măhr-toh, *m* hammer; knocker.

marteler, măhr-ter-leh, *v* to hammer; to torment.

martial, e,* măhr-se-ăhl, *a* martial.

martinet, măhr-te-nay, *m* swift; cat o' nine tails.

martre, măhr-tr, *f* marten; sable.

martyre, măhr-teer, *m* martyrdom.

masculin, e, măhss-kɛ-lang, *a* & *m* masculine; male.

masque, măhsk, *m* mask; pretence.

masquer, măhss-keh, *v* to mask; to disguise; to hide.

massacrer, măhss-ăh-kreh, *v* to slaughter; to spoil; to bungle.

masse, măhss, *f* mass; heap; bulk; lot; pool.

massif, măhss-eef, *m* thicket; clump of shrubs; chain of mountains.

massi-f, ve,* măhss-eef, *a* massive; heavy; solid.

massue, măhss-ɛ, *f* club.

mastic, măhss-teeck, *m* putty.

mastiquer, măhss-te-keh, *v* to cement; to masticate.

mat, măht, *m* (chess) mate.

mat, e, măht, *a* mat; unpolished; dull; heavy.

mât, mah, *m* mast; pole.

matelas, măht-lăh, *m* mattress.

matelot, măht-lo, *m* sailor; seaman.

mater, măh-teh, *v* to checkmate; to mat; (*fam*) to curb; to subdue.

matériaux, măh-te-re-oh, *mpl* materials.

matériel, măh-teh-re-ell, *m* stock; plant.

matériel, le,* măh-teh-re-ell, *a* material.

maternel, le,* măh-tair-nell, *a* motherly; maternal; *f* infant school.

maternité, măh-tair-ne-teh, *f* maternity; maternity hospital.

mathématiques, măh-teh-măh-teeck, *fpl* mathematics.

matière, măh-te-air, *f* matter; material; subject; cause.

matin, măh-tang, *m* morning.

matinal, e, măh-te-năhl, *a* early.

matinée, mäh-te-neh, *f* forenoon; matinee.
matois, e, mäh-to'äh, *mf* sly person; *a* cunning;
matrice, mäh-treess, *f* matrix; womb. [artful.
matricule, mäh-tre-keel, *f* registration; roll.
maturité, mäh-te-re-teh, *f* maturity; ripeness.
maudire, moh-deer, *v* to curse.
maudit, e, moh-de, *mf* reprobate; *a* cursed.
maugréer, moh-greh-eh, *v* to curse; to fume.
maussade,* moh-sähd, *a* cross; sulky; dull.
mauvais, e, moh-vay, *a* evil; bad; ill; wrong.
mauve, mohv, *a & m* mauve.
me, mer, *pron* me; to me; at me. [driver.
mécanicien, meh-käh-ne-se-ang, *m* mechanic; engine-
mécanique, meh-käh-neeck, *f* mechanics; machinery;
a∗ mechanical. [chinery.
mécanisme, meh-käh-nissm, *m* mechanism; ma-
méchamment, meh-shäh-mahng, *adv* wickedly; un-
kindly. [kindness.
méchanceté, meh-shahngss-teh, *f* wickedness; un-
méchant, e, meh-shahng, *mf* wicked person; naughty
child; *a* wicked; ill-natured; naughty.
mèche, maysh, *f* wick; match; lock (of hair).
mécompte, meh-kongt, *m* miscalculation; disappointment.
méconnaissable, meh-konn-ess-äh-bl, *a* unrecogniz-
able.
méconnaître, meh-konn-ay-tr, *v* not to recognize;
not to appreciate. [unappreciated.
méconnu, e, meh-konn-e, *pp* & *a* unacknowledged;
mécontent, e, meh-kong-tahng, *a* discontented.
mécréant, meh-kreh-ahng, *m* unbeliever.
médaille, meh-dah'e, *f* medal; badge.
médaillon, meh-dah'e-yong, *m* medallion; locket.
médecin, mehd-sang, *m* physician; doctor.
médecine, mehd-seen, *f* medicine (art of).
médiat, e, meh-de-äh, *a* mediate.
média-teur, trice, meh-de-äh-ter, *mf* mediator.
médicament, meh-de-käh-mahng, *m* medicine.
médiocre,* meh-de-ockr, *a* mediocre.
médire, meh-deer, *v* to slander.
médisance, meh-de-zahngss, *f* slander.
méditer, meh-de-teh, *v* to meditate; to plan.

méduse, meh-DEEZ, *f* jelly-fish.
méfait, meh-fay, *m* misdeed.
méfiance, meh-fe-ahNgss, *f* mistrust; caution.
méfiant, e, meh-fe-ahNg, *a* mistrustful; suspicious.
méfier (se), se*r* meh-fe-eh, *v* to mistrust (**de**); to beware of.
mégarde (par), påhr meh-gåhrd, *adv* inadvertently.
mégère, meh-shair, *f* shrew (of woman).
meilleur, e, may'e-er, *a* better; best.   [gloomy.
mélancolique,* meh-lahNg-koll-eeck, *a* melancholy.
mélange, meh-lahNgsh, *m* mixture; blending; medley.
mélanger, meh-lahNg-sheh, *v* to mix; to blend.
mêlée, may-leh, *f* fray; scuffle; conflict; scrum.
mêler, may-leh, *v* to mix; to blend; to entangle.
mélodieu-x, se,* meh-lod-e-er, *a* melodious.
melon mer-long, *m* melon; (*fam*) bowler hat.
membrane, mahNg-bråhn, *f* membrane; film.
membre, mahNg-br, *f* member; limb.
même, maym, *a* same; even; very; self.
mémoire, meh-mo'åhr, *m* memorandum; bill; *pl* memoirs; *f* memory; fame.
menaçant, e, mer-näh-sahNg, *a* threatening.
menace, mer-nähss, *f* menace; threat.
menacer, mer-nähss-eh, *v* to threaten.
ménage, meh-nähsh, *m* housekeeping; household; married couple.
ménagement, meh-nähsh-mahNg, *m* regard; caution; tact.
ménager, meh-näh-sheh, *v* to manage; to save; to treat with caution; to arrange.
ménag-er, ère, meh-näh-sheh, *a* domestic; of the
ménagère, meh-näh-shair, *f* housewife. [household.
mendiant, e, mahNg-de-ahNg, *mf* & *a* beggar; begging.
mendicité, mahNg-de-se-teh, *f* begging.
mendier, mahNg-de-eh, *v* to beg.
menée, mer-neh, *f* intrigue; underhand dealing.
mener, mer-neh, *v* to lead; to head; to convey.
meneur, mer-ner, *m* leader; ringleader.
méningite, meh-nang-**sh**eet, *f* meningitis.
menotte, mer-not, *f* little hand; *pl* handcuffs.
mensonge, mahNgss-ongsh, *m* lie; untruth.
mensuel, le,* mahNg-SE-ell, *a* monthly.

mental, e,* mah*n*g-tăhl, *a* mental.   ⌈mentality.

mentalité, mah*n*g-tăh-le-teh, *f* frame of mind;

menteu-r, se, mah*n*g-ter, *mf* liar; *a* lying.

menthe, mah*n*gt, *f* mint.

mentionner, mah*n*g-se-onn-eh, *v* to mention.

mentir, mah*n*g-teer, *v* to lie; to fib.

menton, mah*n*g-tong, *m* chin.

menu, mer-*n*E, *m* menu; particulars.

menu e, mer-*n*E, *a* thin; slender; fine; petty.

menuisier, mer-nwee-ze-eh, *m* joiner; carpenter.

méprendre (se), ser meh-prah*n*g-dr, *v* to be mis-

mépris, meh-pree, *m* contempt; scorn.   ⌊taken.

méprisable, meh-pre-zăh-bl, *a* contemptible; despicable.

méprise, meh-preez, *f* mistake; misapprehension.

mépriser, meh-pre-zeh, *v* to despise; to scorn.

mer, mair, *f* sea; **mal de —,** măhl de r —, sea-sickness.

mercenaire, mair-ser-nair, *m* & *a* mercenary; hire-

mercerie, mair-ser-ree, *f* haberdashery.   ⌊ling.

merci, mair-se, *m* thanks; thank you; no, thank you;
f mercy.

merci-er, ère, mair-se-eh, *mf* haberdasher.

mercredi, mair-krer-de, *m* Wednesday.

mère, mair, *f* mother; *a* principal.

méridien, ne, meh-re-de-a*n*g, *a* meridian.

méridienne, meh-re-de-ain, *f* meridian line; siesta.

méridional, e, meh-re-de-onn-ăhl, *a* & *mf* southern;
southerner.

mérite, meh-reet, *m* merit; worth; talent.

mériter, meh-re-teh, *v* to deserve; to be worth; to

méritoire,* meh-re-to'ăhr, *a* meritorious. ⌊require.

merlan, mair-lah*n*g, *m* whiting.

merle, mairl, *m* blackbird.

merveille, mair-vay'e, *f* marvel; wonder; *adv phr*
à —, ăh —, excellently.

merveilleu-x, se,* mair-vay'e-er, *a* wonderful.

mes, may, *poss a pl* my.

mésallier (se), ser meh-zăh-le-eh, *v* to marry below

mésange, meh-zah*n*gsh, *f* tomtit. ⌊one's station.

mésaventure, meh-zăh-vah*n*g-tEEr, *f* mischance;
mishap.

mésestimer, meh-zess-te-meh, *v* to undervalue.

mésintelligence, meh-zang-tell-le-**shah**ngss, *f* mis-understanding.

mesquin, e,* mess-kang, *a* mean; niggardly; stingy.

mesquinerie, mess-keen-ree, *f* meanness; pettiness.

message, mess-ähsh, *m* message; errand.

messag-er, ère, mess-äh-sheh, *mf* messenger.

messagerie, mess-ähsh-ree, *f* carrying trade; trans-messe, mayss, *f* mass. ⌊port service.

mesure, mer-zeer, *f* measure; measurement; pro-portion; step; propriety; (music) bar; time.

mesuré, e, mer-ze-reh, *a* regular; guarded.

mesurer, mer-ze-reh, *v* to measure; to consider; to

mésuser, meh-ze-zeh, *v* to misuse. ⌊proportion.

métal, meh-tähl, *m* metal.

métamorphose, meh-täh-mor-fohz, *f* metamor-phosis; transformation.

météore, meh-teh-or, *m* meteor. ⌈rological.

météorologique, meh-teh-o-ro-lo-sheeck, *a* meteo-méthode, meh-tod, *f* method; way; system.

méthodique,* meh-tod-eeck, *a* methodical.

méticuleu-x, se,* meh-te-ke-ler, *a* meticulous; particular.

métier, meh-te-eh, *m* trade; profession; handicraft;

métis, se, meh-tee, *mf* & a half-breed; hybrid. ⌊loom.

métrage, meh-trähsh, *m* measuring; metric length.

mètre, met-tr, *m* metre; rule. ⌊length of film.

métrique, meh-treeck, *a* metric. ⌈country.

métropole, meh-trop-ol, *f* metropolis; mother

métropolitain, meh-trop-oll-e-tang, *a* metropolitan;

le **Métro,** underground railway (Paris).

mets, may, *m* food; dish.

mettre, met-tr, *v* to put; to set; to wear.

meuble, mer-bl, *m* piece of furniture; *pl* furniture; *a* movable.

meubler, mer-bleh, *v* to furnish; to stock.

meule, merl, *f* grindstone; millstone.

meuni-er, ère, mer-ne-eh, *mf* miller.

meurtre, mer-tr, *m* murder.

meurtri-er, ère, mer-tre-eh, *mf* murderer; murder-ess; *a* deadly.

meurtrir, mer-treer, *v* to bruise.

meurtrissure, mer-triss-eer, *f* bruise.

meute, me*r*t, *f* pack of hounds; (*fam*) mob.

mi, me, *m* (music) Mi; E.

mi, me, half; mid; semi-.

miasme, me-ăhssm, *m* miasma.

miauler, me-ohl-eh, *v* to mew.

microbe, me-krob, *m* microbe; (*fam*) germ.

microfilm, me-kroh-feelm, microfilm.

microphone, me-krof-onn, *m* microphone.

microsillon, me-croh-se-yong, *m* long playing record.

midi, me-de, *m* midday; noon; South (of France).

mie, me, *f* crumb (inside of a loaf).

miel, me-ell, *m* honey.

mielleu-x, se,* me-ell-er, *a* honeyed; bland; soft-spoken.

mien, ne, me-ang, *poss pron* mine.

miette, me-ett, *f* crumb; bit.

mieux, me-er, *adv* better; best; more; *m* best thing; *a* better.

mignardise, meen-yăhr-deez, *f* mincing manners.

mignon, ne, meen-yong, *a* delicate; tiny; sweet.

migraine, me-grain, *f* migraine.

mijaurée, me-shohr-eh, *f* affected woman.

mijoter, me-shot-eh, *v* to simmer.

milieu, me-le-er, *m* middle; circle; environment; social class; (*fig*) to plot.

militaire, me-le-tair, *m* soldier; *a* military.

mille, mill, *m* one thousand; mile; *a* thousand.

milliard, mill-e-ăhr, *m* one thousand millions.

millième, mill-e-aim, *m* & *a* thousandth.

million, mill-e-ong, *m* million.

millionième, mill-e-onn-e-emm, *m* & *a* millionth.

mime, meem, *m* mime.

minable, me-năh-bl, *a* shabby; pitiable.

minauder, me-nohd-eh, *v* to simper; to mince.

mince, mangss, *a* slender; slim; scanty.

mine, meen, *f* appearance; look; mine; lead (of pencil).

miner, me-neh, *v* to undermine; to wear away.

minerai, meen-ray, *m* ore.

minéral, e, me-neh-răhl, *a* mineral.

mineur, me-ner, *m* miner; *a* (music) minor; minor.

mineur, e, me-ner, *a* minor; under age.

miniature, me-ne-ăh-tEEr, *f* miniature.

mini-er, ère, me-ne-eh, *a* mining.

minime, me-neem, *a* very small; trifling.

ministère, me-niss-tair, *m* ministry; services.

ministre, me-neestr, *m* minister; Secretary of State; clergyman.

minois, me-no'äh, *m (fam)* pretty face.

minuit, me-nwe, *m* midnight.

minuscule, me-nEES-keel, *f* small letter; *a* minute.

minute, me-nEET, *f* minute; instant.

minutieu-x, se,* me-nEE-se-er, *a* particular; detailed.

miracle, me-räh-kl, *m* miracle; wonder.

miraculeu-x, se,* me-räh-kE-ler, *a* miraculous;

mirage, me-räh**sh**, *m* mirage; delusion. [wonderful.

mirer, me-reh, *v* to aim at; **se —,** to look at (oneself).

miroir, me-ro'ähr, *m* mirror; looking-glass.

miroiter, me-ro'äh-teh, *v* to flash; to glisten.

mise, meez, *f* placing; dress; stake.

misérable, me-zeh-räh-bl, *mf* wretch.

misère, me-zair, *f* misery; poverty; trifle.

miséricorde, me-zeh-re-kord, *f* mercy.

mission, me-se-ong, *f* mission.

missionnaire, miss-e-onn-air, *n* missionary.

mitaine, me-tain, *f* mitten.

mite, meet, *f* clothes moth; mite.

mi-temps, me-tah**ng**, *f* half-time; interval; part-

mitiger, me-te-**sh**eh, *v* to mitigate. [time.

mitraille, me-trah'e, *f* grape-shot.

mitrailleuse, me-trah'e-*erz*, *f* machine-gun.

mixte, meekst, *a* mixed; **école —,** eh-kol —, co-ed school.

mixtion, meeks-te-ong, *f* mixture; compounding.

mobile, mob-eel, *m* moving body; motive power; mobile; *a* movable; changing.

mobilier, mob-e-le-eh, *m* furniture.

mobili-er, ère, mob-e-le-eh, *a* movable; personal.

mobiliser, mob-e-le-zeh, *v* to mobilize.

mobilité, mob-e-le-teh, *f* mobility; instability.

mode, mod, *m* mood; mode; method.

mode, mod, *f* fashion; way; *pl* millinery.

modèle, mod-ell, *m* model; pattern; size.

modeler, mod-leh, *v* to model; to shape; to mould.

modération, mod-eh-räh-se-ong, *f* moderation.

modérer, mod-eh-reh, *v* to moderate; to quiet.

moderne, mod-airn, *mf & a* modern style; modern.

modeste,* mod-est, *a* modest; unassuming.
modestie, mod-ess-tee, *f* modesty.
modifier, mod-e-fe-eh, *v* to modify.
modique,* mod-eeck, *a* moderate; small.
modiste, mod-eest, *f* milliner.
moelle, mwähl, *f* marrow (bone); pith.
moelleu-x, se,* mwäh-ler, *a* marrowy; soft; mellow.
mœurs, mers, *fpl* manners; customs; morals.
moi, mwäh, *pers pron* I; me; to me; *m* self; ego.
moindre,* mwang-dr, *a* less; **le —, ler —,** the least.
moine, mwähn, *m* monk; bed-warmer.
moineau, mwäh-noh, *m* sparrow.
moins, mwang, *adv* less; fewer; least; under; *prep* minus.
mois, mwäh, *m* month.
moisir, mwäh-zeer, *v* to go mouldy;(*fam*) to vegetate.
moisson, mwähss-ong, *f* harvest; crop.
moite, mwäht, *a* moist; damp; clammy.
moiteur, mwäh-ter, *f* moistness; dampness.
moitié, mwäh-te-eh, *f* half; *adv* half; partly.
mol, le,* see **mou.**
molaire, moll-air, *f* molar tooth.
môle, mohl, *m* mole; pier.
molester, moll-ess-teh, *v* to molest; to vex.
mollasse, moll-ähss, *a* flabby; spineless.
mollesse, moll-ess, *f* softness; indolence.
mollet, moll-ay, *m* calf (of the leg).
mollet, te, moll-ay, *a* soft; tender.
molletonné, moll-tonn-eh, *a* lined with swansdown; with raised nap.
mollir, moll-eer, *v* to soften; to slacken; to give way.
moment, mom-ahng, *m* moment; time; occasion.
momentané,* e, mom-ahng-täh-neh, *a* momentary.
momie, mom-ee, *f* mummy.
mon, mong, *poss a m* my; *f* **ma,** mäh, *pl* **mes,** may.
monarchie, monn-ähr-shee, *f* monarchy.
monarque, monn-ährk, *m* monarch.
monastère, monn-ähss-tair, *m* monastery.
monceau, mong-soh, *m* heap.
mondain, e,* mong-dang, *a* worldly; mundane; fashionable.
monde, mongd, *m* world; mankind; people; society.
mondial, e, mong-de-ähl, *a* world-wide.

monétaire, monn-eh-tair, *a* monetary. ⌐gazette.

moniteur, monn-e-ter, *m* monitor; instructor;

monnaie, monn-ay, *f* money; coin; change; Mint.

monocle, monn-ockl, *m* eye-glass.

monomane, monn-omm-ähn, *mf & a* monomaniac.

monopole, monn-op-ol, *m* monopoly.

monotone, monn-ot-onn, *a* monotonous.

monseigneur, mong-sehn-yer, *m* my lord; your lordship; jemmy.

monsieur, mer-se-er, *m* gentleman; Mr; master; Sir.

monstre, mongss-tr, *m* monster.

monstrueu-x, se,* mongss-tre-er, *a* monstrous; shocking.

mont, mong, *m* mount; mountain.

montage, mong-tähsh, *m* raising; putting up.

montagnard, e, mong-tähn-yähr, *mf* mountaineer.

montagne, mong-tähn-yer, *f* mountain.

montant, mong-tahng, *m* upright; rise; amount; tang.

montant, e, mong-tahng, *a* rising; uphill; high-necked.

montée, mong-teh, *f* rise; ascent; step.

monter, mong-teh, *v* to ascend; to rise; to ride; to set up; to mount (jewel); **se —,** to amount.

monticule, mong-te-keel, *m* hillock.

montre, mong-tr, *f* watch; show; show-window.

montrer, mong-treh, *v* to show; to teach.

montueu-x, se, mong-te-er, *a* hilly.

monture, mong-teer, *f* mount; frame; setting.

monument, monn-e-mahng, *m* monument.

moquer (se), ser mock-eh, *v* to mock; to make fun of.

moquerie, mock-ree, *f* mockery; derision.

moquette, mock-ett, *f* fitted carpet.

moqueu-r, se, mock-er, *mf* sneerer; *a* mocking.

moral, mor-ähl, *m* state of mind; morale; spirits.

moral, e,* mor-ähl, *a* moral; mental. ⌐story).

morale, mor-ähl, *f* morals; reprimand; moral (of

morceau, mor-soh, *m* piece; bit; morsel; extract.

morceler, mor-ser-leh, *v* to cut up into small pieces; to parcel out.

mordant, e, mor-dahng, *a* biting; sarcastic.

mordicus, mor-de-keess, *adv* stubbornly; doggedly.

mordre, mor-dr, *v* to bite; to gnaw; to eat away.

morfondre (se), ser mor-fong-dr, *v* to be chilled; to be bored stiff waiting.

morgue, morgh, *f* mortuary; arrogance.
moribond, e, mor-e-bong, *mf* & *a* dying person;
morne, morn, *a* gloomy; sad; dull.   [dying.
morose, mor-ohz, *a* morose.
morphine, mor-feen, *f* morphia.
mors, mor, *m* bit; **prendre le — aux dents,** prahng-
  dr ler — oh dahng, to bolt.
morsure, mor-seer, *f* bite; sting.
mort, mor, *f* death.
mort, e, mor, *mf* dead person; *a* dead; stagnant; spent.
mortalité, mor-täh-le-teh, *f* mortality; death-rate.
mortel, le,* mor-tell, *a* mortal; deadly; tedious.
mortier, mor-te-eh, *m* mortar.
mortifier, mor-te-fe-eh, *v* to mortify; to hang (game).
morue, mor-ee, *f* codfish.
morveu-x, se, mor-ver, *mf* dirty child; brat; *a*
  glandered; snotty-nosed.
mot, moh, *m* word; saying; meaning; hint.
moteur, mot-er, *m* motor; moving power; engine.
mo-teur, trice, mot-er, *a* motive; moving.
motif, mot-eeff, *m* motive; reason.
motion, mo-se-ong, *f* motion; proposal.
motiver, mot-e-veh, *v* to state reason for; to motivate.
motocyclette, mot-oss-e-klett, *f* motor-cycle.
motocycliste, mot-oss-e-kleesst, *m* motor-cyclist.
motte, mot, *f* clod; peat; roll (of butter).
mou (mol before a word beginning with a vowel or
  '**h**' mute); *f* **molle,** moo, mol, *a* soft; indolent;
  (weather) muggy.
mouchard, moo-shähr, *m* (*fam*) sneak; informer.
mouche, moosh, *f* fly; beauty-spot; bull's eye.
moucher, moo-sheh, *v* to wipe the nose of; **se —,** to
  blow one's nose.
moucheron, moosh-rong, *m* gnat; snuff (candle).
mouchoir, moo-sho'ähr, *m* handkerchief.
moudre, moodr, *v* to grind.
moue, moo, *f* pout.
mouette, moo-ett, *f* sea-gull.
mouillé, e, moo'e-yeh, *a* wet; soaked; anchored.
mouiller, moo'e-yeh, *v* to wet; to soak; to anchor.
moule, mool, *m* mould; cast; form; *f* mussel.
mouler, moo-leh, *v* to mould; to cast; to shape.

moulin, moo-lang, *m* mill; windmill; — **à paroles,** — äh päh-rol, chatterbox.

moulu, e, moo-le, *pp* & *a* ground.

mourant, e, moo-rahng, *mf* & *a* dying person; dying.

mourir, moo-reer, *v* to die; to die away; (fire, light) to go out.

mousquetaire, mooss-ker-tair, *m* musketeer.

mousse, mooss, *m* ship's-boy; *f* moss; froth; lather.

mousseline, mooss-leen, *f* muslin; chiffon.

mousser, mooss-eh, *v* to foam; to lather; to sparkle.

mousseu-x, se, mooss-er, *a* frothy; sparkling.

moustache, mooss-tähsh, *f* moustache; (animals) whiskers.

moustiquaire, mooss-te-kair, *m* mosquito-net.

moustique, mooss-teeck, *m* mosquito.

moutarde, moo-tährd, *f* mustard.

mouton, moo-tong, *m* sheep; mutton; rammer.

mouvant, e, moo-vahng, *a* moving; shifting.

mouvement, moov-mahng, *m* movement; motion; disturbance; traffic.

mouvementé, e, moov-mahng-teh, *a* agitated; lively; eventful; fluctuating.

mouvoir, moo-vo'ähr, *v* to move; to stir; to start.

moyen, mo'äh-yang, *m* means; medium; power.

moyen, ne, mo'äh-yang, *a* middle; mean; average.

moyennant, mo'äh-yay-nahng *prep* on condition; for a consideration.

moyenne, mo'äh-yain, *f* average; mean.

muer, ME-eh, *v* to moult; (voice) to break.

muet, te, ME-ay, *mf* dumb person; *a* dumb; taciturn.

mufle, MEE-fl, *m* muzzle; (*fam*) face; rotter.

mugir, ME-sheer, *v* to low; to bellow; to roar.

mugissement, ME-shiss-mahng, *m* lowing; bellowing; roaring.

muguet, ME-ghay, *m* lily of the valley.

mule, MEEL, *f* she-mule; slipper.

mulet, ME-lay, *m* mule; mullet.

multiplier, MEEL-te-ple-eh, *v* to multiply.

multitude, MEEL-te-teed, *f* multitude.

municipalité, ME-ne-se-päh-le-teh, *f* municipality; town-hall.

munificence, ME-ne-fe-sahngss, *f* munificence.

munir, mE-neer, *v* to provide; to supply; to arm (**de,** with).

munitions, mE-ne-se-on*g*, *fpl* ammunition; stores.

mur, mEER, *m* wall; **au pied du —,** oh pe-eh dE —, in a corner.

mûr, e,* mEER, *a* ripe; mature; mellow.

muraille, mE-rah'e, *f* wall; rampart.

mûre, mEER, *f* mulberry; blackberry.

mûrir, mEE-reer, *v* to ripen; to mature.

murmure, mEER-mEER, *m* murmur; babbling; whisper.

murmurer, mEER-me-reh, *v* to murmur; to grumble; [to whisper.

muscade, mEESS-kàhd, *f* nutmeg.

muscat, mEESS-kàh, *m* muscatel.

muscle, mEESS-kl, *m* muscle.

musculeu-x, se, mEESS-ke-le*r*, *a* muscular.

museau, mE-zoh, *m* snout; muzzle; (*fam*) face.

musée, mE-zeh, *m* museum.

museler, mEEz-leh, *v* to muzzle.

muser, mE-zeh, *v* to loiter; to trifle.

musicien, ne, mE-ze-se-ang, *mf* musician; *a* musical.

musique, mE-zeeck, *f* music; band.

mutation, mE-tàh-se-on*g*, *f* change; transfer.

mutiler, mE-te-leh, *v* to mutilate; to maim; to deface.

mutin, e, mE-tang, *mf & a* mutinous; unruly.

mutinerie, mE-teen-ree, *f* mutiny.

mutisme, mE-tissm, *m* dumbness.

mutuel, le,* mE-te-ell, *a* mutual.

myope, me-op, *a* myopic.

myosotis, me-oz-ot-iss, *m* forget-me-not.

myrte, meert, *m* myrtle.

mystère, miss-tair, *m* mystery.

mystérieu-x, se,* miss-teh-re-e*r*, *a* mysterious.

mystifier, miss-te-fe-eh, *v* to mystify; to hoax.

mystique,* miss-teeck, *mf & a* mystic; mystical.

nacelle, nàh-sell, *f* small boat; cockpit; basket (of

nacre, nàh-kr, *f* mother-of-pearl. [balloon).

nage, nàhsh, *f* swimming.

nageoire, nàh-sho'àhr, *f* fin.

nager, nàh-sheh, *v* to swim; to float.

nageu-r, se, năh-**sher,** *mf* swimmer.

naguère, năh-ghair, *adv* not long since.

na-if, ïve,* năh-eeff, *a* artless; naïve; unaffected.

nain, e, nang, *mf* & *a* dwarf.

naissance, ness-ahngss, *f* birth; descent; rise.

naissant, e, ness-ahng, *a* new-born; rising; budding.

naître, nay-tr, *v* to be born; to spring; to dawn.

naïveté, năh-eev-teh, *f* artlessness; simplicity.

nantir, nahng-teer, *v* to provide; to secure.

nantissement, nahng-tiss-mahng, *m* security; pledge.

nappe, năhpp, *f* table-cloth; sheet (of water).

narcisse, năhr-seess, *m* narcissus; daffodil.

narcotique, năhr-ko-teeck, *a* narcotic.

narguer, năhr-gheh, *v* to set at defiance.

narine, năh-reen, *f* nostril.

narration, năh-răh-se-ong, *f* narrative.

nasal, e,* năh-zăhl, *a* nasal.

nasiller, năh-zee-yeh, *v* to speak through the nose.

natal, e, năh-tăhl, *a* natal; native.

natalité, năh-tăh-le-teh, *f* birth-rate.

natation, năh-tăh-se-ong, *f* swimming.

nati-f, ve, năh-teeff, *a* native.

nation, năh-se-ong, *f* nation.

national, e, năh-se-onn-ăhl, *a* national.

nationalité, năh-se-onn-ăh-le-teh, *f* nationality.

nationaux, năh-se-onn-oh, *mpl* nationals.

natte, năht, *f* mat; matting; plait.

naturaliser, năh-tɛ-răh-le-zeh, *v* to naturalize.

naturaliste, năh-tɛ-răh-leesst, *m* naturalist; taxidermist.

nature, năh-tɛɛr, *f* nature; kind; constitution; a plain (of cooking).

naturel, năh-tɛ-rell, *m* nature; character; native.

naturel, le,* năh-tɛ-rell, *a* natural; unaffected; illegitimate.

naufrage, noh-frăhsh, *m* shipwreck.

nauséabond, e, noh-zeh-ăh-bong, *a* nauseous.

nausée, noh-zeh, *f* nausea; disgust.

nautique, noh-teeck, *a* nautical; aquatic.

naval, e, năh-văhl, *a* naval.

navet, năh-vay, *m* turnip; (*fam*) bad film.

navette, năh-vett, *f* shuttle; **faire la —,** fair lăh —, to go to and fro.

navigable, näh-ve-ghäh-bl, *a* navigable; seaworthy.
naviguer, näh-ve-gheh, *v* to navigate; to sail.
navire, näh-veer, *m* ship; vessel.
navrant, e, näh-vrahng, *a* heart-rending; distressing.
navrer, näh-vreh, *v* to break the heart of; to distress.
ne (n'), ner, *adv* not.
né, e, neh, *pp* & *a* born.
néanmoins, neh-ahng-mo'ang, *adv* nevertheless; for all that; however.
néant, neh-ahng, *m* naught; nothingness; worthless-
nébuleuse, neh-BE-lerz, *f* nebula. [ness.
nébuleu-x, se, neh-BE-ler, *a* nebulous; cloudy; obscure.
nécessaire, neh-sess-air, *m* the needful; necessaries; outfit; *a** necessary; needful. [saries.
nécessité, neh-sess-e-teh, *f* necessity; need; *pl* neces-
nécessiter, neh-sess-e-teh, *v* to necessitate; to
nécessiteu-x, se, neh-sess-e-ter, *a* needy. [compel.
nef, neff, *f* nave; aisle.
néfaste, neh-fähsst, *a* ill-omened; unlucky; disastrous.
négati-f, ve,* neh-ghäh-teeff, *a* negative; *m* negative
négligé, neh-gle-**sheh**, *m* négligé. [(photo).
négligé, e, neh-gle-**sheh**, *pp* & *a* neglected; careless; slovenly.
négligeable, neh-gle-**shäh**-bl, *a* negligible.
négligemment, neh-gle-**shäh**-mahng, *adv* carelessly.
négligence, neh-gle-**shah**ngss, *f* neglect; needlessness; oversight.
négligent, e, neh-gle-**shah**ng, *a* negligent; careless.
négliger, neh-gle-**sheh**, *v* to neglect; to omit; to overlook; to disregard.
négoce, neh-goss, *m* trade; business; traffic.
négociable, neh-goss-e-äh-bl, *a* negotiable.
négociant, neh-goss-e-ahng, *m* merchant.
négocier, neh-goss-e-eh, *v* to negotiate; to deal.
nègre, négresse, nay-gr, neh-gress, *mf* negro; negress.
négrillon, ne, neh-gree-yong, *mf* negro-boy, -girl.
neige, naysh, *f* snow.
neiger, nay-**sheh**, *v* to snow.
neigeu-x, se, nay-**sher**, *a* snowy.
néuufar, nénuphar, neh-nE-fähr, *m* water-lily.

nerf, nair, *m* nerve; sinew; energy.   [strung.
nerveu-x, se,* nair-ver, *a* nervous; vigorous; highly-
nervure, nair-VEER, *f* nerve; cording; rib.
net, nett, *m* fair copy; *adv* plainly; entirely; at once;
    flatly.
net, te,* nett, *a* neat; clean; clear; net; sharp.
netteté, nett-teh, *f* cleanness; clearness; distinctness.
nettoiement, nettoyage, nay-to'āh-mahng, nay-
    to'āh-yāsh, *m* cleaning; clearing.
nettoyer, nay-to'āh-yeh, *v* to clean; to wipe; to rid of.
neuf, nerf, *a* nine; ninth.
neu-f, ve, nerf, *a* new; fresh; raw; inexperienced.
neutre, ner-tr, *m & a* neuter; neutral.
neuvième, ner-ve-aym, *m & a* ninth.
neveu, ner-ver, *m* nephew.
névralgie, neh-vrǎhl-zhee, *f* neuralgia.
névrose, neh-vrohz, *f* neurosis.
névrosé, neh-vro-zeh, *a* neurotic.
nez, neh, *m* nose; face; scent; — **à** —, — āh —, face to
ni, ne, *conj* neither; nor; either; or.   [face.
niable, ne-āh-bl, *a* deniable.
niais, e,* ne-ay, *mf & a* silly person; simpleton;
    stupid.
niaiser, ne-ay-zeh, *v* to play the fool; to trifle.
niaiserie, ne-ayz-ree, *f* silliness; foolery.
niche, neesh, *f* nook; kennel; trick.
nichée, ne-sheh, *f* nestful; brood; lot.   [nestle.
nicher, ne-sheh, *v* to build a nest; to lodge; **se** —, to
nickelé, e, neek-leh, *pp & a* nickelled; nickel-plated.
nid, ne, *m* nest.
nièce, ne-ess, *f* niece.
nier, ne-eh, *v* to deny.
nigaud, e, ne-ghoh, *mf & a* simpleton; silly; foolish.
nimbe, nangb, *m* nimbus; halo.
nipper, ne-peh, *v* (*fam*) to rig out.
nitouche (sainte), sangt ne-toosh, *f* (*fam*) little
niveau, ne-voh, *m* level; standard.   [hypocrite.
niveler, neev-leh, *v* to level.
nivellement, ne-vell-mahng, *m* levelling.
noble, nobl, *mf & a* nobleman; noble; high.
noblesse, nob-less, *f* nobility.
noce, noss, *f* wedding; wedding-party; *pl* usually:

voyage de — s, vo'ăh-yăhsh d_er_ —, honeymoon.

noci-f, ve, noss-eeff, _a_ harmful.

nocturne, nock-tEErn, _m_ (music) nocturne; _a_ nocturnal; nightly.

Noël, no-ell, _m_ Christmas.

nœud, ner, _m_ knot; bow.

noir, no'ăhr, _m_ black; negro.
[wicked.

noir, e, no'ăhr, _a_ black; swarthy; dark; gloomy;

noirâtre, no'ăh-rah-tr, _a_ blackish.

noiraud, e, no'ăh-roh, _mf & a_ swarthy-looking person; swarthy.

noirceur, no'ăhr-ser, _f_ blackness; smudge.

noircir, no'ăhr-seer, _v_ to blacken.

noisette, no'ăh-zett, _f_ hazel-nut; _a inv_ nut-brown.

noix, no'ăh, _f_ walnut; nut; kernel.

nom, no_ng_, _m_ name; fame; noun; **— de famille, —** d_er_ făh-mee-ye, surname.

nomade, nomm-ăhd, _mf & a_ nomad; nomadic.

nombre, no_ng_-br, _m_ number; quantity.

nombreu-x, se, no_ng_-br_er_, _a_ numerous; many.

nombril, no_ng_-bre, _m_ navel. [clature.

nomenclature, nomm-ah_ng_-klăh-tEEr, _f_ nomen-

nominal, e,* nomm-e-năhl, _a_ nominal.

nominatif, nomm-e-năh-teeff, _m_ nominative case.

nominati-f, ve, nomm-e-năh-teeff, _a_ nominative; registered; personal.

nomination, nomm-e-năh-se-o_ng_, _f_ nomination; appointment. [ticularly.

nommément, nomm-eh-mahng, _adv_ by name; par-

nommer, nomm-eh, _v_ to call; to mention; to appoint; **se —,** to give one's name; to be called.

non, no_ng_, _adv_ no; not.

nonchalamment, no_ng_-shäh-lăh-mahng, _adv_ nonchalantly.

nonchalance, no_ng_-shäh-lah_ng_ss, _f_ nonchalance.

nonne, nonn, _f_ nun. [less.

nonpareil, le, no_ng_-păh-ray'e, _a_ nonpareil; match-

non-sens, no_ng_-sah_ng_ss, _m_ meaningless sentence.

nord, nor, _m_ north; north wind; _a_ north.

nord-est, nor-desst, _m_ north-east.

nord-ouest, nor-dwesst, _m_ north-west.

normal, e,* nor-măhl, _a_ normal; standard.

nos, noh, *poss a mfpl* our.

nostalgie, noss-tahl-**shee,** *f* nostalgia; homesickness.

notable,* not-ăh-bl, *a* notable; considerable; eminent.

notaire, not-air, *m* notary.

notamment, not-ăh-mah*ng,* *adv* particularly.

note, not, *f* note; mark; bill; memorandum.

noter, not-eh, *v* to note; to notice; to bear in mind.

notice, not-eess, *f* notice; note; list; account.

notifier, not-e-fe-eh, *v* to notify.

notion, noss-e-ong, *f* notion; idea.

notoire,* not-o'ăhr, *a* well known; notorious.

notoriété, not-or-e-eh-teh, *f* notoriety.

notre, notr, *poss a m* & *f* our.

nôtre, noh-tr, *poss pron* ours.

nouer, noo-eh, *v* to tie; to knot; to engage in.

noueu-x, se, noo-er, *a* knotty; knotted.

nougat, noo-găh, *m* nougat.

nourri, e, noo-re, *pp* & *a* fed; full; rich.

nourrice, noo-reess, *f* nurse; wet-nurse.

nourrir, noo-REER, *v* to feed; to nurse; to entertain (de, on; with).

nourrissant, e, noo-riss-ah*ng,* *a* nourishing; nutri-

nourrisson, noo-riss-ong, *m* baby.   ⌞tious.

nourriture, noo-re-tEEr, *f* food; diet; sustenance.

nous, noo, *pers pron* we; us; to us; at us; ourselves; each other.

nouveau, noo-voh, *m* new thing; new person; *adv* newly.

nouveau (nouvel before a word beginning with a vowel or h mute), *f* **nouvelle,*** noo-voh, noo-vell, *a* new; novel; recent; fresh; additional; another.

nouveau-né, e, noo-voh-neh, *a* new-born.

nouveauté, noo-voh-teh, *f* newness; novelty; *pl* fancy articles.

nouvelle, noov-ell, *f* news; tidings; short story.

nova-teur, trice, nov-ăh-ter, *a* innovator.

novembre, nov-ah*ng*-br, *m* November.

novice, nov-eess, *mf* novice; *a* inexperienced.

noyade, no'ăh-yăhd, *f* drowning.

noyau, no'ăh-yoh, *m* stone; kernel; nucleus; core.

noyer, no'ăh-yeh, *v* to drown; to swamp; to inundate; *m* walnut-tree.

nu, nE, *m* bare part; nude; **à —, àh —,** bare.
nu, e, nE, *a* naked; bare; plain.
nuage, nE-ähsh, *m* cloud; mist; gloom.
nuageu-x, se, nE-äh-sher, *a* cloudy.
nuance, nE-ahngss, *f* shade; tint; very small differ-
nuancer, nE-ahngss-eh, *v* to shade; to vary.　　[ence.
nubile, nE-beel, *a* marriageable.
nucléaire, nEE-cleh-air, *a* nuclear.
nudité, nE-de-teh, *f* nakedness; *pl* naked figures.
nuée, nE-eh, *f* cloud; swarm; shower.　　[hinder.
nuire (à), nweer äh, *v* to hurt; to prejudice; to
nuisible,* nwee-zee-bl, *a* harmful; detrimental.
nuit, nwee, *f* night; darkness; **— blanche,** — blahngsh,
sleepless night.
nul, le, nEEl, *a* no; not any; of no force; void; worthless; *pron* nobody; no one.
nullement, nEEl-mahng, *adv* by no means.
nullité, nEEl-le-teh, *f* nullity; incapacity; nonentity.
numérateur, nE-meh-räh-ter, *m* numerator.
numérique,* nE-meh-reeck, *a* numerical.
numéro, nE-meh-ro, *m* number; size; ticket; item (on
programme); issue (of magazines etc).
numéroter, nE-meh-rot-eh, *v* to number.
nuptial, e, nEEp-se-ähl, *a* nuptial.
nuque, nEEk, *f* nape of the neck.
nutriti-f, ve, nE-tre-teeff, *a* nourishing.
nylon, nee-long, *m* nylon.
nymphe, nangf, *f* nymph.

ô! o, *interj* oh!
obéir, ob-eh-eer, *v* to obey; to submit.
obéissance, ob-eh-iss-ahngss, *f* obedience; allegiance.
obéissant, e, ob-eh-iss-ahng, *a* obedient; dutiful.
obérer, ob-eh-reh, *v* to involve in debt.
obèse, ob-ayz, *a* obese; corpulent.
obésité, ob-eh-ze-teh, *f* obesity; corpulence.
objecter, ob-sheck-teh, *v* to object; to allege against.
objectif, ob-sheck-teeff, *m* object-glass; lens; aim;
target.
objecti-f, ive,* ob-sheck-teeff, *a* objective.
objection, ob-sheck-se-ong, *f* objection.

objet, ob-shay, *m* object; subject; matter; thing.

oblation, ob-lǎh-se-o*ng*, *f* offering.

obligataire, ob-le-gǎh-tair, *m* debenture-holder.

obligation, ob-le-gǎh-se-o*ng*, *f* obligation; duty; debenture.

obligatoire,* ob-le-gǎh-to'ǎhr, *a* obligatory; compulsory.

obligeamment, ob-le-shǎh-mah*ng*, *adv* obligingly.

obligeance, ob-le-shah*ng*ss, *f* obligingness; kindness.

obligeant, e, ob-le-shah*ng*, *a* obliging; kind.

obliger, ob-le-sheh, *v* to oblige; to compel; to bind.

oblique,* ob-leeck, *a* oblique; slanting; underhand.

obliquité, ob-le-kwe-teh, *f* obliquity; insincerity.

oblitérer, ob-le-teh-reh, *v* to obliterate; to cancel.

obscène, ob-sain, *a* obscene.

obscur, e, ob-sk**EE**r, *a* dark; obscure; hidden.

obscurcir, ob-sk**EE**r-seer, *v* to obscure; to cloud.

obscurément, ob-sk**E**-reh-mah*ng*, *adv* obscurely.

obscurité, ob-sk**E**-re-teh, *f* darkness; obscurity.

obséder, ob-seh-deh, *v* to obsess.

obsèques, ob-sayk, *fpl* obsequies; funeral.

obséquieu-x, se,* ob-seh-kwee-*e*r, *a* obsequious.

observa-teur, trice, ob-sair-vǎh-ter, *mf* & *a* observer; observant.

observation, ob-sair-vǎh-se-o*ng*, *f* observation; observance; remark; reprimand.

observatoire, ob-sair-vǎh-to'ǎhr, *m* observatory.

observer, ob-sair-veh, *v* to observe; to comply with.

obsession, ob-seh-se-o*ng*, *f* obsession.

obstacle, obs-tǎh-kl, *m* obstacle, hindrance.

obstination, obs-te-nǎh-se-o*ng*, *f* obstinacy; stubbornness.

obstiné, e, obs-te-neh, *mf* & *a* obstinate person; obstinate; stubborn.

obstinément, obs-te-neh-mah*ng*, *adv* obstinately.

obstiner (s'), sobs-te-neh, *v* to be obstinate; to persist (**à,** in).

obstruer, obs-tr**E**-eh, *v* to obstruct.

obtempérer (à), ob-tah*ng*-peh-reh, *v* to obey (a summons etc); to comply with.

obtenir, ob-t*e*r-neer, *v* to obtain; to get; to procure.

obtus, e, ob-t**E**, *a* obtuse; dull.

obus, ob-EEZ, or ob-E, *m* shell (artillery).

obvier (à), ob-ve-eh, *v* to obviate.

occasion, ock-ăh-ze-o*ng*, *f* occasion; opportunity; bargain; d'—, second-hand.

occasionnel, le, * ock-ăh-ze-onn-ell, *a* occasional.

occasionner, ock-ăh-ze-onn-eh, *v* to occasion; to cause.

occident, ock-se-dah*ng*, *m* West.

occidental, e, ock-se-dahng-tăhl, *a* western.

occulte, ock-EElt, *a* occult; secret.

occupant, e, ock-E-pah*ng*, *mf* & *a* occupier; occupying.

occupation, ock-E-păh-se-o*ng*, *f* occupation; work; profession.

occupé, e, ock-E-peh, *pp* & *a* occupied; engaged; busy.

occuper, ock-E-peh, *v* to occupy; to employ; to inhabit.

occurrence, ock-E-rah*ng*ss, *f* occurrence.

océan, oss-eh-ah*ng*, *m* ocean; sea.

océanique, oss-eh-ăh-neeck, *a* oceanic.

ocre, ockr, *f* ochre.

octobre, ock-tobr, *m* October.

octogénaire, ock-tosh-eh-nair, *mf* & *a* octogenarian.

octogone, ock-to-gonn, *m* octagon.

octroyer, ock-tro'ăh-yeh, *v* to grant.

oculaire, * ock-E-lair, *a* ocular.

oculiste, ock-E-lisst, *m* oculist.

odeur, od-er, *f* odour; smell; fragrance; repute.

odieu-x, se, * od-e-er, *a* odious; hateful; obnoxious.

odorant, e, od-or-ah*ng*, *a* odorous; fragrant.

odorat, od-or-ăh, *m* sense of smell.

œil, er-ye, *m* eye; look; bud; *pl* **yeux,** yer.

œillade, er'e-yăhd, *f* glance; ogle; leer.

œillet, er'e-yay, *m* eyelet; pink; carnation.

œuf, erf, *m* egg; *pl* **œufs,** er.

œuvre, er-vr, *f* work; society; works.

offensant, e, off-ah*ng*-sah*ng*, *a* offensive.

offense, off-ah*ng*ss, *f* offence; trespass; contempt.

offensé, e, off-ah*ng*-seh, *mf* offended party.

offenser, off-ah*ng*-seh, *v* to offend; to injure; to shock.

offenseur, off-ah*ng*-ser, *m* offender.

offensi-f, ve, * off-ah*ng*ss-eef, *a* offensive.

office, off-eess, *m* office; duty; worship; service; *f* pantry.

officiel, le, * off-eess-e-ell, *a* official.

officier, off-eess-e-eh, *v* to officiate; *m* officer.

officieu-x, se, * off-eess-e-er, *a* officious; semi-official.

offrande, off-rahngd, *f* offering.

offre, ofr, *f* offer; tender; bidding.

offrir, off-reer, *v* to propose; to present; to bid.

offusquer, off-EESS-keh, *v* to obscure; to offend.

oh! o, *interj* oh!

oie, wàh, *f* goose.

oignon, onn-yong, *m* onion; bulb.

oindre, wang-dr, *v* to anoint.

oiseau, wàh-zoh, *m* bird.

oiseu-x, se, * wàh-zer, *a* idle; trifling; useless.

oisi-f, ve, * wàh-zeeff, *a* idle; unoccupied.

oisiveté, wàh-zeev-teh, *f* idleness.

oison, wàh-zong, *m* gosling; (*fig & fam*) goose.

olive, oll-eev, *f* olive; *a inv* olive-green.

olivier, oll-e-ve-eh, *m* olive-tree.

olympique, oll-ang-peeck, *a* Olympic.

ombrage, ong-bràhsh, *m* shade; umbrage.

ombrageu-x, se, * ong-bràh-sher, *a* shy; touchy.

ombre, ong-br, *f* shade; shadow; ghost.

ombrelle, ong-brell, *f* parasol.

ombreu-x, se, ong-brer, *a* shady.

omelette, omm-lett, *f* omelet.

omettre, omm-et-tr, *v* to omit; to leave out.

omission, omm-iss-e-ong, *f* omission.

omnibus, omm-ne-beess, *m* omnibus.

omoplate, omm-op-làht, *f* shoulder-blade.

on, ong *indefinite pron m sing* one; someone; anyone; people; we, you; they.

once, ongss, *f* ounce; grain; bit.

oncle, ong-kl, *m* uncle.

onction, ongk-se-ong, *f* unction.

onctueu-x, se, * ongk-TE-er, *a* unctuous; oily.

onde, ongd, *f* wave; surge; water; sea.

ondée, ong-deh, *f* shower.

ondoyant, e, ong-do'àh-yahng, *a* undulating; changing; inconstant.

ondoyer, ong-do'àh-yeh, *v* to undulate; to baptize privately.

onduler, ong-DE-leh, *v* to undulate; to wave (hair).

onéreu-x, se, * onn-eh-rer, *a* onerous.

ongle, ong-gl, *m* nail; claw.

ONG 258 ORA

onglée, ong-gleh, *f* numbness in the finger-ends (caused by cold).

onguent, ong-ghahng, *m* ointment; salve.

onze, ongz, *m & a* eleven; eleventh.

onzième, ong-ze-aym, *m & a* eleventh.

opacité, op-äh-se-teh, *f* opacity.

opaque, op-ähck, *a* opaque.

opéra-teur, trice, op-eh-räh-ter, *mf* operator.

opération, op-eh-räh-se-ong, *f* operation; transaction.

opératoire, op-eh-räh-to'ăhr, *a* operative.

opérer, op-eh-reh, *v* to operate; to operate on; to work.

opiner, o-pe-neh, *v* to give one's opinion.

opiniâtre, op-e-ne-ah-tr, *a* stubborn.

opiniâtrement, op-e-ne-ah-treh-mahng, *adv* stubbornly.

opiniâtrer (s'), sop-e-ne-ah-treh, *v* to be obstinate.

opinion, op-e-ne-ong, *f* opinion.

opportun, e, op-or-tung, *a* opportune; timely; seasonable.

opportunité, op-or-tE-ne-teh, *f* opportuneness; seasonableness; opportunity.

opposant, e, op-o-zahng, *mf* opponent; *a* adverse.

opposé, e, op-oz-eh, *m* opposite; reverse.

opposé, e, op-oz-eh, *a* opposite; contrary.

opposer, op-oz-eh, *v* to oppose; **s'—,** to be opposed; to object (à, to).

opposition, op-oz-e-se-ong, *f* opposition; contrast.

oppresser, op-ress-eh, *v* to oppress.

oppression, op-ress-e-ong, *f* oppression.

opprimer, op-re-meh, *v* to oppress; to crush.

opprobre, op-robr, *m* disgrace; shame; opprobrium.

opter, op-teh, *v* to choose; to decide.

opticien, op-tiss-e-ang, *m* optician.

optimisme, op-te-mism, *m* optimism.

option, op-se-ong, *f* option.

optique, op-teeck, *f* optics; *a* optical; optic.

opulence, op-E-lahngss, *f* opulence; wealth.

opulent, e, op-E-lahng, *a* opulent; wealthy.

or, or, *conj* now; well.

or, or, *m* gold.

oracle, or-äh-kl, *m* oracle.

orage, or-ähsh, *m* storm.

orageu-x, se, or-äh-sher, *a* stormy.

oraison, or-ay-zong, *f* oration; orison.

oral, e,* or-ăhl, *a* oral; verbal.

orange, or-ahngsh, *f* orange.—*a inv* orange-coloured.

orangeade, or-ahng-shăhd, *f* orangeade.

oranger, or-ahng-sheh, *m* orange-tree.

orateur, or-ăh-ter, *m* speaker; orator.

oratoire, or-ăh-to'ăhr, *m* oratory; *a* oratorial.

orbite, or-beet, *f* orbit; socket.

orchestre, or-kestr, *m* orchestra; band; stalls.

orchidées, or-ke-deh, *fpl* orchids.

ordinaire, or-de-nair, *m* the ordinary; custom; *a** ordinary; common.

ordinateur, or-de-năh-ter, *m* computer.

ordonnance, or-donn-ahngss, *f* prescription.

ordonna-teur, trice, or-donn-ăh-ter, *mf* organizer; manager; *a* directing.

ordonné, or-donn-eh, *a* orderly; tidy. ⌐ordain.

ordonner, or-donn-eh, *v* to order; to prescribe; to

ordre, or-dr, *m* order; discipline; warrant; decoration.

ordure, or-DEEr, *f* filth; filthy thing; *pl* rubbish.

orée, or-eh, *f* border; edge (of a wood etc).

oreille, or-ay'e, *f* ear.

oreiller, or-ay'e-yeh, *m* pillow.

oreillons, or-ay'e-yong, *mpl* mumps.

orfèvre, or-fay-vr, *m* goldsmith; silversmith.

organe, or-ghăhn, *m* organ; voice; agent; spokesman.

organique,* or-ghăh-neeck, *a* organic.

organisa-teur, trice, or-ghăh-ne-zăh-ter, *mf* organizer.

organisation, or-ghăh-ne-zah-se-ong, *f* organizing; organization.

organiser, or-ghăh-ne-zeh, *v* to organize; to get up.

organisme, or-ghăh-nism, *m* organism; structure.

organiste, or-ghăh-neesst, *m* organist.

orge, orsh, *f* barley.

orgie, or-shee, *f* revel; drinking-bout; orgy.

orgue, orgh, *m* organ.

orgueil, or-gher'e, *m* pride; haughtiness.

orgueilleu-x, se,* or-gher'e-yer, *a* proud; haughty.

orient, or-e-ahng, *m* Orient; East.

oriental, e, or-e-ahng-tăhl, *a* Eastern; oriental.

orienter, or-e-ahng-teh, *v* to orientate; to guide.

orifice, or-e-feess, *m* orifice; aperture.

originaire, * or-e-she-nair, *a* native; originating.

original, e, or-e-she-nähl, *mf* eccentric person; original; *a* * original; novel; odd. ⌈tricity.

originalité, or-e-she-näh-le-teh, *f* originality; eccen-

origine, or-e-sheen, *f* origin; beginning; source; extraction.

oripeau, or-e-poh, *m* tinsel; *pl* tawdry ornaments.

orme, orm, *m* elm.

ornement, or-ner-mahng, *m* ornament.

orner, or-neh, *v* to adorn; to decorate; to deck.

ornière, or-ne-air, *f* rut; beaten track; groove.

orphelin, e, or-fer-lang, *mf* orphan.

orphelinat, or-fer-le-näh, *m* orphanage.

orteil, or-tay'e, *m* toe; **gros —,** grohz —, big toe.

orthographe, or-tog-rähf, *f* spelling.

ortie, or-tee, *f* nettle.

os, oss, *m* bone; *pl* **os,** oh.

osciller, oss-sil-leh, *v* to oscillate; to waver.

osé, e, o-zeh, *a* daring; bold; cheeky.

oseille, oz-ay'e, *f* sorrel.

oser, o-zeh, *v* to dare; to venture.

osier, o-ze-eh, *m* wicker; osier.

osselet, oss-lay, *m* small bone.

osseu-x, se, oss-er, *a* bony.

ostensible, * oss-tahng-see-bl, *a* ostensible.

otage, ot-ähsh, *m* hostage.

ôter, oht-eh, *v* to take away; to relieve; to pull off.

ou, oo, *conj* or; either; else.

où, oo, *adv* where; whither; when; which; wherever.

ouate, oo-äht, *f* cotton-wool; wadding; padding.

oubli, oo-ble, *m* forgetfulness; forgetting; oblivion.

oublier, oo-blee-yeh, *v* to forget; to overlook; to neglect.

ouest, west, *m* West; *a inv* westerly; western.

oui, wee, *adv* yes.

ouï-dire, oo-e-deer, *m inv* hearsay.

ouïe, oo-ee, *f* hearing; *pl* gills.

ouïr, oo-eer, *v* to hear (not used very often).

ouragan, oo-räh-ghahng, *m* hurricane.

ourdir, oor-deer, *v* to warp; (*fam*) to plot.

ourlet, oor-lay, *m* hem.

ours, oors, *m* bear.

ourse, oors, *f* she-bear.

outil, oo-te, *m* tool; implement.

outillage, oo-tee-yähsh, *m* tools; implements; plant.

outrage, oo-trähsh, *m* outrage; insult.

outrager, oo-träh-sheh, *v* to insult; to outrage.

outrageu-x, se,* oo-träh-*sher*, *a* outrageous.

outrance, oo-trah*ng*ss, *f* excess; **à —,** äh **—,** to the [utmost.

outre, oo-tr, *f* leather-bottle.

outre, oo-tr, *prep* beyond; besides; *adv* beyond.

outré, e, oo-treh, *pp & a* exaggerated; extravagant; indignant.

outremer, oo-trer-mair, *m* ultramarine. [exceed.

outrepasser, oo-trer-pähss-eh, *v* to go beyond; to

outrer, oo-treh, *v* to overdo; to exasperate.

ouvert, e,* oo-vair, *pp & a* opened; open; bare; frank.

ouverture, oo-vair-*t*EER, *f* opening; overture; inauguration; *pl* proposals.

ouvrable, oo-vräh-bl, *a* workable; **jour —,** shoor **—,** working-day. [work.

ouvrage, oo-vrähsh, *m* work; workmanship; piece of

ouvré, e, oo-vreh, *a* diapered; wrought; worked.

ouvre-boîtes, oo-vr-bo'äht, *m inv* tin opener.

ouvri-er, ère, oo-vre-yeh, *mf* workman; workwoman; labourer.

ouvrir, oo-vreer, *v* to open; to begin; to sharpen

ovale, o-vähl, *a* oval; oviform; *m* oval. [(appetite).

ovation, o-väh-se-*ong*, *f* ovation.

ovipare, o-ve-pähr, *a* oviparous.

ovulation, o-*v*EE-läh-se-*ong*, *f* ovulation.

oxyde, ox-eed, *m* oxide.

oxygène, ox-e-shenn, *m* oxygen.

ozone, oz-onn, *m* ozone.

pacifique,* päh-se-feeck, *a* peaceful; pacific.

pacte, päckt, *m* pact; compact; covenant.

pagaie, päh-gay, *f* paddle.

page, pähsh, *m* (boy) page; *f* (book) page.

paie, pay, *f* pay; wages.

paiement, pay-mah*ng*, *m* payment.

païen, ne, päh-e-a*ng*, *mf & a* pagan; heathen.

paillasse, pah'e-yähss, *f* straw-mattress.

paillasson, pah'e-yähss-ong, *m* door mat.

paille, pah'e, *f* straw; chaff; flaw; mote; *a* straw-coloured.

pain, pang, *m* bread; loaf; livelihood; **petit —,** per-te
[—, roll.

pair, e, pair, *a* even; equal.

paire, pair, *f* pair; couple; brace.

pairie, pay-ree, *f* peerage.

paisible,* pay-zee-bl, *a* peaceful; quiet; still.

paître, pay-tr, *v* to graze; to feed on; to pasture.

paix, pay, *f* peace; quiet; rest.

palais, päh-lay, *m* palace; palate.

pâle, pahl, *a* pale; wan; white.

palefrenier, pähl-frer-ne-eh, *m* groom; stable boy.

paletot, pähl-toh, *m* coat.

pâleur, päh-ler, *f* paleness.

palier, päh-le-eh, *m* landing (of stairs); (*fam*) floor.

pâlir, pah-leer, *v* to turn pale; to wane.

palissade, päh-liss-ähd, *f* paling; fence.

pallier, pähl-le-eh, *v* to palliate.

palme, pählm, *f* palm; triumph.

palmier, pähl-me-eh, *m* palm-tree.

pâlot, te, pah-loh, *a* palish; peaky.

palper, pähl-peh, *v* to feel; to finger.

palpiter, pähl-pe-teh, *v* to throb; to pant.

paludisme, päh-LEE-dism, *m* malaria.

pâmer (se), ser pah-meh, *v* to swoon; nearly to die (de, with).

pamplemousse, pang-pl-mooss, *m* grapefruit.

pan, pahng, *m* part of a wall; face; side; lappet; flap.

panache, päh-nähsh, *m* plume; tuft; (*fam*) flourish.

panaché, e, päh-näh-sheh, *a* variegated; mixed.

panais, päh-nay, *m* parsnip.

panaris, päh-näh-re, *m* whitlow.

pancarte, pahng-kährt, *f* placard; bill.

pané, e, päh-neh, *a* covered with bread-crumbs.

panier, päh-ne-eh, *m* basket; hamper.

panique, päh-neeck, *f* panic.

panne, pähn, *f* breakdown; plush; lard.

panneau, päh-noh, *m* panel; board; trap; snare.

panse, pahngss, *f* paunch; belly.

panser, pahngss-eh, *v* to dress (wound); to groom.

pantalon, pahng-täh-long, *m* trousers.

pantin, pah*ng*-tang, *m* puppet.

pantoufle, pah*ng*-too-fl, *f* slipper.

paon, ne, pah*ng*, *mf* peacock; pea-hen.

papa, păh-păh, *m* daddy; dad.

papauté, păh-poh-teh, *f* papacy.

pape, păhp, *m* Pope.

paperasse, păhp-răhss, *f* old paper; waste paper.

papeterie, păhp-tree, *f* paper-mill; paper-trade; stationery; stationer's shop.

papetier, păhp-te-eh, *m* stationer.

papier, păh-pe-eh, *m* paper; — **à lettres,** — äh let-tr, note-paper.

papillon, păh-pee-yong, *m* butterfly; — **de nuit,** — der nwee, moth.

papillote, păh-pee-yot, *f* curl-paper.

pâques, păhk, *m* Easter.

paquebot, păhck-boh, *m* liner; steamer; ship.

pâquerette, pahck-rett, *f* daisy.

paquet, păh-kay, *m* parcel; packet.

par, păhr, *prep* by; through; out of; per; a; about; for; with; at; in; into.

parachute, păh-răh-sheet, *m* parachute.

parade, păh-răhd, *f* parade; display; show; (fencing) parrying.

parader, păh-răh-deh, *v* to parade; to show off.

paradis, păh-răh-de, *m* Paradise; heaven; (theatre) the gods.

parafe, paraphe, păh-răhf, *m* flourish; initials.

parage, păh-răhsh, *m* extraction; birth; *pl* regions; latitudes.

paragraphe, păh-răh-grăf, *m* paragraph.

paraître, păh-ray-tr, *v* to appear; to look; to come out; to show; **vient de** —, ve-a*ng* der —, just out.

paralyser, păh-răh-le-zeh, *v* to paralyze.

paralysie, păh-răh-le-zee, *f* paralysis.

parapet, păh-răh-pay, *m* parapet.

parapluie, păh-răh-plwee, *m* umbrella.

parasite, păh-răh-zeet, *m* parasite; *a* parasitic.

paratonnerre, păh-răh-tonn-air, *m* lightning-conductor.

paravent, păh-răh-vah*ng*, *m* screen; folding-screen.

parc, păhrk, *m* park; enclosure; play-pen.

parcelle, păhr-sell, *f* small part; particle; plot.

parce que, păhr-ser ker, *conj* because.

parchemin, păhr-sher-mang, *m* parchment; *pl* titles; diplomas.

parcimonieu-x, se,* păhr-se-monn-e-er, *a* parsimonious.

parcourir, păhr-koo-reer, *v* to travel over; to go through; to glance at.

parcours, păhr-koohr, *m* distance; line; journey; route.

pardessus, păhr-der-se, *m* overcoat.

pardon, păhr-dong, *m* forgiveness; pardon.

pardonner, păhr-donn-eh, *v* to forgive; to excuse.

pare-brise, păhr-breez, *m inv in pl* wind-screen.

pare-chocs, păhr-shock, *m inv in pl* bumper.

pareil, le,* păh-ray'e, *a* like; similar; such; to match.

pareille, păh-ray'e, *f* the like; the same.

parement, păhr-mahng, *m* ornament; facing; cuff.

parent, e, păh-rahng, *mf* relative; kinsman; kinswoman; parents (father and mother); relatives.

parenté, păh-rahng-teh, *f* relationship; consanguinity; kith and kin; family.

parer, păh-reh, *v* to adorn; to dress; to ward off; to provide for.

paresse, păh-ress, *f* idleness; sluggishness; indolence.

paresseu-x, se, păh-ress-er, *mf* idler; *a** idle; lazy; slothful.

parfaire, păhr-fair, *v* to perfect; to complete.

parfait, e,* păhr-fay, *a* perfect; faultless.

parfois, păhr-fo'ăh, *adv* sometimes; now and then.

parfum, păhr-fung, *m* perfume; scent.

parfumer, păhr-fe-meh, *v* to perfume; to scent.

pari, păh-ree, *m* bet; wager; stake.

parier, păh-re-eh, *v* to bet; to wager; to stake.

parité, păh-re-teh, *f* parity; equality.

parjure, păhr-sheer, *m* perjury; perjurer.

parjurer (se), ser păhr-she-reh, *v* to perjure oneself.

parlant, e, păhr-lahng, *a* speaking; talking.

parlement, păhr-ler-mahng, *m* Parliament.

parlementer, păhr-ler-mahng-teh, *v* to parley.

parler, păhr-leh, *v* to speak; *m* way of speaking.

parleu-r, se, păhr-ler, *mf* talker.

parmi, păhr-me, *prep* among; amongst; amid; amidst.

parodie, păh-rod-ee, *f* parody.

paroi, păh-ro'ăh, *f* wall; side; partition; coat.

paroisse, păh-ro'ăhss, *f* parish; parishioners.

paroissien, păh-ro'ăhss-e-ang, *m* prayer-book.

paroissien, ne, păh-ro'ăhss-e-ang, *mf* parishioner.

parole, păh-rol, *f* word; speech; saying; right to speak; promise.

parquer, păhr-keh, *v* to pen up.

parquet, păhr-kay, *m* inlaid floor; flooring.

parrain, păh-rang, *m* godfather; sponsor.

parricide, păh-re-seed, *mf* parricide.

parsemer, păhr-ser-meh, *v* to strew (de, with).

part, păhr, *f* share; portion; participation.

partage, păhr-tăhsh, *m* sharing.

partance, păhr-tahngss, *f* departure; en`—, ahng —, about to sail; bound (for); starting.

partant, păhr-tahng, *adv* consequently.

partenaire, păhr-ter-nair, *mf* (at cards or dancing) partner.

parterre, păhr-tair, *m* flower-bed; (theatre) pit.

parti, păhr-tee, *m* party; side; decision; profit.

partial, e,* păhr-se-ăhl, *a* partial; biased.

participation, păhr-te-se-păh-se-ong, *f* participa- | tion; share.

participe, păhr-te-seep, *m* participle.

participer, păhr-te-se-peh, *v* to share (à, in).

particularité, păhr-te-kɛ-lăh-re-teh, *f* peculiarity; characteristic.

particule, păhr-te-kEEL, *f* particle.

particuli-er, ère, păhr-te-kɛ-le-eh, *mf* private person; individual; *a** particular; peculiar; odd.

partie, păhr-tee, *f* part; party; match; excursion; business; parcel; client; adversary.

partiel, le,* păhr-se-ell, *a* partial.

partir, păhr-teer, *v* to set out; to leave; to go off.

partition, păhr-te-se-ong, *f* partition; score (music).

partout, păhr-too, *adv* everywhere.

parure, păh-rEER, *f* ornament; dress.

parvenir, păhr-ver-neer, *v* to reach; to succeed.

parvenu, e, păhr-ver-nE, *mf* upstart; self-made | person.

parvis, păhr-ve, *m* parvis.

pas, pah, *m* step; gait; threshold; precedence; straits.

pas, pah, *adv* not; not any; — du tout —, dE too, not at all.

passable,* păhss-ăh-bl, *a* passable; tolerable.

passag-er, ère, păhss-ăh-**sheh**, *mf* passenger; *a** transitory.

passant, e, păhss-ah*ng*, *mf* passer-by.⌐permit.

passavant, păhss-ăh-vah*ng*, *m* gangway; (Customs)

passe, păhss, *f* pass; spell; situation; channel.

passé, păhss-eh, *prep* after; *m* the past.

passé, e, păhss-eh, *pp & a* past; last; faded.

passer, păhss-eh, *v* to pass; to exceed; to gratify; to omit; to allow; to pass away; to fade; to cease; to spend (time).

passereau, păhss-roh, *m* sparrow.

passerelle, păhss-rell, *f* foot-bridge.

passible, păhss-ee-bl, *a* liable (**de,** to).

passif, păhss-eeff, *m* liabilities; passive voice.

passi-f, ve* păhss-eeff, *a* passive.

passion, păhss-e-o*ng*, *f* passion.⌐ing.

passionnant, păhss-e-onn-ah*ng*, *a* thrilling; fascinat-

passionné, e, păhss-e-onn-eh, *a* passionate; pas- sionately fond (**de, pour,** of).⌐sionately.

passionnément, păhss-e-onn-eh-mah*ng*, *adv* pas-

passoire, păhss-o'ăhr, *f* strainer; colander.

pastèque, păhss-teck, *f* water-melon.

pastille, păhss-tee-ye, *f* pastille; lozenge.

patauger, păh-toh-**sheh**, *v* to dabble; to flounder; to make a mess of.

pâte, paht, *f* paste; dough; *pl* pasta.⌐houses.

pâté, pah-teh, *m* pie; pâté; blot of ink; block (of

patelin, e, păht-lang, *a* smooth-tongued; artful.

patelin, păht-lang, *m* (*fam*) native village; small

patente, păh-tah*ng*t, *f* licence; patent.⌐village.

patère, păh-tair, *f* peg; curtain-hook.⌐side.

paternel, le,* păh-tair-nell, *a* fatherly; on the father's

pâteu-x, se, pah-**te**r, *a* pasty; sticky; (style, voice) heavy; dull.

patiemment, păh-se-ăh-mah*ng*, *adv* patiently.

patience, păh-se-ah*ng*ss, *f* patience; puzzle; patient.

patient, e, păh-se-ah*ng*, *mf* sufferer; culprit; *a* patient.

patienter, păh-se-ah*ng*-teh, *v* to have patience.

patinage, păh-te-năhsh, *m* skating.

patiner, păh-te-neh, *v* to skate.

pâtisserie, pah-tiss-ree, *f* pastry; pastry-shop.

patois, păh-to'ăh, *m* dialect; gibberish.

pâtre, pah-tr, *m* herdsman; shepherd.

patrie, păh-tree, *f* native country; fatherland; home.

patrimoine, păh-tre-mo'ăhn, *m* patrimony.

patriote, păh-tre-ot, *m* patriot; *a* patriotic.

patron, ne, păh-trong, *mf* employer; patroness; boss; skipper; pattern.

patronner, păh-tronn-eh, *v* to patronise; to stencil.

patrouille, păh-troo'ye, *f* patrol.

patte, *f* paw; foot; leg; strap; flap.

pâturage, pah-tɛ-răhsh, *m* pasture; grazing.

paume, pohm, *f* palm (of the hands); real tennis.

paupière, poh-pe-air, *f* eyelid.

pause, pohz, *f* pause; stop; rest.

pauvre, poh-vr, *m* poor man; *a** poor; wretched.

pauvresse, poh-vress, *f* beggar woman.

pauvreté, poh-vrer-teh, *f* poverty; wretchedness.

pavaner (se), ser păh-văh-neh, *v* to strut.

pavé, păh-veh, *m* paving stone; pavement.

pavillon, păh-vee-yong, *m* pavilion; flag.

pavoiser, păh-vo'ăh-zeh, *v* to deck with flags.

pavot, păh-voh, *m* poppy.

payant, e, pay-yahng, *mf* payer; *a* paying; charged [for.

paye, see **paie.**

payement, see **paiement.**

payer, pay-yeh, *v* to pay; to stand; to treat.

pays, pay-ee, *m* country; home; nation; place.

paysage, pay-ee-zăhsh, *m* landscape; scenery.

paysan, ne, pay-ee-zahng, *mf* peasant; *a* rustic.

péage, peh-ăhsh, *m* toll.

peau, poh, *f* skin; hide; peel; life.

pêche, paysh, *f* fishing; fishery; angling; peach.

péché, peh-sheh, *m* sin.

pécher, peh-sheh, *v* to sin; to err.

pêcher, pay-sheh, *v* to fish; to angle; *m* peach-tree.

pêcheu-r, se, pay-sher, *mf* fisherman; fisherwoman.

péch-eur, eresse, peh-sher, pehsh-ress, *mf* sinner.

pécuniaire,* peh-kɛ-ne-air, *a* pecuniary.

pédaler, peh-dăh-leh, *v* to pedal; to cycle.

pédant, e, peh-dahng, *mf* pedant; *a* pedantic.

pédestre,* peh-dess-tr, *a* pedestrian.

pédicure, peh-de-kɛɛʀ, *mf* chiropodist; pedicure.

pedigree, peh-de-greh, *m* pedigree.
peigne, payn-yer, *m* comb.
peigner, payn-yeh, *v* to comb; **se —,** to comb one's [hair.
peignoir, payn-yo'âhr, *m* dressing-gown; bathrobe.
peindre, pa*ng*-dr, *v* to paint; to depict; to represent.
peine, payn, *f* pain; punishment; difficulty; sorrow.
peiner, pay-neh, *v* to grieve; to labour; to toil.
peintre, pa*ng*-tr, *m* painter; decorator.
peinture, pa*ng*-teer, *f* painting; picture; description; paint.
pêle-mêle, payl-mayl, *adv* pell-mell; *m* jumble.
peler, per-leh, *v* to peel; to pare.
pèlerin, payl-ra*ng*, *m* pilgrim.
pèlerinage, payl-re-nähsh, *m* pilgrimage.
pèlerine, payl-reen, *f* cape.
pelle, payl, *f* shovel; spade.
pelleterie, payl-tree, *f* fur-trade; *pl* furs.
pellicule, payl-le-keel, *f* dandruff; film; roll (film).
pelote, plot, *f* pin-cushion; ball (of wool etc).
pelouse, plooz, *f* lawn; grass plot.
pelu, e, per-lE, *a* hairy.
peluche, plEESh, *f* plush.
pelure, plEEr, *f* paring; peel; rind.
pénalité, peh-näh-le-teh, *f* penal system; penalty.
penaud, e, per-noh, *a* abashed; shamefaced.
penchant, pa*ng*-shah*ng*, *m* declivity; inclination; partiality.
pencher, pa*ng*-sheh, *v* to incline; to lean.
pendaison, pa*ng*-day-zong, *f* hanging.
pendant, pa*ng*-dah*ng*, *prep* during; *m* counterpart.
pendre, pa*ng*-dr, *v* to hang; to hang up. [ear-ring.
pendule, pa*ng*-dEEl, *m* pendulum; *f* clock.
pêne, payn, *m* bolt (of a lock). [keen.
pénétrant, e, peh-neh-trah*ng*, *a* penetrating; piercing;
pénétrer, peh-neh-treh, *v* to penetrate; to enter.
pénible,* peh-nee-bl, *a* painful; difficult; laborious.
péniche, peh-neesh, *f* barge.
pénitence, peh-ne-tah*ng*ss, *f* penance; penitence; repentance; disgrace.
pénitent, e, peh-ne-tah*ng*, *mf* penitent; *a* penitent.
pénombre, peh-no*ng*-br, *f* semi-darkness; dim light.
pensant, e, pah*ng*-sah*ng*, *a* thinking.

pensée, pah*ng*-seh, *f* thought; opinion; pansy.
penser, pah*ng*-seh, *v* to think; to deem.
penseu-r, se, pah*ng*-ser, *mf* thinker.
pensi-f, ve,* pah*ng*-seeff, *a* pensive; thoughtful.
pension, pah*ng*-se-o*ng*, *f* pension; boarding-house; boarding school.
pensionnaire, pah*ng*-se-onn-air, *mf* boarder; pen-
pente, pah*ng*t, *f* slope; gradient; bent.   ⌊sioner.
pentecôte, pah*ng*t-koht, *f* Whitsuntide.
pénurie, peh-NEE-ree, *f* scarcity; dearth; poverty.
pépier, peh-pe-eh, *v* to chirp.
pépin, peh-pa*ng*, *m* pip; kernel; (*pop*) brolly; hitch.
pépinière, peh-pe-ne-air, *f* nursery; seed bed.
percale, pair-kâhl, *f* cotton cambric.
perçant, e, pair-sah*ng*, *a* piercing; sharp; shrill.
percé, e, pair-seh, *pp* & *a* pierced; in holes.
percepteur, pair-sep-ter, *m* tax-collector.
percer, pair-seh, *v* to pierce; to bore.
percevoir, pair-ser-vo'âhr, *v* to collect (taxes etc); to
perche, pairsh, *f* pole; perch.   ⌊perceive.
percher (se), pair-sheh, *v* to roost; to perch.
perdant, e, pair-dah*ng*, *mf* loser; *a* losing.
perdre, pair-dr, *v* to lose; to waste; to ruin; to corrupt.
perdrix, pair-dree, *f* partridge.
perdu, e, pair-DE, *pp* & *a* lost; ruined; done for; spoilt.
père, pair, *m* father.
perfectionnement, pair-feck-se-onn-mah*ng*, *m* improvement; perfecting.
perfectionner, pair-feck-se-onn-eh, *v* to improve; to perfect.
perfide, pair-feed, *mf* perfidious person; *a** perfidious.
perforer, pair-for-eh, *v* to bore; to punch.   ⌊fidious.
péricliter, peh-re-kle-teh, *v* to be in jeopardy.
péril, peh-reel, *m* peril; danger.
périlleu-x, se,* peh-ree-yer, *a* perilous.
périmé, e, peh-re-meh, *a* out of date; lapsed.
période, peh-re-od, *m* degree; point; *f* period.
périodique, peh-re-od-eeck, *a* periodical; *m* periodical (publication).
péripétie, peh-re-peh-see, *f* ups and downs; vicissitudes.
périr, peh-reer, *v* to perish; to die; to be lost.   ⌊tudes.
périssable, peh-riss-âh-bl, *a* perishable.

perle, pairl, *f* pearl; bead.

permanent, e, pair-măh-nah*ng*, *a* permanent; standing; *f* permanent wave.

permettre, pair-met-tr, *v* to allow; to enable.

permis, pair-mee, *m* permit; licence; pass.

permis, e, pair-mee, *pp* & *a* allowed; allowable.

permission, pair-miss-e-ong, *f* permission; leave.

pernicieu-x, se,* pair-ne-se-er, *a* pernicious; hurtful.

perpétuel, le,* pair-peh-tE-ell, *a* perpetual.

perpétuer, pair-peh-tE-eh, *v* to perpetuate.

perpétuité, pair-peh-twe-teh, *f* endlessness; **à —,** äh —, for life.

perplexe, pair-plex, *a* perplexed.

perron, pay-rong, *m* flight of steps to house-door.

perroquet, payr-ock-ay, *m* parrot.

perruche, pay-rEEsh, *f* hen-parrot; budgerigar.

perruque, pay-rEEk, *f* wig.

persécuter, pair-seh-kE-teh, *v* to persecute; to importune.

persévérance, pair-seh-veh-rahngss, *f* perseverance.

persévérer, pair-seh-veh-reh, *v* to persevere; to persist.

persienne, pair-se-ain, *f* Venetian shutter.

persil, pair-see, *m* parsley.

persistant, e, pair-siss-tah*ng*, *a* persistent.

persister, pair-siss-teh, *v* to persist (**à, dans, in**).

personnage, pair-sonn-ähsh, *m* personage; somebody; character.

personnalité, pair-sonn-äh-le-teh, *f* personality; person.

personne, pair-sonn, *pron* anybody; (with a negation) nobody; *f* person; individual.

personnel, pair-sonn-ell, *m* staff.

personnel, le,* pair-sonn-ell, *a* personal.

personnifier, pair-sonn-e-fe-eh, *v* to personify; to impersonate.

perspective, pairs-peck-teev, *f* perspective; prospect.

perspicace, pairs-pe-kähss, *a* perspicacious.

persuader, pair-sE-äh-deh, *v* to persuade; to convince; to prevail on.

persuasion, pair-sE-äh-ze-ong, *f* persuasion.

perte, pairt, *f* loss; waste; ruin; discharge; death.

pertinemment, pair-te-näh-mah*ng*, *adv* pertinently.

perturba-teur, trice, pair-tEEr-bäh-ter, *mf* disturber; *a* disturbing.

perturbation, pair-tEEr-bäh-se-ong, *f* disturbance.

pervers, e, pair-vair, *mf* evil-doer; pervert; *a* per-
perversion, pair-vair-se-*ong*, *f* perversion. [verse.
pervertir, pair-vair-teer, *v* to pervert; to corrupt.
pesamment, per-zăh-mah*ng*, *adv* heavily.
pesant, e, per-zah*ng*, *a* weighty; ponderous.
pesanteur, per-zah*ng*-ter, *f* weight; gravity; dullness.
peser, per-zeh, *v* to weigh; to ponder; to be a burden.
peste, pesst, *f* plague; (*fam*) pest; bore; person.
pester, pess-teh, *v* to rave (**contre,** at).
pétillant, e, peh-tee-yah*ng*, *a* sparkling; crackling.
pétiller, peh-tee-yeh, *v* to crackle; to sparkle.
petit, e, per-te, *mf* young child; young animal; *a** little;
[small.
petite-fille, per-teet-fee-ye, *f* grand-daughter.
petit-fils, per-te-feess, *m* grandson.
pétition, peh-te-se-*ong*, *f* petition.
pétitionnaire, peh-te-se-onn-air, *mf* petitioner.
petits-enfants, per-te-zah*ng*-fah*ng*, *mpl* grand-
children.
pétri, e, peh-tre, *pp & a* kneaded; made up.
pétrin, peh-tra*ng*, *m* kneading-trough; (*fam*) **dans le**
—, dah*ng* ler **—,** in a mess.
pétrir, peh-treer, *v* to knead; to mould.
pétulant, e, peh-tE-lah*ng*, *a* lively; full of spirits.
peu, per, *adv* little; not much; *m* little; few; bit.
peuplade, per-plăhd, *f* colony; tribe.
peuple, per-pl, *m* people; nation; race; the masses.
peupler, per-pleh, *v* to populate (**de,** with); to throng.
peuplier, per-ple-eh, *m* poplar.
peur, per, *f* fear; fright; dread.
peureu-x, se,* per-rer, *a* timid; fearful.
peut-être, per-t'ay-tr, *adv* perhaps.
phare, făhr, *m* lighthouse; beacon; head-light.
pharmacie, făhr-măh-see, *f* pharmacy; chemist's
pharmacien, făhr-măh-se-a*ng*, *m* chemist. [shop.
phase, fahz, *f* phase; phasis; stage; turn.
phénol, feh-nol, *m* carbolic acid. [freak.
phénomène, feh-nomm-ain, *m* phenomenon; (*fam*)
philatéliste, fe-lăh-teh-leesst, *m* stamp-collector.
philosophe, fe-loz-off, *m* philosopher; *a* philosophical.
philosophie, fe-loz-off-ee, *f* philosophy.
philtre, feel-tr, *m* philter.

phonographe, fonn-og-rähf, *m* phonograph.

phoque, fock, *m* seal.

phosphore, foss-for, *m* phosphorous.

photocopie, fot-o-ko-pee, *f* photocopy.

photographe, fot-og-rähf, *m* photographer.

photographie, fot-og-räh-fee, *f* photograph; photo-

photostat, fot-oss-täh, photostat. [graphy.

phrase, frahz, *f* sentence.

phtisie, ftee-zee, *f* phthisis; consumption.

physicien, fe-ze-se-ang, *m* physicist.

physiologie, fe-ze-oll-osh-ee, *f* physiology.

physionomie, fe-ze-onn-omm-ee, *f* physiognomy; look; expression.

physique, fe-zeeck, *m* constitution; *f* physics; *a** [physical.

piaffer, pe-äh-feh, *v* to paw the ground.

piailler, pe-ah'e-yeh, *v* to squall.

piano, pe-äh-no, *adv* softly; *m* pianoforte.

pic, peek, *m* pickaxe; peak; woodpecker; à —, äh —, perpendicularly.

picoter, pe-kot-eh, *v* to prick; to tease; to peck.

pie, pee, *f* magpie.

pièce, pe-ess, *f* piece; length; bit; play; room; docu- [ment.

pied, pe-eh, *m* foot; footing; leg; stalk.

piédestal, pe-eh-dess-tähl, *m* pedestal.

piège, pe-aysh, *m* snare; trap.

pierre, pe-ayr, *f* stone; flint; gem.

pierreries, pe-ay-rer-ree, *fpl* gems; precious stones.

pierreu-x, se, pe-ay-rer, *a* stony.

piété, pe-eh-teh, *f* piety.

piétiner, pe-eh-te-neh, *v* to trample; to mark time.

piéton, pe-eh-tong, *m* pedestrian.

piètre,* pe-ay-tr, *a* paltry; wretched; worthless.

pieu, pe-er, *m* stake.

pieu-x, se,* pe-er, *a* pious; godly.

pigeon, pe-shong, *m* pigeon; dove.

pigeonnier, pe-shonn-e-eh, *m* pigeon-house; dove- [cot.

pigment, peeg-mahng, *m* pigment.

pignon, peen-yong, *m* gable.

pile, peel, *f* heap; pier; battery; reverse (of coin); (*fam*)

piler, pe-leh, *v* to pound; to crush. [thrashing.

pilier, pe-le-eh, *m* pillar; post.

pillage, pee-yähsh, *m* plundering; pillage.

piller, pee-yeh, *v* to plunder; to pillage; to ransack; to pilfer.

pilon, pe-long, *m* pestle; pounder.

pilori, pe-lor-e, *m* pillory.

pilote, pe-lot, *m* pilot.

pilule, pe-lEEl, *f* pill.

pimbêche, pang-baish, *f* minx.

piment, pe-mahng, *m* pimento.

pimpant, e, pang-pahng, *a* spruce; smart.

pin, pang, *m* pine; pine-tree.

pince, pangss, *f* pincers; pliers; crowbar; tongs.

pincé, e, pang-seh, *a* affected; stiff-necked.

pinceau, pang-soh, *m* brush.

pincée, pang-seh, *f* pinch (of salt etc).

pince-nez, pangss-neh, *m* pince-nez.

pincer, pang-seh, *v* to pluck (harp, guitar etc); to play; to catch in the act.

pince-sans-rire, pangss-sahng-reer, *m* person of dry humour.

pincettes, pang-sett, *fpl* tongs; tweezers.

pintade, pang-tähd, *f* guinea-fowl.

piocher, pe-osh-eh, *v* to dig; to work hard; to pick out.

pion, pe-ong, *m* pawn.

pioncer, pe-ong-seh, *v* (*pop*) to snooze.

pionnier, pe-onn-e-eh, *m* pioneer.

pipe, peep, *f* tobacco-pipe; pipe.

piquant, e, pe-kahng, *a* pricking; pungent; stinging; sharp.

pique, peek, *m* (cards) spade.

picque-nique, peek-neek, *m* picnic.

piquer, pe-keh, *v* to prick; to sting; to bite; to goad; to spur; to rouse; to offend; to be pungent; — **à la machine,** — äh läh mäh-sheen, to machine sew.

piquet, pe-kay, *m* stake; peg.

piqûre, pe-kEEr, *f* sting; bite; injection.

pirate, pe-räht, *m* pirate.

pire, peer, *a* worse; *m* le —, ler —, the worst.

pirouetter, pe-roo-ett-eh, *v* to whirl round.

pis, pee, *adv* worse; *m* udder.

pis-aller, pe-z'äh-leh, *m* makeshift.

piscine, peess-seen, *f* swimming pool.

pissenlit, peess-ahng-lee, *m* dandelion.

piste, peesst, *f* track; trail; trace; scent.

pistolet, peesst-toll-ay, *m* pistol.

piston, peess-tong, *m* piston; sucker; (*fam*) influence.

piteu-x, se,* pe-ter, *a* piteous; pitiful; pitiable.
pitié, pe-te-eh, *f* pity; compassion. ⌈wretched.
pitoyable,* pe-to'ăh-yăh-bl, *a* pitiful; pitiable:
pittoresque,* pit-tor-esk, *a* picturesque; graphic.
pivot, pe-voh, *m* pivot; (*fig*) basis; support.
placard, plăh-kăhr, *m* cupboard; poster; bill.
place, plăhss, *f* place; spot; square; space; seat; situation; fortress.
placement, plăhss-mahng, *m* placing; sale; invest-
placer, plăhss-eh, *v* to place; to sell; to invest. ⌊ment.
placide,* plăhss-eed, *a* placid.
placi-er, ère, plăhss-e-eh, *mf* canvasser; agent.
plafond, plăh-fong, *m* ceiling.
plage, plăhsh, *f* beach; shore; region.
plagiaire, plăh-she-air, *m* plagiarist.
plaider, play-deh, *v* to plead; to argue; to intercede.
plaideu-r, se, play-der, *mf* litigant.
plaidoirie, play-do'ăh-ree, *f* pleading; address.
plaie, play, *f* wound; sore; plague.
plaignant, e, playn-yahng, *mf* plaintiff.
plaindre, plang-dr, *v* to pity; **se —,** to complain.
plaine, plain, *f* plain; flat open country.
plainte, plangt, *f* lamentation; complaint; charge.
plainti-f, ve,* plang-teeff, *a* plaintive; mournful.
plaire, plair, *v* to please; to be agreeable; to suit; **s'il vous plaît,** sill voo play, (if you) please.
plaisamment, play-zăh-mahng, *adv* pleasantly; humourously.
plaisant, e, play-zahng, *a* pleasing; funny; droll.
plaisanter, play-zahng-teh, *v* to joke; to jest; to trifle (**avec,** with). ⌈humour; mockery.
plaisanterie, play-zahng-tree, *f* joke; jest; fun;
plaisir, play-zeer, *m* pleasure; recreation.
plan, plahng, *m* plan; model; map; scheme.
plan, e, plahng, *a* level; even; flat.
planche, plahngsh, *f* plank; board; shelf; plate;
plancher, plahng-sheh, floor. ⌊garden bed.
planer, plăh-neh, *v* to soar; to hover; to smooth.
planeur, plăh-ner, *m* glider.
plante, plahngt, *f* plant; sole of the foot.
planté, e, plahng-teh, *pp & a* planted; situated; **bien —,** be-ang, firmly set.

planter, plahng-teh, v to plant; to set; to fix.
planton, plahng-tong, m orderly.
plaque, plåhck, f plate; slab; badge; (number) plate.
plastique, plåhss-teeck, m plastic.
plastron, plåhss-trong, m breast-plate; shirt front; butt.
plat, e,* plåh, a flat; level; dull; straight (hair); m dish; course.
platane, plåh-tåhn, m plane-tree.
plateau, plåh-toh, m tray; disc; plate; plateau.
plâtrage, plah-tråhsh, m plastering; plaster-work.
plâtras, plah-tråh, m rubbish (plaster).
plâtre, plah-tr, m plaster; plaster cast.
plâtrer, plah-treh, v to plaster; to patch up.
plausible,* ploh-zee-bl, a plausible.
plèbe, playb, f mob.
plein, e,* plang, a full; whole; broad; (animal) with young.
plénière, pleh-ne-air, af plenary; full.
plénitude, pleh-ne-teed, f plenitude; fullness.
pleurard, e, pler-råhr, mf whimperer.
pleurer, pler-reh, v to weep; to cry; to mourn.
pleureu-r, se, pler-rer, a weeping; mf mourner.
pleurnicher, pler-ne-sheh, v to whimper; to snivel.
pleurs, pler, mpl tears; weeping; lament.
pleuvoir, pler-vo'åhr, v to rain.
pli, ple, m fold; pleat; wrinkle; crease; bend; letter.
pliable, ple-åh-bl, a flexible; docile.
pliant, e, ple-ahng, m folding chair; a flexible; folding.
plier, plee-eh, v to fold; to bend; to give way.
plissé, e, pliss-eh, pp & a pleated; tucked.
plisser, pliss-eh, v to pleat; to crease; to corrugate.
plomb, plong, m lead; shot; sinker; plumb-line; seal; fuse.
plombage, plong-båhsh, m lead-work; plumbing; sealing; (teeth) filling.
plomber, plong-beh, v to lead; to stop; to seal; to plumb.
plombier, plong-be-eh, m plumber.
plonger, plong-sheh, v to dive.
pluie, plwee, f rain.
plume, pleem, f feather; nib; quill.
plupart (la), låh ple-påhr, f most; the greatest part; most people.
pluriel, le, ple-re-ell, m & a plural.

plus, plɛ, *adv* more; **le —, ler —,** the most.
plusieurs, plɛ-ze-er, *pron & a* several.
plus-que-parfait, plɛes-ker-pähr-fay, *m* pluperfect.
plutôt, plɛ-toh, *adv* rather; sooner.
pluvieu-x, se, plɛ-ve-er, *a* rainy.
pneu, pner, *m* tyre.
pneumatique, pner-mäh-teeck, *m* express letter sent by a tube (in Paris).
poche, posh, *f* pocket; bag; pouch; net.
pocher, posh-eh, *v* to poach (egg); to bruise (eye).
pochette, posh-ett, *f* small pocket; kit.
poêle, po-ähl, *m* stove; pall; *f* frying-pan.
poème, po-emm, *m* poem.
poésie, po-eh-zee, *f* poetry; poems.
poète, po-ett, *m* poet.
poétique, po-eh-teeck, *f* poetics; *a** poetical.
poids, po'äh, *m* weight; burden..
poignant, e, po'ähn-yahng, *a* poignant.
poignard, po'ähn-yähr, *m* dagger.
poigne, po'ähn-yer, *f* grip; will; energy.
poignée, po'ähn-yeh, *f* handful; handle.
poignet, po'ähn-yay, *m* wrist; wristband; cuff.
poil, po'ähl, *m* hair (animal); hair (on human body); bristle; (*fam*) mood; **au —,** super.
poilu, e, po'äh-lɛ, *a* hairy; shaggy. ⎡die.
poincon, po'ang-song, *m* bodkin; awl; punch; stamp;
poinçonner, po'ang-sonn-eh, *v* to punch (ticket etc); to stamp.
poindre, po'ang-dr, *v* to dawn. ⎣to stamp.
poing, po'ang, *m* fist; hand.
point, po'ang, *adv* no; not; none; never.
point, po'ang, *m* point; stop; stitch; dot; mark; full stop; degree.
pointe, po'angt, *f* point; tip; touch; dawn. ⎡soar.
pointer, po'ang-teh, *v* to point; to prick; to aim; to
pointillé, po'ang-tee-yeh, *m* stippling; dotted line.
pointilleu-x, se, po'ang-tee-yer, *a* captious; cavilling. ⎡touchy.
pointu, e, po'ang-tɛ, *a* pointed; sharp; irritable;
pointure, po'ang-tɛer, *f* size (shoes, gloves etc).
poire, po'ähr, *f* pear; (*slang*) gullible person.
poireau, po'äh-roh, *m* leek; wart.
poirier, po'äh-re-eh, *m* pear-tree.

pois, po'äh, *m* pea; **petits —,** per-te —, green peas.
poison, po'äh-zong, *m* poison.
poisseu-x, se, po'ähss-er, *a* sticky.
poisson, po'ähss-ong, *m* fish.
poissonnerie, po'ähss-onn-ree, *f* fish-market or shop.
poitrine, po'äh-treen, *f* chest; breast; lungs; bosom; [brisket.
poivre, po'äh-vr, *m* pepper.
poivrier, po'äh-vree-eh, *f* pepper-pot.
poivron, po'äh-vrong, *m* green or red sweet pepper.
poix, po'äh, *f* pitch; shoemaker's wax.
pôle, pohl, *m* pole. [a polemical.
polémique, poll-eh-meeck, *f* polemics; controversy;
poli, e, poll-ee, *a* polished; polite; civil; refined.
police, poll-eess, *f* police; **agent de —,** äh-**shahng** der
— , policeman.
polichinelle, poll-e-she-nell, *m* Punch; buffoon.
polici-er, ère, poll-iss-e-eh, *a* of the police; *m* police-
poliment, poll-e-mahng, *adv* politely. [man.
polir, poll-eer, *v* to polish; to brighten; to improve.
polisson, ne, poll-iss-ong, *mf* mischievous child;
scamp.
politesse, poll-e-tess, *f* politeness; civility; good
breeding.
politique, poll-e-teeck, *f* policy; politics; *a** political;
polluer, poll-LE-eh, *v* to pollute. [prudent; politic.
poltron, ne, poll-trong, *mf* coward; *a* cowardly.
pommade, pomm-ähd, *f* lip-salve; ointment.
pomme, pomm, *f* apple; **— de terre, —** der tair,
potato.
pommé, e, pomm-eh, *a* rounded; (*fam*) downright.
pommelé, e, pomm-leh, *a* dappled; mottled.
pommette, pomm-ett, *f* cheek-bone.
pommier, pomm-e-eh, *m* apple-tree.
pompe, pongp, *f* pomp; pump.
pomper, pong-peh, *v* to pump up; to imbibe.
pompeu-x, se,* pong-per, *a* pompous; stately.
pompier, pong-pe-eh, *m* fireman.
pomponner, pong-ponn-eh, *v* to adorn; **se —,** to
smarten oneself.
ponce (pierre), pe-ayr pongss, *f* pumice stone.
ponctuation, pongk-LE-ah-se-ong, *f* punctuation.
ponctuel, le,* pongk-LE-ell, *a* punctual.

pondre, pong-dr, *v* to lay eggs.
pont, pong, *m* bridge; deck.
ponté, e, pong-teh, *a* decked.
populace, pop-E-lāhss, *f* the masses.
populaire,* pop-E-lair, *a* popular.
population, pop-E-lāh-se-ong, *f* population.
populeu-x, se, pop-E-ler, *a* populous.
porc, por, *m* pig; swine; hog; pork.
porcelaine, por-ser-lain, *f* porcelain; chinaware.
porc-épic, por-keh-peeck, *m* porcupine.
porche, porsh, *m* porch.
pore, por, *m* pore.
poreu-x, se, por-er, *a* porous.
pornographie, por-nog-rāhf-ee, *f* pornography.
port, por, *m* port; harbour; carriage; postage; deport-
portable, por-tāh-bl, *a* wearable. [ment.
portail, por-tah'e, *m* portal.
portant, e, por-tahng, *a* bearing; **bien —,** be-ang —,
  in good health; **mal —,** māhl —, in bad health.
portati-f, ve, por-tāh-teeff, *a* portable.
porte, port, *f* door; gate; doorway; threshold; pass.
porte-bagages, por-ter-bāh-gāhsh, *m* luggage rack.
porte-clefs, por-ter-kleh, *m inv* key-ring.
portefeuille, por-ter-fer'e, *m* portfolio; wallet.
porte-monnaie, por-ter-monn-ay, *m* purse.
porte-parapluies, por-ter-pāh-rāh-plwee, *m* um-
  brella-stand.
porte-plume, por-ter-plEEm, *m* penholder.
porter, por-teh, *v* to bear; to carry; to wear; to
  induce; to tell; **comment vous portez-vous ?**
  komm-ahng voo por-teh voo? how are you?
porteu-r, se, por-ter, *mf* porter; carrier; holder.
porti-er, ère, por-te-eh, *mf* door-keeper.
portière, por-te-air, *f* door (of car, train etc).
portion, por-se-ong, *f* portion; allowance.
portrait, por-tray, *m* portrait; likeness.
pose, pohz, *f* putting; pose; affectation.
posé, e, poh-zeh, *pp & a* placed; sedate.
posément, poh-zeh-mahng, *adv* sedately; slowly.
poser, poh-zeh, *v* to place; to pose.
poseu-r, se, poh-zer, *mf* affected person.
positi-f, ve,* poh-ze-teeff, *a* positive; matter-of-fact.

position, poh-ze-se-ong, *f* position; status; posture.

possédé, e, poss-eh-deh, *mf* mad; *a* possessed.

posséder, poss-eh-deh, *v* to possess; to enjoy.

possesseur, poss-ess-er, *m* owner. ⌐session.

possession, poss-ess-e-ong, *f* ownership; right; pos-

possibilité, poss-e-be-le-teh, *f* possibility.

possible, poss-eeb-bl, *m* utmost; *a* possible.

postal, e, poss-tăhl, *a* postal.

poste, post, *m* post; station; position; *f* post-office.

poster, poss-teh, *v* to post; to station.

postérieur, e,* poss-teh-re-er, *a* subsequent; later;

postérité, poss-teh-re-teh, *f* posterity; issue. ⌐hind.

post-scriptum, post-skrip-tom, *m* postscript.

postuler, poss-tε-leh, *v* to apply for.

posture, poss-tεεr, *f* posture; position.

pot, po, *m* pot; jug; tankard;jar; crock.

potable, pot-ăh-bl, *a* drinkable.

potage, pot-ăhsh, *m* soup; **pour tout —,** poohr too —,(*fam*) in all.

potager, pot-ăh-sheh, *m* kitchen-garden.

potasse, pot-ăhss, *f* potash.

poteau, pot-oh, *m* post; stake.

potelé, e, pot-leh, *a* plump; fat.

potence, pot-ahngss, *f* gallows; gibbet.

poterie, pot-ree, *f* earthenware; pottery.

potier, pot-e-eh, *m* potter.

potin, pot-ang, *m* pewter; (*fam*) gossip; clatter.

pou, poo, *m* louse.

poubelle, poo-bell, *f* dust-bin.

pouce, pooss, *m* thumb; big toe; inch.

poudre, poo-dr, *f* powder; dust; gunpowder.

poudrier, poo-dre-eh, *m* powder compact.

pouffer, poo-feh, *v* **— de rire, —** der reer, to burst out laughing.

poulailler, poo-lah'e-yeh, *m* poultry-house; (theatre) ⌐the gods.

poulain, poo-lang, *m* foal; colt.

poularde, poo-lăhrd, *f* fat pullet.

poule, pool, *f* hen.

poulet, poo-lay, *m* chicken;(*fam*) detective.

poulie, poo-lee, *f* pulley; block.

pouls, poo, *m* pulse.

poumon, poo-mong, *m* lung.

poupe, poop, *f* stern.

poupée, poo-peh, *f* doll; puppet.

pour, poohr, *prep* for; towards; to; in order to; as to.

pourboire, poohr-bo'ǎhr, *m* gratuity; tip.

pourceau, poohr-soh, *m* hog; pig; swine.

pourcentage, poohr-sahng-tǎhsh, *m* percentage.

pourparler, poohr-pǎhr-leh, *m* usually *pl* parley; conference; negotiation.

pourpre, poohr-pr, *m & a* crimson; *f* purple dye.

pourquoi, poohr-kwǎh, *adv & conj* why; wherefore; what . . . for.

pourrir, poo-reer, *v* to rot.

pourriture, poo-re-teer, *f* decay; rot.

poursuite, poohr-sweet, *f* pursuit; *pl* proceedings.

poursuivre, poohr-swee-vr, *v* to pursue; to proceed against.

pourtant, poohr-tahng, *adv* yet; still; however.

pourtour, poohr-toohr, *m* circumference.

pourvoi, poohr-vo'ǎh, *m* appeal.

pourvoir, poohr-vo'ǎhr, *v* to provide; to supply; to endow (à, for; de, with).

pourvoyeu-r, se, poohr-vo'ǎh-yer, *mf* purveyor.

pourvu que, poohr-ve, ker, *conj* provided that.

pousser, pooss-eh, *v* to push; to thrust; to urge on; to utter; to grow.

poussette, pooss-ett, *f* push-chair.

poussière, pooss-e-air, *f* dust; powder; spray.

poussin, pooss-ang, *m* chick.

poutre, pootr, *f* beam; rafter; girder.

pouvoir, poo-vo'ǎhr, *v* to be able; to be allowed.

pouvoir, poo-vo'ǎhr, *m* power; authority; power of attorney.

prairie, pray-ree, *f* meadow; prairie.

praline, prǎh-leen, *f* sugar-almond.

praticable, prǎh-te-kǎh-bl, *a* practicable; feasible.

praticien, ne, prǎh-te-se-ang, *mf* practitioner.

pratique, prǎh-teek, *f* practice; experience; *a** practical; useful.

pratiquer, prǎh-te-keh, *v* to practise; to use; to make; to associate with.

pré, preh, *m* meadow.

préalable,* preh-ǎh-lǎh-bl, *a* previous; *adv phr* au —, first of all.

préavis, preh-ah-ve, *m* previous notice.

précaire,* preh-kair, *a* precarious.

précaution, preh-koh-se-*ong*, *f* precaution; caution.

précédemment, preh-seh-däh-mah*ng*, *adv* previously.

précédent, e, preh-seh-dah*ng*, *a* preceding; *m* precedent.

précéder, preh-seh-deh, *v* to precede.

précepteur, preh-sep-ter, *m* tutor.

prêcher, pray-sheh, *v* to preach; to lecture.

précieu-x, se,* preh-se-er, *a* precious; valuable; affected.

précipice, preh-se-peess, *m* precipice.

précipitamment, preh-se-pe-täh-mah*ng*, *adv* hurriedly; headlong.

précipiter, preh-se-pe-teh, *v* to precipitate; to hurl headlong; to hasten.

précis, preh-se, *m* summary; précis.

précis, e, preh-se, *a* precise; exact.

précisément, preh-se-zeh-mah*ng*, *adv* precisely; just so.

préciser, preh-se-zeh, *v* to state precisely; to specify.

précité, e, preh-se-teh, *a* aforesaid.

précoce, preh-koss, *a* precocious; early.

préconiser, preh-konn-e-zeh, *v* to extol; to advocate.

prédicateur, preh-de-käh-ter, *m* preacher.

prédire, preh-deer, *v* to predict; to foretell.

préface, preh-fähss, *f* preface.

préférable,* preh-feh-räh-bl, *a* preferable; advisable.

préférer,* preh-feh-reh, *v* to prefer; to like better.

préfet, preh-fay, *m* prefect; administrator (of French county).

préjudice, preh-shE-deess, *m* prejudice; wrong.

préjudiciable, preh-shE-de-se-äh-bl, *a* prejudicial.

préjugé, preh-shE-sheh, *m* prejudice; preconception.

prélasser (se), ser preh-lähss-eh, *v* to strut; to take one's ease.

prélever, prehl-veh, *v* to deduct beforehand; to levy.

préliminaire, preh-le-me-nair, *a* preliminary.

prélude, preh-lEED, *m* prelude.

prématuré,* e, preh-mäh-tE-reh, *a* premature.

premier, prer-me-eh, *m* chief; leader; first.

premi-er, ère,* prer-me-eh, *a* first; former; early; next; leading.

prémunir, preh-mE-neer, *v* to forewarn; to caution.

prendre, prah*n*gdr, *v* to take; to seize; to assume; to congeal; to set; to catch on.

preneu-r, se, prer-ner, *mf* taker; buyer.

prénom, preh-no*n*g, *m* Christian name.

préoccuper, preh-ock-E-peh, *v* to preoccupy; to engross the mind; to disturb.

préparatif, preh-päh-räh-teeff, *m* preparation (used almost exclusively in the plural).

préparer, preh-päh-reh, *v* to prepare; to get ready.

prépondérance, preh-pong-deh-rah*n*gss, *f* preponderance; sway.

préposé, preh-poh-zeh, *m* official in charge.

près, pray, *adv & prep* near; close by; — **de,** about to.

présage, preh-zähsh, *m* presage; omen.

présager, preh-zäh-sheh, *v* to forebode.

pré-salé, preh-säh-leh, *m* salt-meadow mutton.

presbyte, prez-beet, *mf & a* long-sighted.

presbytère, prez-be-tair, *m* vicarage.

prescience, prez-se-ah*n*gss, *f* prescience.

prescrire, press-kreer, *v* to order; to prescribe.

préséance, preh-seh-ah*n*gss, *f* precedence.

présence, preh-zah*n*gss, *f* presence.

présent, e, preh-zah*n*g, *a* present. ⌈introduce.

présenter, preh-zah*n*g-teh, *v* to present; to offer; to

préservati-f, ve, preh-zair-väh-teeff, *a* preservative.

préserver, preh-zair-veh, *v* to preserve (**de,** from).

président, preh-ze-dah*n*g, *m* president; chairman.

présider, preh-ze-deh, *v* to preside.

présomption, preh-zo*n*gp-se-o*n*g, *f* presumption; self-assurance.

présomptueu-x, se,* preh-zo*n*gp-tE-er, *a* presump-

presque, press-ker, *adv* almost; nearly. ⌊tuous.

presqu'île, press-keel, *f* peninsula.

pressant, e, press-ah*n*g, *a* pressing; urgent.

presse, press, *f* press; crowd; urgency; squeezer.

pressé, e, press-eh, *a* in a hurry; urgent; crowded.

pressentiment, press-ah*n*g-te-mah*n*g, *m* presentiment. ⌈ment of.

pressentir, press-ah*n*g-teer, *v* to have a presenti-

presser, press-ker, *v* to press; to crowd; to urge.

pression, press-e-o*n*g, *f* pressure.

prestance, press-tah*n*gss, *f* fine presence.

preste,* presst, *a* quick; nimble.

prestidigitateur, press-te-de-**she-tăh-ter**, *m* con-**prestige,** press-teesh, *m* prestige. [juror.

présumer, preh-ze-meh, *v* to presume.

prêt, pray, *m* loan.

prêt, e, pray, *a* ready; prepared; willing.

prétendant, e, preh-tah*ng*-dah*ng*, *mf* claimant; pre-tender; suitor.

prétendre, preh-tah*ng*-dr, *v* to claim; to intend; to maintain.

prétendu, e, preh-tah*ng*-de , *mf* intended (husband or wife); *a* so-called.

prête-nom, prayt-no*ng*, *m* figurehead.

prétentieu-x, se,* preh-tah*ng*-se-e*r*, *a* pretentious; conceited. [tion.

prétention, preh-tah*ng*-se-o*ng*, *f* pretension; affecta-

prêter, pray-teh, *v* to lend; to ascribe; to give rise.

prêteu-r, se, pray-ter, *mf* lender.

prétexte, preh-text, *m* pretext; pretence.

prêtre, pray-tr, *m* priest.

preuve, pre*rv*, *f* proof; evidence; token.

prévaloir, preh-văh-lo'ăhr, *v* to prevail.

prévenance, prehv-nah*ng*ss, *f* kind attention.

prévenant, prehv-nah*ng*, *a* obliging; prepossessing.

prévenir, prehv-neer, *v* to advise; to inform.

prévention, preh-vah*ng*-se-o*ng*, *f* imprisonment on suspicion; prevention.

prévenu, e, prehv-ne, *mf* accused; *a* prejudiced.

prévision, preh-ve-ze-o*ng*, *f* forecast; anticipation.

prévoir, preh-vo'ăhr, *v* to foresee; to provide for or against.

prévoyance, preh-vo'ăh-yah*ng*ss, *f* foresight; fore-thought.

prier, pre-eh, *v* to pray; to entreat; to invite.

prière, pre-air, *f* prayer; entreaty; request.

primaire, pre-mair, *a* primary; elementary.

prime, preem, *f* premium; bonus; option; *a* prime.

primer, pre-meh, *v* to surpass; to take the lead; to award a prize to.

primeur, pre-mer, *f* early fruit or vegetable; fresh-

primevère, preem-vair, *f* primrose. [ness.

primiti-f, ve,* pre-me-teeff, *a* primitive.

prince, sse, prangss, *mf* prince; princess.
princi-er, ère,* prang-se-eh, *a* princely.
principal, prang-se-pähl, *m* chief; main point; *a* principal; main.
principauté, prang-se-poh-te, *f* principality.
principe, prang-seep, *m* principle.
printani-er, ère, prang-täh-ne-eh, *a* spring.
printemps, prang-tahng, *m* spring; springtime.
priorité, pre-or-e-teh, *f* priority; right of way.
pris, e, pre, *pp* & *a* taken; occupied; busy.
prise, preez, *f* taking; hold; quarrel; catch.
priser, pre-zeh, *v* to value; to take snuff.
priseu-r, se, pre-zer, *mf* snuff-taker; appraiser.
prison, pre-zong, *f* prison.
prisonni-er, ère, pre-zonn-e-eh, *mf* & *a* prisoner.
privation, pre-väh-se-ong, *f* privation; loss.
privauté, pre-voh-teh, *f* familiarity.
privé, e, pre-veh, *a* private.
priver, pre-veh, *v* to deprive.
privilège, pre-ve-laysh, *m* privilege.
prix, pre, *m* price; value; reward; prize.
probabilité, prob-äh-be-le-teh, *f* probability.
probable,* prob-äh-bl, *a* probable; likely.
probant, e, prob-ahng, *a* conclusive; convincing.
probe, prob, *a* honest; upright.
probité, prob-e-teh, *f* honesty; uprightness.
problème, prob-laym, *m* problem.   [method.
procédé, pross-eh-deh, *m* proceeding; behaviour;
procéder, pross-eh-deh, *v* to proceed; to behave; to prosecute **(contre).**
procédure, pross-eh-dEER, *f* proceedings; practice.
procès, pross-ay, *m* lawsuit; trial; litigation.
procès-verbal, pross-ay-vair-bähl, *m* report; minutes; record.
prochain, prosh-ang, *m* neighbour; fellow-creature.
prochain, e, prosh-ang, *a* next; nearest; early.
prochainement, prosh-ain-mahng, *adv* shortly.
proche, prosh, *a* close; *mpl* relations; *adv* near.
proclamer, prock-läh-meh, *v* to proclaim.
procuration, prock-E-räh-se-ong, *f* proxy.
procurer, prock-E-reh, *v* to procure.
procureur, prock-E-rer, *m* proxy; attorney.

prodigalité, prod-e-gäh-le-teh, *f* prodigality; extravagance.

prodige, prod-eesh, *m* prodigy; wonder. [wonderful.

prodigieu-x, se, * prod-e-she-er, *a* prodigious;

prodigue, prod-eeg, *m* spendthrift; *a* prodigal.

prodiguer, prod-e-gheh, *v* to lavish; to squander.

produc-teur, trice, prod-EEK-ter, *mf* producer; *a* productive.

production, prod-EEK-se-ong, *f* production; product; output.

produire, prod-weer, *v* to produce; to yield; to show.

produit, prod-wee, *m* produce; product; proceeds.

profane, prof-ähn, *mf & a* outsider; profane; lay.

profaner, prof-äh-neh, *v* to profane.

proférer, prof-eh-reh, *v* to utter.

professer, prof-ess-eh, *v* to profess; to teach.

professeur, prof-ess-er, *m* professor; teacher.

profession, prof-ess-e-ong, *f* profession; business.

profil, prof-eel, *m* profile; section.

profit, prof-e, *m* profit; gain; utility.

profiter, prof-e-teh, *v* to profit (**de,** by); to take advantage (**de,** of).

profond, e, prof-ong, *a* deep; profound; sound.

profondément, prof-ong-deh-mahng, *adv* deeply.

profondeur, prof-ong-der, *f* depth; profoundness.

programme, prog-rähm, *m* programme; bill; platform.

progrès, prog-ray, *m* progress; improvement. [form.

prohiber, pro-e-beh, *v* to prohibit.

proie, prwäh, *f* prey.

projecteur, pro-sheck-ter, *m* projector; headlight.

projection, prosh-eck-se-ong, *f* projection.

projectile, pro-sheck-teel, *m & a* missile.

projet, prosh-ay, *m* project; scheme; rough draft.

projeter, prosh-teh, *v* to project; to plan.

prolétaire, proll-eh-tair, *m & a* proletarian.

prolonger, proll-ong-sheh, *v* to prolong; to protract; to lengthen. [sion.

promenade, promm-nähd, *f* walk; drive; ride; excur-

promener, promm-neh, *v* to take about; to walk; **se —,** to take a walk.

promeneu-r, se, promm-ner, *mf* walker.

promesse, promm-ayss, *f* promise.

promettre, promm-ay-tr, *v* to promise; to look promising.

promontoire, promm-ong-to'ăhr, *m* promontory.

promouvoir, promm-oo-vo'ăhr, *v* to promote.

prompt, e,* prong, *a* prompt; sudden; hasty.

promptitude, prong-te-tEED, *f* quickness.

promulguer, promm-EEl-gheh, *v* to promulgate.

prône, prohn, *m* sermon; (*fig*) lecture.

pronom, pron-ong, *m* pronoun.   ⌈decided.

prononcé, e, pron-ong-seh, *pp* & *a* pronounced;

prononcer, pron-ong-seh, *v* to pronounce; to utter.

propagande, prop-ăh-gahngd, *f* propaganda.

propager, prop-ăh-sheh, *v* to propagate; **se —,** to spread.

propension, prop-ahng-se-ong, *f* propensity.

prophétie, prof-eh-see, *f* prophecy.

propice, prop-eess, *a* propitious; favourable.

proportionnel, le,* prop-or-se-onn-ell, *a* proportional; commensurate.

propos, prop-oh, *m* purpose; talk.

proposer, prop-oh-zeh, *v* to propose; to move; **se —,** to intend; to mean.

proposition, prop-oh-ze-se-ong, proposal; proposition; clause.   ⌈clean.

propre, propr, *m* own characteristic; *a** own; proper;

propreté, prop-rer-teh, *f* neatness; cleanliness.

propriétaire, prop-re-eh-tair, *mf* proprietor; landlord.   ⌈propriety.

propriété, prop-re-eh-teh, *f* property; ownership;

propulsion, prop-EEl-se-ong, *f* propelling.

prorata, pro-răh-tăh, *m* proportion.   ⌈journment.

prorogation, pror-ogh-ăh-se-ong, *f* prorogation; ad-

proroger, pror-osh-eh, *v* to extend; to adjourn.

prosaïque, pro-zăh-eek, *a* prosaic.

prosateur, pro-zăh-ter, *m* prose-writer.

proscrire, pross-kreer, *v* to proscribe; to banish.

proscrit, e, pross-kre, *mf* exile; outlaw.

prose, prohz, *f* prose.

prospère, pross-pair, *a* prosperous.

prospérer, pross-peh-reh, *v* to prosper; to thrive.

prosterner (se), ser pross-tair-neh, *v* to prostrate

prostituée, pross-te-tE-eh, *f* prostitute.   ⌊oneself.

protec-teur, trice, prot-eck-**ter,** *mf & a* protector; protective.

protectorat, prot-eck-tor-ăh, *m* protectorate.

protégé, e, prot-eh-**sheh,** *mf* protégé; dependant.

protéger, prot-eh-**sheh,** *v* to protect; to shield.

protestant, e, prot-ess-tah*ng*, *mf & a* Protestant.

protester, prot-ess-teh, *v* to protest.

prouesse, proo-ess, *f* prowess; exploit.

prouver, proo-veh, *v* to prove; to show.

provenance, prov-nah*ng*ss, *f* origin; source.

provenir, prov-neer, *v* to proceed; to originate.

proverbe, prov-airb, *m* proverb.

proverbial, e, * prov-air-be-ăhl, *a* proverbial.

providence, prov-e-dah*ng*ss, *f* Providence.

province, prov-a*ng*ss, *f* province; the country.

provincial, e, prov-a*ng*-se-ăhl, *mf & a* provincial.

proviseur, prov-e-zer, *m* headmaster. ⌈tainer.

provision, prov-e-ze-o*ng*, *f* provision; supply; re-

provisoire, * prov-e-zo'ăhr, *a* provisional.

provocant, e, prov-ock-ah*ng*, *a* provoking; alluring.

provoca-teur, trice, prov-ock-ăh-ter, *mf* aggressor; provoking.

provoquer, prov-ock-eh, *v* to provoke; to challenge; to cause.

prudemment, prE-dăh-mah*ng*, *adv* prudently.

prudence, prE-dah*ng*ss, *f* prudence.

pruderie, prEED-ree, *f* prudishness.

prune, prEEn, *f* plum.

pruneau, prE-noh, *m* prune.

prunelle, prE-nell, *f* sloe; pupil (eye).

prunier, prE-ne-eh, *m* plum-tree.

psaume, psohm, *m* psalm.

pseudonyme, pser-donn-eem, *m* pseudonym.

psychiatre, pse-ke-ah-tr, *m* psychiatrist.

psychologue, pse-koll-og, *m* psychologist.

puant, e, pE-ah*ng*, *a* stinking.

puanteur, pE-ah*ng*-ter, *f* stench.

pubère, pE-bair, *a* pubescent.

public, pE-bleeck, *m* public.

publi-c, que, * pE-bleeck, *a* public; common. ⌈lishing.

publication, pE-bli-cah-se-o*ng*, *f* publication; pub-

publicité, pE-ble-se-teh, *f* publicity; advertising.

publier, pe-ble-eh, *v* to publish.
puce, peess, *f* flea.
pucelle, pe-sell, *f* virgin.
pudeur, pe-der, *f* bashfulness; modesty; reserve.
pudicité, pe-de-se-teh, *f* chastity.
pudique,* pe-deeck, *a* chaste; modest.
puer, pe-eh, *v* to stink; to smell strongly of.
puéril, e,* pe-eh-reel, *a* childish.
pugilat, pe-she-làh, *m* boxing.
puis, pwee, *adv* then; afterwards; next; besides.
puiser, pwee-zeh, *v* to draw (water); to derive.
puisque, pweess-ker, *conj* since.   [mightily.
puissamment, pweess-àh-mahng, *adv* powerfully;
puissance, pweess-ahngss, *f* power; force; influence.
puissant, e, pweess-ahng, *a* powerful; mighty;
puits, pwee, *m* well; shaft; pit.   L(*fam*) stout.
pulluler, peel-lɛ-leh, *v* to swarm.
pulsation, peel-sàh-se-ong, *f* beating; throbbing.
pulvériser, peel-veh-re-zeh, *v* to pulverize.
punaise, pe-nayz, *f* bed-bug; drawing-pin.
punir, pe-neer, *v* to punish.
punition, pe-niss-e-ong, *f* punishment.
pupille, pe-peell, *mf* ward; *f* pupil (of eye).
pupitre, pe-pee-tr, *m* desk; music-stand.
pur, e,* peer, *a* pure; genuine; clean; mere.
purée, pe-reh, *f* mash; purée; mashed potato.
pureté, peer-teh, *f* purity; chastity.
purgati-f, ve, peer-gàh-teeff, *a* purgative.
purgatoire, peer-gàh-to'àhr, *m* Purgatory.
purge, peersh, *f* purge; clearing.
purger, peer-sheh, *v* to purge; to cleanse.
purifier, pe-re-fe-eh, *v* to purify.
pus, pe, *m* pus; matter.
pusillanime, pe-zill-làh-neemm, *a* faint-hearted.
pustule, pees-teel, *f* pimple.
putréfier, pe-treh-fe-eh, *v* to putrefy; to rot.
pyramide, pe-ràh-meedd, *f* pyramid.

quadragénaire, kwàh-dràh-**sh**eh-nair, *mf* & *a* quadragenarian.
quadrillé, e, kàh-dree-yeh, *a* checkered.

quadruple, kwäh-drEE-pl, *m & a* fourfold.

quai, kay, *m* quay; wharf; platform.

qualification, käh-le-fe-käh-se-*ong*, *f* title; name.

qualifier, käh-le-fe-eh, *v* to qualify; to call.

qualité, käh-le-teh, *f* quality; property; rank; qualification.

quand, kah*ng*, *adv* when (at what moment); *conj* when (at the time).

quant à, kah*ng* t'äh, *prep* as to; as for.

quantième, kah*ng*-te-aym, *m* day of the month.

quantité, kah*ng*-te-teh, *f* quantity.

quarantaine, käh-rah*ng*-tain, *f* about forty; quarantine.

quarante, käh-rah*ng*t, *m & a* forty.

quarantième, käh-rah*ng*-te-aym, *m & a* fortieth.

quart, kähr, *m* quarter; (*nau*) watch; point (of compass).

quartier, kähr-te-eh, *m* quarter; piece; neighbourhood; district.

quasi, käh-ze, *adv* quasi; all but; almost.

quatorze, käh-torz, *m & a* fourteen.

quatorzième, käh-tor-ze-aym, *m & a* fourteenth.

quatre, käh-tr, *m & a* four.

quatre-vingt-dix, käh-trer-vang-deess, *m & a* ninety.

quatre-vingts, käh-trer-vang, *a* eighty.

quatrième, käh-tre-aym, *m & a* fourth.

quatuor, kwäh-tE-or, *m* quartet.

que, ker, *pron* whom; that; which; what.

que, ker, *adv* how; how much; how many; why.

que, ker, *conj* that; if; when; as; until; while; whether; lest; **ne...—,** ner...—, only.

quel, le, kell, *a* what; what a; which.

quelconque, kell-kong*k*, *a* whatever; any; (*fam*) commonplace.

quelque, kell-ker, *adv* some; about; *a* some; any; a few.

quelquefois, kell-ker-fo'äh, *adv* sometimes.

quelqu'un, e, kell-kung, *pron* somebody; one; *pl* **quelques-uns, unes,** kell-ker-z'ung, some; a few; any.

querelle, ker-rell, *f* quarrel; row.

question, kess-te-ong, *f* question; matter.

questionnaire, kess-te-onn-air, *m* set of questions; questionnaire.

quête, kayt, *f* quest; collection.

quêter, kay-teh, *v* to search; to make a collection.

queue, ker, *f* tail; tail-piece; train; cue; queue.

qui, ke, *pron* who; whom; which; that; whoever; what.

quiconque, ke-kongk, *pron* whoever.

quille, kee-ye, *f* keel; skittle. ⎡ware shop.

quincaillerie, kang-kah'e-ree, *f* ironmongery; hard-

quinquagénaire, kwang-kwäh-sheh-nair, *mf* & *a* quinquagenarian.

quinte, kangt, *f* fit of coughing; fifth.

quintuple, kwang-TEE-pl, *m* & *a* fivefold.

quinzaine, kang-zain, *f* about fifteen; fortnight.

quinze, kangz, *m* & *a* fifteen; fifteenth.

quinzième, kang-ze-aym, *m* & *a* fifteenth.

quittance, ke-tahngss, *f* receipt; discharge.

quitte, keet, *a* clear; quit; — à, — äh, at the risk of.

quitter, ke-teh, *v* to leave; to forsake; to depart.

qui-vive, ke-veev, *m* challenge word; alert.

quoi, kwäh, *pron* what; which, that; (exclamation) what! howl

quoique, kwäh-ker, *conj* although.

quolibet, koll-e-bay, *m* gibe.

quote-part, kot-pähr, *f* quota.

quotidien, ne, kot-e-de-ang, *a* daily.

rabâcher, räh-bah-sheh, *v* to repeat over and over ⎡again.

rabais, räh-bay, *m* abatement; rebate.

rabaisser, räh-bess-eh, *v* to lower; to humble.

rabattre, räh-bäh-tr, *v* to lower; to bring down; to ⎡deduct.

rabbin, räh-bang, *m* rabbi.

râblé, e, räh-bleh, *a* strong-backed.

raboter, räh-bot-eh, *v* to plane; to polish.

raboteu-x, se, räh-bot-er, *a* rugged; harsh; jagged.

rabougri, e, räh-boo-gre, *a* stunted.

raccommoder, räh-komm-od-eh, *v* to mend; to patch; to darn; to reconcile.

raccorder, räh-kor-deh, *v* to join; to unite.

raccourcir, räh-koohr-seer, *v* to shorten; to curtail.

raccroc, räh-kro, *m* fluke.

raccrocher, räh-krosh-eh, *v* to hang up; se —. ⎣clutch.

race, rähss, *f* face; breed; family.

rachat, räh-shäh, *m* repurchase.

racheter, răhsh-teh, *v* to buy back; to atone for.
rachitique, răh-she-teeck, *a* rickety.
racine, răh-seen, *f* root; origin.
raclée, rah-kleh, *f* (*pop*) thrashing; licking.
racler, rah-kleh, *v* to scrape.
racoler, răh-koll-eh, *v* to recruit; to pick up.
racontar, răh-kong-tăhr, *m* gossip.
raconter, răh-kong-teh, *v* to relate; to tell.
rade, răhd, *f* roadstead; roads.
radeau, răh-doh, *m* raft.
radiateur, răh-de-ăh-ter, *m* radiator.
radieu-x, se,* răh-de-er, *a* radiant.
radio, răh-de-o, *f* radio; wireless.   ⌈ing.
radiodiffusion, răh-de-o-diff-e-ze-ong, *f* broadcast-
radiographie, răh-de-o-grăh-fe, *f* X-ray photo-
radis, răh-de, *m* radish.   ⌊graphy; X-ray.
radoter, răh-dot-eh, *v* to rave; to drivel.
radoucir, răh-doo-seer, *v* to soften; to calm.
rafale, răh-făhl, *f* squall.
raffermir, răh-fair-meer, *v* to strengthen; to make
raffiné, e, răh-fe-neh, *a* refined; delicate.   ⌊firm.
raffinerie, răh-feen-ree, *f* sugar refinery.
raffoler, răh-foll-eh, *v* to dote **(de,** on); (*fam*) to be
rafler, rah-fleh, *v* to sweep off.   ⌊mad on.
rafraîchir, răh-fray-sheer, *v* to cool; to do up.
rafraîchissement, răh-fray-shiss-mahng, *m* cooling;
   refreshing; *pl* refreshments.
rage, răhsh, *f* rabies; rage; violent pain.
rager, răh-sheh, *v* to fume; to be in a rage.
ragoût, răh-goo, *m* stew; relish.
raide, rayd, *adv* quickly; sharply; outright; *a* stiff;
   tight; steep; stubborn.
raideur, ray-der, *f* stiffness; tightness; sternness.
raidir, ray-deer, *v* to stiffen; to tighten.
raie, ray, *f* streak; stroke; parting (hair); skate (fish).
rail, rah'e, *m* (railways) rail.
railler, rah'e-yeh, *v* to scoff at; to mock.
raillerie, rah'e-ree, *f* raillery; banter; jeer.
rainure, ray-nEEr, *f* groove.
raisin, ray-zang, *m* grapes.   ⌈ratio.
raison, ray-zong, *f* reason; cause; satisfaction; right;
raisonnable,* ray-zonn-ăh-bl, *a* reasonable; sensible.

raisonnement, ray-zonn-mah*ng*, *m* reasoning; argu-
raisonner, ray-zonn-eh, *v* to reason. [ment.
rajeunir, räh-sher-neer, *v* to rejuvenate.
rajouter, räh-shoo-teh, *v* to add.
rajuster, räh-shes-teh, *v* to readjust; to repair.
râle, rahl, *m* rattle; death rattle; (bird) rail.
ralentir, räh-lahng-teer, *v* to slacken; to slow down.
râler, rah-leh, *v* to rattle (in one's throat); (*fam*) to
rallier, räh-le-eh, *v* to rally; to rejoin. [fume.
rallonger, rah-long-sheh, *v* to lengthen; to let down.
ramage, räh-mähsh, *m* warbling; floral design.
ramas, räh-mah, *m* heap; set.
ramasser, räh-mähss-eh, *v* to gather; to pick up.
rame, rähm, *f* oar; (paper) ream; prop.
rameau, räh-moh, *m* bough; branch.
ramener, rähm-neh, *v* to bring back; to restore.
ramer, räh-meh, *v* to row; to stick (peas).
ramifier (se), ser räh-me-fe-eh, *v* to branch out.
ramollir, räh-moll-eer, *v* to soften; to weaken.
ramoner, räh-monn-eh, *v* to sweep (chimneys).
ramoneur, räh-monn-er, *m* chimney-sweep.
rampant, e, rahng-pahng, *a* creeping; servile.
rampe, rahngp, *f* hand-rail; slope; footlights.
ramper, rahng-peh, *v* to crawl; to cringe.
rance, rahngss, *a* rancid.
rançon, rahng-song, *f* ransom. [fleece.
rançonner, rahng-sonn-eh, *v* to ransom; (*fam*) to
rancune, rahng-keen, *f* rancour; grudge.
rang, rahng, *m* row; line; rank; range; rate.
rangée, rahng-sheh, *f* row; line; tier.
ranger, rahng-sheh, *v* to arrange; to tidy.
ranimer, räh-ne-meh, *v* to revive.
rapace, räh-pähss, *a* rapacious.
rapatrier, räh-päh-tre-eh, *v* to repatriate.
râpé, e, rah-peh, *pp* & *a* grated; threadbare.
râper, rah-peh, *v* to grate.
rapetisser, rähp-tiss-eh, *v* to shorten; to shrink.
rapide, räh-peed, *m* fast train; *a** fast.
rapidité, räh-pe-de-teh, *f* swiftness; speed.
rappel, räh-pell, *m* recall; call to arms; repeal.
rappeler, rähp-leh, *v* to call again; to remind; **se —,**
to remember.

rapport, răh-por, *m* report; tale; relation; bearing.

rapporter, răh-por-teh, *v* to bring back; to report; to yield; to tell tales; **se — à,** to relate to.

rapporteur, răh-por-ter, *m* sneak; reporter.

rapprocher, răh-prosh-eh, *v* to bring near; to recon- [cile; to compare.

raquette, răh-kett, *f* racket.

rare,* răhr, *a* rare; scarce; uncommon.

rareté, răhr-teh, *f* scarcity; rare object.

ras, e, rah, *a* shorn; flat; smooth.

rasade, răh-zăhd, *f* bumper; full glass.

raser, rah-zeh, *v* to shave; to graze; to skim; (*fam*) to [bore.

rasoir, rah-zo'ăhr, *m* razor.

rassasier, răhss-ăh-ze-eh, *v* to satiate; to satisfy (hunger etc).

rassemblement, răhss-ahng-bler-mahng, *m* gathering; crowd.

rassembler, răhss-ahng-bleh, *v* to reassemble; to gather; **se —,** to meet.

rasseoir, răhss-o'ăhr, *v* to reseat; to settle.

rasséréner, răhss-eh-reh-neh, *v* to clear up; to calm.

rassis, e, răhss-e, *a* stale; sedate.

rassurer, răhss-E-reh, *v* to reassure.

rat, răh, *m* rat.

ratatiné, e, răh-tăh-te-neh, *pp & a* shrivelled up.

rate, răht, *f* spleen.

râteau, rah-toh, *m* rake.

râtelier, rah-ter-le-eh, *m* rack; (*fam*) denture.

rater, răh-teh, *v* to missfire; to fail.

ratifier, răh-te-fe-eh, *v* to ratify.

ration, răh-se-ong, *f* ration; allowance.

rationnel, le,* răh-se-onn-ell, *a* rational.

ratisser, răh-tiss-eh, *v* to scrape; to rake.

rattacher, răh-tăh-sheh, *v* to fasten; **se —,** to be connected (à, with).

rattraper, răh-trăh-peh, *v* to catch up; to recover; **se —,** to recoup oneself.

rature, răh-tEEr, *f* erasure.

rauque, rohk, *a* hoarse.

ravage, răh-văhsh, *m* ravage; devastation; havoc.

ravaler, răh-văh-leh, *v* to swallow again; to disparage.

ravi, răh-vee, *a* entranced; delighted.

ravin, răh-vang, *m* ravine.

ravir, răh-veer, *v* to rob; to carry off; to enrapture.
raviser (se), ser răh-ve-zeh, *v* to change one's mind.
ravissant, e, răh-viss-ahng, *a* ravishing; charming.
ravissement, răh-viss-mahng, *m* ravishment; rapture.
ravoir, răh-vo'ăhr, *v* to get back (only in *inf*).
rayer, ray-yeh, *v* to erase; to scratch; to stripe.
rayon, ray-yong, *m* ray; book-shelf; radius; spoke; department.
rayonner, ray-yonn-eh, *v* to radiate.
rayure, ray-YEER, *f* stripe; striking out.
réaction, reh-ăhck-se-ong, *f* reaction.
réagir, reh-ăh-sheer, *v* to react.
réaliser, reh-ăh-le-zeh, *v* to realize.
réalité, reh-ăh-le-teh, *f* reality.
rébarbati-f, ve, reh-băhr-băh-teeff, *a* gruff; repulsive.
rebattu, e, rer-băh-tE, *a* trite; hackneyed.
rebelle, rer-bell, *mf* rebel; *a* rebellious.
rebondi, e, rer-bong-de, *a* plump; chubby.
rebondir, rer-bong-deer, *v* to rebound; to bounce.
rebord, rer-bor, *m* edge; brim.
rebours, rer-boohr, *m* wrong way; reverse.
rebrousse-poil (à), ăh rer-brooss-po'ăhl, *adv* the wrong way.
rebrousser, rer-brooss-eh, *v* to brush up; **— chemin,** — sher-mang, to retrace one's steps.
rebut, rer-bE, *m* rejection; scum; outcast.
rebuter, rer-bE-teh, *v* to repulse; to dishearten.
récalcitrant, e, reh-kăhl-se-trahng, *a* refractory.
recaler, rer-kăhl-eh, *v* to fail an exam.
recéler, rer-seh-leh, *v* to receive (stolen goods); to harbour.
récemment, reh-săh-mahng, *adv* recently.
recensement, rer-sahngss-mahng, *m* census.
récent, e, reh-sahng, *a* recent.
récépissé, reh-seh-piss-eh, *m* acknowledgment of receipt.
réception, reh-sep-se-ong, *f* reception; receipt.
recette, rer-sett, *f* receipt; returns; recipe.
receveu-r, se, rer-ser-ver, *mf* receiver; collector; conductor (bus etc).
recevoir, rer-ser-vo'ăhr, *v* to receive; to admit.
rechange, rer-shahng-sh, *m* replacement; **de —,** spare.

réchaud, reh-shoh, *m* chafing-dish; small stove.

réchauffer, reh-shoh-feh, *v* to reheat; to stir up.

recherche, rer-shairsh, *f* search; refinement; research.

recherché, e, rer-shair-sheh, *a* in great request; far-fetched; choice.

rechercher, rer-shair-sheh, *v* to search; to seek.

rechute, rer-sнEET, *f* relapse.

récidive, reh-se-deev, *f* second offence.

récif, reh-seeff, *m* reef.

récipient, reh-se-pe-ahng, *m* container.

réciproque,* reh-se-prock, *a* reciprocal.

récit, reh-se, *m* account; narration.

réciter, reh-se-teh, *v* to recite; to relate.

réclamation, reh-kläh-mäh-se-ong, *f* claim; complaint.

réclame, reh-klähm, *f* advertisement.

réclamer, reh-kläh-meh, *v* to claim; to protest; to implore; to need.

reclus, e, rer-klɪE, *mf* recluse.

recoin, rer-ko'ang, *m* corner; nook.

récolte, reh-kollt, *f* harvest; crop.

recommandable, rer-komm-ahng-däh-bl, *a* commendable; advisable.

recommandation, rer-komm-ahng-däh-se-ong, *f* recommendation; advice.

recommander, rer-komm-ahng-deh, *v* to recommend; to advise; (letter) to register.

recommencer, rer-komm-ahngss-eh, *v* to begin again; to do it again.

récompense, reh-kong-pahngss, *f* reward.

récompenser, reh-kong-pahngss-eh, *v* to reward.

réconcilier, reh-kong-se-le-eh, *v* to reconcile.

reconduire, rer-kong-dweer, *v* to lead back; to see home.

réconforter, reh-kong-for-teh, *v* to strengthen; to cheer up.

reconnaissance, rer-konn-ess-ahngss, *f* recognition; gratitude.

reconnaissant, e, rer-konn-ess-ahng, *a* grateful.

reconnaître, rer-konn-ay-tr, *v* to recognize; to acknowledge.

recourir, rer-koo-reer, *v* to have recourse.

recours, rer-koohr, *m* recourse; resource; appeal.

recouvrement, rer-koo-vrer-mahng, *m* recovery; (debts) collection; covering.

recouvrer, rer-koo-vreh, *v* to regain; to collect.

recouvrir, rer-koo-vreer, *v* to recover; to cover.

récréation, reh-kreh-ăh-se-ong, *f* recreation; play-

recréer, rer-kreh-eh, *v* to create again. [time.

récrier (se), ser reh-kre-eh, *v* to exclaim; to protest.

recrue, rer-kre, *f* recruit.

recruter, rer-krE-teh, *v* to recruit; to adjust.

recteur, reck-ter, *m* rector.

rectifier, reck-te-fe-eh, *v* to rectify.

recto, reck-to, *m* right-hand page.

reçu, rer-se, *m* receipt.

recueil, rer-ker'e, *m* collection.

recueillement, rer-ker'e-mahng, *m* meditation; composure; quietude.

recueillir, rer-ker'e-eer, *v* to gather; to collect; **se —,** to collect one's thoughts.

recul, rer-kEEl, *m* retreat; retirement; room to move

reculé, e, rer-ke-leh, *a* distant; remote. [back.

reculer, rer-ke-leh, *v* to move back; to defer.

reculons (à), ăh rer-ke-long, *adv* backwards.

récupérer, reh-ke-peh-reh, *v* to retrieve; to recover.

récurer, reh-ke-reh, *v* to scour; clean.

récuser, reh-ke-seh, *v* to challenge; to object; **se —,** to decline.

rédac-teur, trice, reh-dăhck-ter, *mf* editor; editress.

rédaction, reh-dăhck-se-ong, *f* wording; editing; editorial staff; editors' rooms. [deeming.

rédemption, reh-dahngp-se-ong, *f* redemption; re-

redescendre, rer-deh-sahng-dr, *v* to come down again; to take down again.

redevable, rerd-văh-bl, *a* indebted.

redevance, rerd-vahngss, *f* rent; royalty; due.

rédiger, reh-de-sheh, *v* to draw up; to edit.

redire, rer-deer, *v* to say again; to find fault (à, with).

redite, rer-deet, *f* repetition.

redoubler, rer-doo-bleh, *v* to redouble; to increase; to stay down (in school).

redoutable, rer-doo-tăh-bl, *a* formidable.

redouter, rer-doo-teh, *v* to dread.

redresser, rer-dress-eh, *v* to straighten; to correct.

réduction, reh-DEEK-se-*ong,* f reduction; discount.

réduire, reh-dweer, *v* to reduce; to subdue; to compel.

réduit, reh-dwe, *m* nook; small lodging.

réel, le,* reh-ayl, *a* real.

réfaction, reh-fåhck-se-*ong,* f rebate.

réfectoire, reh-fehck-to'åhr, *m* refectory.

référer, reh-feh-reh, *v* to refer.

réfléchir, reh-fleh-sheer, *v* to reflect; to ponder.

reflet, rer-flay, *m* reflection.

refléter, rer-fleh-teh, *v* to reflect.

réflexion, reh-fleck-se-*ong,* f reflexion; (*fam*) remark.

refluer, rer-flE-eh, *v* to flow back.

reflux, rer-flE, *m* ebbing; ebb.

réforme, reh-form, f reform; reformation.

réformer, reh-for-meh, *v* to reform; to discharge.

refouler, rer-foo-leh, *v* to drive back; to repress (instinct etc).

réfractaire, reh-fråhck-tair, *a* refractory.

refrain, rer-frang, *m* (song) refrain; chorus.

refréner, rer-freh-neh, *v* to restrain.

réfrigérateur, reh-fre-sheh-råh-ter, *m* refrigerator.

refroidir, rer-fro'åh-deer, *v* to cool; to chill.

refuge, rer-feEsh, *m* refuge; shelter.

réfugié, e, reh-fE-she-eh, *a* refugee.

réfugier (se), ser reh-fE-she-eh, *v* to take shelter.

refus, rer-fE, *m* refusal; denial.

refuser, rer-fE-zeh, *v* to refuse; to decline.

réfuter, reh-fE-teh, *v* to refute; to disprove.

régal, reh-gåhl, *m* feast; relish; pleasure.

régaler, reh-gåh-leh, *v* to entertain; se —, to enjoy oneself.

regard, rer-gåhr, *m* look; glance.

regarder, rer-gåhr-deh, *v* to look at; to concern.

régate, reh-gåht, f boat-race; regatta.

régénérer, reh-sheh-neh-reh, *v* to regenerate.

régie, reh-shee, f administration; excise.

régime, reh-sheem, *m* rule; diet.

région, reh-she-ong, f region.

régir, reh-sheer, *v* to govern; to rule.

régisseur, reh-shiss-er, *m* manager; steward.

registre, rer-shees-tr, *m* register; account.

règle, ray-gl, f ruler; rule; discipline; *pl* (menstrual) periods.

réglé, e, reh-gleh, *a* regular; steady.   ⸢tions.
règlement, ray-gler-mah*ng*, *m* regulation; regula-
régler, reh-gleh, *v* to regulate; to rule; to adjust.
réglisse, reh-gleess, *f* liquorice.
règne, rayn-yer, *m* reign; prevalence.
régner, rehn-yeh, *v* to reign; to rule; to prevail.
regorger, rer-gor-sheh, *v* to overflow; to abound.
regret, rer-gray, *m* regret; sorrow.
regretter, rer-gray-teh, *v* to regret; to be sorry.
régularité, reh-ghE-läh-re-teh, *f* regularity.
régula-teur, trice, reh-ghE-läh-ter, *a* regulating;
    standard.
réguli-er, ère,* reh-ghE-le-eh, *a* regular.
réhabituer (se), ser reh-äh-be-tE-eh, *v* to become
    reaccustomed **(à,** to).
rehausser, rer-ohss-eh, *v* to raise; to enhance.
réimpression, reh-a*ng*-press-e-o*ng*, *f* reprint.
rein, ra*ng*, *m* kidney; *pl* loins; back.
reine, rayn, *f* queen; **— claude,** — klohd, greengage.
réinstaller, reh-a*ng*s-täh-leh, *v* to reinstall; **se —,** to
    settle down again.
réintégrer, reh-a*ng*-teh-greh, *v* to reinstate.
réitérer, reh-e-teh-reh, *v* to reiterate.
rejet, rer-shay, *m* rejection.
rejeter, rer-sh-teh, *v* to throw back; to reject.
rejeton, rer-sh-to*ng*, *m* shoot; offspring.
rejoindre, rer-sho'a*ng*-dr, *v* to rejoin; to join; to
    overtake; **se —,** to meet.
réjoui, e, reh-shoo'e, *pp* & *a* delighted; jolly.
réjouir, reh-shoo-eer, *v* to rejoice; to delight; **se —,** to
    be delighted **(de,** at, with).
réjouissance, reh-shoo-iss-ah*ng*ss, *f* rejoicing.
relâche, rer-lahsh, *f* respite; (theatre) no perform-
    ance; putting into port.
relâché, e, rer-lah-sheh, *a* slack; lax.
relâcher, rer-lah-sheh, *v* to loosen; to abate; to
relais, rer-lay, *m* relay; stage.   ⸢release.
relater, rer-läh-teh, *v* to relate; to state.
relati-f, ve,* rer-läh-teeff, *a* relative.
relation, rer-läh-se-o*ng*, *f* relation; connection; *pl*
    intercourse; dealings.
relayer, rer-lay-yeh, *v* to relieve; to relay.

relevé, rerl-veh, *m* statement; abstract.   [seasoned.

relevé, e, rerl-veh, *a* raised; high; noble; highly

relever, rerl-veh, *v* to raise up again; to relieve; to notice; to dismiss.

relief, rer-le-eff, *m* relief; raised.

relier, rer-le-eh, *v* to bind again; to connect; (books)

relieur, rer-le-er, *m* book-binder.   [to bind.

religieu-x, se, rer-le-she-er, *mf* monk; nun; *a** re-

religion, rer-le-she-*ong*, *f* religion.   [ligious.

reliquaire, rer-le-kair, *m* reliquary; shrine.

relire, rer-leer, *v* to read again.

reliure, rer-le-er, *f* bookbinding; binding.

reluire, rer-lweer, *v* to shine; to glitter.

remanier, rer-mäh-ne-eh, *v* to handle again; to alter.

remarquable,* rer-mähr-käh-bl, *a* remarkable.

remarque, rer-mährk, *f* remark; observation.

remarquer, rer-mähr-keh, *v* to remark; to observe.

remblai, rah*ng*-blay, *m* embankment.

rembourrer, rah*ng*-boo-reh, *v* to stuff; to upholster.

rembourser, rah*ng*-boohr-seh, *v* to reimburse; to refund.

rembrunir, rah*ng*-bre-neer, *v* to darken; to make

remède, rer-mayd, *m* remedy.   [sad.

remédier, rer-meh-de-eh, *v* to remedy (**à**).

remerciement, rer-mair-se-mah*ng*, *m* thanks.

remercier, rer-mair-se-eh, *v* to thank (**de,** for).

remettre, rer-met-tr, *v* to put back again; to put off; to deliver; to restore; to hand; to recollect.

remise, rer-meez, *f* putting back; delivery; remittance; discount; putting off; shed; outhouse.

rémission, reh-miss-e-*ong*, *f* forgiveness; remission.

remonter, rer-mo*ng*-teh, *v* to go up again; to go back to; to wind up; to re-stock.

remontoir, rer-mo*ng*-to'ähr, *m* winder (of watch).

remontrer, rer-mo*ng*-treh, *v* to show again; to remonstrate.

remords, rer-mor, *m* remorse.

remorque, rer-mork, *f* trailer.

remorquer, rer-mor-keh, *v* to tow.

rémouleur, rer-moo-ler, *m* grinder.

remous, rer-moo, *m* eddy.   [with straw.

rempailler, rah*ng*-pah-yeh, *v* to recover; to restuff

rempart, rah*ng*-pähr, *m* rampart.

remplaçant, e, rah*ng*-plähss-ah*ng*, *mf* substitute.

remplacer, rah*ng*-plähss-eh, *v* to replace; to succeed.

remplir, rah*ng*-pleer, *v* to fill up; to fulfil.

remporter, rah*ng*-por-teh, *v* to take back; to carry away; to win.   [fusion.

remue-ménage, rer-ME-meh-nähsh, *m* bustle; con-

remuer, rer-ME-eh, *v* to move; to stir; to wag.

rémunéra-teur, trice, reh-ME-neh-räh-ter, *mf* re-munerator; *a* remunerative.

rémunérer, reh-ME-neh-reh, *v* to reward; to pay.

renaissance, rer-ness-ah*ng*ss, *f* rebirth; revival.

renaître, rer-nay-tr, *v* to be born again; to revive.

renard, rer-nähr, *m* fox.

renchérir, rah*ng*-sheh-reer, *v* to raise the price of; to get dearer.

rencontre, rah*ng*-kong-tr, *f* meeting; encounter.

rencontrer, rah*ng*-kong-treh, *v* to meet; to come across; to hit upon.

rendement, rah*ng*d-mah*ng*, *m* yield; output.

rendez-vous, rah*ng*-deh-voo, *m* appointment; meet-ing place.

rendre, rah*ng*-dr, *v* to give back; to render; to yield; to surrender; to make; to express.

rêne, rayn, *f* usually *pl* rein.

renégat, rer-neh-gäh, *m* renegade.

renfermé, rah*ng*-fair-meh, *m* musty smell; with-drawn person.

renfermer, rah*ng*-fair-meh, *v* to shut up; to contain.

renflement, rah*ng*-fler-mah*ng*, *m* swelling.

renfoncement, rah*ng*-fong*ss*-mah*ng*, *m* hollow; recess.

renforcer, rah*ng*-for-seh, *v* to strengthen; to rein-

renfort, rah*ng*-for, *m* reinforcement; help.   [force.

renfrogné, e, rah*ng*-fronn-yeh, *a* sullen; frowning.

rengaine, rah*ng*-gain, *f* old story (*fam*).

rengorger (se), ser rah*ng*-gor-sheh, *v* to swagger.

reniement, rer-ne-mah*ng*, *m* denial; disowning.

renier, rer-ne-eh, *v* to deny; to disown.

renifler, rer-ne-fleh, *v* to sniff; to snivel.

renne, renn, *m* reindeer.

renom, rer-nong, *m* renown.

renommé, e, rer-nomm-eh, *a* renowned.

renommée, rer-nomm-eh, *f* fame.

renoncer, rer-nongss-eh, *v* to renounce; to give up.

renouer, rer-noo-eh, *v* to tie again; to renew.

renouveler, rer-noov-leh, *v* to renew; to revive.

renouvellement, rer-noo-vell-mahng, *m* renewal; renovation; increase.

renseignement, rahng-sain-yer-mahng, *m* information; enquiry. ⌐enquire.

renseigner, rahng-sain-yeh, *v* to inform; se —, to

rente, rahngt, *f* yearly income; annuity; funds.

renti-er, ère, rahng-te-eh, *mf* person of independent means.

rentrée, rahng-treh, *f* return; re-opening; payment.

rentrer, rahng-treh, *v* to enter again; to return; to gather in; to go home; to be included in.

renversant, e, rahng-vair-sahng, *a* stunning.

renverser, rahng-vair-seh, *v* to upset; to reverse.

renvoi, rahng-vo'âh, *m* sending back; dismissal; adjournment; reference.

renvoyer, rahng-vo'âh-yeh, *v* to send back; to dismiss; to postpone.

repaire, rer-pair, *m* den; lair.

répandre, reh-pahng-dr, *v* to spill; to spread; se —, to spread about. ⌐known.

répandu, reh-pahng-dE, *a* widespread; widely-

reparaître, rer-pâh-ray-tr, *v* to re-appear.

répara-teur, trice, rer-pâh-râh-ter, *a* refreshing; restorative.

réparation, reh-pâh-râh-se-ong, *f* repair; atonement.

réparer, reh-pâh-reh, *v* to repair; to atone for.

repartie, rer-pâhr-tee, *f* retort; repartee.

repartir, rer-pâhr-teer, *v* to set out again; to retort.

répartir, reh-pâhr-teer, *v* to deal out; to distribute.

repas, rer-pah, *m* meal; repast.

repasser, rer-pahss-eh, *v* to pass again; to iron; to grind; to think over.

repêcher, rer-pay-sheh, *v* to fish up; (*fam*) to help out.

repentir (se), ser rer-pahng-teer, *v* to repent.

repentir, rer-pahng-teer, *m* repentance.

répercuter, reh-pair-kE-teh, *v* to reverberate.

repère, rer-pair, *m* reference; **point de —**, po'ang der —, landmark.

repérer, rer-peh-reh, *v* to mark; to locate; **se —,** to take one's bearings.

répertoire, reh-pair-to'ăhr, *m* repertoire; repertory.

répéter, reh-peh-teh, *v* to repeat; to rehearse.

répétition, reh-peh-te-se-ong, *f* repetition; rehearsal.

répit, reh-pe, *m* respite.

repl-et, ète, rer-play, *a* fat; plump.

repli, rer-ple, *m* fold; winding; coil; retreat.

replier, rer-ple-eh, *v* to fold again; to coil.

réplique, reh-pleek, *f* rejoinder; cue; replica.

répliquer, reh-ple-keh, *v* to reply; to rejoin.

répondant, reh-pong-dahng, *m* surety; bail.

répondre, reh-pong-dr, *v* to answer; to reply; to come up to; to be security for.

réponse, reh-pongss, *f* answer; reply.

report, rer-por, *m* amount brought forward.

reportage, rer-por-tăhsh, *m* report (newspaper); running commentary; scoop.

reporter, rer-por-teh, *v* to carry over; **se —,** to refer.

repos, rer-poh, *m* rest.

reposer, rer-poh-zeh, *v* to put back; to rest; **se —,** to rest; to rely.

repoussant, e, rer-pooss-ahng, *a* repulsive.

repousser, rer-pooss-eh, *v* to push back; to repel; to shoot out again.

reprendre, rer-prahng-dr, *v* to take back; to return; to resume.

représaille, rer-preh-zah'e, *fpl* reprisals; retaliation.

représentant, rer-preh-zahng-tahng, *m* representative.

représentation, rer-preh-zahng-tăh-se-ong, *f* representation; performance.

représenter, rer-preh-zahng-teh, *v* to represent; to point out; to perform; to show well.

réprimande, reh-pre-mahngd, *f* reproof.

réprimer, reh-pre-meh, *v* to repress; to curb.

reprise, rer-preez, *f* resumption; repetition; darning.

repriser, rer-pree-zeh, *v* to mend; to darn.

reproche, rer-prosh, *m* reproach.

reprocher, rer-prosh-eh, *v* to reproach.

reproduire, rer-prod-weer, *v* to reproduce; **se —,** to happen again.

réprouver, reh-proo-veh, *v* to reprobate; to disallow.
reptile, rehp-teel, *m* reptile.
repu, e, rer-pe, *a* satiated.
république, reh-pe-bleeck, *f* republic.
répudier, reh-pe-de-eh, *v* to repudiate.
répugnant, e, reh-pEEn-yah*ng*, *a* repugnant.
répulsi-f, ve, reh-pEEl-siff, *a* repulsive.
réputation, reh-pe-täh-se-o*ng*, *f* reputation; char-
réputer, reh-pe-teh, *v* to repute; to deem.   [acter.
requérant, e, rer-keh-rah*ng*, *a* applicant; plaintiff.
requérir, rer-keh-reer, *v* to require; to demand.
requête, rer-kayt, *f* request; petition.
requin, rer-ka*ng*, *m* shark.
requis, e rer-ke, *a* necessary; requisite.
réseau, reh-zoh, *m* net; network; system.
réserve, reh-zairv, *f* reservation; reserve; store.
réserver, reh-zair-veh, *v* to reserve.
réservoir, reh-zair-vo'ăhr, *m* reservoir; tank; pond.
résidence, reh-ze-dah*ng*ss, *f* residence; abode.
résider, reh-ze-deh, *v* to reside.
résidu, reh-ze-dE, *m* residue.
résignation, reh-zeen-yăh-se-o*ng*, *f* resignation.
résigner, reh-zeen-yeh, *v* to resign.
résine, reh-zeen, *f* resin; rosin.
résistant, e, reh-ziss-tah*ng*, *a* resistant; tough.
résister, reh-ziss-teh, *v* to resist.
résolu,* **e,** reh-zoll-E, *a* resolute.
résolution, reh-zoll-E-se-o*ng*, *f* resolution.
résonner, reh-zonn-eh, *v* to resound.
résoudre, reh-zoo-dr, *v* to resolve; to dissolve.
respect, ress-pay, *m* respect; regard.
respectueu-x, se,* ress-payk-tE-er, *a* respectful.
respirer, ress-pe-reh, *v* to breathe; to inhale.
resplendir, ress-plah*ng*-deer *v* to be resplendent.
resplendissant, e, ress-plah*ng*-diss-ah*ng*, *a* resplendent.
responsable, ress-pong*ss*-ăh-bl, *a* responsible;
   answerable.   [bility.
responsabilité, ress-pong-săh-be-le-teh, *f* responsi-
ressaisir, rer-say-zeer, *v* to seize again; **se —,** to
   recover oneself.
ressembler, rer-sah*ng*-bleh, *v* to resemble.

ressemeler, rer-serm-leh, *v* to re-sole.

ressentiment, rer-sahng-tee-mahng, *m* resentment.

ressentir, rer-sahng-teer, *v* to feel; to resent.

resserrer, rer-say-reh, *v* to tighten.

ressort, rer-sor, *m* spring; jurisdiction; department.

ressortir, rer-sor-teer, *v* to get out again; to stand out; to result from (**de**); to be in the jurisdiction of.

ressource, rer-soohrss, *f* resource.

ressusciter, reh-se-se-teh, *v* to resuscitate.

restant, ress-tahng, *m* remainder.

restaurant, ress-toh-rahng, *m* restaurant.

restaurer, ress-toh-reh, *v* to restore; to refresh.

reste, resst, *m* remainder; *pl* remnants; scraps; **du —,** **de —,** besides.

rester, ress-teh, *v* to remain; to be left; to stay.

restituer, ress-te-te-eh, *v* to refund; to restore.

restreindre, ress-trang-dr, *v* to restrict.

résultat, reh-zeel-täh, *m* result.

résulter, reh-zeel-teh, *v* to result.

résumé, reh-ze-meh, *m* summary; résumé.

résumer, reh-ze-meh, *v* to sum up; to summarize.

rétablir, reh-täh-bleer, *v* to restore; to re-establish; **se —,** to recover. ⌐recovery.

rétablissement, reh-täh-bliss-mahng, *m* restoration.

retard, rer-tähr, *m* delay; **en —,** ahng —, late.

retardataire, rer-tähr-däh-tair, *mf* & *a* straggler; in arrears.

retarder, rer-tähr-deh, *v* to delay; to postpone; to be too slow.

retenir, rert-neer, *v* to detain; to withhold; to book.

retentir, rer-tahng-teer, *v* to resound.

retentissant, e, rer-tahng-tiss-ahng, *a* resounding; noisy. ⌐ing.

retentissement, rer-tahng-tiss-mahng, *m* resound-

retenue, rert-ne, *f* modesty; reserve; stoppage; ⌐detention.

réticule, reh-te-keel, *m* hand-bag.

réti-f, ve, reh-teeff, *a* restive.

retiré, e, rer-te-reh, *pp* & *a* withdrawn; secluded; retired.

retirer, rer-te-reh, *v* to draw again; to withdraw; to retract; to reap.

retombée, rer-tong-beh, *f* fall-out (radioactive).

retomber, rer-tong-beh, v to fall again; to fall back; to hang down.

rétorquer, reh-tor-keh, v to retort.

retoucher, rer-too-sheh, v to touch up.

retour, rer-toohr, m return; recurrence; reciprocity.

retourner, rer-toohr-neh, v to turn; to return.

retracer, rer-trähss-eh, v to retrace; to recall.

rétracter, reh-trähck-teh, v to retract; to recant.

retrait, rer-tray, m withdrawal; shrinkage.

retraite, rer-trayt, f retreat; retirement; shelter.

retraiter, rer-tray-teh, v to pension off.

rétrécir, reh-treh-seer, v to narrow; to shrink.

rétribuer, reh-tre-be-eh, v to remunerate.

rétribution, reh-tre-be-se-ong, f reward; salary.

rétrograder, reh-trog-räh-deh, v to move back.

retrousser, rer-trooss-eh, v to tuck up; to turn up.

retrouver, rer-troo-veh, v to find again.

rétroviseur, reh-tro-ve-zer, m driving mirror.

réunion, reh-e-ne-ong, f reunion; meeting; gathering.

réunir, reh-e-neer, v, to reunite; to gather; **se —,** to meet.

réussir, reh-eess-eer, v to succeed; to thrive.

réussite, reh-eess-eet, f success.

revanche, rer-vahngsh, f retaliation; revenge; return (games); **en —,** ahng **—,** in return.

rêve, rayv, m dream.

revêche, rer-vaysh, a peevish, cantankerous.

réveil, reh-vay'e, m awakening; alarm-clock.

réveiller, reh-vay'e-yeh, v to awake; to rouse; to revive; **se —,** to wake up.

réveillon, reh-vay'e-yong, m midnight supper (New Year and Christmas).

révéler, reh-veh-leh, v to reveal; to disclose.

revenant, rerv-nahng, m ghost.

revendeu-r, se, rer-vahng-der, mf retail dealer.

revendication, rer-vahng-de-käh-se-ong, f claim.

revendiquer, rer-vahng-de-keh, v to claim.

revendre, rer-vahng-dr, v to sell again.

revenir, rerv-neer, v to come back; to recur; to grow again; to amount; to please; to cost.

revenu, rerv-ne, m income; revenue.

rêver, ray-veh, v to dream; to muse.

reverbère, reh-vair-bair, m street-lamp; rever-[berator.

révérence, reh-veh-rah*ng*ss, *f* reverence; curtsey.
révérer, reh-veh-reh, *v* to revere.
rêverie, rayv-ree, *f* musing; dreaming.
revers, rer-vair, *m* back; reverse; (coat) facing; turn- [up.
revêtir, rer-vay-teer, *v* to clothe.
rêveu-r, se, ray-ver, *mf* dreamer; *a** dreaming.
revient, rer-ve-ang, *m* cost. [pensive.
revirement, rer-veer-mah*ng*, *m* sudden change; transfer.
reviser, réviser, rer-ve-zeh, reh-ve-zeh, *v* to revise.
revivre, rer-vee-vr, *v* to live again.
révocation, reh-vock-ăh-se-o*ng*, *f* repeal; dismissal.
revoir, rer-vo'ăhr, *v* to see again; **au —,** oh **—,** good- [bye.
révolte, reh-vollt, *f* revolt.
révolter, reh-voll-teh, *v* to rouse; to shock.
révolu, e, reh-voll-E, *a* completed (of time).
révolution, reh-voll-E-se-o*ng*, *f* revolution.
revue, rer-vE, *f* review; survey; magazine.
rez-de-chaussée, reh-der-shohss-eh, *m* ground floor.
rhabiller (se), ser răh-bee-yeh, *v* to get dressed again.
rhum, romm, *m* rum.
rhumatisme, rE-măh-tissm, *m* rheumatism.
rhume, rEEM, *m* cold.
riant, e, re-ahng, *a* smiling; pleasant.
ricaner, re-kăh-neh, *v* to sneer; to laugh unpleasantly.
riche, reesh, *a** rich; copious; fertile; *mf* wealthy
richesse, re-shess, *f* riches; wealth; fertility. [person.
ricin, re-sang, *m* castor-oil plant.
ricochet, re-kosh-ay, *m* rebound.
ride, reed, *f* wrinkle; ripple.
rideau, re-doh, *m* curtain; veil; screen.
rider, re-deh, *v* to wrinkle; to ripple.
ridicule, re-de-KEEL, *m* ridiculousness; *a** ridiculous.
ridiculiser, re-de-kE-le-zeh, *v* to ridicule.
rien, re-ang, *m* nothing; anything; trifle; **—que, —**ker only; **cela ne fait —,** slăh n'fay **—,** that does not matter.
rieu-r, se, re-er, *n* & *a* laugher; laughing.
rigide,* re-sheed, *a* rigid; stern; strict.
rigole, re-gol, *f* trench; drain; gutter.
rigoler, re-goll-eh, *v* (*pop*) to make merry; to giggle.
rigolo,-ote, re-goll-o, *a* (*pop*) jolly; funny.

rigoureu-x, se,* re-goo-rer, *a* rigorous.

rigueur, re-gher, *f* rigour; **de** —, der —, indispensable.

rime, reem, *f* rhyme.

rincer, rang-seh, *v* to rinse.

ripaille, re-pah'e, *f* (*fam*) feasting.

riposte, re-post, *f* parry and thrust; repartee.

rire, reer, *v* to laugh; to scoff at; to joke; *m* laughter.

ris, re, *m* sweetbread.

risée, re-zeh, *f* laughing-stock.

risible,* re-zee-bl, *a* laughable; ludicrous.

risqué, e, riss-keh, *a* hazardous; improper.

risquer, riss-keh, *v* to risk; to venture.

rivage, re-vähsh, *m* shore; bank.

rival, e, re-vähl, *a* rival.

rivaliser, re-väh-le-zeh, *v* to rival; to vie; to compete.

rive, reev, *f* bank; shore; border.

river, re-veh, *v* to rivet.

rivière, re-ve-air, *f* river; stream.

riz, re, *m* rice.

robe, rob, *f* robe; gown; dress; — **de chambre,** — der shahng-br, dressing gown.

robinet, rob-e-nay, *m* tap; stopcock.

robuste, rob-EEst, *a* robust; sturdy; stalwart.

roc, rock, *m* rock.

rocailleu-x, se, rock-ah'e-er, *a* stony; rugged.

roche, rosh, *f* rock; boulder.

rocher, rosh-eh, *m* rock (mass of).

rôder, rohd-eh, *v* to prowl; to roam.

rogner, ronn-yeh, *v* to cut; to pare; to clip.

rognon, ronn-yong, *m* kidney (of edible animals).

rogue, rogh, *a* haughty; arrogant.

roi, ro'äh, *m* king.

rôle, rohl, *m* roll; list; part; character.

roman, romm-ahng, *m* novel.

romance, romm-ahngss, *f* sentimental song.

romanci-er, ère, romm-ahngss-e-eh, *mf* novelist.

romanesque, romm-ähn-esk, *a* romantic.

romarin, romm-äh-rang, *m* rosemary.

rompre, rong-pr, *v* to break; to snap; to break in.

ronce, rongss, *f* bramble.

rond, e,* rong, *a* round; plump; full; (*fam*) drunk.

rond, rong, *m* round; circle.

ronde, rong̃d, *f* patrol; (music) semibreve.

rondelle, rong̃-dell, *f* washer; disc; slice.

rondeur, rong̃-der, *f* roundness; plumpness; frankness.

ronflant, e, rong̃-flahng, *a* snoring; bombastic.

ronfler, rong̃-fleh, *v* to snore; to roar.

ronger, rong̃-sheh, *v* to nibble; to corrode.

ronron, rong̃-rong, *m* purr.

rosaire, roz-air, *m* rosary.

rosbif, ross-beeff, *m* roast beef.

rose, rohz, *f* rose; *a* rose; rosy; pink; *m* (colour) pink.

roseau, roz-oh, *m* reed.

rosée, roh-zeh, *f* dew.

rosier, roh-ze-eh, *m* rose-tree.

rosser, ross-eh, *v* (*fam*) to thrash.

rossignol, ross-een-yol, *m* nightingale; (*fam*) picklock; unsaleable article.

rot, roh, *m* (*fam*) belch.

rôti, roh-te, *m* roast meat; joint.

rôtir, roh-teer, *v* to roast.

rotule, rot-EEl, *f* knee-cap.

rouage, roo-ǎhsh, *m* wheel-work; machinery.

roucouler, roo-koo-leh, *v* to coo.

roue, roo, *f* wheel; **faire la —,** fair lǎh —, to strut; to turn cart-wheels.

roué, e, roo-eh, *mf* rake; *a* sly; artful.

rouerie, roo-ree, *f* trick; sharp practice.

rouet, roo-ay, *m* spinning wheel.

rouge, roosh, *m* red colour; red paint; *a* red.

rougeaud, e, roo-shoh, *a* red-faced.

rouge-gorge, roosh-gorsh, *m* robin redbreast.

rougeole, roo-shol, *f* measles.

rougeur, roo-sher, *f* redness.

rougir, roo-sheer, *v* to redden; to blush.

rouille, roo'e-yey, *f* rust; blight.

rouillé, roo'e-yeh, *a* rusty; rusted.

rouleau, roo-loh, *m* roll; roller.   [tion.

roulement, rool-mahng, *m* rolling; rumbling; rota-

rouler, roo-leh, *v* to roll; to wheel; to revolve.

roulette, roo-lett, *f* castor; roulette.

roulis, roo-le, *m* rolling.

roulotte, roo-lot, *f* caravan.

rouspéter, rooss-peh-teh, *v* (*pop*) to protest; to complain.

roussâtre, rooss-ah-tr, *a* reddish.

rousseur, rooss-er, *f* redness; **tache de —,** tăhsh der —, freckle.

roussir, rooss-eer, *v* to redden; to singe; to scorch.

route, root, *f* road; route; course; journey.

routine, roo-teen, *f* routine; rote.

rou-x, sse, roo, *a* reddish; red-haired; russet.

royal, e, * ro'ăh-yăhl, *a* royal; regal.

royaume, ro'ăh-yohm, *m* kingdom.

royauté, ro'ăh-yoh-teh, *f* kingship; royalty; sovereignty.

ruade, rE-ăhd, *f* (horses) kick.

ruban, rE-bahng, *m* ribbon.

rubéole, rE-beh-oll, *f* German measles.

rubis, rE-be, *m* ruby.

ruche, rEEsh, *f* bee-hive.

rude, * rEEd, *a* harsh; severe; uneven; rough.

rudesse, rE-dess, *f* harshness; roughness; severity.

rudoyer, rE-do'ăh-yeh, *v* to treat roughly; to bully.

rue, rE, *f* street; road; thoroughfare.

ruelle, rE-ell, *f* lane; alley.

ruer, rE-eh, *v* (horses) to kick; **se —,** to rush.

rugir, rE-sheer, *v* to roar.

rugissement, rE-shiss-mahng, *m* roaring; howling.

rugueu-x, se, rE-gher, *a* rough; rugged; wrinkled.

ruine, rween, *f* ruin; decay; downfall.

ruineu-x, se, * rwee-ner, *a* ruinous.

ruisseau, rwee-oh, *m* stream; brook; gutter.

ruisseler, rweess-leh, *v* to stream; to trickle down.

rumeur, rE-mer, *f* rumour; noise; report.

ruminant, e, rE-me-nahng, *m* & *a* ruminant; ruminating.

rupture, rEEp-tEEr, *f* rupture; breaking.

rural, e, rE-răhl, *a* rural.

ruse, rEEz, *f* cunning; artfulness; dodge.

rusé, e, rEE-zeh, *a* cunning; sly; wily; artful.

ruser, rEE-zeh, *v* to use cunning; to dodge.

rustaud, e, rEEss-toh, *a* boorish.

rustique, rEEss-teeck, *a* rural; rough.

rustre, rEEss-tr, *m* & *a* boor; boorish.

rut, rEEt, *m* rut.

rythme, reetm, *m* rhythm.

sa, săh, *poss af* his; her; its.

sabbat, săh-băh, *m* Sabbath.

sable, săh-bl, *m* sand; gravel.

sablonneu-x, se, săh-blonn-**er**, *a* sandy.

sabot, săh-bo, *m* wooden clog; hoof.

sabotage, săh-bot-ăhsh, *m* sabotage.

saboter, săh-bot-eh, *v* to bungle.

sabre, săh-br, *m* sabre; broadsword.

sac, săhck, *m* sack; bag; knapsack.

saccade, săh-kăhd, *f* jerk.

saccager, săh-kăh-**sheh**, *v* to ransack; to upset.

sacerdoce, săh-sair-doss, *m* priesthood.

sachet, săh-shay, *m* small bag; sachet; packet.

sacoche, săh-kosh, *f* money-bag; saddle-bag.

sacre, săh-kr, *m* consecration; coronation.

sacré, e, săh-kreh, *pp & a* sacred; holy; (*vulg*) confounded.

sacrement, săh-krer-mahng, *m* sacrament.

sacrer, săh-kreh, *v* to consecrate; to crown; to curse.

sacrifier, săh-kre-fe-eh, *v* to sacrifice.

sacrilège, săh-kre-laysh, *m & a* sacrilege; sacrile- gious.

sacristain, săh-kriss-tang, *m* sexton.

sacristie, săh-kriss-tee, *f* vestry.

sagace,* săh-găhss, *a* sagacious; shrewd.

sage, săhsh, *a** wise; discreet; well-behaved.

sage-femme, săhsh-făhm, *f* midwife.

sagesse, săh-shess, *f* wisdom; prudence; good be- haviour.

saignant, e, sayn-yahng, *a* bleeding; (meat) under- done; rare.

saigner, sayn-yeh, *v* to bleed.

saillie, sah'e-yee, *f* projection; spurt; (*fam*) outburst.

saillir, sah'e-yeer, *v* to jut out; to stand out.

sain, e,* sang, *a* sound; healthy; wholesome.

saindoux, sang-doo, *m* lard.

saint, e, sang, *mf & a** saint; holy; sacred.

sainteté, sang-ter-teh, *f* saintliness; holiness; sanctity.

saisie, say-zee, *f* seizure; distraint.

saisir, say-zeer, *v* to seize; to startle; to understand; to distrain.

saisissant, e, say-ziss-ahng, *a* startling; thrilling.

saisissement, say-ziss-mahng, *m* shock; chill.

saison, say-zong, *f* season; time.

salade, säh-lähd, *f* salad.
saladier, säh-läh-de-eh, *m* salad-bowl.
salaire, säh-lair, *m* wages; salary; (*fig*) reward.
salarié, e, säh-läh-re-eh, *pp* & *a* paid.
sale,* sähl, *a* dirty.
salé, e, säh-leh, *pp* & *a* salted; salt; spicy (story).
saler, säh-leh, *v* to salt; (*fig*) to fleece.
saleté, sähl-teh, *f* dirtiness; nastiness; obscenity; dirty trick.
salière, säh-le-air, *f* salt-cellar.
salir, säh-leer, *v* to soil; to dirty; to taint.
salissant, säh-le-sahng, *a* soiling; messy; easily soiled.
salive, säh-leev, *f* saliva; spittle.
salle, sähl, *f* hall; room; **— à manger, —** äh mahng-sheh, dining room; **— d'attente, —** däh-tahngt, waiting-room.
salon, säh-long, *m* sitting-room; exhibition.
salopette, säh-lo-pet, *f* overalls; dungarees.
salubre, säh-le-br, *a* healthy; salubrious.
saluer, säh-le-eh, *v* to salute; to bow; to greet.
salut, säh-le, *m* salute; greeting; safety; salvation.
salutaire,* säh-le-tair, *a* salutary; beneficial.
salutation, säh-le-täh-se-ong, *f* salutation; greetings.
samedi, sähm-de, *m* Saturday.
sanction, sahngk-se-ong, *f* sanction; approbation; penalty.
sanctuaire, sahngk-te-air, *m* sanctuary.
sandale, sahng-dähl, *f* sandal.
sang, sahng, *m* blood; race; parentage.
sang-froid, sahng-fro'äh, *m* coolness.
sanglant, e, sahng-glahng, *a* bloody; outrageous.
sangler, sahng-gleh, *v* to strap; to gird.
sanglier, sahng-gle-eh, *m* wild boar.
sangloter, sahng-glot-eh, *v* to sob.
sangsue, sahng-se, *f* leech; (*fig*) extortioner.
sanguinaire, sahng-ghe-nair, *a* blood-thirsty.
sanitaire, säh-ne-tair, *a* sanitary.
sans, sahng, *prep* without; but for; …less.
sans-façon, sahng-fäh-song, *m* straightforwardness.
sans-gêne, sahng-shayn, *m* over-familiarity.
santé, sahng-teh, *f* health.
saper, säh-peh, *v* to undermine.

sapeur, säh-per, *m* sapper; **— pompier, —** pong-pe-eh, fireman.

sapin, säh-pang, *m* fir; fir-tree.

sarcasme, sähr-kähssm, *m* sarcasm.

sarcler, sähr-kleh, *v* to weed.

sardine, sähr-deen, *f* sardine.

sarrau, säh-roh, *m* smock-frock.

satané, e, säh-täh-neh, *a* confounded.

satellite, säh-teh-leet, *m* satellite; sputnik.

satiné, e, säh-te-neh, *a* satin-like; glazed; smooth.

satire, säh-teer, *f* satire.

satisfaction, säh-tiss-fähck-se-ong, *f* satisfaction.

satisfaire, säh-tiss-fair, *v* to satisfy; to meet.

satisfaisant, e, säh-tiss-fer-zahng, *a* satisfactory.

satisfait, e, säh-tiss-fay, *a* satisfied.

saturer, säh-tE-reh, *v* to saturate (**de,** with).

sauce, sohss, *f* sauce; gravy.

saucer, sohss-eh, *v* to sop; to drench; (*fam*) to reprimand.

saucière, sohss-e-air, *f* gravy-boat.

saucisse, sohss-eess, *f* sausage.

saucisson, sohss-iss-ong, *m* big sausage.

sauf, sohff, *prep* save; except; but; subject to.

sau-f, ve, sohff, *a* safe; secure.

sauf-conduit, sohf-kong-dwee, *m* safe-conduct.

sauge, sohsh, *f* sage.

saugrenu, e, soh-grer-nE, *a* absurd; preposterous.

saule, sohl, *m* willow; **— pleureur, —** pler-rer, weeping willow.

saumâtre, soh-mah-tr, *a* brackish; briny.

saumon, soh-mong, *m* salmon.

saupoudrer, soh-poo-dreh, *v* to sprinkle (**de,** with).

saur, sor, *a* salt and smoked.

saut, soh, *m* leap; jump.

sauter, soh-teh, *v* to leap; to jump; to blow up; to skip; to fry briskly.

sauterelle, soht-rell, *f* grasshopper.

sauteu-r, se, soh-ter, *mf* & *a* leaper; leaping.

sautiller, soh-tee-yeh, *v* to hop; to skip.

sauvage, soh-vähsh, *m* savage; *a** wild; untamed; shy; unsociable.

sauvagerie, soh-vähsh-ree, *f* savagery; unsociability.

sauvegarde, sohv-gährd, *f* safeguard.
sauve-qui-peut, sohv-ke-per, *m* stampede.
sauver, soh-veh, *v* to save; to rescue; **se —,** to escape;
    to run away.
sauvetage, sohv-tähsh, *m* life-saving; rescue; salvage.
sauveur, soh-ver, *m* saver; deliverer; Saviour.
savamment, säh-väh-mahng, *adv* skilfully; know-
    ingly.
savant, e, säh-vahng, *n* scientist; scholar; *a* learned;
savate, säh-väht, *f* old shoe.   [skilful.
saveur, säh-ver, *f* taste; savour; relish; flavour.
savoir, säh-vo'ähr, *v* to know; to understand; to be
    able to; *m* learning.
savoir-faire, säh-vo'ähr-fair, *m* skill; ability.
savoir-vivre, säh-vo'ähr-vee-vr, *m* good breeding.
savon, säh-vong, *m* soap.
savonner, säh-vonn-eh, *v* to soap; to lather.
savonnette, säh-vonn-ett, *f* soap-cake.
savourer, säh-voo-reh, *v* to relish.   [ticklish.
scabreu-x, se, skäh-brer, *a* rugged; dangerous;
scandaleu-x, se,* skahng-däh-ler, *a* scandalous.
scarlatine, skähr-läh-teen, *f* scarlet fever.
sceau, soh, *m* seal.
scélérat, e, seh-leh-räh, *mf* & *a* scoundrel; villainous.
sceller, sell-eh, *v* to seal.
scénario, seh-näh-re-o, *m* scenario; filmscript.
scène, sayn, *f* scene; stage; row.
scepticisme, sehp-tiss-eessm, *m* scepticism.
sceptre, sayp-tr, *m* sceptre.
schéma, sheh-mäh, *m* diagram; sketch-plan.
scie, se, *f* saw.
sciemment, se-äh-mahng, *adv* knowingly.
science, se-ahngss, *f* science; learning.
scientifique,* se-ahng-te-feeck, *a* scientific.
scier, se-eh, *v* to saw.
scierie, se-ree, *f* saw-mill.
scintiller, sang-tee-yeh, *v* to twinkle; to sparkle.
scission, siss-e-ong, *f* division; secession.
sciure, se-EER, *f* saw-dust.
scolaire, skoll-air, *a* scholastic; school.
scorbut, skor-bE, *m* scurvy.
scrupule, skre-pEEl, *m* scruple; scrupulousness.

scrupuleu-x, se,* skrE-PE-ler, a scrupulous; precise.
scruter, skrE-teh, v to scrutinize.
scrutin, skrE-tang, m ballot; poll.
sculpter, skEEl-teh, v to sculpture; to carve.
se, ser, *pers pron* oneself; himself; herself; itself; themselves; each other; one another.
séance, seh-ahngss, f sitting; meeting; performance.
seau, soh, m bucket; pail.
sec, sayk, **sèche,*** saysh, a dry; harsh; barren.
sécher, seh-sheh, v to dry.
sécheresse, sehsh-ress, f dryness; drought; barrenness.
second, ser-gong, m assistant; second floor.
second, e,* ser-gong, a second.
seconde, ser-gongd, f (time) second; (railway) second-class.
seconder, ser-gong-deh, v to support; to further.
secouer, ser-koo-eh, v to shake; to shock; to stir up.
secourable, ser-koo-räh-bl, a helpful.
secourir, ser-koo-reer, v to help; to relieve.
secours, ser-koohr, m help; relief.
secousse, ser-kooss, f shake; jolt; blow; shock.
secret, ser-kray, m secret; secrecy.
secr-et, ète,* ser-kray, a secret; private.
secrétaire, ser-kreh-tair, mf secretary; writing desk.
secrétariat, ser-kreh-täh-re-äh, m secretaryship; secretariat.
secréter, ser-kreh-teh, v to secrete.
sectaire, seck-tair, m & a sectarian.
secte, seckt, f sect.
secteur, seckt-er, m sector; district area (served by electricity, etc); the mains.
section, seck-se-ong, f section; stage (on bus route etc).
séculaire, seh-kE-lair, a century-old; time-honoured.
séculi-er, ère, seh-kE-le-eh, a secular.
sécurité, seh-kE-re-teh, f security.
sédentaire, seh-dahng-tair, a sedentary.
séditieu-x, se,* seh-de-se-er, a seditious.
séduc-teur, trice, seh-dEEk-ter, mf & a seducer; fascinating; seductive.
séduire, seh-dweer, v to seduce; to delude; to captivate.
séduisant, e, seh-dwee-zahng, a captivating; enticing.
seigle, say-gl, m rye.

seigneur, sehn-**yer,** *m* lord.

sein, sang, *m* breast; bosom; (*fig*) womb; midst.

seize, sayz, *m* & *a* sixteen.

seizième, say-ze-aym, *m* & *a* sixteenth.

séjour, seh-**shoohr,** *m* stay; sojourn; abode.

séjourner, seh-**shoohr**-neh, *v* to stay; to dwell.

sel, sell, *m* salt; (*fam*) wit.

selle, sell, *f* saddle; stool.

seller, sell-eh, *v* to saddle.

selon, ser-long, *prep* according to; after; — **que,** — ker, according as.

semailles, ser-mah'e, *fpl* sowing; sowing-time.

semaine, ser-main, *f* week; week's wages.

semblable, sahng-blåh-bl, *m* fellow-man, *a** alike; similar.

semblant, sahng-blahng, *m* appearance; show; **faire —,** fair —, to pretend.

sembler, sahng-bleh, *v* to seem; to appear.

semelle, ser-mell, *f* (boots, shoes) sole.

semence, ser-mahngss, *f* seed.

semer, ser-meh, *v* to sow; to scatter.

semestre, ser-mays-tr, *m* half-year.

semeu-r, se, ser-**mer,** *mf* sower.

semi, ser-me, *prefix* semi; half.

séminaire, seh-me-nair, *m* seminary.

semonce, ser-mongss, *f* lecture; reprimand; rebuke.

semoule, ser-mool, *f* semolina.

sénat, seh-nåh, *m* senate.

senilité, seh-ne-le-teh, *f* senility.

sens, sahngss, *m* sense; senses; opinion; direction.

sensation, sahng-såh-se-ong, *f* sensation; excitement.

sensé, e, sahng-seh, *a* sensible; judicious.

sensibilité, sahng-se-be-le-teh, *f* sensibility; sensitivity.

sensible, sahng-see-bl, *a* sensitive; obvious; sore.

sensiblement, sahng-se-bler-mahng, *adv* perceptibly; greatly.

sensuel, le, sahng-SE-ell, *a* sensual.

sentence, sahng-tahngss, *f* sentence; maxim; judgment.

senteur, sahng-ter, *f* scent; fragrance.

senti, e, sahng-te, *a* felt; vividly expressed.

sentier, sahng-te-eh, *m* path; footway.

sentiment, sahng-te-mahng, *m* sentiment; sense; feeling.
sentinelle, sahng-te-nell, *f* sentry.
sentir, sahng-teer, *v* to feel; to smell; to taste of; to see; to foresee.
séparation, seh-păh-răh-se-ong, *f* separation.
séparer, seh-păh-reh, *v* to separate; to divide.
sept, sett, *m & a* seven.
septembre, sayp-tahng-br, *m* September.
septentrional, e, sayp-tahng-tre-onn-ăhl, *a* northern.
septième, say-te-aym, *m & a* seventh.
septuple, sayp-tE-pl, *m & a* septuple; sevenfold.
sépulture, seh-pEEl-tEER, *f* tomb; burial.
séquestre, seh-kayss-tr, *m* sequestration; sequestrator.
serein, ser-rang, *m* evening dew.
serein, e, ser-rang, a serene.
sérénade, seh-reh-năhd, *f* serenade.
sérénité, seh-reh-ne-teh, *f* serenity.
sergent, sair-shahng, *m* sergeant.
série, seh-re, *f* series; set.
sérieu-x, se,* seh-re-er, *a* serious; earnest; grave.
serin, ser-rang, *m* canary bird; (*pop*) simpleton.
seringue, ser-rang-gh, *f* syringe.
serment, sair-mahng, *m* oath.
sermon, sair-mong, *m* sermon; lecture.
sermonner, sair-monn-eh, *v* to lecture.
serpe, sairp, *f* bill-hook.
serpent, sair-pahng, *m* serpent; snake.
serpenter, sair-pahng-teh, *v* to meander.
serpette, sair-pett, *f* pruning-knife.
serpillière, sair-pe-yair, *f* dish cloth; floor cloth.
serre, sair, *f* green-house; pressing; talon.
serré, e, say-reh, *a* close; compact; precise; tight.
serrer, say-reh, *v* to squeeze; to tighten.
serrure, say-rEEr, *f* lock.
serrurier, say-rE-re-eh, *m* locksmith.
servant, sair-vahng, *m* gunner; *a* serving.
servante, sair-vahngt, *f* maid-servant.
serviable, sair-ve-ăh-bl, *a* obliging.
service, sair-veess, *m* service; attendance; duty; set; divine service.
serviette, sair-ve-ett, *f* napkin; towel; brief case.
servile,* sair-veell, *a* servile.

servir, sair-veer, v to serve; to wait upon; **se — de**, to use.
serviteur, sair-ve-ter, m servant.
ses, say, poss a pl his; her; its; one's.
session, sess-e-ong, f session; sitting; (law) term.
seuil, ser'e, m threshold; sill; beginning.
seul, e,* serl, a only; sole; alone; mere; single.
sève, sayv, f sap; (fig) vigour.
sévère,* seh-vair, a severe; stern; harsh.
sévir, seh-veer, v to punish severely; to rage.
sevrer, ser-vreh, v to wean.
sexagénaire, secks-äh-sheh-nair, mf & a sexagenarian.
sexe, secks, m sex.
sextuple, secks-tee-pl, m & a sixfold.
sexuel, le, secks-e-ell, a sexual.
si, se, adv so; however; yes; conj if; whether.
siècle, se-ay-kl, m century; time; age.
siège, se-aysh, m seat; see; siege.
siéger, se-eh-sheh, v to sit; to hold sittings.
sien, ne (le, la), ler se-ang, läh se-enn, poss pron his; her; its.
sieste, se-esst, f siesta; afternoon nap.
siffler, se-fleh, v to whistle; to hiss.
sifflet, se-flay, m whistle; hiss.
signal, seen-yähl, m signal.
signalé, e, seen-yäh-leh, a signal; (fam) notorious.
signalement, seen-yähl-mahng, m description.
signaler, seen-yäh-leh, v to signal; to point out.
signataire, seen-yäh-tair, m signer.
signature, seen-yäh-teer, f signature.
signe, seen-yer, m sign; mark; token.
signer, seen-yeh, v to sign; **se —**, to cross oneself.
signifier, seen-yee-fee-eh, v to mean; to notify.
silence, se-lahngss, m silence; stillness.
silencieu-x, se,* se-lahng-se-er, a silent; still.
sillon, see-yong, m furrow; trail; wake.
sillonner, see-yonn-eh, v to furrow; to plough.
simagrée, se-mäh-greh, f grimace; pl fuss.
similaire, se-me-lair, a similar.
simple, sang-pl, m simpleton; a* simple; single; plain.
simplicité, sang-ple-se-teh, f simplicity.
simulacre, se-me-läh-kr, m image; sham.
simuler, se-me-leh, v to simulate; to feign.
simultané, e, se-meel-täh-neh, a simultaneous.

simultanément, se-MEEL-tăh-neh-mah*ng*, *adv* simultaneously.

sincère,* sa*ng*-sair, *a* sincere; candid; true.

sincérité, sa*ng*-seh-re-teh, *f* sincerity; honesty.

singe, sa*ng*sh, *m* ape; monkey.

singer, sa*ng*-sheh, *v* to mimic.

singularité, sa*ng*-ghe-lăh-re-teh, *f* singularity. [odd.

singuli-er, ère,* sa*ng*-ghe-le-eh, *a* singular; peculiar;

sinistre, se-neess-tr, *m* disaster; *a** sinister; gloomy.

sinon, se-no*ng*, *conj* if not; otherwise; else; except.

sinueu-x, se, se-ne-er, *a* winding.

sirène, se-rain, *f* mermaid; siren.

sirop, se-roh, *m* syrup.

sis, e, se, *a* situated.

site, seet, *m* site; landscape; scenery.

sitôt, se-toh, *adv* as soon; — **que,** — ker, as soon as.

situation, se-te-ăh-se-o*ng*, *f* situation; position.

situé, e, se-te-eh, *a* situated.

six, seess (before a consonant, see), *m & a* six.

sixième, se-ze-aym, *m & a* sixth.

ski, ske, *m* ski; skiing.

skier, ske-eh, *v* to ski.

sobre,* sobr, *a* sober; temperate; sparing.

sobriété, sob-re-eh-teh, *f* sobriety.

sobriquet, sob-re-kay, *m* nickname.

soc, sock, *m* ploughshare.

sociable, soss-e-ăh-bl, *a* sociable.

social, e,* soss-ăhl, *a* social.

socialisme, soss-e-ăh-leessm, *m* socialism.

sociétaire, soss-e-eh-tair, *mf & a* member; partner.

société, soss-e-eh-teh, *f* society; party; partnership; company.

sociologue, soss-e-o-log, *m* sociologist.

socle, soc-kl, *m* pedestal.

sœur, ser, *f* sister; nun.

soi, so'ăh, *pron* oneself; itself; self; himself; herself.

soi-disant, so'ăh-de-zah*ng*, *a* would-be; so-called; *adv* supposedly.

soie, so'ăh, *f* silk; bristle.

soierie, so'ăh-ree, *f* silk-goods; silk-trade.

soif, so'ăhf, *f* thirst; **avoir —,** ăh-vo'ăhr —, to be thirsty.

soigné, e, so'ăhn-yeh, *a* done with care; well-groomed.

soigner, so'ăhn-yeh, *v* to take care of; to nurse.

soigneu-x, se,* so'ăhn-ye**r,** *a* careful.

soin, so'ăng, *m* care; *pl* attentions.

soir, so'ăhr, *m* evening; night.   ⌜party.

soirée, so'ăh-reh, *f* evening (duration of); evening

soit, so'ăh, *conj* either; whether; or; suppose.

soit! so'ăh, *interj* be it so! well and good!

soixantaine, so'ăhss-ahng-tain, *f* about sixty.

soixante, so'ăhss-ahn**gt**, *m & a* sixty; — **-dix,** — deess, seventy.

soixantième, so'ăhss-ahng-te-aym, *m & a* sixtieth.

sol, sol, *m* soil; ground; the note G.

solaire, soll-air, *a* solar.

soldat, soll-dăh, *m* soldier.

solde, solld, *m* balance; sale (of remnants); *f* soldiers'

solder, soll-deh, *v* to settle; to sell off.   ⌞pay.

sole, sol, *f* (fish) sole.

soleil, soll-ay'e, *m* sun; sunshine.

solennel, le,* soll-ăh-nell, *a* solemn.

solennité, soll-ăh-ne-teh, *f* solemnity.   ⌜dependent.

solidaire,* soll-e-dair, *a* jointly liable; inter-

solide,* soll-eed, *a* solid; strong; firm; sound.

solitaire,* soll-e-tair, *a* solitary; lonely.

solitude, soll-e-t**E**ed, *f* solitude; loneliness.

solive, soll-eev, *f* joist; rafter.

solliciter, soll-e-se-teh, *v* to solicit; to urge; to petition.

soluble, soll-**E**-bl, *a* soluble; solvable.   ⌞petition.

solution, soll-**E**-se-ong, *f* solution; break.

solvable, soll-văh-bl, *a* solvent.

sombre, song-br, *a* dark; gloomy; dismal; dull.

sombrer, song-breh, *v* to sink; to founder.

sommaire, somm-air, *m & a** summary; abstract.

sommation, somm-ăh-se-ong, *f* summons.

somme, somm, *m* nap; *f* sum; burden; **en —,** ah**ng**—, on the whole; in short.

sommeil, somm-ay'e, *m* sleep.

sommeiller, somm-ay'e-yeh, *v* to doze.

sommelier, somm-er-le-eh, *m* wine-waiter.

sommer, somm-eh, *v* to summon; to call upon.

sommet, somm-ay, *m* summit; top; acme.

sommier, somm-e-eh, *m* spring-mattress.
somnifère, somm-ne-fair, *m* sleeping draught.
somnolent, e, somm-noll-ah*ng*, *a* sleepy, drowsy.
somnoler, somm-no-leh, *v* to drowse; to doze.
somptueu-x, se,* songp-*te*-er, *a* a sumptuous.
son, song, *poss a m* his; her; its; one's.
son, song, *m* sound; bran.
sonate, sonn-âht, *f* sonata.
sondage, song-dâhsh, *m* sounding; boring.
sonde, song*d*, *f* fathom-line; probe.
sonder, song-deh, *v* to sound; to fathom; to probe.
songe, songsh, *m* dream.
songer, song-sheh, *v* to dream; to think; to muse.
songerie, songsh-ree, *f* dreaming.
songeu-r, se, song-sher, *mf & a* dreamer; thoughtful.
sonnant, e, sonn-ah*ng*, *a* sounding; striking.
sonner, sonn-eh, *v* to sound; to ring; to strike (the
sonnerie, sonn-ree, *f* ringing; bells; call. [hour).
sonnette, sonn-ett, *f* small bell; door-bell.
sonore, sonn-or, *a* sonorous.
sorbet, sor-bay, *m* sorbet; water-ice.
sorcellerie, sor-sell-ree, *f* witchcraft; sorcery.
sorci-er, ère, sor-se-eh, *mf & a* sorcerer; wizard; witch.
sordide,* sor-deed, *a* sordid; disgusting; mean.
sornettes, sor-nett, *fpl* idle talk.
sort, sor, *m* fate; lot; spell.
sorte, sort, *f* sort; kind; manner.
sortie, sor-tee, *f* going out; way out; outburst.
sortir, sor-teer, *v* to go out; to emerge; to take out.
sosie, soz-ee, *m* very image; double.
sot, te,* soh, sott, *a* silly; stupid; fool.
sottise, sot-eez, *f* silliness; foolishness; abuse.
sou, soo, *m* old French coin; (*fam*) penny.
soubresaut, soo-brer-soh, *m* sudden start.
souche, soosh, *f* stump; stem; counterfoil; (*fig*) block-
souci, sooss-e, *m* care; anxiety; marigold. [head.
soucier (se), ser sooss-e-eh, *v* to care (de, about; for);
    to mind; to be concerned.
soucieu-x, se,* sooss-e-er, *a* anxious; careworn.
soucoupe, soo-koop, *f* saucer.
soudain, e,* soo-da*ng*, *a* sudden; unexpected;
    soudain, *adv* suddenly.

soudaineté, soo-dain-teh, *f* suddenness.
soude, sood, *f* soda.
souder, soo-deh, *v* to solder; to weld.
soudure, soo-DEER, *f* solder; soldering.
souffle, soo-fl, *m* breath; puff.
souffler, soo-fleh, *v* to blow; to breathe; to whisper; to prompt.
soufflet, soo-flay, *m* bellows; (*fam*) slap in the face; insult.
souffleter, soo-fler-teh, *v* to slap in the face; to insult.
souffrance, soo-frah*ng*ss, *f* suffering; pain; **en —,** ah*ng* —, unsettled; in suspense.
souffrant, e, soo-frah*ng*, *a* suffering; poorly.
souffrir, soo-freer, *v* to suffer; to allow; to be injured.
soufre, soo-fr, *m* sulphur.
souhait, soo-ay, *m* wish.
souhaiter, soo-ay-teh, *v* to wish; to desire.
souiller, soo'e-yeh, *v* to dirty; to soil.
soûl, soo, *m* (*fam*) fill.
soûl, e, soo, *a* (*pop*) drunk.
soulagement, soo-läh**sh**-mah*ng*, *m* relief; alleviation.
soulager, soo-läh-**sheh,** *v* to relieve; to soothe.
soûler (se), ser soo-leh, *v* (*pop*) to get drunk.
soulèvement, soo-layv-mah*ng*, *m* rising; upheaval; insurrection.
soulever, sool-veh, *v* to raise; to lift; to stir up; **se—,** to rise; to revolt.
soulier, soo-le-eh, *m* shoe.
souligner, soo-leen-yeh, *v* to underline; to emphasize.
soumettre, soo-met-tr, *v* to subdue; to submit; to lay before.
soumis, e, soo-me, *a* submissive.
soumission, soo-miss-e-*ong*, *f* submission; compliance.
soupape, soo-pähp, *f* valve.
soupçon, soop-song, *m* suspicion; surmise; touch.
soupçonner, soop-sonn-eh, *v* to suspect.
soupe, soop, *f* soup.
souper, soo-peh, *v* to have supper; *m* supper.
soupeser, soo-per-zeh, *v* to weigh by hand.
soupière, soo-pe-air, *f* soup-tureen.
soupir, soo-peer, *m* sigh.
soupirail, soo-pe-rah'e, *m* air-hole; vent.
soupirer, soo-pe-reh, *v* to sigh.

souple,* soo-pl, *a* supple; flexible; compliant.

source, soohrss, *f* source; spring; authority.

sourcil, soohr-se, *m* eye-brow.

sourciller, soohr-see-yeh, *v* to frown. [secret; mute.

sourd, e, soohr, *mf & a** deaf person; deaf; dull;

sourdine, soohr-deen, *f* damper; below; **à la—,** äh läh—, secretly.

souriant, e, soo-re-ahng, *a* smiling.

souricière, soo-riss-e-air, *f* mouse-trap.

sourire, soo-reer, *v* to smile; *m* smile.

souris, soo-ree, *f* mouse.

sournois, e,* soohr-no'äh, *a* sly; cunning; artful.

sous, soo, *prep* under; beneath; below.

souscripteur, sooss-krip-ter, *m* subscriber.

souscrire, sooss-kreer, *v* to subscribe; to sign.

sous-entendre, soo-z'ahng-tahng-dr, *v* to understand; to imply.

sous-entendu, soo-z'ahng-tahng-dɛ, *m* implication.

sous-marin, soo-măh-rang, *m* submarine; *a* deep-sea; underwater.

soussigné, e, sooss-een-yeh, *mf & a* the undersigned; undersigned.

sous-sol, sooss-ol, *m* basement.

sous-titre, soo-tee-tr, *m* sub-title.

soustraction, sooss-trähck-se-ong, *f* subtraction.

soustraire, sooss-trair, *v* to subtract; to shelter; **se —,** to get away (**à,** from).

soutane, soo-tähn, *f* cassock.

souteneur, soot-ner, *m* upholder; pimp.

soutenir, soot-neer, *v* to sustain; to support; to assert; to stand.

soutenu, soot-nɛ, *pp & a* sustained; lofty.

souterrain, soo-tay-rang, *m* subway; vault. [hand.

souterrain, e, soo-tay-rang, *a* underground; under-

soutien, soo-te-ang, *m* support; prop; supporter.

soutien-gorge, soo-te-ang-gorsh, *m inv* bra(ssiere).

soutirer, soo-te-reh, *v* to draw off; (*fig*) to extract.

souvenir (se), ser soov-neer, *v* to remember (**de**).

souvenir, soov-neer, *m* remembrance; keepsake.

____nt, soo-vahng, *adv* often.

___rain, e, soov-rang, *mf & a** sovereign.

___eraineté, soov-rain-teh, *f* sovereignty; dominion.

soyeu-x, se, so'ah'e-e**r,** *a* silky.

spacieu-x, se,* späh-se-e**r,** *a* roomy; spacious.

sparadrap, späh-räh-dräp, *m* adhesive plaster.

spécial, e,* speh-se-ähl, *a* special; particular.

spécialité, speh-se-ähl-e-teh, *f* speciality; line of business; proprietary article.

spécifier, speh-se-fe-eh, *v* to specify.

spectacle, speck-tähck-kl, *m* spectacle; show; play.

specta-teur, trice, speck-täh-te**r,** *mf* spectator; *pl* audience.

spectre, speck-tr, *m* spectre; ghost.

spéculer, speh-ke-leh, *v* to speculate.

sperme, spairm, *m* sperm; semen.

sphère, sfair, *f* sphere; globe.

spirale, spe-rähl, *f* spiral; *a* spiral.

spirituel, le,* spe-re-te-ell, *a* spiritual; witty.

spiritueu-x, se, spe-re-te-e**r,** *a* alcoholic.

splendeur, splahng-der, *f* splendour; magnificence.

splendide,* splahng-deed, *a* splendid; magnificent.

spongieu-x, se, spong-she-e**r,** *a* spongy.

spontané, e, spong-täh-neh, *a* spontaneous.

spontanément, spong-täh-neh-mahng, *adv* spontane- ously.

sport, spor, *m* sport; *a* casual (of clothes).

squelette, sker-lett, *m* skeleton.

stable, stäh-bl, *a* stable; steady; durable.

stage, stähsh, *m* period of probation, course.

stagnant, e, stähgh-nahng, *a* stagnant; still.

stalle, stähl, *f* stall.

stance, stahngss, *f* stanza.

station, stäh-se-ong, *f* standing; station; taxi-rank.

stationner, stäh-se-onn-eh, *v* to stop; to park.

stationnement, stäh-se-onn-mahng, *m* parking.

statistique, stäh-tiss-teeck, *f* statistics; *a* statistical.

statue, stäh-te, *f* statue.

statuer, stäh-te-eh, *v* to decree; to rule.

stature, stäh-teer, *f* stature; height.

statut, stäh-te, *m* statute; regulation; status.

sténodactylo(graphe), steh-no-dähck-te-log-rähf, *mf* shorthand-typist.

sténographe, steh-nog-rähf, *mf* shorthand-writer.

sténographie, steh-nog-räh-fe, *f* shorthand.

stéréophonique, steh-reh-o-fo-neeck, *a* stereophonic.

stérile,* steh-reel, *a* sterile; barren.

stérilité, steh-re-le-teh, *f* barrenness.

stigmate, stigg-mäht, *m* stigma; brand; stain.

stigmatiser, stigg-mäh-te-zeh, *v* to stigmatize.

stimulant, e, ste-mE-lah*ng*, *a* stimulating; *m* stimu-lant.

stimuler, ste-mE-leh, *v* to stimulate; to urge on.

stipuler, ste-pE-leh, *v* to stipulate.

stoïque,* sto-eeck, *a* stoical.

stomacal, e, stomm-äh-kähl, *a* stomachic.

stoppage, stop-ähsh, *m* invisible mending.

store, stor, *m* blind.

strapontin, sträh-po*ng*-ta*ng*, *m* bracket-seat.

strict, e,* strikt; *a* strict; severe; precise.

strident, e,* stre-dah*ng*, *a* shrill.

strié, e, stre-eh, *a* striated; streaked; scored.

structure, strEEk-tEEr, *f* structure; frame; build.

studieu-x, se,* stE-de-er, *a* studious.

stupéfait, e, stE-peh-fay, *a* stupefied; amazed; flabbergasted.

stupéfier, stE-peh-fe-eh, *v* to stupefy; to amaze.

stupeur, stE-per, *f* stupor.

stupide,* stE-peed, *a* stupid.

stupidité, stE-pe-de-teh, *f* stupidity.

style, steel, *m* style.

stylo, stee-lo, *m* fountain pen; — **à bille,** — äh bee-ye, ⎰ball-point pen. ⎱fountain pen; — **à bille.**

suaire, sE-air, *m* shroud.

suave,* sE-ähv, *a* sweet; soft; suave.

subdiviser, sEEb-de-ve-zeh, *v* to subdivide.

subir, sE-beer, *v* to undergo; to suffer; to endure; to submit.

subit, e,* sE-bee, *a* sudden.

subjecti-f, ve,* sEEb-sheck-teeff, *a* subjective.

subjonctif, sEEb-sho*ng*k-teeff, *a* subjunctive.

subjuguer, sEEb-shE-gheh, *v* to subjugate.

sublime,* sEEb-leem, *a* sublime.

submerger, sEEb-mair-sheh, *v* to submerge; to swamp.

subordonner, sE-bor-donn-eh, *v* to subordinate.

subséquemment, sEEb-seh-käh-mah*ng*, *adv* subsequently.

subséquent, e, sEEb-seh-kah*ng*, *a* subsequent.

subside, sEEb-seed, *m* subsidy.

subsister, seeb-ziss-teh, *v* to subsist; to stand.

substance, seebs-tah*ng*ss, *f* substance.

substantiel, le,* seebs-tah*ng*ss-e-ell, *a* substantial.

substituer, seebs-te-te-eh, *v* to substitute (à, for).

substitut, seebs-te-te, *m* substitute; deputy.

subterfuge, seeb-tair-feesh, *m* subterfuge.

subtil, e,* seeb-teel, *a* subtle; sharp; acute; keen.

subtilité, seeb-te-le-teh, *f* subtlety, acuteness.

subvenir, seeb-ver-neer, *v* to provide (à, for); to
  help; to relieve. [sidize.

subventionner, seeb-vah*ng*-se-onn-eh, *v* to sub-

subversi-f, ve,* seeb-vair-seeff, *a* subversive.

suc, seek, *m* juice; essence; substance.

succéder, seek-seh-deh, *v* to succeed; to follow after.

succès, seek-say, *m* success.

successi-f, ve,* seek-sess-eeff, *a* successive.

succession, seek-sess-e-o*ng*, *f* succession; inherit-

succinct, e,* seek-sa*ng*, *a* succinct; concise. [ance.

succomber, see-ko*ng*-beh, *v* to succumb; to sink; to
  yield; to die.

succion, seek-se-o*ng*, *f* suction.

succulent, e, se-ke-lah*ng*, *a* a juicy, savoury.

succursale, se-keer-sähl, *f* branch (of store etc).

sucer, seess-eh, *v* to suck; to suck in, to drain.

sucre, se-kr, *m* sugar.

sucrer, se-kreh, *v* to sweeten; to sugar.

sucrerie, se-krer-ree, *f* sugar-mill; *pl* sweets.

sucrier, se-kre-eh, *m* sugar-bowl.

sud, seed, *m* South; *a* south, southern.

suer, se-eh, *v* to sweat; to toil.

sueur, se-er, *f* sweat, perspiration; toil.

suffire, se-feer, *v* to suffice; to do. **cela suffit,**
  ser-läh se-fe, that will do.

suffisamment, se-fe-zäh-mah*ng*, *adv* sufficiently.

suffisance, se-fe-zah*ng*ss, *f* sufficiency; conceit.

suffisant, e, se-fe-zah*ng*, *a* sufficient; conceited.

suffocant, e, se-fock-ah*ng*, *a* stifling.

suffoquer, se-fock-eh, *v* to suffocate; to stifle.

suffrage, se-fräsh, *m* suffrage; approbation.

suggérer, seegh-sheh-reh, *v* to suggest; to hint.

suicide, swee-seed, *m* suicide.

suicider (se), ser swee-see-deh, *v* to commit suicide.

suie, swee, *f* soot.

suif, sweef, *m* tallow.

suinter, swang-teh, *v* to ooze out; to leak.

suite, sweet, *f* rest; consequence; attendants; series; sequence; continuation. **tout de —,** too der —, at once.

suivant, swee-vah*ng*, *prep* according to; **— que,** — ker, according as. [next.

suivant, e, swee-vah*ng*, *mf* attendant; *a* following.

suivi, e, swee-ve, *pp* and *a* followed; consistent; sought after.

suivre, swee-vr, *v* to follow; to result; to study; **(faire —,** fair —, to forward).

sujet, SE-shay, *m* subject; person; cause; topic.

sujet, te, SE-shay, *a* subject; liable; inclined.

sujétion, SE-sheh-se-o*ng*, *f* subjection; constraint.

superbe,* SE-pairb, *a* superb; majestic; proud.

supercherie, SE-pair-sher-ee, *f* deceit; cheat; fraud.

superficie, SE-pair-feess-ee, *f* surface; area.

superficiel, le,* SE-pair-fe-se-ell, *a* superficial; [shallow.

superflu, e, SE-pair-flE, *a* superfluous.

supérieur, e,* SE-peh-re-er, *a* upper; superior.

superstitieu-x, se,* SE-pair-ste-se-er, *a* superstitious.

supplanter, SE-plah*ng*-teh, *v* to oust. [deputy.

suppléant, e, SE-pleh-ah*ng*, *mf* & *a* substitute;

suppléer, SE-pleh-eh, *v* to make good; **— à,** to make up for.

supplément, SE-pleh-mah*ng*, *m* supplement; extra charge.

supplémentaire, SE-pleh-mah*ng*-tair, *a* additional.

suppliant, e, SE-ple-ah*ng*, *mf* & *a* suppliant.

supplication, SE-ple-käh-se-o*ng*, *f* entreaty.

supplice, SE-pleess, *m* torture; torment.

supplier, SE-ple-eh, *v* to entreat; to beseech.

supplique, SE-pleek, *f* petition.

support, SE-por, *m* support; stand.

supportable, SE-por-täh-bl, *a* bearable.

supporter, SE-por-teh, *v* to support; to bear. [tute.

supposer, SE-poh-zeh, *v* to suppose; (*jur*) to substi-

supposition, SE-poh-ze-se-o*ng*, *f* supposition; (*jur*) substitution; forgery.

supprimer, SE-pre-meh, *v* to suppress; to abolish.

supputer, SE-pE-teh, *v* to calculate.

suprématie, SE-preh-mǎhss-ee, *f* supremacy.

suprême,* SE-praym, *a* supreme; crowning; last.

sur, SEER, *prep* on; upon; over; above; by; out of; towards; concerning.

sur, e, SEER, *a* sour.

sûr, e,* SEER, *a* sure; safe; trustworthy.

surcroît, SEER-kro'ǎh, *m* increase.

surdité, SEER-de-teh, *f* deafness.

sûreté, SEER-teh, *f* safety; security; soundness.

surexciter, SEER-eck-se-teh, *v* to overexcite.

surface, SEER-fǎhss, *f* surface; outside; area.

surfaire, SEER-fair, *v* to overcharge; to overrate.

surfin, SEER-fang, *a* superfine.

surgeler, SEER-sher-leh, *v* to deep-freeze.

surgir, SEER-sheer, *v* to arise; (*fam*) to appear suddenly.

surhumain, e, SEER-E-mang, *a* superhuman.

surintendant, SEER-ang-tahng-dahng, *m* superintendent.

surlendemain, SEER-lahngd-mang, *m* second day [after.

surmener, SEER-mer-neh, *v* to overwork.

surmonter, SEER-mong-teh, *v* to overcome; to rise above.

surnager, SEER-nǎh-sheh, *v* to float; (*fig*) to survive.

surnaturel, le,* SEER-nǎh-tE-rell, *a* supernatural.

surnom, SEER-nong, *m* nickname.

surnuméraire, SEER-nE-meh-rair, *m & a* supernumerary.

surpasser, SEER-pǎhss-eh, *v* to exceed; to excel.

surplomber, SEER-plong-beh, *v* to overhang.

surplus, SEER-plE, *m* surplus; au —, oh —, moreover.

surprenant, e, SEER-prer-nahng, *a* surprising.

surprendre, SEER-prahng-dr, *v* to surprise.

surprise, SEER-preez, *f* surprise.

sursaut, SEER-soh, *m* start; jump.

sursauter, SEER-soh-teh, *v* to start; to give a jump; to be startled.

surseoir, SEER-so'ǎhr, *v* to put off (à).

sursis, SEER-see, *m* delay; suspension; reprieve.

surtaxe, SEER-tǎhcks, *f* extra tax; surcharge.

surtout, seer-too, *adv* above all; particularly.
surveillance, seer-vay'e-ahngss, *f* superintendence; supervision.
surveiller, seer-vay'e-yeh, *v* to supervise; to invigilate.
survenir, seer-ver-neer, *v* to come unexpectedly.
survie, seer-vee, *f* survivorship.
survivance, seer-ve-vahngss, *f* survival.
survivre, seer-vee-vr, *v* to survive (à); to outlive.
sus, seess, *prep* on; **en — de,** ahng — der, *prep* over and above.
susceptibilité, seess-ep-te-be-le-teh, *f* touchiness.
susciter, seess-e-teh, *v* to raise up; to create.
susdit, e, seess-de, *a* aforesaid.
suspect, e, seess-paykt, *m* & *a* suspect.
suspecter, seess-payk-teh, *v* to suspect.
suspendre, seess-pahng-dr, *v* to suspend; to hang-up.
suspens (en), ahng seess-pahng, *adv* in abeyance.
suture, se-teer, *f* suture; **point de —,** po'ang der —, stitch.
svelte, svaylt, *a* slender; slim.
syllabe, seell-lähb, *f* syllable.
sylvestre, sill-vays-tr, *a* sylvan.
symbole, sang-bol, *m* symbol.
symétrique,* se-meh-treeck, *a* symmetrical.
sympathique,* sang-päh-teeck, *a* sympathetic; likeable.
symptôme, sangp-tohm, *m* symptom.
syncope, sang-kop, *f* faint; swoon.
syndicat, sang-de-kah, *m* syndicate; **— d'initiative,** — de-ne-se-ah-teev, tourists' information bureau.
système, siss-taym, *m* system.

ta, täh, *poss a f sing* familiar form of 'your'.
tabac, täh-bäh, *m* tobacco; snuff.
tabatière, täh-bäh-te-air, *f* snuff-box.
table, täh-bl, *f* table; board; index.
tableau, täh-bloh, *m* picture; painting; black-board.
tablette, täh-blett, *f* shelf; lozenge; slab. [list
tablier, täh-blee-eh, *m* apron; pinafore.
tabouret, täh-boo-ray, *m* stool.
tache, tähsh, *f* spot; stain; blemish.
tâche, tahsh, *f* task; job.

tâcher, tah-sheh, *v* to endeavour; to strive.

tacheté, e, tåhsh-teh, *a* spotted; speckled.

tacite,* tåh-seet, *a* implied; tacit.

taciturne, tåh-se-tEErn, *a* taciturn; quiet.

tact, tåhckt, *m* touch; tact; discretion.

taie, tay, *f* pillow-case.

taille, tah'e, *f* cut; waist; height; pruning.

tailler, tah'e-yeh, *v* to cut; to prune; to sharpen.

tailleur, tah'e-yer, *m* tailor.

taillis, tah'e-ye, *m* copse; underwood.

taire, tair, *v* to conceal; **se —,** to be silent.

talent, tåh-lahng, *m* talent; ability.

talon, tåh-long, *m* heel; voucher.

talonner, tåh-lonn-eh, *v* to urge; to follow closely.

talus, tåh-lE, *m* slope; embankment.

tambour, tahng-boohr, *m* drum; barrel.

tamis, tåh-mee, *m* sieve.

tampon, tahng-pong, *m* plug; tampon; buffer.

tamponner, tahng-ponn-eh, *v* to stop up; to collide.

tancer, tahngss-eh, *v* to scold.

tandis que, tahng-de ker, *conj* while; whilst; whereas.

tangage, tahng-gåhsh, *m* pitching.

tanière, tåh-ne-air, *f* den; lair.

tanner, tåh-neh, *v* to tan.

tant, tahng, *adv* so much; as much; so many; as many;
   — mieux, — me-er, so much the better; **— pis, —**
   pee, so much the worse.

tante, tahngt, *f* aunt.

tantôt, tahng-toh, *adv* presently; shortly; now ... now.

tapage, tåh-påhsh, *m* uproar; row; fuss.

tape, tåhp, *f* slap; pat; thump.

taper, tåh-peh, *v* to tap; to pat; to strike.

tapir (se), ser tåh-peer, *v* to squat; to crouch.

tapis, tåh-pe, *m* carpet; rug; cover.

tapisserie, tåh-piss-ree, *f* tapestry.

tapissier, tåh-piss-e-eh, *m* upholsterer.

tapoter, tåhp-ot-eh, *v* to tap; to strum.

taquiner, tåh-ke-neh, *v* to tease.

tard, tåhr, *adv* late.

tarder, tåhr-deh, *v* to delay; to be long.

tardi-f, ve,* tåhr-deeff, *a* late; tardy; backward.

tare, tåhr, *f* blemish; defect; tare.

taré, e, tăh-reh, *a* damaged; bad; ill-famed.
tarif, tăh-reeff, *m* tariff; price-list; rate; quotation.
tarir, tăh-reer, *v* to dry up.
tarte, tăhrt, *f* tart.
tartine, tăhr-teen, *f* slice of bread and butter or jam.
tas, tah, *m* heap; pile; lot.
tasse, tahss, *f* cup.
tasser, tahss-eh, *v* to heap up; to press down; **se —,** to settle.
tâter, tah-teh, *v* to feel; to try; to taste.　　　　[some.
tâtillon, ne, tah-tee-yong, *mf* & *a* meddler; meddle-
tâtonner, tah-tonn-eh, *v* to grope; to feel one's way.
tâtons (à), ăh tah-tong, *adv* gropingly.
taudis, toh-dee, *m* hovel.
taupe, tohp, *f* mole.
taupinière, toh-pinn-e-air, *f* mole-hill.
taureau, toh-roh, *m* bull.
taux, toh, *m* rate.
taverne, tăh-vairn, *f* tavern.
taxer, tăhx-eh, *v* to tax; to assess; to accuse.
te, ter, *pers pron mf sing* (familiar form) you; to you; yourself.
technique, teck-neeck, *a* technical; *f* technique.
teigne, tayn-yer, *f* moth; ringworm.
teindre, tang-dr, *v* to dye; to tint.
teint, tang, *m* complexion; dye; colour.
teinte, tangt, *f* tint; shade; tinge.
teinture, tang-TEER, *f* dye; dyeing; tincture.
tel, le, tell, *a* such; like; many; **— que, —** ker, similar to; such as.
télégramme, teh-leh-grăhm, *m* telegram.
télégraphier, teh-leh-grăh-fe-eh, *v* to wire.
téléphone, teh-leh-fon, *m* telephone.
téléphonique, teh-leh-fonn-eeck, *a* telephonic; **cabine —,** kăh-been —, call-box.
télescope, teh-less-kop, *m* telescope.
télévision, teh-leh-ve-ze-ong, *f* television.
tellement, tell-mahng, *adv* so; so much; **— que, —** ker, so that.
téméraire,* teh-meh-rair, *a* rash; foolhardy.
témoignage, teh-mo'ăhn-yăhsh, *m* testimony; evidence.

témoigner, teh-mo'ăhn-yeh, *v* to show; to testify.

témoin, teh-mo-a*ng*, *m* witness.

tempe, tah*ng*p, *f* temple.

tempérament, tah*ng*-peh-răh-mah*ng*, *m* temperament; constitution.

tempérant, e, tah*ng*-peh-rah*ng*, *a* temperate.

température, tah*ng*-peh-răh-tEER, *f* temperature.

tempérer, tah*ng*-peh-reh, *v* to moderate; to allay.

tempête, tah*ng*-payt, *f* tempest; storm.

tempêter, tah*ng*-pay-teh, *v* to storm; to fume.

temple, tah*ng*-pl, *m* temple.

temporaire,* tah*ng*-por-air, *a* temporary.

temporel, le,* tah*ng*-por-ell, *a* temporal.

temps, tah*ng*, *m* time; while; period; season; weather;

tenace, ter-năhss, *a* tenacious. ⌐tense; beat.

tenailles, ter-nah'e, *fpl* pincers.

tendance, tah*ng*-dah*ng*ss, *f* tendency; leaning.

tendon, tah*ng*-dong, *m* sinew. ⌐to tend.

tendre, tah*ng*-dr, *v* to stretch; to strain; to hold out;

tendre,* tah*ng*-dr, *a* tender; affectionate; new.

tendresse, tah*ng*-dress, *f* tenderness.

tendu, e, tah*ng*-dE, *a* tight; stretched; tense.

ténèbres, teh-nay-br, *fpl* darkness; gloom.

teneur, ter-ner, *m* — **de livres,** — der lee-vr, book-

teneur, ter-ner, *f* tenor; purport. ⌐keeper.

tenir, ter-neer, *v* to hold; to keep: to last; to deem; to depend on; — **à,** — ăh, to value; to care about.

tension, tah*ng*-se-ong, *f* tension.

tentant, e, tah*ng*-tah*ng*, *a* tempting.

tentation, tah*ng*-tăh-se-o*ng*, *f* temptation.

tentative, tah*ng*-tăh-teev, *f* attempt; endeavour.

tente, tah*ng*t, *f* tent.

tenter, tah*ng*-teh, *v* to attempt; to tempt.

tenture, tah*ng*-tEER, *f* hangings; wall-paper.

ténu, e, teh-nE, *a* slender; thin.

tenue, ter-nEE, *f* holding; behaviour; attitude; dress.

térébenthine, teh-reh-bah*ng*-teen, *f* turpentine.

terme, tairm, *m* term; limit; condition.

terminaison, tair-me-nay-zo*ng*, *f* ending.

terminer, tair-me-neh, *v* to finish; to conclude.

terne, tairn, *a* dull; colourless.

ternir, tair-neer, *v* to tarnish; to dim.

terrain, tay-rang, *m* ground; soil; piece of ground.

terrasse, tay-rähss, *f* terrace. [the ground.

terrasser, tay-rähss-eh, *v* to bank up; to throw on

terre, tair, *f* earth; ground; land; estate; the world.

terrestre, tay-ress-tr, *a* terrestrial.

terreur, tay-rer, *f* terror; dread; awe.

terrible,* tay-ree-bl, *a* terrible; dreadful; frightful.

terrifier, tay-re-fe-eh, *v* to terrify.

terrine, tay-reen, *f* earthen dish; potted meat.

territoire, tay-re-to'ähr, *m* territory.

tertre, tair-tr, *m* hillock.

tes, tay, *poss a mf pl* (familiar form) your.

testament, tess-täh-mahng, *m* testament; will.

têtard, teh-tahr, *m* tadpole.

tête, tayt, *f* head; top; wits; presence of mind.

téter, teh-teh, *v* to suck (at the breast).

tétine, teh-teen, *f* teat.

têtu, e, tay-tE, *a* stubborn; headstrong.

texte, text, *m* text; subject.

textile, tex-teell, *m* textile; *a* textile.

textuel, le,* tex-tE-ell, *a* textual.

thé, teh, *m* tea; tea-party.

théâtral, e, teh-ah-trähl, *a* theatrical.

théâtre, teh-ah-tr, *m* theatre; stage; plays; **coup de —,** koo der—, unexpected event.

théière, teh-yair, *f* tea-pot.

thème, taym, *m* topic; theme; exercise.

théorie, teh-or-ee, *f* theory; drill; procession.

théorique,* teh-or-eeck, *a* theoretical.

thérapie, teh-rah-pee, *f* therapy.

thermomètre, tair-momm-ay-tr, *m* thermometer.

thèse, tayz, *f* thesis; argument.

thon, tong, *m* tunny.

thorax, to-racks, *m* thorax; chest.

thym, tang, *m* thyme.

tibia, te-be-äh, *m* shin-bone.

tic, teek, *m* tic; habit.

ticket, te-kay, *m* (bus etc) ticket.

tiède,* te-aid, *a* lukewarm; tepid; indifferent.

tiédir, te-eh-deer, *v* to grow lukewarm.

tien, ne, te-ang, *poss pron mf* (familiar form) yours.

tier-s, ce, te-air, *mf* third person; *a* third.

tige, teesh, *f* stem; stalk; trunk; rod; shaft.
tigre, tigresse, tee-gr, tee-gress, *mf* tiger; tigress.
tilleul, tee-yerl, *m* lime-tree; lime blossom tree.
timbale, tang-băhl, *f* kettle-drum; metal cup.
timbre, tang-br, *m* bell; tone; stamp; stamp-duty.
timbré, e, tang-breh, *a* stamped; sonorous; (*fam*)
  dotty; mad.
timide, * te-meed, *a* timid; shy; bashful.
timoré, e, te-mor-eh, *a* timorous.   ⌈clatter.
tintamarre, tang-tăh-măhr, *m* uproar; hubbub;
tinter, tang-teh, *v* to ring; to tinkle; to toll.
tir, teer, *m* shooting; firing; rifle-range.
tirage, te-răhsh, *m* drawing; draught; printing;
  (newspapers) circulation.
tiraillement, te-rah'e-mahng, *m* pulling; pain.
tire-bouchon, teer-boo-shong, *m* corkscrew.
tiré, e, te-reh, *a* (a face) drawn; worn out.
tirelire, teer-leer, *f* money-box.
tirer, te-reh, *v* to draw; to pull; to drag; to verge on;
tiret, te-reh, *m* hyphen; dash.   ⌊to shoot.
tiroir, te-ro'ăhr, *m* drawer; slide.
tisane, te-zăhn, *f* infusion.
tison, te-zong, *m* fire-brand.
tisonnier, te-zonn-e-eh, *m* poker.
tisser, teess-eh, *v* to weave.
tissu, teess-E, *m* material; fabric.
titre, tee-tr, *m* title; right; certificate.
tituber, tee-tE-beh, *v* to stagger; to lurch.
titulaire, tee-tE-lair, *mf* holder; titular.
tocsin, tock-sang, *m* alarm-bell.
tohu-bohu, toh-E-boh-E, *m* hurly-burly.
toi, to'ăh, *pers pron mf sing* (familiar form) you
  (subject or object).
toile, to'ăhl, *f* cloth; linen; canvas; picture.
toilette, to'ăh-lett, *f* washing; lavatory; dress;
  dressing-table.
toiser, to'ăh-zeh, *v* to measure; to eye (someone).
toison, to'ăh-zong, *f* fleece; (*fam*) mop of hair.
toit, to'ăh, *m* roof; (*fam*) home.
tôle, tohl, *f* sheet-iron.
tolérable, toll-eh-răh-bl, *a* tolerable.
tolérance, toll-eh-rahngss, *f* toleration.

tolérer, toll-eh-reh, *v* to tolerate.
tomate, tomm-äht, *f* tomato.
tombant, e, tong-bahng, *a* falling.
tombe, tongb, *f* tomb; grave.
tombeau, tong-boh, *m* tomb; grave; tombstone.
tomber, tong-beh, *v* to fall; to abate; (**— sur**) to come across.
tombereau, tongb-roh, *m* tumbril; cartload.
tome, tohm, *m* tome; volume.
ton, tong, *poss a m sing* (familiar form) your; *m* tone; style; shade.
tondeuse, tong-derz, *f* lawn-mower; shears.
tondre, tong-dr, *v* to shear; to mow; to clip.
tonne, tonn, *f* ton (20 cwt); tun.
tonneau, tonn-oh, *m* cask; barrel.
tonner, tonn-eh, *v* to thunder.
tonnerre, tonn-air, *m* thunder.
toque, tock, *f* cap; hat; rogue.
toqué, e, tock-eh, *a* (*fam*) crazy.
torche, torsh, *f* torch.
torchon, tor-shong, *m* dish cloth; duster.
tordre, tor-dr, *v* to wring; to twist; **se —,** to writhe.
torpeur, tor-per, *f* torpor; numbness.
torpille, tor-pee-ye, *f* torpedo.
torpilleur, tor-pee-yer, *m* torpedo-boat.
torréfier, tor-reh-fe-eh, *v* to roast.
torrent, tor-rahng, *m* torrent.
torrentiel, le, tor-rahng-se-ell, *a* torrential.
tors, e, tor, *a* twisted; crooked.
torse, torss, *m* torso; trunk; chest.
tort, tor, *m* wrong; harm; injury; **avoir —,** äh-vo'ähr —, to be wrong.
tortiller, tor-tee-yeh, *v* to twist; to shuffle; **se —,** to [wriggle
tortu, e, tor-tE, *a* crooked; tortuous.
tortue, tor-tE, *f* tortoise; turtle.
tortueu-x, se,* tor-tE-er, *a* winding; crooked.
torture, tor-tEEr, *f* torture.
tôt, toh, *adv* soon; early.
total, tot-ähl, *m* total.
total, e,* tot-ähl, *a* total; whole.
touchant, too-shahng, *prep* concerning; regarding.
touchant, e, too-shahng, *a* touching; affecting.

touche, toosh, *f* touch; stroke; key.

toucher, too-sheh, *v* to touch; to cash; to hit; to affect; to be contiguous to.

toucher, too-sheh, *m* touch; feeling.

touffe, toof, *f* tuft; bunch; clump.

touffu, e, too-fE, *a* tufted; bushy; thick.

toujours, too-shoohr, *adv* always; ever; nevertheless.

toupet, too-pay, *m* tuft; impudence; cheek.

toupie, too-pee, *f* top; humming-top.

tour, toohr, *m* turn; revolution; circumference; trick; [trip; lathe.

tour, toohr, *f* tower.

tourbe, toohrb, *f* peat; turf; mob.

tourbillon, toohr-bee-yong, *m* whirlwind.

tourelle, too-rell, *f* turret.

touriste, too-risst, *mf* tourist; tripper.

tourment, toohr-mahng, *m* torment; anguish.

tourmente, toohr-mahngt, *f* tempest; turmoil.

tourmenté, e, toohr-mahng-teh, *a* stormy; worried; unnatural.

tourmenter, toohr-mahng-teh, *v* to torment.

tournant, toohr-nahng, *m* turning; bend; corner.

tournée, toohr-neh, *f* round; walk; excursion.

tourner, toohr-neh, *v* to turn; to change.

tourneur, toohr-ner, *m* turner; thrower.

tournevis, toohr-ner-veess, *m* screw-driver.

tournoi, toohr-no'äh, *m* tournament.

tournoyer, toohr-no'äh-yeh, *v* to whirl round.

tournure, toohr-nEEr, *f* figure; appearance; turn; [course.

tourte, toohrt, *f* tart; fruit-pie.

tourterelle, toohr-ter-rell, *f* turtle-dove.

toussaint (la), läh-tooss-ang, *f* All Saints' Day.

tousser, tooss-eh, *v* to cough.

tout, too, *adv* wholly; quite; *m* all; the whole; chief

tout, e, too, *a* all; whole.   [point.

tout, too, *pron* all; everything.

tout-à-l'égout, toot-äh-leh-ghoo, *m* main drainage.

toutefois, toot-fo'äh, *adv* yet; however.

toute-puissance, toot-pweess-ahngss, *f* omnipotence.

tout-puissant, too-pweess-ahng, *m* Almighty; *a* all-[powerful.

toux, too, *f* cough; coughing.

toxique, tox-eeck, *m* poison; *a* poisonous.

trac, trähck, *m* (*fam*) fright; stage-fright.

tracas, träh-kah, *m* confusion; anxiety.

tracasser, träh-kähss-eh, *v* to worry; to plague.

trace, trähss, *f* trace; track; footstep.

tracé, trähss-eh, *m* outline; planning; line.

tracer, trähss-eh, *v* to trace; to draw out; to lay down.

traduc-teur, trice, *mf* translator.

traduction, träh-DEEK-se-ong, *f* translation; trans-

traduire, träh-dweer, *v* to translate. [lating.

trafic, träh-feek, *m* traffic; trade.

trafiquer, träh-fe-keh, *v* to trade; to traffic.

tragique,* träh-sheeck, *a* tragic(al).

trahir, träh-eer, *v* to betray; to deceive.

trahison, träh-e-zong, *f* treachery; betrayal; treason.

train, trang, *m* train; pace; rate; speed; way; style; retinue.

traînard, tray-nähr, *m* straggler; slow-coach.

traîneau, tray-noh, *m* sledge.

traînée, tray-neh, *f* train; trail.

traîner, tray-neh, *v* to drag; to drawl; to lag behind; to lie about.

traire, trayr, *v* to milk.

trait, tray, *m* dart; arrow; stroke; dash; touch; draught; act; feature.

traitable, tray-täh-bl, *a* tractable.

traite, trayt, *f* journey; draft; trading.

traité, tray-teh, *m* treatise; treaty.

traitement, trayt-mahng, *m* treatment; salary.

traiter, tray-teh, *v* to treat; to handle; to negotiate.

traître, sse, tray-tr, *mf & a* traitor; traitress; treacherous. [ously.

traîtreusement, tray-trerz-mahng, *adv* treacher-

traîtrise, tray-treez, *f* treachery; betrayal.

trajet, träh-shay, *m* journey; passage; distance.

trame, trähm, *f* woof; weft; plot; progress.

tramer, träh-meh, *v* to weave; to plot.

tranchant, trahng-shahng, *m* edge.

tranchant, e, trahng-shahng, *a* sharp; cutting; [peremptory.

tranche, trahngsh, *f* slice.

tranchée, trahng-sheh, *f* trench; *pl* gripes.

trancher, trahng-sheh, *v* to cut off; to decide; to solve; to contrast (**sur,** with).

tranquille,* trahng-keel, *a* quiet; peaceful; easy.

tranquilliser, trah*n*g-ke-le-zeh, *v* to calm.

tranquillité, trah*n*g-ke-le-teh, *f* calm; stillness.

transatlantique, trah*n*gss-äht-lah*n*g-teeck, *m* Ocean steamer; *a* transatlantic.

transborder, trah*n*gss-bor-deh, *v* to trans-ship.

transcrire, trah*n*gss-kreer, *v* to transcribe.

transe, trah*n*gss, *f* fear; apprehension; trance.

transférer, trah*n*gss-feh-reh, *v* to transfer.

transfert, trah*n*gss-fair, *m* transfer.

transformer, trah*n*gss-for-meh, *v* to transform; to change into.

transfuge, trah*n*gss-fEEsh, *m* deserter; runaway.

transfusion, trah*n*gss-fe-ze-o*n*g, *f* transfusion.

transi, e, trah*n*g-ze, *pp & a* chilled; benumbed.

transiger, trah*n*g-ze-sheh, *v* to compound.

transitoire,* trah*n*g-ze-to'ähr, *a* transitory.

transmettre, trah*n*gss-met-tr, *v* to transmit; to broadcast.

transparence, trah*n*gss-päh-rah*n*gss, *f* transparency.

transparent, trah*n*gss-päh-rah*n*g, transparent.

transpiration, trah*n*gss-pe-räh-se-o*n*g, *f* perspiration.

transpirer, trah*n*gss-pe-reh, *v* to perspire; to transpire.

transport, trah*n*gss-por, *m* carriage; conveyance; rapture. ⌈enrapture.

transporter, trah*n*gss-por-teh, *v* to convey; to

transvaser, trah*n*gss-vah-zeh, *v* to decant.

trappe, trähp, *f* trap-door; trap; pitfall.

trapu, e, träh-pE, *a* thick-set; dumpy.

traquenard, trähck-nähr, *m* snare; trap.

traquer, träh-keh, *v* to hunt out; to surround.

travail, träh-vah'e, *m* work; labour; toil.

travailler, träh-vah'e-yeh, *v* to work; to work on; to ferment.

travers, träh-vair, *m* breadth; defect; oddity; à —, äh —, across.

traversée, träh-vair-seh, *f* passage; crossing.

traverser, träh-vair-seh, *v* to cross; to travel over; to ⌊thwart.

traversin, träh-vair-sa*n*g, *m* bolster.

travestir, träh-vess-teer, *v* to disguise; to travesty.

trébucher, treh-bE-sheh, *v* to stumble.

trèfle, tray-fl, *m* clover; (cards) clubs.

treillage, tray'e-yähsh, *m* lattice-work.
treille, tray'e, *f* vine-arbour.
treize, trayz, *m* & *a* thirteen.
treizième, tray-ze-aym, *m* & *a* thirteenth.
tréma, treh-mah, *m* diaeresis.
tremblement, trahng-bler-mahng, *m* shake; tremor;
— **de terre,** trahng-der tair, earthquake.
trembler, trahng-bleh, *v* to tremble; to quake; to
shake; to quaver; to fear.
trémousser (se), ser treh-mooss-eh, *v* to bestir
oneself.
tremper, trahng-peh, *v* to dip; to soak; (steel) to
trentaine, trahng-tenn, *f* about thirty.   [temper.
trente, trahngt, *m* & *a* thirty.
trentième, trahng-te-aym, *m* & *a* thirtieth.
trépasser, treh-pahss-eh, *v* to die.
trépied, treh-pe-eh, *m* tripod.
trépigner, treh-peen-yeh, *v* to stamp.
très, tray, *adv* very; very much; most.
trésor, treh-zor, *m* treasure; treasury.
trésori-er, ère, treh-zor-e-eh, *mf* treasurer.
tressaillir, tress-sah'e-yeer, *v* to start; to thrill; to
tresse, trayss, *f* plait.   [shudder.
tréteau, treh-toh, *m* trestle; *pl* stage.
treuil, tre*r*-e, *m* windlass.
trêve, trayv, *f* truce; — **de,** — der, no more.
tri, triage, tre, tre-ähsh, *m* sorting; picking.
tribu, tre-be, *f* tribe.   [Justice.
tribunal, tre-be-nähl, *m* tribunal; bench; Court of
tribune, tre-been, *f* tribune; platform; grandstand.
tribut, tre-be, *m* tribute.
tricher, tre-sheh, *v* to cheat.
tricot, tre-ko, *m* knitting; jersey.
tricoter, tre-ko-teh, *v* to knit.
tricycle, tre-see-kl, *m* tricycle.
trier, tre-eh, *v* to sort; to pick; to choose.
trimbaler, trang-bäh-leh, *v (fam)* to carry about; to
trimestre, tre-mess-tr, *m* quarter; term.   [trail.
tringle, trang-gl, *f* rod; curtain rail.
trinquer, trang-keh, *v* to touch glasses; *(fam)* to drink
triompher, tre-ong-feh, *v* to triumph.   [together.
tripe, treep, *f* tripe; *(fam) pl* guts.

triple,* tre-pl, *a* treble; triple.

tripoter, tre-pot-eh, *v* to mess about; to finger.

triste,* trisst, *a* sad; gloomy; dreary.

tristesse, triss-tess, *f* sadness; gloom; melancholy.

triturer, tre-tE-reh, *v* to grind; to masticate.

troc, trock, *m* barter; exchange.

trognon, tronn-yong, *m* core; stump.

trois, tro'ăh, *m* & *a* three.

troisième, tro'ăh-ze-aym, *m* & *a* third.

trombe, trongb, *f* waterspout.

trombone, trong-bonn, *f* trombone; paper clip.

trompe, trongp, *f* horn; trunk; proboscis.

tromper, trong-peh, *v* to deceive; to cheat; **se —,** to make a mistake.

trompette, trong-pett, *f* trumpet.

trompeu-r, se, trong-per, *mf* & *a** deceiver; betrayer; deceitful.

tronc, trong, *m* trunk; collection-box.

tronçon, trong-song, *m* stump.

trône, trohn, *m* throne.

tronquer, trong-keh, *v* to mutilate; to cut off.

trop, tro, *adv* too; too much; too many.

troquer, trock-eh, *v* to barter; to exchange.

trotter, trot-eh, *v* to trot; to run.

trottinette, trot-e-nett, *f* child's scooter.

trottoir, trot-o'ăhr, *m* pavement.

trou, troo, *m* hole; gap; mouth; hovel.

trouble, troo-bl, *m* disturbance; perplexity; *a* muddy; dull; confused.

troubler, troo-bleh, *v* to disturb; to make muddy; to put out.

trouer, troo-eh, *v* to hole; to pierce.

troupe, troop, *f* troupe; gang; set; crew; *pl* troops.

troupeau, troo-poh, *m* flock; herd.

troupier, troo-pe-eh, *m* soldier; trooper.

trousse, trooss, *f* truss; bundle; case; kit; dressing-case.

trousseau, trooss-oh, *m* bunch of (keys); trousseau.

trousser, trooss-eh, *v* to tie up; to truss; to dispatch.

trouvaille, troo-vah'e, *f* discovery.

trouver, troo-veh, *v* to find; to think; to consider.

truc, trEEk, *m (fam)* trick; thing; what's his name.

truffe, trEEf, *f* truffle.

truie, trwee, *f* sow.

truite, trweet, *f* trout.
truquer, trɛ-keh, *v* to fake.
tu, tɛ, *pers pron sing* (familiar form) you.
tube, tɛɛb, *m* tube; pipe.
tuer, tɛ-eh, *v* to kill; to slaughter.
tuerie, tɛ-ree, *f* slaughter.
tue-tête (à), ăh tɛ-tayt, *adv* at the top of one's voice.
tuile, tweel, *f* tile.
tumeur, tɛ-mer, *f* tumour; growth.
tumulte, tɛ-mɛɛlt, *m* tumult; turmoil.
turbot, tɛɛr-bo, *m* turbot.
turbulent, tɛɛr-bɛ-lahng, *a* turbulent; boisterous.
tutelle, tɛ-tell, *f* tutelage; protection; guardianship.
tu-teur, trice, tɛ-ter, *mf* guardian.
tutoyer, tɛ-to'ăh-yeh, *v* to address as **tu.**
tuyau, twee-yoh, *m* pipe; tube; funnel;(*fam*) tip; hint.
type, teep, *m* type; symbol;(*pop*) bloke.
typique, te-peeck, *a* typical.
typhon, te-fong, *m* typhoon.
tyran, te-rahng, *m* tyrant.
tyrannie, te-răhn-nee, *f* tyranny.
tzigane, tse-găhn, *mf* & *a* a gipsy.

ulcère, ɛɛl-sair, *m* ulcer; sore.
ulcéré, ɛɛl-seh-reh, *pp* & *a* ulcerated; (*fig*) embittered.
ultérieur, e,* ɛɛl-teh-re-er, *a* subsequent; ulterior.
un, e, ung, *num a* & *n* one; unit; first.
un, e, ung, *indef art* & *pron* an; one; any.
unanime,* ɛ-năh-neem, *a* unanimous.
uni, e, ɛ-ne, *a* united; smooth; even; level; plain.
unième, ɛ-ne-aym, *a* first (used only in compounds:
　vingt et unième, twenty-first, etc).
unifier, ɛ-ne-fe-eh, *v* to unify.
uniforme, ɛ-ne-form, *a* & *m* uniform.　[formly.
uniformément, ɛ-ne-for-meh-mahng, *adv* uni-
uniment, ɛ-ne-mahng, *adv* evenly; plainly.
union, ɛ-ne-ong, *f* union; marriage; harmony.
unique,* ɛ-neeck, *a* only; sole; unique; matchless.
unir, ɛ-neer, *v* to unite; to smooth.
unisson, ɛ-niss-ong, *m* unison.
unité, ɛ-ne-teh, *f* unity; unit.

univers, E-ne-vair, *m* universe.
universel, le, * E-ne-vair-sell, *a* universal.
universitaire, E-ne-vair-se-tair, *mf* & *a* member of the university; belonging to the university.
université, E-ne-vair-se-teh, *f* university.
urbain, e, EER-bang, *a* urban.
urbanité, EEr-băh-ne-teh, *f* urbanity.
urgence, EER-shahngss, *f* urgency; emergency.
urgent, e, EER-shahng, *a* urgent.
urine, E-reen, *f* urine.
uriner, E-reen-eh, *v* to make water.
urinoir, E-re-no'ăhr, *m* urinal.
urne, EErn, *f* urn.
usage, E-zăhsh, *m* use; custom; habit; wear.
usagé, e, E-zăh-sheh, *a* that has been used.
usé, e, E-zeh, *pp* & *a* worn out; stale; hackneyed.
user, E-zeh, *v* to wear; to spend; — de, to make use of
usine, E-zeen, *f* factory; works.
usité, e, E-ze-teh, *a* in use; customary.
ustensile, EESs-tahng-seel, *m* utensil.
usuel, le, * E-ze-ell, *a* usual.
usure, E-zEEr, *f* wear; usury.
usurpa-teur, trice, E-zEEr-păh-ter, *mf* & *a* usurper;
usurper, E-zEEr-peh, *v* to usurp.   ⌊usurping.
ut, EEt, *m* ut; do; C.
utérus, E-teh-rEss, *m* uterus; womb.
utile, E-teel, *m* & *a* * utility; useful; serviceable.
utiliser, E-te-le-zeh, *v* to utilize; to make use of.
utilité, E-te-le-teh, *f* utility; usefulness.
utopique, E-top-eeck, *a* utopian.

vacance, văh-kahngss, *f* vacancy; *pl* holidays.
vacant, e, văh-kahng, *a* vacant; unoccupied.
vacarme, văh-kăhrm, *m* hubbub; uproar; din.
vaccination, văhck-seen-ăh-se-ong, *f* vaccination.
vaccine, văhck-seen, *f* vaccination.
vache, văhsh, *f* cow; cow-hide.   ⌈wobble.
vaciller, văh-sill-leh or văh-see-yeh, *v* to waver; to
va-et-vient, văh-eh-ve-ang, *m* coming and going.
vagabond, e, văh-găh-bong, *a* & *mf* vagabond; vagrant.

vague, văhg, *m* vagueness; empty space; *a** vague; indistinct; vacant; (land) waste.

vague, văhg, *f* wave; billow; generation.

vaguer, văh-gheh, *v* to ramble; to rove; to wander.

vaillamment, vah'e-yăh-mah*ng*, *adv* valiantly.

vaillance, vah'e-yăh*ng*ss, *f* valour; bravery.

vaillant, e, vah'e-yah*ng*, *a* valiant; brave; gallant.

vain, e,* va*ng*, *a* vain; fruitless; vainglorious.

vaincre, va*ng*-kr, *v* to vanquish; to conquer; to de-

vaincu, va*ng*-kr, *m* conquered; vanquished. [feat.

vainqueur, va*ng*-ker, *m* victor; prize-winner; *a* victorious.

vaisseau, vayss-oh, *m* vessel; ship; structure.

vaisselle, vayss-ell, *f* table-service; crockery; wash-

val, văhl, *m* vale; valley; dale. [ing-up.

valable,* văh-lăh-bl, *a* valid.

valet, văh-lay, *m* footman; flunkey; (cards) knave.

valeur, văh-ler, *f* value; worth; courage; *pl* securities.

valeureu-x, se,* văh-le*r*-re*r*, *a* valiant; brave.

valide,* văh-leed, *a* valid.

validité, văh-le-de-teh, *f* validity.

valise, văh-leez, *f* suitcase.

vallée, văh-leh, *f* valley; vale; dale.

vallon, văh-lo*ng*, *m* dale; small valley.

valoir, văh-lo'ăhr, *v* to be worth; to yield.

valse, văhls, *f* waltz.

valve, văhlv, *f* valve.

vanille, văh-nee-ye, *f* vanilla.

vanité, văh-ne-teh, *f* vanity.

vaniteu-x, se,* văh-ne-te*r*, *a* vain; vainglorious.

vanne, văhn, *f* sluice; water-gate.

vanner, văh-neh, *v* to winnow.

vannerie, văhn-ner-ree, *f* basket-making trade.

vantard, e, vah*ng*-tăhr, *mf & a* boaster; boastful; boasting. [boast.

vanter, vah*ng*-teh, *v* to praise; to extol; **se —,** to

vapeur, văh-per, *m* steamer; *f* vapour; steam.

vaporeu-x, se,* văh-por-e*r*, *a* vaporous; hazy.

vaporiser, văh-por-e-zeh, *v* to vaporize; to spray.

vaquer, văh-keh, *v* to be vacant; **— à, — ăh,** to attend to.

vareuse, văh-re*r*z, *f* jumper; boating jacket.

variable,* văh-re-ăh-bl, *a* variable; changeable.
variation, văh-re-ăh-se-on*g*, *f* variation.
varice, văh-reess, *f* varicose vein.
varicelle, văh-re-sell, *f* chicken-pox.
varier, văh-re-eh, *v* to vary; to differ.
variété, văh-re-eh-teh, *f* variety.
variole, văh-re-ol, *f* smallpox.
vase, vahz, *m* vase; urn; vessel; *f* mud; slime.
vaseu-x, se, vah-zer, *a* muddy; miry.
vaste,* văhsst, *a* vast; spacious; wide; great.
va-tout, văh-too, *m* last stake.
vaurien, ne, voh-re-an*g*, *mf* worthless person.
vautour, voh-toohr, *m* vulture.
vautrer (se), ser voh-treh, *v* to wallow; to sprawl.
veau, voh, *m* calf; calf's leather; veal.
vedette, ver-dett, *f* motor-boat; (film) star.
végétal, e, veh-**sh**eh-tăhl, *a* vegetable.
véhément, e,* veh-eh-mah*ng*, *a* vehement.
véhicule, veh-e-keel, *m* vehicle.
veille, vay'e, *f* wakefulness; watch; eve.
veillée, vay'e-yeh, *f* sitting-up; vigil.
veiller, vay'e-yeh, *v* to sit up; to watch; to be awake;
   (à) to see to.
veilleuse, vay'e-yerz, *f* night-light; pilot light.
veine, vayn, *f* vein; (*fam*) luck.
velléité, veh-leh-e-teh, *f* slight desire.
vélo, veh-lo, *m* bicycle.
vélodrome, veh-lod-rohm, *m* cycling-track.
velours, ver-loohr, *m* velvet.
velouté, e, ver-loo-teh, *a* velvety; soft; rich (soup etc).
velu, e, ver-le, *a* hairy; shaggy.
venaison, ver-nay-zon*g*, *f* venison.
venant, e, ver-nah*ng*, *a* coming; thriving; **à tout —,**
   ăh too —, to all comers.
vendable, vah*ng*-dăh-bl, *a* saleable.
vendange, vah*ng*-dah*ng*sh, *f* vintage; vine harvest.
vendeu-r, se, vah*ng*-der, *mf* seller; salesman
vendre, vah*ng*-dr, *v* to sell; to betray;   (-woman).
vendredi, vah*ng*-drer-de, *m* Friday.
vénéneu-x, se, veh-neh-ner, *a* poisonous.
vénérer, veh-neh-reh, *v* to venerate.
vénérien, ne, veh-neh-re-an*g*, *a* venereal.

vengeance, vah*ng*-shah*ng*ss, *f* revenge.
venger, vah*ng*-sheh, *v* to avenge; to revenge.
veng-eur, eresse, vah*ng*-sher, *mf* & *a* avenger.
véniel, le, veh-ne-ell, *a* venial.
venimeu-x, se, ver-ne-mer, *a* venomous.
venin, ver-nah*ng*, *m* venom; spite; rancour.
venir, ver-neer, *v* to come; to arrive; to happen; to grow; — **de,** — der, to have just ...
vent, vah*ng*, *m* wind; scent; emptiness.
vente, vah*ng*t, *f* sale.
venter, vah*ng*-teh, *v* to be windy.
ventilateur, vah*ng*-te-läh-ter, *m* ventilator; fan.
ventouse, vah*ng*-tooz, *f* cupping-glass; sucker.
ventre, vah*ng*-tr, *m* abdomen; belly; stomach.
ventru, e, vah*ng*-trE, *a* corpulent; big-bellied.
venu, e, ver-nE, *mf* comer.
venue, ver-nE, *f* coming; arrival; growth.
vêpres, vay-pr, *fpl* vespers.
ver, vair, *m* worm; maggot.
verbal, e,* vair-bähl, *a* verbal.
verbe, vairb, *m* verb.
verbeu-x, se, vair-ber, *a* verbose.
verbiage, vair-be-ähsh, *m* verbiage; mere talk.
verdâtre, vair-dah-tr, *a* greenish.
verdeur, vair-der, *f* greenness; tartness.
verdir, vair-deer, *v* to grow green; to make green.
verdoyant, e, vair-do'äh-yah*ng*, *a* verdant.
verdure, vair-DEEr, *f* greenness; verdure; foliage.
véreu-x, se, veh-rer, *a* worm-eaten; (*fam*) suspicious; dishonest.
verge, vairsh, *f* rod; birch rod; penis.
verger, vair-sheh, *m* orchard.
verglas, vair-glah, *m* glazed frost.
vergogne (sans), sah*ng* vair-gonn-yer, *f* shameless.
véridique,* veh-re-deeck, *a* veracious; truthful.
vérifier, veh-re-fe-eh, *v* to verify; to check.
véritable,* veh-re-täh-bl, *a* true; genuine; downright.
vérité, veh-re-teh, *f* truth.
vermeil, vair-may'e, *m* silver-gilt.
vermeil, le, vair-may'e, *a* ruby; rosy.
vermine, vair-meen, *f* vermin.
vermisseau, vair-miss-oh, *m* small worm.

vermoulu, e, vair-moo-lE, *a* worm-eaten.
vernir, vair-neer, *v* to varnish.
vernis, vair-ne, *m* varnish; japan; French polish.
vérole (petite), per-teet veh-rol, *f* smallpox.
verre, vair, *m* glass.
verrerie, vay-rer-ree, *f* glass-works.
verrou, vay-roo, *m* bolt.
verrouiller, vay-roo'e-yeh, *v* to bolt.
verrue, vay-rE, *f* wart; verucca.
vers, vair, *prep* towards; about.
vers, vair, *m* verse; line.
versant, vair-sah*ng*, *m* slope; bank.
verse (à), äh vairss, *adv* (rain) in torrents.
versé, e, vair-seh, *a* well versed, well up **(dans, en,** in).
versement, vair-ser-mah*ng*, *m* payment; instalment.
verser, vair-seh, *v* to pour; to shed; to lodge; to pay in; to overturn.
verset, vair-say, *m* verse.
verso, vair-so, *m* back; reverse (of paper etc).
vert, e, vair, *a* green; unripe; sharp; *m* colour green.
vertement, vair-ter-mah*ng*, *adv* sharply; severely.
vertical, e,* vair-te-kähl, *a* vertical.
vertige, vair-teesh, *m* giddiness; vertigo.
vertigineu-x, se, vair-te-she-ne*r*, *a* giddy; dizzy.
vertu, vair-tE, *f* virtue; chastity; power; property.
vertueu-x, se,* vair-tE-e*r*, *a* virtuous.
verve, vairv, *f* animation; zest; spirits.
vessie, vayss-ee, *f* bladder.
veste, vaysst, *f* jacket.
vestiaire, vayss-te-air, *m* cloak-room; changing-room.
vestibule, vayss-te-bEEl, *m* vestibule.
vestige, vayss-teesh, *m* vestige; remains; track.
veston, vayss-tong, *m* jacket.
vêtement, vaytt-mah*ng*, *m* garment; *pl* clothes.
vétérinaire, veh-teh-re-nair, *m & a* veterinary surgeon; veterinary.
vêtir, vay-teer, *v* to clothe; to dress; to array.
veu-f, ve, ver*f*, *mf & a* widower; widow; widowed.
veule, ver*l*, *a* weak; soft.
veuvage, ve*r*-vähsh, *m* widowhood.
vexatoire, veck-säh-to'ähr, *a* vexatious.

vexer, veck-seh, *v* to vex; to annoy.

viable, ve-ăh-bl, *a* likely to live.

viag-er, ère, ve-ăh-sheh, *a* for life.

viande, ve-ahngd, *f* meat; flesh.

vibrant, e, ve-brahng, *a* vibrating.

vibrer, ve-breh, *v* to vibrate.

vicaire, ve-kair, *m* curate.

vice, veess, *m* vice; defect; blemish; flaw.

vicié, e, veess-e-eh, *a* vitiated; corrupt.

vicier, ve-se-eh, *v* to vitiate; to corrupt.

vicieu-x, se,* veess-e-er, *a* vicious; faulty; depraved.

vicomte, ve-kongt, *m* viscount.

vicomtesse, ve-kong-tess, *f* viscountess.

victime, vick-teem, *f* victim.

victoire, vick-to'ăhr, *f* victory.

victorieu-x, se,* vick-tor-e-er, *a* victorious.

victuaille, vick-tɛ-ah'e, *f* victuals; *pl* provisions.

vidange, ve-dahngsh, *f* clearing out; draining.

vide, veed, *m* empty space; vacuum; *a* empty.

vider, vee-deh, *v* to empty; to drain; to settle.

vie, vee, *f* life; living; existence.

vieillard, ve-ay'e-ăhr, *m* old man.

vieille, ve-ay'e, *f* old woman.

vieillerie, ve-ay'e-ree, *f* old things.

vieillesse, ve-ay'e-ess, *f* old age.

vieillir, ve-ay'e-eer, *v* to grow old; to age.

vierge, ve-airsh, *f* virgin.

vieux, ve-er, *m* old man; *pl* old folk.

vieux (before a vowel or **h** mute: **vieil**), *f* **vieille,** ve-er, ve-ay'e, *a* old.

vi-f, ve,* veef, *a* alive; sharp; quick tempered; bright; strong; running.

vif-argent, veef-ăhr-shahng, *m* quicksilver.

vigie, ve-shee, *f* look-out.

vigilamment, ve-she-lăh-mahng, *adv* vigilantly.

vigilance, ve-she-lahngss, *f* vigilance.

vigilant, e, ve-she-lăhng, *a* vigilant.

vigne, veen-yer, *f* vine; vineyard.

vigneron, veen-yer-rong, *m* vine-grower.

vignoble, veen-yo-bl, *m* vineyard.

vigoureu-x, se,* ve-goo-rer, *a* vigorous; sturdy; [energetic.

vigueur, ve-gher, *f* vigour; strength.

vil, e,* veel, *a* vile; base; mean; despicable.

vilain, e,* ve-la*n*g, *a* ugly; nasty; (child) naughty.

vilenie, ve-ler-nee, *f* meanness; dirty trick; *pl* abuse.

vilipender, ve-le-pah*n*g-deh, *v* to vilify.

village, ve-lăhsh, *m* village.

villageois, e, ve-lăh-sho'ăh, *mf* & *a* villager; rustic.

ville, veel, *f* town; city.

vin, va*n*g, *m* wine.

vinaigre, ve-nay-gr, *m* vinegar.

vinaigrette, ve-nay-grett, *f* oil and vinegar dressing.

vindicati-f, ve, va*n*g-de-kăh-teeff, *a* revengeful.

vingt, va*n*g, *m* & *a* twenty; twentieth.

vingtaine, va*n*g-tain, *f* about twenty.

vingtième, va*n*g-te-aym, *m* & *a* twentieth.

viol, ve-ol, *m* rape.

violation, ve-oll-ăh-se-o*n*g, *f* violation; infringement.

violemment, ve-oll-ăh-mah*n*g, *adv* violently.

violence, ve-oll-ah*n*gss, *f* violence.

violent, e, ve-oll-ah*n*g, *a* violent.

violer, ve-oll-eh, *v* to violate; to infringe; to rape.

violet, te, ve-oll-ay, *a* violet-coloured; *m* colour violet.

violette, ve-oll-ett, *f* violet.

violon, ve-oll-o*n*g, *m* violin; violinist; (*pop*) gaol.

vipère, ve-pair, *f* viper.

virage, ve-răhsh, *m* turning; bend; (photography). toning; changing (of colour).

virement, veer-mah*n*g, *m* (finance) transfer.

virer, ve-reh, *v* to turn; to take a bend; to tack.

virgule, veer-ghEEl, *f* comma.

viril, e,* ve-reel, *a* manly; virile.

virilité, ve-re-le-teh, *m* manhood; virility; vigour.

virtuel, le,* veer-tE-ell, *a* virtual.

virulence, ve-rE-lah*n*gss, *f* virulence.

virus, ve-rEEss, *m* virus.

vis, veess, *f* screw.

visa, ve-zăh, *m* signature; visa.

visage, ve-zăhsh, *m* face; visage; look.

vis-à-vis, ve-zăh-ve, *adv* in relation to.

viscère, veess-sair, *m* viscus.

visée, ve-zeh, *f* aim; design; end.

viser, ve-zeh, *v* to aim at; to aspire to; to endorse.

visible,* ve-zee-bl, *a* visible.

visière, ve-ze-air, *f* visor; peak.

vision, ve-ze-*ong*, *f* vision; sight; phantom.

visionnaire, ve-ze-onn-air, *a* visionary.

visite, ve-zeet, *f* visit; search; medical examination.

visiter, ve-ze-teh, *v* to visit; to inspect; to search.

visqueu-x, se, veess-ker, *a* viscous; sticky.

visser, veess-eh, *v* to screw.

visuel, le,* ve-ze-ell, *a* visual.

vital, e, ve-tǎhl, *a* vital.

vitalité, ve-tǎh-le-teh, *f* vitality.

vite, veet, *adv* quickly; fast; *a* quick; swift.

vitesse, ve-tess, *f* quickness; speed.

viticulture, ve-te-KEEl-teer, *f* wine-culture.

vitrail, ve-trah'e, *m* stained glass window.

vitre, vee-tr, *f* pane; window pane.

vitrier, ve-tre-eh, *m* glazier.

vitrine, ve-treen, *f* shop-window; glass-case.

vivace, ve-vǎhss, *a* long-lived; deep-rooted.

vivacité, ve-vǎhss-e-teh, *f* vivacity; hastiness.

vivant, ve-vah*ng*, *m* living person; lifetime.

vivant, e, ve-vah*ng*, *a* alive; lively.

vivier, ve-ve-eh, *m* fish-pond; breeding ground.

vivre, vee-vr, *v* to live; to board.

vivres, vee-vr, *mpl* food; provisions.

vocable, vock-ǎh-bl, *m* word; term.

vocabulaire, vock-ǎh-BE-lair, *m* vocabulary; word list.

vocal, e, vock-ǎhl, *a* vocal.

vocatif, vock-ǎh-teeff, *m* vocative case.

vocation, vock-ǎh-se-o*ng*, *f* vocation; calling.

vociférer, voss-e-feh-reh, *v* to bawl; to cry out.

vœu, ver, *m* vow; wish.

vogue, vogh, *f* vogue; fashion.

voguer, vogh-eh, *v* to sail.

voici, vo'ǎh-se, *adv* here is; here are.

voie, vo'ǎh, *f* way; road; track; gauge; means.

voilà, vo'ǎh-lǎh, *adv* there is; there are.

voile, vo'ǎhl, *m* veil; voile; *f* sail.

voiler, vo'ǎh-leh, *v* to veil; to cloak; to conceal.

voilier, vo'ǎh-le-eh, *m* sail-maker; sailing-boat.

voir, vo'ǎhr, *v* to see; to behold; to inspect; to visit; to meet.

voire, vo'ǎhr, *adv* indeed; nay; even.

voisin, e, vo'ǎh-za*ng*, *mf* neighbour; *a* adjoining.

voisinage, vo'äh-ze-nǎhsh, *m* neighbourhood.

voiture, vo'äh-teer, *f* motor car; cart; carriage.

voix, vo'äh, *f* voice; tone; vote.

vol, vol, *m* flight; theft.

volage, voll-ǎhsh, *a* fickle.

volaille, voll-ah'e, *f* poultry.

volant, voll-ahng, *m* shuttlecock; steering wheel.

volant, e, voll-ahng, *a* flying; loose.

volcan, voll-kahng, *m* volcano.

volée, voll-eh, *f* flight; flock; volley; shower; peal.

voler, voll-eh, *v* to fly; to soar; to steal; **il ne l'a pas volé**, ill ner läh päh voll-eh, it serves him right.

volet, voll-ay, *m* shutter.

voleu-r, se, voll-er, *mf* thief; robber.

volière, voll-e-air, *f* aviary.

volontaire, voll-ong-tair, *m* volunteer; *a** voluntary; headstrong.

volonté, voll-ong-teh, *f* will; *pl* whims; caprices.

volontiers, voll-ong-te-eh, *adv* willingly.

voltage, voll-tähsh, *m* voltage.

volte-face, voll-ter-fähss, *f* turning round; face-about.

voltiger, voll-te-sheh, *v* to flutter; to perform on rope, trapeze etc.

voltigeur, voll-te-sher, *m* performer on rope, trapeze etc.

volubilité, voll-e-be-le-teh, *f* volubility.

volume, voll-eem, *m* volume; bulk; mass; size.

volumineu-x, se, voll-e-me-ner, *a* voluminous.

volupté, voll-eep-teh, *f* voluptuousness; luxury.

vomir, vomm-eer, *v* to vomit; to throw up.

vomissement, vomm-iss-mahng, *m* vomiting.

vomitif, vomm-e-teeff, *m* emetic.

vorace, * vor-ähss, *a* voracious; ravenous.

voracité, vor-ähss-e-teh, *f* voracity; ravenousness.

vote, vot, *m* vote; suffrage; poll; division.

voter, vot-eh, *v* to vote.

votre, votr, *poss a* your; *pl* **vos**, voh. ⸤yours.

vôtre (le, la, les), ler, läh, leh voh-tr, *poss pron*

vouer, voo-eh, *v* to devote; to vow; to dedicate.

vouloir, voo-lo'ǎhr, *v* to be willing; to want; to require; to order; to consent.

vouloir, voo-lo'ǎhr, *m* will.

voulu, e, voo-lE, *pp* & *a* wanted; required; intentional.

vous, voo, *pers pron* you.

voûte, voot, *f* vault.

vouvoyer, voo-vo'åh-yeh, *v* to address as **vous.**

voyage, vo'åh-yähsh, *m* travel; journey; trip.

voyager, vo'åh-yåh-sheh, *v* to travel; to journey.

voyageu-r, se, vo'åh-yåh-**sher,** *mf* & *a* traveller; passenger; travelling.

voyant, e, vo'åh-yah*ng,* *mf* fortune-teller; *a* showy; gaudy.

voyelle, vo'åh-yell, *f* vowel.

voyou, vo'åh-yoo, *m* hooligan; ruffian.

vrac (en), ah*ng* vråhck, *adv* in bulk.

vrai, vray, *adv* truly; *m* truth.

vrai, e, vray, *a* true; genuine; regular; arrant.

vraiment, vray-mah*ng,* *adv* truly; indeed.

vraisemblable,* vray-sah*ng*-blåh-bl, *a* likely.

vraisemblance, vray-sah*ng*-blah*ng*ss, *f* likelihood.

vrille, vree-ye, *f* gimlet.

vu, vE, *prep* seeing; considering; *m* sight; examination.

vu, e, vE, *pp* & *a* seen; examined.

vue, vE, *f* sight; view; prospect; design; purpose.

vulgaire, vEEl-ghair, *m* the common people; *a** vulgar; coarse.

wagon, våh-*gong m* carriage; car; — **lit,** — lee, sleeping car; — **couloir,** — koo-lo'åhr, corridor train.

xérès, keh-rayss, *m* sherry.

y, e, *pron* to it; at it; by it; for it; from it; to them; at them etc.

y, e, *adv* there; within; — **compris,** — kong-pree, including.

yaourt, yah-oort, *m* yoghurt.

yacht, e-åhck, *m* yacht.

yeuse, e-erz, *f* ilex; holly; oak.

yeux, e-er, *mpl* eyes.

yole, ee-ol, *f* yawl.

youyou, yoo-yoo, *m* dingy.

zèbre, zay-br, *m* zebra.

zébré, e, zeh-breh, *a* striped.

zéla-teur, trice, zeh-läh-ter, *mf* zealot.

zèle, zayl, *m* zeal; ardour; earnestness.

zénith, zeh-neet, *m* zenith.

zéphir, zeh-feer, *m* zephyr; gentle breeze.

zeppelin, zehp-lang, *m* zeppelin.

zéro, zeh-ro, *m* nought; zero; cipher; nobody.

zeste, zaysst, *m* zest; zeal.

zézaiement, zeh-zay-mahng, *m* lisping; limp.

zézayer, zeh-zay-yeh, *v* to lisp.

zibeline, zeeb-leen, *f* sable.

zigzaguer, zeeg-zäh-gheh, *v* to stagger; to zigzag.

zinc, zangk, *m* zinc.

zingueur, zang-gher, *m* zinc-worker.

zodiaque, zod-e-ähck, *m* zodiac.

zona, zoh-näh, *m* shingles.

zone, zohn, *f* zone.

zoo, zoh, *m* (*fam*) zoo.

zoologie, zo-oll-osh-ee, *f* zoology.

zoophyte, zo-off-eet, *m* zoophyte.

zouave, zoo-ähv, *m* zouave.

zut! ZEEt, *interj* (*fam*) bother! hang it!

DICTIONNAIRE
ANGLAIS-FRANÇAIS
(ENGLISH-FRENCH DICTIONARY)

(Pour l'explication de la prononciation figurée, lire
avec soin les pages vi. et viii.)

a, é, *art* un, une; par.

abandon, a-bănn'-d'n, *v* abandonner; **—ed,** *a* abandonné; (morally) dissolu.

abase, a-béce', *v* abaisser; humilier.

abash, a-băche', *v* déconcerter.

abate, a-béte', *v* diminuer.

abbot, ăb'-otte, *n* abbé *m.*

abbreviate, a-brï'-vi-éte, *v* abréger.

abdicate, ăb'-di-quéte, *v* abdiquer.

abdomen, ăb-dau'-menn, *n* abdomen *m.*

abduction, ăb-doc'-ch'n, *n* enlèvement *m.*

abeyance, a-bé'-annce, *n* suspension *f.*

abide, a-bâïde', *v* demeurer; **— by,** s'en tenir à.

ability, a-bil'-i-ti, *n* habileté *f;* capacité *f.*

ablaze, a-bléze', *a* en flammes; enflammé.

able, é'-b'l, *a* capable; habile; **to be —,** pouvoir.

abnormal*, ăb-nôr'-m'l, *a* anormal.

aboard, a-bôrde', *adv* à bord.

abode, a-bôde', *n* demeure *f.*

abolish, a-bol'-iche, *v* abolir.

abominable, a-bomm'-inn-a-b'l, *a* abominable.

aboriginal, ăb-ŏr-idj'-inn-'l, *a* aborigène.

abortion, a-bôr'-ch'n, *n* avortement *m.*

abound, a-bà''ounnde, *v* abonder.

about, a-bâoute', *adv* environ, à peu près; autour.
prep auprès de; autour de; au sujet de.

above, a-bove', *adv* en haut; au-dessus; ci-dessus.
prep au-dessus de; plus de; sur.

abrasion, a-bré'-j'n, *n* écorchure *f.*

abreast, a-breste', *adv* de front.

abroad, a-brôde', *adv* à l'étranger.

abrupt*, a-bropte', *a* brusque; (steep) escarpé.

abscess, ăb'-sesse, *n* abcès *m.*

abscond, ăb-skonnde', *v* s'enfuir; se cacher.

absence, ăb'-sennce, *n* absence *f*.

absent, ăb'-sennte, *a* absent. *v* (— oneself) s'absenter; **—ee,** *n* absent *m* absente *f*; **—minded,** *a* distrait.

absolute*, ăb'-sŏ-lioute, *a* absolu.

absolve, ăb-zolve', *v* absoudre.

absorb, ăb-sorb', *v* absorber.

abstain, ăb-sténe', *v* s'abstenir de.

abstainer, ăb-sténe'-r, *n* abstinent *m*.

abstemious*, ăb-sti'-mi-euce, *a* sobre.

abstinence, ăb'-sti-nennce, *n* abstinence *f*.

abstract, ăb-străcte', *v* abstraire; résumer.

abstract, ăb'-străcte, *n* résumé *m*. *a* abstrait.

absurd*, ăb-seurde', *a* absurde.

abundant, *a*-bonne'd'nt, *a* abondant.

abuse, *a*-biouze', *v* abuser de; injurier.

abuse, *a*-biouce', *n* abus *m*; injures *fpl*.

abusive*, *a*-biou'-cive, *a* injurieux; abusif.

abyss, *a*-bisse', *n* abîme *m*.

academy, *a*-kăd'-é-mi, *n* académie *f*.

accede, ăx-îde', *v* accéder; monter (sur).

accelerate, ăx-el'-é-réte, *v* accélérer.

accent, ăx-ennte', *v* accentuer.

accent, ăx'-ennte, *n* accent *m*.

accentuate, ăx-ennte'-iou-éte, *v* accentuer.

accept, ăx-epte', *v* accepter; **—ance,** *n* acceptation *f*.

access, ăx'-cesse, *n* accès *m*.

accession, ăx-ech'n, *n* avènement *m*.

accessory, ăx'-ess-ŏ-ri, *n* complice *m*; accessoire *m*.

accident, ăx'-i-dennte, *n* accident *m*.

accidental*, ăx-i-denn'-t'l, *a* accidentel; accessoire.

acclaim, ac-cléme', *v* acclamer.

accommodate, ac-comm'-mŏ-déte, *v* accommoder; loger; fournir.

accommodation, ac-comm-mŏ-dé'-ch'n, *n* logement *m*; arrangement *m*; aménagement *m*.

accompaniment, ac-comm'-pa-ni-m'nt, *n* accompagnement *m*; accessoire *m*.

accompanist, ac-comm'-pa-nisste, *n* accompagnateur *m*, accompagnatrice *f*.

accompany, ac-comm'-pa-ni, *v* accompagner.

accomplice, ac-comm'-plisse, *n* complice *m*.

accomplish, ac-comm'-pliche, *v* accomplir.

accomplishment, ac-comm'-pliche-m'nt, *n* accomplissement *m*; **—s,** talents *mpl*.

accord, ac-côrde', *v* accorder. *n* accord *m*; **of one's own —,** de plein gré; **—ance with,** d'accord avec; **—ing to,** *prep* selon, d'après; **—ingly,** *adv* en conséquence

accordion, ac-côr'-di'n, *n* accordéon *m*.

accost, ac-coste', *v* accoster, aborder.

account, a-câ''ounnte', *n* (bill) compte *m*; **on —,** (payment) en acompte; **—able,** *a* responsable; **—ant,** *n* comptable *m*.

accrue, ac-croue', *v* provenir (de); s'accumuler.

accumulate, ac-kiou'-miou-léte, *v* (s')accumuler.

accuracy, ă'-kiou-ra-ci, *n* exactitude *f*, précision *f*.

accurate*, ă'-kiou-réte, *a* exact, correct, juste.

accursed, a-keur'-st, *a* maudit.

accusation, ac-kiou-zé'-ch'n, *n* accusation *f*.

accuse, a-kiouze', *v* accuser.

accustom, a-coss'-t'm, *v* accoutumer; habituer.

ace, éce, *n* (cards) as *m*.

ache, éque, *n* douleur *f*, mal *m*. *v* faire mal.

achieve, a-tchîve', *v* accomplir, exécuter; **—ment,** *n* accomplissement *m*; exploit *m*.

acid, ă'-side, *n* & *a* acide *m*.

acidity, a-side'-i-ti, *n* acidité *f*; (med) aigreurs *fpl*.

acknowledge, ăc-nol'-èdje, *v* reconnaître; accuser réception de.

acorn, é'-côrne, *n* gland *m*.

acoustics, a-couss'-tiks, *npl* acoustique *f*.

acquaint, a-couénnte', *v* informer; **—ance,** *n* connaissance *f*.

acquiesce, ă-coui-esse', *v* acquiescer (à).

acquire, a-couâîre', *v* acquérir; apprendre.

acquisition, a-coui-zi'-ch'n, *n* acquisition *f*.

acquit, a-couitte', *v* acquitter.

acquittal, a-coui'-t'l, *n* acquittement *m*, absolution *f*.

acre, é'-keur, *n* acre *m*.

acrid, ăc'-ridde, *a* âcre.

across, a-crosse', *adv* à travers, de l'autre côté. *prep* au travers de.

act, ăcte, *n* action *f*; (deed) acte *m*; (of a play) acte *m*;

(law) loi *f*. *v* agir; (in theatre) jouer; **—or,** *n* acteur *m*; **—ress,** actrice *f*.

action, ăk'-ch'n, *n* action *f*; procès *m*; bataille *f*.

active*, ăc'-tive, *a* actif, alerte, agile.

actual*, ăc'-tiou-al, *a* réel; actuel.

actuate, ăc'-tiou-éte, *v* mettre en action; animer; faire agir.

acumen, a-kiou'-mène, *n* perspicacité *f*.

acute, a-kioute', *a* aigu.

acuteness, a-kioute'-nesse, *n* acuité *f*; finesse *f*.

adamant, ăd'-a-mannte, *a* inflexible.

adapt, a-dăpt', *v* adapter; **— oneself,** s'adapter.

adaptation, a-dăpp-té'-ch'n, *n* adaptation *f*.

add, ădde, *v* additionner; **— to,** ajouter à; **—ition,** *n* addition *f*; **—itional,** *a* supplémentaire.

adder, ăd'-eur, *n* (snake) vipère *f*.

addict, ăd'-icte', *n* personne adonnée (à) *f*; **—ed,** *a* adonné (à).

addle, ăd'-'l, *a* (egg) couvi; (*fig*) vide.

address, ad-dresse', *n* adresse *f*; (speech) discours *m*; *v* (letters, etc.) adresser; (a meeting) prendre la parole; **—ee,** *n* destinataire *m* & *f*.

adequate, ăd'-i-couéte, *a* proportionnel; suffisant.

adhere, ad-hîre', *v* adhérer; s'en tenir à; **—nt,** *a* & *n*, adhérent *m*; partisan *m*.

adhesive, ad-hí'-cive, *n* colle *f*. *a* adhésif.

adjacent, ad-jé'-sennte, *a* adjacent (à); avoisinant.

adjourn, ad-jeurne', *v* ajourner; remettre; remise *f*.

adjournment, ad-jeurne'-m'nt, *n* ajournement *m*.

adjunct, ăd'-jonn-kt, *n* accessoire *m*. *a* adjoint.

adjust, ad-joste', *v* ajuster; régler.

adjustment, ad-joste'-m'nt, *n* ajustement *m*.

adjutant, ăd'-djou-t'nt, *n* adjudant-major *m*.

administer, ad-minn'-isse-teur, *v* administrer.

admirable, ăd'-mi-ra-b'l, *a* admirable.

admiral, ăd'-mi-ral, *n* amiral *m*; **—ty,** amirauté *f*.

admire, ad-mâïre', *v* admirer.

admission, ad-mi'-ch'n, *n* admission *f*; entrée *f*.

admit, ad-mitte', *v* admettre; laisser entrer.

admittance, ad-mit'-t'nce, *n* entrée *f*; aveu *m*.

admonish, ad-monn'-iche, *v* exhorter.

adopt, a-dopte', *v* adopter.

adore, a-daure', v adorer.

adorn, a-dôrne', v parer; —**ment**, n parure f.

adrift, a-drifte', adv (naut) à la dérive.

adroit*, a-drô'ïte', a adroit, habile.

adult, a-dolte', n adulte m & f. a adulte.

adulterate, a-dol'-té-réte, v falsifier; corrompre.

adultery, a-dol'-té-ri, n adultère m.

advance, ăd-vânnce', v avancer; (price) hausser; faire avancer. n (progress) progrès m; (money) avance f; (prices) hausse f; **in** —, d'avance; —**ment**, n avancement m; progrès m.

advantage, ăd-vânn'-tèdje, n avantage m.

advantageous*, ăd-vann-té-djeusse, a avantageux.

advent, ăd'-vennte, n venue f; (eccl) Avent m.

adventure, ad-venn'-tioure, n aventure f.

adventurer, ad-venn'-tiou-r'r, n aventurier m.

adventurous, ad-venn'-tiou-reuce, a aventureux.

adversary, ăd'-veur-sa-ri, n adversaire m & f.

adverse*, ăd'-veursse, a défavorable, adverse. opposé.

advertise, ăd'-veur-tâïze, v annoncer; faire de la réclame.

advertisement, ad-veur'-tize-m'nt, n annonce f, réclame f.

advertising, ăd-veur-tâï'-zinng, n publicité f.

advice, ad-vâïsse', n conseil m.

advisable, ad-vâï'-za-b'l, a prudent; préférable.

advise, ad-vâïze', v conseiller; aviser.

adviser, ad-vâï'-z'r, n conseiller m.

advocate, ăd'-vŏ-kéte, n avocat m. v soutenir.

aerated, é'-eu-ré-tedde, — **water**, n eau gazeuse f.

aerial, é-i'-ri-al, n antenne f. a aérien.

aerodrome, é'-eu-ro-drôme, n aérodrome m.

aeroplane, é'-eu-ro-pléne, n avion m.

afar, a-fare', adv loin, de loin, au loin.

affable, ăf'-fa-b'l, a affable.

affair, a-faire', n affaire f; (love) aventure f.

affect, a-fecte', v affecter; émouvoir; prétendre; —**ed**, a (manners, style) maniéré; (moved) affecté, ému; —**ing**, touchant; —**ion**, n affection f, tendresse f.

affectionate*, a-féque'-chŏ-néte, a affectueux.

affidavit, ă-fi-dé'-vitte, *n* déposition sous serment *f*.

affiliate, a-fil'-i-éte, *v* affilier.

affinity, a-fine'-i-ti, *n* affinité *f*.

affirm, a-feurme', *v* affirmer; —**ative***, *a* affirmatif.

affirmation, ă-*feur*-mé'-ch'n, *n* affirmation *f*.

affix, a-fixe', *v* apposer; attacher.

afflict, a-flicte', *v* affliger; —**ion**, *n* affliction *f*.

affluence, ă-flou-ennce, *n* affluence *f*, opulence *f*.

afford, a-faurde', *v* avoir les moyens de.

affray, a-fré', *n* échauffourée *f*; rixe *f*.

affront, a-fronnte', *n* affront *m*. *v* affronter; insulter.

aflame, a-fléme', *adv* & *a* enflammé, en flammes.

afloat, a-flôte', *adv* à flot.

afraid, a-fréde', **to be —**, *v* avoir peur, être effrayé.

afresh, a-frèche', *adv* de nouveau.

aft, ăfte, *adv* (*naut*) à l'arrière.

after, âf'-t'r, *adv* après, suivant. *prep* après; —**noon**, *n* après-midi *m* & *f*; —**wards**, *adv* ensuite.

again, a-guénne', *adv* encore, de nouveau.

against, a-gué'-n'ste, *prep* contre.

age, é'-dje, *n* âge *m*; (*period*) siècle *m*. **to be of —**, *v* être majeur; —**d**, *a* âgé; vieux.

agency, é'-djenn-ci, *n* agence *f*, entremise *f*, agent *m*.

agenda, ă-djenn'-d'r, *n* ordre du jour *m*.

agent, é'-dj'nt, *n* agent *m*; représentant *m*.

aggravate, ăg'-gra-véte, *v* aggraver; empirer; (*fam*) agacer.

aggregate, ăg'-gri-guette, *v* rassembler. *n* total *m*.

aggression, a-grè'-ch'n, *n* agression *f*, attaque *f*.

aggressive*, a-gresse'-ive, *a* agressif.

aggrieve, a-grîve', *v* chagriner.

aghast, a-gâsste', *a* consterné; bouche bée.

agile, ă-djâïl, *a* agile.

agitate, ă-dji-téte, *v* agiter.

agitation, a-dji-té'-ch'n, *n* agitation *f*.

ago, a-gau', *a* passé; *adv* **long —**, il y a longtemps.

agonize, ăg'-o-nâîze, *v* agoniser; torturer.

agony, ăg'-o-ni, *n* agonie *f*; (*mental*) angoisse *f*.

agree, a-grî', *v* s'accorder; être d'accord; consentir; —**able**, *a* agréable; —**ment**, *n* accord *m*; contrat *m*.

agricultural, ăg'-gri-kol'-tiou-r'l, *a* agricole.

agriculture, ăg'-gri-kol-tioure, *n* agriculture *f*.

aground, *a*-grâ'ounnde', *adv* (naut) échoué.

ague, é'-guioue, *n* fièvre intermittente *f*.

ahead, *a*-hêdde', *adv* en avant; devant.

aid, éde, *n* aide *f*; secours *m*; *v* aider.

ail, éle, *v* avoir mal; **—ing,** *a* souffrant.

ailment, éle'-m'nt, *n* maladie *f*; mal *m*.

aim, éme, *v* viser. *n* but *m*; visée *f*; **—less,** *a* sans but.

air, aire, *v* aérer; *n* air *m*; **— -conditioned,** *a* climatisé; **— -hostess,** hôtesse de l'air *f*; **— -port,** aéroport *m*; **— -tight,** *a* hermétique.

aisle, âïle, *n* nef *f*.

ajar, *a*-djârre', *a* entrouvert.

akin, *a*-quinne', *a* apparenté; de même nature.

alabaster, ăl'-*a*-băss-t'r, *n* albâtre *m*.

alarm, *a*-lârme', *n* alarme *f*; **— -clock,** réveil *m*.

alarming*, *a*-lârme'-ing, *a* alarmant.

album, ăl'-bomme, *n* album *m*.

alcohol, ăl-koh-holl, *n* alcool *m*.

alert, *a*-leurte', *a* éveillé; **on the —,** sur ses gardes; **—ness,** *n* vigilance *f*; vivacité *f*.

alias, é-li-ăsse, *adv* autrement dit. *n* nom supposé *m*.

alibi, ăl'-i-băï, *n* alibi *m*.

alien, é'-lienne, *n* étranger *m*. *a* étranger.

alight, *a*-lâïte', *v* descendre de; se poser sur; (aero) atterrir. *a* allumé; en flammes.

alike, *a*-lâïke', *adv* également. *a* semblable.

alive, *a*-lâïve', *a* vivant; éveillé.

all, oale, *adv* entièrement. *a* tout; **— right,** *adv* très bien; **not at —,** pas du tout.

allay, *a*-lé', *v* adoucir, calmer.

allege, *a*-lèdje', *v* alléguer; **—d,** *a* présumé.

allegiance, *a*-li'-dji-ănnce, *n* fidélit *f*.

allergic, *a*-leur'-djique, *a* allergique.

alleviate, *a*-li'-vi-éte, *v* adoucir; soulager.

alley, ăl'-lie, *n* ruelle *f*; allée *f*; **blind —,** impasse *f*.

alliance, *a*-lâï'-ănnce, *n* alliance *f*.

allied, ăl'-lâïde, *a* allié.

allot, *a*-lotte', *v* assigner; **—ment,** *n* part *f*.

allow, *a*-lâ'ou', *v* allouer; permettre; admettre

allowance, *a*-lâ'ou'-ănnce, *n* concession *f*; (monetary) allocation *f*;(rebate) remisé *f*.

alloy, *a-*lôïe', *n* alliage *m.* *v* allier.

allude, *a-*lioude', *v* faire allusion (à).

allure, *a-*lioure', *v* attirer; séduire.

alluring, *a-*liou'-rinng, *a* alléchant.

allusion, *a-*liou'-j'n, *n* allusion *f.*

ally, *a-*lâï', *n* allié *m.* *v* allier.

Almighty, oal-mâï'-ti, *n* Tout-Puissant *m.*

almond, â'-mònnde, *n* amande *f.*

almost, oale'-mauste, *adv* presque.

alms, âmze, *n* aumône *f;* **— -house,** hospice *m.*

aloft, *a-*lofte', *adv* en l'air.

alone, *a-*laune', *a* seul; solitaire.

along, *a-*lonng', *prep* le long de.

aloof, *a-*loufe', *adv* & *a* distant; réservé.

aloud, *a-*là'oude', *adv* à haute voix; tout haut.

already, oal-redd'-i, *adv* déjà.

also, oal'-sau, *adv* aussi, également.

altar, oal'-t'r, *n* autel *m.*

alter, oal'-t'r, *v* changer; modifier.

alteration, oal-teur-é'-ch'n, *n* modification *f.*

alternate*, oal-teur'-néte, *a* alternatif.

alternating, oal-teur-né'-tinng, *a* alternant.

alternative, oal-teur'-né-tive, *n* alternative *f.*

although, oal-*dzau*', *conj* quoique, bien que.

altitude, âl'-ti-tioude, *n* altitude *f,* élévation *f.*

altogether, oal-tou-gué'-*dzeur,* *adv* tout à fait.

aluminium, *a-*lioue-mine'-i-omme, *n* aluminium *m.*

always, oal'-ouèze, *adv* toujours.

amass, *a-*mâsse', *v* amasser.

amateur, âmm'-*a-*tioure, *n* amateur *m.*

amaze, *a-*méze', *v* étonner; stupéfier; ébahir.

amazement, *a-*méze'-m'nt, *n* stupéfaction *f.*

ambassador, am-bâss'-*a-*deur, *n* ambassadeur *m.*

amber, âmm'-b'r, *n* ambre *m.*

ambiguous*, âmm-bi-ghiou-*eusse,* *a* ambigu.

ambition, amm-bi'-ch'n, *n* ambition *f.*

ambitious*, amm-bi'-*cheusse,* *a* ambitieux.

ambulance, âmm'-biou-l'nse, *n* ambulance *f.*

ambush, âmm'-bouche, *n* embuscade *f.*

ameliorate, *a-*mill'-ior-éte, *v* améliorer.

amenable, *a-*mî'-na-b'l, *a* disposé à; justiciable de.

amend, *a-*mennde', *v* modifier; corriger; réformer;

—ment, *n* modification *m*; **make —s**, *v* dédommager (de).

amenity, a-mï-nit-ti, *n* agrément *m*; commodité *f*.

amethyst, ămm'-i-tsïst, *n* améthyste *f*.

amiable, é'-mi-a-b'l, *a* aimable.

amicable, ămm'-i-ca-b'l, *a* amical.

amid, amidst, a-midde', a-midste', *prep* au milieu de; **—ships**, *adv* par le travers.

amiss, a-mice', *a* de travers. *adv* mal; **take —**, prendre en mauvaise part.

ammonia, a-mau'-ni-a, *n* ammoniaque *f*.

ammunition, ămm-ioue-ni'-ch'n, *n* munitions *f pl*.

amnesty, ămm'-nesse-ti, *n* amnistie *f*.

among(st), a-monng'(ste), *prep* parmi.

amorous*, ămm'-o-reuce, *a* amoureux.

amount, a-mä''ounnte, *n* montant *m*; nombre *m*; quantité *f*; *v* s'élever à.

ample, ămm'-p'l, *a* ample; abondant.

amplify, ămm'-pli-fäï, *v* amplifier.

amputate, amm'-pioue-téte, *v* amputer.

amuse, a-miouze', *v* amuser.

amusement, a-miouze'-m'nt, *n* amusement *m*.

an, ănne, *art* un, une.

anaesthetize, a-nïce-tz-eur-tāïze, *v* anesthésier.

analogous, a-năl'-o-gueusse, *a* analogue.

analysis, a-nă'-li-sice, *n* analyse *f*.

analyse, ănn'-a-lāïze, *v* analyser.

anarchy, ănn'-ar-ki, *n* anarchie *f*.

ancestor, ănn'-cèsse-teur, *n* ancêtre *m & f*.

anchor, ain'-n'g-keur, *n* ancre *f*. *v* ancrer.

anchorage, ain'-n'g-keur-édje, *n* mouillage *m*.

anchovy, ănn-tchô'-vi, *n* anchois *m*.

ancient*, ènn'-tchi-ennte, *a* ancien; âgé.

and, ănnde, *conj* et.

angel, énne'-dj'l, *n* ange *m*.

anger, ain'-n'g*heur*, *n* colère *f*. *v* mettre en colère.

angina, ănn-djäï'-na, *n* angine *f*.

angle, ain'-n'gl, *n* angle m. *v* (fish) pêcher à la ligne; **—r**, *n* pêcheur à la ligne *m*.

angling, ain'-n'glinng, *n* pêche à la ligne *f*.

angry, ain'-n'gri, *a* en colère; (vexed) irrité.

anguish, ain'-n'gouiche, *n* angoisse *f*.

animal, ă′-ni-mal, *n* & *a* animal *m*.

animate, ănn′-i-méte, *v* animer; **—d,** *a* animé.

animosity, a-ni-mo′′-zi-ti, *n* animosité *f*.

aniseed, ănn′-i-sîde, *n* anis *m*.

ankle, ain′-n′kl, *n* cheville *f*.

annals, ănn′-alz, *npl* annales *fpl*.

annex, a-nex′, *v* annexer; *n* annexe *f*.

annihilate, a-nâï′-hi-léte, *v* anéantir, annihiler.

anniversary, a-ni-veur′-*seu*-ri, *n* anniversaire *m*.

annotate, ănn′-nau-téte, *v* annoter.

announce, a-nâ′′ounnce, *v* annoncer.

annoy, a-noa′ï′, *v* ennuyer; tourmenter.

annoyance, a-noa′ï′-n′se, *n* désagrément *m*.

annual, ă′-niou-*eul*, *n* annuaire *m*.   *a** annuel.

annuity, a-niou′-i-ti, *n* rente annuelle *f*.

annul, a-nol′, *v* annuler; **—ment,** *n* annulation *f*.

anoint, a-nô′ïnnte′, *v* oindre.

anomalous, a-nom′-a-*leuce*, *a* anomal.

anonymous*, a-no′-ni-*meuce*, *a* anonyme.

another, a-*nodz*r′, *a* un(e) autre.

answer, ănn′-s′r, *v* répondre; résoudre. *n* réponse *f*.

ant, ănnte, *n* fourmi *f*.

antagonist, ănn-tăgue′-au-nist, *n* antagoniste *m*.

antecedent, ănn-ti-ci′-dennte, *n* & *a* antécédent.

antedate, ănn′-ti-déte, *v* antidater; avancer.

antelope, ănn′-ti-laupe, *n* antilope *f*.

anterior, ănn-ti′-ri-*eur*, *a* antérieur *m*.

anteroom, ănn′-ti-roume, *n* antichambre *f*.

anthem, ănn′-*tz*ème, *n* hymne national *m*.

anticipate, ănn-ti′-ci-péte, *v* anticiper; s'attendre à.

anticipation, ănn-tice-i-pé′-ch′n, *n* anticipation *f*; attente *f*.

antics, ănn′-tikss, *npl* gambades *fpl*; singerie *f*.

antidote, ănn′-ti-daute, *n* antidote *m*.

anti-freeze, ănn′ti-frîze, *n* anti-gel *m inv*.

antipathy, ănn-ti′-*pa*-tsi, *n* antipathie *f*.

antipodes, ănn-ti′-pŏ-dize, *npl* antipodes *mpl*.

antiquarian, ănn-ti-coué′-ri-*a*nne, *n* antiquaire *m*.

antiquated, ănn′-ti-coué-tedde, *a* vieilli, suranné.

antique, ănn-tique′, *n* antiquité *f*. *a* ancien.

antiseptic, ănn-ti-sepp′-tique, *n* & *a* antiseptique *m*.

antler, ănn′-t′l*eur*, *n* (stag, etc) bois *mpl*.

anvil, ănn'-vil, *n* enclume *f.*

anxiety, aingue-zăï'-é-ti, *n* inquiétude *f.*

anxious, aink'-chieuce, *a* inquiet; désireux.

any, ènn'-i, *a* quelque; l'un ou l'autre; **—body**, *pron* quelqu'un; **—how**, *adv* de toute façon; n'importe comment; **—one**, *pron* n'importe lequel; **—where**, n'importe où.

apart, a-pârte', *adv* à part; en dehors.

apartment, a-pârte'-m'nt, *n* appartement *m.*

apathy, ă'-pa-*t*si, *n* apathie *f.*

ape, épe, *n* singe sans queue *m.*

aperient, a-pi'-ri-ennte, *n* & *a* laxatif *m.*

aperture, ă'-*peur*-tioure, *n* ouverture *f;* orifice *m.*

apologize, a-pol'-ŏ-djăïze, *v* faire des excuses

apology, a-pol'-ŏ-dji, *n* excuses *fpl.*

apostle, a-po'-s'l, *n* apôtre *m.*

appal, a-poal', *v* épouvanter; **—ling**, *a* épouvantable.

apparatus, ăp-pa-ré'-*t*euce, *n* appareil *m.*

apparent*, a-pă'-rennte, *a* évident, apparent.

apparition, ăp-pa-ri'-ch'n, *n* apparition *f.*

appeal, a-pîle, *v* faire appel; attirer. *n* appel *m.*

appear, a-pîre', *v* paraître; sembler; (law) comparaître.

appearance, a-pî'-r'ns, *n* apparence *f.*

appease, a-pîze', *v* apaiser; **—ment**, *n* apaisement *m.*

append, a-pennde', *v* apposer; annexer, attacher.

appendix, ăp-penne'-dikse, *n* appendice *m;* annexe *f.*

appertain, ăp-*peur*-téne', *v* appartenir.

appetite, ăp'-pi-tăïte, *n* appétit *m.*

appetizing, ăp'-pi-tăï-zing, *a* appétissant.

applaud, a-ploade', *v* applaudir.

applause, a-ploaze', *n* applaudissement *m.*

apple, ăp'-'l, *n* pomme *f;* **—-tree**, pommier *m.*

appliance, a-plăï'-annce, *n* appareil *m,* instrument *m.*

applicant, ă'-pli-k'nt, *n* candidat *m.*

application, ăp-pli-ké'-ch'n, *n* demande *f;* application *f.*

apply, a-plăï', *v* appliquer; **— to**, s'adresser à; **— for a post**, poser sa candidature.

appoint, a-pô'înnte', *v* nommer; **—ment**, *n* rendez-vous *m;* nomination *f;* situation *f.*

apportion, a-pôr'-ch'n, *v* répartir.

appraise, *a*-préze', *v* évaluer; **—r,** *n* commissaire-priseur *m;* **appraisal,** évaluation *f.*

appreciable, ăp-pri'-chi-a-b'l, *a* appréciable.

appreciate, a-pri'-chi-éte, *v* apprécier.

appreciation, ăp-pri-chi-é'-ch'n, *n* appréciation *f.*

apprehend, ăp-pri-hennde', *v* saisir; craindre.

apprehension, ăp-pri-henn'-ch'n, *n* crainte *f;* arrestation *f.*

apprehensive*, ăp-pri-henn'-cive, *a* craintif.

apprentice, a-prenn'-tice, *v* mettre en apprentissage. *n* apprenti *m;* **—ship,** apprentissage *m.*

approach, a-prautche', *v* (s')approcher (de).

appropriate*, a-prau'-pri-éte, *a* convenable.

approval, a-prou'-v'l, *n* approbation *f.*

approve, a-prouve', *v* approuver.

approximate*, a-prox'-i-méte, *a* approximatif.

apricot, é'-pri-cotte, *n* abricot *m.*

April, é'-prile, *n* avril *m.*

apron, é'-preune, *n* tablier *m.*

apt, ăpte, *a* apte; propre à; enclin à.

aptitude, ăp'-ti-tioude, *n* aptitude *f;* disposition *f.*

aqueduct, ă'-coui-dokte, *n* aqueduc *m.*

aqueous, ă'-coui-euce, *a* aqueux.

aquiline, ă'-coui-linne, *a* aquilin.

arable, ăr'-a-b'l, *a* labourable.

arbitrary, ăr'-bi-tra-ri, *a* arbitraire.

arbitrate, ăr'-bi-tréte, *v* arbitrer, juger.

arbitration, ăr'-bi-tré-ch'n, *n* arbitrage *m.*

arbitrator, ăr'-bi-tré-teur, *n* arbitre *m.*

arbour, ăr-beur, *n* tonnelle *f.*

arc, ărc, *n* arc *m;* **— -lamp,** lampe à arc *f.*

arcade, ăr-kéde', *n* arcade *f,* galerie *f.*

arch, ărtche, *n* arche *f;* **—way,** vôute *f.*

arch, ărtche, *a* archi—; **—bishop,** *n* archevêque *m;* **—deacon,** archidiacre *m;* **—duke,** archiduc *m.*

archer, ărtch'-eur, *n* archer *m;* **—y,** tir à l'arc *m.*

architect, ăr'-ki-tecte, *n* architecte *m.*

archives, ăr'-kăïvz, *npl* archives *fpl.*

arctic, ărc'-tik, *a* arctique.

ardent, ăr'-d'nt, *a* ardent; véhément.

ardour, ăr'-deur, *n* ardeur *f;* zèle *m.*

arduous*, ăr'-diou-euce, *a* ardu; difficile.

area, ai'-ri-*a*, *n* surface *f*; cour de sous-sol *f*; zone *f*; région *f*.

arena, a-ri'-na, *n* arène *f*.

argue, âr'-ghiou, *v* raisonner, discuter; se disputer.

argument, âr'-ghiou-m'nt, *n* argument *m*.

arise, a-râïze', *v* s'élever; provenir de.

aristocracy, ă-rice-to'-cra-ci, *n* aristocratie *f*.

aristocratic, ă-rice'-to-cra'-tik, *a* aristocratique.

arithmetic, a-riťs'-mé-tique, *n* arithmétique *f*.

ark, ârque, *n* arche *f*; **Noah's—,** arche de Noé *f*.

arm, ârme, *n* bras *m*; **—-chair,** fauteuil *m*; **—-ful,** brassée *f*; **—-let,** brassard *m*; **—-pit,** aisselle *f*.

arm, ârme, *v* armer; **—-ament,** *n* armement *m*; **—-our,** armure *f*; blindage *m*; **—-oured,** *a* blindé; **—-oury,** *n* armurerie *f*; **—-s,** (*mil*) armes *fpl*; (heraldry) armoiries *fpl*; **—-y,** armée *f*.

aromatic, a-rau-mă'-tik, *a* aromatique *n*; aromate *m*.

around, a-râ'ounnde', *prep* autour de. *adv* à l'entour.

arouse, a-râ'ouze', *v* exciter; (awake) éveiller.

arrange, a-réne'-dje, *v* arranger; disposer.

array, a-ré', *v* ranger; revêtir. *n* ordre *m*; parure *f*.

arrears, a-rirze', *npl* arrérages *mpl*; **to be in —,** être en retard.

arrest, a-reste', *v* arrêter. *n* arrestation *f*.

arrival, a-râï'-v'l, *n* arrivée *f*; (*com*) arrivage *m*.

arrive, a-râïve', *v* arriver.

arrogant, âr'-ro-gannte, *a* arrogant.

arrow, âr'-rau, *n* flèche *f*.

arsenal, âr'-s'n-'l, *n* arsenal *m*.

arson, âr'-s'n, *n* incendie par malveillance *m*.

art, ârte, *n* art *m*; artifice *m*; habileté *f*.

artery, âr'-teur-i, *n* artère *f*.

artful, ârte'-foull, *a* (sly) rusé.

artichoke, âr'-ti-tchauke, *n* artichaut *m*; **Jerusalem—,** *n* topinambour *m*.

article, âr'-ti-k'l, *n* article *m*; clause *f*.

articulate, ăr-ti'-kiou-léte, *v* articuler. *a* articulé.

artifice, âr'-ti-fisse, *n* artifice *m*, ruse *f*.

artificial*, âr-ti-fi'-ch'l, *a* artificiel.

artillery, âr-til'-*eur*-i, *n* artillerie *f*.

artisan, âr'-ti-zănne, *n* artisan *m*.

artist, âr'-tisste, *n* artiste *m* & *f*.

artless*, ârte'-lesse, *a* simple, naïf.

as, âze, *conj* comme; car; aussi; que; à mesure que; puisque; **— for, — to,** quant à; **— soon —,** aussitôt que; **— well,** aussi.

asbestos, ass-bess'-teuce, *n* amiante *m*.

ascend, a-cennde', *v* monter.

ascendancy, a-cenn'-denn-ci, *n* ascendant *m*.

ascent, a-cennte', *n* ascension *f*; montée *f*.

ascertain, a-seur-téne', *v* s'assurer de; constater.

ascribe, ass-crâïbe', *v* attribuer, imputer.

ash, âche, *n* cendre *f*; (tree) frêne *m*; **— tray,** cendrier *m*.

ashamed, a-chémmde', *a* honteux.

ashore, a-chaure', *adv* à terre; (*naut*) échoué.

aside, a-sâïde', *adv* de côté; à l'écart, à part.

ask, âske, *v* demander; inviter.

askew, ass-kiou', *adv* de travers.

asleep, a-slîpe', *a* endormi; **fall —,** *v* s'endormir.

asp, âspe, *n* (snake) aspic *m*.

asparagus, ass-pâr'-a-gheuce, *n* asperge *f*.

aspect, âss'-pecte, *n* aspect *m*; point de vue *m*.

aspen, âss'-p'n, *n* tremble *m*.

aspersion, âss-peur'-ch'n, *n* calomnie *f*.

asphyxia, âss-fik'-si-a, *n* asphyxie *f*.

aspirate, âss'-pi-réte, *v* aspirer. *a* aspiré.

aspire, ass-pâïre', *v* aspirer (à).

ass, âsse, *n* âne *m*, ânesse *f*; (*fam*) bête *f*.

assail, a-céle', *v* assaillir; **—ant,** *n* assaillant *m*.

assassinate, a-sâss'-i-néte, *v* assassiner.

assault, a-soalte', *v* attaquer. *n* attaque *f*.

assay, a-cé', *v* (metals) essayer. *n* essai *m*.

assemble, a-cemm'-b'l, *v* assembler; se réunir.

assembly, a-cemm'-bli, *n* assemblée *f*, montage *m*.

assent, a-cennte', *n* assentiment *m*. *v* consentir à.

assert, a-seurte', *v* affirmer, revendiquer; **—ion,** *n* assertion *f*; revendication *f*.

assess, a-cesse', *v* taxer; évaluer.

assessment, a-cesse'-m'nt, *n* évaluation *f*; cote *f*.

asset, âs'-sèt, *n* possession *f*; avoir *m*; atout *m*.

assets, âs-sètse, *npl* actif *m*.

assiduous, a-ci'-diou-euce, *a* appliqué, assidu.

assign, *a*-sâîne', *v* assigner à; (law) transférer; **—ee**, *n* cessionnaire *m*; **—ment**, *n* transfert *m*.

assist, *a*-ciste', *v* aider; secourir.

assistant, *a*-ciss'-t'nt, *n* aide *m*; commis *m*. *a* auxiliaire.

assizes, *a*-sâîz'-iz, *npl* assises *fpl*.

associate, *a*-sau'-chi-éte, *v* associer. *n* associé *m*.

assort, *a*-sôrte', *v* assortir.

assortment, *a*-sôrte'-m'nt, *n* assortiment *m*.

assuage, *a*-souédje, *v* calmer, adoucir.

assume, *a*-sioume', *v* supposer; prendre sur soi.

assuming, *a*-siou'-minng, *a* prétentieux, arrogant.

assumption, *a*-sommp'-ch'n, *n* présomption *f*.

assurance, *a*-chou-r'ns, *n* assurance *f*.

assure, *a*-choure', *v* assurer.

asterisk, *ăss*'-teu-risque, *n* astérisque *f*.

astern, *a*-steurne', *adv* (*naut*) à l'arrière.

asthma, *ăss*'-ma, *n* asthme *m*.

astir, *a*-steur', *a* en mouvement; (up) debout.

astonish, *ass*-tonn'-iche, *v* étonner.

astound, *ass*-tâ'ounnde', *v* stupéfier; ébahir.

astray, *ass*-tré', *a* égaré.

astride, *ass*-trâîde', *adv* à califourchon.

astronaut, *ass*'-tro-nôt, *n* astronaute *m*.

astute*, *ass*-tioute', *a* fin; avisé.

asylum, *a*-sâî'-leume, *n* asile *m*.

at, *ătte*, *prep* à; chez.

athlete, *ă*'-*t*slite, *n* athlète *m*.

atmosphere, *atte*'-moss-fire, *n* atmosphère *f*; (*fam*) ambiance *f*.

atom, *ă*'-tòme, *n* atome *m*.

atomizer, *ă*'-to-mâî-z'r, *n* vaporisateur *m*; atomiseur *m*.

atone, *a*-taune', *v* expier; **—ment**, *n* expiation *f*.

atrocious*, *a*-trau'-cheuce, *a* atroce.

atrophy, *ăt*'-rau-fi, *n* atrophie *f*. *v* atrophier.

attach, *a*-tătche', *v* attacher; joindre; (law) saisir.

attachment, *a*-tătch'-m'nt, *n* attachement *m*.

attack, *a*-tăque', *v* attaquer. *n* attaque *f*.

attain, *a*-téne', *v* atteindre; **—ment**, *n* talent *m*.

attempt, *a*-temmpte', *v* tenter, essayer. *n* tentative *f*, essai *m*; (crime) attentat *m*.

attend, *a*-ntende', *v* assister à; — **to**, s'occuper de.
attendance, *a*-tenn'd'ns, *n* service *m*; auditoire *m*; présence *f*.
attendant, *a*-tenn'-d'nt, *n* employé *m* & *f*; ouvreuse *f*.
attention, *a*-tenn'-ch'n, *n* attention *f*.
attest, *a*-teste', *v* attester.
attic, ăt'-tique, *n* grenier *m*, mansarde *f*.
attire, *a*-tâïre', *v* vêtir; parer. *n* vêtements *mpl*.
attitude, ăt'-ti-tioude, *n* attitude *f*; pose *f*.
attorney, *a*-teur'-ni, *n* avoué *m*, notaire *m*; **power of —**, procuration *f*.
attract, *a*-trăcte', *v* attirer; —**ion**, *n* attraction *f*; (personal) attrait *m*; —**ive**, *a* attirant.
attribute, *a*-tri'-bioute, *v* attribuer. *n* attribut *m*.
auburn, ô'-beurne, *a* châtain.
auction, ôque'-ch'n, *n* vente aux enchères *f*.
auctioneer, ôque'-ch'n-îre, *n* commissaire-priseur *m*.
audacious*, ô-dé'-cheuce, *a* audacieux.
audacity, ô-dăss'-i-ti, *n* audace *f*.
audible, ô'-di-b'l, *a* distinct, intelligible.
audience, ô'-di-ennce, *n* (assembly) auditoire *m*, spectateurs *mpl*.
audit, ô'-ditte, *v* apurer; —**or**, *n* censeur *m*.
augment, ôgue-mennte', *v* augmenter.
augur, ô'-gueur, *v* augurer. *n* augure *m*.
August, ô'-gueusste, *n* août *m*.
august, ô-gueusste', *a* auguste.
aunt, ânnte, *n* tante *f*.
auspicious*, ôss-pi'-cheuce, *a* propice.
austere, ô-stîre', *a* austère.
authentic, ô-tsenn'-tique, *a* authentique.
author, ô'-tseur, *n* auteur *m*.
authoritative, ô-tsor'-i-ta-tive, *a* autoritaire.
authority, ô-tsor'-i-ti, *n* autorité *f*.
authorize, ô'-tsor-âï'ze, *v* autoriser.
automatic, ô-tô-mătt'-ique, *a* automatique.
Autumn, ô'-teumme, *n* automne *m*.
auxiliary, ôg-zil'-i-a-ri, *a* auxiliaire.
avail, *a*-véle', *n* avantage *m*; utilité *f*. *v* servir à; — **oneself of**, profiter de.
available, *a*-véle'-*a*-b'l, *a* valable; disponible.
avalanche, ă'-va-lanche, *n* avalanche *f*.

avarice, ă'-va-risse, n avarice f.

avaricious*, a-va-ri'-cheuce, a avare.

avenge, a-venndje', v venger.

avenue, ă'-vi-ni'ou, n avenue f.

average, ă'-veu-rédje, n moyenne f. a moyen.

aversion, a-veur'-ch'n, n aversion f; repugnance f.

avert, a-veurte', v détourner; écarter.

aviary, é'-vi-a-ri, n volière f.

aviation, é-vi-é'-ch'n, n aviation f.

avidity, a-vid'-i-ti, n avidité f.

avoid, a-vô'îde', v éviter.

await, a-ouéte', v attendre.

awake, a-ouéque', v s'éveiller; réveiller.

awakening, a-ouéque'-ninng, n réveil m.

award, a-ouôrde', v adjuger; accorder; (prize) décerner.

aware, a-ouère', to be —, v savoir; être au courant.

away, a-oué', adv absent; loin; **far —,** au loin.

awe, oa, n crainte f; **to be held in awe by s.o.,** en imposer à quelqu'un; **to stand in awe of someone,** avoir une crainte respectueuse de quelqu'un.

awful, oa'-foull, a terrible; imposant.

awhile, a-ou'âîle, adv pour un instant.

awkward, oa'-koueurde, a géné; (clumsy) gauche; **—ness,** n gaucherie f.

awning, oann'-inng, n poinçon m; banne f.

awry, a-râï', adv de travers.

axe, ăx, n hache f.

axis, ăk'-siss, n axe m.

axle, ăk'-s'l, n essieu m.

azure, ă'-jioure, n azur m.

babble, băb'-b'l, n babil m. v babiller.

baby, bé'-bi, n bébé m.

bachelor, bătch'-eul-eur, n célibataire m; bachelier m.

back, băque, n dos m; arrière m. v (support) soutenir; (bet) parier; (car) aller en arrière. adv (behind) en arrière; (return) de retour; **—bone,** n épine dorsale f; **—ground,** fond m; **—ward,** adv en arrière. a (mentally) arriéré.

bacon, bé'-k'n, n lard m.

bad, bădde, *a* mauvais; méchant; **—ly,** *adv* mal; gravement.

badge, bàdje, *n* marque *f*; insigne *m*; écusson *m*.

badger, băd'-jeur, *n* blaireau *m*. *v* harceler.

baffle, băf-f'l, *v* déjouer; confondre, déconcerter.

bag, băgue, *n* sac *m*. *v* mettre en sac.

baggage, băgg'-idje, *n* bagage *m*.

bail, béle, *v* cautionner. *n* caution *f*; **on —,** sous caution.

bailiff, bé'-liff, *n* huissier *m*.

bait, béte, *n* appât *m*. *v* amorcer; (molest) tourmenter

baize, béze, *n* serge *f*.

bake, béque, *v* cuire au four; **—r,** *n* boulanger *m*; **—ry,** boulangerie *f*.

bakelite, bé'-keu-lăït, *n* bakélite *f*.

balance, băl'-n'ce, *v* équilibrer; balancer. *n* équilibre *m*; (com.) solde *m*; **— -sheet,** bilan *m*.

balcony, băl'-kau-ni, *n* balcon *m*.

bald, boalde, *a* chauve; **—ness,** *n* calvitie *f*.

bale, béle, *n* balle *f*; ballot *m*. *v* emballotter; (naut) écoper.

balk, baulk, boak, *v* frustrer; contrarier.

ball, boale, *n* balle *f*; (hard) boule *f*; (foot) ballon *m*; (dance) bal *m*.

ballast, băl'-aste, *n* lest *m*. *v* (weight) lester.

ballet, băl'-lay, *n* ballet *m*.

balloon, bal-loune', *n* ballon *m*.

ballot, băl'-lŏtte, *v* voter. *n* scrutin *m*.

ball-pen, boale pène, *n* stylo à bille *m*.

balm, bâ'me, *n* baume *m*.

bamboo, bămm-bou', *n* bambou *m*.

ban, bănne, *n* ban *m*, interdiction *f*. *v* interdir.

banana, ba-na'-na, *n* banane *f*.

band, bănnde, *n* bande *f*; (brass) fanfare *f*; (string) orchestre *m*; (ribbon) bandeau *m*; (gang) bande *f*. *v* se liguer; **—age,** *n* bandage *m*; **— -master,** chef de musique *m*.

bandy, bănn'-di, *a* bancal.

bang, bain-nng, *v* claquer (door); frapper; cogner. *n* détonation *f*; claquement *m*.

banish, bănn'-iche, *v* bannir.

banister, bănn'-iss-t'r, *n* rampe *f*.

bank, bain'-nk, *n* banque *f*; (river) rive *f*; (mound) talus *m*. *v* (money) déposer dans une banque; **—er,** *n* banquier *m*; **—holiday,** jour férié *m*; **—ing-account,** compte en banque *m*; **—note,** billet de banque *m*; **—rupt,** *a* insolvable; **—ruptcy,** *n* faillite *f*.

banner, bann-*eur,* *n* bannière *f*; étendard *m*.

banquet, bănn'-couette, *n* banquet *m*; festin *m*.

banter, bănn'-teur, *n* raillerie *f*. *v* railler.

baptism, băp'-tizme, *n* baptême *m*.

bar, bâre, *n* bar *m*; buffet *m*; (metal) barre *f*; (law) barreau *m*. *v* barrer; defendre.

barb, bârbe, *n* barbe *f*; **—ed,** *a* barbelé.

barbarian, bâre-bé'-ri-ann, *n* & *a* barbare *mf*.

barbarity, bâre-băr'-i-ti, *n* barbarie *f*.

barber, bâre-*beur,* *n* barbier *m*; coiffeur *m*.

bare, bère, *v* mettre à nu. *a* nu; **—faced,** effronté; **—footed,** nu-pieds; **—ly,** *adv* à peine; **—ness,** *n* nudité *f*; dénuement *m*.

bargain, bâre'-guinne, *v* marchander. *n* occasion *f*.

barge, bârdje, *n* chaland *m*, péniche *f*.

bark, bârque, *v* aboyer. *n* aboiement *m*; (tree) écorce *f*.

barley, bâre'-li, *n* orge *f*.

barn, bâre-'n, *n* grange *f*.

barometer, ba-ro'-mi-teur, *n* baromètre *m*.

baron, bă'-reune, *n* baron *m*; **—ess,** baronne *f*.

barracks, băr'-axe, *npl* caserne *f*.

barrel, băr'-el, *n* tonneau *m*; (gun) canon de fusil *m*.

barren, băr'-enne, *a* stérile; (land) aride.

barrier, băr'-i-eur, *n* barrière *f*.

barrister, băr'-isse-t'r, *n* avocat *m*.

barrow, băr'-au, *n* brouette *f*.

barter, bâre'-teur, *v* échanger. *n* échange *m*.

base, béce, *v* baser. *n* base *f*. *a** vil; **—less,** sans fondement; **—ment,** *n* sous-sol *m*; **—ness,** bassesse *f*.

bash, băch, *v* défoncer, cogner; *n* coup *m*.

bashful*, bâche'-foull, *a* timide.

bashfulness, bâche'-foull-nesse, *n* timidité *f*.

basin, bé'-s'n, *n* (dish) bol *m*; (wash) lavabo *m*.

basis, bé'-cisse, *n* base *f*; fondement *m*.

bask, bâsque, *v* se chauffer au soleil.

basket, bâsse'-kett, *n* panier *m*, corbeille *f*.

bass, béce, *n* basse *f*; (fish) bar *m*.

bassoon, bâss'oun, *n* basson *f*.

bastard, bâss-teurde, *n* bâtard *m*.

baste, béste, *v* (cooking) arroser de graisse; (sewing) bâtir, faufiler.

bat, bâtte, *n* bat *m*; (animal) chauve-souris *f*.

batch, bâtche, *n* fournée *f*; (articles, etc.) nombre *m*.

bath, bâfs, *n* bain *m*; (tub) baignoire *f*; **shower —** douche *f*; **— -chair,** chaise roulante *f*; **—room,** salle de bain *f*.

bathe, bé-dze, *v* se baigner; **—r,** *n* baigneur *m*; baigneuse *f*; **bathing costume,** *n* maillot de bain *m*.

batter, bâtt'-eur, *n* pâte à friture *f*. *v* démolir.

battery, bâtt'-trî, *n* pile *f*; batterie *f*.

battle, bâtt'-'l, *n* bataille *f*; **—ship,** cuirassé *m*.

bawl, boal, *v* brailler.

bay, bé, *n* (geog) baie *f*. *a* (colour) bai. *v* aboyer (à); **at —,** aux abois; **— tree,** *n* laurier *m*.

bayonet, bé'-onn-ette, *n* baïonnette *f*.

be, bî, *v* être.

beach, bîtche, *n* plage *f*; rivage *m*; grève *f*.

beacon, bî'k'n, *n* phare *m*; (naut) balise *f*.

bead, bîde, *n* perle *f*; (drop) goutte *f*.

beak, bîke, *n* bec *m*.

beam, bîme, *n* rayon *m*; (smile) sourire *m*; (wood) poutre *f*.

bean, bîne, *n* haricot *m*; (broad) fève *f*.

bear, bère, *n* ours *m*; *v* donner naissance à porter; endurer; **—able,** *a* supportable.

beard, birde, *n* barbe *f*; **—ed,** *a* barbu; **—less,** *a* imberbe

beast, bîste, *n* bête *f*; **wild —,** fauve *m*.

beat, bîte, *v* battre. *n* coup *m*; (pulse, etc) battement *m*; secteur *m*.

beautiful*, bioue'-ti-foull, *a* beau; magnifique.

beautify, bioue'-ti-fâï, *v* embellir.

beauty, bioue'-ti, *n* beauté *f*; **— spot,** grain de beauté *m*.

beaver, bî'-veur, *n* castor *m*.

becalm, bi-câme', *v* calmer; (naut) abriter du vent.

because, bi-coaze', *conj* parce que; — **of,** à cause de.

beckon, bekk'n, *v* faire signe.

become, bi-komme', *v* devenir.

becoming, bi-komm'-inng, *a* convenable; (conduct) bienséant; (dress) qui va bien; seyant.

bed, bedde, *n* lit *m*; **flower- —,** plate-bande *f*; — **-ding,** literie *f*; — **-pan,** bassin de lit *m*; —**ridden,** *a* alité; —**room,** *n* chambre à coucher *f*.

bedeck, bi-dèque', *v* parer, orner.

bee, bî, *n* abeille *f*; —**hive,** ruche *f*.

beech, bîtche, *n* hêtre *m*.

beef, bîfe, *n* boeuf *m*; — **-steak,** bifteck *m*.

beer, bire, *n* bière *f*.

beetle, bî'-t'l, *n* coléoptère *m*; **black —,** cafard *m*.

beetroot, bîte'-route, *n* betterave *f*.

befitting, bi-fitt'-inng, *a* convenable à.

before, bi-foare', *adv & prep* (time) avant; (place) devant; —**hand,** *adv* d'avance, à l'avance.

befriend, bi-frennde', *v* traiter en ami, aider.

beg, bègue, *v* (alms) mendier; (request, etc) prier; —**gar,** *n* mendiant *m*; —**ging,** mendicité *f*.

begin, bi-guinne', *v* commencer; —**ner,** *n* débutant *m*; —**ning,** commencement *m*.

begrudge, bi-grodge', *v* donner à contre-cœur.

beguile, bi-gâîle', *v* tromper; séduire.

behalf, bi-hâfe', **on — of,** en faveur de; au nom de; de la part de.

behave, bi-héve', *v* se conduire; se comporter.

behaviour, bi-hé'-vieur, *n* conduite *f*; tenue *f*.

behead, bi-hédde', *v* décapiter.

behind, bi-hâînnde', *adv* en arrière. *prep* derrière; —**hand,** *a* en arrière; en retard; n derrière *m*.

behold, bi-haulde', *v* contempler. *interj* regardez!

being, bî'-inng, *n* existence *f*; (human) être *m*.

belch, beltche, *n* avoir un renvoi; (*pop*) roter. *n* renvoi *m*; (*pop*) rot *m*.

belfry, bel'-fri, *n* beffroi *m*, clocher *m*.

belie, bi-lâî', *v* démentir.

belief, bi-lîfe', *n* croyance *f*, foi *f*.

believable, bi-lîve'-*a*-b'l, *a* croyable.

believe, bi-lîve, *v* croire; —**r,** *n* croyant *m*.

bell, belle, *n* cloche *f*; sonnette *f*; grelot *m*.

belligerent, bel-lidj'-*eur*-'nt, *a* & *n* belligérant *m.*

bellow, bél'-lô, *v* beugler, mugir.

bellows, bél'-lôze, *npl* soufflet *m.*

belly, bél'-li, *n* ventre *m.*

belong, bi-lonng', *v* appartenir.

belongings, bi-lonng'-inngze, *npl* affaires *fpl.*

beloved, bi-lo'-vèdde, *n* & *a* bien-aimé *m.*

below, bi-lau', *adv* & *prep* au-dessous, en bas.

belt, bellte, *n* ceinture *f;* (*mech*) courroie *f.*

bemoan, bi-maune', *v* gémir sur; se lamenter.

bench, benntche, *n* banc *m;* tribunal *m;* établi *m.*

bend, bennde, *v* courber, plier. *n* courbure *f;* (road, etc) coude *m;* tournant *m;* virage *m.*

beneath, bi-nîts', *adv* & *prep* sous, au-dessous.

benediction, benn-i-dic'-ch'n, *n* bénédiction *f.*

benefactor, benn-i-fàque'-*teur*, *n* bienfaiteur *m.*

beneficial*, benn-i-fi'-*cheul*, *a* salutaire; avantageux.

beneficiary, benn-i-fi'-chi-*eur*-i, *n* bénéficiaire *mf.*

benefit, benn'-i-fite, *v* profiter. *n* bénéfice *m.*

benevolence, bi-nèv'-ŏ-lennce, *n* bienveillance *f.*

benevolent, bi-nèv'-ŏ-lennte, *a* bienveillant; charitable.

benign, bi-nâïne, *a* bénin, doux.

bent, bennte, *pp* courbé; résolu. *n* (*fig*) penchant *m.*

bequeath, bi-kouîds', *v* léguer.

bequest, bi-koueste', *n* legs *m.*

bereave, bi-rîve', *v* priver de; **—ment,** *n* perte *f.*

berry, bé'-ri, *n* baie *f.*

berth, beurts, *n* couchette *f.*

beseech, bi-cîtche', *v* supplier, implorer.

beside, bi-sâïde', *prep* à côté de; hors de.

besides, bi-sâïdze, *adv* en outre; d'ailleurs. *prep* en plus; excepté.

besiege, bi-cîdje, *v* assiéger.

besotted, bi-sotte'-èdde, *a* abruti.

best, besste, *adv* le mieux. *a* & *n* le meilleur.

bestial, bess-'ti'l, *a* bestial.

bestir, bi-steur', *v* **— oneself,** se remuer.

bestow, bi-stau', *v* accorder, conférer; **—al,** *n* don *m.*

bet, bette, *v* parier. *n* pari *m;* **—ting** (odds) cote *f.*

betoken, bi-tau'-k'n. *v* indiquer, dénoter.

betray, bi-tré, *v* trahir; **—al,** *n* trahison *f.*

betroth, bi-traudz', *v* fiancer.

betrothal, bi-traudz'-'l, *n* fiançailles *fpl.*

better, bètt'r, *v* améliorer, *adv* mieux. *a* meilleur.

betterment, bett'-*eur*-m'nt, *n* amélioration *f.*

between, bi-touïne', *prep* entre.

bevel, bév''l, *v* tailler en biseau; **bevelled,** *a* de biais; en biseau.

beverage, bèv'-*eur*-idj, *n* boisson *f*, breuvage *m.*

bewail, bi-ouéle', *v* déplorer.

beware, bi-ouère', *v* se méfier de, prendre garde à.

bewilder, bi-ouile'-d*eur*, *v* ahurir; déconcerter.

bewilderment, bi-ouile'-d*eur*-m'nt, *n* ahurissement *m.*

bewitch, bi-ouitche', *v* ensorceler, enchanter.

beyond, bi-ionnde', *adv* au delà; là-bas. *prep* au delà de.

bias, bâï'-asse, *n* biais *m*; préjugé *m*; **biased,** *a* partial.

Bible, bâï'-b'l, *n* bible *f.*

bicker, bik'*eur*, *v* se quereller; se chamailler.

bicycle, bâï'-ci-k'l, *n* bicyclette *f.*

bid, bide, *v* commander; prier; (auction) faire une offre; *n* offre *f*; enchère *f*; **—ding,** commandement *m*; enchère *f.*

bide, bâïde, *v* attendre; endurer.

bier, bîre, *n* corbillard *m*, bière *f.*

big, bigue, *a* gros; grand; vaste.

bigot, bigg-*eute*, *n* bigot *m*; **—ed,** *a* bigot.

bilberry, bil'-bê-ri, *n* myrtille *f.*

bile, bâïle, *n* bile *f.*

bilingual, bâï-linn'-gouo'l, *a* bilingue.

bilious, bi'-li-*euce*, *a* bilieux.

bill, bil, *n* note *f*, compte *m*, facture *f*; (restaurant) addition *f*; (bird) bec *m*; (poster) affiche *f*; **— of exchange,** lettre de change *f*; (parliamentary) projet de loi *m*; **— of fare,** menu *m*; **— of lading,** connaissement *m.*

billet, bil'-ette, *v* loger. *n* (*mil*) logement *m.*

billiards, bil'-li*eurdze*, *npl* billard *m.*

bin, bine, *n* huche *f*; (wine) porte-bouteilles *m*; (refuse) boîte à ordures *f*; poubelle *f.*

bind, bâïnnde, *v* lier; obliger; (books) relier; **—ing** *n* reliure *f.* *a* obligatoire; **— up,** *v* bander.

binocular(s), bi-nok´-ioue-leur(ze), *n* jumelle *f.*

biography, bäï-o´-grä-fi, *n* biographie *f.*

birch, beurtche, *n* (tree) bouleau *m*; (punitive) verge *f.*

bird, beurde, *n* oiseau *m.*

birth, beur*t*s, *n* naissance *f*; **—day,** anniversaire *m*; **— -mark,** tache de naissance *f*; **—place,** lieu natal *m*; **— rate,** natalité *f.*

biscuit, biss´-kitte, *n* biscuit *m.*

bishop, bich´-e*u*p, *n* évêque *m.*

bit, bitte, *n* morceau *m*; (horse) mors *m.*

bitch, bitche, *n* chienne *f*; (*pop*) garce *f.*

bite, bâïte, *v* mordre. *n* morsure *f*; piqûre *f.*

biting, bâït´-inng, *a* mordant.

bitter*, bitt´-*eu*r, *a* amer; **—ness,** *n* amertume *f.*

black, blâque, *v* (shoes) cirer; noircir; *a* noir; *n* noir *m*; **—berry,** *n* mûre *f*; **—bird,** merle *m*; **—currant,** cassis *m*; **—en,** *v* noircir. **—mail,** chantage *m*; *v* faire chanter; **—mailer,** *n* maître chanteur *m.* **—smith,** forgeron *m.*

bladder, blåd´-e*u*r, *n* vessie *f.*

blade, bléde, *n* lame *f*; (grass) brin *m*; (oar) plat *m.*

blame, bléme, *v* blåmer. *n* blåme *m*; faute *f.*

blameless*, bléme´-lesse, *a* irréprochable.

blanch, blånntche, *v* blanchir; pålir.

bland, blånnde, *a* doux; **—ishment,** *n* flatterie *f.*

blank, blain-n´k, *n* blanc *m.* *a* blanc; (mind) vide.

blanket, blaing´-kette, *n* couverture *f.*

blare, blére, *v* retentir.

blaspheme, blass-fîme´, *v* blasphémer.

blasphemy, blass´-fé-mi, *n* blasphème *m.*

blast, blâsste, *v* (explode) faire sauter; (blight) flétrir. *n* (gust) rafale *f*; (trumpet) son *m*, coup *m.*

blatant, blé´-t*n*t, *a* bruyant.

blaze, bléze, *v* flamber. *n* flamme *f*; éclat *m.*

bleach, blîtche, *v* blanchir; décolorer.

bleak, blîque, *a* froid; exposé aux vents; morne.

bleat, blîte, *v* bêler. *n* bêlement *m.*

bleed, blîde, *v* saigner; **—ing,** *n* saignement *m.*

blemish, blèm´-iche, *n* tache *f.* *v* tacher; abîmer.

blend, blennde, *v* mélanger. *n* mélange *m*.

bless, bless, *v* bénir; **—ed,** *a* béni.

blessing, bless'-inng, *n* bénédiction *f*.

blight, blâïte, *n* nielle *f*; rouille *f*; (*fam*) influence néfaste.

blind, blâïnnde, *n* (window) store *m*; (venetian) jalousie *f*. *n & a* (sight) aveugle *m & f*. *v* aveugler. **—fold,** bander les yeux; **—ness,** *n* aveuglement *m*; cécité *f*.

blink, blinng-k, *v* clignoter; **—er,** *n* œillère *f*.

bliss, blisse, *n* bonheur *m*; béatitude *f*.

blissful, bliss'-foull, *a* bienheureux.

blister, bliss'-t'r, *n* ampoule *f*, cloque *f*.

blithe*, blâïdz, *a* gai, joyeux.

blizzard, bliz'-eurde, *n* tempête de neige *f*.

bloated, blau'-tedde, *a* boursouflé, bouffi; **bloater,** *n* hareng fumé *m*.

block, bloque, *v* bloquer. *n* bloc *m*, billot *m*; obstacle *m*; (of houses) pâté de maisons *m*; **—ade,** blocus *m*; **—head,** *n* imbécile *m & f*.

blood, blodde, *n* sang *m*; **—hound,** limier *m*; **—shot,** *a* injecté de sang; **—thirsty,** sanguinaire; **—y,** sanglant.

blossom, bloss-eume, *v* fleurir. *n* fleur *f*.

blot, blotte, *v* tacher; (dry) sécher. *n* tache *f*; (ink) pâté *m*; **—ting-paper,** papier buvard *m*.

blotch, blotche, *n* tache *f*; éclaboussure *f*.

blouse, blâ'-ouze, *n* blouse *f*; (woman's shirt) chemisier *m*.

blow, blau, *n* coup *m*. *v* souffler; (trumpet) sonner; (nose) se moucher.

blubber, blob'-eur, *n* (whale) graisse de baleine *f*.

bludgeon, blod'-jeune, *n* matraque *f*.

blue, bloue, *a & n* bleu; **—bell,** *n* jacinthe des bois *f*; clochette *f*.

bluff, bloffe, *n* bluff *m*. *v* bluffer.

bluish, bloue'-iche, *a* bleuâtre.

blunder, blonne'-deur, *n* maladresse *f*. *v* commettre une maladresse.

blunt, blonnt, *v* émousser. *a** brusque; émoussé.

blur, bleure, *v* brouiller. *n* tache *f*.

blush, bloche, *v* rougir. *n* rougeur *f*.

bluster, bloce'-teur, *v* faire du vacarme. *n* fanfaronnade *f;* **—er,** fanfaron *m;* **—ing,** *a* tapageur; (wind) violent.

boar, baure, *n* (wild) sanglier *m.*

board, baurde, *n* planche *f;* (directors) conseil d'administration *m;* (food) pension *f. v* garnir de planches; **notice- —,** *n* tableau d'annonces *m;* **—er,** pensionnaire *a* & *f;* **—ing-house,** pension *f;* **—ing-school,** pensionnat *m;* pension *f.*

boast, bauste, *v* se vanter.

boaster, baus'-t'r, *n* vantard *m.*

boat, baute, *n* bateau *m;* (rowing) bateau à rames *m;* **motor—,** canot à moteur *m;* **steam—,** vapeur *m;* **— -hook,** gaffe *f.*

bob, bobbe, *v* ballotter; osciller; s'agiter.

bobbin, bob'-ine, *n* bobine *f.*

bodice, bod'-ice, *n* corsage *m.*

bodkin, bode'-kinne, *n* passe-lacet *m;* poinçon *m.*

body, bod'-i, *n* corps *m;* (vehicle) carrosserie *f.*

bog, bogue, *n* marécage *m;* **—gy,** *a* marécageux.

bogey-man, bau'-gui-mănne, *n* croquemitaine *m.*

bogie, bau'-gui, *n* (mech) boggie *m.*

boil, boa'île, *v* faire bouillir; bouillir. *n* (med) furoncle *m.*

boiler, boa'il'-eur, *n* chaudière *f.*

boisterous*, bo'ice'-teur-euce, *a* bruyant, turbulent.

bold*, bôlde, *a* hardi; audacieux; effronté.

boldness, bôlde'-nesse, *n* hardiesse *f;* effronterie *f.*

bolster, bôle'-steur, *n* traversin *m. v* (fig) soutenir.

bolt, bôlte, *v* verrouiller; décamper. *n* verrou *m.*

bomb, bomme, *n* bombe *f;* **—ard,** *v* bombarder.

bond, bonnde, *n* (tie) lien *m;* (word) engagement *m;* bon *m;* **in —,** (customs) à l'entrepôt *m.*

bondage, bonnd'-idj, *n* esclavage *m;* servitude *f.*

bone, baune, *n* os *m;* (fish) arête *f.*

bonfire, bonn'-fâïre, *n* feu de joie *m.*

bonnet, bonn'-ette, *n* chapeau *m;* bonnet; (car) capot *m.*

bonus, bau'-neuce, *n* prime *f,* gratification.

bony, bau'-ni, *a* osseux.

boob, boub, *n* (pop) gaffe *f. v* faire une gaffe.

book, bouk, *n* livre *m. v* inscrire; réserver; **—binder,**

n relieur *m;* **—case,** bibliothèque *f;* **—ing-office,**
guichet *m;* **—keeper,** comptable *m;* **—seller,** librair-
aire *m;* **—shop,** librairie *f;* **—stall,** kiosque à
journaux *m.*

boom, boume, *n* (*com*) boom *m;* (noise) grondement *m;* (spar) bout-dehors *m.* *v* gronder; (*com*)
faire hausser; être à la hausse.

boon, boune, *n* bienfait *m.*

boor, boure, *n* rustre *m;* **—ish,** *a* grossier.

boot, boute, *n* botte *f;* **—-maker,** bottier *m.*

booth, boudz, *n* cabine *f.*

booty, boue'-ti, *n* butin *m.*

border, bôre'-d'r, *n* frontière *f;* bord *m;* bordure *f;*
—ing, *a* (adjacent) contigu à; touchant. ·

bore, bôre, *v* percer; (ground) forer; (weary) ennuyer; *n* calibre *m;* (person) raseur *m;* raseuse *f;*
(thing) corvée *f;* barbe *f.*

born, bôrne, *pp* né.

borrow, bor'-au, *v* emprunter.

bosom, bou'-zeume, *n* sein *m.*

boss, bosse, *n* (*fam*) patron *m.* *v* mener, diriger.

botanist, bott'-*a*-niste, *n* botaniste *mf.*

botany, bott'-*a*-ni, *n* botanique *f.*

both, bôts, *a* tous deux; les deux.

bother, bo'-*dz*r, *v* tracasser; *n* ennui *m.*

bottle, bott'-'l, *v* mettre en bouteilles. *n* bouteille *f.*

bottom, bott'-*eume*, *n* fond *m;* bas *m;* derrière *m.*

bottomless, bott'-*eume*-lesse, *a* sans fond.

boudoir, bou'-do'ar, *n* boudoir *m.*

bough, bâ'ou, *n* rameau *m;* branche *f.*

bounce, bâ'ounnce, *v* rebondir.

bound, bâ'ounn'-de, *v* borner; (jump) bondir. *n*
(jump) bond *m;* **—ary,** borne *f,* limites *fpl;* **— for,**
à destination de.

bountiful*, bâ'ounn'-ti-foull, *a* généreux.

bounty, bâ'ounn'-ti, *n* libéralité *f;* prime *f.*

bouquet, bou-kay, *n* bouquet *m.*

bout, bâ'oute, *n* (fencing) assaut *m;* accès *m.*

bow, bâ'ou, *v* saluer; s'incliner. *n* salut *m;*
révérence *f;* (ship) avant *m.*

bow, bau, *n* (archery) arc *m;* (tie; knot) nœud *m;*
(violin) archet *m.*

bowels, bâ'ou'-elze, *n* boyaux *mpl*, intestins *mpl*.

bowl, baule, *n* bol *m*; (ball) boule *f*. *v* jouer aux boules; (cricket) lancer la balle.

box, boxe, *v* boxer. *n* boîte *f*; (theatre) loge *f*; (on the ears) giffle *f*; —**ing**, boxe *f*.

boy, boa'ï, *n* garçon *m*; —**cott**, *v* boycotter. *n* boycottage *m*; —**hood**, enfance *f*.

brace, bréce, *v* lier; fortifier. *n* (mech) vilebrequin *m*; (two) couple *m*; —**s**, bretelles *fpl*.

bracelet, bréce'-lette, *n* bracelet *m*.

bracing, bréce'-inng, *a* fortifiant, tonique.

bracken, brăk'-n, *n* fougère *f*.

bracket, brăk'-ette, *n* console *f*; parenthèse *f*.

brackish, brăk'-iche, *a* saumâtre.

brag, brăgue, *v* se vanter; —**gart**, *n* vantard *m*.

braid, bréde, *v* tresser. *n* tresse *f*; (dress) galon *m*.

brain, bréne, *n* (substance) cervelle *f*; (mind) cerveau *m*; **brainy** *a* (fam) intelligent.

braise, bréze, *v* braiser.

brake, bréque, *n* frein *m*. *v* freiner.

bramble, brămm'-b'l, *n* ronce *f*.

bran, brănne, *n* son *m*.

branch, brănntche, *n* branche *f*; (com) succursale *f*.

brand, brănnde, *n* marque *f*; (fire) brandon *m*. *v* marquer; stigmatiser; —**ish**, brandir.

brandy, brănn'-di, *n* eau de vie *f*.

brassière (fam bra), brā'-ssiaire (brā), *n* soutiengorge *m*.

brass, brâce, *n* laiton *m*, cuivre jaune *m*.

bravado, bra-vâ'-dô, *n* bravade *f*.

brave*, bréve, *a* brave, courageux. *v* braver; —**ry**, *n* bravoure *f*.

brawl, broale, *v* se chamailler.

brawn, broanne, *n* fromage de tête *m*; muscles *mpl*; —**y**, *a* musclé.

bray, bré, *v* braire.

brazen, bré'-z'n, *a* de laiton; (insolent) effronté.

brazil-nut, bra-zile'-notte, *n* noix du Brésil *f*.

breach, brîtche, *n* fracture *f*; violation *f*; rupture *f*.

bread, brède, *n* pain *m*; (pop) argent.

breadth, brèdts, *n* largeur *f*.

break, bréque, *v* casser; (amity, etc) rompre; (law)

violer; (smash) briser. *n* brisure *f*; (pause) pause *f*;
(school) récréation; **—age,** casse *f*; **—down,**
rupture *f*; écroulement *m*; (*mech*) panne *f*; **—er,**
(*naut*) grosse vague *f*; **—water,** brise-lames *m*.

breakfast, brèque'-fâste, *n* petit-déjeuner *m*.

bream, brîmme, *n* brème *f*.

breast, breste, *n* sein *m*, poitrine *f*.

breath, brè-*ts*, *n* haleine *f*, souffle *m*; **—less,**
a essoufflé.

breathe, brî-*dz*, *v* respirer.

breech, brìtche, *n* (firearms) culasse *f*.

breeches, brî'-tchiz, *npl* culotte *f*.

breed, brîde, *v* élever; procréer; se reproduire;
n race *f*; espèce *f*; **—er,** éleveur *m*; **—ing,** élevage *m*;
éducation *f*.

breeze, brîze, *n* brise *f*.

brevity, brèv'-i-ti, *n* brièveté *f*.

brew, broue, *v* brasser; faire infuser; **—er,** *n* brasseur *m*.

brewery, broue'-eur-i, *n* brasserie *f*.

briar, brâî'-*eur*, *n* (bramble) ronce *f*; églantier *m*.

bribe, brâîbe, *v* corrompre; (*fam*) graisser la pâte.
n paiement illicite *m*.

bribery, brâî'-beur-i, *n* corruption *f*.

brick, brique, *n* brique *f*; **—layer,** maçon *m*.

bridal, brâî'-d'l, *a* nuptial.

bride, brâîde, *n* mariée *f*; **—groom,** marié *m*;
—smaid, demoiselle d'honneur *f*.

bridge, bridje, *n* pont *m*; (*naut*) passerelle *f*.

bridle, brâî'-d'l, *n* bride *f*. *v* brider.

brief, brîfe, *n* dossier *m*. *a** bref; **—case,** *n* serviette *f*;
—ing, instruction *f*; directives *f*.

brigade, bri-guéde', *n* brigade *f*.

bright*, brâîte, *a* luisant; lumineux; intelligent; **—en,**
v faire briller; (enliven) égayer; (weather) s'éclaircir;
—ness, *n* éclat *m*; vivacité *f*.

brilliancy, bril'-iann-ci, *n* éclat *m*; lustre *m*.

brilliant, bril'-iannte, *a* brillant, éclatant.

brim, brime, *n* bord *m*; **— over,** *v* déborder.

brimstone, brime'-staune, *n* soufre *m*.

brine, brâîne, *n* saumure *f*.

bring, brinng, *v* apporter; conduire; **— forward,**

(*com*) reporter; — **in,** (*com*) rapporter; — **up,** élever.

brink, brinng-k, *n* bord *m*.

brisk, brisque, *a* vif, animé; —**ness,** *n* vivacité *f*.

brisket, briss'-quette, *n* poitrine de bœuf *f*.

bristle, briss'-'l, *n* poil raide *m*; soie *f*. *v* se hérisser.

bristly, briss'-li, *a* dur; poilu; hérissé.

brittle, britt'-'l, *a* fragile, cassant.

broad, broade, *a* large; (accent) prononcé.

broadcast, broade'-câste, *v* radiodiffuser.

broadcasting, broade'-câste-inng, *n* émission *f*.

brocade, brô-quéde', *n* brocart *m*.

broccoli, broque'-o-li, *n* brocoli *m*.

brogue, braugue, *n* patois *m*; chaussure *f*.

broil, broa'île, *n* querelle *f*.

broker, brau'-keur, *n* courtier *m*; **stock—,** agent de change *m*; —**age,** courtage *m*.

bronchitis, bronng-kaï'-tice, *n* bronchite *f*.

bronze, bronnze, *n* bronze *m*. *v* bronzer.

brooch, brautche, *n* broche *f*.

brood, broude, *v* couver; (*fam*) remâcher, ruminer (une idée). *n* couvée *f*.

brook, brouque, *n* ruisseau *m*.

broom, broume, *n* balai *m*; (plant) genêt *m*.

broth, brots, *n* bouillon *m*.

brothel, brotz'-'l, *n* maison de débauche *f*; (*pop*) bordel *m*.

brother, brodz'-eur, *n* frère *m*; —**hood,** fraternité *f*; (*eccl*) confrérie *f*; — **-in-law,** beau-frère *m*; —**ly,** *a* fraternel.

brow, brâ'ou, *n* front *m*; sourcil *m*; —**beat,** *v* intimider.

brown, brâ'oune, *v* brunir. *a* brun; marron; —**ish,** brunâtre.

browse, brâ'ouze, *v* brouter; (*fam*) fevilleter.

bruise, brouze, *n* contusion *f*; bleu *m*. *v* meurtrir.

brunette, brou-nette', *n* brunette *f*.

brunt, bronnte, *n* choc *m*; violence *f*.

brush, bronche, *n* brosse *f*. *v* brosser; (sweep) balayer.

brushwood, broche'-ou'oude, *n* broussailles *fpl*.

brusque, breuske, *a* brusque.

Brussels-sprouts, bross'-lze-spr'outse, *npl* choux de Bruxelles *mpl*.

brutal*, broue'-t'l, *a* brutal; **—ity,** *n* brutalité *f.*

brutalize, broue'-t'l-âîze, *v* abrutir, brutaliser.

brute, broute, *a* brute *f.*

bubble, bo'-b'l, *n* bulle *f. v* bouillonner; (wine) pétiller.

buck, boque, *a* mâle. *n* (deer) daim *m.*

bucket, bok'-ette, *n* seau *m;* baquet *m.*

buckle, bo'-k'l, *n* boucle *f. v* boucler.

bud, bodde, *n* bourgeon *m;* (flower) bouton *m.* *v* bourgeonner; fleurir.

budge, bodje, *v* bouger.

budget, bodj'-ette, *n* budget *m.*

buff, boffe, *a* couleur chamois. *v* polir.

buffalo, boff'-a-lau, *n* buffle *m.*

buffer, boff'-eur, *n* tampon (de choc) *m.*

buffet, boff'-ette, *n* (bar) buffet *m. v* battre.

buffoon, beuf-foune', *n* bouffon *m.*

bug, bogue, *n* punaise *f;* insecte *m;* **—bear,** (*fam*) bête noire *f.*

bugle, bioue'-g'l, *n* (*mil*) clairon *m.*

build, bilde, *v* bâtir. *n* forme *f;* **—er,** constructeur *m;* **—ing,** bâtiment *m.*

bulb, bolbe, *n* bulbe *m;* (lamp) ampoule électrique *f.*

bulge, bol-dj, *v* bomber; gonfler.

bulk, bolke, *n* volume *m;* **in —,** en gros.

bulky, boll'-ki, *a* volumineux; encombrant.

bull, boull, *n* taureau *m;* (stock exchange) haussier *m;* **— -dog,** bouledogue *m;* **—finch,** bouvreuil *m;* **—'s eye,** (target) mouche *f.*

bullet, boull'-ette, *n* balle *f.*

bulletin, boull'-i-tinne, *n* bulletin *m.*

bullion, boull'-ieune, *n* or en barres *m.*

bully, boull'-i, *v* malmener. *n* tyran *m;* brute *f.*

bulrush, boull'-roche, *n* jonc *m.*

bulwark, boull-ou'eurque. *n* rempart *m;* (*naut*) pavois *m.*

bumble-bee, bomm'-b'l-bî, *n* bourdon *m.*

bump, bommpe, *n* coup *m;* secousse *f;* (swelling) bosse *f. v* heurter; cogner.

bumper, bomm'-peur, *n* (glass) rasade *f;* (of car) pare-chocs *m.*

bumptious, bommpe'-cheuce, *a* arrogant.

bunch, bonntche, *v* grouper; se tasser. *n* (vegetables) botte *f*; (flowers) bouquet *m*; (grapes) grappe de raisin *f*; (keys) trousseau de clefs *m*.

bundle, bonn'-d'l, *n* paquet *m*; ballot *m*; (of wood) fagot *m*.

bung, bonng, *n* bondon *m*; — **-hole,** bonde *f*.

bungalow, bonng'-ga-lau, *n* bungalow *m*.

bungle, bonng'-g'l, *v* gâcher; —**r,** *n* gâcheur *m*.

bunion, bonn'-ieune, *n* oignon aux pieds *m*.

bunker, bonng'-keur, *n* (coal) soute à charbon *f*.

bunting, bonn'-tinng, *n* étamine *f*; (flags) drapeaux *mpl*.

buoy, bôa'ï, *n* bouée *f*; —**ancy,** légèreté *f*; (*fam*) entrain *m*; —**ant,** *a* flottable; (*fam*) plein d'entrain.

burden, beur'-d'n, *v* charger; accabler. *n* fardeau *m*; charge *f*; —**some,** *a* lourd.

bureau, biou'-rau, *n* (furniture) bureau *m*; secrétaire *m*; (office) bureau *m*; office *m*.

bureaucracy, biou-rau-cra-si, *n* bureaucratie *f*.

burglar, beur'-gleur, *n* cambrioleur *m*.

burglary, beur'-gleur-i, *n* cambriolage *m*.

burial, bè'-ri-al, *n* enterrement *m*.

burial-ground, bè'-ri-al-grâ'ounnde, *n* cimetière *m*.

burlesque, beur-lesque', *n & a* burlesque *m*.

burly, beur'-li, *a* corpulent.

burn, beurne, *v* brûler; (arson) incendier. *n* brûlure *f*; —**er,** (gas; lamp) bec *m*.

burr, beurre, *n* (botanical) carde *f*.

burrow, beurr'-au, *v* terrer. *n* terrier *m*.

bursar, beur'-sar, *n* (school) économe *m*.

burst, beurste, *v* éclater; (crack) crever, sauter.

bury, bèr-i, *v* enterrer.

bus, boss, *n* autobus *m*.

bush, bouche, *n* buisson *m*, fourré *m*; —**y,** *a* touffu.

business, biz'-nesse, *n* affaires *fpl*; occupation *f*.

bust, bosste, *n* buste *m*; poitrine *f*.

bustle, boss'l, *v* se remuer. *n* mouvement *m*; remue-ménage *m*.

bustling, boss'-linng, *a* affairé.

busy, biz'-i, *a* occupé, affairé.

but, botte, *conj* mais. *adv* seulement.

butcher, boutt'-cheur, *n* boucher *m*. *v* massacrer.

butler, bott'-*leur*, *n* maître d'hôtel *m.*

butt, bott, *n* bout *m*; (gun) crosse *f*; (cask) tonneau *m.*
v buter.

butter, bott'-*eur*, *v* beurrer.   *n* beurre *m*; **—cup,**
bouton d'or *m*; **—-dish,** beurrier *m*; **—fly,** papillon *m.*

buttock, bott'-*ôque*, *n* fesse *f*; culotte de bœuf *f.*

button, bott'-'n, *n* bouton *m. v* boutonner; **— -hole,**
n boutonnière *f.*

buxom, bôx'-*eume*, *a* (woman) gaillarde *f*; rebondie *f*;
grassouillette.

buy, bâï, *v* acheter; **—er,** *n* acheteur *m*; acheteuse *f.*

buzz, bozze, *v* bourdonner.

buzzard, bozz'-*eurde*, *n* buse *f.*

by, bâï, *prep* par; près de; **—gone,** *a* passé;
—-stander, *n* spectateur *m*; **—-word,** dicton *m.*

bye-law, bâï'-loa, *n* réglement *m*, arrêté *m.*

by-pass, bâï'-pâsse, *v* contourner, éviter.

cab, căbbe, *n* taxi *m.*

cabbage, căb'-idj, *n* chou *m.*

cabin, căb'-inn, *n* cabine *f*; (hut) cabane *f.*

cabinet, căb'-inn-ett, *n* cabinet *m*; **— -maker,**
ébéniste *m.*

cable, ké'-b'l, *n* câble *m. v* câbler.

cablegram, ké'-b'l-grămme, *n* câblogramme *m.*

cackle, căk'-'l, *v* caqueter.   *n* caquet *m.*

cage, kédje, *n* cage *f. v* mettre en cage.

cajole, ca-djaule', *v* cajoler.

cake, kéque, *n* gâteau *m. v* se coaguler.

calabash, căl'-*a*-băche, *n* calebasse *f.*

calamitous, ca-lămm'-i-*teuce*, *a* désastreux.

calamity, ca-lămm'-i-ti, *n* calamité *f.*

calculate, căl'-kiou-léte, *v* calculer.

calendar, căl'-ènn-*deur*, *n* calendrier *m.*

calf, câfe, *n* veau *m*; (leg) mollet *m.*

calico, căl'-i-kô, *n* calicot *m.*

call, coal, *v* appeler; (name) nommer; (visit) visiter,
passer chez. *n* appel *m*; visite *f.*

callous, căl'-*euce*, *a* (unfeeling) insensible, endurci.

calm, câme, *v* calmer.   *n* & *a** calme *m.*

calorie, călor'-ri, *n* calorie *f.*

cambric, kéme'-brique, n batiste f.

camel, cămm'-'l, n chameau m.

cameo, cămm'-î-ô, n camée m.

camera, cămm'-eur-a, n appareil photographique m; **in —**, à huis clos; **camera-man**, n cameraman m.

camomile, cămm'-ô-mäïle, n camomille f.

camp, cămmpe, v camper. n camp m; **— -bed**, lit de camp m; **to go camping**, faire du camping.

campaign, cămm-péne', n campagne f.

camphor, cămm'-feur, n camphre m.

can, cănne, n bidon m; (of food) boîte. v (preserve) conserver en boîte.

can, cănne, v pouvoir; savoir.

canal, cănn-ăl', n canal m.

canary, că-né'-ri, n canari m, serin m.

cancel, cănn-s'l, v annuler.

cancer, cănn'-ceur, n cancer m.

candid*, cănn'-dide, a candide, franc.

candidate, cănn'-di-déte, n candidat m.

candle, cănn'-d'l, n bougie f, chandelle f; **—stick**, bougeoir m; chandelier m.

candour, cănn'-deur, n candeur f, franchise f.

candy, cănn'-di, n bonbons mpl. v cristalliser.

cane, quéne, n canne f.

canine, că-nâïne', a canin. n (tooth) canine f.

canister, cănn'-iss-teur, n boîte en fer blanc f.

canker, caing'-k'r, n chancre m.

cannibal, cănn'-i-b'l, n & a cannibale m & f.

cannon, cănn'-eune, n canon m.

canoe, ca-noue', n périssoire f; (native) pirogue f.

canon, cănn'-eune, n (title) chanoine m; (law) canon m.

canopy, cănn'-ô-pi, n baldaquin m.

cant, cănnte, n hypocrisie f.

cantankerous, cănn-taing'-keur-euce, a revêche.

canteen, cănn-tîne, n cantine f.

canter, cănn'-teur, v aller au petit galop.

canvas, cănn'-vasse, n toile f; (sail) voile f.

canvass, cănn'-vasse, v solliciter.

cap, căppe, n casquette f; (of bottle) capsule f; (pen) capuchon m.

capable, qué'-pa-b'l, a capable; competent.

capacity, *ca*-pǎsse'-i-ti, *n* capacité *f.*

cape, quépe, *n* (*geog*) cap *m*; (cover) cape *f.*

caper, qué'-*peur*, *n* cambriole, gambade *f*; (cooking) câpre *f.*

capital, cǎp'-i-t'l, *n* (city) capitale *f*; (money) capital *m*; (letter) majuscule *f.*

capitulate, *ca*-pitte'-ioue-léte, *v* capituler.

capricious*, *ca*-prich'-*euce*, *a* capricieux.

capsize, cǎp-sâîze', *v* chavirer.

capstan, cǎp'-stǎnne, *n* cabestan *m.*

capsule, cǎp'-sioulle, *n* capsule *f.*

captain, cǎp'-t'n, *n* capitaine *m*; (sport) chef d'équipe *m.*

caption, cǎp'-ch'n, *n* légende *f.*

captive, cǎp'-tive, *n* & *a*, captif *m*; captive *f.*

captivity, cǎp-tive'-i-ti, *n* captivité *f.*

capture, cǎp'-tioure, *v* capturer. *n* prise *f.*

car, câre, *n* automobile *f*; voiture *f*; (*aero*) nacelle *f.*

caramel, cǎr'-*a*-m'l, *n* caramel *m.*

carat, cǎr'-atte, *n* carat *m.*

caravan, cǎr'-*a*-vǎnne, *n* caravane *f*; roulotte *f.*

caraway, cǎr'-*a*-oué, *n* (seed) carvi *m.*

carbide, cǎr'-bâîde, *n* carbure *m.*

carbolic, cǎr-bol'-ique, *a* phénique; — **acid,** *n* phénol *m.*

carbon, cǎr'-b'n, *n* carbone *m*; — **-copy,** *n* double *m*; — **paper,** *n* papier carbone *m.*

carbuncle, cǎr'-bonng-k'l, *n* (*med*) anthrax *m.*

carburettor, cǎr-bi'oue-rett'-'r, *n* carburateur *m.*

carcase, carcass, cǎr'-casse, *n* carcasse *f.*

card, cârde, *v* carder. *n* carte *f*; — **board,** carton *m.*

cardinal, cǎr'-di-n'l, *n* cardinal *m. a* cardinal.

care, quére, *n* soin *m*, attention *f*; inquiétude *f*; *v* se soucier de; **take —!** *interj* attention!; **take — of,** *v* faire attention à; — **for,** aimer; —**ful*,** *a* soigneux; prudent; —**less,** négligent; sans soin; —**lessness,** *n* négligence *f*; **c/o,** chez; aux bons soins de; —**taker,** *n* gardien *m*; concierge *m* & *f.*

career, *ca*-rîre', *n* carrière *f.*

caress, *ca*-resse', *v* caresser. *n* caresse *f.*

cargo, cǎr'-gau, *n* cargaison *f.*

caricature, cǎr'-i-*ca*-tioure', *n* caricature *f.*

carmine, câr'-mine, *n* carmin *m*.

carnage, câr'-nidj, *n* carnage *m*.

carnal*, câr'-n'l, *a* charnel.

carnation, câr-né'-ch'n, *n* œillet *m*.

carnival, câr'-ni-v'l, *n* carnaval *m*.

carol, căr'-ŏl, *n* cantique de Noël *m*.

carp, cârpe, *n* (fish) carpe *f*. *v* chicaner sur.

carpenter, căr'-penn-teur, *n* charpentier *m*.

carpet, câr'-pette, *n* tapis *m*.

carriage, căr'-idj, *n* voiture *f*; (freight) port *m*; (deportment) maintien *m*; (rail) wagon *m*.

carrier, căr'-i-eur, *n* entrepreneur de transports *m*; (on car, cycle, etc) porte-bagages *m*; — **-pigeon,** pigeon voyageur *m*.

carrion, căr'-ri-eune, *n* charogne *f*.

carrot, căr'-ŏtte, *n* carotte *f*.

carry, căr'-i, *v* porter; transporter.

cart, cârte, *v* transporter; (*fam*) trimbaler. *n* charrette *f*; —**age,** camionnage *m*.

cartoon, câr-toune', *n* caricature *f*; dessin animé *m*.

cartridge, câr'-tridj, *n* cartouche *f*.

carve, cârve, *v* (wood) sculpter; (meat) découper.

carving, câr'-vinng, *n* sculpture *f*; découpage *m*.

cascade, căsse-quéde', *n* cascade *f*.

case, quéce, *n* (box) caisse *f*; (cigarette etc) étui *m*; (jewel) écrin *m*; cas *m*; affaire *f*; **in —,** au cas où.

casement, quéce'-m'nt, *n* croisée *f*, fenêtre *f*.

cash, căche, *n* argent *m*. *v* encaisser; — **-book,** *n* livre de caisse *m*; — **-box,** caisse *f*.

cashier, căche-îre', *n* caissier *m*; caissière *f*.

cashmere, căche'-mîre, *n* cachemire *f*.

cask, câsque, *n* tonneau *m*, baril *m*; fût *m*.

casket, căsse'-quette, *n* cassette *f*; écrin *m*.

cassock, căss'-ŏque, *n* soutane *f*.

cast, câste, *n* (throw) coup *m*; (theatre) distribution des rôles *f*; (metal) moule *m*. *v* (throw) jeter, lancer; (metal) couler; — **-iron,** *n* fonte *f*.

castanet, căsse'-*ta*-nette, *n* castagnette *f*.

caste, câste, *n* caste *f*.

castigate, căsse'-ti-guéte, *v* châtier.

castle, cá'-s'l, *n* château *m*.

castor, câsse'-tŏr, *n* (wheel) roulette *f*.

castor-oil, câsse′-tŏr-oa′ile, *n* huile de ricin *f.*

casual, căj′-iou-*eu*l, *a* fortuit; indifférent, détaché.

casualty, căj′iou-*eu*l-ti, *n* accidente *m*; (*mil*) perte *f.*

cat, cătte, *n* chat *m.*

catalogue, căt′-*a*-logue, *n* catalogue *m.*

catarrh, *ca*-târre′, *n* catarrhe *m.*

catastrophe, *ca*-tăce′-trŏ-fi, *n* catastrophe *f.*

catch, cătche, *n* prise *f.* *v* attraper; **—ing**, *a* contagieux; **— up**, *v* rattraper.

category, căt′-i-gŏr-i, *n* catégorie *f.*

cater, qué′-teur, *v* approvisionner; **—er**, *n* traiteur *m.*

caterpillar, căt′-eur-pil-eur, *n* chenille *f.*

cathedral, *ca*-tsi′-dralle, *n* cathédrale *f.*

catholic, că′-tsŏ-lique, *n & a*, catholique *m & f.*

cattle, căt′-t′l, *n* bétail *m.*

cauldron, cŏl′-dronne, *n* chaudron *m*; chaudière *f.*

cauliflower, col′-i-flâ′ou-eur, *n* chou-fleur *m.*

caulk, cŏke, *v* calfater.

cause, cŏze, *n* cause *f.* *v* causer, occasionner.

caustic, cŏce′-tique, *n & a* caustique *m.*

cauterize, cŏ′-teur-âïze, *v* cautériser.

caution, cŏ′-ch′n, *n* prudence *f*; (warning) avis *m.*

cautious, cŏ′-ch*eu*ce, *a* prudent;   [*v* avertir.

cavalier, căv-*a*-lîre′, *n* cavalier *m.*

cavalry, căv′-*a*l-ri, *n* cavalerie *f.*

cave, quéve, *n* caverne *f*; (animals′) antre *m.*

cavil, căv′-il, *v* chicaner.

cavity, căv′-i-ti, *n* cavité *f.*

cease, sîce, *v* cesser; **—less**, *a* incessant.

cedar, sî-deur, *n* cèdre *m.*

cede, sîde, *v* céder.

ceiling, sîl′-inng, *n* plafond *m.*

celebrate, sell′-i-bréte, *v* célébrer; **—d**, *a* célèbre.

celery, sell′-*eu*r-i, *n* céleri *m.*

celestial, si-lesse′-ti-′l, *a* céleste.

celibacy, sell′-i-*ba*-ci, *n* célibat *m.*

cell, selle, *n* cellule *f.*

cellar, sell′-*eu*r, *n* cave *f.*

celluloid, sell′-ioue-lo-ide, *n* celluloïde *m.*

cement, sé-mennte′, *n* ciment *m.* *v* cimenter.

cemetery, sém′-i-teur-i, *n* cimetière *m.*

cenotaph, senn′-ŏ-tăffe, *n* cénotaphe *m.*

censor, senn'-s*eu*r, *n* censeur *m*; **—ship,** censure *f*.
censure, senn'-chioure, *v* censurer. *n* censure *f*.
census, senn'-s*eu*sse, *n* recensement *m*.
cent, sennte, *n* sou *m*; **per —,** pour cent; **—enary,** *a* centenaire; **—ury,** *n* siècle *m*.
central, senn'-tr'l, *a* central; **— heating,** *n* chauffage central *m*; **—ize,** *v* centraliser.
centre, senn'-t'r, *n* centre *m*. *v* placer au centre.
cereal, sî'-ri-'l, *n* céréale *f*.
ceremonious*, sair-i-mau'-ni-*eu*ce, *a* cérémonieux.
ceremony, sair'-i-mau-ni, *n* cérémonie *f*.
certain*, seur'-t'n, *a* certain.
certificate, s*eu*r-tif'-i-quéte, *n* certificat *m*; acte *m*.
certify, seur'-ti-fâî, *v* certifier; (law) attester.
cessation, saiss-sé'-ch'n, *n* cessation *f*; suspension *f*.
cesspool, saiss'-poule, *n* fosse d'aisances *f*.
chafe, tchéfe, *v* irriter, écorcher.
chaff, tchâffe, *v* taquiner. *n* (husk) menue paille *f*.
chaffinch, tchâf'-finntche, *n* pinson *m*.
chain, tchéne, *n* chaîne *f*; **— up,** *v* enchaîner.
chair, tchaire, *n* chaise *f*; **—man,** président *m*.
chalice, tchâl'-isse, *n* calice *m*.
chalk, tchôque, *n* craie *f*; **—y,** *a* crayeux.
challenge, tchâl'-inndje, *v* défier. *n* défi *m*.
chamber, tchéme'-b'r, *n* chambre *f*; **—lain,** chambellan *m*; **— -maid,** femme de chambre *f*; **— -pot,** pot de chambre *m*; **barrister's —s,** cabinet d'avocat *m*.
chamois, chăme'-oï, *n* chamois *m*.
champion, tchăme'-pi-*eu*ne, *n* champion *m*. *v* soutenir.
chance, tchânnce, *n* hasard *m*; (opportunity) occasion *f*. *a* fortuit. *v* risquer.
chancel, tchânn'-s'l, *n* sanctuaire *m*.
chancellor, tchânn'-s*eu*l-*eu*r, *n* chancelier *m*.
chancery, tchânn'-c*eu*-ri, *n* chancellerie *f*.
chandelier, chănn-di-lîre', *n* lustre *m*.
change, tchéne'-dje, *v* changer. *n* changement *m*; (cash) monnaie *f*; **—able,** *a* variable; **—less,** immuable.
channel, tchânn'-'l, *v* creuser. *n* canal *m*; voie *f*; (TV) chaîne *f*; **the English —,** La Manche *f*.

chant, tchânnte, *v* chanter. *n* chant *m.*

chaos, qué'-oce, *n* chaos *m.*

chap, tchăpe, (hands, lips, etc.) *v* gercer. *n* gerçure *f;* (person) type *m.*

chapel, tchăp'-'l, *n* chapelle *f.*

chaperon, chăpe-*eur*-aune, *v* chaperonner. *n* chaperon *m.*

chaplain, tchăp'-l'n, *n* aumônier *m.*

chapter, tchăp'-*teur*, *n* chapitre *m.*

char, tchâre, *v* carboniser; (clean) faire le ménage; —**woman,** *n* femme de ménage *f.*

character, căr'-ac-*teur*, *n* caractère *m;* genre *m;* personnage *m.*

charcoal, tchâr'-caule, *n* charbon de bois *m;* (*art*) fusain *m.*

charge, tchârdje, *n* attaque *f;* accusation *f;* (load) chargement *m;* (price) prix *m.* *v* attaquer; accuser; charger; (price) demander; **to take —,** se charger de.

chariot, tchăr'-i-otte, *n* char *m.*

charitable, tchăr'-i-ta-b'l, *a* charitable.

charity, tchăr'-i-ti, *n* charité *f.*

charm, tchârme, *v* charmer. *n* charme *m.*

charming, tchărm'-inng, *a* charmant.

chart, tchârte, *n* carte *f;* carte marine *f;* graphique *m;* tableau *m.*

charter, tchâr'-*teur*, *n* charte *f.* *v* (hire) affréter.

chary, tché'-ri, *a* circonspect; économe.

chase, tchéce, *v* chasser. *n* chasse *f.*

chasm, căz'm, *n* abîme *m.*

chaste*, tchéste, *a* chaste; —**n,** *v* châtier; purifier.

chastise, tchăss-tâïze', *v* châtier.

chasuble, tchăz'-ïoue-b'l, *n* chasuble *f.*

chat, tchătte, *v* bavarder. *n* causerie *f;* —**ter,** caquet *m.* *v* jaser; (teeth) claquer; —**terbox,** *n* moulin à paroles *m.*

chattel, tchătt'-'l, *n* mobilier *m;* effets *mpl.*

chauffeur, chau'-*feur*, *n* chauffeur *m.*

cheap*, tchîpe, *a* & *adv* bon marché; —**en,** *v* baisser les prix; discréditer (réputation); —**er,** *a* meilleur marché; —**ness,** *n* bon marché *m;* médiocrité *f.*

cheat, tchîte, *v* tricher. *n* tricheur *m;* tricheuse *f.*

cheating, tchîte'-inng, *n* tricherie *f.*

check, tchèque, *n* (restraint; chess) échec *m*;
(verification) contrôle *m*; (pattern) à carreaux *mpl.*
v (stop) arrêter; (repress) réprimer; (verify) vérifier;
—mate, *n* échec et mat *m*. *v* mater.

cheek, tchîque, *n* joue *f*; (*fam*) toupet *m*.

cheer, tchîre, *n* gaieté *f*; (applause) acclamation *f*.
v acclamer; (brighten) égayer; **to — (someone) up,**
remonter le moral (de quelqu'un); **—ful,** *a* joyeux;
gai; **—less,** *a* triste; sombre.

cheese, tchîze, *n* fromage *m*.

chemical, quèm'-i-k'l, *a* chimique.

chemist, quèm'-isste, *n* pharmacien,-ne *m & f*;
chimiste *m*; (shop) pharmacie *f*; **—ry,** chimie *f*.

cheque, tchèque, *n* chèque *m*; **— -book,** carnet de
chèques *m*.

chequered, tchèque'-eurde, *a* varié, mouvementé.

cherish, tchèr'-iche, *v* chérir.

cherry, tchèr'-i, *n* cerise *f*; **— tree,** cerisier *m*.

cherub, tchèr'-eub, *n* chérubin *m*.

chess, tchèss, *n* échecs *mpl.*

chest, tchèste, *n* coffre *m*; boîte *f*; (box) caisse *f*;
(human) poitrine *f*; **— of drawers,** commode *f*.

chestnut, tchèste'-notte, *n* marron *m*; châtaigne *f*;
(tree) châtaignier *m*. *a* châtain; **horse —,** *n* marron
d'Inde *m*; (tree) marronnier *m*.

chew, tchiou, *v* mâcher.

chicken, tchik'-enne, *n* poulet *m*; **— -pox,** varicelle *f*.

chide, tchâïde, *v* réprimander.

chief, tchîfe, *n* chef *m*; (*fam*) patron *m*. *a** principal.

chilblain, tchil'-bléne, *n* engelure *f*.

child, tchâïlde, *n* enfant *m & f*; **—hood,** enfance *f*;
—ish, *a* enfantin.

chill, tchill, *n* coup de froid *m*. *v* refroidir; réfrigérer.

chilly, tchil'-i, *a* un peu froid; frais.

chime, tchâïme, *v* carillonner. *n* carillon *m*.

chimney, tchime'-ni, *n* cheminée *f*.

chimney-sweep, tchime'-ni-souîpe, *n* ramoneur *m*.

chin, tchine, *n* menton *m*.

china, tchâï'-na, *n* porcelaine *f*.

chintz, tchine'tse, *n* perse *f*.

chip, tchîpe, *v* tailler par éclats; ébrécher. *n* fragment
m; éclat *m*; pomme frite *f*.

chiropodist, chî-rop'-o-diste, *n* pédicure *m*.

chirp, tcheurpe, *v* gazouiller.

chisel, tchiz'-'l, *n* ciseau *m*. *v* ciseler.

chivalrous, chiv'-*al*-*reusse*, *a* courtois.

chives, tchâïvze, *npl* ciboulette *f*.

chloride, clau'-râïde, *n* chlorure *m*.

chlorine, clau'-rine, *n* chlore *m*.

chloroform, clau'-ro-forme, *n* chloroforme *m*.

chocolate, tchok'-ŏ-léte, *n* chocolat *m*.

choice, tchoa'ïce, *n* choix *m*. *a* choisi, surfin.

choir, couaï'r, *n* chœur *m*.

choke, tchauque, *v* étouffer; (block up) boucher;
(car) *n* starter *m*.

cholera, col'-*eur*-*a*, *n* choléra *m*.

choose, tchouze, *v* choisir; **choosy**, *a* (*fam*) difficile.

chop, tchoppe, *n* côtelette *f*. *v* hacher; **— off**,
couper; **—per**, *n* hachoir *m*.

choral, co'-r'l, *a* choral.

chord, côrde, *n* (*mus*) accord *m*.

chorister, cor'-iss-*teur*, *n* choriste *m*.

chorus, côr'-*eusse*, *n* chœur *m*; refrain *m*.

Christ, craïsste, *n* le Christ.

christen, criss'-'n, *v* baptiser; **—ing**, *n* baptême *m*.

Christian, criss'-ti-'n, *n & a* chrétien *m*; chrétienne *f*.

Christianity, criss-ti-ann'-i-ti, *n* christianisme *m*.

Christmas, criss'-*meusse*, *n* Noël *m*; **—-tree**, arbre
de Noël *m*.

chronic, cronn'-ique, *a* chronique.

chronicle, cronn'-i-k'l, *n* chronique *f*.

chrysanthemum, cri-sanne'-*tsi*-*meumme*, *n* chrysanthème *m*.

chuck, tcho'-k, *v* jeter, lancer, flanquer.

chuckle, tcho'-k'l, *v* rire tout bas; glousser. *n* gloussement *m*.

church, tcheurtche, *n* église *f*; **—yard**, cimetière *m*.

churlish, ch*eur*'-liche, *a* revêche, maussade.

churn, tcheurne, *v* baratter. *n* baratte *f*.

cider, saï'-d'r, *n* cidre *m*.

cigar, si-gâre', *n* cigare *m*.

cigarette, sig-*a*-rette', *n* cigarette *f*; **— end**, (*fam*)
mégot *m*.

cinder, sinn'-d'r, *n* cendre *f*.

cinema, si'-ni-m*a*, *n* cinéma *m*.

cinnamon, sin'-n*a*-m*eu*ne, *n* cannelle *f*.

cipher, sâï'-f'r, *v* chiffrer. *n* chiffre *m*; zéro *m*.

circle, seur'-k'l, *v* entourer; tourner autour de. *n* cercle *m*.

circuit, seur'-kitte, *n* circuit *m*; tournée *f*.

circuitous, seur'-kiou'-i-t*eu*sse, *a* détourné.

circular, seur'-kiou-l'r, *n* & *a* circulaire *f*.

circulate, seur'-kiou-léte, *v* circuler; faire circuler.

circulation, seur-kiou-lé'-ch'n, *n* circulation *f*; (newspaper, etc) tirage *m*.

circumference, seur-komm'-f*eu*r-'nce, *n* circonférence *f*.

circumflex, seur'-k*eu*me-flèxe, *a* circonflexe.

circumscribe, seur'-k*eu*me-scrâïbe, *v* circonscrire.

circumspect, seur'-k*eu*me-specte, *a* circonspect.

circumstance, seur'-k*eu*me-stännce, *n* circonstance *f*.

circumstantial, seur-k*eu*me-stänn'-ch'l, *a* circonstanciel; — **evidence**, *n* preuve indirecte *f*.

circus, seur'-k*eu*sse, *n* cirque *m*; (place) rondpoint *m*.

cistern, siss'-teurne, *n* citerne *f*; (lavatory) réservoir de chasse d'eau *m*.

cite, sâïte, *v* citer.

citizen, sit'-i-z'n, *n* citoyen *m*; —**ship**, nationalité *f*.

city, sit'-i, *n* cité *f*; grande ville.

civil, siv'-il, *a* civil; —**ian**, *n* civil *m*; —**isation**, civilisation *f*; —**ity**, politesse *f*, civilité *f*.

claim, cléme, *n* réclamation *f*; (inheritance) droit *m*; demande de remboursement *f*. *v* réclamer, prétendre; —**ant**, *n* prétendant *m*.

clammy, clä'-mi, *a* (hands) moite; (weather) humide.

clamour, clämm'-*eu*r, *v* vociférer. *n* clameur *f*.

clamp, clämmpe, *n* crampon *m*. *v* cramponner.

clan, clänne, *n* clan *m*; tribu *f*; (fam) clique *f*.

clandestine, clänne-desse'-tinne, *a* clandestin.

clang, clainng, *n* bruit métallique *m*; résonnement *m*. *v* retentir.

clap, cläppe, *v* applaudir. *n* (thunder) coup *m*.

clapping, cläpp'-inng, *n* applaudissement *m*.

claret, clär'-ette, *n* vin rouge de Bordeaux *m*.

clarify, clär'-i-fâï, *v* clarifier, éclaircir.

clarinet, clăr'-i-nette, *n* clarinette *f.*

clash, clăche, *n* choc *m;* conflit *m.* *v* (se) heurter; (of colours) jurer.

clasp, clâsspe, *v* étreindre. *n* étreinte *f;* (catch) fermoir *m.*

class, clâsse, *n* classe *f;* (school) classe *f;* cours *m.* *v* classer.

classify, clăss'-i-fâï, *v* classifier.

clatter, clătt'-eur, *n* fracas *m.* *v* retentir.

clause, cloaze, *n* clause *f;* (gram) proposition *f.*

claw, cloa, *v* griffer. *n* griffe *f;* (bird of prey) serre *f;* (crab, etc) pince *f.*

clay, clé, *n* argile *f;* **—ey,** *a* argileux.

clean, clîne, *v* nettoyer. *a* propre. *adv* absolument; **—ing,** *n* nettoyage *m;* **—liness,** propreté *f.*

cleanse, clénze, *v* nettoyer. *v* purifier.

clear, clîre, *a* clair; net. *v* éclaircir; évacuer; dégager; (table) desservir; **—ness,** *n* clarté *f.*

clearance, clîr'-annce, *n* dégagement *m;* (customs) dédouanement *m;* (sale) liquidation *f.*

cleave, clîve, *v* fendre; (cling) s'attacher à.

cleft, clefte, *n* fente *f.*

clemency, clémm'-enn-ci, *n* clémence *f.*

clench, clentche, *v* serrer.

clergy, cleur'-dji, *n* clergé *m;* **—man,** pasteur *m;* prêtre *m.*

clerical, clé'-ri-k'l, *a* clérical; de bureau; **— error,** *n* erreur de plume *f.*

clerk, clârque, *n* employé *m;* (law) clerc *m.*

clever*, clèv'-eur, *a* habile; intelligent; **—ness,** *n* habileté *f.*

click, clique, *n* déclic *m.*

client, clâï'-ennte, *n* client, -ente *m* & *f;* **—ele,** clientèle *f.*

cliff, cliffe, *n* falaise *f.*

climate, clâï'-méte, *n* climat *m.*

climax, clâï'-măxe, *n* comble *m;* point culminant *m.*

climb, clâïmme, *v* monter, grimper; (mountain, etc) gravir.

clinch, *v* conclure.

cling, clinng, *v* se cramponner; adhérer.

clinic, clinn'-ik, *n* clinique *f;* **—al,** *a* clinique.

clink, clinnque, *v* tinter; (glasses) trinquer.

clinker, clinng'-keur, *n* mâchefer *m.*

clip, clippe, *v* (cut) tondre, couper; agrafer.

cloak, clauque, *n* manteau *m*; cape *f. v* (*fig*) voiler;
— **-room,** vestiaire *m*; (station) consigne *f.*

clock, cloque, *n* horloge *f*; pendule *f*; — **-maker,**
horloger *m*; — **-work,** mouvement d'horlogerie *m.*

clod, clodde, *n* motte de terre *f.*

clog, clogue, *n* entrave *f*; (shoe) sabot *m. v* obstruer.

cloister, cloa'iss'-t'r, *n* cloître *m.*

close, clauze, *n* fin *f. v* fermer; terminer. *a* (weather)
lourd. *adv* (near) près de.

closet, cloz'-ette, *n* cabinet *m.*

closure, clau'-jeure, *n* fermeture *f.*

clot, clotte, *v* cailler. *n* caillot *m.*

cloth, clots, *n* drap *m*; tissu *m*; **table-** —, nappe *f.*

clothe, claudz, *v* habiller, vêtir.

clothes, claudz-z, *npl* vêtements *mpl*; — **-brush,**
brosse à habits *f.*

clothing, claudz'-inng, *n* vêtements *mpl.*

cloud, clâ'oude, *n* nuage *m. v* obscurcir; —**y,**
a nuageux.

clout, clâ'oute, *n* claque *f*; gifle *f.*

clove, clauve, *n* clou de girofle *m.*

clover, clauv'-'r, *n* trèfle *m*; **to be in** —, être comme
coq en pâte.

clown, clâ'oune, *n* clown *m.*

club, clobbe, *n* club *m*; (cards) trèfle *m*; (stick)
massue *f*; **golf** —, club *m*; — **foot,** pied bot *m.*

cluck, cloque, *v* glousser. *n* gloussement *m.*

clue, clioue, *n* indice *m.*

clump, clommpe, *n* (trees) bosquet *m*; (flowers)
massif *m*; touffe *f.*

clumsiness, clomme'-zi-nesse, *n* maladresse *f.*

clumsy, clomme'-zi, *a* maladroit, gauche.

cluster, closs'-teur, *n* groupe *m*; (fruit) grappe *f*;
(trees) bosquet *m. v* se grouper.

clutch, clotche, *n* griffe *f*; (motor) embrayage *m.*
v saisir.

coach, cautche, *n* (motor) car *m*; (rail) wagon *m*;
(tutor) répétiteur *m. v* donner des leçons par-
ticulières; (sport) entraîner.

coagulate, cau-ăgue'-ioue-léte, *v* coaguler.

coal, caule, *n* houille *f*, charbon de terre *m*; —**cellar**, cave à charbon *f*; — **-mine**, mine *f*; —**man**, charbonnier *m*.

coalition, cau-ă-li'-ch'n, *n* coalition *f*.

coarse*, caurse, *a* grossier, gros; —**ness**, *n* grossièreté *f*; rudesse *f*.

coast, causste, *n* côte *f*, littoral *m*. *v* côtoyer.

coast-guard, causste'-gârde, *n* garde-côte *m*.

coat, caute, *n* manteau *m*; pardessus *m*; (animal) manteau *m*, pelage *m*; (paint) couche *f*.

coax, cauxe, *v* enjôler, encourager.

cob, cobbe, *n* (horse) cob *m*; bidet; (swan) cygne mâle *m*; (nut) noisette *f*.

cobbler, cob'-bleur, *n* cordonnier *m*.

cobweb, cob'-ouèbbe, *n* toile d'araignée *f*.

cocaine, cau'- kéne, *n* cocaïne *f*.

cochineal, cotch'-i-nîl, *n* cochenille *f*.

cock, coque, *n* (bird) coq *m*; (gun) chien *m*; (turn valve) robinet *m*; —**ade**, cocarde *f*; —**erel**, cochet *m*; —**roach**, blatte *f*, cafard *m*.

cockle, coque'-'l, *n* coque *f*.

cocoa, cau'-cau, *n* cacao *m*.

coconut, cau'-cau-notte, *n* noix de coco *f*.

cocoon, co-coune', *n* cocon *m*.

cod, codde, *n* morue *f*; — **liver oil**, huile de foie de morue *f*.

coddle, cod'-d'l, *v* choyer, dorloter.

code, caude, *n* code *m*.

codicil, codd'-i-sile, *n* codicille *m*.

co-education, cau-èd-iou-ké'-ch'n, *n* coéducation *f*; enseignement mixte *m*.

coerce, cau-eurce', *v* contraindre.

coffee, cof'-i, *n* café *m*; — **-pot**, cafetière *f*.

coffer, cof'-eur, *n* coffre *m*, caisse *f*.

coffin, cof'-inne, *n* cercueil *m*.

cog, cogue, *n* dent de roue *f*; — **-wheel**, roue dentée *f*.

coherent*, cau-hî'-r'nt, *a* cohérent.

cohesion, cau-hî'-j'n, *n* cohésion *f*.

coil, coa'ile, *n* rouleau *m*; (electric) bobine *f*. *v* enrouler; (reptile) s'enrouler.

coin, coa'inne, *n* pièce de monnaie *f.*
coincide, cau-inn-çâïde', *v* coïncider.
coincidence, cau-inn'-si-d'ns, *n* coïncidence *f.*
coke, cauque, *n* coke *m.*
cold, caulde, *n* froid *m;* (*med*) rhume *m.* *a** froid.
colic, col'-ique, *n* colique *f.*
collaborate, cŏl-la'-bo-réte, *v* collaborer.
collapse, col-lăpse', *v* s'affaisser. *n* effondrement *m.*
collar, col'-*eur,* *n* col *m;* (dog) collier *m;* **— -bone,** clavicule *f.*
collate, col-léte', *v* collationner; assembler.
colleague, col'-ligue, *n* collègue *m.*
collect, cŏl-lècte', *v* rassembler; (stamps, etc) collectionner; (money) encaisser; (alms) quêter; **—ion,** *n* collection *f;* (alms) quête *f;* (postal) levée *f;* **—ive*,** *a* collectif; **—or,** *n* collectionneur *m;* (tax) percepteur *m.*
college, col'-idj, *n* collège *m;* école *f.*
collide, cŏl-lâïde', *v* se heurter; se tamponner.
collier, col'-i-*eur,* *n* mineur *m;* **—y,** houillère *f.*
collision, cŏl-li'-j'n, *n* collision *f,* rencontre *f;* (railway) tamponnement *m;* (ships) abordage *m.*
colloquial*, cŏl-lau-coui-al, *a* familier.
collusion, col-lioue'-j'n, *n* collusion *f.*
colon, cau'-l'n, *n* deux points *mpl;* (*anat*) côlon *m.*
colonel, queur'-n'l, *n* colonel *m.*
colonist, col'-ŏnn-iste, *n* colon *m.*
colonnade, col-ŏnn-éde', *n* colonnade *f.*
colony, col'-ŏ-ni, *n* colonie *f.*
colossal, cau-loss'-'l, *a* colossal.
colour, col'-*eur,* *n* couleur *f.* *v* colorier.
colouring, col'-*eur*-inng, *n* coloris *m;* teint *m.*
colt, caulte, *n* poulain *m.*
column, col'-*eume,* *n* colonne *f.*
coma, cau'-mă, *n* (*med*) coma *m.*
comb, caume, *n* peigne *m;* (bird) crête *f.* *v* peigner.
combat, comm'-batte, *n* combat *m.* *v* combattre; **—ant,** *n* combattant *m;* **—ive,** *a* batailleur.
combination, comm-bi-né'-ch'n, *n* combinaison *f.*
combine, cŏmm-bâïne', *v* combiner.
combustion, cŏmm'-bosse'-tch'n, *n* combustion *f.*
come, comme, *v* venir; arriver; **— down,** descendre;

— **in**, entrer; — **off**, se détacher; — **out**, sortir; — **up**, monter.

comedian, cŏ-mi'-di-anne, *n* comédien *m*.

comedy, comm'-i-di, *n* comédie *f*.

comet, comm'-ette, *n* comète *f*.

comfort, comm'-feurte, *n* confort *m*; consolation *f*; (relief) soulagement *m*. *v* consoler.

comfortable, comm'-feur-ta-b'l, *a* confortable.

comic, comm'-ique, *a* comique.

coming, comm'-inng, *a* proche; futur. *n* venue *f*.

comma, comm'-ma, *n* virgule *f*.

command, cŏmm-ânnde, *v* commander; dominer. *n* ordre *m*; (knowledge) facilité *f*; —**er**, commandant *m*; —**ment(s)**, commandement(s) *m(pl)*.

commence, cŏmm-ennce', *v* commencer; —**ment**, *n* commencement *m*.

commend, cŏmm-ennde', *v* recommander; (praise) louer; —**ation**, *n* éloge *m*; louange *f*.

comment, comm'-ennte, *n* commentaire *m*; observation *f*. *v* commenter; **commentary**, *n* commentaire *m*.

commerce, comm'-eurce, *n* commerce *m*.

commercial, cŏmm-*eur*-ch'l, *a* commercial.

commiserate, cŏmm-iz'-*eur*-éte, *v* plaindre.

commission, cŏmm-ich'-'n, *v* charger de. *n* commission *f*; (*mil*) brevet *m*; —**aire**, portier *m*.

commit, cŏmm-itte', *v* commettre; envoyer en prison; (bind) engager.

committee, cŏmm-it'-ti, *n* comité *m*.

commodious, cŏmm-aud'-i-*euce*, *a* spacieux.

commodity, cŏmm-od'-i-ti, *n* produit *m*; marchandise *f*.

common, comm'-'n, *a* commun; ordinaire; —**place**, banal.

Commons, comm'-*eunze*, *npl* (House of —) Chambre des Communes *f*.

commotion, cŏmm-au'-ch'n, *n* commotion *f*.

commune, comm'-ioune', *n* commune *f*. *v* converser.

communicate, cŏmm-ioue'-ni-quéte, *v* communiquer.

communication, cŏmm-ioue'-ni-qué'-ch'n, *n* communication *f*.

Communion, cŏmm-ioue'-nieune, *n* communion *f*.

communism, cŏmm'-ioue-niz'm, *n* communisme *m*.

communist, cŏmm'-ioue-nisste, *a* & *n* communiste *mf*.

commute, cŏmm-moute', *v* (é)changer, commuer.

community, cŏmm-ioue'-ni-ti, *n* communauté *f*.

compact, comm'-păcte, *n* pacte *m*; (powder) poudrier *m*. *a* compact.

companion, cŏmm-pănn'-ieune, *n* compagnon *m*; —**ship,** *n* camaraderie *f*.

company, comm'-pa-ni, *n* compagnie *f*.

comparative*, cŏmm-păr'-a-tive, *a* comparatif.

compare, cŏmm-père', *v* comparer.

comparison, cŏmm-păr'-i-s'n, *n* comparaison *f*.

compartment, cŏmm-parte'-m'nt, *n* compartiment *m*; case *f*.

compass, comm'-passe, *n* (magnetic) boussole *f*; (a pair of) —**es,** *pl* compas *m*.

compassionate, cŏmm-păch'-eune-éte, *a* compatissant.

compel, cŏmm-pel', *v* contraindre, forcer.

compensate, comm'-penn-séte, *v* compenser.

compensation, cŏmm-penn-sé'-ch'n, *n* compensation *f*.

compete, cŏmm-pîte', *v* concourir.

competence, comm'-pi-t'nce, *n* compétence *f*.

competent*, *a* capable, compétent.

competition, cŏmm-pi-ti'-ch'n, *n* (*com*) concurrence *f*; (games, sport) concours *m*.

competitor, cŏmm-pett'-i-teur, *n* (*com*) concurrent *m*; (sport, etc) compétiteur *m*.

compile, cŏmm-pâile', *v* compiler, composer.

complacent, cŏmm-plé'-cennte, *a* content de soi-même.

complain, cŏmm-pléne', *v* se plaindre.

complaint, cŏmm-plénnte', *n* plainte *f*; maladie *f*.

complement, comm'-plî-m'nt, *n* effectif *m*; complément.

complete, cŏmm-plîte', *v* achever. *a** complet.

completion, cŏmm-plî-ch'n, *n* achèvement *m*.

complex, comm'-plexe, *a* compliqué, complexe; *n* complexe *m*.

complexion, cŏmm-plèque'-ch'n, *n* (face) teint *m.*

compliance, cŏmm-plâï'-'ns, *n* complaisance *f.*

compliant, cŏmm-plâï'-'nt, *a* complaisant.

complicate, comm'-pli-quéte, *v* compliquer.

compliment, comm'-pli-m'nt, *n* compliment *m.* *v* faire des compliments; **—s,** *npl* compliments *mpl.*

comply, cŏmm-plâï', *v* **— with,** se conformer à.

component, cŏmm-pau'-n'nt, *n* composant *m.*

compose, cŏmm-pauze', *v* composer; calmer.

composer, cŏmm-pau'-zeur, *n* compositeur *m.*

composition, cŏmm-pau-si'-ch'n, *n* composition *f.*

compositor, cŏmm-po'-zi-t'r, *n* compositeur *m.*

composure, cŏmm-pau'-jeure, *n* calme *m.*

compound, comm'-pâ'ounnde, *v* composer. *a* composé; **— interest,** intérêt composé *m.*

comprehend, cŏmm-pri-hennde', *v* comprendre.

comprehension, cŏmm-pri-henn'-ch'n, *n* compréhension *f.*

compress, cŏmm-presse', *v* comprimer. *n* compresse *f.*

comprise, cŏmm-prâïze', *v* contenir, comprendre.

compromise, comm'-prŏ-mâïze, *n* compromis *m.* *v* compromettre.

compulsion, cŏmm-pol-ch'n, *n* contrainte *f.*

compulsory, cŏmm-pol-sŏr-i, *a* obligatoire.

compunction, cŏmm-ponnk'-ch'n, *n* remords *m.*

compute, cŏmm-pioute', *v* estimer; calculer.

computer, cŏmm-piou-t'r, *n* ordinateur *m.*

comrade, comm'-rède, *n* camarade *m & f;* compagnon *m.*

concave, conn'-quéve, *a* concave.

conceal, cŏnn-cîle', *v* cacher.

concede, cŏnn-cîde', *v* concéder.

conceit, cŏnn-cîte', *n* suffisance *f;* **—ed,** *a* suffisant.

conceive, cŏnn-cîve', *v* concevoir, (s') imaginer.

concentrate, conn'-seune-tréte, *v* concentrer.

conception, cŏnn-seppe'-ch'n, *n* conception *f.*

concern, cŏnn-seurne', *n* affaire *f;* (disquiet) souci *m.* *v* concerner; **to be —ed,** s'inquiéter.

concert, conn'-seurte, *n* concert *m.*

concession, cŏnn-sèch'-eune, *n* concession *f.*

conciliate, cŏnn-cil'-i-éte, *v* concilier.

concise, cŏnn-sâïce', *a* concis.

conclude, cŏnn-cloude', *v* conclure.

conclusion, cŏnn-cloue'-j'n, *n* conclusion *f.*

conclusive, cŏnn-cloue'-cive, *a* concluant.

concoct, cŏnn-cocte', *v* élaborer; préparer; combiner.

concord, conn'-côrde, *n* concorde *f;* accord *m.*

concrete, conn'-crîte, *n* béton *m. a* concret.

concur, cŏnn-queur', *v* concourir; être d'accord.

concussion, cŏnn-coch'-'n, *n* choc *m;* (*med*) commotion *f.*

condemn, cŏnn-demme', *v* condamner.

condense, cŏnn-dennce', *v* condenser.

condescend, cŏnn-di-cennde', *v* condescendre.

condescension, cŏnn-di-cenn'-ch'n, *n* condescendance *f.*

condition, cŏnn-di'-ch'n, *n* condition *f.*

conditional*, cŏnn-dich'-*eun*-'l, *a* conditionnel.

condole, cŏnn-daule', *v* exprimer ses condoléances.

condolence, cŏnn-daul'-'ns, *n* condoléance *f.*

condone, cŏnn-daune', *v* pardonner.

conducive, cŏnn-dioue'-cive, *a* contribuant à.

conduct, cŏnn-docte', *v* conduire; (*mus*) diriger. *n* conduite *f.*

conductor, cŏnn-doct'-'r, *n* conducteur *m;* chef d'orchestre *m.*

cone, caune, *n* cône *m;* (ice-cream) cornet *m.*

confectioner, cŏnn-fèque'-che*unn*-eur, *n* confiseur *m;* (shop) confiserie *f;* —y, bonbons *mpl,* confiserie *f.*

confederate, cŏnn-féd'-*eur*-éte, *n & a* confédéré *m;* complice *m.*

confederation, cŏnn-féd'-*eur*-é'-ch'n, *n* confédération *f.*

confer, cŏnn-feur', *v* conférer; accorder.

conference, conn'-feur-ennce, *n* conférence *f;* congrès *m.*

confess, cŏnn-fesse', *v* avouer; (*eccl*) confesser.

confession, cŏnn-fé'-ch'n, *n* aveu *m;* (*eccl*) confession *f.*

confide, cŏnn-fâïde', *v* confier; se confier à.

confidence, conn'-fi-d'ns, *n* confidence *f;* (faith) confiance *f.*

confident, conn'-fi-dennte, *a* confiant, assuré.

confidential*, cŏnn-fi-denn'-ch'l, *a* confidentiel.

confine, cŏnn-fâïne', *v* limiter; enfermer. **—ment,**
n emprisonnement *m*; (birth) accouchement *m*;
(lying-in) couches *fpl*.

confirm, cŏnn-feurme', *v* confirmer.

confirmation, cŏnn-feur-mé'-ch'n, *n* confirmation *f*.

confiscate, cŏnn-'fisse-quéte, *v* confisquer.

conflagration, cŏnn-fla-gré'-ch'n, *n* incendie *m*.

conflict, conn-'flicte, *n* conflit *m*; (combat) lutte *f*.
v être en conflit.

conflicting, cŏnn-flique'-tinng, *a* contradictoire.

conform, cŏnn-foarme', *v* se conformer.

confound, cŏnn-fâ'ounnde', *v* confondre.

confront, cŏnn-fronnte', *v* confronter; affronter.

confuse, cŏnn-fiouze', *v* déconcerter; embrouiller.

confusion, cŏnn-fioue'-j'n, *n* confusion *f*.

congeal, cŏnn-djîle', *v* congeler; se congeler.

congenial, cŏnn-djî'-ni-al, *a* sympathique.

congenital, cŏnn-djenn'-i-t'l, *a* (*med*) congénital.

congest, cŏnn-djeste', *v* entasser; congestionner;
—ion, *n* (traffic) embouteillage *m*; (*med*) congestion *f*.

congratulate, cŏnn-grăt'-iou-léte, *v* féliciter.

congratulation, cŏnn-grăt-iou-lé'-ch'n, *n* félicitation *f*.

congregate, conng'-gri-guéte, *v* se rassembler.

congregation, cŏnng-gri-gué'-ch'n, *n* assemblée *f*.

congress, conng'-gresse, *n* congrès *m*.

conjecture, cŏnn-djéque'-tioure, *n* conjecture *f*.
v conjecturer.

conjugal, conn'-djoue-g'l, *a* conjugal.

conjunction, cŏnn-djonngk'-ch'n, *n* conjonction *f*.

conjurer, conn'-djeur-*eur*, *n* prestidigitateur *m*.

connect, cŏnn-necte', *v* unir; relier à.

connection, cŏnn-nec'-ch'n, *n* rapport *m*; lien *m*;
(train, etc) correspondance *f*.

connoisseur, cŏnn-oss-eur', *n* connaisseur *m*.

conquer, conng'-qu*eur*, *v* conquérir; vaincre.

conqueror, conng'-qu*eur-eur*, *n* conquérant *m*.

conquest, conng'-coueste, *n* conquête *f*.

conscience, conn'-chennce, *n* conscience *f*.

conscientious*, cŏnn-chienn'-cheuce, *a* conscien-
cieux.

conscious, conn'-cheuce, *a* conscient; **—ness,** *n* conscience *f*; (*med*) connaissance *f*.

conscript, conn'-scripte, *n* conscrit *m*.

consecrate, conn'-ci-créte, *v* consacrer; bénir.

consecutive*, cŏnn-sèk'-iou-tive, *a* consécutif.

consent, cŏnn-cennte', *v* consentir. *n* consentement *m*.

consequence, conn'-ci-couènnce, *n* conséquence *f*.

consequently, conn'-ci-couènn-tli, *adv* par conséquent.

conservative, cŏnn-seur'-va-tive, *n* & *a* conservateur, -trice *m* & *f*.

conservatory, cŏnn-seur'-va-teur-i, *n* serre *f*.

conserve, cŏnn-seurve', *v* conserver.

consider, cŏnn-cid'-*eur*, *v* considérer; **—able,** *a* considérable; **—ate,** attentionné; **—ation,** *n* considération *f*; **—ing,** *prep* vu; étant donné.

consign, cŏnn-sâïne', *v* livrer, consigner; **—ee,** *n* destinataire *m*; **—ment,** envoi *m*; **—or,** expéditeur *m*.

consist, cŏnn-cisste', *v* consister; **—ency,** *n* consistance *f*; **—ent,** *a* compatible; conforme; logique.

consolation, cŏnn-saule-é'-ch'n, *n* consolation *f*.

console, cŏnn-saule', *v* consoler.

consonant, conn'-so-nennte, *n* consonne *f*.

conspicuous, cŏnn-spik'-iou-*euce*, *a* apparent, en évidence; **to make oneself—,** se faire remarquer.

conspiracy, cŏnn-spir'-*a*-ci, *n* complot *m*.

conspirator, cŏnn-spir'-é-*teur*, *n* conspirateur *m*.

conspire, cŏnn-spâïre', *v* conspirer.

constable, conn'-sta-b'l, *n* agent de police *m*.

constabulary, cŏnn-stăb'-iou-la-ri, *n* gendarmerie *f*; police *f*.

constancy, conn'-stann-ci, *n* constance *f*.

constant, conn'-stannte, *a* constant, continuel.

constipation, cŏnn-sti-pé'-ch'n, *n* constipation *f*.

constituency, cŏnn-sti'-tiou-enn-ci, *n* circonscription électorale *f*.

constituent, cŏnn-sti'-tiou-'nt, *n* électeur *m*.

constitute, conn'-sti-tioute, *v* constituer.

constitution, cŏnn-sti-tiou'-ch'n, *n* constitution *f*.

constrain, cŏnn-stréne', *v* contraindre.

constraint, cŏnn-strénnte', *n* contrainte *f*.

constriction, cŏnn-stric'-ch'n, *n* rétrécissement *m*; resserrement *m*.

construct, cŏnn-strocte', *v* construire.

construction, cŏnn-stroc'-ch'n, *n* construction *f*.

construe, conn'-stroue, *v* construire; interpréter.

consul, conn'-seul, *n* consul *m*; **—ate,** consulat *m*.

consult, cŏnn-solte', *v* consulter; **—ation,** *n* consultation *f*.

consume, cŏnn-sioume', *v* consumer; (food) consommer.

consumer, cŏnn-sioue'-meur, *n* consommateur *m*.

consummate, conn'-somm-éte, *v* consommer.

consummation, cŏnn-somm-mé'-ch'n, *n* consommation *f*; accomplissement *m*.

consumption, cŏnn-sommp'-ch'n, *n* (use) consommation *f*; (*med*) comsomption pulmonaire *f*.

consumptive, cŏnn-sommp'-tive, *a* & *n* tuberculeux.

contact, conn'-tăcte, *n* contact *m*; **— lens,** verre de contact *m*.

contagious, cŏnn-té'-djeuce, *a* contagieux.

contain, cŏnn-téne', *v* contenir, retenir.

contaminate, cŏnn-tămm'-i-néte, *v* contaminer.

contemplate, conn'-temm-pléte, *v* contempler.

contemporary, cŏnn-temm'-pŏ-ra-ri, *n* & *a* contemporain, -aine.

contempt, cŏnn-temmp'-'t, *n* mépris *m*.

contemptible, cŏnn-temmp'-ti-b'l, *a* méprisable.

contend, cŏnn-tennde', *v* contester; (maintain) soutenir.

content, cŏnn-tennte', *v* contenter. *a* satisfait; **—ment,** *n* contentement *m*.

content, cŏnn-tennte, *n* contenu *m*.

contention, cŏnn-tenn'-ch'n, *n* prétention *f*.

contentious, cŏnn-tenn'-cheuce, *a* discutable.

contents, conn'-tenn-ts, *npl* contenu *m*.

contest, cŏnn-tesste', *v* contester; concours *m*; match *m*.

contiguous, cŏnn-tigue'-iou-euce, *a* contigu.

continent, conn'-ti-nennte, *n* continent *m*.

contingency, cŏnn-tinn'-djenn-ci, *n* éventualité *f*.

contingent, cŏnn-tinn'-djennte, *a* éventuel.

continual*, cŏnn-tinn′-iou′l, *a* continuel.

continuation, cŏnn-tinn′-iou-é-ch′n, *n* continuation *f*.

continue, cŏnn-tinn′-ioue, *v* continuer.

continuous*, cŏnn-tinn′-iou-*euce*, *a* continu.

contortion, cŏnn-toar′-ch′n, *n* contorsion *f*.

contraband, conn′-tra-bănnde, *n* contrebande *f*.

contract, cŏnn-trăcte, *n* contrat *m*. *v* contracter; **—ion**, *n* contraction *f*; **—or**, fournisseur *m*; (builder) entrepreneur *m*.

contradict, cŏnn-tra-dicte′, *v* contredire; **—ion**, *n* contradiction *f*.

contrary, conn′-tra-ri, *n* & *a* contraire *m*.

contrast, conn′-traste, *n* contraste *m*.

contrast, cŏnn-traste′, *v* contraster.

contravene, cŏnn-tra-vîne′, *v* enfreindre.

contravention, cŏnn-tra-venn′-ch′n, *n* contravention *f*.

contribute, cŏnn-trib′-ioute, *v* contribuer.

contribution, cŏnn-trib-iou′-ch′n, *n* contribution *f*; (literary) article *m*.

contrite, conn′-trâïte, *a* contrit.

contrivance, cŏnn-trâï′-v′nce, *n* invention *f*; dispositif *m*; (*fam*) manigance *f*.

contrive, cŏnn-trâïve′, *v* inventer; trouver moyen; (*fam*) machiner.

control, cŏnn-traule′, *v* contrôler; (feelings) (se) maîtriser. *n* contrôle *m*; (feelings) maîtrise *f*; (authority) direction *f*; **—ler**, contrôleur *m*.

controversial, cŏnn-trŏ-veur′-ch′l, *a* controversable.

controversy, conn′-trŏ-*veur*-ci, *n* controverse *f*.

convalescent, cŏnn-va-less′-′nt, *a* & *n* convalescent.

convenience, cŏnn-vî′-ni-ennce, *n* convenance *f*.

convenient, cŏnn-vî′-ni-ennte, *a* commode.

convent, conn′-vennte, *n* couvent *m*.

convention, cŏnn-venn′-ch′n, *n* convention *f*.

converge, cŏnn-veurdje′, *v* converger.

conversant, conn-*veur*-s′nt, *a* au courant de.

conversation, cŏnn-*veur*-cé′-ch′n, *n* conversation *f*.

converse, cŏnn-veurse′, *v* s'entretenir.

conversion, cŏnn-veur′-ch′n, *n* conversion *f*.

convert, cŏnn-veurte′, *v* convertir. *n* converti *m*.

convex, conn'-vexe, *a* convexe.

convey, cŏnn-vé', *v* transporter; transmettre; présenter; **—ance,** *n* transport *m*; (law) transfert *m*.

convict, cŏnn-victe', *v* condamner; **—ion,** *n* condamnation *f*; (belief) conviction *f*.

convict, conn'-victe, *n* forçat *m*; bagnard *m*.

convince, cŏnn-vinnce', *v* convaincre.

convivial, cŏnn-viv'-ial, *a* jovial, sociable.

convoy, cŏnn-voa'i', *v* convoyer, escorter. *n* convoi *m*.

convulse, cŏnn-vol', *v* convulser.

convulsion, cŏnn-vol'-ch'n, *n* convulsion *f*.

coo, cou, *v* roucouler.

cook, couk, *v* faire cuire; faire la cuisine; cuire. *n* cuisinier, -ère *m* & *f*.

cooker, couk'-eur, *n* cuisinière *f*.

cookery, couk'-eur-i, *n* cuisine *f*.

cool, coule, *v* refroidir. *a* frais; froid; **—ness,** *n* fraîcheur *f*; (nerve) sang froid *m*.

coop, coupe, *n* cage à poulets *f*.

co-operate, cau-op'-eur-éte, *v* coopérer.

cope, caupe, *v* — **with,** se débrouiller de.

copious*, cau'-pi-euce, *a* copieux.

copper, cop'-eur, *n* cuivre *m*. *a* de cuivre.

coppice, copse, cop'-ice, copce, *n* taillis *m*.

copy, cop'-i, *v* copier. *n* copie *f*; (of book) exemplaire *m*; (newspaper, etc) numéro *m*; **—right,** droits d'auteur *m*.

coquetry, coque'-éte-ri, *n* coquetterie *f*.

coral, cor'-al, *n* corail *m*.

cord, cŏrde, *v* corder. *n* corde *f*.

cordial, cŏr'-di-al, *a* cordial.

corduroy, coar'-diou-roa'ï, *n* velours côtelé *m*.

core, caure, *n* cœur *m*; trognon *m*.

cork, corque, *v* boucher. *n* liège *m*; (stopper) bouchon *m*; **—screw,** tire-bouchon *m*.

corn, cŏrne, *n* blé *m*; (foot, etc) cor *m*.

corner, cŏr'-n'r, *n* coin *m*; (road bend) tournant *m*; virage *m*.

cornflower, cŏrne'-flâ'ou-eur, *n* bluet *m*.

cornice, cor'-nice, *n* corniche *f*.

coronation, cor-ŏ-né'-ch'n, *n* couronnement *m*.

coroner, cor'-o-neur, *n* magistrat enquêteur *m*.

coronet, cor'-o-nette, *n* couronne *f.*

corporal, coar'-pô-r'l, *n* caporal *m*; (artillery and cavalry) brigadier *m. a* corporel.

corporation, coar'-pô-ré-ch'n, *n* corporation *f.*

corps, core, *n* corps *m.*

corpse, coarpse, *n* cadavre *m.*

corpulence, cor'-piou-lenn-ce, *n* corpulence *f.*

corpulent, cor'-piou-l'nt, *a* corpulent.

corpuscle, cor'-*peuss*-'l, *n* corpuscule *m.*

correct*, cŏr-recte', *a* correct. *v* corriger; **—ive**, *a* correctif; **—ness**, *n* exactitude *f.*

correspond, cŏr-i-sponnde', *v* correspondre; **—ence**, *n* correspondance *f.*

corridor, cŏr'-i-doar, *n* corridor *m*; couloir *m.*

corroborate, cŏr-rŏb'-ŏ-réte, *v* corroborer.

corroboration, cŏr-rŏb'-ŏ-ré-ch'n, *n* corroboration *f.*

corrode, cŏr-raude', *v* corroder.

corrosive, cŏr-rau'-sive, *n & a* corrosif *m.*

corrugated, cŏr'-rou-gué-tedde, **— paper**, *n* papier ondulé *m*; **— iron**, tôle ondulée *f.*

corrupt, cŏr-ropte', *v* corrompre. *a* corrompu.

corruption, cŏr-rope'-ch'n, *n* corruption *f.*

corset, cor'-cette, *n* corset *m.*

cortege, cŏr-téje', *n* cortège *m.*

cost, coste, *n* prix *m*; (expense) frais *mpl. v* coûter; **—ly**, *a* coûteux; **—s**, *npl* (law) dépens *mpl.*

costume, cosse'-tioume, *n* costume *m.*

cosy, cauz'-i, *a* confortable; à l'aise.

cot, cotte, *n* lit d'enfant *m.*

cottage, cot'-idj, *n* (thatched) chaumière *f*; cottage *m.*

cotton, cot'-t'n, *n* coton *m*; **—wool**, ouate *f*; (med) coton hydrophile *m.*

couch, câ'outche, *n* canapé *m*; divan *m.*

cough, coaf, *v* tousser. *n* toux *f.*

council, câ'ounn'-cil, *n* conseil *m*; **—lor**, *n* conseiller *m.*

counsel, câ'ounn-s'l, *n* avocat conseil *m. v* conseiller; **—lor**, *n* conseiller *m*; (law) conseil *m.*

count, câ'ounnte, *v* compter. *n* compte *m*; **—ing-house**, la comptabilité *f*; **—less**, *a* innombrable.

count, câ'ounnte, *n* (title) comte *m*; **—ess**, comptesse *f.* [*n* contenance *f.*

countenance, câ'ounn'-*teu*-nannce, *v* approuver.

counter, câ'ounn'-teur, *n* comptoir *m*; (games) jeton *m*. *adv* contre; **—act,** *v* contrarier; neutraliser; (frustrate) déjouer; **—balance,** contrebalancer; **—feit,** *v* contrefaire. *a* faux. *n* faux *m*; **—foil,** talon *m*; **—mand,** *v* contremander. *n* contre-ordre *m*; **—pane,** couvre-lit *m*; **—part,** contre-partie *f*; **—sign,** *v* contresigner. *n* mot d'ordre *m*.

country, conn'-tri, *n* (state) pays *m*; (rural) campagne *f*.

county, câ'ounn'-ti, *n* comté *m*.

couple, cop'-p'l, *v* accoupler. *n* couple *m*.

courage, cor'-idj, *n* courage *m*.

courageous*, keur-é'-djeuce, *a* courageux.

course, corse, *n* (river, tuition) cours *m*; (direction) route *f*; (race) champ de courses *m*; (meals) plat *m*; **of —,** *adv* naturellement.

court, côrte, *n* (royal) cour *f*; (law) tribunal *m*; (tennis) court *m*. *v* faire la cour à; **—ier,** *n* courtisan *m*; **—martial,** conseil de guerre *m*; **—ship,** cour *f*; **—yard,** cour *f*.

courteous*, keur'-ti-*euce*, *a* courtois.

courtesy, keur'-ti-ci, *n* courtoisie *f*.

cousin, co'-z'n, *n* cousin *m*; cousine *f*.

cove, cauve, *n* (geog) anse *f*; petite baie *f*.

covenant, cov'-nannte, *n* pacte *m*; contrat *m*. *v* stipuler.

cover, cov'-eur, *n* couverture *f*; (lid) couvercle *m*; (shelter) abri *m*. *v* couvrir.

covet, cov'-ette, *v* convoiter.

cow, câ'ou, *n* vache *f*. *v* intimider: **—slip,** *n* coucou *m*.

coward, câ'ou'-eurde, *n* lâche *m* & *f*; **—ice,** lâcheté *f*.

cower, câ'ou'-eur, *v* se tapir.

cowl, câ'oule, *n* (hood, chimney) capuchon *m*.

coy, côa'ï, *a* réservé, timide.

crab, crâbbe, *n* crabe *m*; **—-apple,** pomme sauvage *f*.

crack, crâque, *n* (small) craquelure *f*; fente *f*; (glass) fêlure *f*; (noise) craquement *m*; (whip) claquement *m*. *v* craqueler; fendre; fêler; craquer; claquer; (nuts) casser; **—er,** *n* (firework) pétard *m*; (nut) casse-noisette *m*; **—le,** *v* craquer; (fire) pétiller.

cradle, cré'-d'l, *n* (crib) berceau *m*.

craft, crâfte, *n* (trade) métier *m*; (*naut*) embarcation *f*; (cunning) ruse *f*; **—sman**, artisan *m*; **—y**, *a* rusé.

crag, crâgue, *n* rocher à pic *m*.

cram, crâmme, *v* bourrer.

cramp, crâmmpe, *n* crampe *f*.

cranberry, crânne'-bê-ri, *n* airelle *f*.

crane, crène, *n* grue *f*.

crank, crain-ngk, *n* (*mech*) manivelle *f*.

crash, crâche, *v* (break) briser; (aero) s'écraser; (car) se tamponner. *n* (car, train) accident *m*; (noise) fracas *m*.

crate, crète, *n* caisse *f*, cageot *m*.

crater, cré-*teur*, *n* cratère *m*.

crave, crève *v* implorer, désirer ardemment.

craving, crève'-inng, *n* désir ardent *m*.

crawl, croal, *v* ramper.

crayfish, cré-fiche, *n* écrevisse *f*; (sea) langouste *f*.

crayon, cré'-onn, *n* pastel *m*.

craze, crèze, *n* (mode) manie *f*.

crazy, cré'-zi, *a* toqué; fou.

creak, crîque, *v* grincer. *n* craquement *m*.

cream, crîme, *n* crème *f*; **—y**, *a* crémeux.

crease, crîce, *n* (press) pli *m*; (crush) faux pli *m*. *v* se froisser.

create, cri-été', *v* créer, produire.

creature, cri'-tioure, *n* créature *f*.

credentials, cri-denn'-ch'lz, *npl* lettres de créance *fpl*; papiers d'identité *mpl*.

credible, crèd'-i-b'l, *a* croyable.

credit, crèd'-itte, *n* crédit *m*. *v* créditer; **—able**, *a* estimable, honorable; **—or**, *n* créancier *m*.

credulous, crèd'-iou-leuce, *a* crédule.

creed, crîde, *n* croyance *f*.

creek, crîque, *n* crique *f*.

creep, crîpe, *v* se traîner; (silently) se glisser; (plants, animals, etc) ramper.

creeper, crî'-*peur*, *n* plante grimpante *f*.

cremate, cri-méte', *v* incinérer.

cremation, cri-mé'-ch'n, *n* crémation *f*.

creole, crî'-ôle, *n & a* créole *m & f*.

crescent, cress'-'nt, *n* croissant *m*.

cress, cresse, *n* cresson *m*.

crest, cresste, *n* (heraldry) armes *fpl*; (seal, etc) écusson; *m* (hill, bird's) crête *f*; **—fallen,** *a* penaud.

crevice, crév'-ice, *n* crevasse *f*.

crew, croue, *n* (*naut*) équipage *m*.

crick, crique, *n* crampe *f*; (neck) torticolis *m*.

cricket, cri'-quette, *n* grillon *m*; (game) cricket *m*.

crime, crâîme, *n* crime *m*.

criminal, crimm'-i-n'l, *n* & *a* criminel *m* & *f*.

crimson, crimm'-z'n, *n* & *a* cramoisi *m*.

cringe, crinn'-dje, *v* faire des courbettes; se blottir.

crinkle, crinn'-k'l, *v* froisser. *n* froissement *m*.

cripple, crip'-p'l, *n* estropié *m*. *v* estropier.

crisis, crâî-cisse, *n* crise *f*.

crisp, crispe, *a* (food) croustillant.

criterion, crâî-ti'-ri-eune, *n* critère *m*.

critic, cri'-tique, *n* critique *m*; **—al*,** *a* critique.

criticism, crit'-i-ci-z'm, *n* critique *f*.

criticize, crit'-i-sâîze, *v* critiquer.

croak, crauque, *v* (bird) croasser; (frog) coasser. *n* croassement *m*; coassement *m*.

crochet, cro'-ché, *n* crochet *m*. *v* faire du crochet.

crockery, crok'-*eu*-ri, *n* vaisselle *f*.

crocodile, crok'-o-dâîle, *n* crocodile *m*.

crocus, cro'-queuce, *n* crocus *m*.

crook, crouk, *n* crochet *m*; (*pers*) escroc *m*.

crooked, crouk'-edde, *a* tordu; de travers; malhonnête.

crop, crope, *n* récolte *f*; (haircut) coupe *f*. *v* tondre.

cross, crosse, *n* croix *f*. *a* fâché; oblique. *v* (intersect) croiser; **—examine,** interroger; **—ing,** *n* traversée *f*; **— out,** *v* rayer; **— over,** traverser; **—road,** *n* carrefour *m*.

crotchet, crotch'-ette, *n* (music) noire *f*.

crouch, crâ'outche, *v* se tapir; s'accroupir.

crow, crau, *n* corbeau *m*. *v* (cock) chanter.

crowbar, crau'-bâre, *n* pince *f*.

crowd, crâ'oude, *n* foule *f*. *v* encombrer; (s')entasser.

crown, crâ'ounne, *n* couronne *f*; (top) sommet *m*. *v* couronner.

crucible, croue'-ci-b'l, *n* creuset *m*.

crucifix, croue'-ci-fixe, *n* crucifix *m*.

crucify, croue'-ci-fâî, *v* crucifier.

crude*, croude, *a* (raw) cru; (vulgar) grossier.
cruel*, croue'-*eul*, *a* cruel; **—ty**, *a* cruauté *f*.
cruise, crouze, *v* faire une croisière. *n* croisière *f*.
cruiser, croue'-zeur, *n* croiseur *m*.
crumb, cromme, *n* mie *f*; (particle) miette *f*.
crumble, cromm'-b'l, *v* tomber en poussière.
crumple, cromm'-p'l, *v* chiffonner.
crunch, cronntche, *v* croquer.
crush, croche, *v* écraser; (pound) broyer. *n* cohue *f*.
crust, crosste, *n* croûte *f*; **—y**, *a* croustillant.
crutch, crotche, *n* béquille *f*.
cry, craï, *v* crier; (weep) pleurer. *n* cri *m*.
cryptic, cripe'-tic, *a* occulte.
crystal, criss'-t'l, *n* cristal *m*.
cub, cobbe, *n* (bear) ourson *m*; (lion) lionceau *m*.
cube, kioube, *n* cube *m*.
cuckoo, cou'-coue, *n* coucou *m*.
cucumber, kiou'-comm-b'r, concombre *m*.
cud, code, *n* (to chew the —) ruminer.
cuddle, cod'-d'l, *v* caresser.
cudgel, codd'-j'l, *n* gourdin *m*.
cue, kioue, *n* (billiard) queue *f*; (acting) réplique *f*.
cuff, coffe, *n* manchette *f*.
culinary, kiou'-li-na-ri, *a* culinaire.
culminate, col'-mi-néte, *v* culminer.
culpability, col-pa-bile'-i-ti, *n* culpabilité *f*.
culpable, col'-pa-b'l, *a* coupable.
culprit, col'-pritte, *n* coupable *m & f*.
cultivate, col'-ti-véte, *v* cultiver.
culture, col'-tioure, *n* culture *f*.
cumbersome, comm'-beur-somme, *a* encombrant.
cunning*, conn'-inng, *n* ruse *f*. *a* rusé
cup, coppe, *n* tasse *f*; (trophy) coupe *f*.
cupboard, cob'-eurde, *n* placard *m*; armoire *f*.
cupola, kiou'-po-la, *n* coupole *f*.
cur, keur, *n* cabot *m*; (fig) vil individu *m*.
curate, kiou'-réte, *n* vicaire *m*.
curb, keurbe, *n* frein *m*; rebord de trottoir *m*. *v* (fig)
curd, keurde, *n* lait caillé *m*. [réprimer.
curdle, keur'-d'l, *v* se figer; (milk) se cailler.
cure, kioure, *n* traitement *m*; (remedy) remède *m*.
v guérir; (meat, fish, etc) saler, fumer.

curiosity, kiou-ri-o'-si-ti, *n* curiosité *f*.

curious*, kiou'-ri-*euce*, *a* curieux.

curl, keurle, *v* (hair) friser. *n* boucle *f*.

currant, cor'-annte, *n* (dried) raisin sec *m*.

currency, cor'-enn-ci, *n* monnaie *f*; **foreign —,** *n* devises *fpl*.

current, cor'-ennte, *n* courant *m*. *a* courant.

curse, keurce, *n* malédiction *f*. *v* maudire.

cursory, keur'-so-ri, *a* rapide; superficiel.

curt, keurte, *a* bref; brusque.

curtail, keur-téle', *v* abréger; **—ment,** *n* raccourcissement *m*.

curtain, keur'-t'n, *n* rideau *m*.

curtsy, keurtt'-ci, *n* révérence *f*.

curve, keurve, *n* courbe *f*. *v* courber.

cushion, cou'-ch'n, *n* coussin *m*.

custard, cosse'-*teu*rde, *n* flan *m*, crème cuite *f*.

custody, cosse'-tô-di, *n* garde *f*, détention *f*.

custom, cosse'-*teu*me, *n* coutume *f*; (trade) clientèle *f*; **—ary,** *a* d'usage; **—er,** *n* client *m*; **— -house,** douane *f*; **—s-duty,** droits de douane *mpl*.

cut, cotte, *n* coupure *f*; (joint, etc) tranche *f*. *v* couper; (suits, diamonds, etc) tailler; **—lery,** argenterie *f*; **—let,** côtelette *f*; **—ter,** *n* (tailor) coupeur *m*.

cuticle, kiou'-ti-k'l, *n* cuticule *f*.

cuttle-fish, cott'-'l-fiche, *n* seiche *f*.

cyclamen, sique'-lä-menn, *n* cyclamen *m*.

cycie, sâï'-k'l, *n* cycle *m*; (vehicle) bicyclette *f*. *v* faire de la bicyclette.

cylinder, sill'-inn-d*eur*, *n* cylindre *m*.

cynical, sinn'-i-k'l, *a* cynique.

cypress, sâï'-presse, *n* cyprès *m*.

dabble, dăbb-'l, *v* s'occuper; barboter; (shares) boursicoter.

daffodil, dăff'-o-dile, *n* narcisse sauvage *m*; jonquille *f*.

dagger, dăgg'-'r, *n* poignard *m*.

dahlia, dél'-i-ă, *n* dahlia *m*.

daily, dé'-li, *a* quotidien.

dainty, dénne'-ti, *a* délicat.

dairy, dé'-ri, *n* laiterie *f*; (shop) crèmerie *f*.

daisy, dé'-zi, *n* (field) pâquerette *f*.

dale, déle, *n* vallon *m*.

dam, dămme, *n* digue *f*, barrage *m*. *v* endiguer.

damage, dămm'-idj, *n* dommage *m*, dégât *m*, avarie *f*. *v* endommager, abîmer.

damask, dămm'-*a*sque, *n* damas *m*.

damn, dămme, *v* damner. *interj* zut!

damnation, dămm-né'-ch'n, *n* damnation *f*.

damp, dămmpe, *v* mouiller. *a* humide.

dampness, dămmpe'-nesse, *n* humidité *f*.

damson, dămm'-s'n, *n* prune de Damas *f*.

dance, dânnce, *v* danser. *n* danse *f*.

dancer, dânne'-ceur, *n* danseur *m*, danseuse *f*.

dandelion, dânn'-di-lâï-onn, *n* pissenlit *m*.

dandruff, dânnde'-rof, *n* pellicules *fpl*.

danger, déne'-djeur, *n* danger *m*; **—ous***, *a* dangereux.

dangle, dânn'-g'l, *v* pendiller; se balancer.

dare, daire, *v* oser; (challenge) défier.

daring, daire'-inng, *n* audace *f*. *a** audacieux.

dark, dârque, *a* sombre; (skin) brun; **—ness**, *n* obscurité *f*.

darling, dâre'-linng, *n* & *a* chéri, -ie *m* & *f*.

darn, dârne, *v* repriser. *n* reprise *f*.

dart, dârte, *n* dard *m*; (game) fléchette *f*; (sewing) pince *f*.

dash, dăche, *n* (short line) trait *m*. *v* lancer; (rush) s'élancer.

data, dé'-ta, *npl* données *fpl*.

data-processing, dé'-ta-prau'-cess-inng, *n* informatique *f*.

date, déte, *n* date *f*; (fruit) datte *f*. *v* dater.

daughter, doa'-t'r, *n* fille *f*; **— -in-law**, belle-fille *f*.

dauntless, doannte'-lesse, *a* intrépide.

dawdle, doa'-d'l, *v* flâner, traîner.

dawn, doanne, *n* aurore *f*. *v* faire jour.

day, dé, *n* jour *m*; journée *f*; **—break**, point du jour *m*.

dazzle, dăz'-z'l, *v* éblouir.

deacon, dî'-k'n, *n* diacre *m*.

dead, dède, *a* mort; **—en**, *v* amortir; **—ly**, *a* mortel.

deaf, deffe, *a* sourd; **—en**, *v* assourdir.

deafness, deff'-nesse, *n* surdité *f*.

deal, dîle, *n* quantité *f*; (business) affaire *f*; (wood) bois de sapin *m*. *v* (trade) faire des affaires; (attend to) s'occuper de; (cards) donner.

dealer, dîl'-*eur*, *n* négociant *m*.

dean, dîne, *n* doyen *m*.

dear*, dîre, *a* cher.

dearth, deurts, *n* manque *m*; pénurie *f*.

death, dèts, *n* mort *f*.

debar, di-bâre', *v* exclure; priver de.

debase, di-béce', *v* avilir; dégrader.

debate, di-béte', *v* discuter. —*n* débat *m*.

debauch, di-boatch', *v* débaucher.

debauchery, di-boatch'-*eu*r-i, *n* débauche *f*.

debenture, di-benn'-tioure, *n* obligation *f*.

debility, di-bile'-i-ti, *n* débilité *f*.

debit, dèb'-itte, *n* débit *m*. *v* débiter.

debt, dette, *n* dette *f*; **—or**, débiteur *m*.

decadence, dè'-*ca*-dennce, *n* décadence *f*.

decant, di-cânnte', *v* décanter; **—er**, *n* carafe *f*.

decapitate, di-căpe'-i-téte, *v* décapiter.

decay, di-qué', *n* (decline) décadence *f*; (rot) délabrement *m*. *v* détériorer; pourrir; (teeth) carier.

decease, di-cîce', *n* décès *m*; **—d**, *a* décédé.

deceit, di-cîte', *n* tromperie *f*; **—ful***, *a* trompeur.

deceive, di-cîve', *v* décevoir, tromper.

December, di-semm'-b'r, *n* décembre *m*.

decency, dî'-cenn-ci, *n* (moral) décence *f*.

decent, dî'-cennte, *a* décent; (nice) convenable.

deception, di-cepp'-ch'n, *n* tromperie *f*.

deceptive, di-cepp'-tive, *a* trompeur.

decide, di-sâide', *v* décider; **—d,*** *a* décidé.

decimal, dé'-ci-m'l, *a* décimal.

decipher, di-sâï'-f'r, *v* déchiffrer.

decision, di-ci'-j'n, *n* décision *f*.

decisive,* di-sâï'-cive, *a* décisif.

deck, dèque, *n* pont *m*. *v* orner.

declaim, di-cléme', *v* déclamer.

declaration, di-cla-ré'-ch'n, *n* déclaration *f*.

declare, di-clére', *v* déclarer: se déclarer.

declension, di-clenn'-ch'n, *n* déclinaison *f.*

decline, di-claïne', *n* baisse *f;* (slope) pente *f;* (decadence) déclin *m. v* refuser; (grammar) décliner.

decompose, di-cŏmm-pauze', *v* décomposer.

decompress, di-comm-presse', *v* décomprimer.

decorate, dè'-cŏ-réte, *v* décorer.

decorous, dè-cŏ'-*reuce,* *a* décent; convenable.

decoy, di-coa'ï', *n* piège *m;* (bird) appeau *m;* (bait) appât *m. v* leurrer.

decrease, di-crîce', *v* décroître; (knitting) diminuer. *n* diminution *f.*

decree, di-crî', *n* décret *m. v* décréter.

decry, di-craï', *v* décrier.

dedicate, dè'-di-quéte, *v* dédier.

deduce, di-diouce', *v* déduire.

deduct, di-docte', *v* déduire.

deduction, di-doc-ch'n, *n* déduction *f; (com)* remise *f.*

deed, dide, *n* action *f;* (heroic) exploit *m;* (law) acte *m,* titre *m.*

deem, dîme, *v* juger; estimer.

deep, dîpe, *a* profond; **—en,** *v* approfondir.

deep-freeze, dîpe'-frîze, *n* congélateur *m.*

deer, dire, *n* daim *m;* (red) cerf *m.*

deface, di-féce', *v* dégrader, mutiler.

defamation, dé-fa-mé'-ch'n, *n* diffamation *f.*

defame, di-féme', *v* diffamer.

default, di-foalte', *n* défaut de payement *m;* (law) contumace *f. v* faire défaut.

defeat, di-fîte', *n* défaite *f. v* vaincre; déjouer.

defect, di-fecte', *n* défaut *m;* **—ive,** *a* défectueux.

defence, di-fennce', *n* défense *f.*

defenceless, di-fennce'-lesse, *a* sans défense.

defend, di-fendre', *v* défendre; **—ant,** *n* défendeur *m;* **—er,** défenseur *m.*

defensive, di-fenn'-cive, *n* défensive *f. a* défensif.

defer, di-feur', *v* différer; ajourner.

deference, dèf'-*eur*-ennce, *n* déférence *f.*

defiance, di-faï'-'nce, *n* défi *m.*

deficiency, di-fich'-enn-ci, *n* manque *m,* défaut *m.*

deficient, di-fich'-'nt, *a* défectueux.

deficit, dèf'-i-cite, *n* déficit *m.*

defile, di-faïle', *v* souiller.

define, di-fâïne', *v* définir.

definite, dèf'-i-nitte, *a* déterminé; défini.

definition, dèf-i-ni'-ch'n, *n* définition *f*.

deflect, di-flecte', *v* dévier.

deform, di-foarme', *v* déformer; —ed, *a* difforme.

defraud, di-froade', *v* frauder.

defray, di-fré', *v* défrayer.

deft*, defte, *a* adroit; (clever) habile; (quick) leste.

defunct, di-fonnkt', *a* défunt.

defy, di-fâï', *v* défier; provoquer.

degenerate, di-djènn'-*eur*-éte, *v* dégénérer. *n* & *a* dégénéré *m*.

degrade, di-gréde', *v* dégrader.

degree, di-grî', *n* degré *m*; (university) licence *f*.

dehydrate, di'-hâï-dréte, *v* déshydrater.

deign, déne, *v* daigner.

deject, di-djèque't', *v* décourager; déprimer.

dejection, di-djèque'-ch'n, *n* abattement *m*.

delay, di-lé', *n* retard *m*; *v* tarder; différer.

delegate, dèl'-i-guéte, *n* délégué *m*.

delete, di-lite', *v* effacer; rayer.

deliberate, di-lib'-*eur*-éte, *v* délibérer. *a** délibéré.

delicacy, dèl'-i-ca-ci, *n* délicatesse *f*.

delicate*, dèl'-i-quéte, *a* délicat.

delicious, di-lich'-*euce*, *a* délicieux.

delight, di-lâïte, *v* enchanter. *n* délices *fpl*; joie *f*.

delightful*, di-lâïte'-foull, *a* délicieux.

delineate, di-linn'-i-éte, *v* tracer.

delinquent, di-linng'-couente, *n* délinquant, -e *m* & *f*.

delirious*, di-lir'-i-*euce*, *a* en délire.

delirium, di-lir'-i-*eume*, *n* délire *m*.

deliver, di-liv-*eur*, *v* (letters) distribuer; (goods) livrer; (set free, rid) délivrer; —y, *n* délivrance *f*; (letters) distribution *f*; (goods) livraison *f*.

delude, di-lioude', *v* tromper.

delusion, di-liou'-j'n, *n* illusion *f*.

demand, di-mânnde', *v* exiger. *n* demande *f*.

demeanour, di-mî'-neur, *n* conduite *f*; tenue *f*.

demented, di-menn'-tedde, *n* & *a* dément *m*.

democratic, dè-mo-crä'-tique, *a* démocratique.

demolish, di-mol'-iche, *v* démolir.

demon, dî'-mônne, *n* démon *m*.

demonstrate, dè'-monn-stréte, *v* démontrer; donner une démonstration.

demonstrative, di-monn'-stra-tive, *a* démonstratif; expansif.

demoralize, di-mô-ră-lâïze, *v* démoraliser.

demur, di-meure', *v* hésiter; s'opposer.

demure, di-mioure', *a* modeste.

den, dènne, *n* repaire *m*; cabinet de travail *m*.

denial, di-nâï'-'l, *n* dénégation *f*.

denomination, di-nômm-i-né'-ch'n, *n* dénomination *f*.

denote, di-naute', *v* dénoter.

denounce, di-nâ'ounnce', *v* dénoncer.

dense, dènnce, *a* dense, épais; (person) stupide.

dent, dènnte, *n* marque *f*; creux *m*. *v* cabosser; bosseler.

dentist, dènn'-tiste, *n* dentiste *m*.

denude, di-nioude', *v* dénuder.

deny, di-nâï', *v* nier.

deodorant, di-ô'-deur-'nt, déodorant *m*.

deodorize, di-ô'-deur-âïze, *v* désodoriser.

depart, di-pârte', *v* partir; **—ment,** *n* branche *f*; service *m*; (shop) rayon *m*; **—ure,** départ *m*.

depend (upon), di-pennde', *v* (contingent) dépendre; (trust) compter sur; **—ant,** *n* personne à la charge de; **—ent,** *a* dépendant; à charge.

depict, di-picte', *v* dépeindre.

depletion, di-plî'-ch'n, *n* épuisement *m*.

deplore, di-plaure', *v* déplorer.

deport, di-paurte', *v* déporter.

deportment, di-paurte'-m'nt, *n* maintien *m*.

depose, di-pauze', *v* déposer.

deposit, di-pauz'-itte, *n* (bank, sediment) dépôt *m*; (on account) acompte *m*; arrhes *fpl*. *v* déposer; **—or,** *n* déposant *m*.

depot, depp'-au, *n* dépôt *m*.

deprave, di-préve', *v* dépraver.

deprecate, dè'-pri-quéte, *v* désapprouver.

depreciate, di-prî'-chi-éte, *v* déprécier.

depress, di-press', *v* déprimer; décourager; **—ion,** *n* (trade) crise *f*; (spirits) abattement *m*; dépression *f*; (hollow) affaissement *m*.

deprive, di-prâïve', v priver.

depth, dep*t*s, n profondeur f.

deputation, dè-piou-té'-ch'n, n députation f.

deputy, dèp'-iou-ti, n représentant m; remplaçant m; vice- . . .

derailment, di-réle'-m'nt, n déraillement m.

derange, di-rénndje', v déranger.

derangement, di-rénndje'-m'nt, n dérangement m.

derelict, dèr'-i-licte, a abandonné. n (ship) épave f.

deride, di-râïde', v railler.

derision, di-rî'-jeune, n dérision f.

derisive*, di-râï'-cive, a dérisoire.

derive, di-râïve', v dériver; provenir.

descend, di-cennde', v descendre; —**ant**, n descendant, -ante m & f.

descent, di-cennte', n descente f; origine f.

describe, diss-crâïbe', v décrire.

description, diss-crippe'-ch'n, n description f.

desecrate, dess'-si-créte, v profaner.

desert, dèz'-eurte, n désert m.

desert, diz-eurte', v abandonner; (*mil*) déserter; —**er**, n déserteur m; —**ion**, n désertion f; abandon m.

deserve, di-zeurve', v mériter.

design, di-zâïne', n (sketch) dessin m; (intention) dessein m; (pattern) modèle m; motif m. v dessiner; (plan) projeter; créer; —**ing**, a intrigant.

desirable, di-zâï'-ra-b'l, a désirable, souhaitable.

desire, di-zâïre', v désirer. n désir m.

desirous, di-zâï'-reuce, a désireux.

desist, di-zisst', v cesser.

desk, dessque, n bureau m; (school) pupitre m.

desolate, dess'-ŏ-léte, a désole; désert.

despair, diss-pair', v désespoir m. v désespérer.

despatch, diss-pâtche', v expédier. n dépêche f; envoi m.

desperate*, dess'-peur-éte, a désespéré; forcené.

despicable, dess'-pi-ca-b'l, a méprisable.

despise, diss-pâïze', v mépriser.

despite, diss-pâïte', prep en dépit de, malgré.

despoil, diss-poa'ïle', v dépouiller.

despondent, diss-ponn'-d'nt, a découragé.

despot, dess'-pŏtte, n despote m.

dessert, di-zeurte', *n* dessert *m*.
destination, dèss-ti-né'-ch'n, *n* destination *f*.
destiny, dess'-ti-ni, *n* sort *m*; destin *m*.
destitute, dess'-ti-tioute, *a* indigent, dénué.
destitution, dess-ti-tiou'-ch'n, *n* denuement *m*.
destroy, diss-troa'ï', *v* détruire.
destruction, diss-trok'-ch'n, *n* destruction *f*.
destructive, diss-trok'-tive, *a* destructif.
desultory, dé'-seul-to-ri, *a* irrégulier; décousu.
detach, di-tâtche', *v* détacher; **—able,** *a* détachable.
detail, di-téle', *v* détailler. *n* détail *m*.
detain, di-téne', *v* détenir; retenir.
detect, di-tecte', *v* découvrir; surprendre.
detective, di-tèque'-tive, *n* détective *m*; **— novel,**
roman policier *m*.
detention, di-tenn'-ch'n, *n* détention *f*; (*sch*) retenue *f*.
deter, di-teur', *v* dissuader, détourner; **—rent,**
n préventif; (nuclear, etc) arme de dissuasion *f*.
deteriorate, di-tî'-ri-o-réte, *v* détériorer.
determine, di-teur'-minne, *v* déterminer, décider.
detest, di-tesste', *v* détester.
dethrone, di-*t*srône', *v* détrôner.
detonation, di-to-né'-ch'n, *n* explosion *f*.
detour, di-tour', *n* détour *m*.
detract, di-trâcte', *v* enlever (à); dénigrer.
detrimental*, dèt-ri-menn'-t'l, *a* préjudiciable.
deuce, diouce, *n* (tennis) égalité *f*; (cards, etc) deux *m*.
devaluate, di-val'-iou-éte, *v* dévaluer, **—tion,**
n dévaluation *f*.
devastate, dè'-*v*ass-téte, *v* dévaster.
develop, di-vèl'-ŏpe, *v* développer.
development, di-vèl'-ope-m'nt, *n* développement *m*;
exploitation *f*; fait *m*.
deviate, dî'-vi-éte, *v* dévier.
device, di-vâïce', *n* moyen *m*; dispositif *m*.
devil, dév'-'l, *n* diable *m*; **—ry,** diablerie *f*.
devise, di-vâïze', *v* inventer; tramer; (law) léguer.
devoid, di-voa'ïd', *a* dénué, dépourvu.
devote, di-vaute', *v* dévouer; **— oneself to,** se
consacrer à.
devour, di-vâ'oure', *v* dévorer.

devout*, di-vâ'oute', *a* dévot; pieux.

dew, dioue, *n* rosée *f.*

dexterous*, deks'-teur-euce, *a* adroit; habile.

diabetes, dâi-a-bî'-tize, *n* diabète *m.*

diabolical*, dâî-a-bol'-i-k'l, *a* diabolique.

diagnose, dâî-ăgue-nauze', *v* diagnostiquer.

diagonal, dâî-ăgue'-o-n'l, *a* diagonal.

diagram, dâî'-a-grămme, *n* diagramme *m*, schéma *m.*

dial, dâî'-al, *n* cadran *m. v* composer un numéro.

dialect, dâî'-a-lecte, *n* dialecte *m.*

dialogue, dâî'-a-logue, *n* dialogue *m.*

diameter, dâî-ămm'-i-teur, *n* diamètre *m.*

diamond, dâî'-a-meunnde, *n* diamant *m*; (cards) carreau *m.*

diarrhœa, dâî-a-rî'-a, *n* diarrhée *f.*

diary, dâî'-a-ri, *n* journal *m*; (pocket) agenda *m.*

dice, dâîce, *npl* dés *mpl.*

dictaphone, dic'-ta-faune, *n* machine à dicter *f.*

dictate, dic-téte', *v* dicter; faire la loi; **dictator**, dictateur *m.*

dictionary, dic'-chŏnn-a-ri, *n* dictionnaire *m.*

die, dâî, *v* mourir.

diet, dâî'-ette, *v* (to go on a —) faire un régime. *n* régime *m.*

differ, dif'-eur, *v* différer; **—ence**, *n* différence *f*; **—ent**, *a* différent.

difficult, diff'-i-keulte, *a* difficile; **—y**, *n* difficulté *f.*

diffident, diff'-i-d'nt, *a* défiant de soi-même.

diffuse, dif-fiouze', *v* répandre. *a* diffus.

dig, digue, *v* (garden) bêcher; (excavate) creuser; (archeol) faire des fouilles.

digest, di-djeste', *v* digérer; **—ion**, *n* digestion *f.*

dignified dig'-ni-fâîde, *a* digne.

dignitary, dig'-ni-ta-ri, *n* dignitaire *m.*

dignity, dig'-ni-ti, *n* dignité *f.*

digression, di-grèch'-eunne, *n* digression *f.*

dike, dâîke, *n* digue *f.*

dilapidated, di-lăpp'-i-dé-tedde, *a* délabré.

dilapidation, di-lăpp'-i-dé-ch'n, *n* délabrement *m.*

dilate, di-léte', *v* dilater; se dilater.

dilatory, dil'-a-tŏ-ri, *a* tardif; dilatoire.

dilemma, di-lemm'-ma, *n* dilemme *m.*

diligence, dil'-i-djennce, *n* diligence *f.*

diligent*, dil'-i-djennte, *a* appliqué.

dilute, di-lioute', *v* diluer; (wine) couper.

dim, dime, *v* obscurcir. *a* trouble; faible.

dimension, di-menn'-ch'n, *n* dimension *f.*

diminish, di-minn'-iche, *v* diminuer.

dimple, dime'-p'l, *n* fossette *f.*

din, dinn, *n* vacarme *m. v* assourdir.

dine, dâïne, *v* dîner.

dingy, dinn'-dji, *a* sombre; sale; défraîchi.

dining, dâï'-ninng, — **-car,** *n* wagon restaurant *m;*
— **-room,** salle à manger *m.*

dinner, dinn'-*eur,* *n* dîner *m.*

dip, dippe, *v* plonger; tremper; baisser subitement;
(slope) incliner.

diphtheria, diff-*tsï*-ri-*a,* *n* diphtérie *f.*

diplomacy, di-plau'-ma-ci, *n* diplomatie *f.*

diplomat, dippe'-lau-mătte, *n* diplomate *m.*

dire, dâïre, *a* cruel; terrible; affreux.

direct, di-recte', *v* diriger; indiquer. *a* direct; —**ion,**
n direction *f;* —**ly,** *adv* tout de suite; —**or,** *n* directeur *m;* administrateur *m;* —**ory,** annuaire *m.*

dirt, deurte, *n* saleté *f;* ordure *f.*

dirty, deur'-ti, *a* sale. *v* salir.

disability, diss-*a*-bile'-i-ti, *n* incapacité *f.*

disable, diss-é'-b'l, *v* mutiler; (*mech*) mettre hors de
service.

disadvantage, diss-ăd-vânne'-tidj, *n* désavantage *m.*

disagree, diss-*a*-grî', *v* être en désaccord.

disagreeable, diss-*a*-grî'-*a*-b'l, *a* désagréable.

disallow, diss-*a*-la'ou', *v* refuser; désapprouver.

disappear, diss-*a*-pîre, *v* disparaître.

disappearance, diss-ap-pîr'-'nce, *n* dIsparition *f.*

disappoint, diss-*a*-poa'innte', *v* décevoir; —**ment,**
n déception *f.*

disapprove, diss-*a*-prouve', *v* désapprouver.

disarm, diss-ârme', *v* désarmer; —**ament,** désarme-
ment *m.*

disaster, diz-âsse'-*teur,* *n* désastre *m;* accident *m.*

disastrous*, diz-âsse'-tr*euce,* *a* désastreux.

disc, disque, *n* disque *m.*

discard, diss-cârde', *v* rejeter.

discern, diz-zeurne', v discerner.

discharge, diss-tchàrdje', n (dismissal) congé m; (gun) décharge f; (med) suppuration f; perte f. v congédier; décharger; (fulfil) remplir; (acquit) acquitter; (release) libérer.

disciple, diss-sâï'-p'l, n disciple m.

discipline, diss'-si-plinne, n discipline f.

disclaim, diss-cléme', v renier; répudier.

disclose, diss-clauze', v révéler.

disclosure, diss-clau'-jioure, n révélation f.

discolour, diss-col'-eur, n décolorer.

discomfort, diss-comm'-teurte, n incommodité f; manque de confort m; (uneasy) malaise m.

disconnect, diss-cŏnn-necte', v disjoindre; couper.

discontent, diss-cŏnn-tennte', n mécontentement m; —ed, a mécontent.

discontinue, diss-cŏnn-tinn'-ioue, v cesser.

discord, diss'-coarde, n discorde f.   [escompte m.

discount, diss'-câ'ounnte, n (com) remise f; (fin)

discourage, diss-cor'-idj, v décourager.

discourse, diss-caurse', v discourir. n discours m.

discourteous, diss-keur'-ti-euce, a discourtois.

discover, diss-cov'-eur, v découvrir.

discovery, diss-cov'-eur-i, n découverte f.

discreet*, diss-crîte', a discret.

discrepancy, diss-crèp'-ann-ci, n différence f.

discriminate, diss-crimm'-i-néte, v discerner.

discuss, diss-cosse', v discuter.

discussion, diss-cŏch'-'n, n discussion f.

disdain, diss-déne', v dédaigner. n dédain m.

disdainful*, diss-déné'-foull, a dédaigneux.

disease, di-zîze', n maladie f; —d, a malade.

disembark, diss-emm-bârke', v débarquer; —ation n débarquement m.

disengaged, diss-enn-guédjé', a libre.

disentangle, diss-enn-tain'-g'l, v démêler.

disfigure, diss-figue'-eur, v défigurer.

disgrace, diss-gréce', n disgrâce f; (shame) honte f. v déshonorer; —ful, a honteux.

disguise, diss-gâïze', v déguiser. n déguisement m.

disgust, diss-gosste', v dégoûter. n dégoût m; —ing, a dégoûtant.

dish, diche, *n* plat *m;* (food) mets *m;* — **-cloth,** torchon *m;* — **up,** *v* servir.

dishearten, diss-hâre'-t'n, *v* décourager.

dishevelled, di-chè'-vellde, *a* échevelé.

dishonest, diss-onn'-este, *a* malhonnête.

dishonour, diss-onn'-*eur, v* déshonorer. *n* déshonneur *m.*

disillusion, diss-il-lioue'-j'n, *v* désillusionner.

disinclination, diss-inn-cli-né'-ch'n, *n* aversion *f.*

disinfect, diss-inn-fecte', *v* désinfecter; —**ant** *n* désinfectant *m.*

disinherit, diss-inn-hèr'-itte, *v* déshériter.

disintegrate, diss-inn'-*teur-*grète, *v* désintégrer.

disintegration, diss-inn-*teur-*gré'-ch'n, *n* désintégration.

disjointed, diss-djoa'inn'-tedde, *a* désarticulé.

dislike, diss-lâïque', *v* ne pas aimer. *n* aversion *f.*

dislocate, diss'-lo-kéte, *v* disloquer.

disloyal, diss-lo'-*ial, a* déloyal.

dismal*, diz'-m'l, *a* triste; lugubre; sombre.

dismay, diss-mé', *v* consterner. *n* consternation *f.*

dismiss, diss-mice', *v* congédier; (mentally) écarter.

dismount, diss-mâ'ounnte', *v* descendre de.

disobedient, diss-o-bi'-di-ennte, *a* désobéissant.

disobey, diss-o-bé', *v* désobéir.

disorder, diss-oar'-*deur, n* désordre *m.*

disorganization, diss-oar-*ga-*nâï-zé'-ch'n, *n* désorganisation *f.*

disorganize, diss-oar'-*ga-*nâïze, *v* désorganiser.

disown, diz-aune', *v* renier.

disparage, diss-pâr'-idj, *v* dénigrer.

dispatch, (see **despatch**).

dispel, diss-pelle', *v* chasser; dissiper.

dispensary, diss-penn'-sa-ri, *n* dispensaire *m.*

disperse, diss-peurce', *v* disperser.

display, diss-plé', *v* exposer. *n* (com) étalage *m.*

displease, diss-plîze', *v* déplaire.

displeasure, diss-plè'-jeure, *n* mécontentement *m.*

disposal, diss-pau-z'l, *n* disposition *f.*

dispose, diss-pauze', *v* disposer; se debarrasser.

disprove, diss-prouve', *v* réfuter.

disputable, diss-pioue'-*ta-*b'l, *a* contestable.

dispute, diss-pioute', *v* se disputer; contester. *n* dispute *f*; contestation *f*.

disqualify, diss-couoll'-i-faï, *v* disqualifier.

disquiet, diss-couaï'-ette, *v* inquiéter. *n* inquiétude *f*.

disregard, diss-ri-gârde', *v* négliger; ne pas observer. *n* mépris *m*; indifférence *f*.

disrepute, diss-ri-pioute', *n* discrédit *m*.

disrespect, diss-ri-specte', *n* manque de respect *m*; irrévérence *f*; **—ful,** *a* irrespectueux.

dissatisfy, diss-sät'-is-faï, *v* mécontenter.

dissect, diss-secte', *v* disséquer.

dissemble, diss-semm'-b'l, *v* dissimuler.

dissent, diss-sennte', *v* différer d'opinion.

dissimilar, diss-simm'-i-l'r, *a* dissemblable.

dissipate, diss'-si-péte, *v* dissiper.

dissociate, diss-sau'-chi-éte, *v* dissocier; se dés-intéresser

dissolute, diss'-sŏ-lioute, *a* dissolu.

dissolve, diss-solv', *v* dissoudre.

dissuade, diss-souéde', *v* dissuader.

distance, diss'-tænnce, *n* distance *f*.

distant, diss'-tännte, *a* éloigné; distant.

distasteful, diss-téste'-foull, *a* répugnant.

distemper, diss-temm'-peur, *n* (paint) détrempe *f*; (veterinary) maladie des chiens *f*.

distend, diss-tennde', *v* dilater; gonfler.

distil, diss-till', *v* distiller.

distinct*, diss-tinng'-kt, *a* distinct; clair.

distinction, diss-tinng'-kch'n, *n* distinction *f*.

distinguish, diss-tinng'-gouiche, *v* distinguer.

distort, diss-toarte', *v* (fig) dénaturer.

distract, diss-träkt', *v* distraire; détourner; affoler; **—ion,** *n* distraction *f*.

distrain, diss-tréne', *v* saisir.

distress, diss-tresse', *n* détresse *f*; (poverty) misère *f*. *v* affliger; **—ing,** *a* affligeant; pénible.

distribute, diss-trib'-ioute, *v* distribuer.

distributor, diss-trib'-iou-t'r, *n* concessionnaire *m*; (in car, etc) distributeur *m*.

district, diss'-tricte, *n* région *f*; arrondissement *m*.

distrust, diss-trosste', *v* se méfier de. *n* méfiance *f*.

disturb, diss-teurbe', *v* déranger; **—ance,** *n* dérangement *m*; (mob) désordre *m*.

disuse, diss-iouce', *n* désuétude *f.*

ditch, ditche, *n* fossé *m.*

dive, dâïve, *v* plonger.

diver, dâï-*veur*, *n* plongeur *m*; (salvage, etc) scaphandrier *m.*

diverge, di-veurdje', *v* diverger.

diverse, dâï-veurse', *a* divers; varié.

diversion, di-veur'-ch'n, *n* diversion *f*; divertissement *m*; (road) déviation *f.*

divert, di-veurte', *v* détourner; distraire.

divest, di-veste', *v* dépouiller de; (clothes) dévêtir.

divide, di-vâïde', *v* diviser; partager.

divine, di-vâïne', *v* deviner. *a** divin.

division, di-vi'-j'n, *n* division *f.*

divorce, di-vaurce', *v* divorcer. *n* divorce *m.*

divulge, di-voldje', *v* divulguer.

dizzy, diz'-i, *a* étourdi, vertigineux.

do, doue, *v* faire, accomplir; suffire.

docile, do'-sâïle, *a* docile.

dock, doc, *n* bassin *m*; (court) banc des accusés *m*; **dry —,** cale sèche *f*; **— -yard,** chantier maritime *m*; arsenal *m.*

doctor, doc'-t'r, *n* docteur *m.*

doctrine, doc'-trine, *n* doctrine *f.*

document, doc'-iou-m'nt, *n* document *m.*

documentary, doc'-iou-menn'-*ta*-ri, *n* documentaire *m.*

dodge, dodje, *v* esquiver, éviter. *n* truc *m.*

dog, dogue, *n* chien *m*; **—ged***, *a* tenace.

dole, daule, *v* distribuer. *n* allocation de chômage *f.*

doleful*, daule'-foull, *a* plaintif; triste.

doll, dolle, *n* poupée *f.*

domain, dau-méne', *n* domaine *m.*

dome, daume, *n* dôme *m.*

domestic, do-mess'-tique, *n & a* domestique *m & f.*

domesticated, do-mess'-ti-qué-tedde, *a* bonne ménagère.

domicile, domm'-i-sâïle, *n* domicile *m.*

dominate, domm'-i-néte, *v* dominer.

domineer, domm-i-nîre', *v* régenter.

donation, dau-né'-ch'n, *n* donation *f.*

donkey, donng'-qui, *n* âne *m*; baudet *m.*

donor, dau'-neur, n donateur m.

doom, doume, n (fate) sort m. v condamner.

doomsday, doumze'-dé, n jugement dernier m.

door, daur, n porte f; (vehicle) portière f; —**-keeper,** concierge m & f; — **-mat,** paillasson m; — **-step,** pas de la porte m.

dormitory, dor'-mi-to-ri, n dortoir m.

dose, dauce, n dose f. v doser.

dot, dotte, n point m. v mettre un point sur; (art) pointiller.

double, dob'-'l, v doubler. n & a double m.

doubt, dâ'oute, v douter. n doute m; —**ful,** a douteux; —**less,** adv sans doute.

douche, douche, n douche f. v doucher.

dough, dau, n pâte f.

dove, dove, n colombe f; — **-cot,** colombier m.

dowager, dâ'ou'-édj-eur, n douairière f.

down, dâ'ounn, adv & prep en bas. n (feathers) duvet m; —**cast,** a abattu; —**fall,** n chute f; ruine f; —**pour,** pluie torrentielle f; —**stairs,** adv en bas; —**wards,** vers le bas.

dowry, dâ'ou'-ri, n dot f.

doze, dauze, v somnoler. n somme m.

dozen, doz'-'n, n douzaine f.

drab, drâbbe, a terne.

draft, drâfte, n (money) traite f; (sketch) esquisse f; (writing) brouillon m; projet m. v rédiger.

drag, drâgue, v traîner (water) draguer.

dragon, drâgu*eune*, n dragon m; — **-fly,** libellule f.

drain, dréne, v faire égoutter; faire écouler; (land) drainer. n égout m; —**age,** système d'égouts m; — **-pipe,** n gouttière f.

drake, dréke, n canard m.

drama, drâm'-a, n drame m.

dramatic, dra-ma'-tique, a dramatique.

draper, dré'-peur, n marchand de nouveautés m.

drastic, drass'-tique, a énergique; (med) drastique.

draught, drâfte, n courant d'air m; (med) potion f; (drinking) coup m; (naut) tirant d'eau m; — **-board,** damier m; —**s,** (jeu de) dames fpl.

draughtsman, drâfts'-mânne, n dessinateur m.

draw, droa, n (lottery) tirage m; (game) partie nulle

f. *v* (pull) tirer; (pull out) arracher; (attract) attirer; (sketch) dessiner; (bill) tirer; (money) retirer; **—back,** *n* inconvénient *m;* (furniture) tiroir *m;* **—ing,** (sketch) dessin *m;* **—ing-room,** salon *m.*

drawl, droal, *v* traîner ses paroles.

dread, drèdde, *v* redouter. *n* terreur *f;* **—ful*,** *a* terrible.

dream, drîme, *n* rêve *m.* *v* rêver.

dreary, drî'-ri, *a* triste; morne; monotone.

dredge, drèdje, *v* draguer; **—r,** *n* dragueur *m.*

dregs, drègze, *npl* lie *f;* sédiment *m.*

drench, drenntche, *v* tremper.

dress, dresse, *n* robe *f;* toilette *f;* costume *m.* *v* habiller, vêtir; (wounds) panser; **—ing,** *n* (*med*) pansement *m;* (culinary) assaisonnement *m;* **—ing-gown,** robe de chambre *f;* peignoir *m;* **—ing-room,** cabinet de toilette *m.*

dressmaker, dresse'-mék'-*eur,* *n* couturière *f.*

dribble, dribb'-'l, *v* baver; (of water) dégoutter.

drift, drifte, *n* (*naut*) dérive *f;* (snow, etc) monceau *m;* (tendency) but *m.* *v* dériver.

drill, drile, *n* (*mil*) exercice *m;* (tool) foret *m.* *v* exercer; forer; percer.

drink, drinnque, *n* boisson *f.* *v* boire.

drip, drippe, *v* dégoutter. *n* goutte *f.*

dripping, dripp'-inng, *n* (fat) graisse de rôti *f.*

drive, drâïve, *v* conduire. *n* (approach) allée *f;* (outing) promenade en . . . (auto, etc) *f;* (of car) conduite *f.*

driver, drâï'-veur, *n* conducteur *m;* chauffeur *m.*

drizzle, driz'-z'l, *v* pleuvasser. *n* bruine *f.*

droll, draule, *a* drôle.

drone, draune, *n* faux-bourdon *m.* *v* bourdonner.

droop, droupe, *v* languir; (plants) tomber.

drop, droppe, *n* chute *f;* (liquid) goutte *f;* (prices) baisse *f.* *v* tomber; (let fall) laisser tomber.

drought, drâ'oute, *n* sécheresse *f.*

drown, drâ'ounne, *v* noyer, se noyer.

drowsy, drâ'au'-zi, *a* somnolent.

drudge, drodje, *v* trimer; **—ry,** *n* corvée *f.*

drug, drogue, *v* droguer. *n* drogue *f.*

drum, dromme, *n* tambour *m;* **—mer,** tambour *m.*

drunk, drɒnnque, *a* ivre, soûl; **—ard,** ivrogne *m*; **—enness,** ivresse *f*; ivrognerie *f*.

dry, drâï, *v* sécher. *a** sec; **— -cleaning,** nettoyage à sec *m*.

dryness, drâï'-ness, *n* sécheresse *f*.

dubious*, dioue'-bi-*euce*, *a* douteux.

duchess, dotch'-esse, *n* duchesse *f*.

duck, dɒque, *n* canard *m*. *v* plonger; se baisser.

due, dioue, *n* dû *m*; (toll, rights, etc) droits *mpl*. *a* (owing) dû; (bill) échu.

duel, dioue'-l, *n* duel *m*.

duet, diou-ette', *n* duo *m*.

duke, diouque, *n* duc *m*.

dull, dolle, *a* (weather) gris; (tedious) ennuyeux; (mind) lent; (metal) terne.

duly, dioue'-li, *adv* dûment; en temps voulu.

dumb, domme, *a* muet; (*fam*) bête; **—found,** *v* confondre.

dummy, domm'-i, *n* dress *m*; mannequin *m*; (sham) simulacre *m*; (cards) le mort *m*.

dump, dommpe, *v* déposer. *n* dépôt *m*.

dung, donng, *n* (horse) crottin *m*; (cow) bouse de vache *f*; (manure) fumier *m*.

dungeon, donn'-djeune, *n* cachot *m*.

dupe, dioupe, *v* duper. *n* dupe *f*.

duplicate, dioue'-pli-quéte, *n* duplicata *m*; double *m*; *a* double. *v* faire le double; tirer (des copies).

durable, dioue'-ra-b'l, *a* durable.

duration, dioue-ré'-ch'n, *n* durée *f*.

during, dioue'-rinng, *prep* pendant.

dusk, dossque, *n* crépuscule *m*.

dusky, doss'-ki, *a* sombre; (colour) noirâtre.

dust, dosste, *n* poussière *f*. *v* épousseter; **—er,** *n* chiffon *m*; **— -man,** boueux *m*.

dustbin, dosste'-bine, *n* boîte à ordures *f*; poubelle *f*.

dutiful*, dioue'-ti-foull, *a* obéissant, dévoué.

duty, dioue'-ti, *n* devoir *m*; (customs) droits *mpl*; (task) fonction *f*.

dwarf, douoarfe, *n* & *a* nain *m* & *f*. *v* rapetisser.

dwell, douelle, *v* demeurer, habiter; **—er,** *n* habitant *m*; **—ing,** *n* demeure *f*.

dwindle, douinn'-d'l, *v* diminuer; s'amoindrir.

dye, dâï, *n* teinture *f*. *v* teindre.

dynamite, dâïn'-*a*-mâïte, *n* dynamite *f*.

dynamo, dâï'-na-mau, *n* dynamo *f*.

dysentery, diss'-'n-tri, *n* dysenterie *f*.

each, îtche, *pron* chacun, -une. *a* chaque; **— other,** *pron* l'un l'autre; l'une l'autre.

eager, î'-gueur, *a* avide; ardent.

eagerness, î'-gueur-nesse, *n* avidité *f*; empressement *m*.

eagle, î'-g'l, *n* aigle *m & f*.

ear, îre, *n* oreille *f*; (corn) épi *m*; **— -ring,** boucle d'oreille *f*; **-wig,** perce-oreille *m*.

earl, eurle, *n* comte *m*.

early, eur'-li, *adv* de bonne heure, tôt. *a* matinal; tôt.

earn, eurne, *v* gagner; mériter; **—ings,** *npl* salaire *m*.

earnest*, eur'-nesste, *a* sérieux; sincère.

earth, eurts, *n* terre *f*; monde *m*. *v* (electricity) mettre à la terre; **—enware,** *n* faïence *f*; **—ly,** *a* terrestre; **—quake,** *n* tremblement de terre *m*.

ease, îze, *n* aise *f*; repos *m*; (facility) facilité *f*. *v* soulager.

easel, î'-z'l, *n* chevalet *m*.

easily, î'-zi-li, *adv* facilement.

east, îsste, *n* est *m*; **—erly,** *a* d'est; **—ern,** oriental.

Easter, îss'-teur, *n* Pâques *m*.

easy, î'-zi, *a* facile; **— -chair,** *n* fauteuil *m*.

eat, îte, *v* manger; (worm; acid) ronger; **—able,** *a* mangeable; **—ables,** *npl* comestibles *mpl*.

eavesdropper, îvz'-dropp-*eur*, *n* écouteur, -euse (aux portes) *m & f*.

ebb, èbe, *v* refluer. *n* reflux *m*.

ebony, èb'-ŏ-ni, *n* ébène *f*.

eccentric, èque-senn'-trique, *a* excentrique.

echo, èk'-au, *n* écho *m*. *v* répéter.

eclipse, i-klipse', *n* éclipse *f*. *v* éclipser.

economise, i-konn'-ŏ-mâïze, *v* économiser.

economy, i-konn'-ŏ-mi, *n* économie *f*.

ecstasy, ex'-ta-zi, *n* extase *f*.

eddy, èd'-i, *n* tourbillon *m*, remous *m*.

edge, èdje, *n* bord *m*; (blade) tranchant *m*. *v* border.

edible, èd'-i-b'l, *n* & *a* comestible *m.*

edify, èd'-i-fâî, *v* édifier.

edit, èd'-itte, *v* éditer; **—ion,** *n* édition *f;* **—or,** rédacteur *m;* **—orial,** *a* éditorial.

educate, èd'-iou-quéte, *v* instruire; éduquer.

education, èd-iou-ké'-ch'n, *n* éducation *f;* enseignement *m;* études *fpl.*

eel, île, *n* anguille *f.*

efface, ef-féce', *v* effacer.

effect, ef-fecte', *v* effectuer. *n* effet *m;* **—ive*,** *a* efficace; effectif; **—ual*,** *a* efficace.

effeminate, ef-femm'-i-néte, *a* efféminé.

effervescent, ef-feur-vess'-'nt, *a* effervescent.

efficiency, ef-fich'-enn-ci, *n* efficacité *f;* capacité *f.*

efficient, ef-fich'-ennt, *a* (person) capable, compétent.

effort, ef'-feurte, *n* effort *m.*

effrontery, ef-fron'-teur-i, *n* effronterie *f.*

effusive, ef-fioue'-cive, *a* expansif.

egg, ègg, *n* œuf *m;* **— cup,** coquetier *m.*

egotism, ègg'-au-tizme, *n* égoïsme *m.*

eiderdown, âî'-deur-dâ'ounne, *n* édredon *m.*

eight, éte, *n* & *a* huit *m;* **—een,** dix-huit *m;* **—eenth,** dix-huitième *m;* **—h,** huitième *m;* **—ieth,** quatre-vingtième *m;* **—y,** quatre-vingts *m.*

either, âî'-dzeur, *pron* l'un ou l'autre, *conj* ou; soit.

eject, i-djecte', *v* expulser.

elaborate, i-lâb'-ö-réte, *a* soigné; raffiné. *v* élaborer.

elapse, i-lâpse', *v* s'écouler.

elastic, i-lâss'-tique, *n* & *a* élastique *m.*

elate, i-léte', *v* exalter; **—d,** *a* exalté.

elbow, el'-bau, *n* coude *m.* *v* coudoyer.

elder, el'-deur, *n* & *a* aîné *m* & *f;* (tree) sureau *m.*

elderly, el'-deur-li, *a* d'un certain âge.

eldest, el'-deste, *n* & *a* aîné *m* & *f.*

elect, i-lecte', *v* élire; nommer. *n* & *a* élu *m.*

election, i-lèque'-ch'n, *n* élection *f.*

electric(al)*, i-lèque'-trique('l), *a* électrique.

electrician, i-lèque-tri'-ch'n, *n* électricien *m.*

electricity, i-lèque-tri'-ci-ti, *n* électricité *f.*

electrify, i-lèque'-tri-fâî, *v* électriser; électrifier.

electron, i-lèque'-tronne, *n* électron *m;* **—ics,** électronique *f.*

electro-plate, i-lèque'-tro-pléte, *n* plaqué *m.*
v plaquer.

elegance, el'-i-gannce, *n* élégance *f.*

elegant*, el'-i-gannte, *a* élégant.

element, el'-i-m'nt, *n* élément *m.*

elementary, i-li-menn'-ta-ri, *a* élémentaire.

elephant, el'-i-fannte, *n* éléphant *m.*

elevate, el'-i-véte, *v* élever; exalter.

eleven, i-lèv'-'n, *n* & *a* onze *m;* —**th,** onzième *m.*

elicit, i-liss'-ite, *v* faire jaillir, mettre au jour.

eligible, el'-i-dji-b'l, *a* éligible; *n*un bon parti.

eliminate, i-lime'-i-néte, *v* éliminer.

elite, é-lîte', *n* élite *f.*

elk, elk, *n* élan *m.*

elm, elme, *n* orme *m.*

elongate, i'-longue-éte, *v* prolonger, allonger.

elope, i-laupe', *v* s'enfuir.

elopement, i-laupe'-m'nt, *n* enlèvement *m.*

eloquent, el'-ô-couennte, *a* éloquent.

else, elce, *a* autre. *adv* autrement; —**where,** ailleurs.

elucidate, i-lioue'-ci-déte, *v* eclaircir.

elude, i-lioude', *v* éviter; éluder.

elusive, i-lioue'-sive, *a* évasif.

emaciate, i-mé'-chi-éte, *v* amaigrir.

emanate, emm'-a-néte, *v* émaner.

emancipate, i-mănn'-ci-péte, *v* émanciper.

embalm, emm-bâme', *v* embaumer.

embankment, emm-bainque'-m'nt, *n* terrassement
m; (railway) remblai *m;* (river) quai *m.*

embark, emm-bârke', *v* embarquer.

embarrass, emm-băr'-*ass,* *v* gêner.

embarrassment, emm-băr'-*ass*-m'nt, *n* gêne *f* & *m.*

embassy, emm'-băss-i, *n* ambassade *f.*

embellish, emm-bell'-iche, *v* embellir.

ember, emm'-beur, *n* braise *f.*

embezzle, emm-bez'-z'l, *v* détourner.

embitter, emm-bitt'-eur, *v* (*fig*) aigrir.

embody, emm-bod'-i, *v* incorporer.

embrace, emm-bréce', *n* étreinte *f.* *v* étreindre.

embroider, emm-broa'i'-d'r, *v* broder.

embroidery, emm-broa'i'-deur-i, *n* broderie *f.*

embroil, emm-broa'il', *v* embrouiller.

emerald, emm'*-eur-*alde, *n* émeraude *f.*

emerge, i-meurdje', *v* surgir; émerger; **—ncy,** *n* circonstance imprévue *f;* cas d'urgence *m.*

emetic, i-mett'-*ique, n* émétique *m.*

emigrant, emm'-*i-*grannte, *n* émigrant, -e *m* & *f.*

emigrate, emm'-*i-*gréte, *v* émigrer.

eminence, emm'-*i-*nennce, *n* éminence *f.*

eminent, emm'-*i-*nennte, *a* éminent; célèbre.

emissary, emm'-*is-s*a-ri, *n* émissaire *f.*

emit, i-mitte', *v* émettre; dégager; exhaler.

emotion, i-mau'-ch'n, *n* émotion *f;* **—al,** *a* émotif.

emperor, emm'-*peu-r*eu *n* empereur *m.*

emphasis, emm'-*fa-*cice, *n* insistance *f.*

emphasize, emm'-*fa-*sâîze, *v* appuyer sur; mettre en valeur.

emphatic, emm-fâte'-ique, *a* emphatique.

empire, emm'-pâîre, *n* empire *m.*

employ, emm-ploa'i', *v* employer; **—er,** *n* patron *m;* employeur *m;* **—ment,** emploi *m.*

empower, emm-pâ'ou'-*eur, v* autoriser.

empress, emm'-presse, *n* impératrice *f.*

empty, emm'-pti, *a* vide. *v* vider.

emulate, emm'-iou-léte, *v* marcher de pair avec (qn).

enable, enn-é'-b'l, *v* permettre de.

enact, enn-âcte', *v* décréter.

enamel, enn-ămm'-'l, *n* émail *m. v* émailler.

enamoured, enn-ămm'-*eur*de, *a* épris de.

encamp, enn-cămmpe', *v* camper.

enchant, enn-tchănnte', *v* enchanter; **—ment,** *n* enchantement *m.*

encircle, enn-seur'-k'l, *v* entourer.

enclose, enn-clauze', *v* (field) clôturer; (in) enfermer, joindre.

enclosure, enn-clau'-jeure, *n* enclos *m;* (com) pièce jointe *f.*

encore, an-coare', *v* bisser. *interj* bis!

encounter, enn-câ'ounn'-*teur, v* rencontrer. *n* rencontre *f.*

encourage, enn-cor'-idj, *v* encourager; **—ment,** *n* encouragement *m.*

encroach, enn-crautche', *v* empiéter; (time, etc) abuser de; **—ment,** *n* empiètement *m;* abus *m.*

encumber, enn-comm'-beur, *v* encombrer.

encumbrance, enn-comm'-brannce, *n* embarras *m*; (property) charges *fpl*.

encyclopædia, en-sâï'-clau-pî'-di-*a*, *n* encyclopédie *f*.

end, ènnde, *n* fin *f*, bout *m*. *v* finir.

endanger, enn-dénn'-djeur, *v* mettre en danger.

endear, enn-dîre', *v* rendre cher.

endeavour, enn-dèv'-eur, *v* s'efforcer. *n* effort *m*.

endive, enn'-dive, *n* (curly) chicorée frisée *f*.

endless, ènnde'-lesse, *a* sans fin.

endorse, enn-doarse', *v* endosser; approuver; **—ment,** *n* endossement *m*; sanction *f*.

endow, enn-dâ'ou', *v* doter; **— with,** douer de.

endurance, enn-dioue'-rannce, *n* résistance *f*.

endure, enn-dioure', *v* endurer; supporter.

enema, enn'-i-m*a*, *n* lavement *m*.

enemy, enn'-i-mi, *n* ennemi *m*.

energetic, enn-eur-djett'-ique, *a* énergique.

energy, enn'-eur-dji, *n* énergie *f*; force *f*.

enervate, enn'-eur-véte, *v* affaiblir.

enforce, enn-faurce', *v* faire observer; imposer.

engage, enn-guédje', *v* engager; embaucher; **—d,** *a* fiancé; (reserved) retenu, occupé; **—ment,** *n* fiançailles *fpl*; (mil) combat *m*; (obligation) engagement *m*; (appointment) rendez-vous *m*.

engaging, enn-guédj'-inng, *a* engageant, attirant.

engender, enn-djenn'-d'r, *v* engendrer.

engine, enn'-djinne, *n* machine *f*; (rail) locomotive *f*; (car) moteur *m*; **—er,** *n* mécanicien *m*; (profession) ingénieur *m*; **—ering,** génie *m*.

English, inng'-gliche, *n* & *a* anglais, *m* & *f*; (language) *n* anglais *m*.

engrave, enn-gréve', *v* graver; **—r,** *n* graveur *m*; **—ing,** *n* gravure *f*.

engross, enn-grausse', *v* absorber.

engulf, enn-golf', *v* engouffrer.

enhance, enn-hânnce', *v* rehausser; mettre en valeur.

enjoy, enn-djoa'ï', *v* jouir de; **—ment,** *n* jouissance *f*; plaisir *m*; **— oneself,** *v* s'amuser.

enlarge, enn-lârdje', *v* agrandir; dilater.

enlargement, enn-lârdje-m'nt, *n* agrandissement *m*.

enlighten, enn-lâï'-t'n, *v* éclairer.

enlist, enn-lisste', *v* enrôler; s'engager.

enliven, enn-lâï'-v'n, *v* animer; égayer.

enmity, enn'-mi-ti, *n* inimitié *f*; hostilité *f*.

enormous, i-nôr'-*meuce*, *a* énorme.

enough, i-noff', *adv* & *a* assez.

enquire, s'informer de; se renseigner.

enrage, enn-rédje', *v* exaspérer, faire enrager.

enrapture, enn-râp'-tioure, *v* ravir, transporter.

enrich, enn-ritche', *v* enrichir.

enrol, enn-raule', *v* enrôler; s'inscrire.

ensign, enn'-sâïne, *n* (flag) enseigne *f*; (naval flag) pavillon *m*; (rank) enseigne *m*.

enslave, enn-sléve', *v* asservir; captiver.

ensnare, enn-snére', *v* prendre au piège.

ensue, enn-sioue', *v* s'ensuivre.

ensure, enn-choure', s'assurer de; rendre sûr.

entail, enn-téle', *v* entraîner; (law) substituer.

entangle, enn-tànn'-g'l, *v* emmêler.

enter, enn'-*teur*, *v* entrer; — up, inscrire.

enterprise, enn'-*teur*-prâïze, *n* entreprise *f*; (boldness) esprit d'entreprise *m*.

entertain, enn-*teur*-téne', *v* divertir; (guests) recevoir; (consider) admettre; —ment, *n* divertissement *m*.

enthusiasm, enn-*ts*ioue'-zi-âzme, *n* enthousiasme *m*.

entice, enn-tâïce', *v* tenter; séduire.

entire*, enn-tâïre', *a* entier, complet.

entitle, enn-tâï'-t'l, *v* intituler; donner droit à.

entomb, enn-toum', *v* ensevelir.

entrance, enn'-trannce, *n* entrée *f*.

entrance, enn-trânnse', *v* hypnotiser; transporter.

entreat, enn-trîte', *v* supplier; implorer.

entrench, enn-trenche', *v* se retrancher.

entrust, enn-trosste', *v* confier à.

entry, enn'-tri, *n* entrée *f*; (record) écriture *f*.

entwine, enn-tou'âîne', *v* enrouler; enlacer.

enumerate, i-niou'-mé-réte, *v* énumérer.

envelop, enn-vel'-ŏpe, *v* envelopper.

envelope, enn'-vel-ŏpe, *n* enveloppe *f*.

envious*, enn'-vî-*euce*, *a* envieux.

environs, enn-vâï'-ronnze, *npl* environs *mpl*.

envoy, enn'-voa'ï, *n* envoyé *m.*

envy, enn'-vi, *n* envie *f. v* envier.

epicure, èp'-i-kioure, *n* gourmet *m.*

epidemic, èp-i-demm'-ique, *n* épidémie *f.*

episode, èp'-i-saude, *n* épisode *m.*

epistle, è-piss'-'l, *n* épître *f.*

epoch, i'-poque, *n* époque *f.*

equal, i'-coual, *n* & *a* égal, -e *m* & *f. v* égaler; —**ity,** *n* égalité *f;* —**ize,** *v* égaliser.

equator, i-coué'teur, *n* équateur *m.*

equilibrium, i-coui-lib'-ri-*eu*me, *n* équilibre *m.*

equip, i-couipe', *v* équiper; munir.

equitable, èk'-oui-ta-b'l, *a* équitable.

equity, èk'-oui-ti, *n* équité *f;* justice *f.*

equivalent, i-coui'-va-lennte, *n* & *a* équivalent *m.*

era, i'-ra, *n* ère *f.*

eradicate, é-ràd'-i-quéte, *v* extirper; déraciner.

erase, i-réze', *v* (rub out) effacer; (cross out) rayer.

eraser, i-ré'-zeur, *n* gomme à effacer *f;* (metal) grattoir *m.*

erect, i-recte', *v* ériger, bâtir. *a* droit; debout.

ermine, eur'-mine, *n* hermine *f.*

erosion, i-rau'-j'n, *n* érosion; usure *f.*

err, eure, *v* errer; (mistake) se tromper.

errand, èrr'-annde, *n* commission *f.*

erratic, err-ràt'-ique, *a* changeant, irrégulier.

erroneous*, err-rau'-ni-*eu*ce, *a* erroné.

error, èrr'-*eur, n* erreur *f;* faute.

eruption, i-rope'-ch'n, *n* éruption *f.*

escape, ess-képe', *n* fuite *f.* évasion *f. v* échapper.

escort, ess-kôrte', *n* escorte; *f;* cavalier *m. v* escorter.

especially, ess-péch'-al-li, *adv* surtout.

essay, ès'-sé, *n* essai *m;* composition *f.*

essential*, ess-senn'-ch'l, *a* essentiel.

establish, ess-tàb'-liche, *v* établir.

establishment, ess-tàb'-liche-m'nt, *n* établisse-ment *m.*

estate, ess-téte', *n* propriété *f;* biens *mpl;* (status) rang *m;* (possessions) succession *f.*

esteem, ess-tîme', *v* estimer. *n* estime *f.*

estimate, ess'-ti-méte, *n* évaluation *f;* (cost) devis *m. v* évaluer; estimer.

estrange, ess-tréne'-dje, v aliéner.

etch, ètch, v graver.

etching, ètch'-inng, n gravure à l'eau forte f.

eternal*, i-teur'-n'l, a éternel.

eternity, i-teur'-ni-ti, n éternité f.

ether, í'-tseur, n éther m.

ethical, é'-tsi-k'l, a moral.

ethics, é'-tsiks, npl morale f.

evacuate, i-văk'-iou-éte, v évacuer.

evade, i-véde', v éviter, éluder.

evaporate, i-văp'-ŏ-réte, v s'évaporer.

evasive*, i-vé'-cive, a évasif.

eve, íve, n veille f.

even, í'-v'n, adv même. a égal; pair; quitte; (smooth) uni.

evening, íve'-ninng, n soir m; soirée f; — **-dress,** tenue de soirée f; robe du soir f.

evensong, í'-venn-sonng, n service du soir m.

event, i-vennte', n événement m; cas m; **—ful,** a accidentel; mémorable; **—ually,** adv finalement.

ever, èv'-'r, adv toujours; (at any time) jamais.

everlasting*, èv'-eur-lâst-inng, a éternel.

every, èv'-ri, a chaque; tous les; **—body,** n tout le monde; **—thing,** tout m; **—where,** adv partout.

evict, i-victe', v expulser; **—ion,** n expulsion f.

evidence, èv'-i-dennce, n évidence f; preuve f; déposition f; **give —,** v déposer.

evident, èv'-i-dennte, a évident.

evil, í'-v'l, n mal m; a mauvais; méchant.

evince, i-vinnce', v manifester.

evoke, i-vauque', v évoquer.

evolution, í'-vau-lioue-ch'n, n évolution f; developpement m.

evolve, i-volve', v déployer; émettre; évoluer.

ewe, ioue, n brebis f.

exact, egg-zăct', a* exact. v exiger; **—ing,** a exigeant; **—itude,** n exactitude f.

exaggerate, egg-zădj'-i-réte, v exagérer.

exaggeration, egg-zădj-i-ré'-ch'n, n exagération f.

exalt, egg-zoalt', v exalter.

examination, egg-zămm-inn-é'-ch'n, n examen m; inspection f; (legal) interrogatoire m.

examine, egg-zămm'-inne, v examiner.

example, egg-zămm'-p'l, n exemple m.

exasperate, egg-zăss'-peur-éte, v exaspérer.

excavate, ex'-ca-véte, v faire des fouilles.

exceed, ex-cîde', v excéder; dépasser.

exceedingly, ex-cîd'-inng-li, adv excessivement.

excel, ex-celle', v exceller; **—lent**, a excellent.

except, èk-cepte', v excepter. prep sauf; excepté; **—ion**, n exception f; **take —ion**, v s'offenser; **—ional*** a exceptionnel.

excerpt, èk-seurpte', n extrait m.

excess, èk-cesse', n excès m; (surplus) excédent m.

excessive, èk-cess'-ive, a excessif.

exchange, ex-tchéne'-dje, n échange m; (money) change m; (telephone) central m. v échanger.

exchequer, ex-tchèk'-eur, n ministère des finances m.

excise, èk-sâïze', n régie f.

excitable, èk-sâï'-ta-b'l, a excitable, nerveux.

excite, èk-sâïte', v exciter; agiter.

excitement, èk-sâïte'-m'nt, n émotion f; agitation f.

exciting, èk-sâï'-tinng, a passionnant.

exclaim, ex-cléme', v s'écrier.

exclamation, ex-clă-mé'-ch'n, n exclamation .

exclude, ex-cloude', v exclure.

exclusive*, ex-cloue'-cive, a exclusif.

excruciating, ex-croue'-chi-éte-inng, a atroce.

excursion, ex-kor'-ch'n, n excursion f.

excuse, ex-kiouze', v excuser. n excuse f.

execute, ex'-ci-kioute, v exécuter; accomplir.

executioner, ex-ci-kiou'-chŏnn-eur, n bourreau m.

executor, ex-cè'-kioue-teur, n exécuteur.

exempt, egg-zemmpte, v dispenser. a dispensé.

exemption, egg-zemmpte'-ch'n, n dispense f.

exercise, ex'-eur-sâïze, n exercice m. v exercer.

exert, egg-zeurte', v s'efforcer; **—ion**, n effort m.

exhaust, egg-zôste', v épuiser. n (mech) échappement m.

exhibit, egg-zib'-itte, v exposer; montrer. n article exposé m.

exhibition, egg-zi-bi'-ch'n, n exposition f.

exhilarate, egg-zil'-ă-réte, v réjouir.

exhilarating, egg-zil'-a-réte-inng, a vivifiant.

exigency, èk'-si-djenn-ci, n exigence f.
exile, èk'-sâïle, n exil m; (person) exilé m.
exist, egg-zisste', v exister; —**ence,** n existence f.
exit, èk-citte', n sortie f.
exonerate, egg-zonn'-eur-éte, v exonérer; disculper.
exorbitant, èk-sôre'-bi-t'nt, a exorbitant.
expand, ex-pânnde', v dilater; —**ing,** a extensible.
expansion, ex-pânn'-ch'n, n expansion f.
expect, ex-pecte', v attendre; s'attendre à; —**ation,** n attente f.
expedient, ex-pî'-di-ennte, n expédient m. a convenable.
expedite, ex'-pi-dâïte, v accélérer.
expel, ex-pelle', v expulser, renvoyer.
expend, ex-pennde', v dépenser.
expenditure, ex-penn'-di-tioure, n dépense f.
expense, ex-pennse', n dépense f, frais mpl.
expensive*, ex-penn'-cive, a coûteux, cher.
experience, ex-pî'-ri-ennce, n expérience f. v éprouver, faire l'expérience de.
experiment, ex-pair'-i-mennte, n expérience f. v expérimenter.
expert, ex-peurte', n & a expert m.
expire, ex-pâïre', v expirer.
explain, ex-pléne', v expliquer.
explanation, ex-pla-né-ch'n, n explication f.
explicit, ex-pli'-site, a explicite, clair.
explode, ex-plaude', v faire explosion.
exploit, ex-ploa'îte', n exploit m. v exploiter.
explore, ex-plaure', v explorer.
explorer, ex-plaur-eur', n explorateur m.
explosion, ex-plau'-j'n, n explosion f.
export, ex-peurte', v exporter; n exportation f; —**er,** n exportateur m.
expose, ex-pauze', v exposer; (fraud) démasquer; (plot) dévoiler.
expostulate, ex-poss'-tiou-léte, v faire des remontrances.
exposure, ex-pau'-jeure, n exposition f; scandale m.
expound, ex-pâ'ounnde', v exposer; expliquer.
express, ex-presse', n express m, rapide m. a exprès. v exprimer; —**ion,** n expression f.
expulsion, ex-pol'-ch'n, n expulsion f.

exquisite*, ex'-coui-zite, *a* exquis.

extend, ex-tennde', *v* étendre; s'étendre.

extensive, ex-tenn'-cive, *a* étendu, vaste.

extent, ex-tennte', *n* étendue *f*; point *m*; degré *m*.

extenuating, ex-tenn'-iou-é'-tinng, *a* atténuant.

exterior, ex-ti'-ri-*eur*, *n* & *a* extérieur *m*.

exterminate, ex-teur'-mi-néte, *v* exterminer.

external*, ex-teur'-n'l, *a* externe; extérieur.

extinct, ex-tinng'-kt, *a* éteint; (race, etc) disparu.

extinguish, ex-tinng'-gouiche, *v* éteindre.

extort, ex-tòrte', *v* extorquer.

extorsion, ex-tòr'-ch'n, *n* extorsion *f*.

extra, ex'-tra, *a* en plus. *n* supplément *m*;
—**ordinary**, *a* extraordinaire.

extract, ex-trâcte', *v* extraire. *n* extrait *m*.

extravagant, ex-trâ'-va-gannte, *a* dépensier.

extreme, ex-trîme', *n* extrême *m*. *a** extrême.

extremity, ex-trè'-mi-ti, *n* extrémité *f*.

extricate, ex'-tri-kéte, *v* dégager de.

eye, aï, *n* œil *m*; troi *m*; —**ball**, globe *m* (de l'œil);
—**brow**, sourcil *m*; —**lash**, cil *m*; —**let**, œillet *m*;
—**lid**, paupière *f*; —**sight**, vue *f*; — **witness**,
témoin oculaire *m*.

fable, fé'-b'l, *n* fable *f*.

fabric, fâb'-rique, *n* étoffe *f*; tissu *m*; structure *f*;
—**ation**, fabrication *f*; invention *f*.

fabulous*, fâb'-iou-leuce, *a* fabuleux.

façade, fâ-sade', *n* façade *f*.

face, féce, *n* figure *f*; visage *m*; face *f*; (clock) cadran *m*.
v faire face à; — **cream**, *n* crème pour le visage *f*.

facilitate, *fa*-cil'-i-téte, *v* faciliter.

facsimile, fâk-simm'-i-li, *n* fac-similé *m*.

fact, fâcte, *n* fait *m*.

factor, fâk'-tòr, *n* facteur *m*, élément *m*.

factory, fâk'-*teur*-i, *n* fabrique *f*; usine *f*.

faculty, fâk'-*eul*-ti, *n* faculté *f*; aptitude *f*.

fade, féde, *v* se faner; (colour) passer; (material) se
déteindre.

fail, féle, *v* manquer, faillir; (exam, etc) échouer;
without —, sans faute; —**ing**, *n* défaut *m*; *prep* à

défaut de, faute de; **—ure**, échec *m*; (insolvency)
faillite *f*; (of person) raté, -ée *m* & *f*.

faint, fé-*n*nte, *v* s'évanouir. *n* évanouissement *m*.
a* léger, faible.

fair, fère, *a* juste; beau; (hair) blond. *n* foire *f*;
—ness, équité *f*; beauté *f*; honnêteté *f*.

fairy, fé'-ri, *n* fée *f*.

faith, féts, *n* foi *f*; confiance *f*; **—ful***, *a* fidèle.

fall, foal, *n* chute *f*; descente *f*; (prices) baisse *f*.
v tomber; baisser.

fallacy, făl'-la-ci, *n* fausseté *f*; illusion *f*.

false*, foalse, *a* faux; artificiel.

falsehood, foalse'-houde, *n* mensonge *m*.

falsification, foal'-si-fi-qué'-ch'n, *n* falsification *f*.

falsify, foal'-si-fâî, *v* falsifier.

falter, foal'-teur, *v* hésiter; (speech) balbutier.

fame, féme, *n* renommée *f*; **—d**, *a* renommé.

familiar*, fa-mil'-i-*eur*, *a* familier, intime.

family, fămm'-i-li, *n* famille *f*.

famine, fămm'-inn, *n* famine *f*.

famish, fămm'-iche, *v* affamer.

famous, féme'-*euce*, *a* fameux, célèbre.

fan, fănne, *n* éventail *m*; ventilateur *m*. *v* éventer.

fanatic, fă-năt'-ique, *n* & *a* fanatique *m* & *f*.

fanaticism, fă-năt'-i-cizme, *n* fanatisme *m*.

fancy, fănn'-ci, *n* imagination *f*; (liking) goût *m*;
(desire) envie *f*. *v* imaginer; avoir envie de.

fancy-dress, fănn'-ci-dresse, *n* déguisement *m*;
travesti *m*.

fang, fainng, *n* (dog) croc *m*; (snake) crochet *m*.

fantastic, fănn-tăss'-tique, *a* fantastique.

fantasy, fănn'-*t*a-zi, *n* fantaisie *f*.

far, fâre, *adv* loin. *a* lointain, éloigné.

farce, fârce, *n* farce *f*.

fare, fère, *n* prix du parcours *m*; (food) chère *f*.

farewell, fère-ouel', *n* adieu *m*.

farm, fârme, *n* ferme *f*; **—er**, fermier *m*.

farther, fâre'*dzeur*, *adv* plus loin. *a* plus éloigné.

fascinate, făss'-ci-néte, *v* fasciner.

fascinating, făss'-ci-né-tinng, *a* séduisant.

fashion, fâche'-*eune*, *n* mode*f*. *v* façonner; **to be in —**,
être à la mode; **—able**, *a* à la mode.

fast, fâste, *a* rapide; ferme; (colour) bon teint. *n* jeûne *m*. *v* jeûner.

fasten, fâs'-s'n, *v* attacher, fixer; (close) fermer.

fastidious*, fâss-tid'-i-*euce*, *a* difficile; exigeant.

fat, fâtte, *n* graisse *f*; (meat) gras *m*. *a* (person) gros; (animal) gras; **—ten,** *v* engraisser; **—ty,** *a* graisseux, gras.

fatal*, fé'-t'l, *a* fatal; mortel.

fate, fête, *n* destin *m*, sort *m*; **—d,** *a* destiné.

father, fâ'-*dzeur*, *n* père *m*; **— -in-law,** beau-père *m*; **—ly,** *a* paternel.

fatigue, fa-tîgue', *v* fatiguer. *n* fatigue *f*.

fault, foalte, *n* faute *f*; (defect) défaut *m*; **—less*,** *a* impeccable; **—y,** défectueux.

favour, fé'-*veur*, *n* faveur *f*; grâce *f*; (com) honorée *f*. *v* favoriser; **to do** (someone) **a —,** rendre service; **—able,** *a* favorable; propice; **—ite,** *n* & *a* favori, -te *m* & *f*.

fawn, foanne, *n* faon *m*.

fear, fîre, *v* craindre. *n* crainte *f*, peur *f*; **—ful,** *a* effroyable; craintif; **—less,** intrépide.

feasible, fî'-zi-b'l, *a* praticable, faisable.

feast, fîsste, *n* fête *f*, festin *m*. *v* régaler.

feat, fîte, *n* exploit *m*; (skill) tour de force *m*.

feather, fè'-*dzeur*, *n* plume *f*. *v* emplumer.

feature, fît'-i*eure*, *n* trait *m*; particularité *f*.

February, fè'-brou-èr-i, *n* février *m*.

federation, fé'-*d*eur-é'-ch'n, *n* fédération *f*.

fee, fî, *n* honoraires *mpl*; prix *m*.

feeble, fî'-b'l, *a* faible, débile, mou.

feed, fîde, *v* nourrir; (cattle) paître.

feel, fîle, *v* sentir; tâter; *n* toucher *m*; **—er,** *n* (insects) antenne *f*; **—ing,** toucher *m*; sensation *f*; sentiment *m*.

feign, fêne, *v* feindre, simuler.

fell, fèle, *v* abattre; assommer.

fellow, fèl'-au, *n* membre *m*; collègue *m*; (*pop*) garçon *m*; homme *m*; **—ship,** camaraderie *f*.

felony, fèl'-au-ni, *n* crime *m*.

felt, felte, *n* feutre *m*.

female, fî'-méle, *n* & *a* femelle *f*; *a* & *n* féminin *m*.

feminine, fème'-i-ninn, *a* & *n* féminin *m*.

fence, fènnce, *n* clôture *f.* *v* entourer; (swordsman-ship) faire de l'escrime.

fender, fenn'-*deur*, *n* garde-feu *m.*

ferment, *feur*-mennte', *v* fermenter. *n* ferment *m.*

fern, feurne, *n* fougère *f.*

ferocious*, fi-rau'-*cheuce*, *a* féroce.

ferret, fèr'-ette, *n* furet *m.* *v* fureter.

ferry, fèr'-i, *n* bac *m.* *v* passer en bac.

fertile, feur'-tâîle, *a* fertile.

fertilize, feur'-ti-lâize, *v* fertiliser.

fervent, feur'-vennte, *a* fervent, ardent.

fester, fess'-*teur*, *v* s'envenimer.

festival, fess'-ti-v'l, *n* fête *f;* festival *m.* *a* de fête.

festive, fess'-tive, *a* joyeux, de fête.

festoon, fess-toune', *n* feston *m.* *v* festonner.

fetch, fètche, *v* aller chercher.

fetter, fèt'-*teur*, *v* enchaîner; —**s,** *npl* fers *mpl.*

feud, fioude, *n* inimitié *f;* —**al,** *a* féodal.

fever, fî'-veur, *n* fièvre *f;* —**ish,** *a* fiévreux.

few, fioue, *a* peu de; **a —,** quelques.

fibre, fâî'-*beur*, *n* fibre *f.*

fickle, fik'-'l, *a* volage, inconstant.

fiction, fique'-ch'n, *n* fiction *f;* roman *m.*

fictitious*, fique-tich'-*euce*, *a* fictif; faux.

fidelity, fi-dél'-i-ti, *n* fidélité *f.*

fidget, fid'-jette, *v* remuer; —**y,** *a* remuant.

field, filde, *n* champ *m;* pré *m;* (games) terrain *m.*

fiend, finnde, *n* démon *m;* —**ish,** *a* diabolique.

fierce*, firce, *a* féroce, farouche, furieux.

fiery, fâî'-*eu*-ri, *a* ardent; fougueux.

fifteen, fiff'-tîne, *n* & *a* quinze *m;* —**th,** *n* & *a* quin-

fifth, fifts, *n* & *a* cinquième *m* & *f.* ⌐zième *m* & *f.*

fiftieth, fiff'-ti-*its,* *n* & *a* cinquantième *m* & *f.*

fifty, fiff'-ti, *n* & *a* cinquante *m.*

fig, figue, *n* figue *f;* —**-tree,** figuier *m.*

fight, fâîte, *v* se battre, combattre. *n* combat *m.*

figure, figue'-ioure, *n* figure *f;* forme *f;* ligne; (number) chiffre *m.*

filbert, file'-*beurte,* *n* aveline *f.*

filch, filtche, *v* filouter.

file, fâîle, *n* (tool) lime *f;* (office) classeur *m;* dossier *m;* (*mil*) file *f.* *v* limer; classer.

filigree, fil'-i-grî, *n* filigrane *m.*

fill, file, *v* remplir. *n* suffisance *f.*

filly, fil'-i, *n* pouliche *f.*

film, filme, *n* voile *m;* (snapshots, etc) pellicule *f;* (cinema) film *m; v* filmer.

filter, fil'-teur, *v* filtrer. *n* filtre *m.*

filth, fil*ts,* *n* saleté *f;* **—y,** *a* sale.

fin, fine, *n* nageoire *f.*

final*, faï'-n'l, *a* final; décisif.

finance, fi-nänce', *n* finance *f. v* commanditer.

financial*, fi-nänn'-ch'l, *a* financier.

finch, finntche, *n* pinson *m.*

find, fâïnnde, *v* trouver.

fine, fâïnne, *v* mettre à l'amende. *n* amende *f. a* fin; délicat; beau; subtil; excellent.

finery, fâï'-neur-i, *n* parure *f.*

finger, finng'-gueur, *n* doigt *m. v* toucher.

finish, finn'-iche, *v* finir; terminer. *n* fin *f.*

fir, feur, *n* sapin *m;* **—-cone,** pomme de pin *f.*

fire, fâïre, *n* feu *m;* (conflagration) incendie *m. v* incendier; (gun, etc) tirer; **—-alarm,** *n* avertisseur d'incendie *m;* **—-brigade,** corps de pompiers *m;* **—-engine,** pompe à incendie *f;* **—-escape,** échelle de sauvetage *f;* **—-man,** pompier *m;* **—-place,** foyer *m;* **—-proof,** *a* ininflammable; **—-works,** *npl* feu d'artifice *m.*

firm, feurme, *n* maison (de commerce) *f. a** solide, ferme.

first, feurste, *n & a** premier, -ère *m & f.*

fish, fiche, *n* poisson *m. v* pêcher; **—-bone,** *n* arête *f;* **—-erman,** pêcheur *m;* **—-hook,** hameçon *m;* **—-monger,** poissonnier *m.*

fishing, fich'-inng, *n* pêche *f;* **—-rod,** canne à pêche *f.*

fissure, fich'-ioure, *n* fissure *f,* fente *f.*

fist, fiste, *n* poing *m.*

fistula, fiss'-tioue-la, *n* fistule *f.*

fit, fite, *v* ajuster; (clothes) aller. *n* (*med*) attaque *f. a* convenable, propre à.

fittings, fitt'-inngs, *npl* garnitures *fpl,* accessoires *mpl.*

five, fâïve, *n & a* cinq *m.*

fix, fixe, *v* fixer. *n* embarras *m*; impasse *f*.

fixture, fixe'-tioure, *n* objet fixé à demeure *m*.

fizzy, fiz'-i, *a* gazeux.

flabby, flăb'-i, *a* flasque, mollasse.

flag, flăgue, *n* drapeau *m*; (*naut*) pavillon *m*; **—ship,** vaisseau amiral *m*; **—staff,** hampe de drapeau *f*.

flagon, flăg'-ŏnn, *n* flacon *m*.

flagrant, flé'-grannte, *a* flagrant.

flake, fléke, *n* (metal) lame *f*; (snow, etc) flocon *m*.

flaky, flé'-ki, *a* (pastry) feuilleté.

flame, fléme, *n* flamme *f*. *v* flamber.

flange, flănndje, *n* rebord *m*; (wheel) boudin *m*.

flank, flain'-ngk, *v* flanquer; border. *n* flanc *m*.

flannel, flănn'-'l, *n* flanelle *f*; (face) gant de toilette *m*.

flap, flăppe, *n* battant *m*; (pocket) patte *f*; (wings) coup d'aile *m*. *v* battre; (*fam*) s'affoler.

flare, flère, *n* vive clarté *f*; flamme *f*. *v* flamboyer; (trousers, etc) évaser.

flash, flăche, *n* éclat *m*; (lightning) éclair *m*; (guns, etc) feu *m*.

flask, flâsske, *n* flacon *m*.

flat, flătte, *n* appartement *m*; (*mus*) bémol *m*.   ⌊*a* plat.

flatten, flătt'-'n, *v* aplatir.

flatter, flătt'-eur, *v* flatter; **—ing*,** *a* flatteur; **—y,** *n* flatterie *f*.

flavour, flé'-veur, *n* saveur *f*; goût *m*; (wine) bouquet *m*. *v* assaisonner.

flaw, floa, *n* défaut *m*; (metal) paille *f*.

flax, flăxe, *n* lin *m*.

flea, flî, *n* puce *f*.

flee, flî, *v* fuir, s'enfuir.

fleece, flîce, *n* toison *f*. *v* tondre; (rob) écorcher.

fleet, flîte, *n* flotte *f*. *a** rapide, léger.

flesh, flèche, *n* chair *f*.

flexible, flé'-xi-b'l, *a* flexible; souple.

flicker, flik'-eur, *v* vaciller; clignoter. *n* battement *m*.

flight, flăïte, *n* (fleeing) fuite *f*; (birds, planes) vol *m*; (stairs) escalier *m*.

flimsy, flimm'-zi, *a* léger; fragile; (paper) papier pelure *m*.

flinch, flinntche, *v* broncher; fléchir.

fling, flinng, *v* lancer.

flint, flinnte, *n* silex *m*; (lighter) pierre *f* (à briquet).

flippant*, flipp'-annte, *a* léger; (*pers*) désinvolte.

flirt, fleurte, *v* flirter. *n* flirt *m* & *f*.

float, flaute, *n* (angler's) flotteur *m*. *v* flotter; (on back) faire la planche; (a company) lancer.

flock, floque, *n* troupeau *m*; (birds) vol *m*. *v* s'attrouper.

flog, flogue, *v* fouetter.

flood, flodde, *v* inonder. *n* inondation *f*; (tide) marée *f*.

floor, flaure, *n* plancher *m*; (storey) étage *m*.

florid, flor'-ide, *a* fleuri; flamboyant.

florist, flor'-isste, *n* fleuriste *m* & *f*.

floss, flosse, *n* bourre de soie *f*.

flounce, flo'ounnce, *n* (dress) volant *m*. *v* se démener.

flour, flâ'oueur, *n* farine *f*.

flourish, flor'-iche, *n* brandissement *m*; (*mus*) fanfare *f*. *v* prospérer; (brandish) brandir.

flout, flâ'oute, *v* se moquer de.

flow, flau, *n* écoulement *m*; (river) cours *m*. *v* couler.

flower, flâ'ou'-eur, *n* fleur *f*. *v* fleurir.

fluctuate, floc'-tiou-éte, *v* fluctuer.

flue, floue, *n* tuyau de cheminée *m*.

fluency, floue'-enn-ci, *n* facilité *f*.

fluent, floue'-ennte, *a* facile, coulant.

fluff, floff, *n* duvet *m*; peluches *fpl*; **—y,** *a* pelucheux.

fluid, floue'-idd, *n* & *a* fluide *m*.

fluke, flouque, *n* (chance) coup de hasard *m*.

flurry, flor'-i, *n* émoi *m*. *v* agiter; troubler.

flush, floche, *v* (redden) rougir; (rinse) laver à grande eau. *n* rougeur *f*. *a* (level) au niveau de.

fluster, floce'-teur, *v* déconcerter. *n* agitation *f*.

flute, floute, *n* flûte *f*; **—d,** *a* cannelé.

flutter, flott'-eur, *v* palpiter; battre des ailes.

fly, flâï, *n* mouche *f*; (trouser) *n* braguette *f*. *v* voler; (flag) flotter.

foal, faule, *n* poulain *m*. *v* pouliner.

foam, faume, *n* écume *f*. *v* écumer.

focus, fau'-keuce, *v* mettre au point; régler. *n* foyer *m*.

fodder, fod'r, *n* fourrage *m*.

foe, fau, *n* ennemi *m*.

foetus, fî'-teuce, *n* embryon *m*.

fog, fogue, *n* brouillard *m*; **—gy,** *a* brumeux; **—horn,** *n* sirène *f*.

foil, foa'ile, *n* (fencing) fleuret *m*; (metal) feuille *f*. *v* déjouer.

foist, foa'iste, *v* imposer; introduire; fourrer.

fold, faulde, *n* (clothes, etc) pli *m*; (sheep) bercail *m*. *v* plier; (arms) croiser.

foliage, fau'-li-édje, *n* feuillage *m*.

folk, fauke, *n* gens *mpl* & *fpl*.

follow, foll'-au, *v* suivre; (fig) s'ensuivre.

follower, foll'-au'r, *n* partisan *m*; disciple *m*.

folly, foll'-i, *n* folie *f*; (stupidity) sottise *f*.

foment, fo-mennte', *v* fomenter.

fond, fonnde, *a* affectueux; **to be — of,** aimer.

fondle, fonn'-d'l, *v* choyer, caresser.

font, fonnte, *n* fonts baptismaux *mpl*.

food, founde, *n* nourriture *f*; (a food) aliment *m*.

fool, foull, *n* imbécile *m* & *f*. *v* duper; **—hardy,** *a* téméraire; **—ish,** sot; imprudent.

foot, foutt, *n* pied *m*; **—ball,** football *m*; **—man,** valet de pied *m*; **—path,** sentier *m*; (pavement) trottoir *m*; **—print,** trace de pas *f*; **—step,** pas *m*.

for, fôr, *prep* pour; pendant. *conj* car.

forage, for'-idj, *n* fourrage *m*. *v* fourrager.

forbear, fôr-bère', *v* supporter; s'abstenir.

forbearance, fôr-bèr'-annce, *n* indulgence *f*.

forbid, fôr-bide', *v* défendre; **—ding,** *a* repoussant.

force, fôrce, *v* forcer. *n* force *f*; **—ful,** *a* vigoureux.

forceps, for'-seppse, *n* pince *f*; forceps *m*.

forcible, fôr'-ci-b'l, *a* énergique; par force.

ford, fôrde, *v* passer à gué. *n* gué *m*.

fore, fore, *n* avant *m*. *a* antérieur; **—arm,** *n* avant-bras *m*; **—bode,** *v* présager; **—boding,** *n* présage *m*; **—cast,** prévision *f*. *v* prévoir; **—close,** *v* (law) forclore; **—fathers,** *n* aïeux *mpl*; **—finger,** index *m*; **—going,** *a* précédent; **—gone,** préconçu; **—ground,** *n* premier plan *m*; **—head,** front *m*; **—man,** contre-maître *m*; **—most,** *a* le plus avancé; principal; **—runner,** *n* précurseur *m*; **—see,** *v* prévoir; **—sight,** *n* prévoyance *f*; **—stall,** *v* devancer; **—taste,** *n* avant-goût *m*; **—tell,** *v* prédire; **—thought,** *n* préméditation *f*; **—warn,** *v* avertir.

foreign, for'-ine, *a* étranger; **—er,** *n* étranger, -ère m & f.

forest, for'-este, *n* forêt f.

forfeit, for'-fite, *n* gage m; (law) dédit m. *v* perdre.

forge, fordje, *v* forger; (falsify) contrefaire. *n* forge f; **—ry,** contrefaçon f, faux m.

forget, for-guète', *v* oublier; **—ful,** *a* oublieux, négligent; **—fulness,** *n* oubli m; **— -me-not,** (flower) myosotis m.

forgive, for-guive', *v* pardonner.

forgiveness, for-guive'-nesse, *n* pardon m.

for(e)go, fore-gau', *v* renoncer à; s'abstenir de.

fork, forque, *n* fourchette f; (tool) fourche f; (road) bifurcation f. *v* bifurquer.

forlorn, for-lôrne', *a* abandonné; désespéré.

form, fôrme, *n* forme f; (a form to fill up) formule f; (seat) banc m; (class) classe f. *v* former; **—al*,** *a* de forme; formel; officiel; **—ality,** *n* formalité f; **—ation,** formation f; **—er,** *a* précédent; ancien; **—erly,** *adv* autrefois.

forsake, for-céque', *v* délaisser, abandonner.

fort, fôrte, *n* fort m; **—ification,** fortification f; **—ify,** *v* fortifier; **—ress,** *n* forteresse f.

forth, fôrts, *adv* en avant; désormais; **—coming,** *a* prochain; **—with,** *adv* sur le champ.

fortieth, fôr'-ti-its, *n* & *a* quarantième m & f.

fortitude, fôr'-ti-tioude, *n* courage m.

fortnight, forte'-nâïte, *n* quinzaine f, quinze jours.

fortunate*, fôr'-tiou-néte, *a* heureux.

fortune, fôr'-tioune, *n* fortune f; (fate) sort m.

forty, fôr'-ti, *n* & *a* quarante m.

forward, fôr'-ouarde, *v* expédier; faire suivre; *adv* en avant. *a* avancé; effronté; **—ing-agent,** *n* agent de transport m; **—ness,** effronterie f.

fossil, foss'-il, *n* & *a* fossile m.

foster, fosse-t'r, *v* élever; encourager; **— -parents,** *npl* parents adoptifs mpl.

foul, fâ'oule, *v* souiller. *a** sale; impur; obscène; (unfair) déloyal.

found, fâ'ounnde, *v* fonder; (metal) fondre; **—ation,** *n* fondation f; (fig) fondement m; **—er,** *v* sombrer. *n* fondateur m; **—ling,** enfant trouvé m; **—ry,** fonderie f.

fountain, fâ'ounn'-tinne, *n* fontaine *f*; — -pen, stylo *m*.

four, fôr, *n* & *a* quatre *m*; —**fold**, *a* quadruple; —**teen**, *n* & *a* quatorze *m*; —**th**, quatrième *m* & *f*.

fowl, fâ'oule, *n* volaille *f*.

fox, foxe, *n* renard *m*; — -**terrier**, fox-terrier *m*.

fraction, frăck'-ch'n, *n* fraction *f*.

fracture, frăck'-tioure, *v* fracturer. *n* fracture *f*.

fragile, frăd'-jile, *a* fragile.

fragment, frăgue'-m'nt, *n* fragment *m*.

fragrance, fré'-grannce, *n* parfum *m*.

fragrant, fré'-grannt, *a* parfumé.

frail, fréle, *a* frêle; —**ty**, *n* fragilité *f*.

frame, fréme, *n* forme *f*; cadre *m*; (car) chassis *m*. *v* former; (picture, etc) encadrer; —**s**, (glasses) *n* monture *f*.

franchise, frain'-tchâîze, *n* franchise *f*.

frank*, frain-ngk, *a* franc; —**ness**, *n* franchise *f*.

frantic, frănn'-tique, *a* frénétique; furieux.

fraud, frôade, *n* fraude *f*; —**ulent***, *a* frauduleux.

fray, fré, *n* (scuffle) bagarre *f*. *v* (material) s'effiler.

freak, frîque, *n* phénomène *m*; —**ish**, *a* bizarre.

freckle, frèk'-'l, *n* tache de rousseur *f*.

free, frî, *v* libérer; délivrer. *a* libre; gratuit; —**dom**, *n* liberté *f*; —**mason**, franc-maçon *m*; — **trade**, libre échange *m*.

freeze, frîze, *v* geler, glacer, congeler.

freezing, frîz'-inng, *n* congélation *f*. *a* glacial.

freight, fréte, *n* fret *m*; cargaison *f*. *v* affréter.

frenzy, frenn'-zi, *n* frénésie *f*.

frequency, frî'-couenn-ci, *n* fréquence *f*.

frequent, frî'-couenne, *a* fréquent. *v* fréquenter.

fresh*, frèchc, *a* frais; —**ness**, *n* fraîcheur *f*.

fret, frette, *v* se tourmenter; —**ful**, *a* irritable; — -**saw**, *n* scie à découper *f*; —**work**, découpage *m*.

friar, frâï'-'r, *n* moine *m*; —**y**, monastère *m*.

friction, frique'-ch'n, *n* friction *f*, frottement *m*.

Friday, frâî'-dé, *n* vendredi *m*; **Good** —, vendredi-saint *m*.

friend, frennde, *n* ami *m*; —**liness**, bienveillance *f*; —**ly**, *a* amical; —**ship**, amitié *f*.

fright, frâîte, *n* frayeur *f*; peur *f*; —**en**, *v* effrayer; —**ful**, *a* effroyable; épouvantable.

frigid, fridj'-ide, *a* glacial; frigide.

frill, frile, *n* volant *m*, ruche *f*; (paper) papillote *f*.

fringe, frinndje, *n* frange *f*; bord *m*. *v* border.

frisky, frisk'-i, *a* frétillant; animé.

fritter, fritt'-'r, *n* beignet *m*. *v* morceler; **— away**, dissiper, gaspiller.

frivolous*, friv'-ŏ-leuce, *a* frivole.

frock, froque, *n* (dress) robe *f*.

frog, frogue, *n* grenouille *f*.

frolic, frol'-ique, *v* folâtrer. *n* espièglerie *f*.

from, fromme, *prep* de, depuis; de la part de; d'après.

front, fronnte, *n* devant *m*; (mil) front *m*; *a* de face; **—age**, *n* façade *f*.

frontier, fronnt'-i-eur, *n* & *a* frontière *f*.

frost, froste, *v* glacer. *n* gelée *f*; (hoar) givre *m*; **—bitten**, *a* gelé; **—y**, glacé.

froth, frôts, *n* écume *f*; mousse *f*. *v* écumer; mousser.

frown, frâ'oune, *v* froncer les sourcils. *n* froncement de sourcils *m*.

frugal*, froue'-g'l, *a* frugal.

fruit, froute, *n* fruit *m*; **—erer**, fruitier *m*; **—ful**, *a* fructueux; **—less**, stérile.

frustrate, fross-trête', *v* frustrer.

fry, frâî, *v* frire, faire frire.

fuchsia, fioue'-chi-a, *n* fuchsia *m*.

fuel, fioue'-eul, *n* combustible *m*.

fugitive, fioue'-dji-tive, *n* & *a* fugitif, -ive *m* & *f*.

fugue, fiougue, *n* fugue *f*.

fulcrum, feul'-creum, *n* point d'appui *m*.

fulfil, foull-fill', *v* accomplir; réaliser; satisfaire; **—ment**, *n* accomplissement *m*; réalisation *f*.

full, foull, *a* plein; complet.

fulness, foull'-nesse, *n* plénitude *f*; abondance *f*.

fulsome, foull'-seumme, *a* vil; écœurant.

fume, fioume, *n* vapeur *f*. *v* (rage) rager.

fun, fonne, *n* amusement *m*; (joke) plaisanterie *f*; **—ny**, *a* drôle; amusant.

function, fonnk'-ch'n, *n* fonction *f*. *v* fonctionner.

fund, fonnde, *n* fonds *mpl*; caisse *f*.

fundamental*, fonn-da-menn'-t'l, *a* fondamental *f*.

funeral*, fioue'-neur-'l, *n* enterrement *m*; funérailles *fpl*.

funnel, fonn'-'l, *n* entonnoir *m*; (smoke) cheminée.

fur, feure, *n* fourrure *f*; (boiler) tartre *m*. *v* incruster; **—rier,** *n* fourreur *m*.

furious*, fioue'-ri-*euce*, *a* furieux.

furnace, feur'-nisse, *n* four *m*; fourneau *m*; (ship, etc) foyer *m*.

furnish, feur'-niche, *v* meubler; fournir.

furniture, feur'-ni-tioure, *n* meubles *mpl*.

furrow, for'-au, *v* sillonner. *n* sillon *m*.

further, feur*dzeur*, *adv* en plus; plus loin. *a* supplémentaire. *v* avancer; seconder.

furtive*, feur'-tive, *a* furtif.

fury, fioue'-ri, *n* furie *f*.

fuse, fiouze, *n* (time) fusée *f*; (electric) plomb *m*. *v* fuser, sauter.

fuss, foce, *n* embarras *m*; cérémonies *fpl*; (fam) des histoires *fpl*.

fusty, foce'-ti, *a* sentant le renfermé; moisi.

futile, fioue'-tâïle, *a* futile; frivole.

future, fioue'-tioure, *n* avenir *m*. *a* futur.

gable, gué'-b'l, *n* pignon *m*.

gaff, gâffe, *n* gaffe *f*.

gag, gâgue, *v* bâillonner. *n* bâillon *m*; (fam) blague *f*.

gaiety, gué'-i-ti, *n* gaieté *f*.

gaily, gué'-li, *adv* gaiement.

gain, guéne, *n* gain *m*. *v* gagner; atteindre; (clock, etc) avancer.

gait, guéte, *n* démarche *f*; (horse) allure *f*.

gaiter, gué'-t'r, *n* guêtre *f*.

galaxy, gâl'-*ak*-ci, *n* galaxie *f*.

gale, guéle, *n* tempête *f*.

gall, goal, *n* bile *f*. *v* irriter; **— -stone,** *n* calcul biliaire *m*; **—-bladder,** *n* vésicule biliaire *f*.

gallant, gâl'-'nt, *a* brave; galant.

gallantry, gâl'-ann-tri, *n* bravoure *f*; galanterie *f*.

gallery, gâl'-*eur*-i, *n* galerie *f*; amphithéâtre *m*.

gallop, gâl'-ôpe, *v* galoper. *n* galop *m*.

gallows, gâl'-auze, *n* potence *f*, gibet *m*.

galvanism, gâl'-vann-izme, *n* galvanisme *m*.

galvanize, gâl'-vann-âïze, *v* galvaniser.

gamble, gămm'-b'l, *v* jouer de l'argent; miser; —**r,** *n* joueur *m*.

game, guéme, *n* jeu *m*; partie *f*; (birds, etc) gibier *m*; —**-keeper,** garde-chasse *m*.

gammon, gămm'-*eu*ne, *n* cuisse de porc fumée *f*.

gander, gănn'-d'r, *n* jars *m*.

gang, gain'-ng, *n* équipe *f*; bande *f*; —**way,** passage *m*; (ship) passerelle *f*.

gaol, djéle, *n* prison *f*.

gap, găppe, *n* brèche *f*; ouverture *f*; trou *m*; écart *m*.

gape, guépe, *v* regarder bouche bée; s'ouvrir.

garage, ga-râdge', *n* garage *m*.

garb, gârbe, *n* costume *m*, habit *m*.

garbage, gâr'-bidj, *n* ordures *fpl*.

garden, gâr'-d'n, *n* jardin *m*; (kitchen) (jardin) potager *m*; —**er,** jardinier *m*; —**ing,** jardinage *m*.

gargle, gâr'-g'l, *v* se gargariser. *n* gargarisme *m*.

garland, gâr'-lannde, *n* guirlande *f*. *v* enguirlander.

garlic, gâr'-lique, *n* ail *m*.

garment, gâr'-m'nt, *n* vêtement *m*.

garnish, gâr'-niche, *v* garnir. *n* garniture *f*.

garret, gâr'-ette, *n* mansarde *f*.

garrison, gâr'-i-s'n, *n* garnison *f*.

garrulous, gâr'-ou-*leu*ce, *a* bavard.

garter, gâr'-t'r, *n* jarretière *f*.

gas, gâce, *n* gaz *m*; —**ous,** *a* gazeux; —**-cooker,** *n* cuisinière à gaz *f*; —**-works,** usine à gaz *f*.

gash, gâche, *v* balafrer. *n* balafre *f*; coupure *f*.

gasp, gâsspe, *v* haleter. *n* soupir convulsif *m*.

gastric, gâss'-trique, *a* gastrique.

gate, guéte, *n* porte *f*; (iron) grille *f*; (wooden) barrière *f*.

gather, gădz'-*eu*r, *v* rassembler; (pluck) cueillir; (conclude) comprendre; —**ing,** *n* réunion *f*; (med) abcès *m*.

gaudy, goa'-di, *a* voyant; criard.

gauge, guédje, *n* indicateur *m*. *n* (tool) calibre *m*; (railway) entre-rail *m*; (size) mesure *f*. *v* mesurer; estimer.

gaunt, goannte, *a* maigre, décharné.

gauze, goaze, *n* gaze *f*; (wire) toile métallique *f*.

gawky, goa'-ki, *a* dégingandé; gauche.

gay, gué, *a* gai, joyeux; dissolu.

gaze, guéze, *v* regarder fixement. *n* regard fixe *m*.

gazelle, ga-zelle', *n* gazelle *f*.

gazette, ga-zette', *n* gazette *f*.

gear, guîeur, *n* équipment; (car) vitesse *f*; (car) boîte de vitesse *f*.

gelatine, djell'-*a*-tinn, *n* gélatine *f*.

gelding, guél'-dinng, *n* cheval hongre *m*.

gem, djème, *n* pierre précieuse *f*.

gender, djenn'-d'r, *n* genre *m*.

general, djenn'-*eu*-ral, *n* général *m*. *a** général.

generalize, djenn'-*eu*-ra-lâïze, *v* généraliser.

generate, djenn'-*eu*r-éte, *v* produire; engendrer.

generation, djenn-*eu*r-é'-ch'n, *n* génération *f*.

generosity, djenn-*eu*r-o'-si-ti, *n* générosité *f*.

generous*, djenn'-*eu*r-euce, *a* généreux.

genial, dji'-ni-*a*l, *a* doux; cordial.

genetive, djenn'-i-tive, *n* & *a* génitif *m*.

genius, dji'-ni-euce, *n* génie *m*.

genteel, djenn-tîle', *a* comme il faut.

gentle, djenn'-t'l, *a* doux; **—man**, *n* homme bien élevé *m*; monsieur *m*; **—ness**, douceur *f*.

gently, djenn'-tli, *adv* doucement.

genuine*, djenn'-iou-ine, *a* authentique; sincère; **—ness**, *n* authenticité *f*; sincérité *f*.

geography, dji-og'-râ-fi, *n* géographie *f*.

geology, dji-ol'-o-dji, *n* géologie *f*.

geometry, dji-omm'-e-tri, *n* géométrie *f*.

geranium, dji-ré'-ni-omm, *n* géranium *m*.

germ, djeurme, *n* germe *m*; microbe *m*.

germinate, djeur'-mi-néte, *v* germer.

gesticulate, djesse-tik'-ioue-léte, *v* gesticuler.

gesture, djesse'-tioure, *n* geste *m*.

get, guette, *v* obtenir; (earn) gagner; (fetch) aller chercher; (attain) arriver; **— back**, recouvrer; **— down**, descendre; **— off**, descendre; **— on**, progresser; monter; s'entendre; **— out**, sortir; **— up**, se lever.

geyser, gui'-zeur, *n* geyser *m*; chauffe-bain *m*.

ghastly, gâce'-tli, *a* blême; (awful) épouvantable.

gherkin, gueur'-quine, *n* cornichon *m*.

ghost, gôsste, *n* revenant *m*; fantôme *m*.

giant, djâï′-nte, *n* géant *m*; —**ess**, géante *f*.

gibberish, guib′-*eur*-iche, *n* baragouin *m*.

gibbet, djib′-ette, *n* gibet *m*, potence *f*.

gibe, djâïbe, *v* se moquer de. *n* raillerie *f*.

giblets, djib′-letce, *npl* abatis *mpl*.

giddiness, guid′-i-ness, *n* vertige *m*.

giddy, guid′-i, *a* étourdi; vertigineux.

gift, guifte, *n* don *m*; cadeau *m*; talent *m*.

gifted, guif′-tédde, *a* doué.

gigantic, djâï-gânne′-tique, *a* gigantesque.

giggle, guig′-l, *v* rire nerveusement.

gild, guilde, *v* dorer.

gilding, gilt, guild′-inng, guilte, *n* dorure *f*.

gills, guilze, *npl* branchies *fpl*.

gimlet, guime′-lette, *n* vrille *f*.

gin, djine, *n* gin *m*.

ginger, djinn′-dj*eur*, *n* gingembre *m*.

gipsy, djip′-ci, *n* bohémien *m*, tzigane *m*.

giraffe, dji-raffe′, *n* girafe *f*.

girder, gueur′-d′r, *n* poutre *f*, traverse *f*.

girdle, gueur′-d′l, *n* gaine *f*. *v* ceindre.

girl, gueurle, *n* fille *f*, jeune fille *f*; —**hood**, jeunesse *f*.

girth, gueur*ts*, *n* contour *m*; (horse) sangle *f*.

gist, djisste, *n* substance *f*; essentiel *m*.

give, guive, *v* donner; remettre; — **in**, céder; — **up**, renoncer à.

gizzard, guiz′-*eur*dde, *n* gésier *m*.

glacier, glé′-ci-*eur*, *n* glacier *m*.

glad, glâdde, *a* heureux; content; —**den**, *v* réjouir; —**ness**, *n* joie *f*, plaisir *m*.

glade, gléde, *n* clairière *f*, percée *f*.

glance, glânnce, *n* coup d'œil *m*. *v* jeter un coup d'œil; — **off**, dévier.

gland, glânnde, *n* glande *f*.

glare, glère, *n* clarté *f*; (stare) regard fixe *m*. *v* éblouir; regarder fixement.

glaring, glèr′-inng, *a* éblouissant, voyant; (of fact, etc) manifeste.

glass, glâce, *n* verre *m*; miroir *m*; (pane) vitre *f*; —**es**, (spectacles) *n* lunettes *fpl*; — **-ware**, verrerie *f*; —**y**, *a* vitreux; (smooth) lisse.

glaze, gléze, *v* vitrer; (cake, etc) glacer; (pottery) émailler. *n* (lustre) lustre *m*; émail *m*.

glazier, glé'-jeur, *n* vitrier *m*.

gleam, glîme, *n* lueur *f*; (ray) rayon *m*. *v* luire; briller.

glean, glîne, *v* glaner; **—er,** *n* glaneur, -euse *m* & *f*.

glee, glî, *n* joie *f*.

glen, glène, *n* vallon *m*.

glib, glibbe, *a* (of the tongue) bien déliée.

glide, glâïde, *v* glisser; planer; **—r,** *n* (aircraft) planeur *m*.

glimmer, glimm'-'r, *v* luire faiblement. *n* lueur *f*.

glimpse, glimmpse, *n* coup d'œil *m*; aperçu *m*.

glint, glinnte, *n* trait de lumière *m*. *v* luire.

glisten, gliss'-'n, *v* étinceler; reluire.

glitter, glitt''r, *v* briller; étinceler. *n* éclat *m*.

gloat, glaute, *v* se réjouir de; couver des yeux.

globe, glaube, *n* globe *m*; sphère *f*.

globular, globb'-iou-l'r, *a* sphérique.

gloom, gloume, *n* obscurité *f*; (dismal) tristesse *f*.

gloomy, gloumm'-i, *a* obscur; (dismal) triste.

glorify, glau-ri-fâï, *v* glorifier.

glorious*, glau-ri-*euce*, *a* glorieux; superbe.

glory, glau-ri, *n* gloire *f*. *v* **—in,** se glorifier de.

gloss, glôsse, *n* lustre *m*; **—y,** *a* luisant, brillant.

glove, glove, *n* gant *m*.

glow, glau, *n* éclat *m*; rougeur *f*. *v* luire; rougir.

glue, gloue, *n* colle *f*. *v* coller.

glum, gleumme, *a* morose.

glut, glotte, *v* (market) inonder; (of food) (se) gorger. *n* excès *m*.

glutton, glott'-'n, *n* glouton, -onne *m* & *f*.

gnarled, nârlde, *a* noueux.

gnash, nâche, *v* grincer; **—ing,** *n* grincement *m*.

gnat, nâtte, *n* cousin *m*, moucheron *m*.

gnaw, noa, *v* ronger.

go, gau, *v* aller; partir; (*mech*) marcher; **— away,** s'en aller; partir; **— back,** retourner; **— down,** descendre; **— out,** sortir; **— up,** monter; **— without,** se passer de.

goad, gaude, *n* aiguillon *m*. *v* aiguillonner; inciter.

goal, gaule, *n* but *m*.

goat, gaute, *n* chèvre *f*; **he —,** bouc *m*.

gobble, gob'-'l, *v* avaler avidement; dévorer.

goblin, gob'-linne, *n* lutin *m*, farfadet *m*.

God, godde, *m,* Dieu *m;* dieu *m;* **—child,** filleul, -e *m & f;* **—dess,** déesse *f;* **—father,** parrain *m;* **—liness,** *n* piété *f;* **—ly,** *a* pieux; **—mother,** *n* marraine *f.*

goggles, gog'-g'lze, *npl* grosses lunettes *fpl.*

goitre, go'i-*teur, n* goître *m.*

gold, gaulde, *n* or *m;* **—en,** *a* d'or; **—finch,** *n* chardonneret *m;* **—fish,** poisson rouge *m;* **— leaf,** or en feuille *m;* **—smith,** orfèvre *m.*

golf, golf, *n* golf *m;* **— -links,** terrain de golf *m.*

gong, gon-ng, *n* gong *m.*

gonorrhœa, gonn-o-ri'-a, *n* blennorragie *f.*

good, goudd, *n* bien *m;* avantage *m. a* bon; sage; **— -bye!** *interj* adieu! au revoir! **—morning,** **—afternoon,** **—day,** bonjour; **—night,** bonsoir.

good-natured, goudd'-nét'-tiour'd, *a* d'un bon naturel.

goodness, goudd'-nesse, *n* bonté *f.*

goods, goudd'-ze, *npl* marchandises *fpl;* effets *mpl.*

goodwill, goudd-ouil', *n* bienveillance *f;* (business) fonds *m,* clientèle *f.*

goose, goûce, *n* oie *f.*

gooseberry, goûce'-beur-i, *n* groseille à maquereau *f.*

gore, gôre, *n* (blood) sang *m. v* encorner.

gorge, gôrdje, *n* gorge *f. v* se gorger de.

gorgeous*, gôr'-djeuce, *a* somptueux; splendide.

gorilla, go-ril'-la, *n* gorille *m.*

gorse, gôrse, *n* ajonc *m.*

gosling, goz'-linng, *n* oison *m.*

gospel, goss'-p'l, *n* évangile *m.*

gossip, goss'-ippe, *v* bavarder; papoter. *n* potin *m;* cancans *mpl;* (person) commère *f.*

gouge, gâ'oudje, *n* gouge *f. v* gouger; arracher.

gout, gâ'oute, *n* goutte *f.*

govern, gov'-eurne, *v* gouverner; **—ess,** *n* gouvernante *f;* **—ment,** gouvernement *m;* **—or,** gouverneur *m;* (mech) régulateur *m.*

gown, gâ'oune, *n* robe *f.*

grab, grâbe, *v* empoigner; saisir. *n* (mech) benne preneuse *f.*

grace, gréce, *n* grâce *f;* **—ful*,** *a* gracieux.

gracious*, gré'-cheuce, *a* gracieux.

grade, gréde, *n* grade *m*; degré *m*; rang *m*. *v* classer; graduer.

gradient, gré'-di-ennte, *n* pente *f*; rampe *f*.

gradual*, grăd'-iou-*eul*, *a* progressif.

graduate, grăd'-iou-éte, *n* diplômé, -e *m* & *f*. *v* graduer; obtenir des diplômes universitaires.

graft, grâfte, *n* greffe *f*; (*fig*) corruption *f*. *v* greffer.

grain, gréne, *n* grain *m*. *v* (paint) veiner.

grammar, grămm'-*r*, *n* grammaire *f*.

granary, grănn'-*a*-ri, *n* grenier *m*.

grand*, grănnde, *a* grandiose, magnifique; **—daughter**, *n* petite-fille *f*; **—father**, grand-père *m*; **—mother**, grand'mère *f*; **—son**, petit-fils *m*.

grant, grânnte, *v* accorder. *n* subvention *f*; bourse *f*.

grape, grépe, *n* raisin *m*.

grape-fruit, grépe'-froute, *n* pamplemousse *m*.

grapple, grăp'-p'l, *n* (hook) grappin *m*. *v* lutter.

grasp, grâsspe, *v* empoigner; (understand) comprendre. *n* étreinte *f*; **—ing**, *a* avide.

grass, grâsse, *n* herbe *f*; (lawn) gazon *m*; **—hopper**, sauterelle *f*; **—y**, *a* herbeux.

grate, gréte, *n* (fire) grille *f*. *v* grincer; (cookery, etc) râper.

grateful, gréte'-foull, *a* reconnaissant.

gratification, gră-ti-fi-qué'-ch'n, *n* satisfaction *f*.

gratify, gră'-ti-faï, *v* satisfaire; **—ing**, *a* agréable.

grating, gré'-tinng, *n* grillage *m*. *a* grinçant.

gratis, gré'-tisse, *adv* gratis.

gratitude, gră'-ti-tioude, *n* reconnaissance *f*.

gratuitous*, gra-tiou'-i-teuce, *a* gratuit.

gratuity, gra-tiou'-i-ti, *n* pourboire *m*.

grave, gréve, *n* tombe *f*. *a** grave; **— -digger**, *n* fossoyeur *m*; **—stone**, pierre tombale *f*; **— yard**, cimetière *m*.

gravel, grăv'-'l, *n* gravier *m*.

gravitate, grăv'-i-téte, *v* graviter.

gravity, grăv'-i-ti, *n* gravité *f*.

gravy, gré'-vi, *n* jus *m*; sauce *f*.

gray, grey, gré, *a* gris (complexion) blême.

graze, gréze, *n* écorchure *f*. *v* effleurer; érafler; (feed) paître.

grease, grîce, *n* graisse *f*. *v* graisser.

greasy, grî′-zi, *a* graisseux; (roadway) glissant.

great*, gréte, *a* grand; **—ness**, *n* grandeur *f*.

greed, grîde, *n* gourmandise *f*; avidité *f*; **—ily**, *adv* goulûment; **—y**, *a* gourmand; avide.

green, grîne, *n & a* vert *m*; **—gage**, *n* reine-Claude *f*; **— -grocer**, fruitier *m*; **—house**, serre *f*; **—ish**, *a* verdâtre.

greet, grîte, *v* saluer; **—ing**, *n* salutation *f*.

grenade, gre-néde′, *n* grenade *f*.

grey, (see **gray**).

greyhound, gré′-hâ′ounnde, *n* lévrier *m*.

grief, grîfe, *n* chagrin *m*, douleur *f*.

grievance, grî′-v′nce, *n* grief *m*.

grieve, grîve, *v* s'affliger; chagriner.

grievous, grî′-veuce, *a* grave; accablant.

grill, grile, *v* griller. *n* gril *m*.

grim*, grime, *a* sinistre; menaçant.

grimace, gri-méce′, *n* grimace *f*.

grime, grâïme, *n* saleté *f*; (dirt) crasse *f*.

grin, grinne, *v* grimacer; sourire à belles dents. *n* large sourire *m*.

grind, grâïnnde, *v* moudre; (sharpen) aiguiser.

grinder, grâïnn′-deur, *n* rémouleur *m*; broyeur *m*; (coffee, etc) moulin *m*.

grip, grippe, *n* (action) étreinte *f*; (handle) poignée *f*. *v* empoigner; saisir.

gripe, grâïpe, *v* (bowels) donner la colique.

grisly, grize′-li, *a* affreux, horrible.

grit, gritte, *n* gravier *m*; sable *m*; **—ty**, *a* graveleux.

groan, graune, *v* gémir. *n* gémissement *m*.

grocer, grau′-ceur, *n* épicier *m*; **—y**, épicerie *f*.

grog, grôgue, *n* grog *m*.

groin, grô′ïne, *n* aine *f*; (arch) arête *f*.

groom, groume, *n* palefrenier *m*.

groove, grouve, *v* rainer. *n* rainure *f*.

grope, graupe, *v* tâtonner.

gross, grauce, *n* (12 dozen) grosse *f*; *a* (coarse) grossier; (obvious) flagrant; **— weight**, *n* poids brut *m*.

ground, grâ′ounnde, *v* (naut) échouer. *n* terrain *m*; terre *f*; (reason) motif *m*; base *f*; **— -floor**, rez-de-chaussée *m*; **—less**, *a* sans fondement; **— work**, *n* base *f*.

group, groupe, n groupe m. v grouper.

grouse, grâ'ouce, n coq de bruyère m. v grogner, se plaindre.

grove, grauve, n bocage m, bosquet m.

grovel, grov'-'l, v (fig) ramper.

grow, grau, v pousser, croître, grandir; cultiver; —**er,** n cultivateur m; —**n up,** adulte m & f; —**th,** croissance f.

growl, grâ'oule, n grognement m. v grogner.

grub, grobbe, n larve f, asticot m.

grudge, grodje, n rancune f. v donner à regret; envier à.

gruel, groue'-'l, n gruau m.

gruesome, groue'-somme, a affreux, macabre.

gruff*, groffe, a brusque, rude.

grumble, gromm'-b'l, v grommeler; se plaindre; —**r,** n grognon m.

grunt, gronnte, v grogner. n grognement m.

guarantee, ga-rann-ti', v garantir. n garantie f.

guard, gârde, n garde f. v garder; —**ed,** a circonspect.

guardian, gâr'-di-anne, n gardien m; (trustee) tuteur m.

guess, guesse, v deviner.

guest, guesste, n invité -ée m & f; (hotel) client -e m & f; —**house,** n pension de famille f.

guidance, gâï'-d'nce, n direction f; conduite f; orientation f.

guide, gâïde, v guider. n guide m.

guild, guilde, n corps de métier m; corporation f.

guile, gâïle, n astuce f; artifice m; —**less,** a ingénu.

guilt, guilte, n culpabilité f; —**y,** a coupable.

guinea, gui'-ni, n guinée f; —**fowl,** pintade f; —**pig,** cochon d'Inde m.

guise, guâïze, n façon f; apparence f.

guitar, gui-târe', n guitare f.

gulf, golfe, n (geog) golfe m; (abyss) gouffre m.

gull, golle, n mouette f. v duper.

gullet, goll'-ette, n gosier m.

gulp, golpe, v avaler. n gorgée f.

gum, gomme, n gomme f; (teeth) gencive f.

gun, gonne, n fusil m; (artillery) canon m; —**ner,** canonnier m; —**powder,** poudre à canon f; —**smith,** armurier m.

gurgle, gueur'-g'l, *v* gargouiller. *n* gargouillement *m*.
gush, goche, *v* jaillir. *n* jaillissement *m*.
gust, gosste, *n* coup de vent *m*; rafale *f*.
gut, gotte, *n* boyau *m*. *v* vider.
gutter, gott'-'r, *n* gouttière *f*; (street) ruisseau *m*.
gymnasium, djimm-né'-zi-ŏmme, *n* gymnase *m*.
gymnastics, djimm-nǎss'-tikse, *npl* gymnastique *f*.

N.B. La lettre H doit toujours s'aspirer distinctement sauf dans les quelques mots marqués §

haberdashery, hǎb'-*eur*-dǎch'-ri, *n* mercerie *f*.
habit, hǎb'-itte, *n* habitude *f*, coutume *f*.
habitable, hǎb'-i-ta-b'l, *a* habitable.
habitual*, ha-bit'-iou-eul, *a* habituel.
hack, hǎque, *v* écharper; hacher; couper.
hackneyed, hǎque'-nidde, *a* rebattu, banal.
haddock, hǎd'-oque, *n* aiglefin fumé *m*; haddock *m*.
hæmorrhage, hém'-ridje, *n* hémorragie *f*.
hag, hǎgue, *n* mégère *f*; **—gard,** *a* hagard.
haggle, hǎgg'-'l, *v* marchander.
hail, héle, *n* grêle *f*. *v* grêler; (greet) saluer.
hair, hère, *n* poil *m*; (of head only) cheveu *m*; (horse)
crin *m*; **—brush,** brosse à cheveux *f*; **—dresser,**
coiffeur, -euse *m* & *f*; **— pin,** épingle à cheveux *f*;
—y, *a* poilu, chevelu.
hake, héke, *n* merluche *f*.
half, hâfe, *n* moitié *f*; demi, -e *m* & *f*. *a* demi. *adv* à
moitié.
halibut, hǎl'-i-botte, *n* flétan *m*.
hall, hoal, *n* vestibule *m*; entrée *f*; salle *f*; **— -mark,**
poinçon de contrôle *m*.
hallow, hal'-lau, *v* sanctifier.
hallucination, hal-liou-ci-né'-ch'n, *n* hallucination *f*.
halo, hé'-lau, *n* auréole *f*; (astronomy) halo *m*.
halt, hoalte, *n* arrêt *m*. *v* arrêter. *interj* halte!
halter, hoal'-t'r, *n* licou *m*.
halve, hâve, *v* partager en deux.
ham, hǎmme, *n* jambon *m*.
hamlet, hǎmm'-lette, *n* hameau *m*.
hammer, hǎmm'-'r, *n* marteau *m*. *v* marteler.

hammock, hămm'-oque, *n* hamac *m*.

hamper, hămm'-p'r, *n* panier *m*; bourriche *f*. *v* gêner.

hand, hănnde, *n* main *f*; (clock) aiguille *f*. *v* passer; donner; **—-bag**, *n* sac à main *m*; **—book**, manuel *m*; **—cuffs**, menottes *fpl*; **—ful**, poignée *f*; **—kerchief**, mouchoir *m*; **—le**, manche *m*; (door) bouton *m*. *v* manier; **—made**, *a* fait à la main; **—rail**, *n* rampe *f*; **—y**, *a* utile; commode; à portée.

handsome*, hănn'-somme, *a* beau; généreux.

hang, hain-ng, *v* pendre; **— up**, *v* accrocher.

hangar, hain'-gueur, *n* hangar *m*.

hanger, hain'-gueur, *n* cintre *m*.

hanker, hain'-nkeur, *v* désirer ardemment.

happen, hăp'-p'n, *v* arriver, se passer.

happily, hăpp'-i-li, *adv* heureusement.

happiness, hăpp'-i-nesse, *n* bonheur *m*.

happy, hăpp'-i, *a* heureux.

harangue, hă-raingue, *n* harangue *f*. *v* haranguer.

harass, hăr'-ăce, *v* harceler.

harbour, hăr'-b'r, *n* port *m*. *v* héberger.

hard, hărde, *a* dur; difficile; **—en**, *v* durcir; (*refl*) s'endurcir; **—ly**, *adv* à peine; durement; **—ness**, *n* dureté *f*; **—ship**, peine *f*; privation *f*; **—ware**, quincaillerie *f*; **—y**, *a* robuste.

hare, hère, *n* lièvre *m*; **— -lip**, bec de lièvre *m*.

harm, hărm, *n* mal *m*, tort *m*. *v* faire du mal; **—ful**, *a* nuisible; **—less**, inoffensif.

harmonious*, hăr-mô'-ni-euce, *a* harmonieux.

harmonize, hăr'-mŏnn-âïze, *v* harmoniser.

harness, hăr'-nesse, *n* équipment *m*; (horse) harnais *m*. *v* harnacher; (to a cart) atteler; (forces) utiliser.

harp, hărpe, *n* harpe *f*. *v* râbacher.

harpoon, hăr-poune', *n* harpon *m*.

harrow, hăr'-au, *n* herse *f*. *v* (*fig*) tourmenter.

harsh, hărche, *a* (sound) discordant; (severe) dur; (colour) criard.

hart, hărte, *n* cerf *m*.

harvest, hăr'-veste, *n* moisson *f*; récolte *f*. *v* moissonner; récolter.

hash, hăche, *n* hachis *m*; (*fig*) gâchis *m*. *v* hacher.

hassock, hăs'-soque, *n* carreau *m*, coussin *m*.

haste, héste, *n* hâte *f*; **—n**, *v* hâter; se hâter.

hastily, héce'-ti-li, *adv* à la hâte.

hat, hătte, *n* chapeau *m*; — **-stand,** porte-chapeaux *m*.

hatch, hătche, *n* trappe *f*; (*naut*) écoutille *f*. *v* (eggs) couver; (plot) tramer.

hatchet, hătch'-ette, *n* hachette *f*.

hate, héte, *n* haine *f*. *v* haïr; **—ful*,** *a* odieux.

hatred, hé'-tredde, *n* haine *f*.

haughtiness, hoa'-ti-nesse, *n* hauteur *f*; arrogance *f*.

haughty, hoa'-ti, *a* hautain, altier.

haul, hoale, *n* tirage *m*; (catch) coup de filet *m*. *v* tirer; (boat) haler; (drag) traîner.

haunch, hoanntche, *n* hanche *f*.

haunt, hoannte, *v* hanter; (*fig*) fréquenter. *n* rendez-vous *m*; (animals) repaire *m*.

have, hăve, *v* avoir; posséder.

haversack, hăve'-eur-sàque, *n* havresac *m*.

havoc, hăv'-ŏque, *n* dégât *m*, ravage *m*.

hawk, hoaque, *n* épervier *m*. *v* colporter.

hawker, hoak'-'r, *n* colporteur *m*.

hawthorn, hoa'-tsŏrne, *n* aubépine *f*.

hay, hé, *n* foin *m*; — **-fever,** rhume des foins *m*; — **-loft,** grange *f*; — **-making,** fenaison *f*; — **-rick,** meule de foin *f*.

hazard, hăz'-arde, *n* hasard *m*. *v* hasarder.

hazardous, hăz'-ar-deuce, *a* hasardeux.

haze, héze, *n* brume *f*.

hazel, hé'-z'l, *n* noisetier *m*; — **-nut,** noisette *f*.

hazy, hé'-zi, *a* brumeux

he, hî, *pron* il; lui.

head, hedde, *n* tête *f*; chef *m*; principal *m*; directeur *m*; — **-ache,** mal de tête *m*; — **-ing,** entête *m*; titre *m*; — **-land,** promontoire *m*; — **-light,** phare *m*; — **-long,** *adv* tête baissée, aveuglément; — **-master,** *n* directeur *m*; — **-quarters,** quartier général *m*; — **-strong,** *a* entêté, opiniâtre; — **-way,** progrès *m*.

heady, hedd'-i, *a* capiteux.

heal, hîle, *v* guérir, cicatriser; **—ing,** *n* guérison *f*. *a* curatif.

health, hélts, *n* santé *f*.

healthy, hélts'-i, *a* sain; (climate) salubre.

heap, hîpe, *n* tas *m*. *v* entasser, amonceler.

hear, hîre, *v* entendre; **—ing,** *n* (sense) ouïe *f*; (judicial) audience *f*; **—say,** ouï-dire *m*.

hearse, heurce, *n* corbillard *m*.

heart, hârte, *n* cœur *m*; courage *m*; **-attack,** *n* crise cardiaque *f*; **-broken,** a brisé de douleur; **—burn,** *n* aigreurs d'estomac *fpl*; **-ily,** *adv* cordialement; **—less,** *a* sans cœur.

hearth, hârts, *n* foyer *m*.

heat, hîte, *n* chaleur *f*. *v* chauffer; **—er,** *n* réchaud *m*; radiateur *m*; **—ing,** chauffage *m*.

heath, hîts, *n* lande *f*, bruyère *f*.

heathen, hî'-dz'n, *n* & *a* païen, -enne *m* & *f*.

heather, hèdz'-eur, *n* bruyère *f*.

heave, hîve, *v* hisser; (sigh) pousser un soupir.

heaven, hèv'-'n, *n* ciel *m*; **—ly,** *a* céleste.

heaviness, hèv'-i-nesse, *n* poids *m*, pesanteur *f*.

heavy, hèv'-i, *a* lourd, pesant.

hectic, hèk'-tik, *a* agité, mouvementé.

hedge, hèdje, *n* haie *f*; **-hog,** hérisson *m*.

heed, hîde, *v* tenir compte de. *n* attention *f*; **—ful*,** *a* attentif; **—less,** inattentif; étourdi.

heel, hîle, *n* talon *m*.

heifer, hèf'-'r, *n* génisse *f*.

height, hâîte, *n* hauteur *f*; (person) taille *f*.

heighten, hâî'-t'n, *v* rehausser; augmenter.

heinous*, hé'-neuce, *a* atroce, abominable.

§**heir,** aire, *n* héritier *m*; **—ess,** héritière *f*.

helicopter, he'-li-cop-t'r, *n* hélicoptère *m*.

hell, hèle, *n* enfer *m*; **—ish,** *a* infernal.

helm, hèlme, *n* barre *f*; (wheel) gouvernail *m*.

helmet, hèle'-mette, *n* casque *m*.

helmsman, hèlmze'-mânne, *n* timonnier *m*.

help, helpe, *n* aide *f*; (in distress) secours *m*. *interj* au secours! *v* aider; secourir; **—er,** *n* aide *m*; **—ful,** *a* utile; serviable; **—less,** impuissant.

hem, hemme, *n* ourlet *m*. *v* faire un ourlet; **— in,** cerner.

hemisphere, hemm'-i-sfîre, *n* hémisphère *m*.

hemlock, hemm'-loque, *n* ciguë *f*.

hemp, hemmpe, *n* chanvre *m*.

hen, henne, *n* poule *f*; **-roost,** perchoir *m*.

hence, hennce, *adv* d'ici; **—forth,** désormais.

her, heur, *pron* elle, la. *poss a* son, sa, ses.

herb, heurbe, *n* herbe *f*; **—alist,** herboriste *m*.

herd, heurde, *n* troupe *f*, troupeau *m*. *v* s'attrouper; **—sman,** *n* pâtre *m*.

here, hîre, *adv* ici; **—about,** près d'ici; **—after,** ci-après; dorénavant; **—by,** par ceci; **—in,** là-dedans; ci-inclus; **—of,** de ceci; **—upon,** là-dessus; **—with,** avec ceci; ci-joint.

hereditary, he-redd'-i-*ta*-ri, *a* héréditaire.

heresy, hèr'-i-ci, *n* hérésie *f*.

heretic, hèr'-i-tique, *n* hérétique *m* & *f*.

hermit, heur'-mitte, *n* ermite *m*; **—age,** ermitage *m*.

hernia, hèr'-ni-*a*, *n* hernie *f*.

hero, hi'rau, *n* héros *m*.

heroic, hèr-rau'-ique, *a* héroïque.

heroine, hèr'-o-inn, *n* héroïne *f*.

heroism, hèr'-o-izme, *n* héroïsme *m*.

herring, hair'-inng, *n* hareng *m*.

hers, heurze, *poss pron* le sien, la sienne; les siens, les siennes.

herself, heur-self', *pron* elle-même.

hesitate, hèz'-i-téte, *v* hésiter.

hesitation, hèz-i-té'-ch'n, *n* hésitation *f*.

hew, hioue, *v* couper; (stone) tailler.

hiccup, hik'-*eu*pe, *n* hoquet *m*. *v* avoir le hoquet.

hide, hâîde, *v* cacher. *n* peau *f*; cuir *m*.

hideous*, hid'-i-*euce*, *a* hideux.

hiding, hâî'-dinng *n* (*fig*) raclée *f*.

hiding-place, hâî'-dinng-plèce, *n* cachette *f*.

high, hâî, *a* haut; élevé; (game) faisandé; **—est,** le plus élevé; le plus haut; **— fidelity,** haute fidélité; **—way,** grand-route *f*.

hilarity, hil-ăr'-i-ti, *n* hilarité *f*.

hill, hile, *n* colline *f*; (road) côte *f*.

hilly, hil'-i, *a* accidenté; à pentes.

hilt, hilte, *n* garde *f*; (handle) poignée *f*.

him, himme, *pron* le, lui; **—self,** lui-même.

hind, hâînnde, *n* biche *f*. *a* d'arrière.

hinder, hinn'-d'r, *v* empêcher; gêner.

hindermost, hâînn'-d'r-mauste, *a* dernier.

hindrance, hinn'-dr*a*nnce, *n* empêchement *m*.

hinge, hinndje, *n* charnière *f*; (door) gond *m*.

hint, hinnte, *n* insinuation *f.* *v* insinuer.

hip, hippe, *n* hanche *f.*

hire, hâïre, *v* louer. *n* location *f*; — **purchase,** *n* vente à tempérament *f.*

his, hize, *poss pron* le sien, la sienne; les siens, les siennes. *poss a* son, sa, ses.

hiss, hice, *v* siffler. *n* sifflement *m.*

historian, hice-to'-ri-anne, *n* historien *m.*

historical, hice-to'-ri-k'l, *a* historique.

history, hice'-tòr-i, *n* histoire *f.*

hit, hitte, *v* frapper; (target, etc) toucher. *n* coup *m.*

hitch, hitch, *n* (obstacle) anicroche *f*; (*naut*) amarre *f.* *v* (pull up) remonter; (hook on) attacher; — **hike,** *v* faire de l'auto-stop.

hither, hidz'-r, *adv* ici; par ici; —**to,** *adv* jusqu'ici.

hive, hâïve, *n* ruche *f.*

hoard, haurde, *v* amasser; (food, etc) accaparer; *n* amas *m.*

hoarding, haurd'-inng, *n* palissade *f.*

hoarse, haurse, *a* rauque, enroué.

hoax, hauxe, *n* mystification *f*; tour *m.* *v* mystifier; jouer un tour.

hobble, hobb'-'l, *v* clopiner, boitiller.

hobby, hobb'-i, *n* passe-temps favori *m.*

hock, hoque, *n* vin du Rhin *m*; (leg) jarret *m.*

hoe, hau, *n* binette *f*, houe *f.* *v* biner.

hog, hogue, *n* cochon *m*, porc *m.*

hogshead, hogz'-hédde, *n* pièce *f*, tonneau *m.*

hoist, ho'isste, *v* hisser.

hold, haulde, *v* tenir; contenir. *n* prise *f*; (ship) cale *f*; — **back,** *v* retenir; —**er,** *n* possesseur *m*, détenteur *m*; (shares, etc) actionnaire *m* & *f*; (receptacle) porte- . . . *m*; —**ing,** *n* possession *f*; (com) participation *f* — **on,** *v* tenir ferme; — **over,** ajourner.

hole, haule, *n* trou *m.*

holiday, holl'-i-dé, *n* jour de fête *m*; (leave) congé *m.*

holidays, holl'-i-dèze, *npl* vacances *fpl.*

holiness, hau'-li-nesse, *n* sainteté *f.*

hollow, holl'-au, *n* cavité *f.* *a* creux. *v* creuser.

holly, holl'-i, *n* houx *m.*

holy, hau'-li, *a* saint, sacré; — **water,** *n* eau bénite *f*; — **week,** semaine sainte *f.*

homage, home'-idj, *n* hommage *m*.

home, hôme, *n* maison *f*; (circle) foyer *m*, chez soi *m*; (homeland) patrie *f*; **at** —, chez soi; **—less,** *a* sans abri; **—ly,** intime; (to be) **—sick,** (avoir) le cafard; **—work,** *n* devoirs *mpl*.

§**honest*,** onn'-este, *a* honnête; **—y,** *n* honnêteté *f*.

honey, honn'-i, *n* miel *m*; **—moon,** lune de miel *f*; **—suckle,** chèvrefeuille *m*.

§**honorary,** onn'-*eur-a-*ri, *a* honoraire.

honour, onn'-*eur*, *n* honneur *m*. *v* honorer.

§**honourable,** onn'-*eur-a-*b'l, *a* honorable.

hood, houdd, *n* capuchon *m*; (vehicle) capote *f*.

hoodwink, houdd'-ouinnque, *v* tromper.

hoof, houff, *n* sabot *m*.

hook, houk, *n* crochet *m*; (large) croc *m*; (naut) gaffe *f*; (fish) hameçon *m*. *v* accrocher; **— and eye,** *n* agrafe *f*.

hoop, houpp, *n* cercle *m*; (toy) cerceau *m*.

hoot, houte, *n* (owl) hululement *m*; (derision) huée *f*; (motor) coup de klaxon *m*. *v* hululer; huer; (motor) klaxonner; **—er,** *n* klaxon *m*.

hop, hoppe, *v* sautiller. *n* saut *m*; (plant) houblon.

hope, hôpe, *v* espérer. *n* espoir *m*; **—ful,** *a* encourageant; plein d'espoir; **—less,** sans espoir; inutile.

horizon, ho-raï'-zonne, *n* horizon *m*.

horizontal, hor-i-zonn'-t'l, *a* horizontal.

horn, hoarne, *n* corne *f*; (motor) klaxon *m*; (hunt) cor de chasse *m*.

hornet, hoar'-nette *n* frelon *m*.

horrible, hor'-i-b'l, *a* horrible.

horrid*, hor'-ride, *a* horrible, affreux.

horrify, hor'-ri-fâï, *v* épouvanter, horrifier.

horror, hor'-rôr, *n* horreur *f*.

horse, horce, *n* cheval *m*; **—back (on),** *adv* à cheval; **—hair,** *n* crin *m*; **- power,** puissance (*f*) en chevaux; **- radish,** *n* raifort *m*; **—shoe,** fer à cheval *m*.

hose, hauze, *n* tuyau d'arrosage *m*.

hospitable, hoss'-pi-ta-b'l, *a* hospitalier.

hospital, hoss'-pi-t'l, *n* hôpital *m*.

host, hauste, *n* (friend) hôte *m*; (army) armée *f*; (sacrament) hostie *f*; **—ess,** hôtesse *f*.

hostage, hoss'-tidj, *n* otage *m.*

hostel, hoss'-tell, *n* pension; **youth —,** *n* auberge de la jeunesse *f.*

hostile, hoss'-tâîle *a* hostile.

hot, hotte, *a* chaud; (food, sauces, etc) épicé, fort.

hotel, hô-tel', *n* hôtel *m.*

hothouse, hott'-hâ'ouce, *n* serre *f.*

hound, hâ'ounnde, *n* chien de chasse *m. v* chasser; traquer.

§**hour,** âour, *n* heure *f;* **—ly,** *adv* d'heure en heure.

house, hâ'ouce, *v* loger. *n* maison *f;* **—-agent,** agent de location *m;* **—hold,** maison *f;* **—keeper,** femme de charge *f;* **— of Commons,** Chambre des Communes *f;* **—work,** ménage *m.*

hovel, hov'-'l, *n* taudis *m,* bouge *m.*

hover, hov'-'r, *v* voltiger; planer; hésiter.

hovercraft, hov'r-crâfte, *n* aeroglisseur *m.*

how, hâ'ou, *adv* comment; **—ever,** cependant; **— much, many** ? combien?

howl, hâ'oule, *v* hurler. *n* hurlement *m.*

hub, hobbe, *n* moyeu *m.*

huddle, hod'-d'l, *v* se presser les uns contre les autres.

hue, hi'oue, *n* couleur *f;* (shade) nuance *f.*

hug, hogue, *v* étreindre. *n* étreinte *f.*

huge, hioudje, *a* immense, énorme, vaste.

hulk, holke, *n* (naut) ponton *m.*

hull, holle, *n* (naut) coque *f.*

hum, homme, *v* (insect) bourdonner; (engine) vrombir; (voice) fredonner. *n* bourdonnement *m.*

human*, hi'oue'-manne, *a* & *n* humain *m.*

humane, hi'oue-méné', *a* humain, compatissant.

humanity, hi'oue-mă'-ni-ti, *n* humanité *f.*

humble, homm'-b'l, *a* humble *v* humilier.

humidity, hi'oue-mid'-i-ti, *n* humidité *f.*

humiliate, hi'oue-mil'-i-éte, *v* humilier.

humiliation, hi'oue-mil-i-é'-ch'n, *n* humiliation *f.*

humorous*, hi'oue'-meur-euce, *a* comique.

humour, hi'oue'-meur, *v* complaire à. *n* (temper) humeur *f;* (wit) esprit *m;* humour *m.*

hunch, honntche, *n* bosse *f;* **—back,** bossu *m.*

hundred, honn'-dredde, *n* & *a* cent *m;* **—th,** *a* & *n* centième *m* & *f.*

hunger, honng'-gueur, v avoir faim; désirer; n faim f.
hungry, honng'-gri, a affamé; **to be —,** v avoir faim.
hunt, honnte, v chasser. n chasse f.
hurdle, heur'-d'l, n claie f; (sport) obstacle m.
hurl, heurle, v lancer; précipiter.
hurricane, hor'-i-cane, n ouragan m.
hurry, hor'-i, v se dépêcher; n hâte f.
hurt, heurte, v faire mal; (feeling) blesser.
hurtful, heurte'foull, a nuisible; blessant.
husband, hoze'-bânnde, n mari m. v ménager.
hush! hoche, interj chut! — **up,** v étouffer; n silence m.
husk, hossque, n (seeds) cosse f.
husky, hoss'-ki, a (voice) rauque; enroué.
hustle, hoss'-'l, v se presser; bousculer.
hut, hotte, n hutte f; baraque f.
hutch, hotche, n cabane à lapins f; clapier m.
hyacinth, hâï'-a-sinnts, n jacinthe f.
hydrant, hâï'-drânnte, n bouche d'incendie f.
hydraulic, hâï-drau'-lique, a hydraulique.
hydro, hâï'-drau, **—gen,** n hydrogène m; **—phobia,** hydrophobie f; **—plane,** hydravion m.
hygiene, hâï'-djen, n hygiène f.
hygienic, hâï-djeenn'-ique, a hygiénique.
hymn, himme, n hymne f.
hyphen, hâï'-fenne, n trait d'union m.
hypocrisy, hip-o'-cri-si, n hypocrisie f.
hypocrite, hip'-ŏ-crite, n hypocrite m & f.
hypodermic, hâï-po-deur'-mique, a hypodermique.
hypothetical, hâï-po-tsè'-ti-k'l, a hypothétique, supposé.
hysterical*, hice-tèr'-i-k'l, a hystérique.

I, âï, pron je, moi.
ice, âïce, n glace f. v glacer, frapper; **—berg,** n iceberg m; **—cream,** n glace f.
icicle, âï'-ci-k'l, n glaçon m.
icy, âï'-ci, a glacial, glacé.
idea, âï-dî'-a, n idée f.
ideal, âï-dî'-eul, n & a idéal m; **—ize,** v idéaliser.
identical*, âï-denn'-ti-k'l, a identique.

identify, aï-denn'-ti-fàï, v identifier.

identity, aï-denn'-ti-ti, n identité f.

idiom, i'-di-ômme, n idiome m.

idiot, i'-di-eute, n idiot, -e m & f; **—ic,** a idiot.

idle, âï'-d'l, v flâner. a oisif, paresseux; **—ness,** n oisiveté f; **—r,** flâneur m.

idol, âï'-dŏl, n idole f; **—ize,** v adorer.

idyll, âï'-dile, n idylle f.

if, if, conj si; **even —,** même si.

ignite, igue-nâïte', v allumer; enflammer.

ignition, igue-ni'-ch'n, n (spark) allumage m; (car, etc) contact m.

ignoble, igue-nau'-b'l, a ignoble.

ignominious*, igue-nŏ-minn'-i-euce, a ignominieux.

ignominy, igue'-no-mi-ni, n ignominie f.

ignorance, igue'-nŏ-r'nce, n ignorance f.

ignorant, a ignorant.

ignore, igue-nore', v ne pas tenir compte de; faire semblant de ne pas voir.

ill, il, a malade; **—ness,** n maladie f.

illegal*, il-lî'-gal, a illégal.

illegible, il-lèdj'-i-b'l, a illisible.

illegitimate*, il-li-djitt'-i-méte, a illégitime.

illiterate, il-li'-teur-éte, n & a, illettré, -e m & f.

illogical*, il-lodj'-i-k'l, a illogique.

illuminate, il-lioue'-mi-néte, v éclairer; illuminer.

illumination, il-lioue-mi-né'-ch'n, n illumination f;

illusion, il-lioue'-j'n, n illusion f.   ⌊éclairage m.

illusory, il-lioue'-so-ri, a illusoire.

illustrate, il'-leuce-tréte, v illustrer; élucider.

illustration, il-leuce-tré'-ch'n, n illustration f.

illustrious, il-loss'-tri-euce, a illustre, célèbre.

image, imm'-idj, n image f; portrait m.

imagination, i-mådj-i-né'-ch'n, n imagination f.

imagine, i-mådj'-inne, v imaginer; s'imaginer.

imbecile, imm'-bi-sîle, n & a, imbécile m & f.

imbue, imm-bioue', v imprégner; pénétrer.

imitate, imn'-i-téte, v imiter.

immaculate*, imm-måque'-iou-léte, a immaculé; impeccable.

immaterial, imm-ma-tî'-ri-eul, a sans importance; indifférent.

immature, imm-ma-tioure', a pas mûr.
immeasurable, imm-mèj'-iou-ra-b'l, a incommensurable; infini.
immediate*, imm-mí'-di-éte, a immédiat.
immense, imm-mennce', a immense.
immensity, imm-menn'-ci-ti, n immensité f.
immerge, imm-meurdje', v immerger, plonger.
immigrant, imm'-mi-grannt, n & a immigrant, -e
immigrate, imm'-mi-gréte, v immigrer.   [m & f.
imminent, imm'-mi-nennte, a imminent.
immoderate*, imm-mod'-eur-éte, a immodéré.
immodest*, imm-mod'-este, a immodeste.
immoral*, imm-mor'-'l, a immoral.
immortal*, imm-mor-t'l, a immortel.
immortalize, imm-mor'-tal-aïze, v immortaliser.
immovable, imm-mouv'-a-b'l, a inébranlable.
immune, imm-mioune', a immunisé.
immunity, imm-mioue'-ni-ti, n immunité f.
immunization, imm'-mioue-nâî-zé-ch'n, n immunisation f.
imp, immpe, n lutin m; (fig) petit diable m.
impact, imm'-pâcte, n choc m, impact m.
impair, imm-paire', v détériorer, abîmer.
impale, imm-péle' v empaler.
impart, imm-pârte', v communiquer.
impartial*, imm-pâr'-ch'l, a impartial.
impassable, imm-pâss'-a-b'l, a impraticable.
impassive*, imm-pâss'-ive, a impassible.
impatience, imm-pé'-ch'nce, n impatience f.
impatient*, imm-pé'-ch'nt, a impatient.
impede, imm-pîde', v empêcher; gêner.
impediment, imm-pèd'-i-m'nt, n empêchement m.
impel, imm-pelle', v forcer, pousser.
impending, imm-penn'-ding, a imminent.
imperative, imm-pair'-a-tive, n & a impératif m.
imperfect*, imm-peur'-fecte, n & a imparfait m.
imperfection, imm-peur-fèque'-ch'n, n imperfection f.
imperial, imm-pí'-ri-eul, a impérial.   [tion f.
imperil, imm-pair'-il, v mettre en danger.
imperishable, imm-pair'-i-cha-b'l, a impérissable.
impersonal*, imm-peur'-sŏn'l, a impersonnel.
impersonate, imm-peur'-sŏ-néte, v personnifier.

impertinence, imm-peur'-ti-n'nce, *n* impertinence *f*.
impertinent*, imm-peur'-ti-nennte, *a* impertinent.
impervious*, imm-peur'-vi-*euce*, *a* impénétrable.
impetuous*, imm-pett'-iou-*euce*, *a* impétueux.
impetus, imm-pi-*teuce*, *n* impulsion *f*, élan *m*.
implant, imm-plânnte', *v* implanter; inculquer.
implement, imm'-pli-m'nt, *n* instrument *m*, outil *m*.
implicate, imm'-pli-quête, *v* impliquer.
implication, imm-pli-qué'-ch'n, *n* implication *f*;
sous-entendu *m*.
implicit*, imm-pliss'-itte, *a* implicite.
implore, imm-plore', *v* implorer.
imply, imm-plâï', *v* impliquer; dénoter; insinuer.
impolite*, imm-po-lâïte', *a* impoli.
import, imm'-porte, *v* importer. *n* importation *f*;
—**duty**, droit d'entrée *m*; —**er**, importateur *m*.
importance, imm-por'-tannce, *n* importance *f*.
important, imm-por'-t'nt, *a* important.
impose, imm-pauze', *v* imposer; — **upon**, abuser de.
imposing, imm-pauze'-inng, *a* imposant.
imposition, imm-po-zi'-ch'n, *n* abus *m*; (tax)
impôt *m*.
impossibility, imm-poss'-i-bi'-li-ti, *n* impossibilité *f*.
impossible, imm-poss'-i-b'l, *a* impossible.
impostor, imm-poss'-t'r, *n* imposteur *m*.
impotent, imm'-po-tennte, *a* impuissant.
impound, imm-pâ'ounde', *v* (animals) mettre en
fourrière; (law) déposer au greffe; saisir (des
marchandises).
impoverish, imm-pov'-*eur*-iche, *v* appauvrir.
impracticable, imm-prăc'-ti-c*a*-b'l, *a* impraticable.
impregnable, imm-pregg'-na-b'l, *a* imprenable.
impregnate, imm-pregg'-néte, *v* imprégner; (fertilize) féconder.
impress, imm-presse', *v* imprimer; (feelings) faire
une impression; (make clear) faire bien comprendre;
—**ion**, *n* impression *f*; (stamp) empreinte *f*; —**ive**, *a*
frappant; émouvant.
imprint, imm-prinnte', *n* marque *f*; empreinte *f*. *v*
empreindre; (mind) imprimer.
imprison, imm-prize'-onn, *v* emprisonner; —**ment**,
n emprisonnement *m*.

improbable, imm-prob'-*a*-b'l, *a* improbable.

improper, imm-prop'-r, *a* inconvenant.

improve, imm-prouve', *v* améliorer; se perfectionner; —**ment,** *n* amélioration *f*.

improvident, imm-prove'-i-dennte, *a* imprévoyant.

improvise, imm'-pro-vaïz, *v* improviser.

imprudent*, imm-prouc'-dennte, *a* imprudent.

impudence, imm'-pioue-dennce, *n* insolence *f*.

impudent*, imm'-piou-dennte, *a* insolent.

impulse, imm'-polse, *n* impulsion *f*; elan *m*.

impure*, imm-pioure', *a* impur.

impurity, imm-pioue'-ri-ti, *n* impureté *f*.

impute, imm-pioute', *v* imputer.

in, inne, *prep* dans; en; à; *adv* dedans.

inability, inn-*a*-bil'-i-ti, *n* impuissance *f*.

inaccessible, inn-*a*c-sess'-i-b'l, *a* inaccessible.

inaccuracy, inn-ăc'-quiou-*ra*-ci, *n* inexactitude *f*.

inaccurate*, inn-ăc'-quiou-réte, *a* inexact.

inadequate*, inn-ăd'-i-couéte, *a* insuffisant.

inadvertent*, inn-ăd-veur'-tennte, *a* inattentif.

inane, inn-éne', *a* inepte; stupide.

inanimate, inn-ănn'-i-méte, *a* inanimé.

inapt, inn-ăpte', *a* inapte; —**itude,** *n* inaptitude *f*.

inasmuch as, inn-aze-motche'-ǎze, *conj* vu que.

inaudible, inn-oa-di-b'l, *a* inaudible.

inaugurate, inn-oa-guioue-réte, *v* inaugurer.

inborn, inn'-boarne, *a* inné.

incalculable, inn-cal'-kiou-*la*-b'l, *a* incalculable.

incapable, inn-qué'-pa-b'l, *a* incapable.

incapacitate, inn-*ca*-păss'-i-téte, *v* rendre incapable.

incapacity, inn-ca-păss'-i-ti, *n* incapacité *f*.

incarnation, inn-cǎr-né'-ch'n, *n* incarnation *f*.

incautious*, inn-cô'-cheuce, *a* imprudent.

incense, inn-cennse', *n* encens *m*. *v* provoquer.

incentive, inn-cenn'-tive, *n* motif *m*; stimulant *m*.

incessant, inn-cess'-annte, *a* incessant.

inch, inntche, *n* pouce anglais *m*.

incident, inn'-ci-dennt, *n* incident *m*; —**al,** *a* fortuit.

incision, inn-ci'-j'n, *n* incision *f*.

incite, inn-sâïte', *v* inciter.

inclination, inn-cli-né'-ch'n, *n* inclination *f*; (disposition) penchant *m*.

incline, inn'-clâïne, *n* (slope) pente *f.* *v* incliner.

include, inn-cloude', *v* comprendre, renfermer.

inclusive*, inn-cloue'-cive, *a* inclusif; compris.

incoherent*, inn-co-hî'-rennte, *a* incohérent.

income, inn'-comne, *n* revenu *m,* rentes *fpl;* — -**tax,** impôt sur le revenu *m.*

incoming, inn'-comm-inng, *a* entrant; nouveau.

incomparable, inn-comm'-pa-*ra*-b'l, *a* incomparable.

incompatible, inn-comm-patt'-i-b'l, *a* incompatible.

incompetent*, inn-comm'-pi-tennte, *a* incompétent.

incomplete*, inn-comm-plîte', *a* incomplet.

incomprehensible, inn-comm'-pré-henn'-si-b'l, *a* incompréhensible.

inconceivable, inn-cŏnn-cî'-va-b'l, *a* inconcevable.

inconclusive, inn-cŏnn-cloue'-cive, *a* inconcluant.

incongruous*, inn-conng'-grou-*euce,* *a* incongru.

inconsiderable, inn-cŏnn-si'-d*eur-a*-b'l, *a* insignifiant.

inconsiderate, inn-cŏnn-si'-d*eur*-éte, *a* sans égards.

inconsistent*, inn-cŏnn-ciss'-tennte, *a* illogique.

inconsolable, inn-cŏnn-sol'-*a*-b'l, *a* inconsolable.

inconstant, inn-conn'-stannte, *a* inconstant.

inconvenience, inn-cŏnn-vî'-ni-ennce, *v* déranger; gêner. *n* dérangement *m;* inconvénient *m.*

inconvenient, inn-cŏnn-vî'-ni-ennte, *a* incommode.

incorporate, inn-kor'-po-réte, *v* incorporer.

incorrect*, inn-cŏr-recte', *a* inexact; (behaviour) incorrect.

incorrigible, inn-cor'-i-dji-b'l, *a* incorrigible.

increase, inn-crîce', *v* augmenter, accroître. *n* augmentation *f,* accroissement *m.*

incredible, inn-crèd'-i-b'l, *a* incroyable.

incredulous, inn-crèd'-iou-l*euce,* *a* incrédule.

incriminate, inn-crimm'-inn-éte, *v* incriminer.

incubate, inn'-kioue-béte, *v* couver.

incubator, inn'-kioue-bé-t*eur,* *n* couveuse *f.*

inculcate, inn'-kol-quéte, *v* inculquer.

incur, inn-queur', *v* encourir; (expenses) faire.

incurable, inn-kiou'-ra-b'l, *a* incurable.

indebted, inn-dett'-èdde, *a* endetté; redevable.

indecent, inn-dî'-cennte, *a* indécent.

indecision, inn-di-si'-j'n, *n* indécision *f*.

indecisive, inn-di-saï'-cive, *a* indécis.

indeed, inn-dîde', *adv* en effet; vraiment.

indefatigable, inn-di-fätt'-i-gä-b'l, *a* infatigable.

indefensible, inn-di-fenn'-si-b'l, *a* indéfendable.

indefinite*, inn-déf'-i-nitte, *a* indéfini.

indelible, inn-dèl'-i-b'l, *a* indélébile; ineffaçable.

indemnify, inn-demm'-ni-faï, *v* indemniser.

indemnity, inn-demm'-ni-ti, *n* indemnité *f*.

independence, inn-di-penn'-dennce, *n* indépendance *f*.

independent*, inn-di-penn'-dennte, *a* indépendant.

indescribable, inn-di-scrâï'-ba-b'l, *a* indescriptible.

indestructible, inn-di-strok'-ti-b'l, *a* indestructible.

index, inn'-dexe, *n* table des matières *f*; index *m*.

index-finger, inn'-dexe-finng'-gueur, *n* index *m*.

indicate, inn'-di-quéte, *v* indiquer.

indication, inn-di-qué'-ch'n, *n* indication *f*.

indicator, inn'-di-qué-teur, *n* indicateur *m*.

indict, inn-dâïte', *v* poursuivre.

indifference, inn-dif'-eur-ennce, *n* indifférence *f*.

indifferent*, inn-dif'-eur-ennte, *a* indifférent.

indigestible, inn-di-djess'-ti-b'l, *a* indigeste.

indigestion, inn-di-djess'-ti-'n, *n* indigestion *f*.

indignant, inn-dig'-nannte, *a* indigné.

indignity, inn-dig'-ni-ti, *n* indignité *f*.

indigo, inn'-di-go, *n* indigo *m*.

indirect*, inn-di-recte', *a* indirect.

indiscreet*, inn-diss-crîte', *a* indiscret.

indiscriminate, inn-diss-crimm'-i-néte, *a* sans discernement; **—ly,** *adv* indistinctement.

indispensable, inn-diss-penn'-sa-b'l, *a* indispensable.

indisposed, inn-diss-pauz'd', *a* indisposé.

indisputable, inn-diss-piou'-ta-b'l, *a* incontestable.

indistinct*, inn-diss-tinng'kt', *a* indistinct.

indistinguishable, inn-diss-tinng'-gouich-a-b'l, *a* imperceptible.

individual*, inn-di-vid'-iou-al, *a* individuel. *n* individu *m*.

indolent, inn'-dŏ-lennte, *a* indolent.

indoor, inn-daur', *a* d'intérieur.

indoors, inn-daurze', *adv* à l'intérieur, à la maison.

induce, inn-diouce', *v* provoquer; causer; induire.

inducement, inn-diouce'-m'nt. *n* stimulant *m*; motif *m*.

indulge, inn-doldje', *v* gâter; se livrer à; s'abandonner à.

indulgent*, inn-dol'-djennte, *a* indulgent.

industrial*, inn-doss'-tri-*a*l, *a* industriel.

industrious*, inn-doss'-tri-*euce*, *a* laborieux.

industry, inn'-doss-tri, *n* industrie *f*.

inebriated, inn-i'-bri-é-tedde, *a* ivre.

ineffective*, inn-èf-fèque'-tive, *a* inefficace.

inefficient*, inn-èf-fich'-ennte, *a* inefficace; incapable.

inept, inn-epte', *a* inepte, absurde.

inequality, inn-i-couol'-i-ti, *n* inégalité *f*.

inert, inn-eurte', *a* inerte.

inestimable, inn-ess'-ti-m*a*-b'l, *a* inestimable.

inevitable, inn-èv'-i-t*a*-b'l, *a* inévitable.

inexcusable, inn-èks-kioue'-z*a*-b'l, *a* inexcusable.

inexhaustible, inn-èks-hauss'-ti-b'l, *a* inépuisable.

inexpedient, inn-èks-pî'-di-ennte, *a* inopportun.

inexpensive, inn-èks-penn'-cive, *a* bon marché.

inexperienced, inn-èks-pî'-ri-enncd, *a* inexpérimenté; sans expérience.

inexplicable, inn-èks'-pli-k*a*-b'l, *a* inexplicable.

inexpressible, inn-èks-press'-si-b'l, *a* inexprimable.

infallible, inn-fàll'-i-b'l, *a* infaillible.

infamous, inn'-f*a*-m*euce*, *a* infâme.

infancy, inn'-f*a*nn-ci, *n* enfance *f*; (law) minorité *f*.

infant, inn'-f*a*nnte, *n* enfant *m*; (law) mineur, -e *m* & *f*.

infantry, inn'-f*a*nn-tri, *n* infanterie *f*.

infatuation, inn-fâtt-iou-é'-ch'n, *n* engouement *m*.

infect, inn-fèkte', *v* infecter; —**ious*,** *a* contagieux.

infer, inn-feur', *v* inférer; déduire.

inference, inn-feur'-nce, *n* déduction *f*.

inferior, inn-fî'-ri-*eur*, *n* & *a* inférieur *m*.

infernal*, inn-feur'-n'l, *a* infernal.

infest, inn-feste', *v* infester.

infidel, inn'-fi-d'l, *n* & *a* infidèle *m* & *f*.

infiltrate, inn'-file-tréte, *v* infiltrer; imprégner.

infinite*, inn'-fi-nite, *a* infini.

infirm, inn-feurme', *a* infirme; maladif.

infirmary, inn-feurm'-*a*-ri, *n* infirmerie *f.*

inflame, inn-fléme', *v* enflammer.

inflammable, inn-flămm'-*a*-b'l, *a* inflammable.

inflammation, inn-fla-mé'-ch'n, *n* inflammation *f.*

inflate, inn-fléte, *v* gonfler; (prices) hausser.

inflation, inn-flé'-ch'n, *n* inflation *f.*

inflexible, inn-flèk'-si-b'l, *a* inflexible.

inflict, inn-flickte', *v* infliger.

influence, inn'-flou-ennce, *n* influence *f. v* influencer.

influential, inn-flou-enn'-ch'l, *a* influent; **to be —,** avoir de l'influence.

influenza, inn-flou-enn'-za, *n* grippe *f.*

inform, inn-foarme', *v* informer; **—al,** *a* sans cérémonie; **—ation,** *n* renseignements *mpl.*

infrequent, inn-fri'-couennte, *a* infréquent, rare.

infringe, inn-frinndje', *v* empiéter; transgresser.

infringement, inn-frinndje'-m'nt, *n* infraction *f.*

infuriate, inn-fiou'-ri-éte, *v* rendre furieux.

infuse, inn-fiouze', *v* inculquer; (tea, etc) infuser.

ingenious*, inn-dji'-ni-*euce*, *a* ingénieux.

ingenuity, inn-dji-niou'-i-ti, *n* ingéniosité *f.*

ingot, inng'-gŏtte, *n* lingot *m.*

ingrained, inn-grénnde', *a* enraciné, invétéré.

ingratiate, inn-gré'-chi-éte, *v* **— oneself with,** se faire bien voir de quelqu'un.

ingratitude, inn-grătt'-i-tioude, *n* ingratitude *f.*

ingredient, inn-gri'-di-ennte, *n* ingrédient *m.*

inhabit, inn-hăb'-itte, *v* habiter; **—able,** *a* habitable; **—ant,** *n* habitant *m.*

inhale, inn-héle', *v* aspirer; (smoke) avaler.

inherent*, inn-hi'-r'nt, *a* inhérent.

inherit, inn-hèr'-itte, *v* hériter; **—ance,** *n* succession *f;* héritage *m.*

inhibit, inn-hi'-bitte, *v* empêcher; inhiber; **—ion,** *n* inhibition *f.*

inhospitable, inn-hoss'-pit-*a*-b'l, *a* inhospitalier.

inhuman*, inn-hioue'-m'n, *a* inhumain.

iniquitous*, inn-ik'-oui-*teuce,* *a* inique.

initial, inn-i'-ch'l, *n* initiale *f. a** initial, premier.

initiate, inn-i'-chi-éte, *v* initier, commencer. [piqûre*f.*

inject, inn-djecte', *v* injecter; **—ion,** *n* injection *f.*

injudicious*, inn-djiou-dich'-*euce,* *a* peu ju___

injunction, inn-djonnk'-ch'n, *n* injonction *f.*
injure, inn'-djioure, *v* blesser; abîmer; nuire à.
injurious*, inn-djioue'-ri-*euc*e, *a* nuisible.
injury, inn'-djeur-i, *n* blessure *f*; tort *m.*
injustice, inn-djoss'-tice, *n* injustice *f.*
ink, inng'-k, *n* encre *f*; **—stand,** encrier *m.*
inlaid, inn-léde', *a* incrusté; (wood) marqueté.
inland, inn'-lânnde, *n* & *a* intérieur *m.*
inlet, inn'-lette, *n* entrée *f*; (geog) bras de mer *m.*
inmate, inn'-méte, *n* pensionnaire *m* & *f*; interné *m.*
inmost, inn'-mauste, *a* le plus profond.
inn, inne, *n* auberge *f*; **—keeper,** aubergiste *m.*
inner, inn'-'r, *a* intérieur; secret.
innocent, inn'-o-cennte, *a* innocent.
innocuous*, inn-o'-kiou-*euc*e, *a* inoffensif.
innovation, inn-no-vé'-ch'n, *n* innovation *f.*
innumerable, inn-nioue'-m*eur-a*-b'l, *a* innombrable.
inoculate, inn-o'-kiou-léte, *v* inoculer.
inoffensive, inn-o-fenn'-cive, *a* inoffensif.
inopportune, inn-opp'-or-tioune, *a* inopportun.
inquest, inn'-coueste, *n* enquête *f.*
inquire, inn-couâîre, *v* demander; s'informer.
inquiry, inn-couâ'ï'-ri, *n* demande *f*; enquête *f*;
  —office, bureau de renseignements *m.*
Inquisition, inn-couiz-i'-ch'n, *n* Inquisition *f.*
inquisitive*, inn-couiz'-i-tive, *a* curieux.
insane, inn-séne', *a* fou, dément.
insanity, inn-sann'-i-ti, *n* folie *f*, démence *f.*
insatiable, inn-sé'-chi-*a*-b'l, *a* insatiable.
inscription, inn-scripe'-ch'n, *n* inscription *f.*
insect, inn'-secte, *n* insecte *m.*
insecure, inn-ci-kioure', *a* peu sûr; hasardeux.
insensible, inn-senn'-si-b'l, *a* insensible; (unconscious) sans connaissance.
inseparable, inn-sép'-*a*-ra-b'l, *a* inséparable.
insert, inn-seurte', *v* insérer; introduire; **—ion,**
  n insertion *f*; (advertisement) annonce *f.*
inside, inn-sâïde', *n* intérieur *m* a intérieur. *adv* en
  dedans.
insidious*, inn-si'-di-*euc*e, *a* insidieux.
insignificant, inn-sigg-nif'-i-k'nt, *a* insignifiant.
insincere*, inn-sinn-cire', *a* faux.

insinuate, inn-sinn'-iou-éte, *v* insinuer.

insipid*, inn-sipp'-idde, *a* insipide; fade.

insist, inn-sisste', *v* exiger, insister.

insolence, inn'-sŏ-lennce, *n* insolence *f.*

insolent, inn'-sŏ-lennte, *a* insolent.

insolvent, inn-soll'-vennte, *a* insolvable.

inspect, inn-specte', *v* inspecter; **—ion,** *n* inspection *f;* **—or,** inspecteur *m.*

inspiration, inn-spi-ré'-ch'n, *n* inspiration *f.*

inspire, inn-spâïre, *v* inspirer; **—d,** *a* inspiré.

install, inn-stoale', *v* installer; (*mech*) monter; **—ation,** *n* installation *f;* montage *m.*

instalment, inn-stoale'-m'nt, *n* versement partiel *m;* (of story etc.) épisode *m;* **to pay by —s,** *v* payer à tempérament.

instance, inn'-stannce, *n* exemple *m;* cas *m.*

instant, inn'-stannte, *n* instant *m.* *a* (date) courant; **—aneous*,** instantané; **—ly,** *adv* à l'instant.

instead of, inn-stedde' ove, *adv* au lieu de.

instep, inn'-steppe, *n* cou-de-pied *m.*

instigate, inn'-sti-guéte, *v* inciter.

instil, inn-stille', *v* instiller.

instinct, inn'-stinng-kt, *n* instinct *m.*

institute, inn'-sti-tioute, *n* institut *m.* *v* instituer.

institution, inn-sti-tiou'-ch'n, *n* institution *f;* établissement *m.*

instruct, inn-strocte', *v* instruire; charger de.

instruction, inn-stroc'-ch'n, *n* instruction *f.*

instrument, inn'-strou-m'nt, *n* instrument *m.*

insubordinate, inn-se*u*b-oar'-din-néte, *a* insubordonné.

insufferable, inn-sof'-feur-a-b'l, *a* insupportable.

insufficient, inn-sof-fi'-chennte, *a* insuffisant.

insulation, inn-siou-lé'-ch'n, *n* isolation *f;* (heat, pipes, etc) calorifugeage *m.*

insult, inn-sollte', *v* insulter. *n* insulte *f.*

insurance, inn-chou'-r'nce, *n* assurance *f.*

insure, inn-choure', *v* assurer.

insurrection, inn-se*u*r-rèque'-ch'n, *n* insurrection *f.*

integrate, inn'-te*u*r-gréte, *v* rendre entier; intégrer.

intellect, inn'-te*u*r-lecte, *n* intelligence *f;* intellect *m;* **—ual,** *a* intellectuel.

intelligence, inn-tel'-li-dj'nce, *n* intelligence *f*.
intelligent*, inn-tel'-li-dj'nt, *a* intelligent.
intemperate*, inn-temm'-peur-éte, *a* immodéré.
intend, inn-tennde', *v* se proposer; avoir l'intention
intense*, inn-tennce', *a* intense; vif. |de.
intent, inn-tennte', *n* dessein *m*. *a* appliqué; **—ion,**
  n intention *f*; **—ionally,** *adv* exprès.
inter, inn-teur', *v* enterrer; **—ment,** *n* enterrement *m*.
inter, inn'-teur, **—cept,** *v* intercepter; **—change,**
  échanger; **—course,** *n* commerce *m*; relations *fpl*;
  —fere, *v* se mêler de; **—ference,** *n* intervention *f*;
  (radio) bruit parasite *m*; **—lude,** intermède *m*;
  mediate, *a* intermédiaire; **—mingle,** *v* s'entremêler;
  —mittent, *a* intermittent; **—mix,** *v* entremêler;
  —national, *a* international; **—rupt,** *v* interrompre;
  —val, *n* intervalle *m*; (theatre) entracte *m*; **—vene,**
  v intervenir; **—vention,** *n* intervention *f*; **—view,**
  entrevue *f*; (for news) interview *f*. *v* interviewer.
interest, inn'-teur-reste, *n* intérêt *m*. *v* intéresser;
  —ing, *a* intéressant.
interior, inn-tî'-ri-eur, *n* & *a* intérieur *m*.
intern, inn-teurne', *v* interner.
internal*, inn-teur'-n'l, *a* interne.
interpret, inn-teur'-prette, *v* interpréter.
interpreter, inn-teur'-prett'-r, *n* interprète *m*.
interrogate, inn-terr'-ŏ-guéte, *v* interroger.
intestate, inn-tess'-téte, *a* intestat.
intestine, inn-tess'-tinne, *n* intestin *m*.
intimacy, inn'-ti-ma-ci. *n* intimité *f*.
intimate, inn'-ti-méte, *v* signaler; donner à entendre.
  a* intime.
intimation, inn-ti-mé'-ch'n, *n* indice *m*, avis *m*.
intimidate, inn-ti'-mi-déte, *v* intimider.
into, inn'-tou, *prep* dans, en.
intolerable, inn-tol'-eur-a-b'l, *a* intolérable.
intoxicate, inn-toks'-i-quéte, *v* enivrer, griser.
intrepid*, inn-trepp'-ide, *a* intrépide.
intricate*, inn'-tri-quéte, *a* compliqué; embrouillé.
intrigue, inn-trigue', *n* intrigue *f*. *v* intriguer.
intriguing, inn-trî'-guinng, *a* intrigant.
intrinsic, inn-trinn'-sique, *a* intrinsèque.
introduce, inn-trŏ-diouce', *v* introduire; présenter.

introductory, inn-trŏ-doc'-tŏ-ri, *a* préliminaire.
intrude, inn-troude', *v* s'imposer; déranger; être de trop.
intuition, inn-tiou-i'-ch'n, *n* intuition *f.*
inundate, inn'-ŏnn-déte, *v* inonder.
inundation, inn-ŏnn-dé'-ch'n, *n* inondation *f.*
inure, inn-ioure', *v* endurcir; accoutumer.
invade, inn-véde', *v* envahir; **—r,** *n* envahisseur *m.*
invalid, inn'-va-lide, *n* malade *m* & *f*; infirme *m* & *f*; **— -chair,** voiture d'infirme *f.*
invalid, inn-văl'-ide, *a* nul, non valable.
invaluable, inn-văl'-iou-*a*-b'l, *a* inestimable.
invariable, inn-vé'-ri-*a*-b'l, *a* invariable.
invasion, inn-vé'-j'n, *n* invasion *f.*
inveigle, inn-vī'-g'l, *v* séduire, attirer dans.
invent, inn-vente', *v* inventer; **—ion,** *n* invention *f*; **—or,** inventeur *m.*
inventory, inn'-venn-to-ri, *n* inventaire *m.*
invert, inn-veurte', *v* intervertir; renverser.
invest, inn-veste', *v* investir; (money) placer; **—ment,** *n* placement *m*; **—or,** épargnant *m.*
investigate, inn-vess'-ti-guéte, *v* rechercher; faire une enquête.
inveterate, inn-vett'-*eur*-éte, *a* invétéré.
invigorate, inn-vig'-ŏr-éte, *v* fortifier.
invincible, inn-vinn'-ci-b'l, *a* invincible.
invisible, inn-viz'-i-b'l, *a* invisible.
invitation, inn-vi-té'-ch'n, *n* invitation *f.*
invite, inn-vâïte', *v* inviter.
invoice, inn'-voa'ice, *n* facture *f.*
invoke, inn-vauke', *v* invoquer.
involuntary, inn-vol'-onn-ta-ri, *a* involontaire.
involve, inn-volve', *v* impliquer; **—d,** *a* compliqué.
inward*, inn'-oueurde, *a* intérieur.
iodine, âï'-o-dine, *n* iode *m.*
ire, âïre, *n* courroux *m,* ire *f,* colère *f.*
iris, âï'-rice, *n* iris *m.*
irksome, eurk'-somme, *a* ennuyeux; pénible.
iron, âï'-eurne, *n* fer *m*; (flat) fer à repasser *m.* *a* de fer. *v* repasser; **—monger,** *n* quincaillier *m.*
ironic, âï-ronn'-ik, *a* ironique.
irony, âï'-rŏnn-i, *n* ironie *f.*

irreconcilable, ir-rèk-ŏnn-sâï'-la-b'l, *a* irréconciliable; incompatible.

irregular*, ir-regg'-iou-l'r, *a* irrégulier.

irrelevant, ir-rèl'-i-v'nt, *a* hors de propos, déplacé.

irreproachable, ir-ri-prautch'-a-b'l, *a* irréprochable.

irresistible, ir-ri-ziss'-ti-b'l, *a* irrésistible.

irrespective, ir-ress-pèk'-tive, *adv* sans tenir compte de.

irresponsible, ir-ress-ponn'-ci-b'l, *a* irresponsable.

irretrievable, ir-ri-trî'-va-b'l, *a* irréparable.

irrigate, ir'-ri-guéte, *v* irriguer, arroser.

irritable, ir'-ri-ta-b'l, *a* irritable; irascible.

irritate, ir'-ri-téte, *v* irriter; agacer.

island, âï'-lânnde, *n* île *f*; **—er,** *n* insulaire *m* & *f*.

isle, âïlle, *n* île *f*; (islet) îlot *m*.

isolate, âï'-sŏ-léte, *v* isoler.

isolation, âï-sŏ-lé'-ch'n, *n* isolement *m*.

issue, i'-chiou, *n* progéniture *f*; (edition) numéro *m*; (result) issue *f*; résultat *m*. *v* émettre; publier; émaner; donner; délivrer.

isthmus, iss'-meuce, *n* isthme *m*.

it, itt, *pron* il, elle; le, la, lui; il, cela.

italic, i-tal'-ique, *n* & *a* (type) italique *m*.

itch, itch, *v* démanger. *n* démangeaison *f*.

item, âï'-temme, *n* article *m*; chose *f*; (news) article *m*.

its, itse, *poss pron* le sien, la sienne; les siens, les siennes. *poss a* son, sa, ses.

itself, itt-self', *pron* lui-même, elle-même.

ivory, âï'-veur-i, *n* ivoire *m*.

ivy, âï'-vi, *n* lierre *m*.

jabber, jăb'-'r, *v* jacasser. *n* baragouinage *m*.

jack, djáque, *n* (mech) cric *m*.

jackal, djăk'-oale, *n* chacal *m*.

jacket, djăk'-ette, *n* veston *m*, veste *f*; jaquette *f*.

jade, djéde, *n* (stone) jade *m*.

jaded, djé'-dédde, *a* éreinté.

jag, djágue, *n* brèche *f*. *v* ébrécher **—ged,** *a* entaillé; [dentelé.

jail, djéle, *n* prison *f*; **—er,** *n* geôlier *m* &.

jam, djămme, *n* (conserve) confiture *f*; (traffic) embouteillage *m*. *v* (lock) coincer; (crowd) presser.

January, djănn'-iou-èr-i, *n* janvier *m*.

jar, djârre, *n* pot *m*; bocal *m*; (shock) secousse *f*.

jaundice, djoann'-dice, *n* jaunisse *f*. [agacer.

jaw, djoa, *n* mâchoire *f*.

jay, djé, *n* geai *m*.

jealous*, djèl'-euce, *a* jaloux; —y, *n* jalousie *f*.

jeer, djire, *v* railler. *n* raillerie *f*.

jelly, djèl'-i, *n* gelée *f*; —fish, méduse *f*.

jeopardize, djèp'eur-dâïze, *v* compromettre.

jeopardy, djèp'-eur-di, *n* danger *m*, péril *m*.

jerk, djeurque, *v* donner une secousse. *n* secousse *f*.

jersey, djeur'-zi, *n* jersey *m*, tricot *m*.

jest, djesste, *n* plaisanterie *f*. *v* plaisanter.

jester, djess'-t'r, *n* farceur *m*; (court) bouffon *m*.

jet, djett, *n* (mineral) jais *m*; (liquid) jet *m*; (aircraft) avion à réaction *m*.

jettison, djett'-i-sonn, *v* jeter à la mer.

jetty, djett'-i, *n* jetée *f*.

Jew, djioue, *n* Juif *m*; —ess, Juive *f*; —ish, *a* juif, -ve.

jewel, djioue'-'l, *n* bijou *m*, joyau *m*; —ler, bijoutier *m*; —lery, bijouterie *f*.

jig, djigue, *n* gigue *f*.

jilt, djillte, *v* délaisser; plaquer.

jingle, djinng'-g'l, *v* tinter. *n* tintement *m*.

job, djobbe, *n* situation *f*; emploi *m*; (task) besogne *f*; travail *m*; job *m*.

jockey, djok'-i, *n* jockey *m*.

jocular, djok'-iou-l'r, *a* jovial.

join, djoa'ine, *v* joindre; unir; (club) devenir membre; — in, prendre part à.

joiner, djoa'inn'-r, *n* menuisier *m*.

joint, djoa'innte, *n* joint *m*; (anatomy) articulation *f*; (meat) quartier *m*; (roast) rôti *m*. *a* uni, collectif.

jointly, djoa'innt'-li, *adv* conjointement.

joke, djauke, *n* plaisanterie *f*; blague *f*. *v* plaisanter.

joker, djauk'-'r, *n* farceur *m*.

jolly, djoll'-i, *a* gai.

jolt, djault, *n* cahot *m*. *v* cahoter; secouer.

jostle, djoss'-'l, *v* coudoyer, bousculer.

journal, djeur'-n'l, *n* journal *m*; —ism, journalisme *m*; —ist, journaliste *m* & *f*.

journey, djeur'-ni, *n* voyage *m.* *v* voyager.
jovial*, djau'-vi-*al*, *a* jovial, joyeux.
joy, djoa'i, *n* joie *f;* —**ful*,** *a* joyeux.
jubilant, djoue'-bi-l'nt, *a* réjoui.
judge, djodje, *n* juge *m;* connaisseur *m.* *v* juger.
judgment, djodje'-m'nt, *n* jugement *m.*
judicial*, djoue-di-ch'l, *a* judiciaire.
judicious*, djoue-di'-ch*euce*, *a* judicieux.
jug, djogue, *n* cruche *f;* pot *m;* (large) broc *m.*
juggle, djogg'-g'l, *v* jongler.
juggler, djogg'-l'r, *n* jongleur *m.*
juice, djouce, *n* jus *m;* (botanical) suc *m.*
juicy, djoue'-ci, *a* juteux; succulent.
July, djou-lâï', *n* juillet *m.*
jumble, djomm'-b'l, *n* fouillis *m.* *v* emmêler.
jump, djompe, *v* sauter. *n* saut *m.*
junction, djonngk'-ch'n, *n* jonction *f;* (railway) embranchement *m;* (road) carrefour *m.*
juncture, djonngk'-tioure, *n* conjoncture *f.*
June, djoune, *n* juin *m.*
jungle, djonng'-g'l, *n* jungle *f.*
junior, djoue'-ni-*eur*, *n* & *a* cadet *m.* *a* jeune.
juniper, djoue'-ni-p'r, *n* genièvre *m.*
jurisdiction, djoue-rice-dik'-ch'n, *n* juridiction *f.*
juror, djoue'-*reur*, *n* juré *m.*
jury, djoue'-ri, *n* jury *m.*
just, djosste, *a* & *adv* juste; —**ice,** *n* justice *f;* —**ification,** justification *f;* —**ify,** *v* justifier; —**ly,** *adv* justement.
jut, djotte, *v* faire saillie.
juvenile, djoue'-vi-nâïle, *a* d'enfants, jeune.

kangaroo, kănng'-ga-roo, *n* kangourou *m.*
keel, kîle, *n* quille *f.*
keen*, kînne, *a* ardent; (blade) affilé.
keenness, kîn'-nesse, *n* acuité *f;* empressement *m.*
keep, kîpe, *n* entretien *m.* *v* garder; maintenir; tenir; rester; — **back,** retenir; — **off,** éviter; se tenir éloigné de; — **up,** maintenir; —**er,** *n* gardien *m;* —**sake,** souvenir *m.*
keg, quègue, *n* caque *f,* barillet *m.*

kennel, quènn'-'l, *n* chenil *m.*

kerb, queurbb, *n* bord du trottoir *m.*

kernel, queur'-n'l, *n* noyau *m,* amande *f.*

kettle, quètt'-'l, *n* bouilloire *f;* — **-drum,** timbale *f.*

key, kî, *n* clef *f;* (music) clef *f;* (piano) touche *f;* — **board,** clavier *m;* —**hole,** trou de serrure *m.*

kick, kique, *v* donner un coup de pied; ruer. *n* coup de pied *m;* (horse) ruade *f.*

kid, kidde, *n* chevreau *m. fam* gosse *m & f.*

kidnap, kidd'-nàppe, *v* enlever; kidnapper.

kidney, kidd'-ni, *n* rein *m;* (cookery) rognon *m.*

kill, kille, *v* tuer.

kiln, kilne, *n* four *m.*

kin, kinne, *n* parenté *f. a* allié; —**dred,** de même nature.

kind, kaïnnde, *n* espèce *f,* genre *m,* sorte *f. a** bon, aimable; —**ness,** *n* bonté *f.*

kindergarten, kinn'-d'r-gar-t'n, *n* jardin d'enfants *m;* école maternelle *f.*

kindle, kinn'-d'l, *v* allumer; (*fig*) enflammer.

king, kinng, *n* roi *m;* —**dom,** royaume *m.*

kipper, kipp'-eur, *n* hareng fumé *m.*

kiss, kisse, *n* baiser *m. v* embrasser.

kit, kitte, *n* équipement *m;* trousse *f.*

kitchen, kitt'-chine, *n* cuisine *f.*

kite, kâïte, *n* cerf-volant *m;* (bird) milan *m.*

kitten, kit'-t'n, *n* chaton *m.*

knack, nàque, *n* don *m,* talent *m;* truc *m.*

knapsack, nàpp'-sàque, *n* havresac *m.*

knave, néve, *n* coquin *m;* (cards) valet *m.*

knead, nîde, *v* pétrir.

knee, nî, *n* genou *m;* —**cap,** rotule *f.*

kneel, nîle, *v* s'agenouiller; se mettre à genoux.

knell, nêle, *n* glas *m.*

knickers, nick'-eurse, *n* culotte (de femme) *f.*

knife, nâïfe, *n* couteau *m;* **pen—,** canif *m.*

knight, nâïte, *n* chevalier *m;* (chess) cavalier *m.*

knit, nitte, *v* tricoter; —**ting,** *n* tricot *m.*

knob, nobbe, *n* bouton *m;* (stick) pomme *f.*

knock, noque, *n* coup *m. v* frapper; — **against,** heurter; — **down,** renverser; —**er,** *n* (door) marteau *m.*

knot, not, *n* nœud *m. v* nouer.

knotty, nott'-i, *a* noueux; (*fig*) embrouillé.
know, nau, *v* savoir; connaître.
knowledge, noll'-idj, *n* connaissance *f*; savoir *m*.
knuckle, nok'-'l, *n* articulation *f*; jointure *f*.

label, lé'-b'l, *n* étiquette *f*. *v* mettre une étiquette.
laboratory, lâb'-o-ra-to-ri, *n* laboratoire *m*.
laborious*, la-bau'-ri-*euce*, *a* laborieux; pénible.
labour, lé'-beur, *v* travailler; peiner. *n* travail *m*; labeur *m*; **—er,** travailleur *m*.
lace, léce, *n* dentelle *f*; (shoe, etc) lacet *m*. *v* lacer.
lacerate, lâss'-*eur*-éte, *v* lacérer.
lack, lăque, *v* manquer de. *n* manque *m*.
lacquer, lăk'-r, *n* laque *f*. *v* laquer.
lad, lădde, *n* garçon *m*, jeune homme *m*.
ladder, lădd'-'r, *n* échelle *f*.
ladle, lé'-d'l, *n* louche *f*. *v* servir.
lady, lé'-di, *n* dame *f*; **— -bird,** coccinelle *f*; (*fam*) bête à bon Dieu *f*.
lag, lăgue, *v* traîner; rester en arrière; (boiler etc) calorifuger.
lagoon, la-goune', *n* lagune *f*.
lair, lère, *n* repaire *m*.
lake, léque, *n* lac *m*.
lamb, lămme, *n* agneau *m*.
lame, léme, *a* boiteux. *v* estropier.
lament, la-mennte', *v* se lamenter. *n* plainte *f*.
lamp, lămmpe, *n* lampe *f*; (street lamp) réverbère *m*; (electric bulb) ampoule électrique *f*.
lance, lânnce, *n* lance *f*; (*med*) bistouri *m*. *v* (*med*) ouvrir au bistouri.
land, lănnde, *n* terre *f*; (home) pays *m*. *v* débarquer; (aircraft) atterir; **—ing,** débarquement *m*; (quay) débarcadère *m*; (stairs) palier *m*; **—lady,** patronne *f*; **—lord,** propriétaire *m*; **—mark,** point de repère *m*; **—scape,** paysage *m*; **—slide,** éboulement *m*.
lane, léne, *n* (country) chemin *m*; (town) ruelle *f*; (traffic) file *f*; (motorway) voie *f*.
language, lănng'-gouidje, *n* langage *m*; langue *f*.
languid, lănng'-gouide, *a* languissant.
languish, lănng'-gouiche, *v* languir.

lanky, lain'-nki, *a* grand et maigre.

lantern, länn'-teurne, *n* lanterne *f.*

lap, läppe, *n* genoux *mpl;* (sport) tour *m.* *v* (drink) laper.

lapel, lä-pèl', *n* revers d'habit *m.*

lapse, läpse, *v* s'écouler; retomber. *n* cours *m;* erreur *f.*

larceny, lär'-ci-ni, *n* larcin *m.*

lard, lârde, *n* saindoux *m;* **—er,** garde-manger *m.*

large*, lârdje, *a* grand; gros; fort; considérable.

lark, lârque, *n* alouette *f.*

lash, läche, *n* (whip) fouet *m;* (stroke) coup de fouet *m;* (eye) cil *m.* *v* fouetter; (bind) attacher.

lassitude, läss'-i-tioude, *n* lassitude *f.*

last, lâsste, *v* durer. *a* dernier; **—ing,** durable.

latch, lätche, *n* loquet *m.* *v* fermer au loquet.

late, léte, *adv* tard. *a* en retard; tard; récent; tardif; (deceased) feu; **to be —,** *v* être en retard.

lately, léte'-li, *adv* dernièrement.

latent, lé'-tennte, *a* caché; latent.

lathe, lédz, *n* tour *m.*

ather, lädz'-'r, *n* mousse de savon *f.* *v* savonner.

latitude, lät'-i-tioude, *n* latitude *f.*

latter*, lätt'-'r, *a* dernier (des deux).

lattice, lätt'-ice, *n* treillis *m.*

laudable, loa'-da-b'l, *a* louable.

laugh, lâfe, *v* rire. *n* rire *m;* **—able,** *a* risible; **—ter,** rires *mpl;* hilarité *f.*

launch, loanntche, *n* (boat) chaloupe *f.* *v* lancer; **—ing,** *n* lancement *m.*

launderette, loann'-deur-rète, *n* laverie *f.*

laundress, loann'-dresse, *n* blanchisseuse *f.*

laundry, loann'-dri, *n* blanchisserie *f.*

laurel, lau'-r'l, *n* laurier *m.*

lavatory, läv'-a-tô-ri, *n* lavabo *m,* toilette *f.*

lavender, läv'-enn-d'r, *n* lavande *f.*

lavish, läv'-iche, *a** prodigue; somptueux. *v* prodiguer.

law, loa, *n* loi *f;* (jurisprudence) droit *m;* **—ful*,** *a* légal; licite; légitime; **—suit,** *n* procès *m;* **—yer,** avocat *m;* (solicitor) avoué *m.*

lawn, loanne, *n* pelouse *f.*

lax, läxe, *a* lâche; relâché; mou.

laxative, läx'-a-tive, *n* & *a* laxatif *m.*

lay, lé, *v* coucher; placer; mettre; (hen) pondre.

layer, lé'-*eur*, *n* couche *f*.

layman, lé'-mănne, *n* laïque *m*.

laziness, lé'-zi-nesse, *n* paresse *f*.

lazy, lé'-zi, *a* paresseux.

lead, lèdde, *n* plomb *m*; (pencil) mine *f*; (*naut*) sonde *f*. *v* plomber.

lead, lîde, *v* conduire; guider. *n* (dog) laisse *f*; **—ing,** *a* premier; principal.

leader, lîde'-r, *n* guide *m*; conducteur *m*; chef *m*; **—ship,** direction *f*; conduite *f*.

leaf, lîfe, *n* feuille *f*; (table) rallonge *f*.

leaflet, lîfe'-lett, *n* prospectus *m*.

league, lîgue, *n* ligue *f*; (measurement) lieue *f*.

leak, lîque, *v* fuir; (boats, etc) faire eau. *n* fuite *f*.

lean, lîne, *n* & *a* maigre *m*; **— against, — on,** *v* s'appuyer; **— out,** se pencher.

leap, lîpe, *v* sauter; bondir. *n* saut *m*.

leap-year, lîpe'-i'ire, *n* année bissextile *f*.

learn, leurne, *v* apprendre; **—ed,** *a* savant; **—er,** *n* étudiant *m*; apprenti *m*; **—ing,** (study) étude *f*; (knowledge) savoir *m*; érudition *f*.

lease, lîce, *v* louer. *n* bail *m*.

leash, lîche, *n* laisse *f*. *v* tenir en laisse.

least, lîste, *adv* le moins. *a* le moindre.

leather, lèdz'-r, *n* cuir *m*; (patent) cuir verni *m*.

leave, lîve, *n* permission *f*. *v* partir, s'en aller; quitter; abandonner; laisser; (bequeath) léguer; **—out,** omettre; exclure.

lecture, lèque'tioure, *n* conférence *f* réprimande *f*. *v* faire une conférence; réprimander.

lecturer, lèque'-tiour-r, *n* conférencier *m*.

ledge, lèdje, *n* rebord *m*.

leech, lîtche, *n* sangsue *f*.

leek, lîque, *n* poireau *m*.

leer, lîre, *v* lorgner.

left, lefte, *a* & *n* gauche *f*; **— -handed,** gaucher.

leg, lègue, *n* jambe *f*; (animal) patte *f*; (mutton, lamb) gigot *m*; (fowl) cuisse *f*; (furniture) pied *m*.

legacy, lègg'-a-ci, *n* legs *m*; héritage.

legal,* lî'-g'l, *a* légal; licite; **—ize,** *v* légaliser.

legation, li-gé'-ch'n, *n* légation *f*.

legend, lèdj'-ennde, *n* légende *f.*

legible, lèdj'-i-b'l, *a* lisible.

legion, li'-dj'n, *n* légion *f.*

legislate, lèdj'-iss-léte, *v* légiférer.

legislation, lèdj-iss-lé'-ch'n, *n* législation *f.*

legitimacy, lidj-itt'-i-ma-ci, *n* légitimité *f.*

legitimate*, lidj-itt'-i-méte, *a* légitime.

leisure, lè'-jeure, *n* loisir *m*; convenance *f.*

leisurely, lé'-jeur-li, *adv* à loisir.

lemon, lèmm'-'n, *n* citron *m*; **—ade,** limonade *f.*

lend, lennde, *v* prêter.

length, lenng'-*ts*, *n* longueur *f*; (time) durée *f*; **—en,** *v* allonger; prolonger; **—ways,** *adv* en longueur; **—y,** *a* long, prolongé.

leniency, li'-ni-enn-ci, *n* indulgence *f.*

lenient, li'-ni-ennte, *a* indulgent.

lens, lennze, *n* lentille *f*; verre *m.*

Lent, lennte, *n* carême *m.*

lentil, lenn'-t'l, *n* lentille *f.*

leopard, lèp'-*eu*rde, *n* léopard *m.*

leper, lèp'-'r, *n* lépreux, -euse *m* & *f.*

leprosy, lèp'-rŏ-si, *n* lèpre *f.*

less, lesse, *adv* moins. *n* & *a* moindre *m.*

lessee, less-i', *n* locataire *m.*

lessen, less'-'n, *v* diminuer; (pain) alléger.

lesson, less'-'n, *n* leçon *f.*

let, lette, *v* laisser; permettre; (lease) louer.

letter, lett'-'r, *n* lettre *f*; **— -box,** boîte aux lettres *f.*

lettuce, lett'-ice, *n* laitue *f.*

level, lèv'-'l, *n* niveau *m. a* de niveau; uni. *v* niveler; (plane) aplanir; **—-crossing,** *n* passage à niveau *m.*

lever, li'-v'r, *n* levier *m.*

levity, lèv'-i-ti, *n* légèreté *f.*

levy, lèv'-i, *v* (taxes) imposer. *n* impôt *m*; (troops) levée *f.*

lewd*, lioude, *a* impudique.

lewdness, lioude'-nesse, *n* impudicité *f.*

liabilities, lâî-*a*-bil'-i-tèze, *npl* (com) passif *m.*

liability, lâî-*a*-bil'-i-ti, *n* responsabilité *f.*

liable, lâî-*a*-b'l, *a* responsable; **— to,** exposé à.

liar, lâî'-*eu*r, *n* menteur, -euse *m* & *f.*

libel, lâî'-b'l, *n* diffamation *f. v* diffamer.

libellous, lâî'-bel-*eu*ce, *a* diffamatoire.

liberal, lib'-eur'l, *n* & *a** libéral *m*.

liberate, lib'-*eur*-éte, *v* délivrer, libérer.

liberty, lib'-*eur*-ti, *n* liberté *f*.

librarian, lâi'-brê'-ri-anne, *n* bibliothécaire *m*.

library, lâi'-bré-ri, *n* bibliothèque *f*.

licence, lâi'-cennce, *n* permis *m*, autorisation *f*.

license, lâi'-cennce, *v* autoriser.

licentious, lâi-cenn'-cheuce, *a* licencieux; libertin.

lichen, lâi'-k'n *n* lichen *m*.

lick, lique, *v* lécher; — **up**, laper.

lid, lidde, *n* couvercle *m*; (eye) paupière *f*.

lie, lâi, *n* (untruth) mensonge *m*. *v* mentir; (in a place, situation) se trouver; — **down**, (repose) se coucher.

lieutenant, lêf-tenn'-annte, *n* lieutenant *m*.

life, lâïfe, *n* vie *f*; (vivacity) vivacité *f*; — **-belt**, ceinture de sauvetage *f*; — **boat**, canot de sauvetage *m*; — **-insurance**, assurance sur la vie *f*; — **less**, *a* inanimé; sans vie; — **like**, naturel; — **long**, de toute la vie; — **-size**, grandeur naturelle; — **time**, *n* cours de la vie *m*.

lift, lifte, *n* ascenseur *m*. *v* lever; soulever.

light, lâïte, *n* lumière *f*; clarté *f*. *a** léger; clair *v*. allumer; éclairer; — **en**, alléger; — **er**, *n* briquet *m*; (boat) allège *f*; — **house**, phare *m*; — **ing**, éclairage *m*; — **ness**, légèreté *f*.

lightning, lâïte'-ninng, *n* (flash) éclair *m*; (strike) foudre *f*; — **-conductor**, paratonnerre *m*.

like, lâïque, *v* aimer. *a* pareil; égal; — **lihood**, *n* probabilité *f*; — **ly**, *a* probable; — **ness**, *n* ressemblance *f*; — **wise**, *adv* de même.

liking, lâïque'-innng, *n* goût *m*; penchant *m*.

lilac, lâï'-laque, *n* lilas *m*.

lily, lil'-i, *n* lis *m*; — **of the valley**, muguet *m*.

limb, limm, *n* (anatomy) membre *m*.

lime, lâïme, *n* chaux *f*; (bird lime) glu *f*; (fruit) limette *f*; (tree) tilleul *m*.

limit, limm'-itte, *n* limite *f*. *v* limiter; **Ltd. Co.,** *n* société anonyme *f*.

limp, limmpe, *v* boiter. *a* (soft) mou, flasque.

limpet, limm'-pette, *n* patelle *f*.

line, lâïne, *n* ligne *f*; (business) partie *f*; (rope) corde *f*. *v* (garment) doubler.

lineage, linn'-i-idj, n lignée f.

linen, linn'-enne, n toile f; (laundry) linge m.

liner, lâï'-neur, n paquebot m.

linger, linn'-gueur, v tarder; languir.

linguist, linn'-gouiste, n linguiste m & f.

lining, lâïnn'-inng, n doublure f.

link, linnque, v enchaîner; unir. n chaînon m; (cuff links) boutons de manchettes mpl.

linnet, linn'-ette, n linot m.

linseed, linn'-cîde, n graine de lin f.

lion, lâï'-eune, n lion m; **—ess,** lionne f.

lip, lippe, n lèvre f; **— -stick,** rouge à lèvres m.

liquefy, lik'-oui-fâï, v liquéfier.

liqueur, li-kioure', n liqueur f.

liquid, lik'-ouide, n & a liquide m.

liquidate, lik'-oui-déte, v liquider; (debts) acquitter.

liquidation, lik-oui-dé'-ch'n, n liquidation f.

liquor, lik'-eur, n alcool m.

liquorice, lik'-eur-ice, n réglisse f.

lisp, lissepe, v zézayer. n zézaiement m.

list, lisste, n liste f; (naut) bande f. v (naut) donner de la bande.

listen, liss'-'n, v écouter.

listener, liss'-neur, n auditeur, -euse m & f.

literal*, litt'-eur-al, a littéral.

literary, litt'-eur-a-ri, a littéraire.

literature, litt'-eur-a-tioure, n littérature f.

lithograph, lits'-o-grâfe, n lithographie f. v litho- ⌞graphier.

litigate, litt'i-guéte, v plaider.

litigation, litt-i-gué'-ch'n, n litige m.

litter, litt'-'r, n (stretcher, stable) litière f; (untidiness) fouillis m; (bedding) paillasse f; (young) portée f. v (scatter) éparpiller.

little, lit'-t'l, a (quantity, time) peu de; (size) petit. adv peu.

live, live, v vivre; habiter; (dwell) demeurer.

live, lâïve, a vivant; vif; **—ly,** animé.

liver, liv'-eur, n foie m.

livid, liv'-ide, a livide.

living, liv'-inng, n vie f; (eccl) bénéfice m. a vivant; **— room,** n salle de séjour m.

lizard, liz'-eurde, n lézard m.

load, laude, v charger. n charge f.

loaf, laufe, n pain m.

loafer, lau'-feur, n (idler) fainéant m.

loam, laume, n terre glaise f; **—y,** a glaiseux.

loan, laune, n prêt m; emprunt m.

loathe, laudz, v détester, abhorrer.

loathing, laudz'-inng, n aversion f; dégoût m.

loathsome, laudze'-seume, a répugnant; odieux.

lobby, lob'-i, n antichambre f; couloir m.

lobe, laube, a lobe m.

lobster, lob-st'r, n homard m.

local*, lau'-k'l, a local du pays; régional; **—ity,** n localité f.

locate, lau'-kéte', v situer; déterminer la position.

location, lau-ké'-ch'n, n emplacement m.

lock, loque, n serrure f; (hair) mèche f; (canal, etc) écluse f. v fermer à clef; **—et,** n médaillon m; **— in** (or up), v enfermer; **— -jaw,** n tétanos m; **— out,** v laisser dehors; **—smith,** n serrurier m.

locomotive, lau'-ko-mau-tive, n locomotive f.

locust, lau'-keusste, n criquet m, locuste f.

lodge, lodje, n loge f. v loger.

lodger, lodj'-'r, n locataire m & f.

lodging, lodj'-inng, n logement m.

loft, lofte, n grenier m; **—y,** a haut; (fig) hautain.

log, logue, n bûche f; **— -book,** (ship) journal de bord m.

logic, lodj'-ique, n logique f; **—al*,** a logique.

loin, lô'ine, n (mutton) filet m; (veal) longe f.

loiter, loa'i-t'r, v flâner; **— behind,** v traîner.

loll, lolle, v se prélasser; (tongue) pendre la langue.

lollipop, loll'-i-poppe, n sucette f.

loneliness, laune'-li-nesse, n solitude f.

lone(ly), laune'(-li), a solitaire; isolé.

long, lonng, a long. adv longtemps; **— for,** v désirer ardemment; **—ing,** n désir ardent m.

longitude, lonn'-dji-tioude, n longitude f.

look, louk, n regard m. v regarder; (seem) avoir l'air; **— after,** (take care of) s'occuper de; **— at,** regarder; **— er on,** n spectateur m; **— for,** v chercher; **—ing-glass,** n miroir m; (large) glace f; **— out,** v regarder par. n (naut) vigie f. interj gare!

loom, loume, *n* métier *m.* *v* paraître au loin.

loop, loupe, *n* boucle *f;* **—hole,** (fort, etc) meurtrière *f;* **— the loop,** *v* boucler la boucle.

loose, louce, *a* lâche; (tooth) branlante; (morals) relâché; **—n,** *v* relâcher; desserer.

loot, loute, *n* butin *m.* *v* piller.

lop, loppe, *v* (prune) élaguer; **— off,** couper.

loquacious, lo-coué'-cheuce, *a* loquace.

Lord, lôrde, *n* (Deity) le Seigneur *m,* Dieu *m.*

Lord's Prayer, lôrdze prè'-e*ur,* *n* Pater *m.*

lord, lôrde, *n* lord *m.*

lorry, lor'-ri, *n* camion *m.*

lose, louze, *v* perdre; (clock) retarder; **—r,** *n* perdant *m.*

loss, losse, *n* perte *f.*

Lost Property Office, loste prop'e*ur-*ti of'-ice, *n* bureau des objets trouvés *m.*

lot, lotte, *n* (auction) lot *m;* (fate) sort *m;* (many) beaucoup.

lotion, lau'-ch'n, *n* lotion *f.*

lottery, lott'-e*ur-*i, *n* loterie *f.*

loud*, lâ'oude, *a* fort; haut; (colours) voyant; **— -speaker,** *n* (radio) haut-parleur *m.*

lounge, lâ-ounndje, *n* grand vestibule *m;* salon *m.* *v* flâner.

louse, lâ'ouce, *n* pou *m.*

lout, lâ'oute, *n* rustre *m;* (clumsy) lourdaud *m.*

love, love, *v* aimer. *n* amour *m;* affection *f;* **—liness,** beauté *f;* **—ly,** *a* charmant; **—r,** *n* amoureux *m;* (illicit) amant *m.*

low, lau, *v* mugir. *a* bas; vulgaire; **—er,** *v* baisser; humilier; **—land,** *n* pays plat *m.*

loyal*, lo'-ial, *a* loyal; fidèle; **—ty,** *n* loyauté *f.*

lozenge, loz'-enndje, *n* losange *m,* pastille *f.*

lubricate, lioue'-bri-quéte, *v* lubrifier; graisser.

lucid*, lioue'-cide, *a* lucide.

luck, loque, *n* chance *f;* fortune *f;* **—y,** *a* fortuné veinard.

ludicrous*, lioue'-di-cr*euce,* *a* risible; ridicule.

luggage, logg'-idj, *n* bagages *mpl;* **left — office** consigne *m.*

lukewarm, liouke'-ouârme, *a* tiède.

lull, lolle, v endormir; (child) bercer. n calme m.

lullaby, loll'-*a*-bâï, n berceuse f.

lumbago, lomm-bé'-go, n lumbago m.

lumber, lomm'-b'r, n (timber) bois de charpente m; (old things) vieilleries fpl.

luminous*, loue'-minn-*euce*, a lumineux.

lump, lommpe, n morceau m; (med) grosseur f; —**y**, a grumeleux.

lunacy, loue'-na-ci, n aliénation mentale f, folie f.

lunar, loue'-n'r, a lunaire.

lunatic, loue'-na-tique, n fou m, folle f; — **asylum**, maison d'aliénés f.

lunch, lonntche, n déjeuner m. v déjeuner.

lung, lonng, n poumon m.

lurch, leurtche, n secousse f; (ship) coup de roulis m; **to leave in the —**, laisser dans l'embarras.

lure, lioure, n leurre m. v leurrer; attirer.

lurid, lioue'-ride, a (colour) blafard.

lurk, leurque, v (hide) se cacher.

luscious, loch'-*euce*, a succulent.

lust, losste, n luxure f; (greed) convoitise f. v convoiter; —**ful**, a sensuel.

lustre, loss'-teur, n lustre m.

lute, lioute, n luth m.

luxurious*, lok-siou'-ri-*euce*, a luxueux.

luxury, lok'-seur-i, n luxe m; somptuosité f.

lymph, limmfe, n lymphe f.

lynch, lintche, v lyncher.

macaroon, măc-*a*-rounne', n macaron m.

mace, méce, n (staff) masse f.

machine, ma-chîne', n machine f; —**ry**, mécanisme m; — **-gun**, mitrailleuse f; **sewing- —**, machine à coudre f.

machinist, ma-chînn'-iste, n mécanicien m.

mackerel, măc'-r'l, n maquereau m.

mackintosh, măc'-inn-toche, n imperméable m.

mad, mădde, a fou; (dog) enragé; —**man**, n aliéné m; **madam**, măd'-*ame*, n madame f. [—**ness**, folie f.

magazine, mă-ga-zîne', n (periodical) magazine m; (gun) magasin m; (powder) poudrière f.

maggot, măgg'-*eute*, *n* ver *m*; larve *f*; asticot *m*.

magic, mădj'-*ique*, *n* magie *f*. *a* magique.

magistrate, mădj'-iss-tréte, *n* magistrat *m*.

magnanimity, măg'-nă-nimm'-i-ti, *n* magnanimité *f*.

magnanimous*, măg-nănn'-i-m*euce*, *a* magnanime.

magnet, măg'-néte, *n* aimant *m*; **—ic,** *a* magnétique; **—ism,** *n* magnétisme *m*; **—ize,** *v* magnétiser; aimanter.

magneto, măg-ni'-tau, *n* magnéto *f*.

magnificent*, măg-nif'-i-cennte, *a* magnifique.

magnify, măg'-ni-fâï, *v* grossir; **—ing-glass,** *n* loupe *f*.

magnitude, măg'-ni-tioude, *n* grandeur *f*; importance *f*.

magpie, măg'-pâï, *n* pie *f*.

mahogany, ma-hog'-*a*-ni, *n* acajou *m*.

Mahometan, ma-homm'-è-tănne, *n* mahométan *m*.

maid, méde, *n* (young girl) jeune fille *f*; (servant) bonne *f*; **—en,** vierge *f*; **old —,** vieille fille *f*.

mail, méle, *n* (post) courrier *m*, poste *f*; (armour) cotte de mailles *f*. *v* expédier par la poste; **— -bag,** *n* sac de poste *m*; **— -boat,** paquebot poste *m*.

maim, méme, *v* mutiler.

main, méne, *a** principal, essentiel. *n* (pipe, cable) conduit principal *m*; **—land,** terre ferme *f*.

maintain, méne-téne', *v* maintenir; soutenir.

maintenance, méne'-*teu*-nannce, *n* maintien *m*; soutien *m*.

maize, méze, *n* maïs *m*.

majestic, ma-djess'-tique, *a* majestueux.

majesty, mădj'-ess-ti, *n* majesté *f*.

major, mé'-dj*eur*, *n* (mil) commandant *m*. *a* majeur; **—ity,** *n* majorité *f*.

make, méque, *v* faire; fabriquer. *n* façon *f*; marque *f*; **— -believe,** faire semblant; **—r,** *n* fabricant *m*; **— -shift,** expédient *m*; **— up,** (face) maquillage *m*. *v* maquiller.

malady, măl'-*a*-di, *n* maladie *f*.

malaria, ma-lé'-ri-*a*, *n* paludisme *m*.

male, méle, *n* & *a* mâle *m*.

malediction, ma-lè-dique'-ch'n, *n* malédiction *f*.

malevolent*, ma-lèv'-ŏl-ennte, *a* malveillant.

malice, măl'-ice, *n* malice *f*; malveillance *f*.

malicious*, ma-li'-cheuce, *a* méchant; malveillant.

malign, ma-lâîne', *v* diffamer, calomnier.

malignant, ma-ligue'-nannte, *a* malfaisant; (*med*) malin.

malinger, ma-linng'-gueur, *v* faire le malade.

mallet, măl'-ette, *n* maillet *m*.

mallow, măl'-au, *n* mauve *f*.

malt, moalte, *n* malt *m*.

maltreat, măl-trîte', *v* maltraiter.

mammal, mămm'-l, *n* mammifère *m*.

man, mănne, *v* armer. — homme *m*; —hood, virilité *f*; —kind, genre humain *m*; —ly, *a* viril; —slaughter, homicide *m*.

manacle, mănn'-a-k'l, *v* mettre les menottes.

manage, mănn'-idj, *v* (business) diriger; (accomplish, control) parvenir à, arriver à; —ment, *n* administration *f*; gestion *f*; direction *f*; —r, directeur *m*, gérant *m*.

mandate, mănn'-déte, *n* ordre *m*; (law) mandat *m*.

mandoline, mănn'-dau-linne, *n* mandoline *f*.

mane, méne, *n* (of a horse, lion) crinière *f*.

mangle, main'-ng'l, *v* mutiler, écraser. *n* (laundry) essoreuse *f*. *v* essorer.

mania, mé'-ni-a, *n* manie *f*, folie *f*.

maniac, mé'-ni-âque, *n ou* furieux *m*.

manicure, mănn'-i-kioure, *v* faire les ongles.

manifest, mănn'-i-feste, *a** manifeste. *v* manifester.

manifold, mănn'-i-faulde, *a* multiple, divers.

manipulate, ma-nipp'-iou-léte, *v* manipuler.

manner, mănn'-'r, *n* manière *f*; façon *f*.

manners, mănn'-*eurze*, *npl* manières *fpl*.

manœuvre, ma-noue'-v'r, *v* manœuvrer. *n* manœuvre *f*.

manor, mănn'-ŏr, *n* manoir *m*. *f* œuvre *f*.

mansion, mănn'-ch'n, *n* (country) château *m*.

mantel-piece, mănn'-t'l-pîce, *n* cheminée *f*.

manual*, mănn'-iou-'l, *n & a* manuel *m*.

manufacture, mănn-iou-făc'-tioure, *v* fabriquer. *n* fabrication *f*; —r, fabricant *m*.

manure, ma-nioure', *v* fumer. *n* fumier *m*; engrais *m*.

manuscript, mănn'-iou-scripte, *n* manuscrit *m*.

many, menn'-i, *a* beaucoup.

map, mǎppe, *n* carte *f*; (town) plan *m*.

maple, mé'-p'l, *n* érable *m*.

mar, mâre, *v* gâter; défigurer.

marble, mâr'-b'l, *n* marbre *m*; (toy) bille *f*.

march, mârtche, *v* marcher. *n* marche *f*.

March, mârtche, *n* mars *m*.

marchioness, mâr'-che*u*nn-esse, *n* marquise *f*.

mare, mère, *n* jument *f*.

margarine, mâr'-ga-rinne, *n* margarine *f*.

margin, mâr'-djinne, *n* marge *f*.

marginal*, mâr'-djinn'-l, *a* marginal.

marigold, mar'-i-gaulde, *n* souci *m*.

marine, ma-rîne', *a* marin. *n* fusilier marin *m*.

mariner, mar'-i-n*eu*r, *n* marin *m*.

maritime, mar'-i-tâïmme, *a* maritime.

mark, mârque, *v* marquer. *n* marque *f*; **book- —,** signet *m*; **trade- —,** marque de fabrique *f*.

market, mâr'-kette, *n* marché *m*.

marmalade, mâr'-m*eu*-léde, *n* confiture d'oranges *f*.

marmot, mâr'-motte, *n* marmotte *f*.

maroon, ma-roune', *n* & *a* marron, pourpré *m*. *v* abandonner.

marquee, mâr-ki', *n* (tent) marquise *f*.

marquess, mâr'-couesse, *n* marquis *m*.

marriage, mâr'-idj, *n* mariage *m*.

married, mâr'-idde, *a* marié; **— couple,** *n* ménage *m*.

marrow, mâr'-au, *n* moelle *f*; (vegetable) courge *f*.

marry, mâr'-i, *v* marier; se marier; épouser.

marsh, mârche, *n* marais *m*.

marshal, mâr'-ch'l, *n* maréchal *m*.

mart, mârte, *n* marché *m*; (auction) salle de ventes *f*.

marten, mâr'-tenne, *n* martre *f*.

martial*, mâr'-ch'l, *a* martial; **court- —,** *n* conseil de guerre *m*; **— law,** *n* martyre *m*. *v* martyriser.

martyr, mâr'-t*eu*r, *n* martyr *m*. *v* martyriser.

martyrdom, mâr'-t*eu*r-d*eu*me, *n* martyre *m*.

marvel, mâr'-v'l, *n* merveille *f*. *v* s'émerveiller.

marvellous*, mâr'-v*eu*l-*eu*ce, *a* merveilleux.

masculine, mǎss'-kiou-line, *n* & *a* masculin *m*.

mash, mǎche, *n* purée *f*. *v* écraser.

mask, mâssque, *n* masque *m*. *v* masquer.

mason, mé'-s'n, n maçon m; **—ry**, n maçonnerie f.

masquerade, mâss-keur-éde', v se déguiser.

mass, mâsse, n masse f; (eccl) messe f. v masser.

massacre, mâss'-a-k'r, n massacre m. v massacrer.

massage, mass-âge', n massage m. v masser.

massive*, mâss'-ive, a massif.

mast, mâste, n mât m.

master, mâss'-t'r, v maîtriser; surmonter. n maître m; patron m; professeur m; **—ful***, impérieux; **—ly**, a magistral; **—piece**, n chef-d'œuvre m.

masticate, mâss'-ti-quéte, v mastiquer.

mastiff, mâss'-tif, n mâtin m.

mat, mâtte, n natte f; (door) paillasson m.

match, mâtche, n allumette f; (contest) match m. v assortir; (contest) matcher; **—less**, a incomparable.

mate, méte, n camarade m & f. v accoupler.

material, ma-ti'-ri-al, n matière f; (building etc) matériaux mpl; (cloth) tissu m.

materialize, ma-ti'-ri-al-âîze, v matérialiser.

maternal*, ma-teur'-n'l, a maternel.

maternity, ma-teur'-ni-ti, n maternité f.

mathematics, mâ-tsi-mât'-ikse, n mathématiques fpl.

matrimony, mât'-ri-mòn-i, n mariage m.

matrix, mé'-trikse, n matrice f.

matron, mé'-tr'n, n infirmière en chef f.

matter, mâtt'-'r, n matière f; (pus) pus m; (business, subject) affaire f. v importer.

matting, mâtt'-inng, n natte f; (straw) paillasson m.

mattress, mât'-tress, n matelas m.

mature, ma-tioure', v mûrir; (bill) échoir. a mûr.

maturity, ma-tiou'-ri-ti, n maturité f; échéance f.

maul, moale, v déchirer à coups de griffes.

mauve, mauve, n & a mauve m.

maxim, mâx'-simm, n maxime f.

maximum, mâx'-si-momm, n & a maximum m.

may, mé, v pouvoir.

May, mé, n mai m; **— -flower**, aubépine f.

mayor, mé'-eur, n maire m.

maze, méze, n labyrinthe m.

me, mie, pron moi, me.

meadow, mêd'-au, n pré m, prairie f.

meagre*, mí'-gueur, *a* maigre.

meal, mîle, *n* farine *f*; (repast) repas *m*.

mean, mîne, *a* avare; (action) bas. *v* avoir l'intention de; vouloir dire; **—ing**, *n* signification *f*; **—ingless**, *a* dénué de sens.

means, minn'ze, *npl* moyens *mpl*.

meanwhile, mîne'-houâîle, *adv* en attendant.

measles, mîz'-'lz, *n* rougeole *f*.

measure, mèj'-eur, *n* mesure *f*; (tape) mètre (à ruban) *m*. *v* mesurer; **—ments**, *n* les mesures *fpl*.

meat, mîte, *n* viande *f*.

mechanic, mi-cănn'-ique, *n* ouvrier mécanicien *m*; **—al**, *a* mécanique; **—s**, *n* mécanique *f*.

mechanism, mè'-cănn-izme, *n* mécanisme *m*.

medal, mèd'-'l, *n* médaille *f*.

meddle, mèd'-'l, *v* se mêler de.

mediæval, mèd-i-î'-v'l, *a* du moyen âge.

mediate, mí'-di-éte, *v* intervenir (en faveur de).

medical*, mèd'-i-k'l, *a* médical.

medicine, mèd'-cine, *n* médecine *f*.

mediocre, mí'-di-ô-keur, *a* médiocre.

meditate, mèd'-i-téte, *v* méditer.

medium, mí'-di-ŏmme, *n* moyen *m*; (person) entremise *f*; (spiritualist) médium *m*.

meek*, mîque, *a* doux; humble.

meet, mîte, *v* rencontrer; (obligations) remplir.

meeting, mí'-tinng, *n* rencontre *f*; réunion *f*.

melancholy, mèl'-ann-cŏl-i, *n* mélancolie *f*.

mellow, mèl'-au, *a* doux; moelleux.

melodious*, mèl-au'-di-euce, *a* mélodieux.

melody, mèl'-o-di, *n* mélodie *f*.

melon, mèl'-eune, *n* melon *m*.

melt, melte, *v* fondre.

member, memm'-b'r, *n* membre *m*; (parliament) député *m*; **—ship**, *n* sociétariat *m*; cotisation *f*.

memento, mi-menn'-to, *n* mémento *m*.

memoir, memm'-ouâre, *n* mémoire *m*.

memorable, memm'-ŏ-ra-b'l, *a* mémorable.

memorandum, memm-ŏ-rănn'd'm, *n* note *f*; memorandum *m*; **— -book**, carnet de notes *m*.

memorial, mi-mau'-ri-al, *n* monument commémoratif *m*.

memory, memm'-ŏ-ri, *n* mémoire *f.*

menace, menn'-*ace*, *v* menacer. *n* menace *f.*

menagerie, mi-nădj'-*eur*-i, *n* ménagerie *f.*

mend, mennde, *v* réparer; (sew) raccommoder.

menial, mî'-ni-*al*, *a* servile. *n* domestique *m* & *f.*

mental*, menn'-t'l, *a* mental.

mention, menn'-ch'n, *v* mentionner. *n* mention *f.*

menu, menn'-iou, *n* menu *m*, carte *f.*

mercantile, meur-*k*ann-tâîle, *a* mercantile.

merchandise, meur'-tchann-dâîze, *n* marchandise *f.*

merchant, meur'-tch'nt, *n* négociant *m*; marchand *m. a* commercial; (fleet) marchand.

merciful*, meur'-ci-foull, *a* clément; miséricordieux.

mercury, meur'-*k*iou-ri, *n* mercure *f.*

mercy, meur'-ci, *n* grâce *f*; indulgence *f.*

mere, mîre, *a** pur, simple, seul. *n* lac *m.*

merge, meurdje, *v* fondre; absorber; **—r,** *n* fusion *f.*

meridian, mi-ri'-di-*a*nne, *n* méridien *m. a* méridien.

merit, mair'-itte, *n* mérite *m*; *v* mériter.

meritorious*, mair-i-tau'-ri-*euce*, *a* méritoire.

mermaid, meur'-méde, *n* sirène *f.*

merriment, mair'-i-m'nt, *n* gaieté *f*, joie *f.*

merry, mair'-i, *a* joyeux.

mesh, maiche, *n* maille *f.*

mesmerize, mez'-*m*eur-âîze, *v* hypnotiser.

mess, messe, *n* mess *m*; (dirt) saleté *f*; (spoil) gâchis *m. v* salir.

message, mess'-sédje, *n* message *m.* |

messenger, mess'-enn-dj'r, *n* coursier, -ère *m* & *f*; (restaurant, hotel, etc) chasseur *m.*

metal, mett'-'l, *n* métal *m*; **—lic,** *a* métallique.

meteor, mî'-ti-ŏre, *n* météore *m.*

meter, mî'-*teur*, *n* compteur *m.*

method, maits'-ŏde, *n* méthode *f.*

methylated spirit, me*ts*'-i-lé-tedd spir'-itte, *n* alcool à brûler.

metropolis, mi-trop'-ŏ-lice, *n* métropole *f.*

mica, mâî'-*k*a, *n* mica *m.*

Michaelmas, mik'-el-mass, *n* la Saint Michel *f.*

microscope, mâî'-cross-*k*aupe, *n* microscope *m.*

middle, midd'-'l, *n* centre *m*; milieu *m. a* moyen; **— -aged,** *a* d'un certain âge; **— -class(es),** *n* (people) classe moyenne *f*; **—man,** intermédiaire *m.*

midge, midje, *n* cousin *m*, moucheron *m*.

midget, midj'-ette, *n* nain, -e *m* & *f*.

midnight, midd'-nâïte, *n* minuit *m*.

midshipman, midd'-chipp-mănne, *n* aspirant de marine *m*.

midwife, midd'-ouâïfe, *n* sage-femme *f*.

mien, mîne, *n* mine *f*, air *m*.

might, mâïte, *n* force *f*; puissance *f*.

mighty, mâï'-ti, *a* puissant; fort.

migrate, mâï'-gréte, *v* émigrer.

mild*, mâïlde, *a* doux; léger; tempéré.

mildew, mill'-dîoue, *n* moisissure *f*.

mile, mâïle, *n* mille *m*; —**stone**, borne *f*.

military, mil'-i-ta-ri, *n* & *a* militaire *m*.

milk, milque, *n* lait *m*. *v* traire; —**y**, *a* laiteux; —**y-way**, *n* voie lactée *f*.

mill, mill, *n* moulin *m*; —**er**, meunier *m*.

milliner, mill'-i-n'r, *n* modiste *f*; —**y**, modes *fpl*.

million, mill'*ieune*, *n* million *m*.

millionaire, mill'ionn-air, *n* millionnaire *m*.

mimic, mimm'-ique, *v* mimer. *n* mime *m*.

mince, minnce, *v* hacher; (words) mâcher.

mind, mâïnnde, *n* esprit *m*; opinion *f*. *v* faire attention à; (nurse) soigner; —**ful**, *a* attentif.

mine, mâïne, *poss pron* le mien, la mienne; les miens, les miennes; à moi.

mine, mâïne, *n* mine *f*. *v* miner; —**r**, *n* mineur *m*.

mineral, minn'-*eur-a*l, *n* & *a* minéral *m*.

mingle, minng'-g'l, *v* mélanger; se mêler.

miniature, minn'-i-a-tioure, *n* miniature *f*.

minimize, minn'-i-mâïze, *v* réduire, diminuer.

minister, minn'-iss-t'r, *n* pasteur *m*; (government) ministre *m*. *v* pourvoir à; administrer.

ministry, minn'-iss-tri, *n* ministère *m*.

mink, minque, *n* vison *m*.

minor, mâï'-*neur*, *n* mineur, -e *m* & *f*. *a* mineur.

minority, minn-or'-i-ti, *n* minorité *f*.

minstrel, minn'-str'l, *n* ménestrel *m*.

mint, minnte, *n* la Monnaie *f*; (plant) menthe *f*. *v* frapper de la monnaie.

minuet, minn'-iou-ette, *n* menuet *m*.

minus, mâï'-neuce, *a* & *adv* moins. *prep* sans.

minute, minn'-itte, *n* minute *f.*

minute, mâîn-ioute, *a* menu; (exact) minutieux.

miracle, mir'-*a*-k'l, *n* miracle *m.*

miraculous*, mi-răk'-iou-*leuce*, *a* miraculeux.

mirage, mi-râge', *n* mirage *m.*

mire, mâîre, *n* fange *f;* boue *f,* bourbe *f.*

mirror, mir'-*eur*, *n* miroir *m. v* refléter.

mirth, meur*ts*, *n* gaieté *f;* hilarité *f.*

mis, miss, **—adventure,** *n* mésaventure *f;* **—apprehension,** malentendu *m;* **—appropriate,** *v* détourner; **—behave,** se conduire mal; **—carriage,** *n* (*med*) fausse couche *f;* **—carry,** *v* échouer; (*med*) faire une fausse couche; **—conduct,** *n* mauvaise conduite *f;* **—construction,** mésinterprétation *f;* **—count,** *v* mal compter; **—demeanour,** (law) délit *m;* **—direct,** *v* mal diriger; **—fortune,** malheur *m,* calamité *f;* **—giving,** crainte *f;* **—govern,** *v* mal gouverner; **—guide,** égarer; (*fig*) mal conseiller; **—hap,** *n* contretemps *m;* accident *m;* **—inform,** *v* mal renseigner; **—judge,** mal juger; **—lay,** égarer; **—lead,** tromper; **—manage,** mal gérer; **—place,** mal placer; **—print,** *n* faute d'impression *f;* **—pronounce,** *v* mal prononcer; **—represent,** fausser; **—statement,** *n* rapport inexact *m;* **—take,** *v* se tromper. *n* erreur *f;* **—taken,** *a* erroné; **—trust,** *v* se méfier de. *n* méfiance *f;* **—understand,** *v* mal comprendre; **—understanding,** *n* malentendu *m;* **—use,** *v* abuser de.

miscellaneous, miss-s'l-lé'-ni-*euce*, *a* varié; divers.

mischief, miss'-tchife, *n* mal *m;* dommage *m;* (of child) bêtise *f.*

mischievous*, miss'-tchi-*veuce*, *a* malicieux.

miser, mâï'-z'r, *n* avare *m & f;* **—ly,** *a* mesquin.

miserable, miz'-*eur*-a-b'l, *a* misérable; triste.

misery, miz'-*eur*-i, *n* misère *f,* tourment *m.*

Miss, mice, *n* mademoiselle *f.*

miss, mice, *v* manquer; (someone's absence) regretter; **—ing,** *a* absent; perdu; manquant.

missile, miss'-âïl, *n* projectile *m.*

mission, mich'-*eune*, *n* mission *f.*

missionary, mich'-*eune*-ri, *n* (*eccl*) missionaire *m & f.*

mist, miste, *n* brume *f;* **—y,** *a* brumeux.

Mister, (Mr), miss'*teur*, *n* monsieur *m.*

mistletoe, miss'-s'l-tau, *n* gui *m.*

mistress, miss'-tresse, *n* madame *f*; (school) maîtresse *f*; (kept) maîtresse *f.*

mitigate, mit'-i-guéte, *v* adoucir; mitiger.

mitre, mâî'-*teur*, *n* mitre *f.*

mix, mixe, *v* mêler, mélanger; (salad) tourner; **—ed,** *a* mixte; **—ture,** *n* mélange *m.*

moan, maune, *v* gémir; grogner; *n* gémissement *m.*

moat, maute, *n* fossé *m.*

mob, mobbe, *n* foule *f*; bande *f.*　*v* houspiller; (enthusiasm) presser par la foule.

mobile, mô'-bâîle, *a* & *n* mobile *m.*

mobilize, môb'-il-âîze, *v* mobiliser.

mock, moque, *v* se moquer. *a* simulé; faux; **—ery,** *n* moquerie *f*; **—ingly,** *adv* en se moquant.

mode, maude, *n* manière *f*; (fashion) mode *f.*

model, modd'-'l *n* modèle *m*, (fashion) mannequin *m. v* modeler.

moderate, modd-*eur*-éte, *v* modérer. *a** modéré; passable.

moderation, modd-*eur*-é'-ch'n, *n* modération *f.*

modern, modd'*eur*ne, *a* moderne.

modest*, modd'este, *a* modeste.

modify, modd'-i-fâî, *v* modifier.

Mohammedan, mô-hamm'-é-d*a*nne, *n* & *a* mahométan, -e *m* & *f.*

moist, moa'isste, *a* moite, humide; **—en,** *v* humecter; **—ure,** *n* humidité *f.*

mole, maule, *n* taupe *f*; (mark) grain de beauté *m*; (jetty) môle *m*; **— -hill,** *n* taupinière *f.*

molest, mo-leste', *v* molester.

mollify, moll'-i-fâî, *v* adoucir.

molten, maule'-t'n, *a* fondu; en fusion.

moment, mau'-m'nt, *n* moment *m*; **—ous,** *a* important; mémorable.

momentum, mau-menn'-tomme, *n* (impetus) impulsion *f.*

monarch, monn'-*eur*que, *n* monarque *m.*

monarchy, monn'-*eur*-ki, *n* monarchie *f.*

monastery, monn'-*ass*-tri, *n* monastère *m.*

Monday, monn'-dé, *n* lundi *m.*

monetary, monn'-*eu*-ta-ri, *a* monétaire.

money, monn'-i, *n* argent *m*; (coin) monnaie *f*; — **-lender,** prêteur d'argent *m*; — **-order,** mandat-poste *m*.

mongrel, monng'-gr'l, *n* & *a* bâtard, -e *m* & *f*.

monk, monng'-k, *n* moine *m*.

monkey, monng'-ki, *n* singe *m*.

monocle, monn'-o-k'l, *n* monocle *m*.

monogram, monn'-ô-grämme, *n* monogramme *m*.

monopolize, mŏnn-op'-ŏ-lâïze, *v* monopoliser.

monopoly, mŏnn-op'-ŏ-li, *n* monopole *m*.

monotonous*, mŏnn-ot'-ŏ-*neu*ce, *a* monotone.

monster, monn'-st'r, *n* monstre *m*.

monstrous*, monn'-st*reu*ce, *a* monstrueux.

month, monn*t*s, *n* mois *m*; —**ly,** *a* mensuel.

monument, monn'-iou-m'nt, *n* monument *m*.

mood, moude, *n* humeur *f*; (grammar) mode *m*.

moody, moud'-i, *a* d'humeur changeante.

moon, moune, *n* lune *f*; —**light,** clair de lune *m*.

moor, mou'r, *n* (heath) lande *f*. *v* (ship) amarrer.

Moor, mou'r, *n* Maure *m*; —**ish,** *a* mauresque.

mop, moppe, *n* balai à laver *m*. *v* éponger.

mope, maupe, *v* s'attrister; s'ennuyer.

moral, mor'al, *n* morale *f*. *a** moral; —**ity,** *n* moralité *f*; —**s,** mœurs *fpl*; moralité *f*.

morale, mo-râl', *n* moral *m*.

morass, mo-râce', *n* marécage *m*.

moratorium, môr-a-tô'-ri-omme, *n* moratorium *m*.

morbid*, môr'-bidde, *a* morbide.

more, môre, *adv* plus; plus de; davantage; encore.

moreover, môr-au'-v'r, *adv* en outre, de plus.

morning, môr'-ninng, *n* matin *m*; (period) matinée *f*; **good —,** bonjour.

morocco, mo-rok'-au, *n* (leather) maroquin *m*.

morose, mŏ-rauce', *a* morose.

morphia, moar'-fi-*a*, *n* morphine *f*.

morsel, môr's'l, *n* morceau *m*.

mortal, môr'-t'l, *n* & *a** mortel, -elle *m* & *f*; —**ity,** [mortalité *f*.

mortar, môr'-t'r, *n* mortier *m*.

mortgage, môr'-guédje, *n* hypothèque *f*. *v* hypo-théquer; —**e,** *n* créancier hypothécaire *m*; —**r,** débiteur hypothécaire *m*.

mortification, môr'-ti-fi-qué'-ch'n, *n* mortification *f.*

mortify, môr'-ti-fâï, *v* mortifier.

mortuary, môr'-tiou-*a*-ri, *n* morgue *f.*

mosaic, mô-zé'-ique, *n* & *a* mosaïque *f.*

mosque, mosske, *n* mosquée *f.*

mosquito, moss-ki'-tau, *n* moustique *m.*

moss, moss, *n* mousse *f.*

most, mauste, *adv* extrêmement, le plus.   *n* la plupart *f*; **—ly**, *adv* principalement.

moth, motz, *n* papillon de nuit *m*; (clothes) mite *f.*

mother, mods'-eur, *n* mère *f*; **—hood**, maternité *f*; **—in-law**, belle-mère *f*; **—of-pearl**, nacre *f*; **—ly**, *a* maternel.

motion, mau'-ch'n, *n* mouvement *m.*

motionless, mau'-ch'n-lesse, *a* immobile.

motive, mau'-tive, *n* motif *m*; *a* moteur.

motor, mau'-t'r, *n* moteur *m*; **— -car**, automobile *f*; **— -cycle**, motocyclette *f*; **—ing**, automobilisme *m*; **—ist**, automobiliste *m* & *f*; **—way**, *n* autoroute *f.*

mottled, mot'-t'ld, *a* bigarré.

motto, mot'-tau, *n* devise *f.*

mould, maulde, *v* mouler.   *n* moule *m*; (mildew) moisissure *f*; (earth) terreau *m*; **—er**, mouleur *m*; **—ing**, moulure *f*; **—y**, *a* moisi.

mound, mâ'ounnde, *n* monticule *m.*

mount, mâ'ounnte, *n* mont *m*; (horse, jewels) monture *f*; (picture) cadre *m*. *v* monter.

mountain, mâ'ounn'-tinne, *n* montagne *f*; **—eer**, montagnard, -e *m & f*; **—ous**, *a* montagneux.

mourn, môrne, *v* se lamenter; pleurer; **—ful***, *a* triste; lugubre; **—ing**, *n* deuil *m.*

mouse, mâ'ouce, *n* souris *f*; **— -trap**, souricière *f.*

moustache, mousse-tache', *n* moustache *f.*

mouth, mâ'outs, *n* bouche *f*; gueule *f*; (river) embouchure *f*; **—ful**, bouchée *f*; **—piece**, embouchure *f*; (fig) porte-parole *m.*

movable, moue'-va-b'l, *a* mobile.

move, mouve, *v* mouvoir; (house) déménager; (fidget) se remuer; (stir) bouger.   *n* mouvement *m*; (fig) coup *m.*

mow, mau, *v* faucher; (lawn) tondre.

mower, mau'-*eur*, *n* tondeuse *f.*

much, motche, *adv* beaucoup; **how —?** combien?

mud, modde, *n* boue *f*; **—dy,** *a* boueux; **—guard,** *n* garde-boue *m*.

muddle, modd'-'l, *n* confusion *f*; fouillis *m*. *v* embrouiller.

muff, moffe, *n* manchon *m*; **—le,** *v* (sound) étouffer; (cover) emmitoufler; **—ler,** *n* écharpe *f*.

mug, mogue, *n* gobelet *m*; pot *m*.

mulberry, moll'-bèr-î, *n* mûre *f*; **— tree,** mûrier *m*.

mule, mioule, *n* mulet *m*, mule *f*.

mullet, mol'-ette, *n* mulet *m*; **red —,** rouget *m*.

multiplication, mole'-ti-pli-qué'-ch'n, *n* multiplication *f*.

multiply, moll'-ti-plâï, *v* multiplier.

multitude, moll'-ti-tioude, *n* multitude *f*.

mummy, momm'-i, *n* momie *f*.

mumps, mommpse, *npl* oreillons *mpl*.

munch, monntche, *v* mâcher; (crunch) croquer.

municipal, miou-niss'-i-p'l *a* municipal.

munition, miou-ni'-ch'n, *n* munition *f*.

murder, meur'-d'r, *v* assassiner. *n* assassinat *m*; **—er,** assassin *m*; **—ous,** *a* meurtrier.

murky, meur'-ki, *a* obscur, ténébreux.

murmur, meur'-m'r, *v* murmurer. *n* murmure *m*.

muscle, moss'-'l, *n* muscle *m*.

muse, miouze, *v* musarder; méditer. *n* muse *f*.

museum, mioue-zî'-omme, *n* musée *m*.

mushroom, moche'-roumme, *n* champignon *m*.

music, mi'oue'-zique, *n* musique *f*; **—al,** *a* musical.

musician, mi'oue-zi'-ch'n, *n* musicien, -enne *m* & *f*.

musk, mossque, *n* musc *m*.

muslin, moze'-linne, *n* mousseline *f*.

mussel, moss'-'l, *n* moule *f*.

must, moste, *v* devoir; falloir.

mustard, moss'-t'rd, *n* moutarde *f*.

muster, moss'-t'r, *v* rassembler; (mil) faire l'appel.

musty, moss'-ti, *a* moisi.

mute, mioute, *n* & *a* muet, -ette *m* & *f*.

mutilate, mioue-ti-léte, *v* mutiler.

mutineer, mioue-ti-nîre', *n* mutin *m*, révolté *m*.

mutinous, mioue'-ti-neuce, *a* en révolte.

mutiny, mioue'-ti-ni, *n* mutinerie *f*. *v* se mutiner *m*.

mutter, mott'-'r, *v* marmotter.

mutton, mott'-'n, *n* mouton *m*; **leg of —,** gigot *m*.

mutual*, mioue'-tiou-al, *a* mutuel.

muzzle, mozz'-'l, *n* (for dogs, etc) muselière *f*; (snout) museau *m*; (gun) bouche *f*. *v* museler.

my, mâî, *poss a* mon, ma, mes; **—self,** *pron* moi-même.

myrrh, meure, *n* myrrhe *f*.

myrtle, meur'-t'l, *n* myrte *f*.

mysterious*, miss-tî'-ri-euce, *a* mystérieux.

mystery, miss'-teur-i, *n* mystère *m*.

mystify, miss'-ti-fâî, *v* mystifier.

myth, mits, *n* mythe *m*; **—ology,** mythologie *f*.

nag, năgue, *v* gronder; harceler. *n* (horse) bidet *m*.

nail, néle, *n* (metal) clou *m*; (human) ongle *m*. *v* clouer; **— -brush,** *n* brosse à ongles *f*; **--file,** lime à ongles *f*.

naïve*, nà-ive', *a* naïf.

naked, né'-kedde, *a* nu; (trees, etc) dépouillé.

name, néme, *v* appeler; (specify) nommer. *n* nom *m*; **Christian —,** prénom *m*; **sur—,** nom de famille *m*; **—less,** *a* anonyme; **—ly,** *adv* à savoir; **—sake,** *n* homonyme *m*.

nap, năppe, *n* (sleep) somme *m*; (cloth) poil *m*.

nape, népe, *n* nuque *f*.

naphtha, năph'-tsa, *n* naphte *m*.

napkin, năpp'-kinne, *n* serviette *f*.

narcissus, nâr-siss'-euce, *n* narcisse *m*.

narcotic, nâr-cott'-ique, *n* & *a* narcotique *m*.

narrative, năr'-ra-tive, *n* narration *f*.

narrow, năr'-au, *v* rétrécir; **—*** étroit; **--minded,** étroit d'esprit; **—ness,** *n* étroitesse *f*.

nasal*, né'-z'l, *a* nasal.

nasturtium, nass-teur'-ch'm, *n* capucine *f*.

nasty, nâsse'-ti, *a* méchant; mauvais; (dirty) sale.

nation, né'-ch'n, *n* nation *f*; pays *m*.

national, năch'-eunn-'l, *a* national.

nationality, năch-eunn-al'-i-ti, *n* nationalité *f*.

native, né'-tive, *n* & *a* natif, -ive *m* & *f*, indigène *m* & *f*. *a* natal **(my native country,** mon pays natal).

natural*, năt'-tiou-r'l, *a* naturel.

naturalization, năt'-tiou-ral-âï-zé'-ch'n, *n* naturalisation *f*.

nature, nét'-tioure, *n* nature *f*.

naught, noate, *n* rien *m*; zéro *m*.

naughty, noa'-ti, *a* vilain; pas sage.

nauseous, nô'-si-*e*uce, *a* nauséabond; écœurant.

nautical, nô'-ti-k'l, *a* nautique.

naval, né'-v'l, *a* naval; maritime; — **officer,** officier de marine *m*.

navel, né'-v'l, *n* nombril *m*.

navigate, nă'-vi-guéte, *v* naviguer.

navigation, nă-vi-gué'-ch'n, *n* navigation *f*.

navigator, năv'-i-gué-t*e*ur, *n* navigateur *m*.

navvy, năv'-i, *n* terrassier *m*; ouvrier *m*.

navy, né'-vi, *n* marine *f*; — **blue,** *a* bleu marine.

near, nîre, *a* proche. *prep* près de. *adv* près. *v* s'approcher de; —**ly,** *adv* presque; —**ness,** *n* proximité *f*; — **-sighted,** *n* & *a* myope *m* & *f*.

neat, nîte, *a* (spruce) soigné; (dainty) délicat; (tidy) rangé; (not diluted) pur.

neatness, nîte'-ness, *n* netteté *f*; (clean) propreté *f*.

necessarily, nèss'-ess-*a*-ri-li, *adv* nécessairement.

necessary, nèss'-ess-*a*-ri, *a* nécessaire.

necessitate, ni-sess'-i-téte, *v* nécessiter.

necessity, ni-sess'-i-ti, *n* nécessité *f*.

neck, nèque, *n* cou *m*; (bottle) goulot *m*; —**lace,** collier *m*; — **-tie,** cravate *f*.

need, nîde, *v* avoir besoin de. *n* besoin *m*; —**ful*,** *a* nécessaire; —**less*,** inutile; —**y,** nécessiteux.

needle, nî'-d'l, *n* aiguille *f*.

negation, ni-gué'-ch'n, *n* négation *f*.

negative, negg'-*a*-tive, *n* négative *f*. *a** négatif.

neglect, nig-lecte', *v* négliger. *n* négligence *f*.

negligence, negg'-li-djennce, *n* négligence *f*.

negligent, negg'-li-dj'nt, *a* négligent.

negotiate, ni-gau'-chi-éte, *v* négocier.

negotiation, ni-gau-chi-é'-ch'n, *n* négociation *f*.

negress, nî'-gresse, *n* négresse *f*.

negro, nî'-grau, *n* nègre *m*.

neigh, né, *v* hennir. *n* hennissement *m*.

neighbour, nè'-b'r, *n* voisin *m*; —**hood,** voisinage *m*; —**ly,** *a* bon voisin.

neither, nâï'-*dz*'r, *pron* & *a* ni l'un ni l'autre. *adv* non plus;— **. . . nor,** *conj* ni . . . ni.

nephew, név'-iou, *n* neveu *m*.

nerve, neurve, *n* nerf *m*; (pluck, etc) sang froid *m*; (cheek) audace *f*.

nervous*, neur'-*veuce*, *c* nerveux; timide; excitable.

nest, nesste, *n* nid *m*. *v* nicher.

nestle, ness'-'l, *v* se nicher; se blottir.

net, nett, *n* filet *m*. *a* (weight, etc) net.

nettle, nett'-'l, *n* ortie *f*.

network, nett'-oueurque, *n* réseau *m*.

neuralgia, nioue-rall'-dji-*a*, *n* névralgie *f*.

neuter, nioue'-*teur*, *n* & *a* neutre *m*.

neutral, nioue'-tr'l, *a* neutre.

never, nèv'-'r, *adv* (ne) . . . jamais; — **more,** plus jamais; — **theless,** *adv* néanmoins.

new, nioue, *a* neuf; nouveau; frais; — **year,** *n* nouvel an *m*; — **Year's Day,** jour de l'an *m*.

news, niouze, *npl* nouvelles *fpl*; (radio, TV) informations *fpl*; — **agent,** marchand de journaux *m*; — **paper,** journal *m*.

next, nexte, *a* prochain; suivant; (beside) à côté, voisin. *adv* ensuite.

nib, nibbe, *n* plume *f*.

nibble, nib'-b'l, *v* grignoter; (rats, etc) ronger.

nice*, nâïce, *a* agréable; sympathique; aimable; (subtle) scrupuleux.

nickel, nique'-'l, *n* nickel *m*.

nickname, nique'-néme, *n* surnom *m*.

nicotine, nique'-ô-tinne, *n* nicotine *f*.

niece, nîce, *n* nièce *f*.

night, nâïte, *n* nuit *f*; — **dress,** chemise de nuit *f*; — **fall,** tombée de la nuit *f*; — **ingale,** rossignol *m*; — **ly,** *adv* tous les soirs; — **mare,** *n* cauchemar *m*.

nimble, nimm'-b'l, *a* leste; agile; vif.

nine, nâïne, *n* & *a* neuf *m*; — **teen,** dix-neuf *m*; — **teenth,** dix-neuvième *m* & *f*; — **tieth,** quatre-vingt-dixième *m* & *f*; — **ty,** quatre-vingt-dix *m*.

ninth, nâïn*n*ts, *n* & *a* neuvième *m* & *f*.

nip, nippe, *v* pincer; — **off,** couper, filer.

nipple, nip'-p'l, *n* mamelon *m*.

nitrate, nâï'-tréte, *n* nitrate *m*.

nitrogen, nâï'-trô-dj'n, *n* azote *m*, nitrogène *m*.

no, nau, *adv* non, pas, ne . . . pas. *a* aucun.

nobility, no-bil'-i-ti, *n* noblesse *f*.

noble, nau'-b'l, *n* noble *m*. *a* noble; généreux.

nobody, nau'-bŏdd-i, *n* un rien *m*. *pron* personne.

nod, nodde, *v* faire un signe de tête. *n* signe de tête *m*.

noise, noa'ize, *n* bruit *m*; **—less***, *a* silencieux.

noisily, noa'iz'-i-li, *adv* bruyamment.

noisy, noa'-i-zi, *a* bruyant, tapageur.

nominal*, nomm'-i-n'l, *a* nominal.

nominate, nomm'-i-néte, *v* nommer; proposer.

nominee, nomm-i-ni', *n* personne désignée *f*.

non, nonne, **— -commissioned officer,** *n* sous-officier *m*; **—plussed,** *a* confus; dérouté; **—sense,** *n* absurdité *f*; **— -stop,** *a* continu; (train, etc) direct.

nook, nouk, *n* coin *m*.

noon, noune, *n* midi *m*.

noose, nouce, *n* nœud coulant *m*.

normal*, nŏr'-m'l, *a* normal.

north, nŏr*t*s, *n* nord *m*; **—erly,** *adv* au nord. *a* du nord.

nose, nauze, *n* nez *m*.

nostril, noss'-tr'l, *n* narine *f*; naseau *m*.

not, notte, *adv* ne . . . pas; ne . . . point; pas.

notable, naute'-a-b'l, *a* notable, insigne.

notary, naute'-a-ri, *n* notaire *m*.

notch, notche, *v* entailler. *n* entaille *f*, coche *f*.

note, naute, *v* noter; remarquer. *n* note *f*; (currency) billet de banque *m*; **— -book,** carnet *m*; **—d,** *a* fameux; célèbre; **— -paper,** *n* papier à lettres *m*; **—worthy,** *a* digne de remarque.

nothing, no'-*t*sing, rien; **for —,** en vain.

notice, nau'-tice, *v* remarquer; faire attention; observer. *n* avis *m*; affiche *f*; (to quit) congé *m*; **—able,** *a* perceptible.

notify, nau'-ti-fâï, *v* notifier; signaler.

notion, nau'-ch'n, *n* notion *f*; idée *f*.

notoriety, nau-tŏ-râï'-è-ti, *n* notoriété *f*.

notorious, nau-tau'-ri-*eu*ce, *a* notoire; insigne.

notwithstanding, nott-ouïd*z*-stănnd'-inng, *prep* & *conj* néanmoins, malgré.

noun, na'oune, *n* nom *m*, substantif *m*.

nourish, nor'-iche, v nourrir; **—ing,** a nourrissant; **—ment,** n nourriture f.

novel, nov'-'l, n roman m. a nouveau; **—ist,** n romancier m; **—ty,** nouveauté f; innovation f.

November, no-vemm'-b'r, n novembre m.

novice, nov'-ice, n novice m & f.

now, nâ'ou, adv maintenant; **—adays,** de nos jours; **— and then,** de temps en temps.

nowhere, nau'-houère, adv nulle part.

noxious, noque'-cheuce, a nuisible; pernicieux.

nozzle, noz'-z'l, n bout m; lance f; jet m.

nuclear, nioue'-kl-îr, a nucléaire.

nucleus, nioue'-kli-euce, n noyau m.

nude, nioude, n & a nu m.

nudge, nodje, n coup de coude m.

nugget, nogg'-itte, n pépite f.

nuisance, nioue'-s'nce, n (annoyance) plaie f; (bother) ennui m.

null, nolle, a nul; **—ify,** v rendre nul.

numb, nomme, a engourdi. v engourdir; **—ness,** n engourdissement m.

number, nomm'-b'r, n nombre m; (of a series) numéro m. v numéroter; **—less,** a innombrable.

numerous, nioue'-meur-euce, a nombreux.

nun, nonne, n nonne f; religieuse f.

nuptial, nopp'-ch'l, a nuptial; **—s,** npl noces fpl.

nurse, neurce, n infirmière f; (male) infirmier m. v soigner; (suckle) nourrir; **—ry school,** n maternelle f; (plants, etc) pépinière f; **—ry-rhyme,** conte de nourrice m.

nut, notte, n noix f; (hazel) noisette f; (pea) cacahuète f; (mech) écrou m; **—-cracker,** casse-noisettes m; **—meg,** muscade f; **—-shell,** coquille de noix f.

nutriment, nioue'-tri-m'nt, n nourriture f.

nutritious, nioue-tri'-cheuce, a nutritif.

nylon, nâî'-lonn, n nylon m.

oak, auque, n chêne m.

oar, ore, n rame f, aviron m; **—sman,** rameur m.

oasis, au-é'-cisse, n oasis f.

oat, aute, n avoine f; **—meal,** farine d'avoine m.

oath, au*t*s, *n* serment *m*; (profane) juron *m*.

obdurate*, ob'-diou-rète, *a* endurci; obstiné.

obedience, o-bi'-di-ennce, *n* obéissance *f*.

obedient*, o-bi'-di-ennte, *a* obéissant.

obese, au-bîce', *a* obèse.

obesity, au-bîs'-i-ti, *n* obésité *f*.

obey, o-bé', *v* obéir.

obituary, o-bit'-iou-*a*-ri, *n* nécrologie *f*. *a* nécro-
logique.

object, ob-djecte', *v* protester; s'opposer à.

object, ob'-djecte, *n* objet *m*; (aim) but *m*; (grammar)
complément *m*; **—ion,** objection *f*; **—ionable,** *a*
répréhensible; **—ive,** *n* & *a* objectif *m*.

obligation, o-bli-gé'-ch'n, *n* obligation *f*.

obligatory, ob'-li-ga-to-ri, *a* obligatoire.

oblige, o-blâïdje', *v* obliger; (favour) rendre service.

obliging*, o-blâïdj'-inng, *a* obligeant.

obliterate, ob-litt'-*eur*-éte, *v* effacer.

oblivion, ob-liv'-i-*eu*ne, *n* oubli *m*.

oblivious, ob-liv'-i-*eu*ce, *a* oublieux.

oblong, ob'-lonng, *a* oblong. *n* rectangle *m*.

obnoxious*, ob-noque'-ch*eu*ce, *a* repoussant.

obscene*, ob-cîne', *a* obscène.

obscure, ob-skioure', *v* obscurcir. *a** obscur.

observant, ob-zeur-v'nt, *n* & *a* observateur *m*.

observation, ob-zeur-vé'-ch'n, *n* observation *f*.

observatory, ob-zeur'-va-to-ri, *n* observatoire *m*.

observe, ob-zeurve', *v* observer; remarquer.

obsolete, ob'-sô-lite, *a* suranné; hors d'usage.

obstacle, ob'-stâ-k'l, *n* obstacle *m*.

obstinacy, ob'-sti-na-ci, *n* obstination *f*; opiniâtreté *f*.

obstinate, ob'-sti-néte, *a* entêté, obstiné.

obstruct, ob-strocte', *v* encombrer; (hinder) empêcher; **—ion,** *n* encombrement *m*.

obtain, ob-téne', *v* obtenir; se procurer.

obtrude, ob-troude', *v* s'imposer.

obtrusive*, ob-trouce'-cive, *a* importun.

obviate, ob'-vi-éte, *v* obvier à.

obvious*, ob'-vi-*eu*ce, *a* évident, clair.

occasion, o-qué'-j'n, *n* occasion *f*; **—al,** *a* occasionnel;
—ally, *adv* de temps en temps.

occult, ok'-kolte, *a* occulte, secret.

occupation, ok-kiou-pé'-ch'n *n* occupation *f.*

occupier, ok'-kiou-pâî-*eur*, *n* occupant *m*; (tenant) locataire *m* & *f.*

occupy, ok'-kiou-pâî, *v* occuper; s'occuper.

occur, ok-keure', *v* (to the mind) venir à l'esprit; (happen) arriver; (opportunity) se présenter.

occurrence, ok-keur'-ennse, *n* événement *m.*

ocean, au'-ch'n, *n* océan *m.*

ochre, ô'-keur, *n* ocre *f.*

octagon, ok'-ta-gonne, *n* & *a* octogone *m.*

octagonal, ok-ta'-gonn-al, *a* octogonal.

octave, ok'-téve, *n* octave *f.*

October, ok-tau'-b'r, *n* octobre *m.*

octopus, ok'-tau-*peuce*, *n* pieuvre *f*, poulpe *m.*

oculist, ok'-iou-liste, *n* oculiste *m.*

odd, odde, *a* (number) impair; (single) dépareillé; (strange) étrange; **—ly,** *adv* singulièrement; **—s,** *npl* (betting) chances *fpl;* **—s and ends,** bricoles *fpl.*

odious*, au'-di-*euce*, *a* odieux, détestable.

odium, au'-di-*eume*, *n* odieux *m*; (hatred) haine *f.*

odour, ô'-d'r, *n* odeur *f*; (sweet) parfum *m.*

of, ove, *prep* de; (among) parmi.

off, of, *adv* loin, à distance. *prep* de.

offal, of-'f'l, *n* abats *mpl*; (refuse) rebut *m.*

offence, of-fennce', *n* offense *f*; (law) délit *m.*

offend, of-fennde', *v* offenser.

offensive, of-fenn'-cive, *a** offensif. *n* offensive *f.*

offer, of'-f'r, *v* offrir. *n* offre *f*; **—ing,** offrande *f.*

office, of'-ice, *n* bureau *m*; fonctions *fpl.*

officer, of'-iss-'r, *n* (*mil*) officier *m.*

official, of-ich'-'l, *n* fonctionnaire *m.* *a** officiel.

officious*, of-ich'-*euce*, *a* officieux.

offspring, of'-spring, *n* descendant *m.*

oft, often, ofte, of'-'n, *adv* souvent, fréquemment.

ogle, au'-g'l, *v* lorgner.

oil, oa'ile, *n* huile *f.* *v* lubrifier; **—cloth,** *n* toile cirée *f.*

ointment, ô'innte'-m'nt, *n* pommade *f.*

old, aulde, *a* vieux; âgé; antique; ancien.

old-fashioned, aulde-fâch'-*eun*'d, *a* démodé.

olive, ol'-ive, *n* olive *f*; **— -oil,** huile d'olive *f.*

omelette, omm'-lette, *n* omelette *f.*

omen, au'-menne, *n* augure *m*, présage *m.*

ominous*, o'-mi-ne*uce*, *a* de mauvais augure.

omission, o-mîch'-'n, *n* omission *f*, oubli *m*.

omit, o-mitte', *v* omettre.

omnipotent, omm-nip'-o-tennte, *a* tout-puissant.

on, onne, *prep* en; à; sur. *adv* (upon) dessus; (onward) en avant; *conj* (de) le; **— foot**, à pied.

once, ou'onnce, *adv* une fois; (formerly) autrefois; **all at —**, tout d'un coup; **at —**, tout de suite; **— more**, encore une fois.

one, ou'onne, *n & a* un *m*; une *f*; (impersonal) on.

onerous*, onn'-*eur*-e*uce*, *a* onéreux.

oneself, ou'onne'-selfe, *pron* soi-même.

onion, onn'-i*eune*, *n* oignon *m*.

only, aune'-li, *adv* seulement. *a* unique, seul.

onslaught, onn'-sloate, *n* assaut *m*.

onward, onn'-ou*eur*de, *adv* en avant.

onyx, onn'-ix, *n* onyx *m*.

ooze, ouze, *v* suinter; dégouliner. *n* vase *f*; fange *f*.

opal, au'-pal, *n* opale *f*.

opaque, ô-péque', *a* opaque.

open, ôp'-'n, *v* ouvrir. *a** ouvert; **— -air**, en plein air; **—er**, *n* (tool) ouvre . . . *m*; **—ing**, ouverture *f*; occasion *f*.

opera, op'-*eur*-a, *n* opéra *m*.

operate, op'-*eur*-éte, *v* faire marcher; (*med*) opérer.

operation, op-*eur*-é'-ch'n, *n* opération *f*.

operator, op'-*eur*-é-t*eur*, *n* opérateur *m*.

opinion, ŏ-pinn'-i*eune*, *n* opinion *f*.

opium, au'-pi-omme, *n* opium *m*.

opponent, ŏ-pau'-nennte, *n* adversaire *m*.

opportune, op'-ŏr-tioune, *a* opportun; à propos.

opportunity, ŏ-por-tioue'-ni-ti, *n* occasion *f*.

oppose, ôp-auze', *v* opposer; s'opposer.

opposite, op'-ŏ-zitte, *adv* en face de. *a* opposé. *n* opposé *m*.

opposition, ôp-pô-zi'-ch'n, *n* opposition *f*; (*com*) concurrence *f*.

oppress, ôp-presse', *v* opprimer; **—ion**, *n* oppression *f*; **—ive**, *a* tyrannique; (atmosphere) accablant.

optician, ôp-tich'-'n, *n* opticien *m*.

option, op'-ch'n, *n* option *f*; **—al**, *a* facultatif.

opulent, op'-iou-lennte, *a* opulent.

or, aur, *conj* ou; — **else,** ou bien.

oral*, au'-r'l, *a* oral.

orange, or'-inndje, *n* orange *f*.

orator, or'-*a*-t'r, *n* orateur *m*.

oratory, or'-*a*-tŏ-ri, *n* éloquence *f*; (*eccl*) oratoire *m*.

orb, oarbe, *n* (sphere) globe *m*, orbe *m*, sphère *f*.

orbit, oar'-bitte, orbite *f*.

orchard, oar'-tcheurde, *n* verger *m*.

orchestra, oar'kess-tra, *n* orchestre *m*.

orchid, or'-kidde, *n* orchidée *f*.

ordain, oar-déne', *v* ordonner.

ordeal, oar-dîle, *n* épreuve *f*.

order, oar'-deur, *n* ordre *m*; (goods) commande *f*. *v* commander; —**ly,** *a* ordonné; (quiet) calme.   *n*

ordinary, oar'-di-na-ri, *a* ordinaire. |planton *m*.

ordnance, oard'-nænnce, *n* artillerie *f*.

ore, aure, *n* minerai *m*.

organ, oar'-guenne, *n* orgue *m*; (*med*) organe *m*.

organic, oar-gănn'-ique, *a* organique.

organization, oar'-ga-nâĭ-zé'-ch'n, *n* organisation *f*.

organize, oar'-ga-nâĭze, *v* organiser.

orgy, oar'-dji, *n* orgie *f*.

orient, au'-ri-ennte, *n* orient *m*; —**al,** *a* oriental.

origin, or'-i-djinne, *n* origine *f*; —**al*,** *a* original.

originate, ŏr-idj'-i-néte, *v* provenir de.

ornament, oar'-na-mennte, *n* ornement *m*.

ornamental, oar'-na-menn'-t'l, *a* ornemental.

orphan, oar'-f'n, *n* orphelin, -e *m* & *f*; —**age,** orphelinat *m*.

orthodox, or'-tsŏ-dŏxe, *n* & *a* orthodoxe *m* & *f*.

orthography, oar-tsog'-ra-fi, *n* orthographe *f*.

oscillate, os'-sil-léte, *v* osciller.

ostentatious*, oss-tenn-té'-cheuce, *a* fastueux.

ostrich, oss'-tritche, *n* autruche *f*.

other, o'-dz'r, *a* autre; **the — one,** *pron* l'autre.

otherwise, o'-dz'r-ou'âĭze, *adv* autrement.

otter, ot'-t'r, *n* loutre *f*.

ought, oate, *v* devoir, falloir.

our, â'our, *poss a* notre, nos.

ours, â'ourze, *poss pron* le nôtre, la nôtre, les nôtres.

ourselves, â'our-celves', *pron* nous-mêmes.

out, à'oute, adv hors, dehors; (extinguished) éteint; (issued) paru; —**bid**, v surenchérir; —**break**, n insurrection f; épidémie f; —**burst**, explosion f. —**cast**, proscrit m; —**cry**, clameur f; —**do**, v surpasser; —**fit**, n équipement m; —**fitter**, confectionneur m; —(ships) armateur m; —**grow**, v devenir trop grand pour; —**last**, survivre à; dépasser . . .; —**law**, n proscrit m. v proscrire; —**lay**, n déboursés mpl; —**let**, débouché m; issue f; —**line**, v esquisser; —**live**, survivre à; —**look**, n perspective f; aspect m; —**lying**, a éloigné; —**number**, v surpasser en nombre; —**post**, m avantposte m; —**put**, rendement m; —**rage**, outrage m; —**rageous**, a outrageux; exorbitant; —**right**, adv entièrement; —**run**, v dépasser en vitesse; —**side**, adv en dehors. n extérieur m; dehors m; —**size**, grande taille f; —**skirts**, confins mpl; —**standing**, a saillant; (debts) impayé; —**ward**, adv à l'extérieur. a extérieur; —**ward bound**, (naut) à destination de l'étranger; —**wit**, v surpasser en finesse.

oval, au'-v'l, n & a ovale m.

ovary, au'-va-ri, n ovaire m.

oven, o'-v'n, n four m.

over, au'-v'r, adv par-dessus. prep sur; au-dessus de; —**alls**, n salopette f; —**bearing**, a arrogant; —**board**, adv par-dessus bord; —**cast**, a couvert; —**charge**, n surcharge f; —**coat**, (woman) manteau m; (man) pardessus m; —**come**, v vaincre; triompher de; —**do**, surmener; exagérer; —**dose**, n dose trop forte f; —**draw**, v excéder son crédit; —**due**, a en retard; (debt) arriéré; —**flow**, v déborder; —**grow**, trop grandir; (botanical) recouvrir; —**hang**, surplomber; —**haul**, (mech) examiner; mettre en état; —**hear**, surprendre une conversation; —**joyed**, pp transporté de joie; —**land**, adv par voie de terre; —**lap**, v chevaucher; —**load**, surcharger; —**look**, avoir vue sur; (forget) oublier; (pardon) laisser passer; —**power**, (vanquish) maîtriser; (heat, fumes, etc) accabler; —**rate**, surestimer; —**rule**, (set aside) rejeter; —**run**, envahir; infester; —**seas**, a d'outre-mer; —**see**, v surveiller; —**seer**, n surveillant m; —**sight**, inadvertance f; —**sleep**, v dormir trop longtemps; —**take**, rattraper; (car, etc) doubler; —**throw**, renverser; —**time**, *n* (work) travail supplémentaire *m*; —**turn**, *v* renverser; se renverser; —**weight**, *n* excédent de poids *m*; —**whelm**, *v* accabler; écraser; —**work**, *v* surmener. *n* surmenage *m*.

owe, au, *v* devoir.

owing, au'-inng, dû; — **to**, *prep* à cause de.

owl, à'oule, *n* hibou *m*.

own, aune, *v* posséder; (admit) avouer. *a* propre.

owner, aune'-r, *n* propriétaire *m*.

ox, oxe, *n* boeuf *m*.

oxygen, ok'-si-dj'n, *n* oxygène *m*.

oyster, oa'iss'-t'r, *n* huître *f*; — -**bed**, parc à huîtres *m*.

pace, péce, *n* pas *m*; (speed) allure *f*. *v* mesurer.

pacify, pàss'-i-fâï, *v* pacifier; calmer.

pack, pàque, *v* emballer; empaqueter; (a case) faire les valises. *n* paquet *m*; (load) charge *f*; (cards) jeu *m*; (gang) bande *f*; (animals) troupeau *m*; (hounds) meute *f*; —**age**, colis *m*; —**et**, paquet *m*; —**ing**, emballage *m*; (mech) garniture *f*.

pact, pàcte, *n* pacte *m*.

pad, pàdde, *v* (stuff) rembourrer. *n* (stamp pad) tampon *m*; (writing) bloc-notes *m*.

padding, pàdd'-inng, *n* rembourrage *m*.

paddle, pàd'-d'l, *v* pagayer; (feet, hands) patauger. *n* pagaie *f*; — -**steamer**, vapeur à roues *m*; — -**wheel**, roue à aubes *f*.

paddock, pàdd'-ôque, *n* (meadow) enclos *m*.

padlock, pàd'-lôque, *n* cadenas *m*. *v* cadenasser.

pagan, pé'-gànne, *n & a* païen *m*.

page, pédje, *n* page *f*; — -**boy**, chasseur *m*.

pageant, pà'-djannte, *n* cortège *m*, spectacle *m*.

pail, péle, *n* seau *m*.

pain, péne, *v* faire mal. *n* douleur *f*; —**ful**, *a** douloureux; —**less**, sans douleur.

paint, péne-te, *v* peindre. *n* peinture *f*; (art) couleur *f*; — -**brush**, pinceau *m*; —**er**, peintre *m*; —**ing**, (picture) tableau *m*.

pair, père, *n* paire *f*; couple *m*.

palace, păl'-*ace*, *n* palais *m*.

palatable, păl'-*a*-ta-b'l, *a* agréable au goût.

palate, păl'-*ate*, *n* palais *m*.

pale, péle, *a* pâle. *v* pâlir; —**ness**, *n* pâleur *f*.

palette, păl'-*ette*, *n* palette *f*.

paling, péle'-*inng*, *n* palissade *f*.

palm, pâme, *n* palmier *m*; (hand) paume *f*; —**ist**, chiromancien *m*; —**istry**, chiromancie *f*; — **Sunday**, dimanche des Rameaux *m*.

palpitation, păl-pi-té'-ch'n, *n* palpitation *f*.

pamper, pămm'-p'r, *v* choyer.

pamphlet, pămm'-flitte, *n* brochure *f*.

pan, pănne, *n* (frying) poêle *f*; —**cake**, crêpe *f*.

pane, péne, *n* vitre *f*; carreau *m*.

panel, pănn'-'l, *n* panneau *m*; (persons) liste *f*.

pang, pain-ng, *n* angoisse *f*.

panic, pănn'-*ique*, *n* panique *f*.

pansy, pănn'-zi, *n* pensée *f*.

pant, pănnte, *v* haleter.

panther, pănn'-tseur, *n* panthère *f*.

pantomime, pănn'-tau-mâïme, *n* (Xmas) féerie *f*.

pantry, pănn'-tri, *n* (food) garde-manger *m*.

pants, pănntse, *npl* caleçon *m*.

papal, pé'-pal, *a* papal.

paper, pé'-p'r, *v* tapisser. *n* papier *m*; news—, journal *m*; **wall**—, papier peint *m*.

par, pâre, *n* pair *m*; egalité *f*.

parable, pâr'-*a*-b'l, *n* parabole *f*.

parachute, pă'-ra-choute, *n* parachute *m*.

parade, pa-réde', *v* parader. *n* parade *f*.

paradise, pă'-ra-dâïce, *n* paradis *m*.

paraffin, pă'-ra-finne, *n* paraffine *f*; — **lamp**, lampe à pétrole *f*.

paragraph, pă'-ra-grăfe, *n* paragraphe *m*.

parallel, pă'-ral-lelle, *a* parallèle; (similar) semblable.

paralyse, pă'-ral-lâïze, *v* paralyser.

paralysis, pa-ral'-i-sisse, *n* paralysie *f*.

parasite, pă'-ra-sâïte, *n* parasite *m*.

parcel, pâr'-s'l, *n* paquet *m*, colis *m*.

parched, pârtch'-t, *a* desséché; aride.

parchment, pârtch'-m'nt, *n* parchemin *m*.

pardon, pâr'-d'n, v pardonner; excuser. n pardon m; (official) grâce f.

parents, pě'-renntse, npl parents mpl.

parish, pâr'-iche, n commune f; (eccl) paroisse f.

park, pârque, n parc m; **—ing,** (motors) stationnement m; **—ing meter,** n parcomètre m; **car park,** n parking m.

parley, pâr'-li, v parlementer. n pourparlers mpl.

parliament, pâr'-li-mennte, n parlement m.

parlour, pâr'-l'r, n petit salon m.

parochial, pa-rau'-ki-al, a communal, paroissial.

parrot, pâr'-ôtte, n perroquet m.

parry, pâr'-li, v parer. n parade f.

parsimonious*, pâr-ci-mau'-ni-euce, a parcimonieux.

parsley, pârce'-li, n persil m.

parsnip, pârce'-nippe, n panais m.

parson, pâr'-s'n, n pasteur m; (catholic) prêtre m.

parsonage, pâr'-sònn-idj, n presbytère m.

part, pârte, v séparer; (hair) faire la raie; n (share) part f; (actor's) rôle m; (district) partie f.

partake, pâr-téque', v participer à.

partial*, pâr'-ch'l, a partial; **—ity,** n prédilection f.

participate, pâr-tiss'-i-péte, v participer à or de.

participle, pâr'-ti-ci-p'l, n (grammar) participe m.

particle, pâr'-ti-c'l, n particule f.

particular, par-tik'-iou-l'r, a spécial; exigeant; (exact) minutieux; **—s,** npl détails mpl.

parting, pârt'-inng, n séparation f; (hair) raie f.

partition, pâr-ti'-ch'n, n (wall) cloison f.

partner, pârte'n'r, n (business) associé m; (games) partenaire m & f; (dance) danseur f.

partnership, pârte'-n'r-chippe, n association f.

partridge, pârte'-ridje, n perdrix f.

party, pâr'-ti, n parti m; fête f; (evening) soirée f.

pass, pâsse, v passer; (overtake) dépasser; (meet) rencontrer; (exam) réussir, n permis m; (mountain) passe f; **— -book,** carnet de banque m; **—port,** passeport m.

passage, pâss'-idj, n passage m; (house) corridor m; (sea) traversée f.

passenger, pâss'-inn-dj'r, n voyageur, -euse m & f; passager, -ère m & f.

passer-by, pàsse'-'r-bâï, *n* passant, -e m & f.

passion, pàch'-ònne, *n* passion f; (anger) colère f.

passionate*, pàch'-ònn-éte, *a* passionné.

past, pàsst, *n & a* passé m. *prep* au-delà de.

paste, péste, *n* pâte f; (adhesive) colle f. *v* coller.

pastime, pàsse'-tâïme, *n* passe-temps m.

pastries, péss'-trize, *npl* pâtisserie f; gâteaux *mpl*.

pastry, péss'-tri, pâte f.

pasture, pàsse'-tioure, *n* pâturage m.

pat, pàtte, *v* caresser de la main. *n* caresse f.

patch, pàtche, *v* rapiécer. *n* pièce f.

patent, pé'-tennte, *v* breveter. *n* brevet d'invention m. *a* breveté; — **-leather,** *n* cuir verni m.

paternal*, pa-teur'-n'l, *a* paternel.

path, pàts, *n* sentier m; (garden) allée f.

pathetic, pa-tsé'-tique, *a* pathétique.

patience, pé'-ch'nce, *n* patience f.

patient, pé'-ch'nt, *n* malade m & f. *a** patient.

patriot, pé'-tri-òtte, *n* patriote m & f; —**ic,** *a* (person) patriote; (thing) patriotique.

patrol, pa-traule', *n* patrouille f. *v* faire une ronde.

patronize, pá'-trònn-âïse, *v* favoriser; (fig) faire l'important.

pattern, pàtt'-eurne, *n* modèle m; (sample) échantillon m; (paper, etc) patron m.

paunch, poanche, *n* panse f, ventre m.

pauper, poa'-p'r, *n* pauvre m & f.

pause, poaze, *v* faire une pause; s'arrêter. *n* pause f.

pave, péve, *v* paver; —**ment,** *n* trottoir m.

pavilion, pà-vil'-ieunne, *n* pavillon m.

paw, poa, *n* patte f. *v* (as a horse) piaffer.

pawn, poann, *n* gage m; (chess) pion m; *v* mettre en gage; —**broker's shop,** *n* mont de piété m.

pay, pé, *v* payer. *n* (military) solde f; (workman's) salaire m; —**able,** *a* payable; —**er,** *n* payeur m; —**ment,** paiement m.

pea, pî, *n* pois m; —**nut,** cacahuète f.

peace, pîce, *n* paix f; —**ful*,** *a* paisible.

peach, pîtche, *n* pêche f; — **-tree,** pêcher m.

peacock, pî'-coque, *n* paon m.

peak, pique, *n* (mountain) pic m; (fig) sommet m.

peal, pîle, *n* (bells) carillon *m*; (thunder) coup de tonnerre *m*.

pear, père, *n* poire *f*; — **-tree,** poirier *m*.

pearl, peurle, *n* perle *f*.

peasant, pèz'-'nt, *n* paysan, -anne *m* & *f*; —**ry,** les paysans *mpl*.

peat, pîte, *n* tourbe *f*.

pebble, pèb'-b'l, *n* galet *m*.

peck, pèque, *v* picoter. *n* coup de bec *m*.

peculiar*, pi-kiou'-li-*eur*, *a* singulier.

peculiarity, pi-kiou'-li-ăr'-i-ti, *n* singularité *f*.

pedal, pède'-'l, *n* pédale *f*. *v* pédaler.

pedantic, pè-dănn'-tique, *a* (person) pédant; (thing) pédantesque.

pedestal, pèd'-ess-t'l, *n* piédestal *m*.

pedestrian, pi-dess'-tri-anne, *n* piéton *m*.

pedigree, pèd'-i-grî, *n* généalogie *f*; (dog) pedigree *m*.

pedlar, pèd'-l'r, *n* colporteur *m*.

peel, pîle, *n* pelure *f*. *v* peler; éplucher.

peep, pîpe, *v* jeter un coup d'œil. *n* coup d'œil *m*.

peer, pîre, *n* pair *m*; —**age,** pairie *f*.

peevish*, pî'-viche, *a* grincheux, maussade.

peg, pègue, *n* cheville *f*; (for hats, etc) patère *f*; **clothes- —,** pince à linge *f*.

pellet, pel'-lite, *n* boulette *f*; (shot) grain de plomb *m*.

pelt, pelte, *n* peau *f*. *v* assaillir à coups de . . .

pen, pène, *n* stylo *m*; (cattle, etc) parc *m*; —**holder,** porte-plume *m*; —**knife,** canif *m*; — **-nib,** plume *f*.

penal, pî'-n'l, *a* pénal; — **servitude,** *n* travaux forcés *mpl*.

penalty, penn'-*al*-ti, *n* peine *f*; (fine) amende *f*.

penance, penn'-'nce, *n* pénitence *f*.

pencil, penn'-s'l, *n* crayon *m*.

pendant, penn'-dennte, *n* (jewel) pendentif *m*.

pending, penn'-dîng, *prep* en suspens.

pendulum, penn'-diou-leume, *n* pendule *m*.

penetrate, penn'-i-tréte, *v* pénétrer.

penguin, penn'-gouine, *n* pingouin *m*.

penicillin, penn'-i-sil-inne, *n* pénicilline *f*.

peninsula, penn-inn'-siou-la, *n* péninsule *f*.

penis, pî'-nisse, *n* pénis *m*.

penitent, penn'-i-tennte, *n* & *a* pénitent, -e *m* & *f*.

penniless, penn'-i-less, *a* sans le sou.
pension, penn'-ch'n *n* pension *f.* *v* mettre à la
retraite; **—er,** *n* retraité, -e *m* & *f;* (of mil. or naval
homes) invalide *m.*
pensive*, penn'-cive, *a* pensif.
penurious, pi-niou'-ri-*euce,* *a* indigent.
people, pi'-p'l, *n* gens *m* & *fpl;* (community) peuple *m.*
pepper, pèp'-'r, *n* poivre *m;* **—mint,** menthe *f.*
per, peure, *prep* par; **— cent,** pour cent;**—centage,**
n pourcentage *m.*
perceive, peur-cive', *v* apercevoir; s'apercevoir.
perception, peur-sèpp'-ch'n, *n* perception *f.*
perch, peurtche, *n* perchoir *m;* (fish) perche *f.*
peremptory, pair'-emmp-tô-ri, *a* péremptoire.
perfect, peur'-fècte, *a** parfait. *v* perfectionner.
perfection, peur-fèque'-ch'n, *n* perfection *f.*
perfidious*, peur-fid'-i-*euce,* *a* perfide.
perforate, peur'-fo-réte, *v* perforer.
perform, peur-foarme', *v* exécuter; (stage) représenter; **—ance,** *n* exécution *f;* représentation *f.*
perfume, peur'-fioume, *n* parfum *m.* *v* parfumer.
perhaps, peur-hâpse', *adv* peut-être.
peril, pèr'-ile, *n* péril *m;* **—ous,** *a* périlleux.
period, pi'-ri-ode, *n* période *f;* **menstrual —s,**
règles *fpl;* **—ical,** *a* périodique.
periscope, pèr'-iss-kôpe, *n* périscope *m.*
perish, pèr'-iche, *v* périr; (spoil) avarier.
perishable, pèr'-iche-*a*-b'l, *a* périssable.
perjury, pi'-djiou-ri, *n* parjure *m.*
perm, peurme, *n* permanente *f.*
permanent*, peur'-*ma*-nennte, *a* permanent.
permeate, peur'-mi-éte, *v* pénétrer.
permission, peur-mich'n, *n* permission *f.*
permit, peur-mitte, *n* permis *m.* *v* permettre.
pernicious*, peur-nich'-*euce,* *a* pernicieux.
perpendicular, peur-penn-di'-kiou-lar, *n* & *a* perpendiculaire *f.*
perpetrate, peur'-pi-tréte, *v* commettre.
perpetual*, peur-pett'-iou-*al,* *a* perpétuel.
perplex, peur-plexe', *v* embarrasser.
persecute, peur-si-kioute, *v* persécuter.
persecution, p*e*ur-si-kiou-ch'n, *n* persécution *f.*

perseverance, p*eu*r-si-vir'-'nce, *n* persévérance *f.*

persevere, p*eu*r-si-vire', *v* persévérer.

persist, p*eu*r-sisste', *v* persister.

person, p*eu*r'-s'n, *n* personne *f;* —**al,** *a** personnel; —**ality,** *n* personnalité *f.*

personify, p*eu*r-sonn'-i-faï, *v* personnifier.

personnel, p*eu*r'-sŏ-nèl, *n* personnel *m.*

perspective, p*eu*r-spèque'-tive, *n* perspective *f.*

perspicacity, p*eu*r-spi-kă'-ci-ti, *n* perspicacité *f.*

perspiration, p*eu*r-spi-ré'-ch'n, *n* transpiration *f.*

perspire, p*eu*r-spâïre', *v* transpirer, suer.

persuade, p*eu*r-souédé', *v* persuader.

persuasion, p*eu*r-soué-j'n, *n* persuasion *f.*

pert, peurte, *a* éveillé; impertinent.

pertinent, p*eu*r'-ti-nennte, *a* à propos.

perturb, p*eu*r-teurbe', *v* troubler; agiter.

perusal, p*eu*r-ouze'-'l, *n* examen *m;* lecture *f.*

peruse, p*eu*r-ouze', *v* lire attentivement.

perverse, p*eu*r-veurce', *a* pervers; dépravé.

pervert, p*eu*r-veurte', *v* pervertir; dénaturer.

pest, peste, *n* peste *f;* pestilence *f.*

pester, pess'-t'r, *v* tourmenter; importuner.

pet, pette, *n* favori *m;* (child) chéri *m. v* choyer; (spoil) gâter.

petal, pett'-'l, *n* pétale *m.*

petition, pi-ti'-ch'n, *n* requête *f. v* présenter une requête; —**er,** *n* pétitionnaire *m* & *f.*

petrify, pett'-ri-faï, *v* pétrifier.

petrol, pett'-rŏlle, *n* essence *f.*

petroleum, pè-trau'-li-*eu*me, *n* pétrole *m.*

petticoat, pett'-i-caute, *n* jupon *m.*

petty, pett'-i, *a* mesquin; — **cash,** *n* petite caisse *f.*

petulance, pett'-ioul-'nce, *n* pétulance *f.*

pew, pioue, *n* banc d'église *m.*

pewter, pioue'-t'r, *n* étain *m.*

phantom, fänn'-t*eu*me, *n* fantôme *m,* spectre *m.*

phase, féze, *n* phase *f.*

pheasant, fèz'-'nt, *n* faisan *m.*

phenomenon, fi-nomm'-i-nŏnne, *n* phénomène *m.*

philosopher, fi-loss'-ŏf-'r, *n* philosophe *m.*

phlegm, flemme, *n* flegme *m.*

phosphate, fosse'-féte, *n* phosphate *m.*

phosphorus, fosse'-fo-reuce, *n* phosphore *m*.

photograph, fau'-to-gräfe, *n* photographie *f*.

photographer, fau-tog'-räf-'r, *n* photographe *m*.

phrase, fréze, *n* phrase *f*, locution *f*.

physical, fiz'-zi-k'l, *a* physique.

physician, fi-zi'-ch'n, *n* médecin *m*.

physics, fiz'-zix, *npl* la physique *f*.

piano, pi-ä'-nau, *n* piano *m*; **grand —,** piano à queue *m*.

pick, pique, *n* pic *m*; (— axe) pioche *f*. *v* choisir; (gather) cueiliir; (bones) ronger; **— up,** ramasser; **—pocket,** *n* pickpocket *m*.

pickle, pik'-'l, *v* conserver au vinaigre.

pickles, pik'-'lze, *npl* conserves au vinaigre *fpl*.

picnic, pik'-nique, *n* pique-nique *m*.

picture, pik'-tioure, *n* tableau *m*; illustration *f*; portrait *m*; film *m*.

pie, päï, *n* (meat) pâté *m*; (fruit-open) tarte *f*.

piece, pîce, *n* pièce *f*; (fragment, portion) morceau *m*; **—meal,** *adv* par morceaux; **—work,** *n* travail aux pièces *m*.

pier, pire, *n* jetée *f*.

pierce, pirce, *v* percer.

piercing, pire'-cinng, *a* perçant.

piety, päï'-i-ti, *n* piété *f*.

pig, pigue, *n* cochon *m*, porc *m*; **— -iron,** fonte en gueuse *f*; **—sty,** porcherie *f*.

pigeon, pid'-jinne, *n* pigeon *m*.

pigeon-hole, pid'-jinne-haule, *n* (papers) case *f*.

pike, päïque, *n* pique *f*; (fish) brochet *m*.

pilchard, pill'-chârde, *n* pilchard *m*, sardine *f*.

pile, päïle, *n* pieu *m*; (heap) tas *m*; (carpet, etc) poil *m*. *v* empiler.

piles, päïlze, *npl* (med) hémorroïdes *fpl*.

pilfer, pill'-f'r, *v* chiper.

pilgrim, pill'-grimme, *n* pèlerin, -e *m* & *f*.

pilgrimage, pill'-grimm-idj, *n* pèlerinage *m*.

pill, pile, *n* pilule *f*.

pillage, pill'-idj, *n* pillage *m*. *v* piller.

pillar, pill'-'r, *n* pilier *m*; **— -box,** boîte aux lettres *f*.

pillow, pill'-au, *n* oreiller *m*; **—-case,** taie d'oreiller *f*.

pilot, pâï'-leutte, *n* pilote *m*. *v* piloter.

pimple, pimm'-p'l, *n* bouton *m*, pustule *f*.

pin, pinne, *n* épingle *f*; (safety) épingle de sûreté *f*. *v* épingler.

pinafore, pinn'-*a*-faure, *n* tablier *m*.

pincers, pinn'-ceurze, *npl* pince *f*, tenailles *fpl*.

pinch, pinntche, *v* pincer; (press) gêner. *n* pincée *f*.

pine, pâïne, *n* pin *m*; — -apple, ananas *m*.

pinion, pinn'-*ieune*, *n* pignon *m*. *v* lier les bras.

pink, pinng-k, *a* rose. *n* œillet *m*.

pinnacle, pinn'-*a*-k'l, *n* pinacle *m*.

pint, pâïnnte, *n* pinte *f*.

pioneer, pâï-o-nîr', *n* pionnier *m*; (mil) sapeur *m*.

pious*, pâï'-*euce*, *a* pieux.

pip, pippe, *n* pépin *m*.

pipe, pâïpe, *n* tuyau *m*; conduit *m*; (tobacco) pipe *f*.

pirate, pâï'-réte, *n* pirate *m*.

pistol, piss'-t'l, *n* pistolet *m*.

piston, piss'-t'n, *n* piston *m*.

pit, pitte, *n* fosse *f*; (mine) mine *f*; (theatre) parterre *m*.

pitch, pitche, *n* poix *f*; (mus) ton *m*. *v* (naut) tanguer; (throw) lancer.

pitcher, pitch'-'r, *n* (jug) cruche *f*.

pitchfork, pitche'-foarque, *n* fourche *f*.

pitfall, pit'-foale, *n* piège *m*.

pith, pits, *n* moelle *f*.

pitiful*, pitt'-i-foull, *a* pitoyable.

pitiless*, pitt'-i-lesse, *a* impitoyable.

pity, pitt'-i, *n* pitié *f*. *v* avoir pitié de; plaindre; **what a —!** *interj* quel dommage!

pivot, piv'-*eute*, *n* pivot *m*.

placard, plâ'-kârde, *n* affiche *f*. *v* placarder.

place, pléce, *n* place *f*; (locality) lieu *m*; endroit *m*. *v* mettre.

placid*, plăss'-ide, *a* placide, calme.

plagiarism, plé'-dji*a*-rizme, *n* plagiat *m*.

plague, plégue, *n* peste *f*. *v* tourmenter.

plaice, pléce, *n* carrelet *m*.

plain, pléne, *n* plaine *f*. *a* simple; clair; (looks, etc) ordinaire.

plaint, pléne-te, *n* plainte *f*; lamentation *f*; —**iff,** plaignant, -e *m* & *f*; —**ive*,** *a* plaintif.

plait, plăte, *n* natte *f.* *v* tresser; (fold) plisser.

plan, plănne, *a* plan *m*; projet *m.* *v* projeter.

plane, pléne *v* raboter. *n* rabot *m*; **— -tree,** platane *m.*

planet, plănn'-ette, *n* planète *f.*

plank, plain-nk, *n* planche *f.*

plant, plânnte, *v* planter. *n* plante *f*; (*mech*) outillage *m*; **—ation,** plantation *f.*

plaster, plăsse'-t'r, *v* plâtrer. *n* plâtre *m*; (*med*) emplâtre *m*; **court—,** taffetas anglais *m.*

plastic, plăsse'-tique, *n* plastique *f.*

plate, pléte, *v* argenter; dorer; nickeler. *n* assiette *f*; (silver) argenterie *f*; (photo) plaque *f.*

plate-glass, pléte'-glâce, *n* glace *f.*

platform, plătt'-fôrme, *n* estrade *f*; (station) quai *m.*

platinum, plătt'-i-nomme, *n* platine *m.*

play, plé *v* jouer. *n* jeu *m*; (theatre) pièce *f*; **—er,** musicien, -ienne *m* & *f*; acteur *m*; actrice *f*; joueur, -euse *m* & *f*; **—ful*,** *a* enjoué; **—ground,** *n* terrain de jeux *m*; (school) cour *f*; **—ing-cards,** cartes à jouer *fpl.*

plea, plî, *n* procès *m*; prétexte *m*; défense *f.*

plead, plîde, *v* alléguer; (law) plaider.

pleasant*, plě'-z'nt, *a* plaisant, agréable.

please, plîze, *v* plaire; contenter. *interj* s'il vous plaît!

pleasing, plî'-zinng, *a* agréable, aimable.

pleasure, plě'-*jeure*, *n* plaisir *m.*

pleat, plîte, *n* pli *m*; **—ed,** *a* plissé.

pledge, plèdje, *n* gage *m*; (surety) garantie *f.* *v* (pawn) mettre en gage.

plenty, plenn'-ti, *n* abondance *f.*

pleurisy, plioue'-ri-si, *n* pleurésie *f.*

pliable, plăï'-*a*-b'l, *a* flexible.

pliers, plăï'-*eurze*, *npl* pinces *fpl.*

plight, plăîte, *n* état *m*, situation *f.*

plod, plodde, *v* (work) bûcher; **— along,** (walk) marcher péniblement.

plodder, plodde'-r, *n* bûcheur, -euse *m* & *f.*

plot, plotte, *v* tramer. *n* complot *m*; (land) parcelle *f*; (story, etc) sujet *m*; **—ter,** conspirateur *m.*

plough, plâ'ou, *n* charrue *f.* *v* labourer.

ploughman, plâ'ou'-manne, *n* laboureur *m*.

plover, plov'-'r, *n* pluvier *m*.

pluck, ploque, *v* cueillir; plumer. *n* courage *m*.

plug, plogue, *v* boucher. *n* bouchon *m*, tampon *m*; **sparking —,** bougie d'allumage *f*; **wall —,** prise de courant.

plum, plomme, *n* prune *f*; **- -tree,** prunier *m*.

plumage, ploue'-midj, *n* plumage *m*.

plumb, plomme, *v* sonder. *n* plomb *m*; **—ing,** plombage *m*.

plumber, plomm'-*eur*, *n* plombier *m*.

plump, plommpe, *a* gras; (person) potelé.

plunder, plonn'-d'r, *v* piller. *n* pillage *m*.

plunderer, plonn'-*deur*-eur, *n* pillard *m*.

plunge, plonndje, *v* plonger. *n* plongeon *m*.

plural, ploue'-r'l, *n* & *a* pluriel *m*.

plus, plosse, *prep* plus.

plush, ploche, *n* peluche *f*.

ply, plâï, *v* (trade) exercer; (3-ply wool) laine à trois fils *f*; **— between,** *v* faire le service entre. . . .

pneumatic, niou-mătt'-ique, *a* pneumatique.

pneumonia, niou-mau'-ni-*a*, *n* pneumonie *f*.

poach, pautche, *v* braconner; (eggs) pocher.

poacher, pautch'-'r, *n* braconnier *m*.

pocket, pok'-ette, *v* empocher. *n* poche *f*.

pod, pode, *n* cosse *f*; (garlic) gousse *f*.

poem, pau'-emme, *n* poème *m*.

poet, pau'-ette, *n* poète *m*; **—ry,** poésie *f*.

point, poa'innte, *v* indiquer; (finger) montrer; (sharpen) tailler. *n* (tip) pointe *f*; (punctuation, position) point *m*; **—ed,** *a* pointu; (*fig*) direct; **—er,** *n* (rod) baguette *f*; (dog) chien d'arrêt *m*.

poise, poa'ize, *n* équilibre *m*; (person) maintien *m*.

poison, poa'i'-z'n, *n* poison *m*. *v* empoisonner; **—ous,** *a* vénéneux; (animal) venimeux.

poke, pauke, *v* pousser; (fire) attiser.

poker, pau'-keur, *n* tisonnier *m*; (cards) poker *m*.

pole, paule, *n* perche *f*; (arctic) pôle *m*.

police, pŏ-lîce', *n* police *f*; **—man,** agent *m*; **— station,** commissariat de police *m*.

policy, pol'-i-ci, *n* politique *f*; (insurance) police *f*.

polish, pol'-iche, *n* (gloss) luisant *m*; (shoes) cirage *m*; (furniture, etc) cire *f*. *v* polir; cirer; **French —**, vernir.

polite*, pŏ-läïte', *a* poli; —**ness**, *n* politesse *f*.

political, pŏ-lite'-i-k'l, *a* politique.

politician, pŏl-i-tiche'-*a*nn, *n* homme politique *m*.

politics, pol'-i-tikse, *n* politique *f*.

poll, paule, *n* élection *f*; scrutin *m*. *v* voter.

pollute, pŏl-lioute', *v* polluer.

pollution, pol-liou'-ch'n, *n* pollution *f*.

pomade, pau-méde', *n* pommade *f*.

pomegranate, pomm'-gränn-éte, *n* grenade *f*.

pomp, pommpe, *n* pompe *f*; —**ous***, *a* pompeux.

pond, ponnde, *n* étang *m*.

ponder, ponn'-d'r, *v* réfléchir; méditer.

ponderous*, ponn'-*deur-euce*, *a* lourd, pesant.

pony, pau'-ni, *n* poney *m*.

poodle, poue'-d'l, *n* caniche *m*.

pool, poule, *n* (water) mare *f*; (swimming) piscine *f*; (cards) cagnotte *f*; poule *f*. *v* mettre en commun.

poop, poue'pe, *n* poupe *f*.

poor, pou'*eur*, *a* pauvre. *n* les pauvres *mpl*.

pop, poppe, *v* sauter. *n* (of a cork) bruit d'un bouchon qui saute *m*.

Pope, paupe, *n* pape *m*.

poplar, pop'-l'r, *n* peuplier *m*.

poplin, pop'-linne, *n* popeline *f*.

poppy, pop'-i, *n* coquelicot *m*.

populace, pop'-iou-léce, *n* peuple *m*; foule *f*.

popular*, pop'-iou-l'r, *a* populaire.

populate, pop'-iou-léte, *v* peupler.

population, pop-iou-lé'-ch'n, *n* population *f*.

populous, pop'-iou-leuce, *a* populeux.

porcelain, por'-ce-linne, *n* porcelaine *f*.

porch, paurtche, *n* porche *m*; portique *m*.

porcupine, poar'-kiou-päïne, *n* porc-épic *m*.

pore, paure, *n* pore *m*; **— over**, *v* étudier assidûment.

pork, paurque, *n* porc *m*; **--butcher**, charcutier *m*.

porous, pau'-*reuce*, *a* poreux.

porpoise, poar'-*peuce*, *n* marsouin *m*.

porridge, por'-idj, *n* bouillie de gruau d'avoine *f*.

port, poar'te, *n* (wine) porto *m*; (harbour) port *m*; (*naut*) bâbord *m*; **— hole**, hublot *m*.

portable, paur'-ta-b'l, *a* portatif.

portend, poar-tennde', *v* présager.

porter, paur'-t'r, *n* (luggage) porteur *m*; (door) portier *m*; —**age**, factage *m*.

portfolio, paurt-fau'-li-au, *n* serviette *f*.

portion, paur'-ch'n, *n* portion *f*; (share) part *f*.

portly, paurt'-li, *a* corpulent; majestueux.

portmanteau, paurt-männ'-tau, *n* valise *f*.

portrait, paur'-tréte, *n* portrait *m*.

portray, paur-tré', *v* peindre; (describe) décrire.

pose, pause, *n* pose *f*. *v* poser; — **as**, se faire passer pour.

position, po-zi'-ch'n, *n* position *f*; situation *f*.

positive*, poz'-i-tive, *a* positif; certain.

possess, pô-zesse', *v* posséder; —**ion**, *n* possession *f*.

possessor, pô-zess'-*eur*, *n* possesseur *m*.

possibility, poss-i-bil'-i-ti, *n* possibilité *f*.

possible, poss'-i-b'l, *a* possible.

possibly, poss'-i-bli, *adv* peut-être.

post, pauste, *n* poste *f*; courrier *m*; (wood, etc) poteau *m*; (job) emploi *m*, place *f*; *v* mettre à la poste; —**age**, *n* port *m*; —**card**, carte postale *f*; — **-date**, *v* postedater; —**er**, *n* affiche *f*; — **-free**, *a* franco; —**man**, *n* facteur *m*; —**master**, receveur des postes *m*; — **-mortem**, autopsie *f*; — **-office**, bureau de poste *m*; —**pone**, *v* remettre; —**script**, *n* postscriptum *m*.

posterior, poss-ti'-ri-*eur*, *n* & *a* postérieur *m*.

posterity, poss-tèr'-i-ti, *n* postérité *f*.

posture, poss'-tioure, *n* posture *f*.

pot, potte, *n* pot *m*; (cooking) marmite *f*.

potash, pot'-äche, *n* potasse *f*.

potato, po-té'-tau, *n* pomme de terre *f*.

potent, pau'-tennte, *a* puissant; efficace.

potion, pau'-ch'n, *n* potion *f*.

pottery, pot'-*eur*-i, *n* poterie *f*.

pouch, pâ'outche, *n* poche *f*; (tobacco) blague *f*.

poulterer, paule'-t*eur*-*eur*, *n* marchand de volaille *m*.

poultice, paule'-tice, *n* cataplasme *m*.

poultry, paule'-tri, *n* volaille *f*.

pounce, pâ'ounce, *v* (on, upon) fondre sur.

pound, pâ'ounde, *n* livre sterling *f*; (weight)

livre *f*; (animals) fourrière *f*. *v* (pulverise) broyer.

pour, paure, *v* verser; (rain) pleuvoir à verse.

pour out, paure â'oute, *v* verser; (serve) servir.

pout, pâ'oute, *v* faire la moue.

poverty, pov'-*eur*-ti, *n* pauvreté *f*.

powder, pâ'ou'-d'r, *n* poudre *f*. *v* pulvériser; (face) poudrer.

power, pâ'ou'-*eur*, *n* pouvoir *m*; (mech) force *f*; (state) puissance *f*; **—ful***, *a* puissant; **—less,** impuissant.

pox, poxe, **small- —,** *n* variole *f*; **chicken- —,** varicelle *f*.

practicable, prăque'-ti-ca-b'l, *a* praticable.

practical*, prăque'-ti-c'l, *a* pratique.

practice, prăque'-tice, *n* pratique *f*; (custom) coutume *f*; (professional) clientèle *f*; (exercise) exercice *m*.

practise, prăque'-tice, *v* s'exercer; (profession) exercer.

practitioner, prăque-tiche'-onn-*eur*, *n* practicien *m*.

praise, préze, *v* louer. *n* louange *f*, éloge *m*.

praiseworthy, préze'-oueur-dzi, *a* louable.

pram, prămme, *n* landau *m*.

prance, prânnce, *v* se cabrer; (fig) se pavaner.

prank, prain-nk, *n* escapade *f*, farce *f*.

prawn, proanne, *n* bouquet *m*.

pray, pré, *v* prier.

prayer, prére, *n* prière *f*; **— -book,** livre de prières *m*; **Lord's Prayer,** pater *m*.

preach, prîtche, *v* prêcher; **—er,** *n* prédicateur *m*.

precarious*, pri-ké'-ri-euce, *a* précaire.

precaution, pri-koa'-ch'n *n* précaution *f*.

precede, pri-cîde', *v* précéder.

precedence, prè'-sid-ennce, *n* préséance *f*.

precedent, prè'-sid-ennte, *n* (example) précédent *m*.

precept, prî'-cèpte, *n* précepte *m*.

precinct, prî'-cinng-kt, *n* enceinte *f*.

precious*, prè'-cheuce, *a* précieux.

precipice, prèce'-i-pice, *n* précipice *m*.

precise*, pri-sâïce', *a* précis; exact.

preclude, pri-cloude', *v* exclure; empêcher.

precocious*, pri-kau'-cheuce, *a* précoce.

predecessor, pri-di-sess'-eur, *n* prédécesseur *m*.

predicament, pri-dik'-*a*-mennte, *n* mauvaise passe *f*; situation difficile *f*.

predicate, predd'-i-quéte, *n* (*gram*) attribut *m*.

predict, pri-dicte', *v* prédire; **—ion,** *n* prédiction *f*.

predominant, pri-domm'-i-n*a*nnte, *a* prédominant.

preface, preff'-ace, *n* préface *f*.

prefect, pri'-fecte, préfet *m*.

prefer, pri-feur', *v* préférer.

preferable, preff'-*eur*-a-b'l, *a* préférable.

preference, preff'-*eur*-ennce, *n* préférence *f*.

prefix, prè'-fixe, *n* préfixe *m*. *v* mettre en tête.

pregnant, pregg'-n*a*nnte, *a* enceinte; (animals) pleine.

prejudice, prédj'-iou-dice, *n* préjugé *m*; préjudice *m*. *v* préjudicier; **—d,** *a* prévenu contre; **without —,** sans préjudice de.

prejudicial*, prédj-iou-dich'-l, *a* préjudiciable.

prelate, prél'-éte, *n* prélat *m*.

preliminary, pri-limm'-i-na-ri, *a* préliminaire.

prelude, pré'-lioude, *n* prélude *m*.

premature*, pré'-m*a*-tioure, *a* prématuré.

premeditate, pri-medd'-i-téte, *v* préméditer.

premier, pri'-mi-*eur*, *n* président du conseil *m*. *a* premier.

premises, premm'-i-cize, *npl* locaux *mpl*.

premium, pri'-mi-*eume*, *n* prime *f*.

preparation, prip-*a*-ré'-ch'n, *n* préparation *f*.

prepare, pri-pére', *v* préparer.

prepossessing, pri-pŏ-zess'-inng, *a* avenant.

preposterous*, pri-poss'-t*eur*-euce, *a* absurde.

prerogative, pri-rog'-*a*-tive, *n* prérogative *f*.

prescription, pri-skrip'-ch'n, *n* (*med*) ordonnance *f*.

presence, préz'-ennce, *n* présence *f*; **— of mind,** présence d'esprit *f*.

present, pri-zennte', *v* présenter; (gift) offrir.

present, préz'-ennte, *n* cadeau *m*. *a* présent; **—ation,** *n* présentation *f*; **—ly,** *adv* tout à l'heure.

presentiment, pri-zenn'-ti-mennte, *n* pressentiment *m*.

preservation, prèz-*eur*-vé'-ch'n, *n* protection *f*; (state, condition) conservation *f*.

preserve, pri-zeurve', *v* préserver; conserver; (candied) confire; **—s,** *npl* conserves *fpl*.

preside, pri-zăïde', v présider.
president, préz'-i-dennte, n président m.
press, presse, n presse f. v presser; appuyer; (clothes) repasser; —**ing**, a urgent; —**man**, n journaliste m.
pressure, préch'-eur, n pression f; urgence f.
presume, pri-zioume', v présumer; (dare) oser.
presumption, pri-zomm'-ch'n, n présomption f.
pretence, pri-tennce', n simulation f; prétexte m.
pretend, pri-tennde', v prétendre; (sham) feindre, faire semblant.
pretentious*, pri-tenn'-cheuce, a prétentieux*.
pretext, prî'-texte, n prétexte m.
pretty, pritt'-i, a joli.
prevail, pri-véle, v prévaloir; — **upon**, persuader.
prevalent, prév'-a-lennte, a dominant; général.
prevent, pri-vennte, v empêcher; —**ion**, n prévention f; —**ive**, a* préventif.
previous, prî'-vi-euce, a précédent; préalable.
prey, pré, n proie f. v faire sa proie de.
price, prâïce, n prix m; —**less**, a hors de prix.
prick, prique, v piquer. n piqûre f; —**le**, épine f; —**ly**, a épineux.
pride, prâïde, n orgueil m. v s'enorgueillir de.
priest, prîste, n prêtre m.
prig, prigue, n pédant m; fat m; —**gish**, a suffisant.
prim, prime, a collet monté; (dress) soigneux.
primary, prâï'-ma-ri, a primaire; fondamental.
primate, prâï'-méte, n primat m.
prime, prâïme, n (of life) fleur de l'âge f. a premier; de première qualité. v préparer; — **minister**, n président du conseil m.
primer, prâï'-meur, n (school) livre élémentaire m.
primitive, primm'-i-tive, a primitif.
primrose, primm'-rauze, n primevère f.
prince, prinnce, n prince m; —**ly**, a princier; —**ss**, n princesse f.
principal, prinn'-ci-p'l, n directeur m, chef m. (funds) principal m. a* principal.
principle, prinn'-ci-p'l, n principe m.
print, prinnte, v imprimer. n impression f; (photo) épreuve f; —**er**, imprimeur m; —**ing**, impression f; —**ing-works**, imprimerie f.

prior, praï'-*eur,* n prieur m. a antérieur. adv avant de; —**ity,** n priorité f; —**y,** n prieuré m.

prism, prizme, n prisme m; —**atic,** a prismatique.

prison, priz'-'n, n prison f; —**er,** prisonnier, -ère m & f.

privacy, praï'-va-ci, n retraite f; intimité f.

private, praï'-véte, a* privé; personnel; particulier. n (soldier) simple soldat m.

privation, praï-vé'-ch'n, n privation f.

privilege, priv'-i-lidje, n privilège m. v privilégier.

privy, priv'-i, a privé, secret.

prize, praïze, n prix m; (ship) prise f. v évaluer.

probable, prob'-a-b'l, a probable.

probate, pro'-béte, n vérification d'un testament f.

probation, pro-bé'-ch'n, n épreuve f, essai m; —**er,** stagiaire m & f; (eccl) novice m & f.

probe, praube, v sonder; explorer. n sonde f.

problem, prob'-lemme, n problème m.

procedure, pro-cîd'-ioure, n procédé m; (law) procédure f.

proceed, pro-cîde', v procéder; continuer; —**ings,** npl mesures fpl; (law) poursuites fpl.

proceeds, prau'-cîdze, npl produit m; bénéfices mpl.

process, prau'-cesse, n cours m; (manufacture) procédé m.

procession, pro-cé'-ch'n, n procession f.

proclaim, pro-cléme', v proclamer; publier.

proclamation, proc-là-mé'-ch'n, n proclamation f.

procure, pro-kioure', v se procurer; procurer.

prod, prôde, v piquer; pousser.

prodigal*, prod'-i-g'l, a prodigue.

prodigious*, pro-di'-djeuce, a prodigieux.

prodigy, prod'-i-dji, n prodige m.

produce, pro-diouce', v produire. n produit m; denrées fpl; —**r,** producteur, -trice m & f; (stage) metteur en scène m.

product, prod'-eucte, n produit m; —**ion,** production f; (stage) représentation f.

profane, pro-féne', v profaner. a* profane.

profess, pro-fesse', v professer; déclarer; —**ion,** n profession f; carrière f; —**ional*,** a professionnel.

professor, pro-fess'-'r, n professeur m.

proficiency, prŏ-fi'-chenn-ci, *n* capacité *f*; compétence *f*.

proficient, prŏ-fi'-ch'nt, *a* avancé; verse.

profile, prau'-fâïle, *n* profil *m*.

profit, prof'-itte, *n* bénéfice *m*. *v* profiter; **—able**, *a* avantageux; **—eer**, *n* profiteur, -euse *m* & *f*.

profound*, prŏ-fâ'ounnde', *a* profond.

profuse, prŏ-fiouce', *a* prodigue; abondant.

programme, prau'-grămme, *n* programme *m*.

progress, prau-gresse', *v* faire des progrès; avancer.

progress, prau'-gresse, *n* progrès *m*.

prohibit, prŏ-hib'-itte, *v* interdire, défendre.

project, prŏd-jecte', *v* projeter; dépasser; deborder. *n* projet *m*; **—ile**, projectile *m*; **—ion**, saillie *f*; **—or**, projecteur *m*.

proletarian, prau-lè-té'-ri-anne, *n* & *a* prolétaire *m*.

prologue, prau'-logue, *n* prologue *m*.

prolong, prau-lonng', *v* prolonger.

promenade, promm-*eu*-nâde', *v* se promener. *n* promenade *f*.

prominent, promm'-i-nennte, *a* proéminent.

promise, promm'-iss, *n* promesse *f*. *v* promettre.

promissory note, promm'-iss-o-ri naute, *n* billet à ordre *m*.

promote, prŏ-maute', *v* promouvoir; (business) lancer; **—r**, *n* promoteur *m*; **company —r**, lanceur d'affaires *m*.

promotion, prau-mau'-ch'n, *n* avancement *m*; promotion *f*.

prompt, prommpte, *a** prompt. *v* suggérer; (stage) souffler; **—er**, *n* souffleur *m*.

prone, praune, *a* étendu; enclin à; (bent) courbé.

prong, pronng, *n* dent *f*, pointe *f*.

pronoun, prau'-nâ'ounne, *n* pronom *m*.

pronounce, prŏ-nâ'ounnce', *v* prononcer.

pronunciation, prŏ-nonn-ci-é'-ch'n, *n* prononciation *f*.

proof, proufe, *n* preuve *f*. *a* à l'épreuve de.

prop, proppe, *n* soutien *m*, support *m*. *v* étayer; supporter.

propaganda, prop-*a*-gǎnn'-da, *n* propagande *f*.

propagate, prop'-*a*-guéte, *v* propager.

propel, prŏ-pelle', *v* faire mouvoir.

propeller, prŏ-pell'-*eur*, *n* hélice *f*.

proper*, prop'-'r, *a* propre; (fit) convenable.

property, prop'-*eur*-ti, *n* propriété *f*, biens *mpl*.

prophecy, prof'-i-si, *n* prophétie *f*.

prophesy, prof'-i-sâï, *v* prédire.

prophet, prof'-ette, *n* prophète *m*.

propitious*, pro-pich'-*euce*, *a* propice.

proportion, pro-paur'-ch'n, *n* proportion *f*.

proposal, pro-pauz'-'l, *n* proposition *f*.

propose, pro-pauze', *v* proposer; offrir.

proposition, pro-pau-zich'-'n, *n* proposition *f*.

proprietor, pro-prâï'-è-teur, *n* propriétaire *m*.

proprietress, pro-prâï'-è-tresse, *n* propriétaire *f*.

propriety, pro-prâï'-è-ti, *n* convenances *fpl*.

prose, prauze, *n* prose *f*.

prosecute, pross'-i-kioute, *v* (law) poursuivre.

prosecution, pross-i-kioue'-ch'n, *n* poursuites *fpl*.

prosecutor, pross'-i-kioue-teur, *n* plaignant *m*.

prospect, pross'-pecte, *n* vue *f*; (future) avenir *m*. *v* explorer; **—ive,** *a* futur.

prospectus, pross-pec'-teuce, *n* prospectus *m*.

prosper, pross'-p'r, *v* prospérer; **—ity,** *n* prospérité *f*; **—ous*,** *a* prospère.

prostitute, pross'-ti-tioute, *n* prostituée *f*.

prostrate, pross-tréte, *v* se prosterner. *a* abattu.

prostration, pross-tré'-ch'n, *n* prostration *f*.

protect, pro-tecte', *v* protéger.

protection, pro-tec'-ch'n, *n* protection *f*.

protest, pro-tesste', *v* protester. *n* protestation *f*.

protract, pro-tracte', *v* prolonger.

protrude, pro-troude', *v* faire saillie, déborder.

proud*, prâ'oude, *a* fier, orgueilleux.

prove, prouve, *v* prouver; vérifier.

proverb, prov'-*eur*be, *n* proverbe *m*.

provide, prŏ-vâïde', *v* pourvoir; fournir.

Providence, prov'-i-dennce, *n* Providence *f*.

provident, prov'-i-dennte, *a* prévoyant.

province, prov'-innce, *n* province *f*.

provision, prŏ-vi'-j'n, *n* provision *f*; stipulation *f*; **—al*,** *a* provisoire; **—s,** *npl* comestibles *mpl*.

provocation, prŏv-ô-qué'-ch'n, *n* provocation *f*.

provoke, prŏ-vauke', v provoquer; irriter.

prowl, prâ'oule, v rôder.

proximity, prok-simm'-i-ti, n proximité f.

proxy, prok'-ci, n fondé de pouvoir m; **by —,** par procuration.

prude, proude, n prude f; **—nce,** prudence f; **—nt*,** a prudent; **—ry,** n pruderie f.

prudish, prou'-diche, a prude.

prune, proune, n pruneau m. v (trees, etc) tailler.

pry, prâï, v fureter; fourrer son nez dans ...

psalm, sâme, n psaume m.

pseudonym, sioue'-dô-nimme, n pseudonyme m.

psychiatry, sâï-kâï'-a-tri, n psychiatrie f.

psychology, sâï-col'-ŏdj-i, n psychologie f.

public, pobb'-lique, n & a public m; **—an,** n aubergiste m; **— house,** auberge f.

publication, pobb-li-qué'-ch'n, n publication f.

publish, pobb'-liche, v publier; (books, etc) éditer.

publisher, pobb'-lich-eur, n éditeur m.

pucker, pok'-'r, v rider; plisser; froncer.

pudding, poudd'-inng, n pudding m.

puddle, podd'-'l, n flaque f.

puerile, pioue'-eur-âïl, a puéril.

puff, poffe, v souffler; (swell) boursoufler. n (breath) souffle m; (wind, etc) bouffée f; **powder —,** houppe f; **—y,** a boursouflé.

pug, pogg, n (dog) carlin m; **—nacious,** a batailleur; **— -nosed,** qui a le nez épaté.

pugilist, pioue'-djil-ist, n pugiliste m.

pull, poull, n coup m. v tirer; **— down,** abattre; démolir; (lower) baisser; **— out,** (draw) arracher; **— up,** remonter, hisser.

pullet, poull'ette, n poulette f.

pulley, poull'-i, n poulie f.

pulp, polpe, n pulpe m; **wood —,** pâte de bois f.

pulpit, poull'-pitte, n chaire f.

pulse, pollse, n pouls m.

pulverize, poll'-veur-âïze, v pulvériser.

pumice-stone, pomm'-ice staune, n pierre ponce f.

pump, pommpe, n pompe f. v pomper.

pun, ponne, n jeu de mots m.

punch, ponntche, n coup de poing m; (tool) poinçon

m; (drink) punch *m*; (Punch and Judy) Guignol *m*.
v donner un coup de poing; percer.

punctilious*, ponngk-til'-i-*euce*, *a* pointilleux.

punctual*, ponngk'-tiou-*eul*, *a* ponctuel.

punctuate, ponngk'-tiou-*éte*, *v* ponctuer.

punctuation, ponngk-tiou-é'-ch'n, *n* ponctuation.

puncture, ponngk'tioure, *n* (*med*) ponction *f*; (tyre) crevaison *f*. *v* crever.

pungency, ponn'-djenn-si, *n* âcreté *f*; aigreur *f*.

pungent, ponn'-djennte, *a* âcre; piquant.

punish, ponn'-iche, *v* punir; **—able**, *a* punissable.

punishment, ponn'-iche-mennte, *n* punition *f*.

punitive, pioue'-ni-tive, *a* punitif.

punt, ponnte, *n* bateau plat *m*.

puny, pioue'-ni, *a* chétif; faible.

pupil, pioue'-pile, *n* élève *m & f*; (eye) pupille *f*.

puppet, popp'-ette, *n* marionnette *f*; poupée *f*.

puppy, popp'-i, *n* jeune chien *m*.

purchase, por'-tchiss, *v* acheter. *n* achat *m*.

purchaser, por'-tché-*seur*, *n* acheteur, -euse *m & f*.

pure*, pioure, *a* pur; vierge.

purgative, peur'-ga-tive, *n & a* purgatif *m*.

purgatory, peur'-ga-tŏ-ri, *n* purgatoire *m*.

purge, peurdje, *v* purger. *n* purge *f*.

purify, pioue'-ri-fâï, *v* purifier.

purity, pioue'-ri-ti, *n* pureté *f*.

purloin, peur'-lŏ'ine, *v* dérober.

purple, peur-p'l, *n & a* pourpre *m*.

purpose, peur'-*peuce*, *n* but *m*; **—ly**, *adv* exprès.

purr, peur, *v* ronronner.

purse, peurce, *n* porte-monnaie *m*; (prize) bourse *f*.

purser, peur'-ceur, *n* (ship's) commissaire *m*.

pursue, p*eu*r-siou*e*', *v* poursuivre.

pursuit, peur-siou*te*', *n* poursuite *f*.

purveyor, peur-vé'-eur, *n* fournisseur *m*.

pus, poss, *n* pus *m*; humeur *f*.

push, pouche, *v* pousser. *n* poussée *f*; **— -chair**, *n* poussette *f*.

pushing, pouch'-inng, *a* (keen) entreprenant.

put, poutt, *v* mettre; placer; poser; **— off**, remettre; **— on**, mettre.

putrefy, pioue'-tri-fâï, *v* se putréfier; pourrir.

putrid, pioue'-tride, *a* putride.

putty, pott'-i, *n* mastic *m*.

puzzle, pozz-z'l, *v* embarrasser; intriguer. *n* embarras *m*; (toy) casse-tête *m*; puzzle *m*; **cross word —**, mots croisés *mpl*.

pyjamas, pi-djâ'-maze, *npl* pyjama *m*.

pyramid, pir'-*a*-mide, *n* pyramide *f*.

python, pâï'-*t*sonn, *n* python *m*.

quack, couâque, *v* cancaner. *n* charlatan *m*; **—ery**, charlatanisme *m*.

quadrille, couodd'rile, *n* quadrille *m*.

quadruped, couodd'-rou-pedde, *n* quadrupède *m*.

quadruple, couodd'-rou-p'l, *a* quadruple.

quagmire, couâgue'-mâïre, *n* marécage *m*.

quail, couéle, *n* caille *f*. *v* trembler.

quaint*, couénnte, *a* bizarre; étrange.

quaintness, couénnte'-nesse, *n* bizarrerie *f*.

quake, couéque, *v* trembler. **earth—**, *n* tremblement de terre *m*.

quaker, coué-*k*eur, *n* (sect) quaker *m*.

qualification, couoll-i-fi-qué'-ch'n, *n* aptitude *f*.

qualify, couoll'-i-fâï, *v* qualifier; acquérir les qualités requises.

quality, couoll'i-ti, *n* qualité *f*.

quandary, couonn'-d*a*-ri, *n* perplexité *f*.

quantity, couonn'-ti-ti, *n* quantité *f*.

quarantine, couor'-*a*nn-tîne, *n* quarantaine *f*.

quarrel, couor'-elle, *n* dispute *f*. *v* se disputer.

quarrelsome, couor'-ell-s*e*ume, *a* querelleur.

quarry, couor'-i, *n* carrière *f*; (prey) proie *f*.

quarter, couòr'-t'r, *v* loger; diviser en quatre. *n* quart *m*; (period) trimestre *m*; (district) quartier *m*; **— day**, terme *m*; **—ly**, *a* trimestriel.

quartet, couòr-tette', *n* quatuor *m*.

quartz, couortze, *n* quartz *m*.

quash, couoche, *v* subjuguer; réprimer; annuler.

quaver, coué-v'r, *v* chevroter. *n* (*mus*) croche *f*.

quay, quî, *n* quai *m*.

queen, couîne, *n* reine *f*.

queer*, couire, *a* bizarre, étrange, drôle.

quell, couelle, *v* réprimer; dompter.

quench, couenntche, *v* éteindre; (thirst) apaiser sa soif.

querulous*, couèr'-ou-*leuce*, *a* plaintif.

query, couï'ri, *v* mettre en doute. *n* question *f.*

quest, coueste, *n* recherche *f;* enquête *f.*

question, couess'-*tieune*, *v* questionner; douter. *n* question *f;* **—able,** *a* contestable; **— mark,** *n* point d'interrogation *m.*

queue, kioue, *n* queue *f.*

quibble, couib'-b'l, *v* ergoter. *n* chicane *f.*

quick*, couique, *a* rapide; (hurry) vite; (wit, etc) vif; **—en,** *v* accélérer; animer; **—lime,** *n* chaux vive *f;* **—ness,** vitesse *f;* vivacité *f;* **—sands,** sables mouvants *mpl;* **—silver,** mercure *m.*

quiet, couâî'-ette, *v* calmer. *a** tranquille.

quill, couille, *n* (pen) plume d'oie *f.*

quilt, couillte, *n* couvre-pieds *m;* édredon *m.*

quince, couinnce, *n* coing *m.*

quinine, couinn'-âîne, *n* quinine *f.*

quit, couitte, *v* quitter; **—s,** *a* quitte.

quite, couâîte, *adv* tout à fait, entièrement; assez.

quiver, couiv'-'r, *n* carquois *m. v* trembler; *n* tremblement *m.*

quoit, coa'itte', *n* palet *m.*

quota, cou'au'ta, *n* quote-part *f.*

quotation, cou'au-té'-ch'n, *n* citation *f;* (price) devis *m;* (shares, etc) cote *f.*

quote, cou'aute, *v* citer; coter; faire un prix.

rabbi, răb'-bâï, *n* rabbin *m.*

rabbit, răb'-itte, *n* lapin *m.*

rabble, răbb'-'l, *n* populace *f;* (riffraff) canaille *f.*

rabid, răb'-ide, *a* enragé.

rabies, ré'-bî-ize, *n* rage *f,* hydrophobie *f.*

race, réce, *v* courir; courir vite; faire la course. *n* (breed) race *f;* (contest) course *f;* **— -course,** champ de courses *m;* **— -horse,** cheval de course *m;* **—s,** courses *fpl.*

rack, răque, *n* (torture) roue *f;* (luggage) filet *m.*

racket, răque'-ette, *n* (sports) raquette *f.*

radar, ré-dâre, *n* radar *m.*

radiant*, ré'-di-*a*nnte, *a* rayonnant; (*fig*) radieux.

radiate, ré'-di-éte, *v* rayonner; (heat) émettre.

radiator, ré'-di-é-*teur*, *n* radiateur *m*.

radio, ré'-di-o, *n* radio *f*.

radish, răd'-iche, *n* radis *m*; **horse- —**, raifort *m*.

radium, ré'-di-omme, *n* radium *m*.

radius, ré'-di-*euce*, *n* rayon *m*.

raffle, răff'-'l, *n* loterie *f*. *v* mettre en loterie.

raft, râfte, *n* radeau *m*.

rafter, râf-t'r, *n* chevron *m*, poutre *f*.

rag, răgue, *n* chiffon *m*; **—ged**, *a* en loques.

rage, rédje, *n* rage *f*. *v* être furieux.

raid, réde, *n* incursion *f*; (air- —) raid *m*; (police- —) descente de police *f*.

rail, réle, *v* railler. *n* (railway) rail *m*; (stair) barreau *m*; **—lery**, raillerie *f*; **—way**, chemin de fer *m*.

rain, réne, *v* pleuvoir. *n* pluie *f*; **—bow**, arc-en-ciel *m*; **—coat**, imperméable *m*; **—fall**, quantité de pluie *f*; **— -water**, eau de pluie *f*; **—y**, *a* pluvieux.

raise, réze, *v* lever; relever; soulever; (increase) augmenter; (heighten) rehausser; (crops) cultiver.

raisin, ré'-z'n, *n* raisin sec *m*.

rake, réque, *n* râteau *m*; (person) roué *m*. *v* râtisser; (fire) secouer.

rally, răl'-i, *v* rallier; rassembler; *n* rallye *m*.

ram, rămme, *n* bélier *m*. *v* enfoncer; (ship) aborder.

rampant, rămm'-pannte, *a* rampant; exubérant.

rampart, rămm'-pârte, *n* rempart *m*. ·

rancid, rănn'-cide, *a* rance.

rancour, rănng'-keur, *n* rancune *f*.

random, rănn'-d'm, **at —**, *adv* au hasard.

range, réne-dje, *n* série *f*; (kitchen) fourneau *m*; (extent) étendu *f*; (mountain) chaîne *f*; (practice) champ de tir *m*; (projectile) portée *f*. *v* ranger.

ranger, réne'-djeur, *n* garde forestier *m*.

rank, rain-nk, *a* (taste, smell) rance. *n* rang *m*; (*mil*) grade *m*; (row) rangée *f*.

ransack, rănn'-săque, *v* saccager; fouiller.

ransom, rănn'-*seume*, *n* rançon *f*. *v* rançonner.

rap, răppe, *n* coup *m*. *v* frapper.

rape, răpe, *v* violer; enlever. *n* viol *m*.

rapid*, răp'-ide, *a* rapide; **—s**, *npl* rapides *mpl*.

rapture, răp'-tioure, *n* ravissement *m*.

rare*, raire, *a* rare; **—fy,** *v* raréfier.

rarity, ré'-ri-ti, *n* rareté *f*.

rascal, rásse'-c'l, *n* coquin *m*, fripon *m*.

rash*, răche, *n* (skin) éruption *f*. *a** téméraire; **—er,** *n* tranche de lard *f*; **—ness,** témérité *f*.

rasp, rásspe, *n* râpe *f*. *v* râper.

raspberry, ráze'-*beur*-i, *n* framboise *f*.

rat, rátte, *n* rat *m*; **—-trap,** ratière *f*.

rate, réte, *n* proportion *f*; (tax; exchange; charge) taux *m*; (speed) vitesse *f*. *v* évaluer.

rather, rádz'-r, *adv* plutôt; (somewhat) assez.

ratify, răt'-i-faï, *v* ratifier.

ratio, ré-chi-au, *n* proportion *f*.

ration, ră'-ch'n, *n* ration *f*. *v* rationner.

rational*, răch'-*eunn*-l, *a* rationnel; raisonnable.

rattle, răt'-t'l, *n* (instrument) crécelle *f*; (toy) hochet *m*; (noise) tapage *m*; (death) râle *m*.

rattlesnake, răt'-t'l-snéke, *n* serpent à sonnettes *m*.

ravage, răv'-idj, *v* ravager. *n* ravage *m*.

rave, réve, *v* délirer; **— about,** s'extasier sur.

raven, ré'-v'n, *n* corbeau *m*.

ravenous, răv'-'n-*euce*, *a* vorace.

ravine, ră-vîne', *n* ravin *m*.

raving, ré'-vinng, *a* en délire; (*fig*) furieux

ravish, ră'-viche, *v* ravir; **—ing,** *a* ravissant.

raw, roa, *a* cru; (wound) à vif.

ray, ré, *n* rayon *m*.

raze, réze, *v* raser; abattre.

razor, ré'-z'r, *n* rasoir *m*; **safety—,** rasoir mécanique *m*; **— -blade,** lame de rasoir *f*; **— -strop,** cuir à rasoir *m*.

reach, rîtche, *v* atteindre; (arrive) parvenir à.

react, ri-acte', réagir; **—ion,** *n* réaction *f*.

read, rîde, *v* lire; (for exam) étudier; **—er,** *n* lecteur *m*; correcteur *m*; **—ing,** lecture *f*.

readily, redd'-i-li, *adv* promptement; volontiers.

ready, redd'-i, *a* prêt; **— -made,** tout fait; (clothes) lc prêt à porter.

real*, ri'-'l, *a* réel; véritable.

realize, ri'-al-âïze, *v* se rendre compte de; (sell) réaliser.

realm, relme, *n* royaume *n*.

reap, rîpe, *v* moissonner, récolter; **—er,** *n* moissonneur *m*; **—ing-machine,** moissonneuse *f*.

rear, rire, *v* élever; (prance) se cabrer. *n* (*mil*) arrière-garde *f*; (back) arrière *m*.

reason, rî'-z'n, *v* raisonner. *n* raison *f*.

reasonable, rî'-z'n-a-b'l, *a* raisonnable.

reassure, rî'-*a*-choure', *v* rassurer.

rebate, ri-béte', *n* rabais *m*. *v* rabattre.

rebel, rebb'-'l, *n* & *a* rebelle *m* & *f*.

rebel, ri-bel', *v* se révolter; **—lion,** *n* rébellion *f*.

rebound, ri-bâ'ounnde', *v* rebondir.

rebuff, ri-boffe', *v* rebuter. *n* rebuffade *f*.

rebuke, ri-biouke', *v* réprimander. *n* réprimande *f*.

recall, ri-coale', *v* rappeler; (retract) retirer.

recapitulate, ri-ca-pit'-iou-léte, *v* récapituler.

recede, ri-cîde', *v* reculer.

receipt, ri-cîte', *n* reçu *m*. *v* acquitter.

receipts, ri-cîtse', *npl* (*com*) recettes *fpl*.

receive, ri-cîve', *v* recevoir; **—r,** *n* receveur *m*; (bankruptcy) syndic de faillite *m*.

recent*, rî'-cennte, *a* récent.

receptacle, ri-sèpe'-ta-k'l, *n* réceptacle *m*.

reception, ri-sèpe'-ch'n, *n* réception *f*.

recess, ri-cesse', *n* (space) renfoncement *m*; alcôve *f*.

recipe, ress'-i-pi, *n* recette *f*.

reciprocate, ri-cip'-rŏ-quéte, *v* rendre la pareille.

recital, ri-sâï'-t'l, *n* récit *m*; récitation *f*; (*mus*, etc)

recite, ri-sâïte', *v* réciter.   [récital *m*.

reckless*, rèque'-lesse, *a* imprudent.

reckon, rèque'-'n, *v* compter, calculer.

reclaim, ri-cléme', *v* réclamer; (land) défricher.

recline, ri-clâïne', *v* se pencher, s'appuyer.

recluse, ri-clouce', *n* & *a* reclus, -e *m* & *f*.

recognition, rèk-ŏgue-niche'-'n, *n* reconnaissance *f*.

recognize, rèk'-ŏgue-nâïze, *v* reconnaître.

recoil, ri-coa'ile', *v* reculer. *n* recul *m*.

recollect, rèk-ŏl-lecte', *v* se rappeler, se souvenir de.

recollection, rèk-ŏl-lèque'-ch'n, *n* souvenir *m*.

recommence, ri-cŏmm-ennce', *v* recommencer.

recommend, rè-cŏmm-ennde', *v* recommander; **—ation,** *n* recommandation *f*.

recompense, rèk'-ŏmm-pennce, v récompenser.   n récompense f.

reconcile, rèk'-ŏnn-sâîle, v réconcilier; concilier.

reconnoitre, rèk-ŏnn-no'ï'-tr, v faire une reconnaissance.

reconsider, ri-cŏnn-cid'-'r, v considérer de nouveau.

record, ri-coarde', v enregistrer; mentionner.

record, rèk'-oarde, n registre m; archives fpl; (gramophone) disque m; — **-player**, n électrophone m.

recoup, ri-coupe', v dédommager.

recourse, ri-cûrse', n recours m.

recover, ri-cov'-'r, v recouvrer; (health) se rétablir; **—y**, n recouvrement m; rétablissement m.

re-cover, ri-cov'-'r, v recouvrir.

recreation, rèk-ri-é'-ch'n, n divertissement m; — **ground**, cour de récréation f.

recruit, ri-croute', n recrue f. v recruter.

rectangular, rèk-tănng'-guiou-l'r, a rectangulaire.

rectify, rèk'-ti-fâî, v rectifier.

rector, rèk'-t'r, n recteur m; **—y**, presbytère m.

recumbent, ri-comm'-bennte, a étendu; couché.

recuperate, ri-kiou'-peur-éte, v se remettre.

recur, ri-keur', v se reproduire, se répéter.

red, red, n & a rouge m; — **-breast**, n rougegorge m; **—den**, v rougir; **—dish**, a rougeâtre; — **-hot**, chauffé au rouge; **—ness**, n rougeur f; — **-skin**, Peau-Rouge m & f.

redeem, ri-dîme', v (promise) accomplir; (bonds, etc) rembourser; (pledge) dégager; (soul) délivrer.

redemption, ri-demmp'-ch'n, n (com) rachat m.

redouble, ri-dob'-'l, v redoubler.

redress, ri-dresse', v redresser.   n réparation f.

reduce, ri-diouce', v réduire; (disgrace) rétrograder.

reduction, ri-doque'-ch'n, n réduction f; rabais m.

reed, rîde, n roseau m.

reef, rîfe, n récif m; (sail) ris m. v prendre un ris.

reek, rîque, v fumer; exhaler; empester.   n odeur forte f.

reel, rîle, n (cotton; film) bobine f; (angling) moulinet, m. v chanceler.

refer, ri-feur', v se référer; (apply) s'adresser à; (to a book) consulter.

referee, rèf'-*eur*-î', *n* arbitre *m*.

reference, rèf'-*eur*-'nce, *n* allusion *f*; (testimonial) référence *f*; **with — to**, concernant.

refine, ri-fâïne', *v* raffiner; épurer; **—d**, *a* raffiné; **—ment**, *n* raffinement *m*.

reflect, ri-flecte', *v* réfléchir; (lights, etc) refléter; **—ion**, *n* réflexion *f*; **—or**, réflecteur *m*.

reform, ri-fôrme', *v* réformer; se réformer. *n* réforme *f*; **—ation**, réformation *f*.

refrain, ri-fréne', *v* s'abstenir de.

refresh, ri-frèche', *v* rafraîchir; se rafraîchir.

refreshment, ri-frèche'-m'nt, *n* rafraîchissement *m*.

refrigerator, ri-fridje'-*eur*-é-teur, *n* frigidaire *m*.

refuge, rèf'-ioudje, *n* refuge *m*; (shelter) abri *m*.

refugee, rèf-iou-djî', *n* réfugié, -ée *m* & *f*.

refund, ri-fonnde', *v* rembourser. *n* remboursement *m*.

refusal, ri-fiou'-z'l, *n* refus *m*.

refuse, ri-fiouze, *v* refuser.

refuse, rèf'-iouce, *n* rebut *m*; (garbage) ordures *fpl*.

refute, ri-fioute', *v* réfuter.

regain, ri-guéne', *v* regagner; (health) récupérer.

regal*, rî'-g'l, *a* royal.

regale, ri-guéle, *v* régaler.

regard, ri-gârde', *v* regarder; considérer. *n* regard *m*; (heed) égard *m*; **—less**, *a* sans égard; **—s**, *npl* amitiés *fpl*.

regatta, ri-gât'-ta, *n* régate *f*.

regenerate, ri-djenn'-*eur*-éte, *v* régénérer.

regent, rî'-djennte, *n* régent, -e *m* & *f*.

regiment, rèdj'-i-m'nt, *n* régiment *m*.

region, rî'-djeune, *n* région *f*.

register, rèdje'-iss-teur, *v* enregistrer; (letter) recommander. *n* registre *m*.

registrar, rèdge'-iss-trâre, *n* (births, etc) officier de l'état civil *m*; (court) greffier *m*.

registration, rèdge-iss-tré'-ch'n *n* enregistrement *m*; inscription *f*.

registry, rèdge'-iss-tri, *n* bureau d'enregistrement *m*.

regret, ri-grette', *v* regretter. *n* regret *m*.

regrettable, ri-grett'-*a*-b'l, *a* regrettable.

regular*, regg'-iou-l'r, *a* régulier.

regulate, regg'-iou-léte, *v* régler.

regulation, regg-iou-lé'-ch'n, *n* règlement *m*.

rehearsal, ri-heur'-s'l, *n* répétition *f*.

rehearse, ri-heurce', *v* répéter.

reign, réne, *n* règne *m*. *v* régner.

reimburse, ri-imm-beurce', *v* rembourser.

rein, réne, *n* rêne *f*.

reindeer, réne'-dire, *n* renne *m*.

reinforce, ri-inn-faurce', *v* renforcer.

reinstate, ri-inn-stéte', *v* réintégrer.

reject, ri-djecte', *v* rejeter.

rejoice, ri-djoa'ice', *v* réjouir.

rejoicings, ri-djoa'ice'-inngse, *npl* réjouissances *fpl*.

rejoin, ri-djô'ine', *v* rejoindre.

rejuvenate, ri-djiou'-venn-éte, *v* rajeunir.

relapse, ri-lăpse', *n* rechute *f*. *v* retomber.

relate, ri-léte', *v* raconter; —**d**, *a* apparenté à.

relation, ri-lé'-ch'n, *n* parent, -e *m* & *f*; (com) rapport *m*.

relative, rèl'-*a*-tive, *n* parent, -e *m* & *f*. *a** relatif.

relax, ri-lăxe', *v* se détendre; —**ation**, *n* détente, relaxation *f*.

relay, ri-lé', *n* (radio) relais *m*. *v* relayer.

release, ri-lice', *v* relâcher; libérer. *n* décharge *f*.

relent, ri-lennte', *v* se laisser fléchir.

relentless*, ri-lennté'-lesse, *a* implacable.

relevant, rèl'-i-vannte, *a* applicable; relatif.

reliable, ri-lâî'-*a*-b'l, *a* digne de confiance; sûr.

reliance, ri-lâî'-annce, *n* confiance *f*.

relic, rèl'-ique, *n* relique *f*; —**s**, *pl* restes *mpl*.

relief, ri-life', *n* (anxiety; pain) soulagement *m*; (help) secours *m*; (raised) relief *m*.

relieve, ri-lîve', *v* soulager; secourir.

religion, ri-lidj'-onn, *n* religion *f*.

religious*, ri-lidj'-*euce*, *a* religieux.

relinquish, ri-linng'-couiche, *v* abandonner.

relish, rèl'-iche, *v* savourer. *n* saveur *f*.

reluctance, ri-loque'-t'nce, *n* répugnance *f*.

reluctant, ri-loque'-tannte, *a* peu disposé à.

rely, ri-lâî', *v* compter sur.

remain, ri-méne', *v* rester; —**der**, *n* reste *m*.

remand, ri-mânnde. *v* (law) renvoyer à une autre audience.

remark, ri-mârque', *n* remarque *f.* *v* remarquer.

remarkable, ri-mâr'-ka-b'l, *a* remarquable.

remedy, remm'-i-di, *n* remède *m.* *v* remédier à.

remember, ri-memm'-b'r, *v* se souvenir de.

remembrance, ri-memm'-brænnce, *n* souvenir *m.*

remind, ri-mâînnde, *v* rappeler.

remit, ri-mitte', *v* remettre; **—tance,** *n* remise *f.*

remnant, remm'-nannte, *n* reste *m*; **—s,** *pl* (fabrics) coupons *mpl.*

remonstrate, ri-monn'-stréte, *v* faire des remontrances à.

remorse, ri-moarce', *n* remords *m.*

remote, ri-maute', *a* éloigné, reculé, lointain.

removal, ri-moue'-v'l, *n* déménagement *m.*

remove, ri-mouve', *v* déménager; (shift) déplacer.

remunerate, ri-mioue'-neur-éte, *v* rémunérer.

remunerative, ri-mioue'-neur-a-tive, *a* rémunérateur, avantageux.

rend, rennde, *v* déchirer; **—er,** rendre; (account) présenter; **—ering,** *n* traduction *f.*

renegade, renn'-i-guéde, *n* renégat, -e *m* & *f.*

renew, ri-nioue', *v* renouveler; **—al,** *n* renouvellement *m.*

renounce, ri-nâ'ounce', *v* renoncer.

renovate, renn'-ŏ-véte, *v* renouveler.

renown, ri-nâ'oune', *n* renommée *f,* renom *m.*

rent, rennte, *n* loyer *m*; (tear) déchirure *f.* *v* louer.

renunciation, ri-nonn-ci-é'-ch'n, *n* renonciation *f.*

repair, ri-paire', *v* réparer; (sewing) raccommoder. *n* réparation *f.*

reparation, rèp-a-ré'-ch'n, *n* réparation *f.*

repartee, rèp-ar-tî', *n* repartie *f.*

repay, ri-pé', *v* rembourser.

repeal, ri-pîle', *v* révoquer. *n* révocation *f.*

repeat, ri-pîte', *v* répéter.

repel, ri-pelle', *v* repousser; **—lent,** *a* répulsif.

repent, ri-pennte', *v* se repentir (de).

repetition, rèp-i-tiche'-'n, *n* répétition *f.*

replace, ri-pléce', *v* remplacer; (put back) replacer.

replenish, ri-plenn'-iche, *v* remplir.

reply, ri-plâï', *v* répondre. *n* réponse *f.*

report, ri-paurte', *n* rapport *m*; compte rendu *m*;

(news) nouvelles *fpl*; (school) bulletin *m*; (noise) détonation *f*. *v* informer; signaler.

reporter, ri-paur'-t'r, *n* reporter *m*.

repose, ri-pauze', *n* repos *m*. *v* (se) reposer.

repository, ri-poz'-i-tŏ-ri, *n* dépôt *m*.

represent, rèp-ri-zennte', *v* représenter; **—ation,** *n* représentation *f*; **—ative,** représentant *m*.

reprieve, ri-prîve', *v* commuer, remettre.

reprimand, rèp-ri-mânnde', *v* réprimander.

reprimand, rèp'-ri-mânnde, *n* réprimande *f*.

reprint, ri-prinnte', *v* réimprimer. *n* réimpression *f*; nouveau tirage *m*.

reprisal, ri-praï'-z'l, *n* représaille *f*.

reproach, ri-prautche', *v* reprocher à. *n* reproche *m*.

reprobate, rèp'-ro-béte, *n* vaurien *m*.

reproduce, ri-prŏ-diouce', *v* reproduire.

reproduction, ri-prŏ-dock'-ch'n, *n* reproduction *f*.

reproof, ri-proufe', *n* réprimande *f*.

reprove, ri-prouve', *v* blâmer, censurer.

reptile, rèp'-tâïle, *n* reptile *m*.

republic, ri-pobb'-lique, *n* république *f*.

repudiate, ri-pioue'-di-éte, *v* répudier.

repugnant, ri-pog'-nannte, *a* répugnant.

repulse, ri-pollce', *v* repousser. *n* échec *m*.

repulsive, ri-poll'-cive, *a* repoussant.

reputation, rèp'-iou-té'-ch'n, *n* réputation *f*.

repute, ri-pioute', *n* renom *m*.

request, ri-couesste', *n* demande *f*. *v* demander.

require, ri-couâïre', *v* avoir besoin de; exiger; **—ment,** *n* besoin *m*; demande *f*.

requisite, rèk'-oui-zitte, *a* requis, nécessaire.

rescue, ress-kioue, *v* sauver. *n* sauvetage *m*.

research, ri-seurtche', *n* recherche *f*.

resemble, ri-zemm'-b'l, *v* ressembler (à).

resent, ri-zennte', *v* garder rancune; **—ful*,** *a* vindicatif; **—ment,** *n* ressentiment *m*.

reserve, ri-zeurve', *v* réserver. *n* réserve *f*.

reservoir, rèz'-*eur*-vo'ar, *n* réservoir *m*.

reside, ri-zâïde', *v* résider, habiter, demeurer.

residence, rèz'-i-dennce, *n* résidence *f*; (stay) séjour *m*.

resident, rèz'-i-dennt, *n* habitant, -e *m* & *f*; pensionnaire *m* & *f*. *a* résidant.

resign, ri-zäïne', *v* abandonner; (a post) démissionner; (oneself to) se résigner à.

resin, rèz'-inn, *n* résine *f*.

resist, ri-zisste', *v* résister à; **—ance,** *n* résistance *f*.

resolute*, rèz'-o-lioute, *a* résolu, déterminé.

resolution, rèz'-o-lioue'-ch'n, *n* résolution *f*.

resolve, ri-zolve', *v* résoudre; décider.

resort, ri-zoarte', **— to,** *v* recourir à.

resound, ri-zä'ounnde', *v* retentir, résonner.

resource, ri-soarce', *n* ressource *f*.

respect, riss-pecte', *v* respecter. *n* respect *m*, égard *m*; **—ability,** respectabilité *f*; **—able,** *a* respectable; **—ful*,** respectueux; **—ive*,** respectif.

respite, ress'-pâïte, *n* répit *m*.

respond, riss-ponnde', *v* répondre.

respondent, riss-ponn'-dennt, *n* défendeur *m*.

response, riss-ponnce', *n* réponse *f*.

responsible, riss-ponn'-ci-b'l, *a* responsable.

rest, reste, *n* repos *m*; (sleep) somme *m*; (remainder) reste *m*. *v* se reposer; **—ful,** *a* tranquille; **—ive,** rétif; **—less,** agité.

restaurant, ress'-to-rannte, *n* restaurant *m*; **— -car,** wagon-restaurant *m*.

restore, ri-staure', *v* restituer; (health) rétablir.

restrain, ri-stréne', *v* contenir; réprimer.

restraint, ri-strénnte', *n* contrainte *f*.

restrict, ri-stricte', *v* restreindre.

restriction, ri-strick'-ch'n, *n* restriction *f*.

result, ri-zollte', *v* résulter. *n* résultat *m*.

resume, ri-zioumme', *v* reprendre, continuer.

resumption, ri-zomm'-ch'n, *n* reprise *f*.

resurrection, rèz-*eur*-rèque'-ch'n, *n* résurrection *f*.

retail, rî'-téle, *v* vendre au détail. *n* vente au détail *f*; **—er,** détaillant *m*.

retain, ri-téne', *v* retenir; (keep) garder.

retaliate, ri-tăl'-i-éte, *v* user de représailles.

retard, ri-târde', *v* retarder.

reticent, rèt'-i-sennte, *a* réservé; taciturne.

retinue, rèt'-i-nioue, *n* suite *f*; cortège *m*.

retire, ri-tâïre', *v* se retirer; **—ment,** *n* retraite *f*.

retort, ri-toarte', *v* riposter. *n* réplique *f.*

retract, ri-trácte', *v* rétracter.

retreat, ri-trîte', *v* se retirer. *n* retraite *f.*

retrench, ri-trenntche', *v* retrancher.

retrieve, ri-trîve, *v* recouvrer; réparer.

return, ri-teurne', *v* (come back) revenir; (go back) retourner; (give back) rendre. *n* retour *m;* **—s,** rendement *m;* **—ticket,** billet d'aller et retour *m.*

reveal, ri-vîle', *v* révéler.

revel, rèv'-'l, *v* faire bombance. *n* réjouissances *fpl.*

revenge, ri-venndje', *v* se venger. *n* vengeance *f.*

revenue, rèv'-i-nioue, *n* revenu *m;* (state) fisc *m.*

reverse, ri-veurce', *v* renverser; (engine) faire marche arrière. *n* revers *m;* contraire *m. a* inverse.

revert, ri-veurte', *v* revenir, retourner.

review, ri-vioue', *v* examiner; (inspect) passer en revue; (books, etc) analyser. *n* revue *f;* (books) critique *f.*

revile, ri-vâïle', *v* injurier.

revise, ri-vâïze', *v* réviser.

revision, ri-vije'-'n, *n* révision *f.*

revive, ri-vâïve', *v* ranimer; se ranimer.

revoke, ri-vauque', *v* révoquer. *n* (cards) renonce *f.*

revolt, ri-volte', *n* révolte *f. v* se révolter.

revolve, ri-volve', *v* tourner.

revolver, ri-vole'-veur, *n* révolver *m.*

reward, ri-ouôrde', *n* récompense *f. v* récompenser.

rheumatism, roue'-mă-tizme, *n* rhumatisme *m.*

rhinoceros, râï-noce'-i-rôsse, *n* rhinocéros *m.*

rhubarb, rou'-bârbe, *n* rhubarbe *f.*

rhyme, râîme, *n* rime *f. v* rimer.

rib, ribbe, *n* côte *f.*

ribbon, ribb'-'n, *n* ruban *m.*

rice, râïce, *n* riz *m.*

rich*, ritche, *a* riche; **—es,** *n* richesse *f.*

rick, rique, *n* meule *f.*

rickets, rik'-ètse, *n* rachitisme *m.*

rickety, rik'-ett-i, *a* détraqué; (med) rachitique.

rid, ridde, *v* débarrasser; délivrer.

riddle, ridd'-'l, *n* énigme *f. v* cribler de.

ride, râïde, *v* monter à cheval; aller en auto; aller à bicyclette. *n* promenade à cheval *f,* etc.

ridge, ridje, *n* (mountain) crête *f*.

ridicule, ridd'-i-kioule, *v* ridiculiser. *n* ridicule *m*.

ridiculous*, ri-dik'-iou-*leuce*, *a* ridicule.

rifle, raï'-f'l, *v* piller. *n* fusil *m*.

rift, rifte, *n* fente *f*; fissure *f*.

rig, rigue, *v* (*naut*) gréer. *n* (ship) gréement *m*.

right, raïte, *n* droite *f*. *v* rétablir. *a* droit; juste; en règle.

rigid*, rid'-jide, *a* rigide, raide.

rigorous*, rigg'-ŏr-*euce*, *a* rigoureux.

rigour, rigg'-*eur*, *n* rigueur *f*.

rim, rimme, *n* bord *m*; (brim) rebord *m*; (wheel) jante *f*.

rind, raïnnde, *n* (fruit) pelure *f*; (bacon) couenne *f*; (cheese) croûte *f*.

ring, rinng, *n* anneau *m*; (finger) bague *f*; (wedding) alliance *f*; (napkin) rond *m*; (circus) arène *f*; (of bell) coup de sonnette *m*. *v* sonner; tinter.

ringleader, rinng'-lî-d'r, *n* meneur *m*.

rinse, rinnse, *v* rincer.

riot, raï'-ôte, *n* émeute *f*. *v* faire une émeute.

rip, rippe, *v* fendre; (cloth) déchirer.

ripe, raïpe, *a* mûr; —*n*, *v* mûrir.

ripple, rip'-p'l, *n* ride *f*.

rise, raïze, *v* se lever; (revolt) se soulever; (river) monter; (prices) hausser. *n* (wages) augmentation *f*.

risk, risque, *v* risquer. *n* risque *m*.

rite, raïte, *n* rite *m*.

rival, raï'-v'l, *n* rival, -e *m & f*; (*com*) concurrent, -e [*m & f*.

rivalry, raï'-val-ri, *n* rivalité *f*.

river, riv'-'r, *n* fleuve *m*; (small) rivière *f*.

rivet, riv'-ette, *v* river. *n* rivet *m*.

road, raude, *n* chemin *m*, route *f*; (street) rue *f*.

roam, raume, *v* rôder; errer.

roar, raure, *v* rugir. *n* rugissement *m*.

roast, rauste, *v* rôtir. *n & a* rôti *m*.

rob, robbe, *v* voler; dépouiller; —**ber**, *n* voleur, -euse [*m & f*.

robbery, robb'-*eur*-i, *n* vol *m*.

robe, raube, *n* robe *f*; (*eccl*) vêtements *mpl*.

robin, robb'-inn, *n* rouge-gorge *m*.

robust*, ro-bosste', *a* robuste; vigoureux.

rock, roque, *n* rocher *m*. *v* (quake) secouer; (roll) rouler; (cradle) bercer; **—y,** *a* rocailleux; (sea) plein de rochers.

rocket, rock´-ette, *n* fusée *f.*

rod, rodde, *n* baguette *f;* (fishing) canne à pêche *f;* (curtain) tringle *f.*

roe, rau, *n* chevreuil *m,* biche *f;* (fish) laitance *f.*

rogue, raugue, *n* fripon *m;* **—ry,** friponnerie *f.*

roll, raule, *v* rouler; (— up) enrouler. *n* rouleau *m;* (bread) petit pain *m;* **— -call,** appel *m;* **—er,** roulette *f;* (garden, steam) rouleau *m;* **—er-skate,** patin à roulettes *m.*

romance, rau-männce´, *n* roman *m;* (*mus*) romance *f.*

romp, rommpe, *v* jouer bruyamment.

roof, roufe, *n* toit *m;* (mouth) palais *m.*

rook, rouque, *n* corneille *f.*

room, roumme, *n* pièce; (bedroom) chambre *f;* (public) salle *f;* (space) place *f.*

roost, rouste, *v* percher. *n* perchoir *m.*

root, route, *n* racine *f. v* s'enraciner.

rope, raupe, *n* corde *f;* (*naut*) cordage *f.*

rosary, rau´-za-ri, *n* rosaire *m.*

rose, rauze, *n* rose *f;* **— -bush,** rosier *m.*

rosemary, rauze´-mé-ri, *n* romarin *m.*

rosin, roz´-inne, *n* colophane *f.*

rosy, rauz´-i, *a* rosé; vermeil.

rot, rotte, *n* pourriture *f. v* pourrir.

rotate, rau´-téte, *v* tourner.

rouge, rouge, *n* rouge *m.*

rough*,** roffe, *a* (manners) grossier, rude; (coarse) rugueux, rude; (sea) houleuse; (wind) tempêtueux; (bumpy) cahoteux.

roughness, roffe´-nesse, *n* rudesse *f;* grossièreté *f.*

round, râ´ounnde, *a* rond. *v* arrondir; **—about,** *a* détourné. *n* manège *m;* **—ness,** rondeur *f.*

rouse, râ´ouze, *v* exciter; (awaken) éveiller.

rout, râ´oute, *v* mettre en déroute. *n* déroute *f.*

route, route, *n* route *f;* itinéraire *m.*

routine, rou-tîne´, *n* routine *f.*

rove, rauve, *v* rôder; (*fig*) errer.

row, rau, *n* rangée *f;* (persons) file *f;* (boating) canotage *m. v* (scull) ramer.

row, râ´ou, *n* querelle *f;* (noise) vacarme *m.*

royal*, roa'i'-al, *a* royal; **—ty**, *n* royauté *f*; (payment) droits d'auteur *mpl*.

rub, robbe, *v* frotter; **—ber**, *n* caoutchouc *m*; (eraser) gomme à effacer *f*; **— off**, *v* effacer.

rubbish, robb'-iche, *n* ordures *fpl*; (trash) camelot *f*.

ruby, roue'-bi, *n* rubis *m*. *a* vermeil.

rudder, rodd'-'r, *n* gouvernail *m*.

rude*, roude, *a* impoli; (coarse) grossier.

rudiment, roue'-di-m'nt, *n* rudiment *m*.

rue, roue, *v* déplorer; **—ful***, *a* lamentable.

ruffian, roffe'-iane, *n* chenapan *m*.

ruffle, rof'-f'l, *v* déranger; troubler.

rug, rogue, *n* couverture *f*; (mat) tapis *m*.

rugged, rogg'-ide, *a* (scenery) accidenté.

ruin, roue'-inne, *v* ruiner. *n* ruine *f*.

rule, roule, *v* gouverner; (lines) régler. *n* gouvernement *m*; (regulation, etc) règle *f*.

ruler, roul'-'r, *n* (drawing) règle *f*.

rum, romme, *n* rhum *m*.

rumble, romm'-b'l, *n* grondement sourd *m*.

rummage, romm'-idj, *v* fouiller. *n* fouillis *m*.

rumour, roue'-m'r, *n* rumeur *f*.

run, ronne, *v* courir; (colours) déteindre; **—away**, fuir. *n* (horse) cheval emballé *m*.

rupture, ropp'-tioure, *n* rupture *f*; (med) hernie *f*.

rural, rou'-r'l, *a* champêtre, rural.

rush, roche, *n* ruée *f*; (water) torrent *m*; (reed) jonc *m*. *v* se ruer; se précipiter.

rust, rosste, *n* rouille *f*. *v* rouiller; **—y**, *a* rouillé.

rustic, ross'-tique, *a* rustique.

rustle, ross'-'l, *v* bruire. *n* bruissement *m*; (silk) frou frou *m*.

rut, rotte, *n* ornière *f*.

rye, raï, *n* seigle *m*.

sable, sé'-b'l, *n* (fur) zibeline *f*.

sack, săque, *n* sac *m*. *v* piller.

sacrament, săc'-ră-m'nt, *n* sacrement *m*.

sacred, sé'-cridde, *a* sacré; consacré.

sacrifice, săc'-ri-făïce, *n* sacrifice *m*. *v* sacrifier.

sacrilege, săc'-ri-lèdje, *n* sacrilège *m*.

sad*, sădde, *a* triste; **—ness**, *n* tristesse *f.*

saddle, săd'-d'l, *n* selle *f;* **—r**, sellier *m.*

safe, séfe, *a* sauf; sûr. *n* coffre-fort *m;* **—guard**, sauvegarde *f. v* protéger; **—ty**, *n* sûreté *f;* **—ty-razor**, rasoir mécanique *m.*

sag, săgue, *v* s'affaisser.

sagacious*, sa-gué-cheuce, *a* sagace.

sage, sédje, *n* sage *m;* (herb) sauge *f. a** sage.

sail, séle, *n* voile *f. v* naviguer.

sailor, sé'-l'r, *n* matelot *m;* marin *m.*

saint, sénnte, *n* saint, -e *m* & *f.*

sake, séque, *n* cause *f;* égard *m;* amour *m.*

salad, săl'-ade, *n* salade *f.*

salary, săl'-a-ri, *n* salaire *m.*

sale, séle, *n* vente *f;* (shop) solde *m;* **—able**, *a* vendable; **—sman**, *n* vendeur *m.*

salient, sé'-li-ennte, *n* & *a* saillant *m.*

saliva, sa-lâï'-va, *n* salive *f.*

sallow, săl'-au, *a* jaunâtre.

salmon, sămm'-'n, *n* saumon *m.*

saloon, sa-loune', *n* salon *m;* **dining- —**, salle à manger *f.*

salt, soalte, *n* sel *m. a* salé; **— -cellar**, *n* salière *f.*

salute, sa-lioute', *v* saluer. *n* salut *m.*

salvage, săl'-védje, *n* sauvetage *m. v* sauver.

salvation, săl-vé'-ch'n, *n* salut *m;* **— army**, Armée du Salut *f.*

salver, săl'-v'r, *n* plateau *m.*

same, séme, *a* même.

sample, sâmme'-p'l, *n* échantillon *m.*

sanctify, sainnk'-ti-fâï, *v* sanctifier.

sanction, sainnk'-ch'n, *v* sanctionner. *n* sanction *f.*

sanctuary, sainnk'-tiou-a-ri, *n* sanctuaire *m.*

sand, sănnde, *n* sable *m;* **—y**, *a* sablonneux.

sandal, sănn'-d'l, *n* sandale *f.*

sandwich, sănnde'-houitche, *n* sandwich *m.*

sane, séne, *a* sain d'esprit.

sanguine, saing'-gouine, *a* sanguin; confiant.

sanitary, sănn'-i-ta-ri, *a* sanitaire; **— towel**, *n* serviette hygiénique *f.*

sanity, sănn'-i-ti, *n* bon sens *m.*

sap, săppe, *n* sève *f. v* saper.

sapper, săpp'-*eur*, *n* (*mil*) sapeur *m.*

sapphire, săf'-fâīre, *n* saphir *m*.

sarcasm, sâr'-căzme, *n* sarcasme *m*.

sarcastic, sâr-căs'-tique, *a* sarcastique.

sardine, sâr-dîne', *n* sardine *f*.

sash, săche, *n* (belt) écharpe *f*.

satchel, sătt'-ch'l, *n* sacoche *f*; (school) cartable *m*.

satellite, satt'-i-lâīte, *n* satellite *m*.

satiate, sé'-chi-éte, *v* rassasier.

satin, sătt'-inne, *n* satin *m*. *a* de satin.

satire, sătt'-âīre, *n* satire *f*.

satisfaction, sătt-iss-făk'-ch'n, *n* satisfaction *f*.

satisfactory, sătt-iss-făk'-*teur*-i, *a* satisfaisant.

satisfy, sătt'-iss-fâī, *v* satisfaire.

saturate, sătt'-iou-réte, *v* saturer.

Saturday, sătt'-or-di, *n* samedi *m*.

satyr, sătt'-*eur*, *n* satyre *m*.

sauce, soace, *n* sauce *f*; **—pan**, casserole *f*.

saucer, soa'-seur, *n* soucoupe *f*.

saunter, soann'-t'r, *v* marcher en flânant.

sausage, soss'-idj, *n* saucisse *f*; (preserved) saucisson *m*.

savage, săv'-idj, *a** sauvage; féroce. *n* sauvage *m* & *f*.

save, séve, *v* sauver; (economize) épargner; (keep) garder.

saving, sé'-vinng, *a* économe; frugal; (things) économique. *n* économie *f*; **—s**, épargne *f*.

Saviour, sé'-*vieur*, *n* Sauveur *m*; sauveur *m*.

savour, sé'-v'r, *v* avoir le goût de; avoir l'odeur de. *n* saveur *f*; **—y**, *a* savoureux.

saw, soa, *n* scie *f*. *v* scier.

say, sé, *v* dire; **—ing**, *n* dicton *m*.

scabbard, scăbb'-'rd, *n* fourreau *m*.

scaffold, scăff'-ölde, *n* échafaud *m*.

scaffolding, scăff'-öldd-inng, *n* échafaudage *m*.

scald, scoalde, *v* échauder.

scale, skéle, *n* (fish) écaille *f*; (measure) échelle *f*; (mus) gamme *f*. *v* écailler; (climb) escalader.

scales, skélze, *npl* balance *f*.

scallop, scăll'-oppe, *n* coquille Saint Jacques *f*.

scalp, scălpe, *n* cuir chevelu *m*.

scamper, scămm'-p'r, *v* déguerpir.

scan, scănne, *v* scruter; (verse) scander.

scandal, scănn'-d'l, *n* scandale *m*.

scandalous*, scănn'-dăl-*euce,* *a* scandaleux.

scanty, scănn'-ti, *a* insuffisant; (tight) étriqué.

scapegoat, sképe'-gaute, *n* bouc émissaire *m*.

scar, scâre, *n* cicatrice *f*. *v* cicatriser.

scarce*, skairce, *a* rare.

scarcity, skair'-ci-ti, *n* rareté *f*, disette *f*.

scare, skaire, *n* panique *f*. *v* effrayer; **— away,** épouvanter; **—crow,** *n* épouvantail *m*.

scarf, scârfe, *n* écharpe *f*; foulard *m*.

scarlet, scâre-lette, *n* & *a* écarlate *f*.

scarlet-fever, scâre'-lette-fî'-*veur,* *n* scarlatine *f*.

scathing*, ské'-*ts*inng, *a* cinglant.

scatter, scătt'-'r, *v* disperser, éparpiller.

scavenger, scăv'-enn-dj'r, *n* boueur *m*.

scene, sîne, *n* scène *f*; **—ry,** vue *f*; paysage *m*; (theatre) décors *mpl*.

scent, sennte, *n* parfum *m*; (trail) piste *f*. *v* parfumer.

sceptical*, skepp'-ti-c'l, *a* sceptique.

sceptre, sepp'-t'r, *n* sceptre *m*

schedule, chedd'-ioule, *n* inventaire *m*; liste *f*.

scheme, skîme, *n* plan *m*, projet *m*. *v* projeter.

scholar, skol'-'r, *n* lettré, -e *m* & *f*; (pupil) élève *m* & *f*.

scholarship, skol'-'r-chippe, *n* (prize) bourse *f*.

school, skoul, *n* école *f*; **—master,** maître d'école *m*; **—mistress,** maîtresse d'école *f*.

schooner, skoue-n'r, *n* schooner.

sciatica, sâï-ătt'-i-c*a,* *n* sciatique *f*.

science, sâï'-ennce, *n* science *f*.

scientific, sâï-en-tiff'-ique, *a* scientifique.

scissors, siz'-*eur*ze, *npl* ciseaux *mpl*.

scoff, skoffe, *v* se moquer de, railler.

scold, skaulde, *v* gronder.

scoop, skoupe, *n* (shovel) pelle à main *f*. *v* creuser.

scope, skaupe, *n* portée *f*; étendue *f*; place *f*.

scorch, skoârtche, *v* roussir.

score, skaure, *n* (number) vingtaine *f*; (games) points *mpl*. *v* (win) gagner; (cut) faire des entailles; (keeping count) marquer.

scorn, skoarne, *n* dédain *m*. *v* dédaigner.

scornful*, skoarne'-foulle, *a* dédaigneux.

scoundrel, skâ'ounn'-dr'l, *n* coquin *m*, gredin *m*.

scour, skâ'oure, v recurer.

scourge, skeurdje, n fouetter. n fouet m; fléau m.

scout, skâ'oute, v aller en éclaireur. n éclaireur m; **boy- —,** boy-scout m.

scowl, skâ'oule, v froncer les sourcils. n regard menaçant m.

scraggy, skrägg'-'i, a (thin) décharné.

scramble, skramm'-b'l, n (struggle) lutte f. v (climb) grimper; **— for,** se bousculer pour.

scrap, skräppe, n fragment m; (cloth) morceau m.

scrape, skrépe, v gratter; (— mud off) décrotter.

scraper, skrépe'-r, n grattoir m; décrottoir m.

scratch, skrätche, n égratignure f; (sport) ligne de départ f. v égratigner; (rub) gratter; (sports) retirer; (glass) rayer.

scream, skrîme, v crier; hurler. n cri m.

screen, skrîne, n (fire; cinema) écran m; **wind —,** pare-brise m; (partition) paravent m. v protéger.

screw, skroue, n vis f. v visser.

screwdriver, skroue-drâï'-veur, n tournevis m.

scribble, skribb'-'l v griffonner. n griffonnage m.

Scripture, skripp'-tioure, n Ecriture Sainte f.

scroll, skraule, n rouleau m.

scrub, skrobbe, v laver à la brosse. n (bush) broussailles fpl.

scruple, scroue'-p'l, n scrupule m.

scrupulous*, scroue'-piou-leuce, a scrupuleux.

scrutinize, scroue'-ti-nâïze, v scruter.

scuffle, scoff'-'l, n bagarre f. v se battre.

scull, scolle, n godille f. v godiller.

scullery, scoll'-eur-i, n laverie f.

sculptor, scolp'teur, n sculpteur m.

sculpture, scolp'-tioure, v sculpter. n sculpture f.

scum, scomme, v écumer. n écume f; (fig) lie f.

scurf, skeurfe, n pellicules fpl.

scurrilous*, skorr'-i-leuce, a grossier; injurieux.

scuttle, skott'-'l, n (coal) seau à charbon m. v (naut) [saborder.

scythe, sâïdze, n faux f.

sea, sî, n mer f; **—man,** marin m; **— -sickness,** mal de mer m; **—side,** bord de la mer m; **—weed,** algue f; **—worthy,** a navigable.

seal, sîle, n cachet m; (official) sceau m; (animal)

phoque *m*. *v* cacheter; **—ing-wax**, *n* cire à cacheter *f*; **—skin**, peau de phoque *f*.

seam, sîme, *n* couture *f*; (mine) veine *f*.

seamstress, sîme'-stresse, *n* couturière *f*.

sear, sîre, *v* (burn) brûler; (brand) marquer au fer.

search, seurtche, *v* (look for) chercher; (people; luggage) fouiller. *n* recherche *f*.

searchlight, seurtche'-lâîte, *n* projecteur *m*.

season, sî'-z'n, *v* assaisonner; (timber) sécher. *n* saison *f*; **—able**, *a* de saison; **—ing**, *n* assaisonnement *m*; **—ticket**, carte d'abonnement *f*.

seat, sîte, *n* siège *m*, place *f*; (bench) banc *m*; (country estate) propriété *f*. *v* asseoir; placer.

secluded, si-cloue'-dedde, *a* retiré.

seclusion, si-cloue'-j'n, *n* retraite *f*.

second, sèk'-ŏnnde, *v* (support) seconder. *n* (time) seconde *f*; (duel) témoin *m*. *n* & *a** deuxième *m* & *f*; **—ary**, *a* secondaire; **—hand**, d'occasion.

secrecy, sî'-cri-ci, *n* secret *m*.

secret, sî'-crète, *n* secret *m*. *a** secret.

secretary, sèk'-ri-ta-ri, *n* secrétaire *m* & *f*.

secrete, si-crîte', *v* cacher; (gland) sécréter.

secretion, si-crî'-ch'n, *n* sécrétion *f*.

sect, secte, *n* secte *f*.

section, sèk'-ch'n, *n* section *f*; (cross) coupe *f*.

secular, sèk'-iou-l'r, *a* (old) séculaire; (music) profane; (school) laïque.

secure, si-kioure', *v* mettre en sûreté; s'assurer; *a* sûr; à l'abri.

securities, si-kiour'-i-tize, *npl* valeurs *fpl*.

security, si-kiour'-i-ti, *n* sûreté *f*; garantie *f*.

sedate*, si-déte', *a* posé, calme.

sedative, sedd'-*a*-tive, *n* & *a* sédatif *m*; calmant *m*.

sedentary, sedd'-enn-*ta*-ri, *a* sédentaire.

sediment, sedd'-i-mennte, *n* sédiment *m*.

sedition, si-diche'-'n, *n* sédition *f*.

seditious*, si-diche'-euce, *a* séditieux.

seduce, si-diouce', *v* séduire.

see, sî, *v* voir; **— through**, voir à travers; (*fig*) pénétrer; **— to**, veiller à.

seed, sîde, *n* graine *f*, semence *f*.

seek, sîque, *v* chercher; (strive) s'efforcer de.

seem, sîme, *v* sembler, paraître; **—ly,** *a* convenable.

seethe, sîdz, *v* bouillonner; (*fig*) grouiller.

seize, sîze, *v* saisir; (take possession) s'emparer de.

seizure, sî'-j'r, *n* prise *f*, capture *f*; (stroke) attaque *f*; (law) saisie *f*.

seldom, sell'-d'm, *adv* rarement.

select, si-lecte', *v* choisir. *a* choisi; d'élite.

selection, si-lec'-ch'n, *n* choix *m*.

self, selfe, **one—,** *pron* soi-même; se . . . ; **—ish,** *a* égoïste; **—ishness,** *n* égoïsme *m*; **—starter,** (motor) démarreur *m*.

sell, selle, *v* vendre; **—er,** *n* vendeur, -euse *m & f*.

semblance, semm'-blânnce, *n* semblant *m*.

semi, semm'-i, semi, demi; **—circle,** *n* demi-cercle *m*; **—colon,** point et virgule *m*.

seminary, semm'-i-na-ri, *n* séminaire *m*.

semolina, semm-ô-li'-na, *n* semoule *f*.

senate, senn'-éte, *n* sénat *m*.

send, sennde, *v* envoyer; expédier; **—away, — back,** renvoyer; **—er,** *n* expéditeur, -trice *m & f*; **—for,** *v* envoyer chercher; **—in advance,** envoyer à l'avance; **—on,** faire suivre.

senile, sî'-nâïle, *a* sénile.

senior, sî'-ni-eur, *a* aîné; (rank) plus ancien; **—partner,** *n* associé principal *m*.

sensation, senn-sé'-ch'n, *n* sensation *f*.

sense, sennce, *n* sens *m*; **—less,** *a* dénué de sens.

sensible, senn'-si-b'l, *a* sensé.

sensitive*, senn'-si-tive, *a* sensible.

sensual*, senn'-chou-'l, *a* sensuel.

sentence, senn'-t'nce, *n* phrase *f*; (law) sentence *f*. *v* condamner.

sentiment, senn'-ti-m'nt, *n* sentiment *m*.

sentry, senn'-tri, *n* sentinelle *f*; **—box,** guérite *f*.

separate, sepp'-*a*-réte, *v* séparer. *a** séparé.

separation, sepp-*a*-ré'-ch'n, *n* séparation *f*.

September, sepp-temm'-b'r, *n* septembre *m*.

septic, sepp'-tique, *a* septique.

sequel, sî'-couelle, *n* suite *f*, conséquence *f*.

sequence, sî'-couennce, *n* série *f*; succession *f*.

serene*, si-rîne', *a* calme, serein.

serge, seurdje, *n* serge *f*.

sergeant, sâr'-dj'nt, *n* sergent *m*.

serial, si'-ri-*a*l, *a* consécutif. *n* feuilleton *m*.

series, si'-rîze, *n* série *f*.

serious*, si'-ri-*euce*, *a* sérieux.

sermon, seur'-m'n, *n* sermon *m*.

serpent, seur'-pennte, *n* serpent *m*.

servant, seur'-vannte, *n* domestique *m* & *f*.

serve, seurve, *v* servir.

service, seur'-vice, *n* service *m*; (*eccl*) office *m*.

serviceable, seur'-viss-*a*-b'l, *a* utile.

servile, seur'-vâile, *a* servile.

servitude, seur'-vi-tioude, *n* servitude *f*; (penal) travaux forcés *mpl*.

session, sèch'-*eune*, *n* session *f*; (sitting) séance *f*.

set, sette, *v* (type) composer; (to music) mettre en . . .; (fowls) couver; (clock) régler; (trap) tendre; (task) imposer; (question) poser; (example) donner; (tools) affûter; (plants) planter; (fracture) réduire; (solidify) cailler; (jewels) monter. *n* collection *f*; série *f*; (china) service *m*; (buttons, etc) garniture *f*; **— on fire,** mettre le feu à.

settee, sett'-ie, *n* canapé *m*, divan *m*.

settle, sett'-'l, *v* (accounts) régler; (finish) mettre fin à; (decide) résoudre; (assign) assigner; (domicile) s'établir; **—ment,** *n* colonie *f*; (dowry) dot *f*; (accounts) règlement *m*; (agreement) solution *f*; (foundation) tassement *m*.

seven, sèv'-'n, *n* & *a* sept *m*; **—teen,** dix-sept *m*; **—th,** septième *m* & *f*; **—ty,** soixante-dix *m*.

sever, sèv'-'r, *v* séparer; (cut) couper net.

several, sèv'-*eur*-'l, *a* plusieurs; divers.

severe*, si-vire', *a* sévère; rigoureux; violent.

severity, si-vèr'-i-ti, *n* sévérité *f*.

sew, sau, *v* coudre; **—ing,** *n* couture *f*; **—ing-cotton,** fil à coudre *m*; **—ing-machine,** machine à coudre *f*.

sewage, sioue'-idj, *n* eaux d'égout *fpl*.

sewer, sioue'-'r, *n* égout *m*.

sex, sexe, *n* sexe *m*; **—ual,** *a* sexuel.

shabby, chåbb'-i, *a* râpé; usé; (action) mesquin.

shackle, chăk'-'l, *n* chaînes *fpl*. *v* enchaîner.

shade, chéde, *n* ombre *f*; (colour) nuance *f*; (lamp) abat-jour *m*; (eyes) visière *f*. *v* protéger; (art) ombrer.

shadow, chăd'-au, *n* ombre *f*. *v* (follow) filer.

shady, ché'-di, *a* ombragé; (*fig*) louche.

shaft, châfte, *n* (arrow) flèche *f*; (*mech*) arbre *m*; (mine) puits *m*; **—s,** (vehicle) brancards *mpl*.

shaggy, chăgg'-i, *a* poilu, velu.

shake, chéque, *v* secouer; (nerves, etc) trembler, (sway) ébranler; **— hands,** serrer la main.

shaky, ché'-ki, *a* branlant; tremblotant.

shallow, chăl'-au, *a* peu profond.

sham, chămme, *n* feinte *f*. *a* simulé. *v* feindre.

shame, chéme, *n* honte *f*. *v* faire honte à; **—ful*,** *a* honteux; **—less,** éhonté.

shampoo, chămm'-poue, *n* shampooing *m*.

shamrock, chămm'-roque, *n* trèfle *m*.

shape, chépe, *n* forme *f*. *v* former; modeler.

share, chére, *n* part *f*; (stock) action *f*. *v* partager; participer à; **—holder,** *n* actionnaire *m* & *f*.

shark, chârque, *n* requin *m*.

sharp, chârpe, *a* (blade) tranchant; (point) pointu; (edge) coupant; (taste) piquant; (mind) dégourdi. *n* (music) dièse *m*; **—en,** *v* aiguiser; **—ness,** *n* acuité *f*.

shatter, chătt'-'r, *v* briser, fracasser; renverser.

shave, chéve, *v* raser; se raser.

shaving, ché'-vinng, **— -brush,** *n* blaireau *m*.

shavings, ché'-vinngze, *npl* copeaux *mpl*.

shawl, choale, *n* châle *m*.

she, chi, *pron* elle.

sheaf, chîfe, *n* (corn, etc) gerbe *f*; (papers) liasse *f*.

shear, chîre, *v* tondre; **—s,** *npl* cisailles *fpl*.

sheath, chîts, *n* (scabbard) fourreau *m*.

shed, chedde, *n* hangar *m*. *v* (tears, blood) verser; (hair, leaves, feathers) perdre.

sheen, chîne, *n* lustre *m*.

sheep, chîpe, *n* mouton *m*.

sheer, chîre, *a* pur; (steep) perpendiculaire.

sheet, chîte, *n* drap *m*; (paper, metal) feuille *f*; **— -lightning,** éclair de chaleur *m*.

shelf, chelfe, *n* planche *f*, rayon *m*; (a set) étagère *f*.

shell, chelle, *n* (hard) coquille *f*; (soft) cosse *f*;

(projectile) obus *m*. *v* écosser; bombarder; — -**fish** *n* mollusque *m*; crustacé *m*.

shelter, chel'-t'r, *n* abri *m*. *v* abriter; protéger.

shepherd, chepp'-*eurde*, *n* berger *m*, pâtre *m*.

sheriff, chè'-rife, *n* shérif *m*.

sherry, chèr'-i, *n* Xérès *m*.

shield, chîlde, *n* bouclier *m*. *v* protéger.

shift, chifte, *n* (working) équipe *f*. *v* changer de place.

shin, chine, *n* tibia *m*.

shine, châîne, *v* luire; briller. *n* lustre *m*; éclat *m*.

shingle, chinng'-g'l, *n* galet *m*.

shingles, chinng'-g'lz, *n* zona *m*.

ship, chippe, *n* vaisseau *m*, navire *m*, bateau *m*. *v* embarquer; expédier; — -**broker,** *n* courtier maritime *m*; —**ment,** (cargo) chargement *m*; — -**owner,** armateur *m*; —**wreck,** naufrage *m*.

shirk, cheurque, *v* éviter; éluder.

shirker, cheur'-keur, *n* flémard *m*.

shirt, cheurte, *n* chemise *f*.

shiver, chiv'-'r, *v* frissonner. *n* frisson *m*.

shoal, choale, *n* (multitude) foule *f*; (fish) banc *m*; (shallow) haut fond *m*.

shock, choque, *n* secousse *f*; (fright) choc *m*. *v* (disgust) choquer; — -**absorber,** *n* amortisseur *m*; —**ing,** *a* révoltant; choquant.

shoddy, chodd'-i, *a* (goods) camelote; (persons) râpé.

shoe, choue, *n* chaussure *f*; soulier *m*; (horse) fer à cheval *m*; *v* (horse) ferrer; — -**horn,** chausse-pied *m*; — -**lace,** lacet *m*; —**maker,** cordonnier *m*; — -**polish,** cirage *m*.

shoot, choutte, *v* tirer; (kill) tuer d'un coup de feu; (execute) fusiller; (grow) pousser. *n* chasse *f*; (growth) pousse *f*; —**ing,** tir *m*; —**ing-star,** étoile filante *f*.

shop, choppe, *n* boutique *f*; (stores) magasin *m*. *v* faire des achats; —**keeper,** *n* marchand, -e *m* & *f*.

shore, chaure, *n* côte *f*; (beach) rivage *m*; (land) terre *f*; (support) étai *m*. *v* étayer.

shorn, chorne, *a* tondu.

short, choarte, *a* court; (persons) petit; (need) dénué de; —**age,** *n* insuffisance *f*; — **circuit,** court-circuit *m*; —**en,** *v* raccourcir; abréger; —**hand,** *n* sténographie f; —**ly,** adv sous peu; — **-sighted,** a myope.

shot, chotte, n (noise) coup de feu m; (score, etc) coup m; (marksman) tireur m; (pellet) plomb de chasse m.

shoulder, chaule'-d'r, n épaule f. v porter sur l'épaule.

shout, châ'oute, n cri m. v crier.

shovel, chov'-'l, n pelle f. v ramasser à la pelle.

show, chau, n spectacle m; exposition f; (prize —) concours m. v montrer; (teach) enseigner; —**-room,** n salle d'exposition f; —**y,** a voyant.

shower, châ'ou'-eur, n averse f; — **-bath,** douche f; —**y,** a pluvieux.

shred, chredde, n (tatter) lambeau m. v déchiqueter.

shrew, chroue, n mégère f.

shrewd, chroude, a malin; (cunning) rusé; sagace.

shriek, chrîque, v pousser des cris. n cri perçant m.

shrill, chrille, a perçant.

shrimp, chrimmpe, n crevette f.

shrine, chrâïne, n châsse f; sanctuaire m.

shrink, chrinnque, v rétrécir.

shrivel, chriv'-'l, v ratatiner.

shroud, chrâ'oude, n linceul m.

Shrove Tuesday, chrôve-tiouze'-dé, n mardi gras m.

shrub, chrobbe, n arbuste m.

shrug, chrogue, v hausser les épaules.

shudder, chodd'-'r, n frémissement m. v frémir.

shuffle, choff'-'l, v (gait) traîner les pieds; (cards) —**ness,** n maladif; (battre.

shun, chonne, v éviter.

shunt, chonnte, v changer de voie, faire la manœuvre.

shut, chotte, v fermer.

shutter, chott'-'r, n volet m; (camera) obturateur m.

shuttle, chott'-'l, n navette f.

shy, châï, a timide, réservé. v se jeter de côté.

shyness, châï'-nesse, n timidité f.

sick, sique, a malade; —**en,** v (fig) dégoûter; —**ly,** a maladif; —**ness,** n maladie f; **to be —,** vomir.

sickle, sik'-'l, n faucille f.

side, sâïde, n côté m; (mountain) versant m; (river) bord m; (of record) face f. v prendre parti; —**board,** n buffet m; —**-car,** side-car m; —**ways,** adv de côté.

siege, sîdje, *n* siège *m.*

sieve, sive, *n* tamis *m,* crible *m.*

sift, sifte, *v* tamiser, cribler.

sigh, sâî, *n* soupir *m. v* soupirer.

sight, sâîte, *v* apercevoir. *n* (eye) vue *f;* (spectacle) spectacle *m;* (gun) guidon *m;* **at —,** *adv* à vue; **by —,** de vue.

sign, sâîne, *v* signer. *n* signe *m;* (board) enseigne *f;* **— -post,** poteau indicateur *m.*

signal, sigue'-n'l, *n* signal *m. v* signaler.

signature, sigue'-na-tioure, *n* signature *f.*

significant*, sigue-nif'-i-cannte, *a* significatif.

signify, sigue'-ni-fâî, *v* signifier.

silence, sâî'-lennce, *n* silence *m. v* faire taire.

silencer, sâî'-lenn-ceur, *n* (engine) silencieux *m.*

silent*, sâî'-lennt, *a* silencieux.

silk, silque, *n* soie *f;* **—en,** *a* de soie; **—worm,** *n* ver à soie *m;* **—y,** *a* soyeux.

sill, sile, *n* (door) seuil *m;* (window) rebord *m.*

silly, sill'-i, *a* sot, niais.

silver, sill'-v'r, *n* argent *m. a* d'argent. *v* argenter.

silversmith, sill'-v'r-smi*ts, n* orfèvre *m.*

similar*, simm'-i-l'r, *a* semblable.

similarity, simm-i-lar'-i-ti, *n* similitude *f.*

simile, simm'-i-li, *n* comparaison *f.*

simmer, simm'-'r, *v* mijoter.

simple, simm'-p'l, *a* simple; **—ton,** *n* nigaud, -e *m* & *f.*

simplicity, simm-pliss'-i-ti, *n* simplicité *f.*

simplify, simm'-pli-fâî, *v* simplifier.

simultaneous*, simm-*eul*-té'-ni-euce, *a* simultané.

sin, sine, *v* pécher. *n* péché *m;* **—ner,** pécheur *m,* pécheresse *f.*

since, sinnce, *prep* depuis. *adv* depuis lors. *conj* (cause) puisque; (time) depuis que.

sincere*, sinn-cire', *a* sincère.

sinew, sinn'-ioue, *n* tendon *m;* (*fig*) nerf *m.*

sing, sinng, *v* chanter; **—er,** *n* chanteur *m,* chanteuse *f;* (star) cantatrice *f;* **—ing,** chant *m.*

singe, sinndje, *v* roussir; (hair) brûler.

single, sinng'-g'l, *a* seul, célibataire; (ticket) simple; **— -handed,** seul.

singly, sinngue'-li, *adv* un à un.

singular*, sinng'-guiou-l'r, *a* singulier; unique.
sinister, sinn'-iss-teur, *a* sinistre.
sink, sinnque, *n* évier *m*. *v* enfoncer; couler; (ship) sombrer; (scuttle) saborder; (shaft) creuser.
sip, sipe, *n* gorgée *f*. *v* boire à petites gorgées.
siphon, sâî'-f'n, *n* siphon *m*.
siren, sâî'-renn, *n* sirène *f*.
sirloin, seur'-lô'ïne, *n* aloyau *m*.
sister, siss'-t'r, *n* sœur *f*; — **-in-law**, belle-sœur *f*.
sit, sitte, *v* s'asseoir; (incubate) couver; —**ting**, *a* assis. *n* séance *f*; —**ting-room**, salon *m*.
site, sâîte, *n* site *m*; (building) emplacement *m*.
situated, sit'-iou-é-tedde, *a* situé.
situation, sit-iou-é'-ch'n, *n* situation *f*.
six, sixe, *n* & *a* six *m*; —**teen**, seize *m*; —**teenth**, seizième *m* & *f*; —**th**, sixième *m* & *f*; —**tieth**, soixantième *m* & *f*; —**ty**, soixante *m*.
size, sâïze, *n* dimension *f*; (measure) pointure *f*; (persons) taille *f*; (glue) colle *f*. *v* coller.
skate, skéte, *v* patiner. *n* patin *m*; (fish) raie *f*.
skeleton, skell'-eu-t'n, *n* squelette *m*.
sketch, sketche, *v* esquisser. *n* esquisse *f*, croquis *m*.
skewer, skioue'-eur, *n* brochette *f*; broche *f*.
ski, ski, *v* skier; faire du ski; *n* ski *m*; — **lift**, *n* remonte-pente *m*.
skid, skidde, *v* déraper. *n* dérapage *m*.
skiff, skiffe, *n* esquif *m*, skiff *m*.
skilful*, skill'-foull, *a* adroit, habile.
skill, skille, *n* habileté *f*, adresse *f*; (natural) talent *m*.
skim, skimme, *v* effleurer; écrémer; (scum) écumer.
skin, skinne, *n* peau *f*; (hide) cuir *m*; (peel) écorce *f*; (thin peel) pelure *f*.
skip, skippe, *v* sauter; manquer; sauter à la corde.
skipper, skipp'-'r, *n* patron de bateau *m*.
skirmish, skeur'-miche, *n* escarmouche *f*.
skirt, skeurte, *n* (dress) jupe *f*. *v* border.
skittles, skitt'-'lze, *npl* quilles *fpl*.
skull, skolle, *n* crâne *m*.
skunk, skonngk, *n* mouffette *f*; (fur) putois *m*.
sky, skâï, *n* ciel *m*; —**light**, lucarne *f*; —**-scraper**, gratte-ciel *m*.
slab, slâbbe, *n* dalle *f*; plaque *f*.
slack, slâque, *n* menu charbon *m*. *a* (loose) lâche.

slacken, slăque′-'n, *v* relâcher; (pace) ralentir.

slander, slânne′-d'r, *n* calomnie *f*; (law) diffamation *f*; **—er,** calomniateur *m*.

slang, slain-ngue, *n* argot *m*.

slant, slânnte, *v* être en pente; incliner; *n* pente *f*; **—ing,** *a* oblique.

slap, slăppe, *n* gifle *f*. *v* gifler.

slash, slăshe, *v* taillader; (gash) balafrer.

slate, sléte, *n* ardoise *f*. *v* couvrir d'ardoises.

slaughter, sloa′-t'r, *v* abattre; massacrer. *n* tuerie *f*; **—er,** tueur *m*; **— -house,** abattoir *m*.

slave, sléve, *n* esclave *m* & *f*; **—ry,** esclavage *m*.

slay, slé, *v* tuer; massacrer.

sledge, slèdje, *n* traîneau *m*; **— -hammer,** marteau de forgeron *m*.

sleek, slíque, *a* lisse; (manners) mielleux.

sleep, slípe, *v* dormir. *n* sommeil *m*; **—ing-car,** wagon-lit *m*; **—less,** *a* sans sommeil; **—lessness,** *n* insomnie *f*; **—y,** *a* qui a sommeil.

sleet, slíte, *n* grésil *m*.

sleeve, slíve, *n* manche *f*.

sleigh, slé, *n* traîneau *m*.

sleight, slâîte, *n* tour d'adresse *m*; **— of hand,** prestidigitation *f*.   [modeste.

slender, slenn′-d'r, *a* mince; (figure) svelte; (means)

slice, slăîce, *n* tranche *f*. *v* couper en tranches.

slide, slăîde, *n* glissade *f*; (microscopic) porte-objet *m*; (photo) diapositif *m*; (lantern) verre *m*. *v* glisser.

slight, slâîte, *n* marque de mépris *f*. *v* traiter sans égards. *a** mince; (mistake, etc) léger.

slim, slimme, *a* élancé. *v* se faire maigrir.

slime, slăîme, *n* vase *f*, limon *m*.

slimy, slăî′-mi, *a* vaseux, visqueux.

sling, slinng, *n* (med) écharpe *f*. *v* (throw) lancer.

slink, slinng-k, *v* s'esquiver.

slip, slippe, *v* glisser; **—pery,** *a* glissant.

slipper, slipp′-'r, *n* pantoufle *f*.

slit, slitte, *v* fendre. *n* fente *f*.

sloe, slau, *n* prunelle *f*.

slope, slaupe, *v* aller en pente. *n* pente *f*.

slot, slotte, *n* fente *f*; (box; machine) ouverture *f*.

sloth, slau*t*s, *n* paresse *f*; indolence *f*.

slouch, slâ'outche, *v* marcher lourdement.

slovenly, slov'-'n-li, *a* sans soin.

slow*, slau, *a* lent; **to be —,** *v* (clock, etc) retarder.

slug, slogg, *n* limace *f*; (missile) lingot *m*.

sluggish*, slogg'-iche, *a* lent; (liver) paresseux.

sluice, slouce, *n* écluse *f*; **— -gate,** vanne *f*.

slum, slomme, *n* bas quartier *m*; taudis *m*.

slumber, slomm'-b'r, *v* sommeiller. *n* sommeil *m*.

slump, slommpe, *n* effondrement des cours *m*.

slur, sleur, *n* tache *f*. *v* tacher; déprécier.

slush, sloche, *n* boue *f*, fange *f*.

slut, slotte, *n* souillon *m* & *f*.

sly, slâï, *a* sournois, rusé.

smack, smăque, *v* (hand) donner une claque; (lips) faire claquer. *n* claque *f*; (boat) smack *m*.

small, smoal, *a* petit; **—ness,** *n* petitesse *f*.

small-pox, smoal'-poxe, *n* petite vérole *f*.

smart, smârte, *a* vif; (clever) spirituel; habile; (spruce) pimpant, chic. *v* (pain) cuire.

smash, smăche, *n* collision *f*; (*com*) krach *m*. *v* briser en morceaux; briser.

smattering, smătt'-eur-inng, *n* connaissance superficielle *f*.

smear, smire, *v* barbouiller. *n* barbouillage *m*.

smell, smelle, *v* sentir. *n* odeur *f*.

smelt, smelte, *v* fondre. *n* (fish) éperlan *m*.

smile, smâïle, *v* sourire. *n* sourire *m*.

smite, smâïte, *v* frapper; affliger.

smith, smits, *n* forgeron *m*; **—y,** forge *f*.

smoke, smauke, *v* fumer. *n* fumée *f*; **—less,** *a* sans fumée; **—r,** *n* fumeur *m*.

smoky, smau'-ki, *a* enfumé.

smooth, smoodz, *a** lisse. *v* lisser; (temper) apaiser.

smother, smodz'-'r, *v* étouffer, suffoquer.

smoulder, smaul'-d'r, *v* brûler sans flammes.

smudge, smodje, *v* tacher. *n* tache *f*.

smuggle, smog'-g'l, *v* passer en contrebande.

smuggler, smog'-gleur, *n* contrebandier *m*.

snack, snăque, *n* snack *m*.

snail, snéle, *n* colimaçon *m*; (edible) escargot *m*.

snake, snéque, *n* serpent *m*.

snap, snăppe, *n* (noise) claquement *m*; (bite) coup de dent *m. v* fermer bien; (break) briser net; (fingers) claquer les doigts; (animal) happer.

snapshot, snàppe'-chotte, *n* instantané *m.*

snare, snère, *n* piège *m. v* prendre au piège.

snarl, snârle, *v* grogner. *n* grognement *m.*

snatch, snàtche, *v* saisir; — **at,** *v* chercher à saisir; — **from,** arracher à.

sneak, snîque, *n* cafard *m. v* (steal) chiper; — **away,** *v* s'esquiver furtivement.

sneer, snîre, *v* ricaner. *n* ricanement *m.*

sneeze, snîze, *v* éternuer. *n* éternuement *m.*

sniff, sniffe, *v* renifler.

snip, snipe, *n* coup de ciseaux *m. v* couper avec des ciseaux.

snipe, snâïpe, *n* bécassine *f;* —**r,** tireur d'élite *m.*

snob, snobbe, *n* snob *m;* —**bish,** *a* poseur.

snore, snaure, *v* ronfler. *n* ronflement *m.*

snort, snoarte, *v* renâcler. *n* renâclement *m.*

snout, snâ'oute, *n* museau *m;* (pig) groin *m.*

snow, snau, *v* neiger. *n* neige *f;* —**drop,** perce-neige *m;* — **storm,** tempête de neige *f.*

snub, snobbe, *v* dédaigner. *n* rebuffade *f.*

snub-nose, snobbe'-nauze, *n* nez camus *m.*

snuff, snoffe, *n* tabac à priser *m;* —**box,** tabatière *f.*

so, sau, *adv* aussi; ainsi; comme cela; si.

soak, sauque, *v* tremper.

soap, saupe, *n* savon *m.*

soar, saure, *v* s'élever; planer.

sob, sobbe, *v* sangloter. *n* sanglot *m.*

sober*, sau'-b'r, *a* sobre; modéré.

sociable, sau'-cha-b'l, *a* sociable.

social, sau'-ch'l, *a** social; —**ism,** *n* socialisme *m;* —**ist,** socialiste *m & f.*

society, sŏ-sâï'-i-ti, *n* société *f;* compagnie *f;* grand monde *m.*

sock, soque, *n* chaussette *f.*

socket, sok'-ette, *n* emboîture *f;* (eyes) orbite *f;* (teeth) alvéole *m.*

sod, sode, *n* motte de gazon *f.*

soda, sau'-da, *n* soude *f;* — **water,** eau de Seltz *f.*

soft*, softe, *a* mou; doux; tendre; —**en,** *v* adoucir; (*fig*) attendrir; —**ness,** *n* douceur *f.*

soil, soa'ile, v souiller; abîmer. n sol m, terre f.

sojourn, sô'-djeurne, v séjourner. n séjour m.

solace, sol'-ace, n consolation f. v consoler.

solder, saule-d'r, n soudure f. v souder.

soldier, saule'-dj'r, n soldat m.

sole, saule, n (shoes, etc) semelle f; (fish) sole f. v ressemeler. a* seul; unique.

solemn*, sol'-emme, a solennel.

solicit, sŏ-liss'-itte, v solliciter.

solicitor, sŏ-liss'-itt-'r, n avoué m; notaire m.

solicitude, sol-i'-ci-tioude, n sollicitude f.

solid*, sol'-ide, a solide; massif; **—ify,** v solidifier.

solitary, sol'-i-ta-ri, a solitaire; seul.

solitude, sol'-i-tioude, n solitude f.

soluble, sol'-iou-b'l, a soluble.

solution, so-lioue'-ch'n, n solution f.

solve, solve, v résoudre.

solvency, sol'-venn-ci, n solvabilité f.

solvent, sol'-vennte, a dissolvant; (com) solvable.

sombre, somme'-beur, a sombre.

some, somme, art a & pron du, de la, des; quelques; en; **—body,** n quelqu'un m; **—how,** adv de façon ou d'autre; **—one,** n quelqu'un m; **—thing,** quelque chose m; **—times,** adv quelquefois; **—what,** quelque peu; **—where,** quelque part.

somersault, somm'-eur-solte, n saut périlleux m; culbute f.

somnambulist, somme-nămm'-bioue-liste, n somnambule m & f.

son, sonne, n fils m; **— -in-law,** gendre m.

sonata, sŏ-nă'-ta, n sonate f.

song, sonng, n chanson f; chant m.

soon, soune, adv bientôt; **as — as,** aussitôt que; **how —?** quand?

soot, soute, n suie f.

soothe, soudz, v adoucir; (pacify) calmer.

sophisticated, sau-fis'-tî-qué-téde, a sophistiqué.

sorcerer, saur'-ceur-eur, n sorcier m.

sorcery, saur'-ceur-i, n sorcellerie f.

sordid*, sôr'-dide, a sordide; vil.

sore, saure, n plaie f; mal m. a* mal; douloureux.

sorrel, sorr'-'l, n oseille f.

sorrow, sor'-au, *n* chagrin *m*; affliction *f*. *v* s'affliger; **—ful,** *a* affligeant; triste.

sorry, sor'-i, *a* fâché; désolé; **I am —,** je regrette; pardon!

sort, sôrte, *n* espèce *f*, genre *m*, sorte *f*. *v* trier.

soul, saule, *n* âme *f*.

sound, sâ'ounnde, *v* sonner; (*naut*) sonder. *a* (health) robuste; (character) droit; (sleep) profond. *n* son *m*; (bells) son *m*; (channel) détroit *m*; **—proof,** *a* insonore; **—track,** *n* bande sonore *f*; **—ing,** (*naut*) sondage *m*.

soup, soupe, *n* potage *m*, soupe *f*.

soup-tureen, soupe-tioue-rîne', *n* soupière *f*.

sour*, sâ'oueur, *a* sur; aigre.

source, saurce, *n* source *f*.

south, sâ'ouss, *n* sud *m*; **— of France,** le midi *m*.

southerly, seudz'-eur-li, *a* du sud; méridional.

souvenir, sou-vi-nîre', *n* souvenir *m*.

sovereign, sov'-eur-ine, *n* & *a* souverain *m*.

sow, sau, *v* semer; **—er,** *n* semeur *m*.

sow, sâ'ou, *n* truie *f*.

space, spéce, *n* espace *m*; (time) période *f*.

spacious*, spé'-cheuce, *a* spacieux.

spade, spéde, *n* bêche *f*; (cards) pique *m*.

span, spânne, *n* empan *m*; envergure *f*; (architecture) ouverture *f*; (*fig*) durée *f*. *v* traverser.

spangle, spain'-g'l, *v* pailleter. *n* paillette *f*.

spaniel, spânn'-ieule, *n* épagneul *m*.

spanner, spânn'-eur, *n* (tool) clef anglaise *f*.

spar, spâre, *v* s'exercer à la boxe. *n* (naut) espar *m*.

spare, spére, *a* de rechange. *v* (forbear) épargner; **can you — this?** pouvez-vous vous en passer?

sparing*, spére'-inng, *a* frugal; économe.

spark, spârke, *n* étincelle *f*. *v* étinceler.

sparkle, spâr'-k'l, *v* étinceler; (wine) pétiller.

sparrow, spâr'-au, *n* moineau *m*.

spasm, spâzme, *n* spasme *m*.

spasmodic, spâz-mod'-ique, *a* spasmodique.

spats, spâttse, *npl* guêtres *fpl*.

spatter, spâtt'-'r, *v* éclabousser.

spawn, spoanne, *n* frai *m*. *v* frayer.

speak, spîke, *v* parler; **—er,** *n* orateur *m*.

spear, spîre, v percer d'un coup de lance. n lance f.

special*, spè'-ch'l, a spécial; particulier.

speciality, spèch-i-al'-i-ti, n spécialité f.

specie, spî'-chî, n numéraire m.

species, spî'-chîze, n espèce f; sorte f.

specification, spess-i-fi-qué'-ch'n, n description f; (schedule) devis m.

specify, spess'-i-fâï, v spécifier.

specimen, spess'-i-menn, n spécimen m; modèle m.

specious*, spî-cheuce, a spécieux, plausible.

speck, spèque, n petite tache f.

spectacle, spèk'-ta-k'l, n spectacle m.

spectacles, spèk'-ta-k'lse, npl lunettes fpl.

spectator, spèk-té'-t'r, n spectateur, -trice m & f.

spectre, spèk'-t'r, n spectre m.

speculate, spèk'-iou-léte, v spéculer; méditer.

speech, spîtche, n parole f; (discourse) discours m; —**less,** a muet; (fig) interdit.

speed, spîde, n vitesse f; —**y,** a prompt; rapide.

speedometer, spî-domm'-it'r, n indicateur de vitesse m.

spell, spelle, v épeler. n charme m.

spend, spennde, v dépenser; —**thrift,** n dépensier, [-ère m & f.

sphere, sfîre, n sphère f.

spice, spâïce, n épice f. v épicer.

spicy, spâï'-ci, a épicé; (fig) piquant.

spider, spâï'-d'r, n araignée f.

spike, spâïke, n piquant m; pointe f. v clouer.

spill, spille, v répandre; renverser.

spin, spinne, v filer; faire tourner; —**ning,** n filage m.

spinach, spinn'-idj, n épinards mpl.

spinal, spâïne'-'l, a spinal; vertébral.

spindle, spinn-d'l, n fuseau m; axe m.

spine, spâïne, n épine dorsale f.

spinster, spinn'-st'r, n femme non mariée f.

spiral, spâï'-r'l, a spiral. n spirale f.

spire, spâïre, n flèche f.

spirit, spir'-itte, n esprit m; (alcohol) alcool m; s(animation) entrain m; —**ed,** a animé; —**ual,** spirituel; —**ualist,** n spiritualiste m.

spit, spitte, v cracher. n crachat m; (roasting) broche f; —**toon,** crachoir m.

spite, spaîte, *v* dépiter. *n* dépit *m*; **—ful,** *a* vindicatif; **in — of,** *prep* malgré.

splash, splâche, *v* éclabousser; (play) patauger.

splendid*, splenn'-dide, *a* splendide.

splendour, splenn'-d'r, *n* splendeur *f*.

splint, splinnte, *n* (surgical) attelle *f*.

splinter, splinn'-t'r, *n* écharde *f*. *v* voler en éclats.

split, splitte, *v* fendre. *n* fente *f*.

spoil, spoa'ile, *v* gâter; (damage) abîmer.

spoke, spauke, *n* rayon d'une roue *m*.

spokesman, spaukce'-männe, *n* porte-parole *m*.

sponge, sponndje, *n* éponge *f*. *v* éponger.

sponsor, sponn'-sor, *n* garant *m*; (baptism) parrain *m*; marraine *f*.

spontaneous*, sponn-té'-ni-*euce*, *a* spontané.

spool, spoule, *n* bobine *f*.

spoon, spoune, *n* cuiller *f*; **—ful,** cuillerée *f*.

sport, spaurte, *n* sport *m*; **—ing,** *a* sportif; **—ive,** *a* gai.

spot, spotte, *v* tacher. *n* tache *f*; (place) endroit *m*; **—less,** *a* sans tache.

spout, spa'oute, *n* (gutter) gouttière *f*; (jug or pot) bec *m*. *v* jaillir.

sprain, spréne, *v* se fouler. *n* entorse *f*.

sprat, sprâte, *n* sprat *m*.

sprawl, sproale, *v* s'étaler; se vautrer.

spray, spré *n* (branch) ramille *f*; (water) embrun *m*. *v* arroser; pulvériser; atomiser.

sprayer, spré'-*eur*, *n* vaporisateur *m*; atomiseur.

spread, spredde, *v* étendre; (on bread, etc) étaler; (news) répandre; **— out,** déployer.

sprig, sprigue, *n* brin *m*, brindille *f*.

sprightly, spraîte'-li, *a* enjoué; vif; gai.

spring, springg, *n* (season) printemps *m*; (leap) saut *m*; (water) source *f*; (metal) ressort *m*. *v* sauter; **—y,** *a* élastique.

sprinkle, springg'-k'l, *v* asperger; saupoudrer.

sprout, sprâ'oute, *v* germer. *n* pousse *f*.

spruce, sprouce, *n* sapinette *f*. *a* pimpant.

spur, speur, *n* éperon *m*. *v* éperonner.

spurious*, spiou'-ri-*euce*, *a* faux.

spurn, speurne, *v* dédaigner, mépriser.

spy, spâî, *n* espion, -onne *m* & *f*. *v* espionner.
squabble, scouob'-b'l, *v* se chamailler.
squad, scouodde, *n* (*mil*) escouade *f*; **—ron**, (*mil*. escadron *m*; (naval, air) escadre *f*.
squalid*, scouoll'-ide, *a* sale; abject.
squall, scouoale, *n* (wind) rafale *f*. *v* (scream) brailler.
squalor, scouoll-eur, *n* abjection *f*.
squander, scouonn'-d'r, *v* dissiper, gaspiller.
square, scouère, *n* & *a* carré *m*; (public) place *f*.
squash, scouoche, *v* écraser. *n* écrasement *m*.
squat, scouotte, *v* s'accroupir. *a* (*fig*) trapu.
squeak, scouîke, *v* crier; (bearings, etc) grincer.
squeeze, scouîze, *v* serrer; (cuddle) étreindre; (lemon, etc) presser.
squint, scouinnte, *v* loucher. *n* regard louche *m*.
squirrel, scouir'-'l, *n* écureuil *m*.
squirt, scoueurte, *n* seringue *f*. *v* seringuer, faire gicler.
stab, stâbbe, *v* poignarder. *n* coup de poignard *m*.
stability, stâ-bil'-i-ti, *n* stabilité *f*.
stable, sté'-b'l, *n* écurie *f*; (cattle) étable *f*. *a* stable.
stack, stàque, *n* pile *f*; (hay) meule *f*; (chimney) cheminée *f*. *v* empiler.
staff, stâffe, *n* bâton *m*; (employees) personnel *m*; (*mil*) état-major *m*; **flag-—**, hampe *f*.
stag, stàgue, *n* cerf *m*.
stage, stédje, *n* (theatre) scène *f*; (hall) estrade *f*; (period) phase *f*. *v* mettre en scène.
stagger, stagg'-'r, *v* chanceler; (*fig*) renverser.
stagnate, stagg'-néte, *v* croupir.
staid*, stéde, *a* posé; sérieux.
stain, sténe, *v* teindre; (soil) souiller. *n* teinture *f*; (soil) tache *f*; **—less**, *a* (metal) inoxydable.
stair, stére, *n* marche *f*; **—s**, *pl* escalier *m*.
stake, stéque, *v* garnir de pieux; (bet) parier. *n* pieu *m*; (wager) enjeu *m*; **at the —**, sur le bûcher.
stale, stéle, *a* (bread, etc) rassis; (beer, etc) éventé.
stalk, stoake, *n* tige *f*. *v* chasser à l'affût.
stall, stoale, *n* fauteuil d'orchestre *m*; (market) étalage *m*; (cattle) box *m*. *v* (of engine) caler.
stalwart, stoal'-oueurte, *a* fort; robuste.
stamina, stàmm'-i-na, *n* force de résistance *f*.

stammer, stămm'-'r, *v* bégayer.

stamp, stămmpe, *n* timbre *m.*   *v* timbrer; (foot) frapper du pied.

stampede, stămm-pîde', *v* fuir en panique; *n* débandade *f.*

stand, stănnde, *v* être debout; (place) mettre; (endure) supporter. *n* tribune *f;* résistance *f;* (pedestal) support *m;* (market) étalage *m;* (exhibition) stand *m;* **—ing,** *a* permanent. *n* rang *m;* **—ing-room,** place debout *f;* **—still,** arrêt *m.*

standard, stănn'-deurde, *n* étendard *m.* *n* & *a* modèle *m;* (weights, measures) étalon *m.*

staple, sté'-p'l, *n* crampon de fer *m;* agrafe *f.* *a* principal.

star, stârre, *n* étoile *f;* **—ry,** *a* étoilé.

starboard, stârre'-baurde, *n* tribord *m.*

starch, stârtche, *n* amidon *m.* *v* empeser.

stare, stére, *v* regarder fixement. *n* regard fixe *m.*

starling, stâr'-linng, *n* étourneau *m.*

start, stârte, *n* commencement *m;* (shock) coup *m.* *v* commencer; (machinery) mettre en marche; (leave) partir.

startle, stâr-t'l, *v* sursauter; effrayer.

starvation, stâr-vé'-ch'n, *n* faim *f.*

starve, stârve, *v* mourir de faim; (deprive) affamer.

state, stéte, *v* déclarer. *n* état *m;* (pomp) apparat *m;* **—ly,** *a* majestueux; **—ment,** *n* déclaration *f;* (account) relevé de compte *m.*

statesman, stéts'-mănne, *n* homme d'Etat *m.*

station, sté'-ch'n, *n* position *f;* (railway) gare *f;* (fire, police) poste *m.* *v* poster.

stationary, sté'-chönn-*a*-ri, *a* stationnaire.

stationer, sté'-cheunn-*eur,* *n* papetier *m.*

stationery, sté'-cheunn-*eur*-i, *n* papeterie *f.*

statistics, sta-tiss'-tiks, *n* statistique *f.*

statue, stă'-tiou, *n* statue *f.*

statute, stă'-tioute, *n* statut *m,* loi *f.*

staunch, stânnche, *v* étancher. *a* ferme.

stave, stéve, *n* douve *f;* **— in,** *v* défoncer.

stay, sté, *n* séjour *m.* *v* séjourner, rester.

stays, stéze, *npl* corset *m.*

stead, stedde, *n* place *f;* **in— of,** au lieu de.

steadfast, stedd'-fàsste, *a* solide; constant.

steady, stedd'-i, *a* ferme; (reliable) sérieux; (market) ferme.

steak, stéque, *n* bifteck *m.*

steal, stîle, *v* voler, dérober.

stealth, stèlts, **by —,** à la dérobée.

steam, stîme, *n* vapeur *f;* **—er,** bateau à vapeur *m.*

steel, stîle, *n* acier *m.*

steep, stîpe, *a* escarpé. *v* (soak) tremper.

steeple, stî'-p'l, *n* clocher *m.*

steer, stîre, *v* (naut) gouverner; (aero) diriger; (motor) conduire. *n* (ox) bouvillon *m.*

steerage, stîre'-idj, *n* entrepont *m.*

stem, stemme, *n* tige *f;* (glass) pied *m;* (tobacco-pipe) tuyau *m. v* refouler.

stench, stenntche, *n* infection *f,* puanteur *f.*

step, steppe, *v* marcher; aller. *n* pas *m;* (stair) marche *f;* (ladder) échelon *m;* **—father,** beau-père *m;* **—mother,** bellemère *f;* **—ladder,** échelle double *f.*

stereophonic, stér-io-fon'-ique, *a* stéréophonique.

sterile, stér'-il, *a* stérile.

sterilize, stér'-i-lâize, *v* stériliser.

sterling, steur'-linng, *a* sterling; pur; de bon aloi.

stern, steurne, *n* arrière *m. a** sévère; rébarbatif.

stevedore, stî'-ve-daure, *n* arrimeur *m.*

stew, stioue, *n* ragoût *m. v* mettre en ragoût.

steward, stioue'-eurde, *n* (estate) intendant *m;* (ship) garçon de cabine *m;* **—ess,** femme de chambre *f;* **wine —,** sommelier *m.*

stick, stique, *v* (affix) coller. *n* bâton *m;* (walking) canne *f;* **—y,** *a* collant.

stiff*, stife, *a* raide; **—en,** *v* raidir; (linen) empeser.

stifle, stâï'-f'l, *v* étouffer, suffoquer.

stigmatize, stigg'-ma-tâïze, *v* stigmatiser.

stile, stâïle, *n* barrière *f;* **turn—,** tourniquet *m.*

still, stille, *n* (distil) alambic *m. v* calmer. *a* tranquille; *adv* encore; toujours. *conj* (nevertheless) néanmoins.

stimulate, stimm'-iou-léte, *v* stimuler.

sting, stinng, *v* piquer. *n* piqûre *f.*

stink, stinng-k, *v* puer. *n* puanteur *f.*

stint, stinnte, *v* restreindre; rogner.

stipend, stâï'-pennde, *n* traitement *m.*

stipulate, stip'-iou-léte, *v* stipuler.

stipulation, stip-iou-lé-ch'n, *n* stipulation *f*.

stir, steur, *v* remuer; agiter; bouger. *n* émoi *m*.

stirrup, stirr'-eupe, *n* étrier *m*.

stitch, stitche, *v* coudre. *n* point *m*.

stock, stoque, *v* avoir en magasin; stocker; *n* (tree) tronc *m*; (gun) fût *m*; (flower) giroflée *f*; (goods) stock *m*; (live) animaux vivants *mpl*; (meat, etc) bouillon *m*; — **-book,** livre d'inventaire *m*; **—-broker,** agent de change *m*; — **-exchange,** bourse *f*; —**s,** (securities) valeurs *fpl*; (pillory) pilori *m*; — **-size,** taille normale *f*; — **-taking,** inventaire *m*.

stocking, stok'-inng, *n* bas *m*.

stoke, stauque, *v* chauffer; —**r,** *n* chauffeur *m*.

stolid, stol'-id, *a* lourd.

stomach, stomm'-*a*que, *n* estomac *m*; — **-ache,** mal d'estomac *m*; mal au ventre *m*.

stone, staune, *n* pierre *f*; (pebble) caillou *m*; (med) calcul *m*. *v* lapider; (fruit) enlever les noyaux.

stool, stoule, *n* tabouret *m*; (med) selle *f*.

stoop, stoupe, *v* se baisser.

stop, stoppe, *n* arrêt *m*; (interruption) pause *f*; (punctuation) point *m*. *v* arrêter, s'arrêter; (payment) suspendre; (teeth) plomber; (cease) cesser; — **up,** boucher.

stopper, stopp'-'r, *n* bouchon *m*.

storage, staur-idj, *n* magasinage *m*.

store, staure, *n* (shop) magasin *m*.

stores, staur'ze, *npl* approvisionnements *mpl*.

stork, stoarque, *n* cigogne *f*.

storm, stoarme, *n* tempête *f*. *v* donner l'assaut à.

stormy, stoar'-mi, *a* orageux.

story, stau-ri, *n* histoire *f*; (untruth) mensonge *m*; (floor) étage *m*.

stout, stå'oute, *a* gros; (strong) fort.

stove, stauve, *n* poêle *m*; (cooking) cuisinière *f*.

stow, stau, *v* (naut) arrimer; (away) ranger.

stowaway, stau-*a*-oué, *n* voyageur clandestin *m*.

straggle, strägg'-'l, *v* s'écarter de; (lag) traîner.

straight, stréte, *a* droit; direct; —**en,** *v* redresser; —**forward***,* *a* honorable; franc.

strain, stréne, *n* effort *m*; (music) air *m*; (pull) tension *f*. *v* s'efforcer; (stretch) tendre; (tendon) fouler; (liquid) filtrer.

strainer, stré'-neur, *n* passoire *f*; filtre *m*.

straits, strétse, *npl* (channel) détroit *m*.

strand, strännde, *v* (naut) échouer. *n* plage *f*; (rope) brin *m*.

strange*, stréne'dje, *a* étrange; **—r**, *n* étranger, -ère *m* & *f*.

strangle, strain'-ng'l, *v* étrangler.

strap, sträppe, *v* attacher avec une courroie; *n* courroie *f*.

straw, stroa, *n* paille *f*; **—berry**, fraise *f*.

stray, stré, *v* s'égarer; s'éloigner. *a* égaré, perdu.

streak, strîke, *n* raie *f*; rayon *m*. *v* rayer.

streaky, strîk'-i, *a* rayé; (meat) entrelardé.

stream, strîme, *n* ruisseau *m*; courant *m*. *v* couler; **— -lined**, *a* aérodynamique.

street, strîte, *n* rue *f*.

strength, strenng-*ts*, *n* force *f*; **—en**, *v* renforcer.

strenuous*, strenn'-iou-*euce*, *a* ardu.

stress, stresse, *n* accent *m*; (pressure) pression *f*; tension *f*; (urge) urgence *f*. *v* accentuer; souligner.

stretch, stretche, *v* (widen) élargir; (oneself) s'étirer; (pull) tirer; **—er**, *n* (med) brancard *m*; (shoe, etc) forme *f*.

strew, stroue, *v* répandre; parsemer.

strict*, stricte, *a* exact; strict; rigoureux.

stride, straïde, *n* enjambée *f*. *v* enjamber.

strife, straïfe, *n* dispute *f*; contestation *f*.

strike, straïke, *v* (work) se mettre en grève; (lightning; smite) frapper; (match) frotter. *n* grève *f*; **— off, — out**, *v* effacer; (disqualify) rayer; **—r**, *n* gréviste *m* & *f*.

string, strinng, *v* (beads) enfiler. *n* ficelle *f*; (music) corde *f*.

stringent, strinn'-djennte, *a* rigoureux.

strip, strippe, *v* dénuder. *n* bande *f*.

stripe, straïpe, *n* raie *f*; (mil) galon *m*. *v* rayer.

strive, straïve, *v* s'efforcer de.

stroke, strauke, *n* (med) attaque *f*; (pen) trait de plume *m*; (blow) coup *m*; (piston) course *f*. *v* caresser.

stroll, straule, v flâner; faire un tour. n tour m.

strong*, stronng, a fort; solide.

strop, stroppe, n cuir à rasoir m. v repasser.

structure, strok'-tioure, n structure f.

struggle, strogg'-'l, v lutter. n lutte f.

strut, strotte, v se pavaner. n (brace) étai m.

stubborn, stobb'-eurne, a obstiné; opiniâtre.

stud, stodde, n (nail) clou à grosse tête m; (collar) bouton m; (breeding) haras m. v garnir de clous.

student, stioue'-dennte, n étudiant, -e m & f, élève m & f.

studio, stioue'-di-ô, n atelier m; studio m.

studious*, stioue'-di-euce, a studieux.

study, stodd'-i, v étudier. n étude f; (room) cabinet de travail m; bureau m.

stuff, stoffe, v rembourrer; (preserve) empailler; (cookery) farcir. n matière f; —ing, (cookery) farce f.

stumble, stomm'-b'l, v trébucher.

stump, stommpe, n tronçon m; (arm, leg) moignon m; (tooth) racine f; (cricket) bâton m.

stun, stonne, v étourdir.

stunning, stonn'-inng, a (fig) étourdissant.

stunt, stonnte, n tour de force m; acrobatie f; —man, cascadeur m.

stunted, stonn'-tedde, a rabougri.

stupefy, stioue'-pi-fâî, v stupéfier.

stupendous*, stiou-penn'-deuce, a prodigieux.

stupid*, stioue'-pide, a stupide; —ity, n stupidité f.

stupor, stioue'-peur, n stupeur f.

sturdy, steur'-di, a vigoureux; hardi.

sturgeon, steur'-dj'n, n esturgeon m.

stutter, stott'-'r, v bégayer; balbutier.

sty, stâî, n porcherie f; (med) compère-loriot m.

style, stâîle, n mode f; (manner) style m.

stylish, stâîl'-iche, a à la mode; élégant.

subdue, seub-dioue', v subjuguer; (tame) dompter.

subject, sobb-djecte', v assujétir; exposer à.

subject, sobb'-djecte, n sujet m.

subjection, sobb-djèque'-ch'n, n dépendance f; soumission f.

subjunctive, sobb-djonngk'-tive, n subjonctif m.

sublime*, seub-lâîme', a sublime.

submarine, sob'-ma-rine, n & a sous-marin m.

submerge, seub-meurdje', v submerger.

submission, seub-mich'-n, n soumission f.

submit, seub-mitte', v soumettre; se soumettre.

subordinate, seub-or'-di-néte, a subordonné.

subpœna, seub-pî'-na, n assignation f. v assigner.

subscribe, seub-scrâîbe', v souscrire; (papers) s'abonner; —r, n souscripteur m; abonné, -ée m & f.

subscription, seub-scrip'-ch'n, n souscription f; (papers, library, etc) abonnement.

subsequent*, seub'-sî-couenne, a subséquent.

subservient, seub-seur'-vi-ennte, a subservient.

subside, seub-sâîde', v s'affaisser; (water) baisser.

subsidiary, seub-side'-i-a-ri, a subsidiaire.

subsidy, seub'-si-di, n (grant) subvention f.

subsist, seub-cisste', v subsister; — on, vivre de.

substance, seub'-st'nce, n substance f; fond m.

substantial*, seub-stänn'-cheul, a substantiel.

substantiate, seub-stänn'-chi-éte, v établir.

substantive, seub'-stänn-tive, n substantif m.

substitute, seub'-sti-tioute, v remplacer. n (proxy) remplaçant, -e m & f; as a —, à la place de.

subterranean, seub-tèr-ré'-ni-ann, a souterrain.

subtle, seutt'-'l, a subtil; adroit.

subtract, seub-trâcte', v soustraire.

suburb, seub'-eurbe, n banlieue f.

subway, seub'-ou'é, n passage souterrain m.

succeed, seuk-cîde', v succéder; (achieve) réussir.

success, seuk-cesse', n succès m; —ful, a couronné de succès; (person) heureux; —ion, n succession f; —or, n successeur m.

succour, seuk'-'r, n secours m. v secourir.

succumb, seuk-komme', v succomber.

such, sotche, a pareil; semblable.

suck, soque, v sucer; (baby) téter; —le, allaiter.

suction, soque'-ch'n, n succion f.

sudden*, sod'-'n, a soudain; imprévu.

sue, sioue, v poursuivre en justice.

suet, sioue'-ette, n graisse de rognon f.

suffer, soff'-'r, v souffrir; supporter; —ing, n souffrance f. a patient; on —ance, par tolérance.

suffice, s*euf*-fâîce', *v* suffire.

sufficient*, s*euf*-fi'-chennte, *a* suffisant.

suffocate, sof'-ŏ-quéte, *v* suffoquer.

suffrage, s*euf*-frédje, *n* suffrage *m*.

sugar, chou'-gueur, *n* sucre *m*; — **-tongs**, pince à sucre *f*.

suggest, s*eu*dd-jeste', *v* suggérer; (advice) conseiller; **—ion**, *n* suggestion *f*; **—ive**, *a* suggestif.

suicide, siou'-i-sâïde, *n* suicide *m*.

suit, sioute, *v* convenir; (dress) aller bien. *n* complet *m*; costume *m*; (law) procès *m*; (cards) couleur *f*; **—able**, *a* convenable; **—case**, *n* valise *f*; **—or**, (wooer) prétendant *m*.

suite, souîte, *n* (retinue) suite *f*; (rooms) appartement *m*; (furniture) ameublement *m*.

sulk, sollque, *v* bouder; **—y**, *a* bouderur.

sullen*, soll'-'n, *a* maussade; morose.

sulphur, soll'-f'r, *n* soufre *m*.

sultry, soll'-tri, *a* lourd, accablant.

sum, somme, *n* somme *f*; — **up**, *v* résumer.

summary, somm'-*a*-ri, *n* résumé *m*. *a* sommaire.

summer, somm'-'r, *n* été *m*.

summit, somm'-itte, *n* sommet *m*.

summon, somm'-'n, *v* appeler; (call) convoquer.

summons, somm'-*eu*nnze, *n* sommation *f*.

sumptuous*, sommp'-tiou-*euce*, *a* somptueux.

sun, sonne, *n* soleil *m*; **—beam**, rayon de soleil *m*; **— -dial**, cadran solaire *m*; **—glasses**, *n* lunettes de soleil *fpl*; **—ny**, *a* ensoleillé; **—rise**, *n* lever du soleil *m*; **—set**, coucher du soleil *m*; **—stroke**, coup de soleil *m*.

Sunday, sonn'-dé, *n* dimanche *m*.

sundries, sonn'-drize, *npl* articles divers *mpl*.

sundry, sonn'-dri, *a* divers.

sunken, sonng'-k'n, *a* enfoncé, coulé.

sup, soppe, *v* souper; **—per**, *n* souper *m*.

super, siou*e*'-p*eu*r, *n* (theatrical) figurant *m*; **—abundant**, *a* surabondant; **—annuation**, *n* retraite *f*; **—cilious**, *a* hautain; dédaigneux; **—ficial**, superficiel, **—fine**, surfin; **—intend**, *v* surveiller; **—intendent**, *n* contrôleur *m*; **—market**, *n* supermarché *m*; **—natural**, *a* surnaturel; **—sede**, *v* supplanter; **—vise,** surveiller; **—vision,** n surveillance f.

superb*, sioue-peurbe', a superbe.

superfluous, sioue-peur'-flou-*euce,* a superflu.

superior, sioue-pi'-ri-*eur,* a supérieur.

superlative, sioue-peur'-la-tive, n & a superlatif m.

superstitious*, sioue-peur-stich'-*euce,* a superstitieux.

supplant, seup-plânnte', v supplanter.

supple, sopp'-l, a souple.

supplement, sopp'-li-m'nt, n supplément m.

supplier, seup-plâï'-eur, n fournisseur m.

supply, seup-plâï', v fournir. n fourniture f.

support, seup-paurte', n (prop) support m; (moral) appui m; (maintenance) entretien m. v supporter; entretenir; (morally) soutenir.

suppose, seup-pauze', v supposer.

supposition, seup-pau-ziche'-'n, n supposition f.

suppress, seup-press', v supprimer; (conceal) cacher.

supremacy, sioue-premm'-*a-*ci, n suprématie f.

supreme*, sioue-prîme', a suprême.

surcharge, seur'-tchârdje, n surcharge f. v surcharger.

sure*, choueur, a sûr, certain.

surety, chou*eur*'-ti, n (bail, etc) caution f.

surf, seurfe, n ressac m.

surface, seur-féce, n surface f.

surge, seurdje, v s'enfler. n houle f.

surgeon, seur-djeune, n chirurgien m.

surgery, seur-djeur-i, n chirurgie f.

surgical, seur-dji-c'l, a chirurgical.

surly, seur'-li, a bourru; (dog) hargneux.

surmise, seur-mâîze', v conjecturer. n conjecture f.

surmount, seur-mâ'ounnte', v surmonter.

surname, seur'-néme, n nom de famille m.

surpass, seur-pâsse', v surpasser; l'emporter sur.

surplus, seur'-pleuce, n excédent m, surplus m.

surprise, seur-prâîze', v surprendre. n surprise f.

surrender, seur-renn'-d'r, n (mil) reddition f. v se rendre; (cede) céder.

surround, seur-râ'ounnde, v entourer; (mil) cerner; **—ings,** npl environs mpl.

survey, seur-vé', n (land) arpentage m; enquête f. v

mesurer; (look at) inspecter; **—or,** *n* arpenteur *m*; architecte *m*; inspecteur *m*.

survival, seur-vâï′-v'l, *n* survivance *f*.

survive, seur-vâïve′, *v* survivre.

survivor, seur-vâï′-v'r, *n* survivant, -e *m & f*.

susceptible, seuss-cepp′-ti-b'l, *a* susceptible.

suspect, seuss-pecte′, *v* soupçonner. *n & a* suspect, -e *m & f*.

suspend, seuss-pennde′, *v* suspendre; (defer) ajourner; **—ers,** *npl* jarretelles *fpl*.

suspense, seuss-pennce′, *n* suspens *m*; incertitude *f*.

suspension, seuss-penn′-ch'n, *n* suspension *f*; **— -bridge,** pont suspendu *m*.

suspensory, seuss-penn′-sor-i, *n* suspensoir *m*.

suspicion, seuss-pich′-'n, *n* soupçon *m*.

suspicious*, seuss-pich′-euce, *a* méfiant; suspect.

sustain, seuss-téne′, *v* soutenir; supporter.

swagger, sou′ågg′-r, *v* faire le fanfaron.

swallow, sou′oll′-au, *v* avaler. *n* (bird) hirondelle *f*.

swamp, sou′ommpe, *n* marécage *m*. *v* submerger.

swan, sou′onne, *n* cygne *m*.

swarm, sou′oarme, *n* (bees, etc) essaim *m*; (people) multitude *f*. *v* essaimer; (crowd) pulluler.

sway, soué, *v* influencer; osciller; (totter) chanceler. *n* influence *f*; (power) pouvoir *m*.

swear, sou′aire, *v* jurer; (law) prêter serment.

sweat, sou′ète, *n* sueur *f*. *v* suer; transpirer.

sweep, sou′ipe, *v* balayer; (chimney) ramoner. *n* (chimney) ramoneur *m*; **—er,** balayeur *m*; (carpet) balai mécanique *m*.

sweet, sou′ite, *a* sucré; (*fig*) doux. *n* (confection) bonbon *m*; (meals) entremets *m*; **-bread,** ris de veau d'agneu *m*; **—en,** *v* sucrer; **—heart,** *n* amoureux, -euse *m & f*; **—ness,** douceur *f*; **— -pea,** pois de senteur *m*.

swell, sou′elle, *v* enfler; **—ing,** *n* (*med*) enflure.

swerve, sou′eurve, *v* dévier; (skid) déraper.

swift, sou′ifte, *a** rapide. *n* martinet *m*.

swim, sou′imme, *v* nager. *n* nage *f*; **—mer,** nageur, -euse *m & f*; **—ming-bath,** piscine *f*.

swindle, sou′inn′-d'l, *v* escroquer; rouler; *n* escroquerie *f*; **—r,** escroc *m*.

swine, sou-âîne, *n* cochon *m*; porc *m*.

swing, sou'inng, *n* oscillation *f*; (child's) balançoire *f*. *v* osciller; se balancer; (whirl) tournoyer.

switch, sou'itche, *n* (riding) cravache *f*; (electric) commutateur *m*. *v* (train) aiguiller; — **off,** (light) éteindre; — **on,** (light) allumer.

swivel, sou'ive'-'l, *n* tourniquet *m*.

swoon, swoune, *v* s'évanouir. *n* évanouissement *m*.

swoop, swoupe, *v* fondre sur.

sword, saurde, *n* épée *f*; (sabre) sabre *m*.

sworn, sou'aurne, *a* assermenté.

syllable, sil'-la-b'l, *n* syllabe *f*.

syllabus, sil'-la-beuce, *n* programme *m*.

symbol, simm'-b'l, *n* symbole *m*.

symmetry, simm'-èt-ri, *n* symétrie *f*.

sympathetic, simm'-pa-tsèt'-ique, *a* sympathique.

sympathize, simm'-pa-tsâîze, *v* sympathiser.

sympathy, simm'-pa-tsi, *n* sympathie *f*.

symptom, simmp'-t'm, *n* symptôme *m*.

synchronize, sinn'-cronn-âîze, *v* synchroniser.

syndicate, sinn'-di-kéte, *n* syndicat *m*.

synonymous, si-nonn'-i-meuce, *a* synonyme.

syphilis, siff'-i-lice, *n* syphilis *f*.

syringe, sir'-inndje, *n* seringue *f*. *v* seringuer.

syrup, sir'-oppe, *n* sirop *m*.

system, siss'-t'm *n* système *m*.

table, té-'b'l, *n* table *f*; — **-cloth,** nappe *f*; — **-land,** plateau *m*; — **-spoon,** cuiller à bouche *f*.

tablet, tâb'-lette, *n* tablette *f*; plaque *f*.

tack, tâque, *n* (nail) semence *f*. *v* clouer; (sew) faufiler; (naut) courir une bordée.

tackle, tâque'-'l, *n* (fishing) articles de pêche *mpl*; (naut) appareaux *mpl*. *v* attaquer.

tact, tâkt, *n* tact *m*; —**ful,** *a* qui a du tact; —**ics,** *n* tactique *f*; —**less,** *a* sans tact.

tadpole, tâd'-pôle, *n* têtard *m*.

tail, téle, *n* queue *f*; (coat, short, etc) pan *m*.

tailor, té'-l'r, *n* tailleur *m*.

taint, ténnte, *v* souiller; infecter. *n* souillure *f*.

take, téque, *v* prendre; accepter; — **away,** (carry

away) emporter; (clear away) enlever; (lead away) emmener; — **care of,** prendre soin de, avoir soin de; — **off,** enlever.

takings, té'-kinngse, *npl* recettes *fpl.*

tale, téle, *n* récit *m;* (fairy) conte *m.*

talent, tǎl'-ennte, *n* talent *m.*

talk, toak, *v* parler; causer. *n* conversation *f.*

talkative, toak'-*a*-tive, *a* bavard.

tall, toal, *a* grand; haut.

tallow, tǎl'-au, *n* suif *m.*

tally, tǎl'-i, *v* concorder; correspondre.

talon, tǎl'-onne, *n* serre *f.*

tame, téme, *a* apprivoisé, domestique. *v* apprivoiser; (beasts) dompter; **taming,** *n* apprivoisement *m;* **—r,** dompteur *m.*

tamper, tǎmm'-p'r, — **with,** *v* toucher à.

tan, tǎnne, *v* (leather) tanner; (sun) bronzer.

tangerine, tǎnn'-dje-rinne, *n* mandarine *f.*

tangible, tǎnn'-dji-b'l, *a* tangible; palpable.

tangle, tain'-ng'l, *n* emmêlement *m. v* embrouiller; emmêler.

tank, tain'-ngk, *n* citerne *f;* (*mil*) char d'assaut *m.*

tantalize, tǎnn'-t*a*-lǎïze, *v* tenter; torturer.

tap, tǎppe, *n* tape *f;* petit coup *m;* (cock) robinet *m;* (cask) cannelle *f. v* taper; (knock) frapper; (tree) inciser; (cask) mettre en perce.

tape, tépe, *n* ruban *m;* — **-measure,** mètre à ruban *m;* — **recorder,** *n* magnétophone *m;* **—worm,** ver solitaire *m;* **red —,** (*fig*) bureaucratie *f.*

taper, tépe'-'r, *v* effiler.

tapestry, tǎp'-'s-tri, *n* tapisserie *f.*

tar, târe, *n* goudron *m. v* goudronner.

tardy, târe'-di, *a* lent; (late) tardif.

target, târe'-guette, *n* cible *f.*

tariff, tǎre'-if, *n* tarif *m.*

tarnish, târe'-niche, *v* ternir.

tarpaulin, târe-poa'-linne, *n* bâche *f.*

tart, târte, *n* tarte *f;* tourte *f. a** acide.

task, tâssque, *n* tâche *f.*

tassel, tǎss'-'l, *n* gland *m.*

taste, téste, *v* goûter. *n* goût *m;* **—ful,** *a* de bon goût; **—less,** sans goût, insipide.

tasty, tést'-i, *a* savoureux.

tatter, tătt'-'r, *n* haillon *m*; lambeau *m*; **—ed,** *a* déguenillé.

tattle, tătt'-'l, *v* jaser. *n* bavardage *m*.

tattoo, ta-toue', *v* (skin) tatouer. *n* tatouage *m*; (*mil*) retraite aux flambeaux *f*.

taunt, toannte, *v* tancer. *n* reproche *m*.

tavern, tăv'-eurne, *n* taverne *f*.

tawdry, toa'-dri, *a* clinquant.

tax, tăxe, *v* taxer. *n* impôt *m*; **— -payer,** contribuable *m* & *f*.

taxi, tăk'-si, *n* taxi *m*.

tea, tî, *n* thé *m*; **— -pot,** théière *f*.

teach, tîtche, *v* enseigner; **—er,** *n* professeur *m*; (primary) maître, -tresse *m* & *f*.

teaching, tîtch'-inng, *n* enseignement *m*.

team, tîme, *n* (sport) équipe *f*; (horses, etc) attelage *m*.

tear, tère, *v* (rend) déchirer. *n* déchirure *f*.

tear, tîre, *n* larme *f*.

tease, tîze, *v* taquiner; (annoy) agacer.

teat, tîte, *n* mamelon *m*; (dummy) tétine *f*.

technical*, tèque'-ni-c'l, *a* technique.

tedious*, tî'-di-*euce*, *a* ennuyeux; fatigant.

tedium, tî'-di-omme, *n* ennui *m*.

teem, tîme, **— with,** *v* fourmiller de.

teething, tîd*z*'-inng, *n* dentition *f*.

teetotaller, tî-tô'-t'*leur*, *n* abstinent, -ente *m* & *f*.

telegram, tell'-i-grămme, *n* télégramme *m*.

telegraph, tell'-i-grăfe, *v* télégraphier.

telephone, tell'-i-faune, *v* téléphoner. *n* téléphone *m*.

telescope, tell'-i-scaupe, *n* télescope *m*, longue-vue *f*.

television, tell-i-vij'-'n, *n* télévision *f*.

tell, tell, *v* dire; (narrate) raconter.

temper, temm'-p'r, *n* humeur *f*; colère *f*; (steel) trempe *f*. *v* tremper; **—ance,** *n* tempérance *f*; sobriété *f*. *a* de tempérance; **—ate*,** modéré; sobre; **—ature,** *n* température *f*; fièvre *f*.

tempest, temm'-peste, *n* tempête *f*.

temple, temm'-p'l, *n* temple *m*; (head) tempe *f*.

temporary, temm'-pŏ-ra-ri, *a* temporaire.

tempt, temmpte, *v* tenter; **—ing,** *a* tentant.

temptation, temmp-té′-ch'n, *n* tentation *f.*

ten, tenne, *n & a* dix *m*; **—th,** dixième *m & f.*

tenable, tenn′-*a*-b'l, *a* soutenable; (*mil*) tenable.

tenacious*, ti-né′-che*u*ce, *a* tenace.

tenacity, ti-nǎss′-i-ti, *n* ténacité *f.*

tenancy, tenn′-*a*nn-ci, *n* location *f.*

tenant, tenn′-*a*nnte, *n* locataire *m & f.*

tend, tennde, *v* soigner.

tendency, tenn′-denn-ci, *n* tendance *f.*

tender, tenn′-d'r, *v* offrir; (contract) soumissionner. *n* offre *f*; soumission *f. a** tendre; (painful) sensible; **— -hearted,** compatissant; **—ness,** *n* tendresse *f*; sensibilité *f.*

tenement, tenn′-i-m'nt, *n* habitation *f*, logement *m.*

tennis, tenn′-ice, *n* tennis *m.*

tenor, tenn′-'r, *n* ténor *m*; (purport) teneur *f.*

tense, tennce, *n* (grammar) temps *m. a** tendu.

tension, tenn′-ch'n, *n* tension *f.*

tent, tennte, *n* tente *f.*

tentative*, tenn′-t*a*-tive, *a* expérimental.

tenure, tenn′-ioure, *n* jouissance *f.*

tepid, tepp′-idde, *a* tiède.

term, teurme, *n* terme *m*; (school) trimestre *m*; (time) durée *f*; **—inate,** *v* terminer; se terminer; **—inus,** *n* terminus *m*; **—s,** *pl* conditions *fpl*; (instalments) à tempérament.

terrace, terr′-ice, *n* terrasse *f.*

terrible, terr′-i-b'l, *a* terrible.

terrific, terr-i′-fique, *a* formidable.

terrify, terr′-i-fâi, *v* terrifier.

territory, terr′-i-tŏr-i, *n* territoire *m.*

terror, terr′-'r, *n* terreur *f*, effroi *m*; **—ize,** *v* terroriser.

terse*, teurse, *a* sec, net.

test, tesste, *v* mettre à l'épreuve, essayer. *n* épreuve *f*, essai *m*; examen *m*; **—ify,** *v* attester; **—imonial,** *n* certificat *m*; (presentation) témoignage de reconnaissance *m.*

Testament, tess′-t*a*-m'nt, *n* Testament *m.*

testicle, tess′-ti-k'l, *n* testicule *m.*

testimony, tess′-ti-mo-ni, *n* témoignage *m.*

tether, tèdz′-'r, *n* longe *f. v* mettre à l'attache.

text, texte, *n* texte *m*; **— -book,** manuel *m.*

textile, tex'-tâîle, *a* textile.

texture, tex'-tioure, *n* tissu *m*; texture *f*.

than, dzănne, *conj* que; de.

thank, tsain-ngk, *v* remercier; — **you!** *interj* merci! —**ful,** *a* reconnaissant; —**less,** ingrat; —**s,** *npl* remerciements *mpl*; —**s to,** *prep* grâce à.

thanksgiving, tsainngkse'-guiv-inng, *n* actions de grâces *fpl*.

that, dzătte, *pron* lequel, laquelle, lesquels, lesquelles; cela. *a* ce, cet, cette. *conj* que, afin que; — **one,** *pron* celui-là, celle-là.

thatch, tsătche, *n* chaume *m*. *v* couvrir de chaume.

thaw, tsoa, *n* dégel *m*. *v* dégeler.

the, dze, *art* le, la, les.

theatre, tsi'-a-t'r, *n* théâtre *m*.

theft, tsefte, *n* vol *m*; (petty) larcin *m*.

their, dzère, *poss a* leur, leurs.

theirs, dzèrze, *poss pron* le leur, la leur, les leurs.

them, dzemme, *pron* eux, elles, les; **to** —, leur; —**selves,** eux-mêmes, elles-mêmes; (refl.) se.

theme, tsîme, *n* thème *m*; texte *m*.

then, dzenne, *adv* alors; ensuite. *conj* donc.

thence, dzennce, *adv* de là; —**forth,** désormais.

theology, tsi-ol'-ŏdj-i, *n* théologie *f*.

theoretical*, tsi-ŏ-rett'-i-c'l, *a* théorique.

theory, tsi'-ŏ-ri, *n* théorie *f*.

there, dzair, *adv* là; —**by,** *adv* par là; —**fore,** donc; —**upon,** là-dessus; sur ce.

thermal, tseur'-m'l, *a* thermal.

thermometer, tseur-momm'-i-t'r, *n* thermomètre *m*.

these, dzîze, *pron* ceux-ci, celles-ci. *a* ces; ces . . . -ci.

thesis, tsî-sisse, *n* thèse *f*.

they, dzé, *pron* ils; elles; eux.

thick, tsique, *a** épais; (big) gros; —**en,** *v* épaissir; —**et,** *n* taillis *m*; —**ness,** *n* épaisseur *f*.

thief, tsîfe, *n* voleur, -euse *m & f*.

thieve, tsîve, *v* voler; (filch) dérober.

thigh, tsăï, *n* cuisse *f*.

thimble, tsimm'-b'l, *n* dé à coudre *m*.

thin, tsinne, *a* mince; maigre; (sparse) clairsemé. *v* amincir; (trees, etc) élaguer; —**ness,** *n* minceur *f*; maigreur *f*.

thing, *ts*inng, *n* chose *f.*

think, *ts*innque, *v* penser; (believe) croire; **— about,** (of), penser à, (de); **— over,** réfléchir.

third, *ts*eurde, *n & a** troisième *m & f;* (one-third) tiers *m.*

thirst, *ts*eurste, *n* soif *f;* **to be —y,** *v* avoir soif.

thirteen, *ts*eur'-tîne, *n & a* treize *m;* **—th,** treizième *m & f.*

thirtieth, *ts*eur'-ti-i*ts, n & a* trentième *m & f.*

thirty, *ts*eur'-ti, *n & a* trente *m.*

this, *dz*ice, *pron* ceci; ce. *a* ce, cet, cette.

thistle, *ts*iss'-'l, *n* chardon *m.*

thong, *ts*onng, *n* lanière *f.*

thorn, *ts*oarne, *n* épine *f;* **—y,** *a* épineux.

thorough*, *ts*or'-ŏ, *a* entier; parfait; profond; **—bred,** *n & a* pur sang *m.* (dog) de race; **—fare,** *n* voie *f;* (main) grande artère *f;* **no —fare,** rue barrée.

those, *dz*auze, *pron* ceux-là, celles-là. *a* ces; ces . . .-là.

thou, *dz*â'ou, *pron* tu.

though, *dz*au, *conj* quoique; bien que.

thought, *ts*oate, *n* pensée *f;* **—ful*,** *a* pensif; attentif; **—less*,** étourdi; inattentif.

thousand, *ts*â'ou-z'nd, *n & a* mille *m.* *a* (date) mil.

thousandth, *ts*â'ouz'-annd*ts, n & a* millième *m & f.*

thrash, *ts*râche, *v* battre; (flog) fouetter; **—ing,** *n* raclée *f;* **—ing-machine,** batteuse *f.*

thread, *ts*redde, *n* fil *m.* *v* enfiler; **—bare,** *a* râpé.

threat, *ts*rette, *n* menace *f;* **—en,** *v* menacer.

threatening*, *ts*rett'-ninng, *a* menaçant.

three, *ts*rie, *n & a* trois *m;* **—fold,** *a* triple.

threshold, *ts*rèch'-aulde, *n* seuil *m.*

thrift, *ts*rifte, *n* économie *f;* **—less,** *a* prodigue.

thrifty, *ts*rif'-ti, *a* économe.

thrill, *ts*rill, *v* émouvoir. *n* saisissement *m.*

thrive, *ts*râïve, *v* prospérer.

throat, *ts*raute, *n* gorge *f.*

throb, *ts*robbe, *v* vibrer; (heart) battre.

throes, *ts*rose, *npl* douleurs *fpl;* (fig) angoisses *fpl.*

throne, *ts*raune, *n* trône *m.*

throng, *ts*ronng, *v* venir en foule. *n* foule *f.*

throttle, *ts*rot'-t'l, *n* larynx *m;* (mech) étrangleur *m*

through, *ts*roue, *prep* par; à travers; pour cause de;
—**out**, *adv* partout; — **train**, *n* train direct *m*.

throw, *ts*rau, *v* jeter; lancer. *n* coup *m*.

thrush, *ts*roche, *n* grive *f*.

thrust, *ts*rosste, *v* pousser; (sword) porter un coup
d'épée. *n* poussée *f*; coup d'épée *m*.

thud, *ts*odde, *n* bruit sourd *m*.

thumb, *ts*omme, *n* pouce *m*.

thump, *ts*ommpe, *v* frapper du poing. *n* coup de
poing *m*.

thunder, *ts*onn'-d'r, *v* tonner. *n* tonnerre *m*; —**bolt**,
foudre *f*; — **-storm**, orage *m*.

Thursday, *ts*eurz'-dé, *n* jeudi *m*.

thus, *dz*osse, *adv* ainsi.

thwart, *ts*ouoarte, *v* contrarier; frustrer.

thyme, *t*âïme, *n* thym *m*.

tick, tique, *v* (clock) faire tic-tac; (check) pointer.
n (cattle) tique *f*; (cover) toile à matelas *f*.

ticket, tik'-ette, *n* billet *m*; (price, etc) étiquette *f*;
season —, carte d'abonnement *f*.

tickle, tik'-'l, *v* chatouiller.

ticklish, tik'-liche, *a* chatouilleux.

tidal, tâï-d'l, *a* de marée.

tide, tâïde, *n* marée *f*; **high** —, marée haute *f*; **low** —,
marée basse *f*.

tidings, tâïd'-inngze, *npl* nouvelles *fpl*.

tidy, tâï-di, *a* en ordre; (neat) rangé. *v* mettre en
ordre.

tie, tâï, *n* (bow) nœud *m*; (neck) cravate *f*. *v* ficeler;
(a knot) nouer; (together) attacher; (surgical)
bander.

tier, tire, *n* rangée *f*; gradin *m*; rang *m*.

tiger, tâï'-gueur, *n* tigre *m*.

tight, tâïte, *a* serré; (tention) tendu; —**en**, *v* serrer;
(tension) tendre; —**s**, *n* collant *m*.

tile, tâïle, *n* carreau *m*; (roof) tuile *f*; (slate) ardoise *f*.
v carreler; couvrir de . . .

till, til, *n* tiroir caisse *m*. *v* (land) labourer. *conj*
jusqu'à ce que. *prep* jusqu'à.

tiller, till'-eur, *n* barre du gouvernail *f*.

tilt, tilte, *v* pencher; incliner.

timber, timm'-b'r, *n* bois de construction *m*.

time, tâïme, v contrôler; (engine) régler. n temps m; (occasion) fois f; (hour) heure f; (music) mesure f; (step) pas m; **— limit,** délai m; **—ly,** a & adv opportun; **— -table,** n horaire m.

timid*, timm'-ide, a timide.

tin, tinne, n fer blanc m; (pure metal) étain m. v étamer; **— box,** n boîte en fer blanc f; **— -foil,** feuille d'étain f; **— -plate,** fer blanc m.

tincture, tinng'-ktioure, n teinture f.

tinge, tinndje, n teinte f; (fig) soupçon m. v teinter.

tingle, tinng'-g'l, v picoter.

tinkle, tinng'-k'l, v tinter; faire tinter; n tintement m.

tinsel, taudz. n dîme f.

tint, tinnte, n teinte f. v teinter.

tiny, tâï-ni, tout petit, minuscule.

tip, tippe, v (give) donner un pourboire; (cart, etc) faire basculer. n pourboire m; (hint) tuyau m; (point) pointe f; **on — toe,** adv sur la pointe des pieds.

tire, tâïeure, v fatiguer; se fatiguer; **— of,** se lasser de; **—some,** a fatigant; (fig) ennuyeux.

tissue, ti'-chiou, n tissu m.

tissue-paper, ti'-chiou-pé'-p'r, n papier de soie m.

tithe, tâïdz, n dîme f.

title, tâï'-t'l, n titre m; **— -deed,** titre de propriété m; **— -page,** page du titre f.

titter, titt'-'r, v ricaner. n ricanement m.

to, tou, prep à; en; vers.

toad, taude, n crapaud m.

toast, tauste, n pain grillé m; toast m. v griller, rôtir.

toast, tauste, n (drink) toast m. v porter un toast à.

tobacco, to-bǎk'-au, n tabac m; **—nist,** marchand de tabac m; **— -pouch,** blague à tabac f.

toboggan, tô-bogue'-an, n luge f.

to-day, tou-dé', adv aujourd'hui.

toe, tau, n orteil m, doigt de pied m.

toffee, tof'-i, n caramel m.

together, tou-guèdz'-'r, adv ensemble.

toil, toa'ile, v peiner. n labeur m; **—er,** travailleur m.

toilet, toa'il'-ette, n toilette f; (W.C.) lavabo m.

token, tau'-k'n, n marque f, symbole m.

tolerable, tol'-eur-a-b'l, a tolérable.

tolerance, tol'-*eur*-nce, *n* tolérance *f*.

tolerant*, tol'-*eur*-nt, *a* tolérant.

tolerate, tol'-*eur*-éte, *v* tolérer.

toll, taule, *n* (knell) glas *m*; (due) droit *m*; (motorway) péage *m*. *v* sonner le glas.

tomato, tŏ-mâ'-tau, *n* tomate *f*.

tomb, toum, *n* tombeau *m*; **—stone**, pierre tombale *f*.

to-morrow, tou-morr'-au, *adv* demain.

tomtit, tomme'-tite, *n* mésange *f*.

ton, tonne, *n* tonne *f*; **—nage**, tonnage *m*.

tone, taune, *n* ton *m*; accent *m*; (voice) timbre *m*.

tongs, tonngze, *npl* pincettes *fpl*.

tongue, tonng *n* langue *f*.

tonic, tonn'-ique, *n* & *a* tonique *m*. *a* fortifiant.

to-night, tou-nâïte', *adv* cette nuit; ce soir.

tonsil, tonn'-s'l, *n* amygdale *f*.

tonsillitis, tonn-sil-âï'-tice, *n* amygdalite *f*.

too, toue, *adv* trop; (also) aussi; **— much**, trop.

tool, toule, *n* outil *m*.

tooth, tou*t*s, *n* dent *f*; **—ache**, mal de dents *m*; **— -brush**, brosse à dents *f*; **— -paste**, pâte dentifrice *f*; **— -pick**, cure-dents *m*; **— -powder**, poudre dentifrice *f*.

top, toppe, *n* (upper part) haut *m*; (mountain) sommet *m*; (of tree) cime *f*; (spinning) toupie *f*; **— -hat**, chapeau haut de forme *m*; **on —**, *adv* par dessus, au-dessus.

topic, top'-ique, *n* sujet *m*.

topple, topp'-'l, **— over**, *v* culbuter; (car) verser.

topsy-turvy, topp'-ci-teur'-vi, *adv* sens dessus dessous.

torch, tôrtche, *n* torche.*f*; (flaming) flambeau *m*; (electric) lampe de poche *f*.

torment, tôr'-mennte, *n* tourment *m*. *v* tourmenter.

torpedo, tôr-pî'-dau, *n* torpille *f*.

torpedo-boat, tôr-pî'-dau-baute, *n* torpilleur *m*.

torpid, tôr'-pidde, *a* engourdi, inerte.

torpor, tôr'-peur, *n* torpeur *f*.

torrent, tôr'-ennte, *n* torrent *m*.

torrid, tôr'-ride, *a* torride.

tortoise, tôr'-*t*euce, *n* tortue *f*; **— -shell**, écaille *f*.

torture, tôr'-tioure, *v* torturer. *n* torture *f*.

toss, tosse, *v* lancer en l'air; (coin) tirer à pile ou face; **— about,** s'agiter; (naut) ballotter.

total, tau'-t'l, *n* total *m*. *a* total, complet. *v* totaliser; **—isator,** *n* totalisateur *m*.

totter, tott'-t'r, *v* chanceler; **—ing,** *a* chancelant.

touch, totche, *n* contact *m*; (talent) doigté *m*; (sense) toucher *m*. *v* toucher.

touching, totch'-inng, *a* (emotion) touchant.

tough, toffe, *a* dur; résistant.

tour, toueur, *n* tour *m*; excursion *f*; **—ist,** touriste *m* & *f*; **—nament,** tournoi *m*.

tout, tâ'oute, *v* racoler. *n* racoleur *m*.

tow, tau, *v* (haul) remorquer. *n* (flax) étoupe *f*; **—age,** remorquage *m*; (canal) halage *m*; **—ing-path,** chemin de halage *m*; **— -line,** corde de remorque *f*.

towards, tô-ouôrdze', *prep* envers; (direction) vers.

towel, tâ'ou-elle, *n* serviette de toilette *f*.

tower, tâ'ou-*eur*, *n* tour *f*.

town, tâ'oune, *n* ville *f*; **— -hall,** hôtel de ville *m*.

toy, toa'i, *n* jouet *m*. *v* jouer.

trace, tréce, *n* trace *f*; (trail) piste *f*; (harness) trait *m*. *v* suivre; suivre la piste; (draw) calquer; (origin) rechercher.

tracing, tréce'-inng, *n* calque *m*; **— -paper,** papier à calquer *m*.

track, trâque, *n* trace *f*; (race) piste *f*; (railway) voie *f*. *v* suivre la piste.

tract, trâkt, *n* étendue *f*; (religious) opuscule *m*.

traction, trâk'-ch'n, *n* traction *f*.

tractor, trâk'-t'r, *n* tracteur *m*.

trade, tréde, *v* faire le commerce. *n* commerce *m*; (craft) métier *m*; **— -mark,** marque de fabrique *f*; **—sman,** fournisseur *m*; **s-union,** syndicat ouvrier *m*.

tradition, tră-dich'-*eunn*, *n* tradition *f*.

traditional*, tră-dich'-*eunn*-al, *a* traditionnel.

traffic, trâf'-ique, *n* circulation *f*; (trade) trafic *m*.

tragedian, tra-djî'-di-anne, *n* tragédien *m*.

tragedy, trădj'-i-di, *n* tragédie *f*.

tragic, trădj'-ique, *a* tragique.

trail, tréle, *v* suivre à la piste; (drag) traîner. *n* piste *f*; route *f*; **—er,** (van) remorque *f*.

train, tréne, *n* train *m*; (dress) traîne *f*; (retinue) suite *f*. *v* instruire; éduquer; (sport) (*mil*) entraîner; (animals) dresser.

training, tré'-ninng, *n* éducation *f*; entraînement *m*.

traitor, tré'-t'r, *n* traître *m*.

tram, trămme, *n* tramway *m*.

tramp, trămmpe, *n* clochard,-e *m* & *f*. *v* aller à pied.

trample, trămm'-p'l, *v* piétiner.

trance, trănnce, *n* extase *f*; (*med*) catalepsie *f*.

tranquil, trănng'-kouill, *a* tranquille.

transact, trănn-săcte', *v* traiter, arranger, faire.

transaction, trănn-săc-ch'n, *n* affaire *f*.

transcribe, trănn-scrăïbe', *v* transcrire.

transfer, trănnss-feur', *v* transférer; transporter. *n* transport *m*; billet de correspondance *m*; (shares) transfert *m*.

transform, trănnss-fôrme', *v* transformer.

transgress, trănnss-grèsse', *v* transgresser.

tranship, trănn-chippe', *v* transborder.

transit, trănn'-citte, *n* transit *m*.

translate, trănnss-léte', *v* traduire.

translation, trănnss-lé-ch'n, *n* traduction *f*.

translator, trănnss-lé-'t'r, *n* traducteur, -trice *m* & *f*.

transmit, trănnss-mitte', *v* transmettre.

transparent, trănnss-pă'-rennte, *a* transparent.

transpire, trănnss-pâïre', *v* transpirer.

transport, trănnss-pôrte', *v* transporter. *n* transport *m*; (*naut*) transport *m*.

transpose, trănnss-pause', *v* transposer.

trap, trăppe, *n* piège *m*. *v* prendre au piège.

trash, trăche, *n* camelote *f*; —**y**, *a* camelote.

travel, trăv'-'l, *v* voyager; —**ler**, *n* voyageur, -euse *m* & *f*.

traverse, trăv'-eurse, *v* traverser.

trawler, troa'-leur, *n* chalutier *m*.

tray, tré, *n* plateau *m*; ash- —, cendrier *m*.

treacherous*, trett'-cheur-*euce*, *a* traître; perfide.

treachery, trett'-cheur-i, *n* traîtrise *f*; perfidie *f*.

treacle, trî'-c'l, *n* mélasse *f*.

tread, tredde, *n* pas *m*; (stair) marche *f*. *v* poser le pied; (accidental) marcher sur.

treason, trî'-z'n, *n* trahison *f*.

treasure, tréj'-eur, *n* trésor *m*. *v* garder précieuse-
treasurer, tréj'-eur-eur, *n* trésorier *m*. ⌊ment.
treasury, tréj'-eur-i, *n* Trésor *m*.
treat, trîte, *n* (outing) partie de plaisir *f*. *v* traiter;
(*fig*) régaler; (*med*) soigner; **—ment,** *n* traitement *m*.
treatise, trî'-tize, *n* traité *m*.
treaty, trî'-ti, *n* traité *m*.
treble, tréb'-'l, *v* tripler. *n* & *a* triple *m*.
tree, trî, *n* arbre *m*.
trellis, trell'-ice, *n* treillis *m*.
tremble, tremm'-b'l, *v* trembler.
tremendous*, tri-menn'-deuce, *a* prodigieux.
tremor, tremm'-'r, *n* tremblement *m*.
tremulous*, tremm'-iou-leuce, *a* craintif.
trench, trenntche, *n* fossé *m*; (*mil*) tranchée *f*.
trend, trennde, *n* tendance *f*.
trespass, tress'-pass, *v* empiéter sur.
trespasser, tress'-pass-'r, *n* intrus *m*.
trestle, tress'-'l, *n* tréteau *m*.
trial, trâï'-al, *n* épreuve *f*, essai *m*; (law) procès *m*.
triangle, trâï'-ânng-g'l, *n* triangle *m*.
triangular, trâî-ânng'-guiou-lar, *a* triangulaire.
tribe, trâïbe, *n* tribu *f*.
tribunal, trâî-bioue'-n'l, *n* tribunal *m*.
tributary, trib'-iou-*t*a-ri, *n* affluent *m*.
tribute, trib'-ioute, *n* tribut *m*.
trick, trique, *n* (fraud) ruse *f*; (dexterity) tour *m*;
(cards) levée *f*; (joke) farce *f*. *v* duper; **—ery,**
n duperie *f*; **—ster,** fourbe *m*.
trickle, trique'-'l, *v* dégoutter; (flow) couler.
trifle, trâï-f'l, *v* jouer; badiner; *n* bagatelle *f*.
trifling, trâî'-fliinng, *a* insignifiant.
trigger, trigg'-'r, *n* détente *f*.
trill, trile, *v* triller. *n* trille *m*.
trim, trime, *v* (hat, dress) garnir; (hair) couper;
égaliser. *a* soigné; **— ming,** *n* garniture *f*.
trinity, trinn'-i-ti, *n* trinité *f*.
trinket, trinng'-kitte, *n* colifichet *m*; breloque *f*.
trio, trî'-au, *n* trio *m*.
trip, trippe, *n* excursion *f*. *v* (stumble) trébucher;
—per, *n* excursionniste *m* & *f*; **— up,** *v* donner un
croc en jambe.

tripe, trâïpe, *n* tripes *fpl*.

triple, tripp'-'l, *a* triple.

triplets, tripp'-lètse, *npl* trois jumeaux *mpl*.

tripod, trâï'-pode, *n* trépied *m*.

triumph, trâï'-eummf, *n* triomphe *m*. *v* triompher.

trivial, triv'-i-al, *a* trivial, insignifiant.

trolley, troll'-i, *n* chariot *m*; (dinner) serveuse *f*.

trombone, tromm'-bône, *n* trombone *m*.

troop, troupe, *n* troupe *f*; — **-ship,** transport *m*.

trooper, troup'-eur, *n* cavalier *m*.

trophy, trau'-fi, *n* trophée *m*.

tropical, tropp'-i-c'l, *a* tropical.

tropics, tropp'-ikse, *npl* tropiques *mpl*.

trot, trotte, *v* trotter. *n* trot *m*; —**ter,** trotteur *m*; (pig) pied de cochon *m*.

trouble, trobb'-'l, *v* chagriner; (disturb) déranger. *n* (cares) soucis *mpl*; (inconvenience) dérangement *m*; (disturbance) trouble *m*; (difficulty) difficulté *f*; —**some,** *a* ennuyeux; difficile.

trough, troffe, *n* pétrin *m*; (cattle, etc) abreuvoir *m*.

trousers, trâ'ou'-zeurce, *npl* pantalon *m*.

trout, trâ'oute, *n* truite *f*.

trowel, trâ'ou'-l, *n* (mason's) truelle *f*; (garden) déplantoir *m*.

truant, troue'-annte, **play —,** *v* faire l'école buissonnière.

truce, trouce, *n* trève *f*.

truck, troque, *n* wagon *m*; (hand) voiture à bras *f*.

truculent*, trok'-iou-lennte, *a* brutal; féroce.

trudge, trodje, *v* marcher péniblement.

true, troue, *a* vrai; (faithful) fidèle.

truffle, troff'-'l, *n* truffe *f*.

truism, troue'-izme, *n* truisme *m*.

trump, trommpe, *n* atout *m*. *v* couper.

trumpet, trommp'-itte, *n* trompette *f*.

truncheon, tronn'-ch'n, *n* bâton *m*.

trunk, tronng-k, *n* (tree; body) tronc *m*; (elephant) trompe *f*; (travelling) malle *f*; — **-call,** appel interurbain *m*.

truss, trosse, *n* (hay, etc) botte *f*; (surgical) bandage herniaire *m*. *v* (poultry) trousser.

trust, trosste, *n* confiance *f;* (combine) trust *m.* *v* se fier à; (rely) compter sur.

trustee, tross-tî', *n* dépositaire *m;* (public) curateur *m;* (liquidation) syndic de faillite *m.*

trustworthy, trosst'-oueurdz-i, *a* digne de confiance.

truth, trou*s,* *n* vérité *f;* —**ful***, *a* véridique.

try, trâ*ï, v* essayer; (taste) goûter; (law) juger; —**ing,** *a* pénible; — **on,** *v* essayer.

tub, tobbe, *n* baquet *m;* (bath) tub *m.*

tube, tioube, *n* tube *m;* (railway) métro *m.*

tuck, toque, *n* pli *m.* *v* faire des plis; — **in,** (rug, etc) border; — **up,** retrousser.

Tuesday, tiouze'-dé, *n* mardi *m.*

tuft, tofte, *n* (grass) touffe *f;* (hair) houppe *f.*

tug, togue, *v* tirer; (boat) remorquer.

tug-boat, togue'-baute, *n* remorqueur *m.*

tuition, tiou-i'-ch'n, *n* enseignement *m.*

tulip, tioue'-lippe, *n* tulipe *f.*

tumble, tomm'-b'l, *v* (fall) dégringoler.

tumbler, tomm'-bl'r, *n* (glass) grand verre *m.*

tumour, tioue'-m'r, *n* tumeur *f.*

tumult, tioue'-m*e*ulte, *n* tumulte *m;* (riot) émeute *f.*

tune, tioune, *n* air *m.* *v* accorder.

tuneful, tioune'-foull, *a* mélodieux.

tunic, tioue'-nique, *n* tunique *f.*

tuning-fork, tioue'-ninng forque, *n* diapason *m.*

tunnel, tonn'-l, *n* tunnel *m.* *v* percer un tunnel.

tunny, tonn'-i, *n* thon *m.*

turbine, teur'-bâïne, *n* turbine *f.*

turbot, teur'-b*e*ute, *n* turbot *m.*

turbulent, teur'-biou-lennte, *a* turbulent.

tureen, tiou-rîne', *n* soupière *f;* (sauce) saucière *f.*

turf, teurfe, *n* (grass) gazon *m;* (peat) tourbe *f.*

turkey, teur'-ki, *n* dinde *f,* dindon *m.*

turkish, teur'-quiche, *a* turc.

turmoil, teur'-moa'ïle, *n* tumulte *m;* désordre *m.*

turn, teurne, *n* tour *m.* *v* tourner; — **about,** se tourner; — **aside,** détourner; — **back,** revenir sur ses pas; —**er,** *n* (artisan) tourneur *m;* —**ing,** (corner) tournant *m;* —**ing-point,** point décisif *m;* — **into,** *v* se changer en; — **off,** fermer; — **on,** ouvrir; —**out,** (expel) renvoyer; (light) éteindre; — **over,** se

retourner. *n* (*com*) chiffre d'affaires *m*; —**stile,**
tourniquet *m*; — **to,** *v* recourir à.

turnip, teur'-nipe, *n* navet *m*.

turpentine, teur'-penn-tâïne, *n* térébenthine *f*.

turret, teur'-ette, *n* tourelle *f*.

turtle, teur'-t'l, *n* tortue de mer *f*; **turn —,** *v* chavirer
— -**dove,** *n* tourterelle *f*.

tusk, tossque, *n* (long) défense *f*; (short) croc *m*.

tussle, toss'-'l, *v* lutter. *n* bagarre *f*.

tutor, tioue'-t'r, *n* précepteur *m*, professeur *m*.
v instruire.

twang, touain-ng, *n* nasillement *m*; (sound) son *m*.

tweezers, touî'-zeurze, *npl* pinces *fpl*.

twelfth, tou'elf*ts*, *n* & *a* douzième *m* & *f*.

twelve, tou'elve, *n* & *a* douze *m*.

twentieth, tou'enn'-ti-i*ts*, *n* & *a* vingtième *m* & *f*.

twenty, tou'enn'-ti, *n* & *a* vingt *m*.

twice, tou'âïce, *adv* deux fois.

twig, tou'igue, *n* brindille *f*.

twilight, tou'âï'-lâïte, *n* crépuscule *m*.

twill, tou'ile, *n* croisé me.

twin, tou'inne, *n* & *a* jumeau *m*, jumelle *f*.

twine, tou'âïne, *n* cordonnet *m*. *v* s'enrouler.

twinge, tou'inndje, *n* élancement *m*; (*fig*) tourment *m*.

twinkle, tou'inng'-k'l, *v* scintiller; (eyes) cligner.

twirl, tou'eurle, *v* tournoyer; tourner. *n* tour *m*.

twist, tou'iste, *v* tordre; tourner; contourner.

twitch, tou'itche, *v* se crisper. *n* crispation *f*; tic *m*.

twitter, tou'itt'-'r, *v* gazouiller.

two, toue, *n* & *a* deux *m*; —**fold,** *a* double.

type, tâïpe, *n* type *m*; (print) caractère *m*. *v* taper à
la machine; —**writer,** *n* machine à écrire *f*.

typhoid, tâï'-fo'ide, *n* fièvre typhoïde *f*.

typhoon, tâï'-foune', *n* typhon *m*.

typical*, tip'-i-c'l, *a* typique.

typist, tâïp'-iste, *n* dactylographe *m* & *f*.

typography, ti-pogue'-ra-fi, *n* typographie *f*.

tyrannical*, ti-rànn'-i-c'l, *a* tyrannique.

tyrannize, ti'-ra-nâïze, *v* tyranniser.

tyrant, tâï'-r'nt, *n* tyran *m*.

tyre, tâïre, *n* bande *f*; (pneumatic) pneu *m*.

ubiquitous, ioue-bik'-oui-*teuce*, *a* omniprésent.

udder, odd'-'r, *n* pis *m*.

ugliness, ogg'-li-nesse, *n* laideur *f*.

ugly, ogg'-li, *a* laid, vilain.

ulcer, ol'-*ceur*, *n* ulcère *m*; —**ate,** *v* ulcérer.

ulterior, ol-ti'-ri-*eur*, *a* ultérieur.

ultimate*, ol'-ti-méte, *a* définitif, final.

ultimatum, ol-ti-mé'-tomm, *n* ultimatum *m*.

umbrella, omm-brell'-*a*, *n* parapluie *m*; — **stand,** porte-parapluies *m*.

umpire, omm'-pâïre, *n* arbitre *m*. *v* arbitrer.

unabashed, onn-*a*-băshte', *a* sans honte.

unabated, onn-*a*-bé'-tedde, *a* continu; soutenu.

unable, onn-é'-b'l, **to be —,** *v* être incapable de; ne pas pouvoir.

unacceptable, onn-ăx-ept'-ta-b'l, *a* inacceptable.

unaccountable, onn-*a*-câ'ounn'-*ta*-b'l, *a* inexplicable.

unacquainted, onn-*a*-couénn'-tedde, *a* (person) étranger à; (subject) être ignorant de.

unaffected*, onn-*a*-fèque'-tedde, *a* naturel; (unmoved) impassible.

unaided, onn-é'-dedde, *a* sans aide.

unalterable, onn-oal'-*teur*-*a*-b'l, *a* immuable.

unaltered, onn-oal'-*teur*de, *a* pas changé.

unanimous*, ioue-nănn'-i-*meuce*, *a* unanime.

unapproachable, onn-*a*-prautch'-*a*-b'l, *a* inabordable, inaccessible.

unarmed, onn'ârmde', *a* sans armes.

unassailable, onn-*a*-cél'-*a*-b'l, *a* inattaquable.

unassuming, onn-*a*-sioue'-minng, *a* modeste.

unattainable, onn-*a*-tén'-*a*-b'l, *a* inaccessible.

unavoidable, onn-*a*-vŏï'-da-b'l, *a* inévitable.

unaware, onn-*a*-ouère', *a* ignorant.

unawares, onn-*a*-ouèrze', *adv* à l'improviste.

unbalanced, onn-băl'-'nsste, *a* déséquilibré.

unbearable, onn-bèr'-*a*-b'l, *a* insupportable.

unbelievable, onn-bĭ-lîve'-*a*-b'l, *a* incroyable.

unbending, onn-benn'-dinng, *a* inflexible.

unbiassed, onn-bâï'-*a*sste, *a* impartial.

unbleached, onn-blĭtchte', *a* écru.

unblemished, onn-blèm'-ichte, *a* sans tache.

unbounded, onn-bâ'ounn'-dedde, *a* illimité.

unbreakable, onn-bréque'-*a*-b'l, *a* incassable.

unburden, onn-beur'-d'n, *v* décharger.

unbutton, onn-bot'-'n, *v* déboutonner.

uncalled for, onn-coalde' fôr, *a* déplacé.

uncanny, onn-cănn'-i, *a* surnaturel, étrange.

uncared for, onn-cairde' fôr, *a* négligé.

unceasing*, onn-sî'-cinng, *a* incessant.

uncertain*, onn-seur'-tinne, *a* incertain.

unchangeable, onn-tchéne'-dja-b'l, *a* invariable.

unclaimed, onn-clémde', *a* non réclamé.

uncle, onn'-k'l, *n* oncle *m.*

unclean, onn-clîne', *a* malpropre; impur.

uncomfortable, onn-comm'-*feu*r-ta-b'l, *a* incommode; (not at ease) mal à l'aise.

uncommon, onn-comm'-'n, *a* peu commun, rare.

unconcern, onn-cŏnn-seurne', *n* indifférence *f.*

unconditional*, onn-cŏnn-di'-ch'n-al, *a* sans condition.

unconscious*, onn-conn'-che*u*ce, *a* sans connaissance; (*fig*) inconscient.

uncontrollable, onn-cŏnn-traul'-*a*-b'l, *a* incontrôlable.

uncork, onn-corque', *v* déboucher.

uncouth*, onn-coûts, *a* (manners) grossier.

uncover, onn-cov'-*eu*r, *v* découvrir.

uncultivated, onn-col'-ti-vé-tedde, *a* inculte.

undaunted, onn-doann'-tedde, *a* intrépide.

undeceive, onn-di-cîve', *v* détromper.

undecided, onn-di-sâï'-dedde, *a* indécis.

undelivered, onn-di-liv'-'rde, *a* non livré.

undeniable, onn-di-nâï'-*a*-b'l, *a* incontestable.

under, onn'-d'r, *prep* sous; au-dessous de. *adv* dessous; — **age,** *a* mineur; —**done,** *a* peu cuit; (beef) saignant; —**estimate,** *v* sousestimer; —**fed,** *a* mal nourri; —**go,** *v* endurer; —**ground,** *a* souterrain. *n* (railway) métro *m*; —**hand,** *a* sous main; —**line,** *v* souligner; —**mine,** miner; —**neath,** *adv* audessous; —**rate,** *v* estimer trop bas; —**sell,** vendre à plus bas prix; —**signed,** *n* & *a* soussigné, -ée *m* & *f*; —**stand,** *v* comprendre; —**standing,** *n* entente *f*; compréhension *f*; —**study,** doublure *f*; —**take,** *v* entreprendre; **—taker,** *n* entrepreneur de pompes funèbres *m*; **—taking,** entreprise *f*; engagement *m*; **—tone,** à voix basse; **—wear,** (men) vêtements de dessous *mpl*; (ladies) dessous *mpl*; **—writer,** assureur *m*.

undeserved, onn-di-zeurvde', *a* immérité.

undesirable, onn-di-zâï'-ra-b'l, *a* indésirable.

undignified, onn-dig'-ni-fâïde, *a* sans dignité.

undismayed, onn-diss-méde', *a* sans peur.

undo, onn-doue', *v* défaire; (untie) délier.

undoing, onn-dou'-inng, *n* (downfall) déchéance *f*.

undoubted*, onn-dâ'outt'-edde, *a* indubitable.

undress, onn-dresse', *v* déshabiller; se déshabiller.

undulating, onn'-diou-lé-ting, *a* ondulé.

unduly, onn-dioue'-li, *adv* indûment; à l'excès.

unearned, onn-eurnde', *a* non gagné; immérité.

unearthly, onn-eurts'-li, *a* surnaturel.

uneasy, onn-i'-zi, *a* inquiet; mal à l'aise.

uneducated, onn-éd'iou-qué-tedde, *a* sans éducation.

unemployed, onn-emm-ploa'ide', *a* sans travail. *n* les chômeurs *mpl*.

unemployment, onn-emm-ploa'i'-m'nt, *n* chômage *m*.

unequal*, onn-i'-coual, *a* inégal; **—led,** sans égal.

uneven*, onn-i'-v'n, *a* irrégulier; rugueux; (number) impair.

unexpected*, onn-ex-pec'-tedde, *a* inattendu.

unfailing, onn-fél'-inng, *a* infaillible.

unfair*, onn-fère', *a* injuste.

unfaithful, onn-féts'-foull, *a* infidèle.

unfasten, onn-fâs'-s'n, *v* défaire; ouvrir.

unfavourable, onn-fé-*veur*-a-b'l, *a* défavorable.

unfeeling*, onn-fî'-linng, *a* insensible.

unfit, onn-fite', *a* impropre à.

unflagging, onn-flâgue'-inng, *a* soutenu.

unflinching, onn-flinntch'-inng, *a* ferme, résolu.

unfold, onn-faulde', *v* déplier; (reveal) dévoiler.

unforeseen, onn-fore-cîne', *a* imprévu.

unfortunate*, onn-fôr'-tiou-néte, *a* malheureux.

unfounded, onn-fâ'ounn'-dedde, *a* sans fondement.

unfriendly, onn-frennde'-li, *a* peu amical; hostile.

unfulfilled, onn-foull-fîllde', *a* inaccompli.

unfurl, onn-feurle', v déployer.

unfurnished, onn-feur'-nichte, a non meublé.

ungrateful, onn-gréte'-foull, a ingrat.

unguarded, onn-gâre'-dedde, a (fig) inconsidéré.

unhappy, onn-hăpp'-i, a malheureux.

unhealthy, onn-hêltz'-i, a malsain; (sick) maladif.

unheard, onn-heurde', — of, a inconnu; inouï.

unheeded, onn-hî'-dedde, a inaperçu.

unhinge, onn-hinndje', v démonter; déranger.

unhurt, onn-heurte', a sain et sauf.

uniform*, ioue'-ni-fôrme, n & a uniforme m.

uniformity, ioue-ni-fôr'-mi-ti, n uniformité f.

unimaginable, onn-i-mâdj'-i-na-b'l, a inimaginable.

unimpaired, onn-imm-pairde', a intact.

unimportant, onn-imm-por'-t'nt, a sans importance.

uninhabitable, onn-inn-hâb'-i-ta-b'l, a inhabitable.

uninhabited, onn-inn-hâb'-i-tedde, a inhabité.

unintelligible, onn-inn-tel'-i-dji-b'l, a inintelligible.

unintentional*, onn-inn-tenn'-ch'n-al, a involontaire.

uninviting, onn-inn-vâï'-tinng, a peu attrayant.

union, ioue'-ni-eune, n union f.

unique*, iou-nique', a unique.

unit, ioue'-nitte, n unité f.

unite, îou-nâïte', v unir; s'unir.

unity, ioue'-ni-ti, n unité f; concorde f.

universal*, iou-ni-veur'-s'l, a universel.

universe, ioue'-ni-veurce, n univers m.

university, iou-ni-veur'-ci-ti, n université f.

unjust*, onn-djosste', a injuste.

unkind*, onn-kăïnnde', a pas gentil; peu aimable.

unknown, onn-naune', a inconnu.

unlawful*, onn-loa'-foull, a illégal; illicite.

unless, onn-lesse', conj à moins que, à moins de.

unlike, onn-lâïque', a différent; **—ly,** improbable.

unlimited, onn-limm'-i-tedde, a illimité.

unload, onn-laude', v décharger.

unlock, onn-loque', v ouvrir; (fig) révéler.

unlucky, onn-loque'-i, a malheureux; (ill-omened) de mauvais augure; qui porte malheur.

unmanageable, onn-mănn'-idj-a-b'l, a ingouvernable; intraitable.

unmannerly, *o*nn-männ′-′r-li, *a* grossier, mal élevé.

unmarried, onn-măr′-idde, *a* non marié; célibataire.

unmerciful*, onn-meur′-ci-foull, *a* impitoyable.

unmistakable, onn-mice-téque′-*a*-b'l, *a* évident.

unmoved, onn-mouvde′, *a* impassible.

unnatural, onn-năt′-tiou-r'l, *a* (hard) dénaturé.

unnecessary, onn-nèss′-ess-*a*-ri, *a* inutile.

unnerve, onn-neurve′, *v* effrayer; démonter.

unnoticed, onn-nau′-tisste, *a* inaperçu.

unoccupied, onn-ok′-kiou-pâïde, *a* inoccupé, libre.

unopposed, onn-ŏp-auzde′, *a* sans opposition.

unpack, onn-păque′, *v* défaire; (case) déballer.

unparalleled, onn-pă′-răl-lelde, *a* sans pareil.

unpardonable, onn-păr′-donn-*a*-b'l, *a* impardonnable.

unpleasant*, onn-plè′-zannte, *a* déplaisant.

unpopular, onn-pop′-iou-lar, *a* impopulaire.

unprecedented, onn-pré′-sid-enn-tedde, *a* sans précédent.

unprepared, onn-pri-pérde′, *a* à l'improviste.

unproductive, onn-pro-deuc′-tive, *a* improductif.

unprofitable, onn-prof′-i-t*a*-b'l, *a* peu profitable.

unprotected, onn-pro-tec′-tedde, *a* sans protection; sans défense.

unprovided, onn-prŏ-vâï′-dedde, *a* dépourvu de.

unpunctual, onn-ponngk′-tiou-*a*l, *a* inexact.

unqualified, onn-couoll′-i-fâïde, *a* non qualifié; incapable.

unquestionable, onn-couess′-tieunn-*a*-b'l, *a* incontestable.

unravel, onn-răv′-'l, *v* démêler.

unreadable, onn-rî′-d*a*-b'l, *a* illisible.

unreasonable, onn-rî′-z'n-*a*-b'l, *a* déraisonnable.

unrelenting, onn-ri-lenn′-tinng, *a* implacable.

unreliable, onn-ri-lâï′-*a*-b'l, *a* sur lequel on ne peut pas compter.

unreserved, onn-ri-zeurvde′, *a* non réservé; libre; sans réserve.

unrest, onn-reste′, *n* inquiétude *f*; agitation *f*.

unrestrained, onn-ri-strénnde′, *a* sans contrainte; (unruly) désordonné.

unrestricted, onn-ri-stric′-tedde, *a* sans restriction.

unripe, onn-râïpe′, *a* pas mûr, vert.

unroll, onn-raule′, *v* dérouler.

unruly, onn-roue′-li, *a* indiscipliné.

unsafe, onn-séfe′, *a* peu sûr; dangereux.

unsatisfactory, onn-sătt-iss-făque′-t′ri, *a* peu satisfaisant.

unscrew, onn-scroue′, *v* dévisser.

unscrupulous, onn-scroue′-piou-leuce, *a* sans scrupule.

unseasonable, onn-sî′-z′n-*a*-b′l, *a* hors de saison.

unseemly, onn-sîme′-li, *a* inconvenant.

unseen, onn-sîne′, *a* inaperçu.

unselfish, onn-self′-iche, *a* désintéressé.

unsettled,   onn-sett′-′lde,   *a* incertain; troublé; (accounts) en suspens.

unshaken, onn-chéqué′-′n, *a* inébranlable.

unshrinkable, onn-chrinng′-ka-b′l, *a* irrétrécissable.

unsightly, onn-sâïte′-li, *a* déplaisant; laid.

unskilled, onn-skillde, *a* inexpérimenté.

unsociable, onn-sau′-cha-b′l, *a* insociable.

unsold, onn-saulde′, *a* invendu.

unsolicited, onn′sŏ-liss′-i-tedde, *a* spontané.

unsound, onn-sâ′ounnde′, *a* défectueux; (mind) dément.

unsparing*, onn-spére′-inng, *a* prodigue; impitoyable.

unsteady, onn-stedd′-i, *a* instable.

unsuccessful, onn-*seuk*-cess′-foull, *a* (person) sans succès; (undertaking) infructueux.

unsuitable, onn-sioue′-*ta*-b′l, *a* déplacé, impropre.

unsupported, onn-*seup*-paur′-tedde, *a* sans appui.

unsurpassed, onn-*seur*-pàsste′, *a* sans égal.

unsuspecting, onn-*seuss*-pŏque′-tinng, *a* confiant.

untamed, onn-témde′, *a* indompté; sauvage.

untarnished, onn-târe′-nichte, *a* sans tache.

untenable, onn-tenn′-*a*-b′l, *a* insoutenable.

untidy, onn-tâï′-di, *a* en désordre; (person) négligé.

untie, onn-tâï′, *v* délier; défaire; dénouer.

until, onn-til′, *prep* jusqu'à; jusque. *conj* jusqu'à ce que.

untold, onn-taulde', *a* non raconté, passé sous silence; (*fig*) inouï.

untouched, onn-tochte', *a* intact; non ému.

untranslatable, onn-trannss-lé'-ta-b'l, *a* intraduisible.

untried, onn-traîde', *a* non essayé.

untrodden, onn-trode'-'n, *a* non frayé; vierge.

untrue, onn-troue', *a* faux; pas vrai.

untrustworthy, onn-trosst'-oueurdz-i, *a* indigne de confiance.

untruth, onn-trouts', *n* mensonge *m*.

untwist, onn-tou'isste', *v* détordre.

unusual*, onn-ioue'-joueul, *a* rare, peu commun.

unvaried, onn-vair'-idde, *a* uniforme, constant.

unveil, onn-vaile', *v* dévoiler; inaugurer.

unwarrantable, onn-ouor'-ann-ta-b'l, *a* injustifiable; inexcusable.

unwary, onn-ouè'-ri, *a* imprudent.

unwelcome, onn-ouel'-k'm, *a* importun; indésirable.

unwell, onn-ouell', *a* indisposé, souffrant.

unwholesome, onn-haule-somme, *a* malsain; insalubre.

unwieldy, onn-ouîld-i, *a* lourd, pesant.

unwilling, onn-ouil'-inng, *a* de mauvaise volonté.

unwind, onn-ouâïnnde', *v* dérouler.

unwise, onn-ouâïze', *a* peu sage, imprudent.

unwittingly, onn-ouitt'-inng-li, *adv* sans y penser.

unworthy, onn-oueurdz'-i, *a* indigne.

unwrap, onn-râppe', *v* défaire.

unwritten, onn-ritt'-'n, *a* non écrit; traditionnel.

unyielding, onn-yild'-inng, *a* rigide; inflexible.

up, op, *adv* en haut; en l'air; (stand up) debout; (prices) en hausse; (risen) levé; — **and down,** de haut en bas; — **here,** ici; —**side down,** sens dessus dessous; à l'envers; — **there,** là-haut; — **to,** *prep* jusqu'à.

upbraid, op-bréde', *v* reprocher.

upheaval, op-hî'-v'l, *n* (geological) soulèvement *m*.

uphill, op'-hill, *a* en montant; (*fig*) ardu.

uphold, op-haulde', *v* soutenir; maintenir.

upholsterer, op-haule'-steur-'r, *n* tapissier *m*.

upkeep, op'-kîpe, *n* entretien *m*; soutien *m*.

upland, op'-lănnde, *n* pays élevé *m.*

uplift, op-lifte', *v* élever.

upon, op-onne', *prep* sur.

upper, op'-r, *a* supérieur; de dessus; **— -hand,** *n* avantage *m*, dessus *m*; **—most,** *a* dominant.

upright, op'-raïte, *a* droit; honorable; (erect) debout.

uprising, op-raï'-zinng, *n* soulèvement *m.*

uproar, op'-raure, *n* tumulte *m*, vacarme *m.*

uproot, op-route', *v* déraciner.

upset, op-cette', *v* renverser; **to be —,** être bouleversé.

upstairs, op'-stèrze, *adv* en haut; **to go —,** *v* aller en haut.

upstart, op'-stärte, *n* parvenu, -e *m & f*, nouveau riche *m.*

upwards, op'-oueurdse, *adv* en haut; en montant.

urban, eur'-b'n, *a* urbain.

urchin, eur'-tchinne, *n* (child) gamin, -e *m & f.*

urge, eurdje, *n* désir ardent *m. v* pousser.

urgency, eur'-djenn-ci, *n* urgence *f.*

urgent, eur'-djenne, *a* urgent, pressant.

urine, iou'-raïne, *n* urine *f.*

urn, eurne, *n* urne *f.*

us, osse, *pron* nous.

use, iouze, *v* user de; se servir de; employer. *n* usage *m*; utilité *f*; **—ful*,** *a* utile; **—less*,** inutile; **— up,** *v* consommer.

usher, och'-r, *n* huissier *m*; **— in,** *v* annoncer.

usherette, och-'orette', *n* ouvreuse *f.*

usual*, iou'-jou*eu*l, *a* usuel, habituel; ordinaire.

usurer, iou'-jeu-r'r, *n* usurier, ère *m & f.*

usurp, iou-zeurpe', *v* usurper.

usury, iou'-jeu-ri, *n* usure *f.*

utensil, iou-tenn'-cil, *n* ustensile *m.*

utility, iou-til'-i-ti, *n* utilité *f.*

utilize, ioue'-til-aïze, *v* utiliser.

utmost, ott'-mauste, *a* extrême; dernier. *adv* le plus. *n* comble *m*; tout son possible *m.*

utter, ott'-'r, *v* (words) prononcer; (sound, coin, etc) émettre; (cry) pousser. *a** entier, absolu, total.

utterance, ott'-*eur*-'nce, *n* expression *f*; émission *f.*

uttermost, (see **utmost**).

vacancy, vé'-k'n-ci, *n* vacance *f*; place vacante *f*; (emptiness) vide *m*.

vacant*, vé'-k'nt, *a* (empty) vide; (free) libre; (mind) distrait.

vacate, va-quéte', *v* vider; évacuer; quitter.

vacation, va-qué'-ch'n, *n* vacances *fpl*; congé *m*.

vaccinate, văque'-ci-néte, *v* vacciner.

vacillate, văss'-il-léte, *v* vaciller.

vacuum, văque'-iou-'m, *n* vide *m*; — -**cleaner,** aspirateur *m*; — -**flask,** thermos *m*.

vagabond, văgue'-a-bonnde, *n* vagabond, -e *m* & *f*.

vagina, va-dji'-na, *n* vagin *m*.

vague*, végue, *a* vague.

vain*, véne, *a* vain; vaniteux; **in** —, *adv* en vain.

vale, véle, *n* vallée *f*; vallon *m*.

valet, văl'-ette, *n* valet de chambre *m*.

valiant*, văl'-i-annte, *a* vaillant, brave.

valid, văl'-ide, *a* valable, valide.

valley, văl'-i, *n* vallée *f*.

valour, văl'-'r, *n* bravoure *f*.

valuable, văl'-iou-a-b'l, *a* précieux, de valeur.

valuables, văl'-iou-a-b'lze, *n* objets de valeur *mpl*.

valuation, văl'-iou-é'-ch'n, *n* évaluation *f*.

value, văl'-iou, *v* évaluer; priser. *n* valeur *f*.

valuer, văl'-iou-'r, *n* priseur *m*; (official) commissaire-priseur *m*.

valve, vălve, *n* valve *f*, soupape *f*; (radio) lampe *f*.

vampire, văm'-pâïre, *n* vampire *m*.

van, vănne, *n* camion *m*, camionnette *f*; (train) fourgon *m*.

vane, véne, *n* girouette *f*; (windmill) aile *f*.

vanilla, va-nil'-a, *n* vanille *f*.

vanish, vănn'-iche, *v* disparaître.

vanity, vănn'-i-ti, *n* vanité *f*.

vanquish, vaing'-kouiche, *v* vaincre.

vaporize, vé'-por-âïze, *v* vaporiser.

vapour, vé'-p'r, *n* vapeur *f*.

variable, vé'-ri-a-b'l, *a* variable; (*fig*) inconstant.

variation, vé-ri-é'-ch'n, *n* variation *f*; différence *f*.

varicose vein, văr'-i-kôze véne, *n* varice *f*.

varied, vé'-ride, *a* varié, divers.

variegated, vé'-ri-i-gué-tedde, *a* panaché, bigarré.
variety, va-raï'-i-ti, *n* variété *f*, choix *m*; — **-theatre,** music-hall *m*.
various, vè'-ri-*euce*, *a* divers, différent.
varnish, vâre'-niche, *n* vernis *m*. *v* vernir.
vary, vé'-ri, *v* varier, changer; dévier.
vase, vâze, *n* vase *m*; (oriental) potiche *f*.
vaseline, vâze'-i-line, *n* vaseline *f*.
vast, vâsste, *a* vaste, immense.
vat, vătte, *n* cuve *f*; cuvier *m*.
Vatican. văt'-i-k'n, *n* Vatican *m*.
vault, voalte, *n* voûte *f*; (church, etc) crypte *f*; (burial) caveau *m*; (cellar) cave *f*. *v* (jump) sauter.
veal, vîle, *n* veau *m*.
veer, vi'-*eur*, *v* tourner; (wind) changer.
vegetable, vedj'-i-ta-b'l, *n* légume *m*. *a* végétal.
vegetarian, vedj-i-té'-ri-an, *n* végétarien, -ne *m* & *f*.
vegetation, vedj-i-té'-ch'n, *n* végétation *f*.
vehement, vî'-hi-m'nt, *a* véhément.
vehicle, vî'-i-k'l, *n* véhicule *m*.
veil, véle, *n* voile *m*. *v* voiler.
vein, véne, *n* veine *f*; (geological) filon *m*.
vellum, vell'-'m, *n* vélin *m*.
velocity, vi-loss'-i-ti, *n* vélocité *f*; (mech) vitesse *f*.
velvet, vell'-vett, *n* velours *m*.
velveteen, vell-vè-tine', *n* velours de coton *m*.
vendor, venn'-d'r, *n* vendeur, -euse *m* & *f*.
veneer, vi-nieur', *n* placage *m*. *v* plaquer.
venerable, venn'-*eur*-a-b'l, *a* vénérable.
veneration, venn-*eur*-é'-ch'n, *n* vénération *f*.
venereal, vi-ni'-ri-al, *a* vénérien.
vengeance, venn'-dj'nce, *n* vengeance *f*.
venial*, vî'-ni-al, *a* véniel.
venison, venn'-i-z'n, *n* venaison *f*.
venom, venn'-'m, *n* venin *m*; — **-ous,** *a* venimeux.
vent, vennte, *n* issue *f*; (cask) trou de fausset *m*; **give — to,** *v* donner cours à.
ventilate, venn'-ti-léte, *v* aérer.
ventilator, venn'-ti-lé-t'r, *n* ventilateur *m*.
ventriloquist, venn-tril'-ŏ-couiste, *n* ventriloque *m* & *f*.
venture, venn'-tioure, *v* aventurer; risquer; (dare)

oser. *n* aventure *f*; entreprise *f*; —**some**, *a* aventureux; (daring) osé.

veracity, vi-rǎss'-i-ti, *n* authenticité *f*; véracité *f*.

veranda, vi-rǎnn'-dǎ, *n* véranda *f*.

verb, veurbe, *n* verbe *m*; —**al***, *a* verbal; —**atim**, *adv* & *a* mot pour mot.

verbose, veur-bauce', *a* verbeux, diffus.

verdant, veur'-dannte, *a* verdoyant.

verdict, veur'-dicte, *n* verdict *m*.

verdigris, veur'-di-gri, *n* vert-de-gris *m*.

verge, veurdje, *v* pencher vers. *n* (brink) bord *m*.

verger, veur'-dj'r, *n* bedeau *m*.

verify, vair'-i-fâï, *v* vérifier.

vermilion, veur-mil'-yonne, *n* & *a* vermillon *m*.

vermin, veur'-minne, *n* vermine *f*.

vernacular, veur-nǎk'-iou-l'r, *n* & *a* vernaculaire *m*.

versatile, veur'-sa-tâïle, *a* versatile, apte à tout.

verse, veurce, *n* vers *m*; (song) couplet *m*; (Bible) verset *m*.

versed, veursste, *a* versé.

version, veur'-ch'n, *n* version *f*.

versus, veur'-ceusse, *prep* contre.

vertical*, veur'-ti-k'l, *a* vertical.

vertigo, veur'-ti-gau, *n* vertige *m*, étourdissement *m*.

very, vèr'-i, *adv* très, fort, bien. *a* même.

vessel, vess'-'l, *n* vase *m*; récipient *m*; (*naut*) vaisseau *m*.

vest, veste, *n* gilet *m*; (under) tricot de corps *m*.

vested, vess'-tedde, *a* (interest; rights) acquis.

vestige, vess'-tidje, *n* vestige *m*.

vestment, vesst'-m'nt, *n* vêtement *m*.

vestry, vess'-tri, *n* sacristie *f*.

veteran, vett'-e-rănn, *n* vétéran *m*.

veterinary, vett'-*eur*-i-na-ri, *a* vétérinaire; — **surgeon** (*pop*: vet), *n* vétérinaire *m*.

veto, vî'-tau, *n* veto *m*. *v* mettre le veto à.

vex, vexe, *v* vexer, contrarier.

vexatious, vex-é'-cheuce, *a* vexant, contrariant, irritant; (law) vexatoire.

via, vâï'-a, *prep* via, par.

viaduct, vâï'-a-docte, *n* viaduc *m*.

vibrate, vâï'-bréte, *v* vibrer.

vibration, vâī-bré'-ch'n, *n* vibration *f*.
vicar, vik'-'r, *n* curé *m*; (protestant) pasteur *m*.
vicarage, vik'-'r-idj, *n* presbytère *m*.
vice, vâïce, *n* vice *m*; (mech) étau *m*.
vice-admiral, vâïce-ăd'-mi-ral, *n* vice-amiral *m*.
vice-president, vâïce-prèz'-i-dennte, *n* vice-président *m*.
viceroy, vâïce'-roa'i, *n* vice-roi *m*.
vicinity, vi-cinn'-i-ti, *n* voisinage *m*; proximité *f*.
vicious*, vich'-euce, *a* vicieux.
viciousness, vich'-euce-nesse, *n* nature vicieuse *f*.
victim, vic'-time, *n* victime *f*.
victimize, vic'-timm-âïze, *v* rendre victime.
victor, vic'-t'r, *n* vainqueur *m*.
victorious*, vic-tau'-ri-euce, *a* victorieux.
victory, vic'-tŏr-i, *n* victoire *f*.
victual, vitt'-'l, *v* ravitailler; —**s,** *npl* vivres *mpl*.
vie, vâï, *v* rivaliser; faire assaut de.
view, vioue, *n* vue *f*; opinion *f*. *v* visiter; examiner.
vigil, vidj'-il, *n* veille *f*; (eccl) vigile *f*.
vigilance, vidj'-i-l'nce, *n* vigilance *f*.
vigilant, vidj'-i-l'nt, *a* vigilant.
vigorous*, vigg'-eur-euce, *a* vigoureux, fort.
vigour, vigg'-'r, *n* vigueur *f*, force *f*.
vile*, vâïle, *a* vil; abject.
vilify, vil'-i-fâï, *v* diffamer, avilir.
village, vil'-idj, *n* village *m*; —**r,** villageois, oise *m* & *f*.
villain, vil'-inne, *n* scélérat *m*; gredin *m*.
villainous, vil'-*a*-neuce, *a* vil, infâme.
villainy, vil'-*a*-ni, *n* infamie *f*.
vindicate, vinn'-dik-éte, *v* défendre; justifier.
vindication, vinn-di-ké'-ch'n, *n* justification *f*; défense *f*.
vindictive*, vinn-dic'-tive, *a* vindicatif, rancunier.
vindictiveness, vinn-dic'-tive-nesse, *n* rancune *f*.
vine, vâïne, *n* vigne *f*.
vinegar, vinn'-i-gueur, *n* vinaigre *m*.
vineyard, vinn'-ieurde, *n* vignoble *m*.
vintage, vinn'-tidje, *n* vendange *f*; (year) année *f*.
viola, vi-au'-la, *n* alto *m*.
violate, vâï'-ŏ-léte, *v* violer.
violence, vâï'-ŏ-l'nce, *n* violence *f*.

violent*, vâĭ'-ŏ-lennte, *a* violent.

violet, vâĭ'-ŏ-lette, *n* violette *f.* *n & a* violet *m.*

violin, vâĭ'-ŏ-linne', *n* violon *m.*

violinist, vâĭ-ŏ-linn'-ist, *n* violoniste *m & f.*

viper, vâĭ'-p'r, *n* vipère *f.*

virgin, veur'-djinne, *n & a* vierge *f.*

virile, vĭ'-râïle, *a* viril.

virtual*, veur'-tiou-*al*, *a* virtuel.

virtue, veur'-tioue, *n* vertu *f.*

virtuous*, veur'-tiou-*euce*, *a* vertueux.

virulent, vĭr'-iou-lennte, *a* virulent.

visa, vĭ'-za, *n* visa *m.*

viscount, vâĭ'-câ'ounnte, *n* vicomte *m.*

viscountess, vâĭ'-câ'ounn-tesse, *n* vicomtesse *f.*

visibility, viz-i-bile'-i-ti, *n* visibilité *f.*

visible, viz'-i-b'l, *a* visible.

visibly, viz'-i-bli, *adv* visiblement.

vision, vij'-'n, *n* vision *f.*

visit, viz'-itte, *v* visiter, aller voir; (a person) rendre visite à. *n* visite *f;* **—ing-card,** carte de visite *f.*

visitor, viz'-itt-'r, *n* visiteur, -euse *m & f.*

visual, vij'-iou-'l, *a* visuel.

vital*, vâĭ'-t'l, *a* essentiel, vital; **—s,** *npl* organes essentiels *mpl.*

vitality, vâĭ-tǎl'-i-ti, *n* vitalité *f.*

vitriol, vite'-ri-ŏle, *n* vitriol *m.*

vivacious*, vi-vé'-*cheuce*, *a* vif, animé.

vivacity, vi-vǎss'-i-ti, *n* vivacité *f.*

vivid, viv'-ide, *a* vif, frappant; (colour) éclatant.

vixen, vic'-senn, *n* renarde *f;* (fig) mégère *f.*

viz (namely), némme'-li), *adv* c'est-à-dire.

vocabulary, vau-cǎb'-iou-la-ri, *n* vocabulaire *m.*

vocal*, vau'-c'l, *a* vocal; **— -chords,** *npl* cordes vocales *fpl.*

vocalist, vau'-cal-ist, *n* chanteur *m;* cantatrice *f.*

vocation, vau-qué'-ch'n, *n* vocation *f;* profession *f.*

vociferous*, vŏ-ci'-*feur-euce*, *a* bruyant.

vogue, vaugue, *n* vogue *f,* mode *f.*

voice, voa'ice, *n* voix *f.*

void, voa'ide, *a* vide; nul; dénué de. *n* vide *m.*

volatile, vol'-*a*-tâïle, *a* volatil; (fig) gai.

volcano, vol-qué'-nau, *n* volcan *m.*

volley, vol'-i, *n* volée *f*; (salute) salve *f*.

volt, volte, *n* (electric) volt *m*; **—age**, tension *f*.

voluble, vol'-iou-b'l, *a* délié.

volume, vol'-ioume, *n* volume *m*.

voluminous*, vol-ioue'-mi-neuce, *a* volumineux.

voluntary, vol'-eunn-ta-ri, *a* volontaire; spontané.

volunteer, vol-eunn-tîre', *n* volontaire *m* & *f*. *v* s'offrir.

voluptuous*, vol-op'-tiou-euce, *a* voluptueux.

vomit, vomm'-itte, *v* vomir.

voracious, vŏ-ré'-cheuce, *a* vorace; dévorant.

vortex, voar'-texe, *n* tourbillon *m*.

vote, vaute, *n* vote *m*, scrutin *m*, voix *f*. *v* voter; **—r**, *n* électeur, -trice *m* & *f*.

vouch, và'outche, *v* attester; (persons) répondre de.

voucher, và'outch'-'r, *n* pièce justificative *f*; bon *m*.

vow, và'ou, *n* vœu *m*. *v* faire vœu de; jurer.

vowel, và'ou'-'l, *n* voyelle *f*.

voyage, voa'i'-idj, *n* voyage par mer *m*.

vulgar, vol'-gueur, *a* vulgaire; commun.

vulnerable, vol'-neur-a-b'l, *a* vulnérable.

vulture, vol'-tioure, *n* vautour *m*.

wad, ouode, *n* bourre *f*; (surgical) tampon *m*.

wadding, ouodd'-inng, *n* coton-hydrophile *m*; (padding) ouate *f*.

waddle, ouodd'-'l, *v* se dandiner.

wade, ouéde, *v* marcher dans.

wafer, oué'-f'r, *n* (thin biscuit) gaufrette *f*; (*eccl*) hostie *f*.

wag, ouàgue, *v* remuer, secouer. *n* farceur *m*.

wage, ouédje, *v* (war) faire la guerre à.

wager, oué'-dj'r, *n* gageure *f*, pari *m*. *v* parier.

wages, oué'-djize, *npl* (servants) gages *mpl*; (workmen) salaire *m*.

waggle, ouàgg'-'l, *v* remuer; **— about**, *v* frétiller.

wagon, ouàgg'-'n, *n* chariot *m*; (rail) wagon *m*.

waif, ouéfe, *n* épave *f*.

wail, ouéle, *v* se lamenter. *n* lamentation *f*.

waist, ouéste, *n* taille *f*, ceinture *f*.

waistcoat, ouess'-côte, *n* gilet *m*.

wait, ouéte, v attendre; (at table) servir; **—er**, n garçon m; **head —**, n maître d'hôtel m; **— for**, v attendre; **—ing**, n attente f; (service) service m; **—ing-room**, salle d'attente f; **—ress**, serveuse f; **— upon**, v servir.

waive, ouéve, v abandonner, renoncer à.

wake, ouéke, v (to awake) se réveiller; (to be called) réveiller. n (ship's) sillage m.

walk, ou'oak, v aller à pied; marcher; (stroll) se promener. n promenade f.

wall, ou'oal, n mur m; **—flower**, giroflée f; **—paper**, papier peint m.

wallet, ouol'-ite, n portefeuille m.

wallow, ouol'-au, v se vautrer.

walnut, ou'ôl-notte, n noix f; (tree) noyer m.

walrus, ou'ôl'-reuce, n morse m.

waltz, ouôlts, v valser. n valse f.

wan, ou'oanne, a pâle, blême.

wander, ou'oann'-d'r, v errer; (mentally) délirer.

wane, ouéne, v décroître. n déclin m.

want, ou'oannte, n (lack) manque m; (distress) dénuement m; **for — of**, faute de; v vouloir; avoir besoin de; avoir envie de.

wanton, ou'onne'-t'n, a (lustful) licencieux; (waste) de gaieté de cœur; (wicked) criminel.

war, ou'oar, v faire la guerre. n guerre f; **—like**, a belliqueux; **— -office**, ministère de la guerre m; **— -ship**, vaisseau de guerre m.

warble, ou'oar'-b'l, v gazouiller.

warbler, ou'oar'-bleur, n fauvette f.

ward, ou'oarde, n (minor) pupille m & f; (hospital) salle f; **—en**, (guard) gardien m; (college) principal m; **—er**, gardien de prison m; **— off**, v parer; **—ress**, n gardienne f; **—robe**, armoire f; **— -room**, (naval) carré des officiers m.

ware, ouère, n marchandise f, denrée f.

warehouse, ouère'-hâ'ouce, n entrepôt m, magasin m. v emmagasiner; (furniture, etc) entreposer.

warm, ou'oarme, a* chaud. v chauffer; se chauffer; **—th**, n chaleur f; ardeur f.

warn, ou'oarne, v avertir; notifier; **—ing**, n avertissement m; (caution) avis m.

warp, ou'oarpe, v (wood) jouer; (mind) fausser.

warrant, ouor'-nte, n (authority) autorisation f; (for arrest) mandat d'arrêt m; (voucher) mandat m; **—y,** garantie f.

warrior, ouor'-ieur, n guerrier m.

wart, ou'oarte, n verrue f.

wary, oué-ri, a circonspect, prudent.

wash, ou'oache, v laver; se laver; **— basin,** n cuvette f; **— up,** v faire la vaisselle; **—erwoman,** laveuse f; **—ing,** blanchissage m; **— machine,** n machine à laver f; **—stand,** table de toilette f.

washer, ou'oache'-r, n (mech) joint m, rondelle f.

wasp, ou'oaspe, n guêpe f.

waste, ouéste, n gaspillage m; (refuse) rebut m; (land) terrain vague m. v gaspiller; **— away,** dépérir; **—ful,** a gaspilleur; prodigue.

watch, ouotche, v veiller; observer; (vigilance) surveiller. n montre f; (wrist) montre-bracelet f; (naut) quart m; **—dog,** chien de garde m; **—maker,** horloger m; **—man,** veilleur de nuit m; **— over,** v veiller sur; **—word,** n mot d'ordre m.

water, ou'oa-t'r, v arroser; (cattle, etc) abreuver. n eau f; hot **— bottle,** bouillotte f; **— -closet,** cabinets mpl, W.C. mpl; **— colour,** aquarelle f; **—cress,** cresson m; **—fall,** chute d'eau f; **—jug,** cruche f; **—lily,** nénuphar m; **—line,** ligne de flottaison f; **—logged,** a plein d'eau; **—mark,** n niveau des eaux m; (paper) filigrane m; **—proof,** a imperméable; **— -tank,** n réservoir m; **—tight,** a étanche; **—works,** npl ouvrages hydrauliques mpl.

watering, ou'oa-teur-inng, n arrosage m; abreuvage m; **—-can,** arrosoir m; **—-place,** station thermale f.

wave, ouéve, n (sea, etc) vague f; (radio, etc) onde f. v (flags, etc) flotter; agiter; (to somebody) faire signe; (sway) se balancer; (hair) onduler; **— -length,** n longueur d'onde f.

waver, ouéve'-r, v hésiter, être indécis.

wavering, ouévé'-eur-inng, a indécis, irrésolu.

wavy, ouévé'-i, a onduleux; (hair) ondulé.

wax, ouâxe, v cirer. n cire f; **—works,** musée de figures de cire m.

way, oué, n chemin m; manière f, façon f; **— in,**

entrée *f*; **—lay,** *v* dresser un guetapens; **— out,** *n* sortie *f*; **— through,** passage *m*; **—ward,** *a* entêté; capricieux.

we, oui, *pron* nous.

weak, ouíque, *a** faible; infirme; débile; **—en,** *v* affaiblir; **—ening,** *a* débilitant; **—ling,** *n* être faible *m*; **—ness,** faiblesse *f*.

weal, ouíle, *n* bien-être *m*; (mark) marque *f*.

wealth, ouèl*ts*, *n* richesse *f*, opulence *f*.

wealthy, ouèl*ts*-i, *a* riche, opulent.

wean, ouíne, *v* sevrer; (fig) détacher de.

weapon, ouèp'-'n, *n* arme *f*.

wear, ouère, *n* (by use) usage *m*. *v* (carry) porter; (last) durer; **—able,** *a* mettable; **— out (away),** *v* user; (fatigue) épuiser.

weariness, oui'-ri-nesse, *n* lassitude *f*, ennui *m*.

weary, oui'-ri, *a* las; ennuyé. *v* fatiguer; **— of,** se lasser de.

weasel, oui'-z'l, *n* belette *f*.

weather, ouèdz'-'r, *n* temps *m*. *v* surmonter; **— -bound,** *a* retenu par le mauvais temps; **—cock,** *n* girouette *f*; **— -report,** bulletin météorologique *m*.

weave, ouíve, *v* tisser; **—r,** *n* tisserand *m*.

web, ouèbe, *n* (spider) toile *f*.

webbing, ouèbe'-inng, *n* sangle *f*.

web-footed, ouèbe-foutt'-èdde, *a* palmé.

wed, ouède, *v* se marier, épouser; (perform ceremony) marier.

wedding, ouède'-inng, *n* mariage *m*; **— -breakfast,** repas de noce *m*; **— -ring,** alliance *f*.

wedge, ouèdje, *n* coin *m*, cale *f*. *v* caler; **— in,** serrer, presser.

wedlock, ouède'-loque, *n* mariage *m*.

Wednesday, ou'ennze'-dé, *n* mercredi *m*.

weed, ouíde, *n* mauvaise herbe *f*. *v* sarcler.

week, ouíque, *n* semaine *f*; **— -day,** jour de semaine *m*; **— -end,** fin de semaine *f*; week-end *m*; **—ly,** *a* hebdomadaire.

weep, ouípe, *v* pleurer.

weevil, oui'-v'l, *n* charançon *m*.

weigh, oué, *v* peser; (mentally) considérer; **—ing-machine,** *n* bascule *f*.

weight, ouéte, *n* poids *m*; **—y,** *a* pesant; grave.

weir, ouire, *n* barrage *m*.

weird, ouirde, *a* étrange, fantastique.

welcome, ouell'-*keume,* *n* bienvenue *f*. *a* bienvenu. *v* bien recevoir; accueillir.

weld, ouelde, *v* souder.

welfare, ouell'-fére, *n* bien-être *m*; prospérité *f*.

well, ouell, *n* puits *m*. *adv* bien. *a* bon; **— -being,** *n* bien-être *m*; **— -bred,** *a* bien élevé; **— done,** (meat, etc) bien cuit.

welt, ouelte, *n* (shoe, etc) trépointe *f*.

wend, ouennde, *v* aller; se diriger vers.

west, ouesste, *n* ouest *m*; occident *m*.

westerly, ouess'-*teur-li,* *a* d'ouest; occidental.

wet, ouette, *n* humidité *f*. *a* humide; mouillé; (weather) pluvieux. *v* mouiller.

wet-nurse, ouette'-*neurce,* *n* nourrice *f*.

whack, houàque, *v* rosser, battre.

whale, houéle, *n* baleine *f*; **— -bone,** baleine *f*.

whaler, houél'-*eur,* *n* baleinier *m*.

wharf, hou'oarfe, *n* quai *m*; embarcadère *m*.

what, houotte, *pron* ce qui, ce que; que; quoi; qu'est-ce qui, qu'est-ce que. *a* quel, quelle, quels, quelles.

whatever, houotte-èv'-*r,* *pron & a* tout ce qui, tout ce que; quel que soit; quelque . . . que.

wheat, houíte, *n* froment *m*, blé *m*.

wheedle, houídd'-'l, *v* cajoler, câliner.

wheel, houîle, *n* roue *f*. *v* faire rouler; **spinning- —,** *n* rouet *m*; **— -barrow,** brouette *f*; **— -wright,** charron *m*.

wheezy, houíz'-i, *a* poussif.

whelk, hou'èlque, *n* buccin *m*.

when, houenne, *adv* quand; lorsque; où; que; **—ce,** d'où; **—ever,** chaque fois que.

where, houère, *adv* où; **—about(s),** où; **—as,** *conj* tandis que; (law) vu que; **—at,** *adv* sur quoi; **—by,** par quoi; **—fore,** c'est pourquoi; **—in,** dans lequel; **—on,** sur lequel.

wherever, houère-èv'-*r,* *adv* partout où.

whet, houette, *v* aiguiser.

whether, houèdz'-'r, *conj* si; soit que, que.

which, houitche, *pron* qui; que; lequel, laquelle, lesquels, lesquelles.

whichever, houitch-èv'-'r, *pron* lequel, laquelle, lesquels, lesquelles.

while, houâîle, *v* passer. *conj* pendant que.

whim, houimme, *n* lubie *f*; caprice *f*; **—sical,** *a* capricieux.

whimper, houimm'-p'r, *v* pleurnicher.

whine, houâîne, *v* gémir; (*fig*) pleurnicher.

whip, houippe, *n* fouet *m*. *v* fouetter; (riding whip) cravacher; (cream) fouetter.

whirl, hou'eurle, *v* faire tourner; **—pool,** *n* tourbillon *m*; **—wind,** tourbillon *m*.

whisk, houisske, *n* (cookery) fouet *m*. *v* (eggs) battre; (cream) fouetter.

whiskers, houissk'-*eurze*, *npl* favoris *mpl*; (cat) moustaches *fpl*.

whisky, houiss'-ki, *n* whisky *m*.

whisper, houiss'-p'r, *v* chuchoter. *n* chuchotement *m*.

whist, houisste, *n* (cards) whist *m*.

whistle, houiss'-'l, *n* sifflet *m*. *v* siffler.

whistling, houiss'-linng, *n* sifflement *m*.

white, houâîte, *n* & *a* blanc *m*; **— bait,** *n* blanchaille *f*; **—ness,** blancheur *f*; **— of egg,** blanc d'œuf *m*; **—wash,** *v* (lime) blanchir à la chaux.

whither, houidz'-'r, *adv* où.

whiting, houâîte'-inng, *n* (fish) merlan *m*.

Whitsuntide, houitt'-s'n-tâîde, *n* Pentecôte *f*.

whiz, houize, *v* siffler.

who, houe, *pron* qui.

whoever, houe-èv'-'r, *pron* quiconque.

whole, haule, *n* tout *m*; total *m*. *a* tout; entier; **—sale,** *n* vente en gros *f*. *a* en gros; **—some*,** sain; salubre.

wholly, haul'-li, *adv* entièrement.

whom, houme, *pron* que; qui; lequel, laquelle, lesquels, lesquelles.

whoop, houpe, *v* huer. *n* cri *m*.

whooping-cough, houp'-inng-coaf, *n* coqueluche *f*.

whore, haure, *n* prostituée *f*.

whose, houze, *pron* dont.

whosoever, (see **whoever**).

why, houâî, *adv* pourquoi.

wick, ouique, *n* mèche *f*.

wicked*, ouîk'-ide, *a* méchant; mauvais; criminel.

wickedness, ouik'-ide-ness, *n* méchanceté *f*.

wicker, ouik'-r, *n* osier *m*.

wide, ouâîde, *a* large; vaste; étendu; — -awake, bien éveillé; (*fig*) vif; sur ses gardes; —ly, *adv* largement; très; — -spread, *a* répandu.

widen, ouâîde-'n, *v* élargir; s'élargir.

widow, ouid'-au, *n* veuve *f*.

widower, ouid'-au-'r, *n* veuf *m*.

width, ouid*s*, *n* largeur *f*; (extent) étendue *f*.

wield, ouilde, *v* manier; (power) détenir.

wife, ouâîfe, *n* femme *f*; femme mariée *f*; épouse *f*.

wig, ouigue, *n* perruque *f*.

wild*, ouâîlde, *a* sauvage, farouche; (*fig*) furieux.

wilderness, ouil'-d'r-ness, *n* désert *m*; solitude *f*.

wile, ou'âîle, *n* ruse *f*; artifice *m*.

wilful*, ouil'-foull, *a* volontaire; (act) prémédité.

will, ouil, *n* volonté *f*; testament *m*; *v* vouloir; (bequeath) léguer; good- —, *n* (com) clientèle *f*.

willing, ouil'-inng, *a* consentant; complaisant; —ly, *adv* volontiers; —ness, *n* bonne volonté *f*.

will-o'-the-wisp, ouil-ŏ-dzi-ouispe', *n* feu follet *m*.

willow, ouil'-au, *n* saule *m*; **weeping- —,** saule pleureur *m*.

wily, ou'âî'-li, *a* astucieux; malin.

win, ouinne, *v* gagner; (victory) remporter; —ner, *n* gagnant, -e *m* & *f*; —ning, *a* (manners) engageant; —ning-post, *n* poteau d'arrivée *m*; but *m*; —nings, gain *m*.

wince, ouinnce, *v* reculer, tressaillir.

winch, ouinntche, *n* treuil *m*.

wind, ouâînnde, *v* enrouler; (road, river, etc) serpenter; —ing, *a* sinueux; (stairs) en colimaçon; — up, *v* rouler; (clock) remonter; (com) liquider.

wind, ouinnde, *n* vent *m*; flatulence *f*; —fall, (luck) aubaine *f*; —mill, moulin à vent *m*; —pipe, trachée-artère *f*; —ward, côté du vent *m*; **to be —y,** *v* (weather) faire du vent.

windlass, ouinnde'-lasse, *n* cabestan *m*.

window, ouinn'-dau, *n* fenêtre *f*, croisée *f*; (car, etc) glace *f*; (shop) vitrine *f*; — **shopping,** *n* lèche-vitrines *m*.

wine, ouâïne, *n* vin *m*.

wine-glass, ouâïne-glâce, *n* verre à vin *m*.

wing, ouinng, *n* aile *f*; (theatre) coulisse *f*.

wink, ouinnque, *v* cligner de l'œil. *n* clin d'œil *m*.

winkle, ouinnque'-'l, *n* bigorneau *m*.

winter, ouinn'-t'r, *n* hiver *m*. *v* passer l'hiver, hiverner.

wipe, ouâïpe, *v* essuyer; **—off,** *v* effacer.

wire, ouâïre, *n* fil de fer *m*; **—less,** sans fil; *n* (radio) radio; T.S.F.

wisdom, ouiz'-d'm, *n* sagesse *f*; prudence *f*.

wise*, ouâîze, *a* sage; prudent.

wish, ouiche, *n* souhait *m*, vœu *m*; désir *m*. *v* souhaiter; désirer; vouloir.

wishful, ouiche'-foull, *a* désireux.

wisp, ouisspe, *n* touffe *f*; (straw) bouchon de paille *m*; (hair) mèche *f*.

wistaria, ouiss-teurl'-i'a, *n* glycine *f*.

wistful*, ouisst'-foull, *a* pensif; d'envie; de regret.

wit, ouitte, *n* esprit *m*; **to —,** à savoir; c'est-à-dire.

witch, ouitche, *n* sorcière *f*.

witchcraft, ouitche'-crâfte, *n* sorcellerie *f*.

with, ouidz, *prep* avec; chez; de.

withdraw, ouidz-droa', *v* retirer; se retirer.

wither, ouidz'-'r, *v* se faner, se flétrir.

withhold, ouidz-haulde', *v* retenir; (sanction) refuser.

within, ouidz-inne', *prep* dans; en. *adv* à l'intérieur.

without, ouidz-â'oute', *prep* sans. *adv* (outside) dehors.

withstand, ouidz-stânnde', *v* résister à.

witness, ouitt'-nesse, *n* témoin *m*. *v* témoigner.

wits, ouittse, *npl* jugement *m*; **to live by one's —,** vivre d'expédients.

witticism, ouitt'-i-cizme, *n* trait d'esprit *m*.

witty, ouitt'-i, *a* spirituel.

wizard, ouiz'-eurde, *n* sorcier *m*, magicien *m*.

wobble, ou'obbe'-'l, *v* branler; vaciller.

woe, ou'au, *n* malheur *m*; peine *f*.

woeful*, ou'au'-foull, *a* triste; affligé.

wolf, ou'oulf, *n* loup *m*; **she- —,** louve *f*.

woman, ou'oum'-m'n, *n* femme *f*.

womanhood, ou'oum'-m'n-houdde, *n* état de femme *m*.

womanly, ou'oum'-m'n-li, *a* féminin.

womb, ou'oumme, *n* utérus *m*; matrice *f*; (*fig*) sein *m*.

wonder, ouonn'-d'r, *n* merveille *f*. *v* s'émerveiller de; s'étonner de; (doubt) se demander.

wonderful, ouonn'-d'r-foull, *a* merveilleux; étonnant.

woo, ou'ou, *v* faire la cour à; **—er,** *n* prétendant *m*.

wood, ou'oude, *n* bois *m*.

woodcock, ou'oude'-coque, *n* bécasse *f*.

wooden, ou'oude'-'n, *a* de bois.

woodpecker, ou'oude-pèque'-'r, *n* pivert *m*.

woody, ou'oud'-i, *a* (trees) boisé.

wool, ou'oul, *n* laine *f*.

woollen, ou'oul'-'n, *a* de laine.

woolly, ou'oul'-i, *a* laineux.

word, oueurde, *n* mot *m*, parole *f*; (news) nouvelles *fpl*. *v* (verbal) exprimer; (written) rédiger; **— of honour,** *n* parole d'honneur *f*.

wording, oueurde'-inng, *n* termes *mpl*; style *m*; rédaction *f*.

work, oueurque, *v* travailler; (mine) exploiter; (mech) fonctionner, marcher. *n* travail *m*; ouvrage *m*; (literary) œuvre *f*.

worker, oueurque'-'r, *n* travailleur, -euse *m* & *f*.

workhouse, oueurque'-hâ'ouce, *n* asile des pauvres *m*.

working, oueurque'-inng, *n* (mech) fonctionnement *m*, marche *f*; (mine) exploitation *f*; (handling) manœuvre *f*; **— expenses,** frais d'exploitation *mpl*.

workman, oueurque'-m'n, *n* ouvrier *m*; **—ship,** exécution *f*; façon *f*.

works, oueurque'se, *npl* usine *f*; (mech) mécanisme *m*.

workshop, oueurque'-choppe, *n* atelier *m*.

world, oueurlde, *n* monde *m*, univers *m*.

worldly, oueurlde'-li, *a* mondain.

worm, oueurme, *n* ver *m*; (screw) filet *m*.

worm-eaten, oueurme'-îtt-'n, *a* vermoulu.

worry, ouorr'-i, *n* tracas *m*; (anxiety) tourment *m*.

v s'inquiéter; se tracasser; se tourmenter; (bother) ennuyer.

worse, oueurse, *adv* pis. *a* pire.

worship, oueur'-chippe, *v* adorer. *n* adoration *f*; (divine) culte *m*.

worst, oueurste, *a* le pire. *n* le pis *m*.

worsted, ou'ouss'-tèdde, *n* (yarn) fil de laine *m*.

worth, oueur*ts*, *n* valeur *f*; mérite *m*. *a* qui vaut; **to be —,** *v* valoir; mériter; **to be —while,** valoir la peine.

worthily, oueurd*z*'-i-li, *adv* dignement.

worthless, oueur*ts*-lesse, *a* sans valeur.

worthy, oueurd*z*'-i, *a* digne; méritant.

would-be, ou'oude'-bî, *a* soi-disant, prétendu.

wound, ou'ounde, *n* blessure *f*; plaie *f*. *v* blesser.

wrangle, rain'-ng'l, *v* se disputer. *n* querelle *f*.

wrap, răppe, *n* sortie de bal *f*. *v* envelopper; **— up,** (oneself) s'emmitoufler.

wrapper, răppe'-'r, *n* enveloppe *f*; (postal) bande *f*; (book) couverture *f*.

wrath, roa*ts*, *n* courroux *m*, colère *f*.

wreath, ri*ts*, *n* couronne *f*.

wreathe, ri*dz*, *v* entrelacer.

wreck, rèque, *n* naufrage *m*; (*fig*) ruine *f*. *v* faire naufrage; (*fig*) ruiner; **—age,** *n* (pieces of ship, etc) épaves *fpl*.

wrecked, rèkte, *a* naufragé; ruiné.

wren, rène, *n* roitelet *m*.

wrench, renntche, *n* arrachement violent *m*; (sprain) entorse *f*; (tool) clé anglaise *f*. *v* tordre; (pull) arracher.

wrestle, ress'-'l, *v* lutter.

wrestler, ress-l'r, *n* lutteur *m*.

wretch, rètche, *n* misérable *m* & *f*.

wretched, rétch'-edde, *a* triste; (person) misérable.

wretchedness, rétch'-edde-ness, *n* misère *f*.

wriggle, rigg'-'l, *v* se tortiller; **— through,** se faufiler.

wring, rinng, *v* tordre; (washing) essorer.

wrinkle, rinng'-k'l, *n* ride *f*. *v* rider; (brow) froncer.

wrist, risste, *n* poignet *m*.

writ, rite, *n* assignation *f*; commandement *m*.

write, răïte, *v* écrire.

writer, râîte'-'r, *n* auteur *m*; écrivain *m*.
writhe, râîdz, *v* se tordre.
writing, râîte'-inng, *n* écriture *f*; inscription *f*; **hand—**, écriture *f*; **in —**, *adv* par écrit.
writing-pad, râîte'-inng-pådde, *n* (blotter) sous-main *m*; (note-paper) bloc-notes *m*.
writing-paper, râîte'-inng-pé'-pr, *n* papier à lettres.
written, ritt'-'n, *a* écrit.
wrong, ron-ng, *n* tort *m*; injustice *f*. *v* faire tort à. *a** faux; mauvais; mal; injuste; illégal; **— side**, *n* mauvais côté *m*; (material) envers *m*; **to be —**, avoir tort.
wrought iron, roat âî'-*eurne*, *n* fer forgé *m*.
wry, râî, *a* de travers; tordu; **— face**, *n* grimace *f*.
wryneck, râî'-nèque, *n* torticolis *m*; (bird) torcol *m*.

Xmas (Christmas), criss'-*meusse*, *n* Noël *m*.
x-rays, èkce-réze, *npl* rayons X *mpl*; (X-ray photograph) radiographie *f*. *v* radiographier.
xylophone, sâî'-lo-faune, *n* xylophone *m*.

yacht, i'ôte, *n* yacht *m*.
yachting, i'ote'-inng, *n* yachting *m*.
yard, i'ârde, *n* cour *f*; (measure) yard *m*; (ship, timber, etc) chantier *m*.
yarn, i'ârne, *n* fil *m*; (story) histoire *f*.
yawn, i'oanne, *v* bâiller. *n* bâillement *m*.
yawning, i'oann'-inng, *n* bâillement *m*. *a* (*fig*) béant.
year, i'ire, *n* an *m*, année *f*.
yearly, i'ire'-li, *a* annuel. *adv* annuellement.
yearn, i'eurne, *v* soupirer après; languir pour.
yearning, i'eurne'-inng, *n* désir *m*; aspiration *f*.
yearningly, i'eurne'-inng-li, *adv* ardemment.
yeast, yi'îste, *n* levure *f*; levain *m*.
yellow, i'ell'-au, *n* & *a* jaune *m*.
yelp, i'elpe, *v* glapir, japper. *n* glapissement *m*.
yes, i'ess, *adv* oui; (after negative question) si.
yesterday, i'ess'-t'r-dé, *adv* & *n* hier *m*.
yet, i'ette, *adv* encore; déjà. *conj* cependant.
yew, i'oue, *n* if *m*.

yield, yi'îlde, *v* céder; produire; (bring in) rapporter.
n rapport *m*; produit *m*.

yoke, i'auke, *n* joug *m*; (*fig*) sujétion *f*. *v* mettre au
joug; subjuguer.

yokel, i'au'-k'l, *n* rustre *m*.

yolk, i'auke, *n* jaune d'œuf *m*.

yonder, i'onn'-d'r, *adv* là-bas. *a* ce . . . là.

you, i'oue, *pron* vous; (*fam*) tu; te; toi.

young, i'onng, *a* jeune. *n* (animals) petits *mpl*.

youngster, i'onng'-st'r, *n* jeune garçon, fille.

your, i'our, *poss a* votre, vos.

yours, i'ourze, *poss pron* le vôtre, la vôtre, les
vôtres.

youth, i'outs, *n* jeunesse *f*; (lad) jeune homme *m*.

youthful, i'outs'-foull, *a* jeune; juvénile.

youthfulness, i'outs'-foull-nesse, *n* jeunesse *f*.

Yule-tide, i'oule'-tâïde, *n* temps de Noël *m*.

zeal, zîle, *n* zèle *m*.

zealous, zèl'-*euce*, *a* zélé; ardent.

zebra, zî'-bra, *n* zèbre *m*; — **crossing,** *n* passage
clouté *m*.

zenith, zenn'-*its*, *n* zénith *m*.

zephyr, zèf'-'r, *n* zéphyr *m*.

zero, zi'-rau, *n* zéro *m*.

zest, zeste, *n* ardeur *f*; (relish) saveur *f*.

zinc, zinnque, *n* zinc *m*. *v* zinguer.

zip-fastener, zipe-fâs'-s'n-'r, *n* fermeture-éclair *f*.

zone, zaune, *n* zone *f*.

zoo, zoue, zoo *m*.

zoological, zau-ŏl-odj'-i-c'l, *a* zoologique.

zoology, zau-ol'-odj-i, *n* zoologie *f*.